U0922388

中国民政统计年鉴

CHINA CIVIL AFFAIRS' STATISTICAL YEARBOOK

2010

中华人民共和国民政部　编

Compiled By

Ministry of Civil Affairs of the People's Republic of China

(京)新登字 041 号

中国统计出版社

图书在版编目（CIP）数据

中国民政统计年鉴．2010／中华人民共和国民政部编．－－北京：中国统计出版社，2010.8
ISBN 978-7-5037-6039-6

I.①中… II.①中… III.①民政事务－统计资料－中国－2010－年鉴 IV.① D632-66

中国版本图书馆 CIP 数据核字（2010）第 159893 号

中国民政统计年鉴－2010

作　　者／ 中华人民共和国民政部
责任编辑／ 尹　伊
E-mail／ yearbook@stats.gov.cn
封面设计／ 杰　夫
出版发行／ 中国统计出版社
通信地址／ 北京市西城区月坛南街 57 号　　邮政编码／100826
电　　话／ (010)63376907（邮购）　　(010)68783172（书店）
印　　刷／ 河北天普润印刷厂
经　　销／ 新华书店
开　　本／ 880 × 1230mm　　1/16
字　　数／ 1350 千字
印　　张／ 43.75
版　　别／ 2010 年 8 月第 1 版
版　　次／ 2010 年 8 月北京第 1 次印刷
书　　号／ ISBN　978-7-5037-6039-6/D · 262
定　　价／ 240.00 元

《中国民政统计年鉴－2010》

编委会和编辑出版人员

编者说明

《中国民政统计年鉴－2010》是一部全面反映中国民政事业发展的资料性年刊，为了满足广大读者的要求，我们对部分内容进行了修订。主要是因为第八部分内容，在《中华人民共和国行政区划简册》和今年出版的《中华人民共和国乡镇行政区划简册》里都有体现，所以从今年起，去掉第八部分附录。

2009年度民政统计资料是根据各省、自治区、直辖市以及计划单列市民政厅（局）报送的民政统计年报编制而成。本书内容由七个部分组成：第一部分是主要指标数据图；第二部分是专文，主要包括民政事业统计报告和有关的政策法规文件；第三部分是历年统计资料；第四部分是综合统计资料；第五部分是分地区民政业务统计资料；第六部分是分地区基本建设统计资料；第七部分是分地区财务统计资料。本书对民政系统的干部职工，各级政府的有关部门，从事社会工作研究和教学的人员，以及社会各界了解和研究民政事业的发展状况，提高政府管理和决策水平，具有重要的参考价值。

本书中涉及到的全国性统计数据均不包括香港特别行政区、澳门特别行政区和台湾省；表格中“－－”符号表示数据不足本表最小计量单位；“空格”符号表示该项统计数据为零；“#”表示其中主要项。

本书凝聚了全国民政系统广大计财工作者的辛勤汗水和工作成果，在本书的编辑出版过程中，得到了各级领导和统计战线同仁们的热情支持和帮助。在此，向所有关心和支持该书出版发行的领导和同志表示衷心的谢意。

目 录

第一部分：主要指标数据图

一、综合

二、社会工作

三、成员组织和其他社会服务

第二部分：专文

第三部分：历年统计资料

一、综合

二、社会工作

三、成员组织和其他社会服务

第四部分：综合统计资料

一、综合

二、社会工作

三、成员组织和其他社会服务

第五部分：分地区民政业务统计资料

一、公共管理

（一）行政区划

（二）国家行政机构

二、社会工作

（一）提供住宿的社会工作活动

1.收养性社会服务机构

按注册登记部门分类

三、成员组织和其他社会服务

（一）成员组织活动

1.社会组织

2.自治组织

（二）其他社会服务

1.婚姻服务

2.殡葬服务

3.其他事业单位

第六部分：分地区基本建设统计资料

第七部分：分地区财务统计资料

CONTENTS

Part One: Key Index Data Tables

I. Comprehensive Materials

II. Social Works

II. Social Works

III. Member Organizations and Other Social Services

Part Four: Comprehensive Statistics

I. Comprehensive Materials

II. Social Works

III. Member Organizations and Other Social Services

Part Five: Regional Civil Affairs Statistics

I. Public Management

(I) Administrative Division

(II) State Administration

II. Social Works

(I) Residential Social Activities

1. Residential Social Welfare Institutions

Classification According to Registration

Classification According to Clients

(1) Residential Welfare Institutions for the Elderly and the Disabled

(2) Service Agencies of Mental Retardation and Psychiatric Disease

(3) Residential Welfare Institutions for Children and Others

2. Relief and Salvation Institutions for People Who Live on Nothing

Classification According to Registration

Classification According to Clients

3. Institutions for the Army

3.Other Institutions

Part Six: Regional Statistics of the Capital Construction Investment for Civil Affairs

Part Seven: Regional Statistics on Finance

01

主要指标数据图

图-1 城市

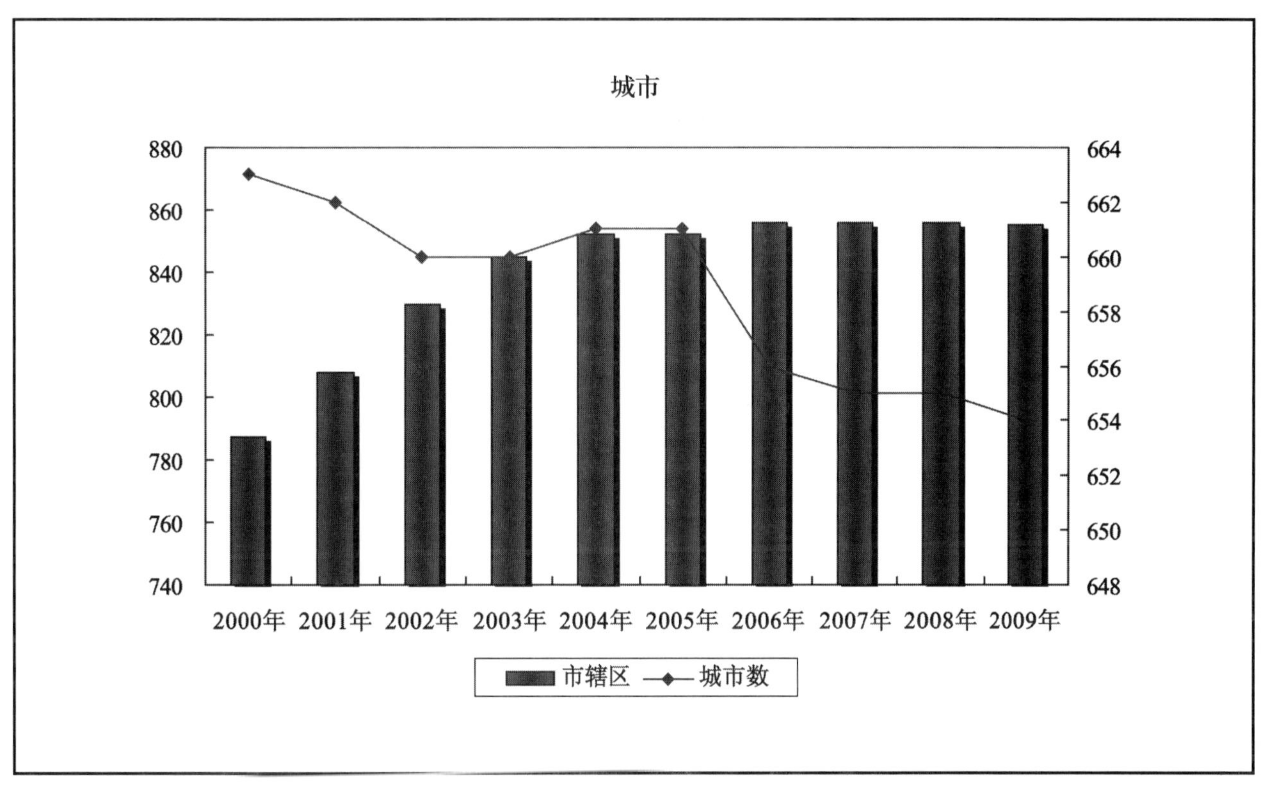

单位：个

指　标	2000年	2001年	2002年	2003年	2004年	2005年	2006年	2007年	2008年	2009年
市辖区	787	808	830	845	852	852	856	856	856	855
城市数	663	662	660	660	661	661	656	655	655	654

图 -2　地和地级市

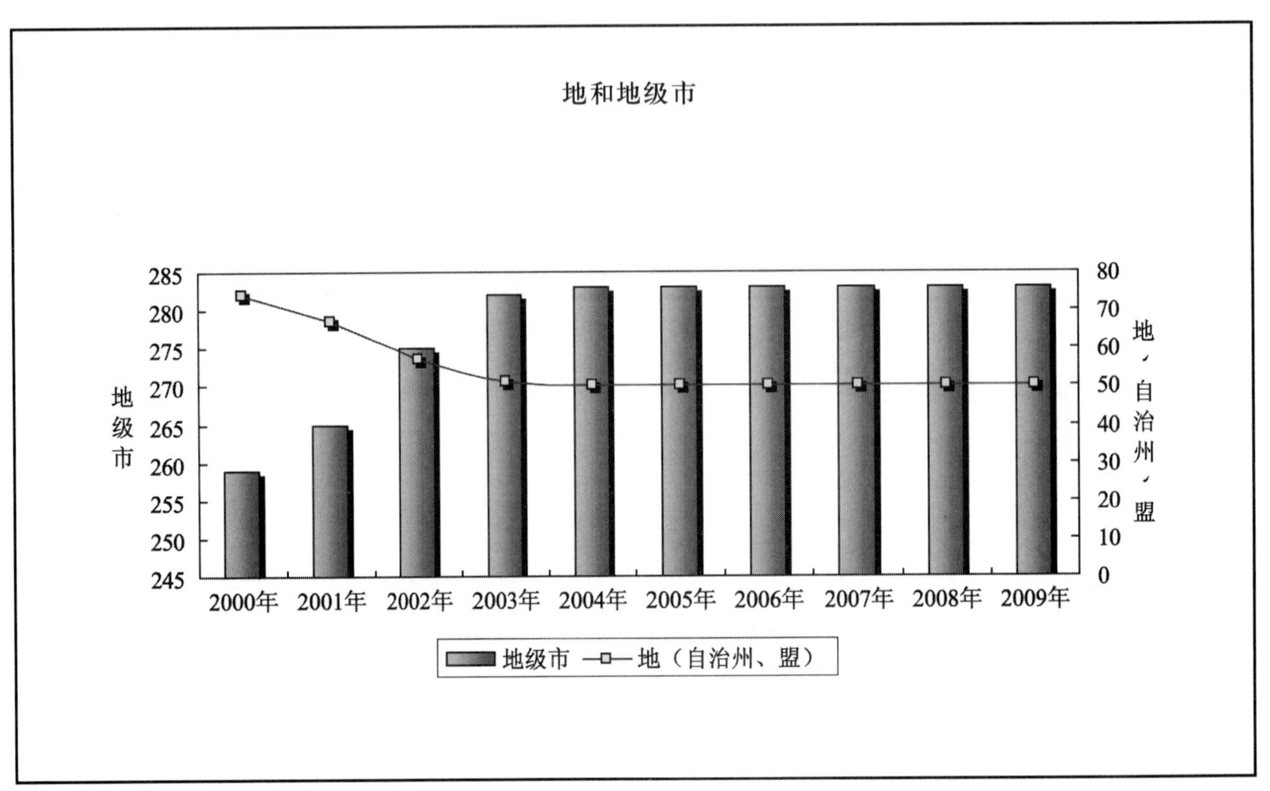

单位：个

指　标	2000 年	2001 年	2002 年	2003 年	2004 年	2005 年	2006 年	2007 年	2008 年	2009 年
地级市	259	265	275	282	283	283	283	283	283	283
地（自治州、盟）	74	67	57	51	50	50	50	50	50	50

图 –3　县和县级市

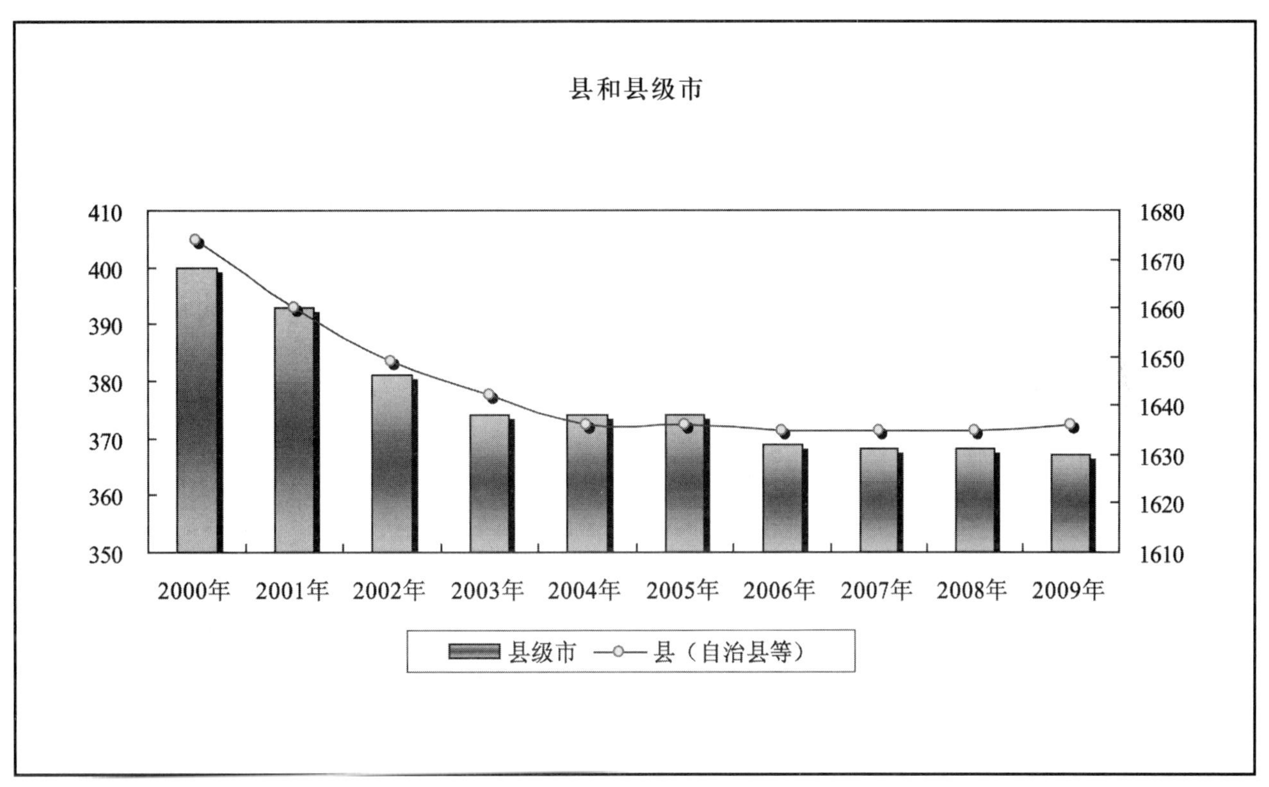

单位：个

指　标	2000 年	2001 年	2002 年	2003 年	2004 年	2005 年	2006 年	2007 年	2008 年	2009 年
县级市	400	393	381	374	374	374	369	368	368	367
县（自治县等）	1674	1660	1649	1642	1636	1636	1635	1635	1635	1636

图－4 乡镇与街道

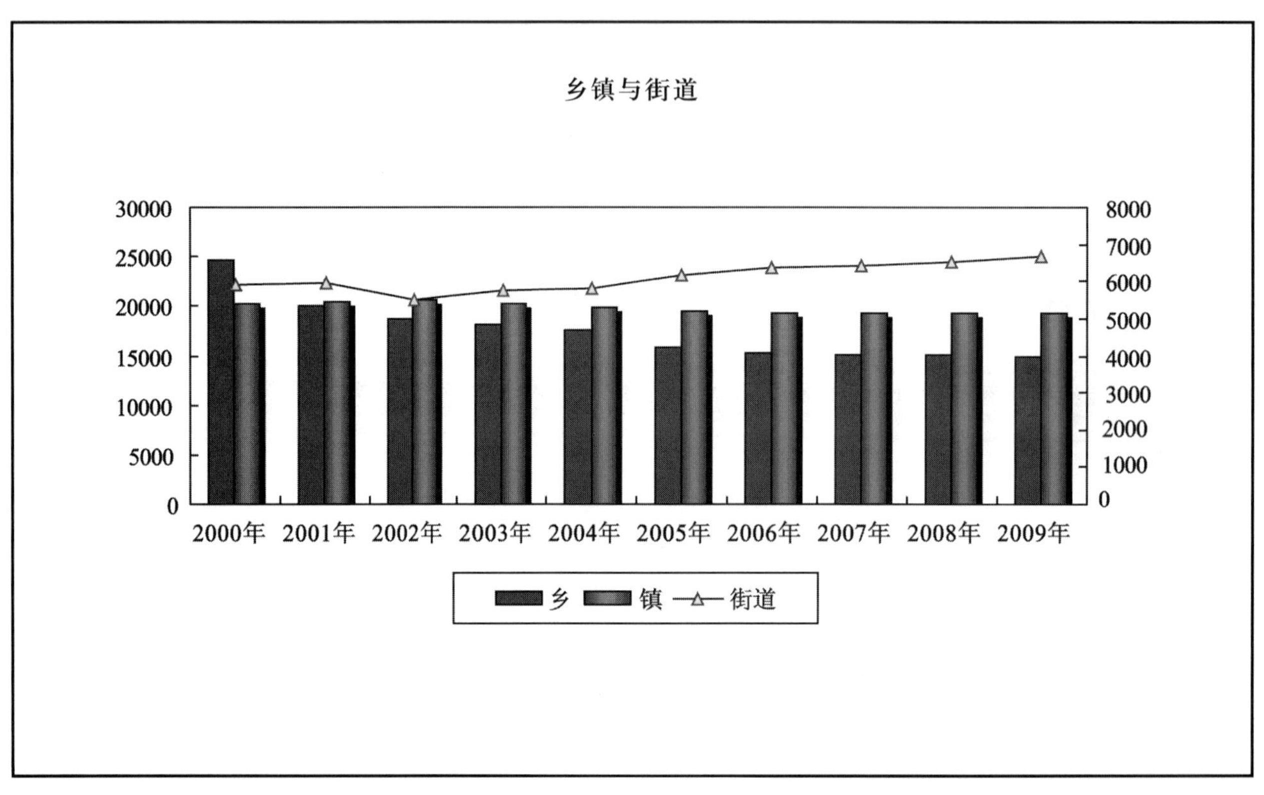

单位：个

指　标	2000年	2001年	2002年	2003年	2004年	2005年	2006年	2007年	2008年	2009年
乡	24555	20012	18640	18064	17534	15951	15306	15120	15067	14848
镇	20312	20358	20600	20226	19892	19522	19369	19249	19234	19322
街道	5902	5972	5516	5751	5829	6152	6355	6434	6524	6686

图 −5　60 岁及以上老年人口占全国总人口比重

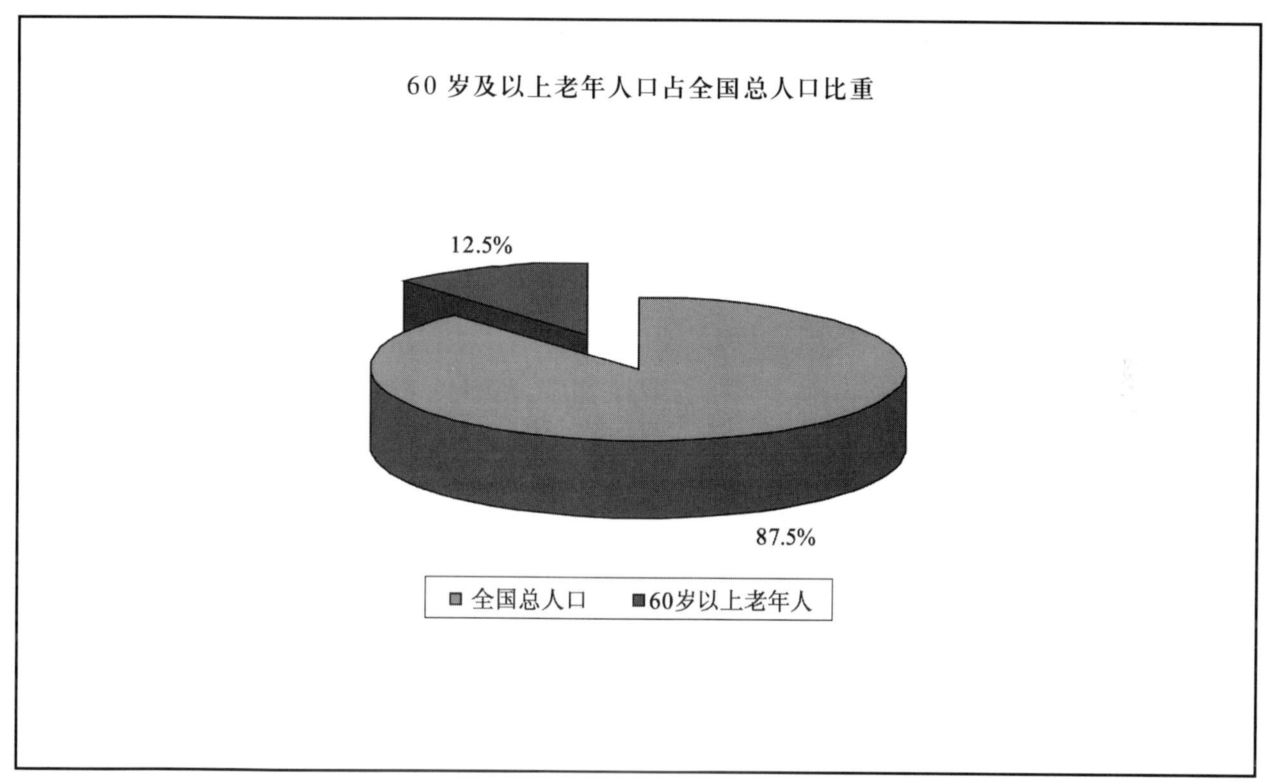

单位：万人、%

指　标	2009 年	比　重
全国总人口	133474	100
60 岁以上老年人	16714	12.5
65 岁以上老年人	11309	8.5

注：本表数据来源于国家统计局。

图 -6　主要民政对象占全国总人口比重

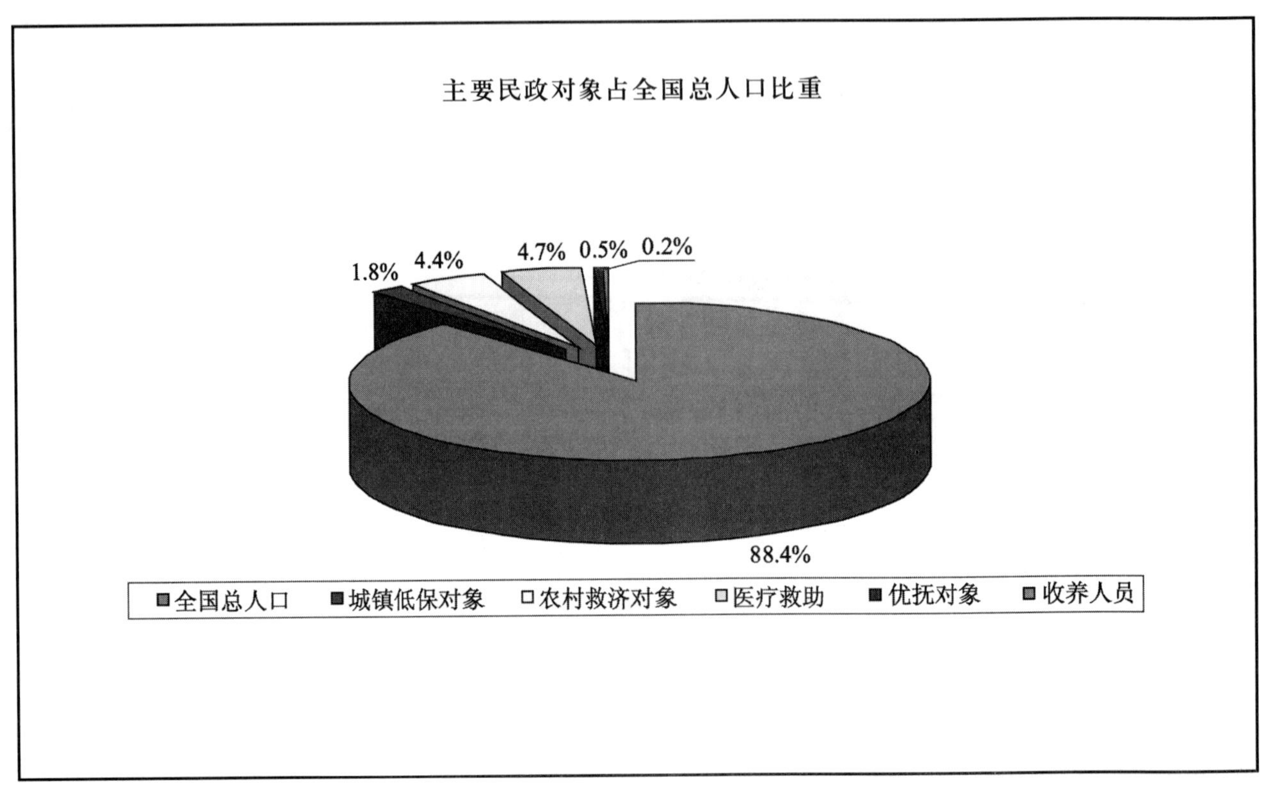

单位：万人、%

指　标	2009年	比　重
全国总人口	133474	100.0
合计	15429.9	11.6
# 城市最低生活保障对象	2345.6	1.8
# 农村低保、五保等定期救助对象	5922	4.4
# 医疗救助对象	6295.4	4.7
# 优抚对象	630.7	0.5
收养各类人员	236.2	0.2

图 –7 民政管理单位增加值占服务业增加值比重

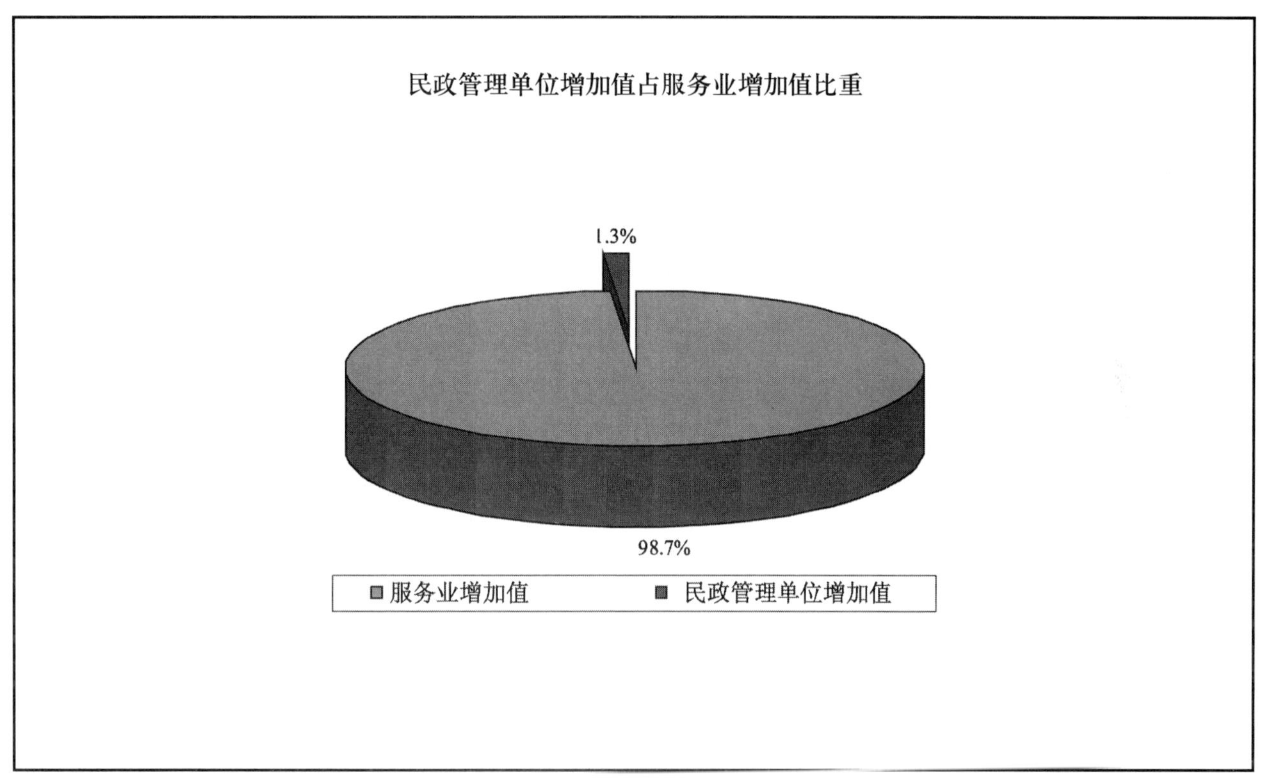

单位：亿元、%

指 标	产 值	比 重
服务业增加值	142918.0	100
# 民政管理单位增加值	1856.2	1.3

注：民政管理单位包括民政事业单位、社会组织、基层群众自治组织、民政行政机关、社会福利企业。

图-8 民政事业基本建设投资

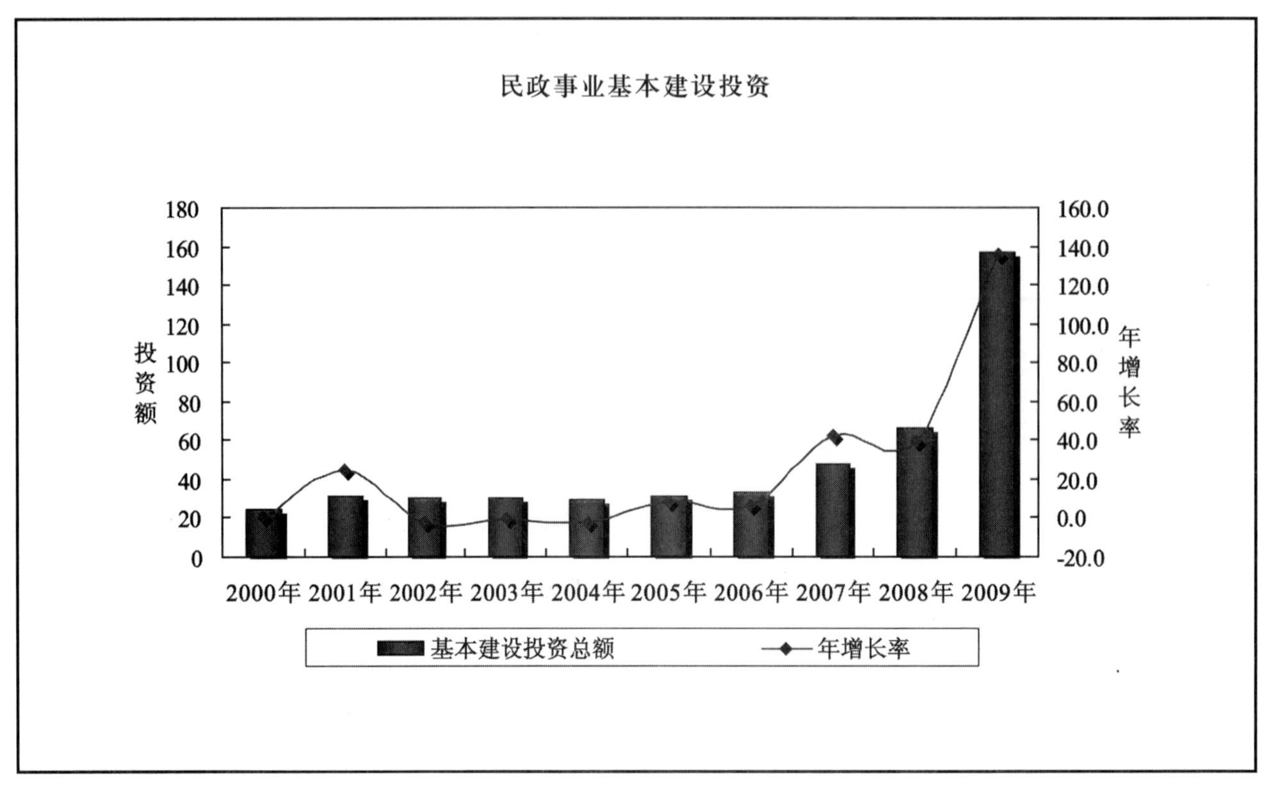

单位：亿元、%

指　标	2000年	2001年	2002年	2003年	2004年	2005年	2006年	2007年	2008年	2009年
基本建设投资总额	24.7	30.8	30.1	30	29.2	31.6	33.5	47.7	66.6	157
年增长率	–	24.7	-2.3	-0.3	-2.7	8.2	6.0	42.4	39.6	135.7

图 -9 民政事业费支出

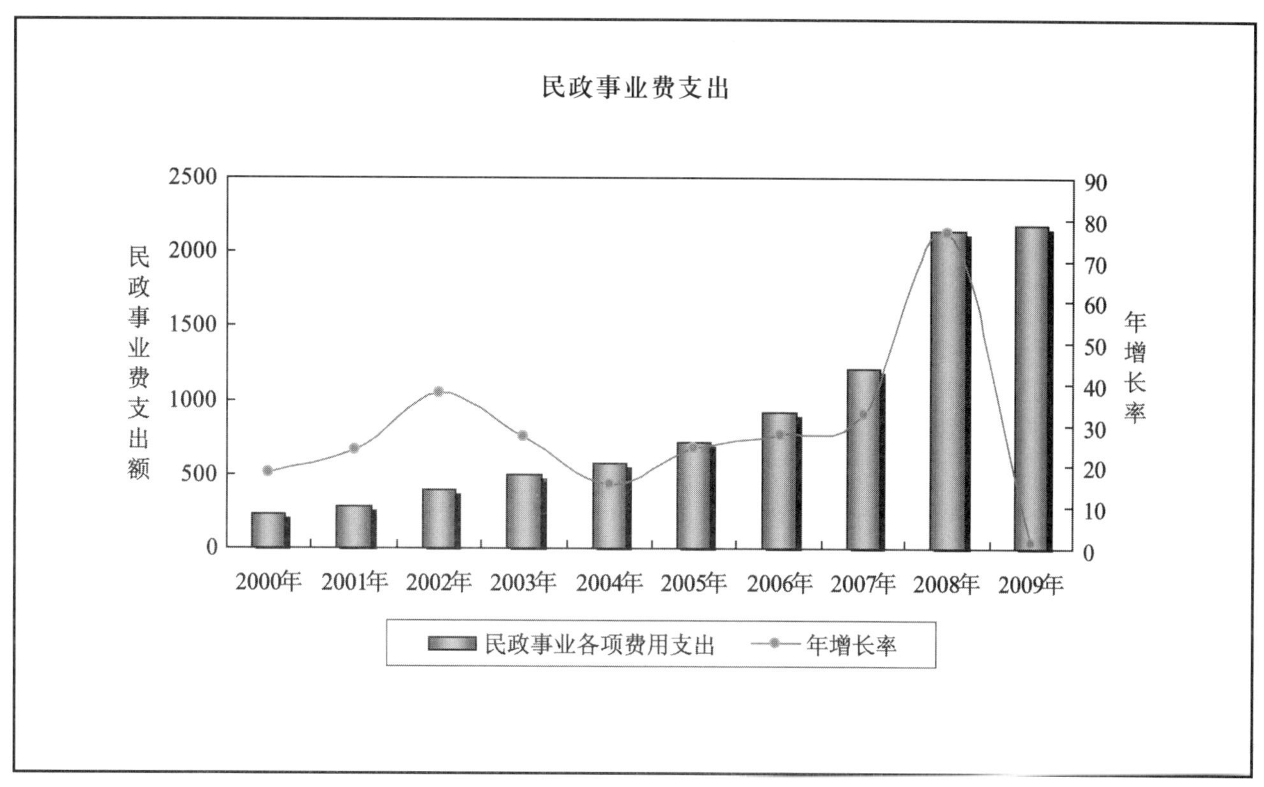

单位：亿元、%

指 标	2000 年	2001 年	2002 年	2003 年	2004 年	2005 年	2006 年	2007 年	2008 年	2009 年
民政事业各项费用支出	230.5	284.8	392.2	498.9	577.4	718.4	915.4	1215.5	2146.5	2181.9
年增长率	18.5	23.7	37.6	27.2	15.7	24.4	27.4	32.8	76.6	1.7

图－10　民政事业费支出占国家财政支出的比重

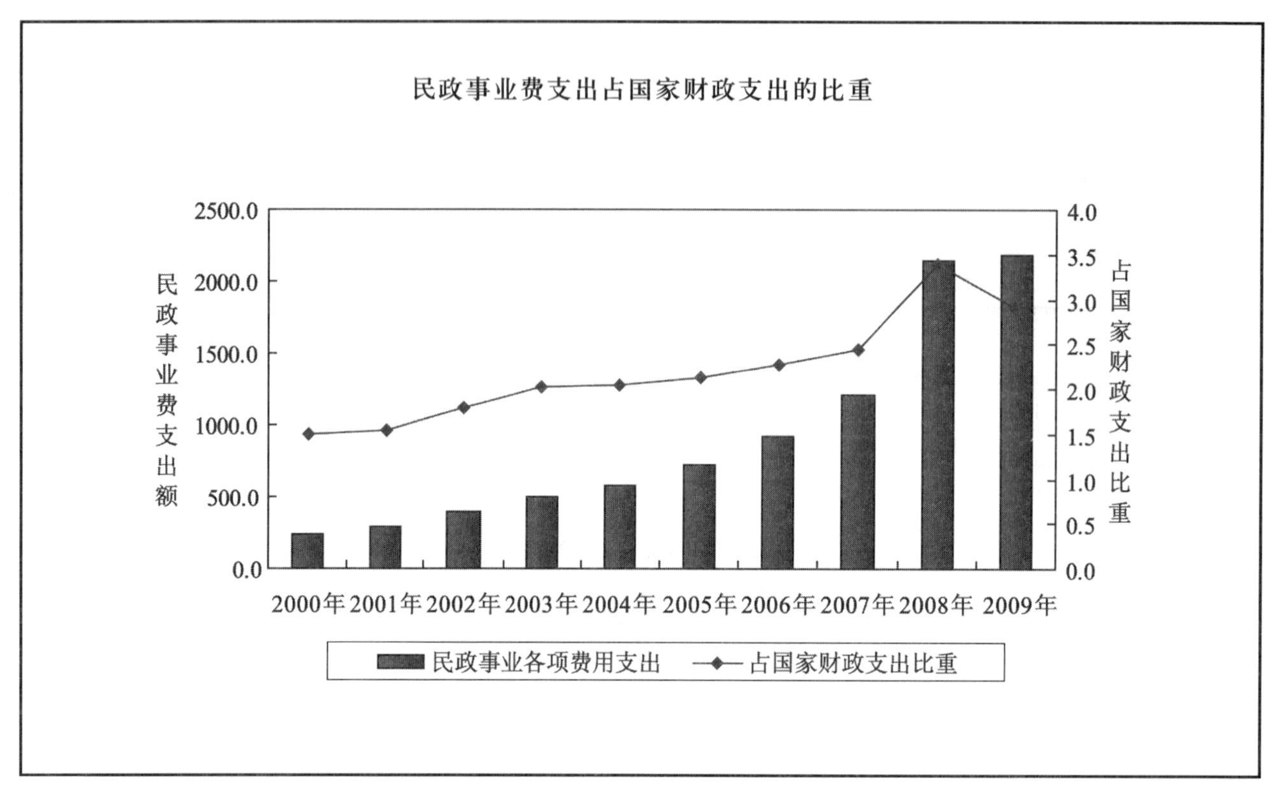

单位：亿元、%

指　标	2000年	2001年	2002年	2003年	2004年	2005年	2006年	2007年	2008年	2009年
民政事业各项费用支出	230.5	284.8	392.2	498.9	577.4	718.4	915.4	1215.5	2146.5	2181.9
占国家财政支出比重	1.5	1.5	1.8	2.0	2.0	2.1	2.3	2.5	3.4	2.9

图－11　民政事业费按用项支出比重

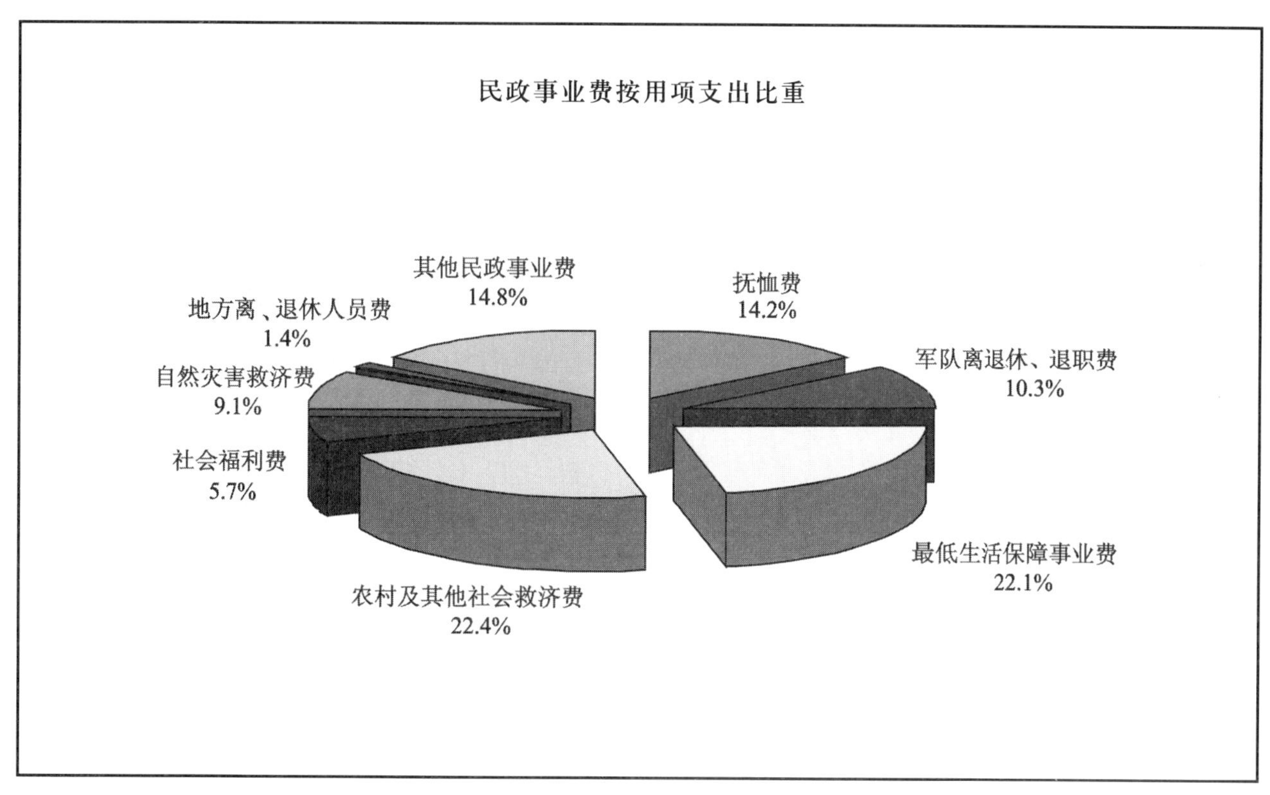

单位：亿元、%

指　标	民政事业费总支出	抚恤费	军队离退休、退职费	最低生活保障事业费	农村及其他社会救济费	社会福利费	自然灾害救济费	地方离、退休人员费	其他民政事业费
金　额	2181.9	310.3	225.7	482.1	487.9	124.1	199.2	30.0	322.7
比　重	100.0	14.2	10.3	22.1	22.4	5.7	9.1	1.4	14.8

图 -12　中央转移支付民政事业费

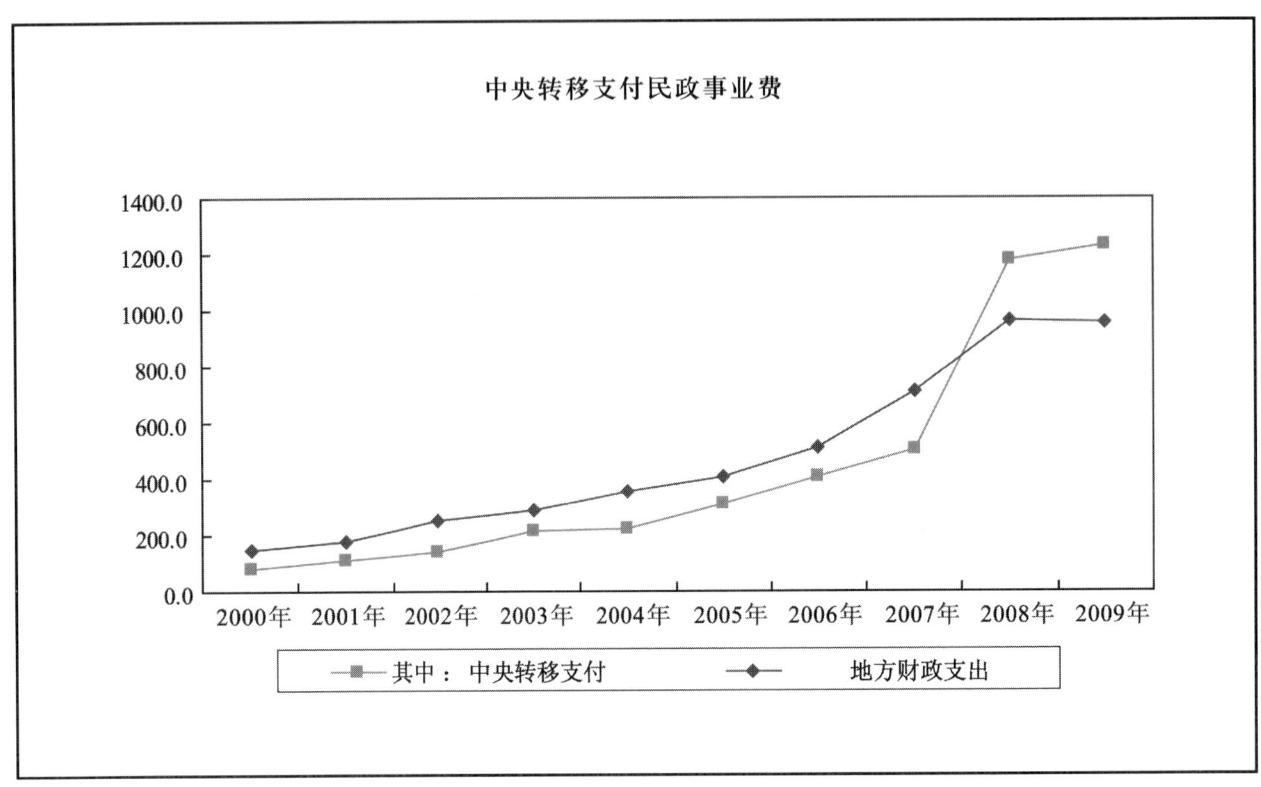

单位：亿元、%

指　标	2000 年	2001 年	2002 年	2003 年	2004 年	2005 年	2006 年	2007 年	2008 年	2009 年
民政事业各项费用支出	230.5	284.8	392.2	498.9	577.4	718.4	915.4	1215.5	2146.5	2181.9
其中：中央转移支付	83.7	108.2	138.4	211.8	223.8	310.3	404.0	504.4	1181.1	1227.0
地方财政支出	146.8	176.6	253.8	287.1	353.6	408.1	511.4	711.1	965.4	954.9
中央财政转移支付占民政事业费支出比重	36.3	38.0	35.3	42.5	38.8	43.2	44.1	42.6	55.0	56.2

图－13　收养性服务机构

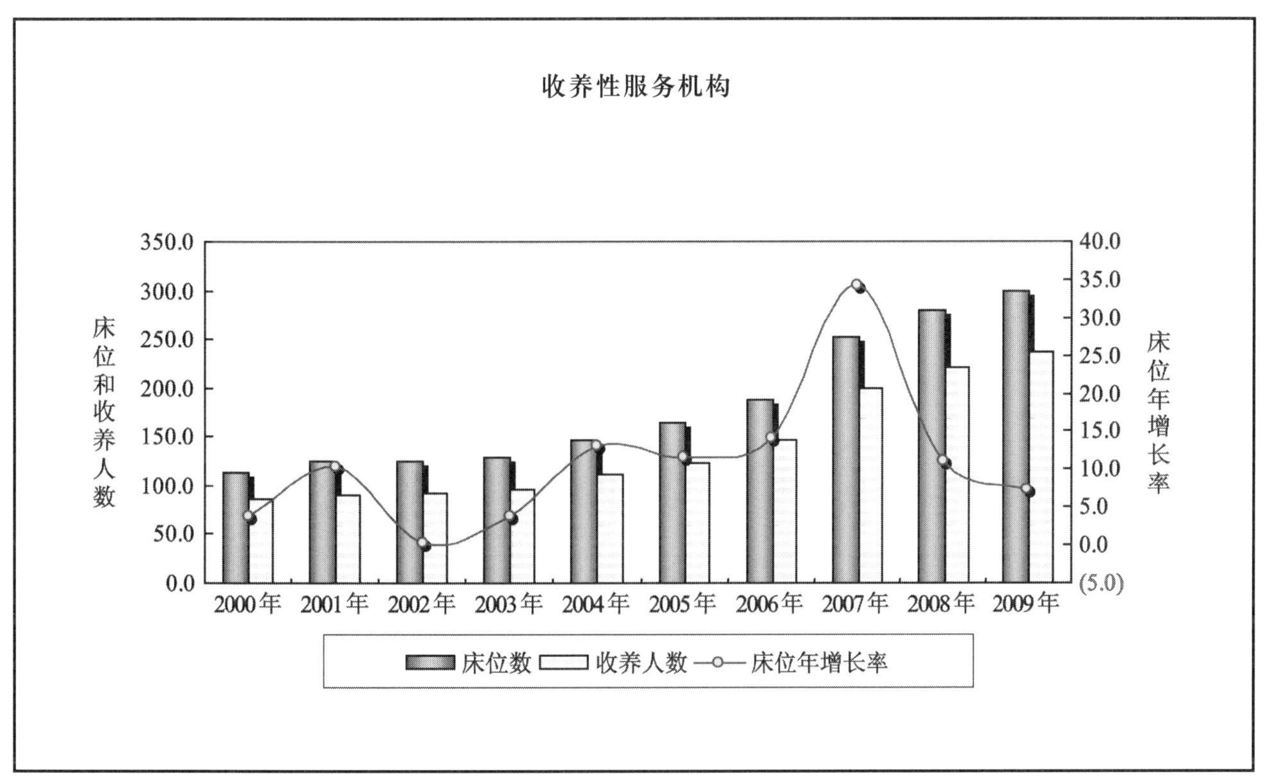

单位：万张、万人、%

指　标	2000年	2001年	2002年	2003年	2004年	2005年	2006年	2007年	2008年	2009年
床位数	113.0	124.7	125.1	129.8	146.8	163.9	187.1	251.3	279.4	299.3
收养人数	85.4	89.3	92.6	96.5	110.9	123.6	147.0	200.0	221.9	236.3
床位年增长率	3.8	10.4	0.3	3.8	13.1	11.6	14.1	34.3	11.2	7.2

图－14　农村养老服务机构

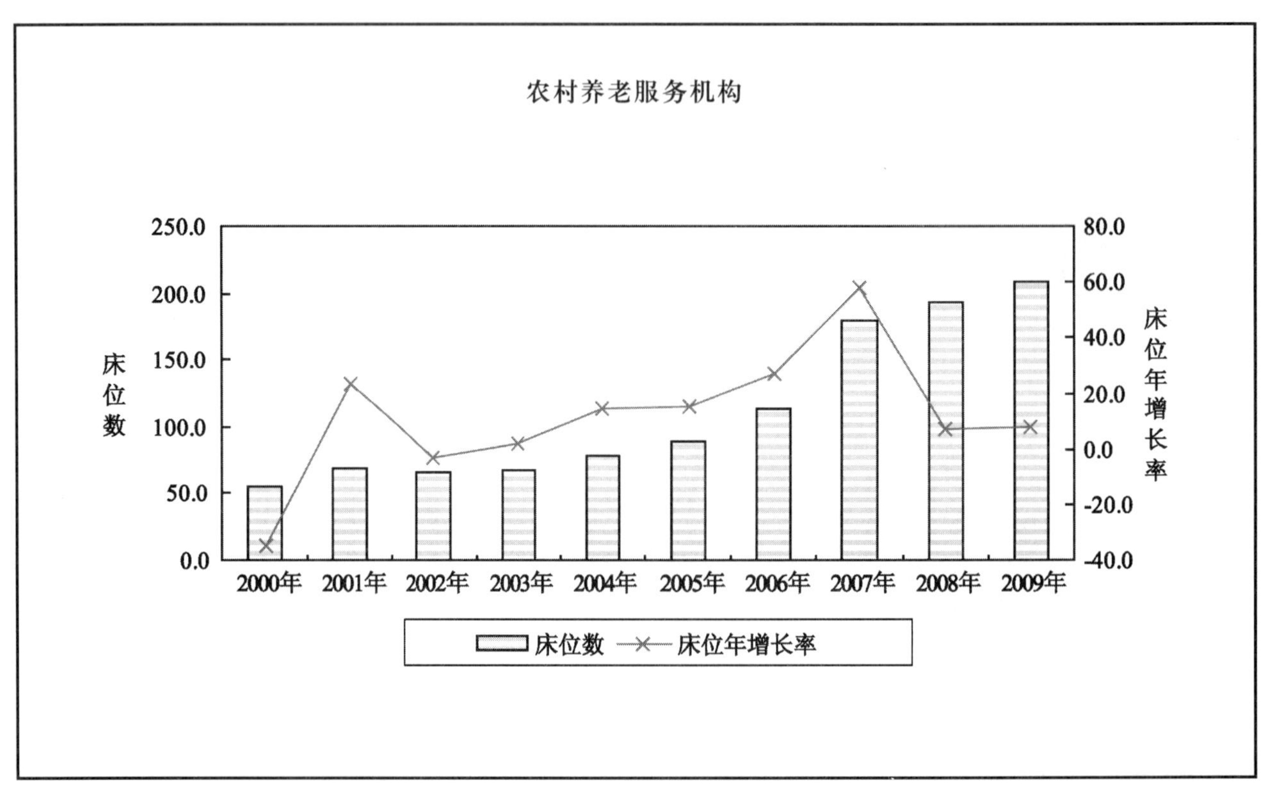

单位：万个、万张、%

指　标	2000年	2001年	2002年	2003年	2004年	2005年	2006年	2007年	2008年	2009年
单位数	2.6	2.7	2.6	2.4	2.6	3.0	3.1	3.5	3.0	3.1
床位数	55.6	68.4	66.2	67.6	77.5	89.5	113.6	179.8	193.1	208.8
床位年增长率	-34.8	23.0	-3.2	2.1	14.6	15.5	26.9	58.3	7.4	8.2

图 -15　社区服务设施

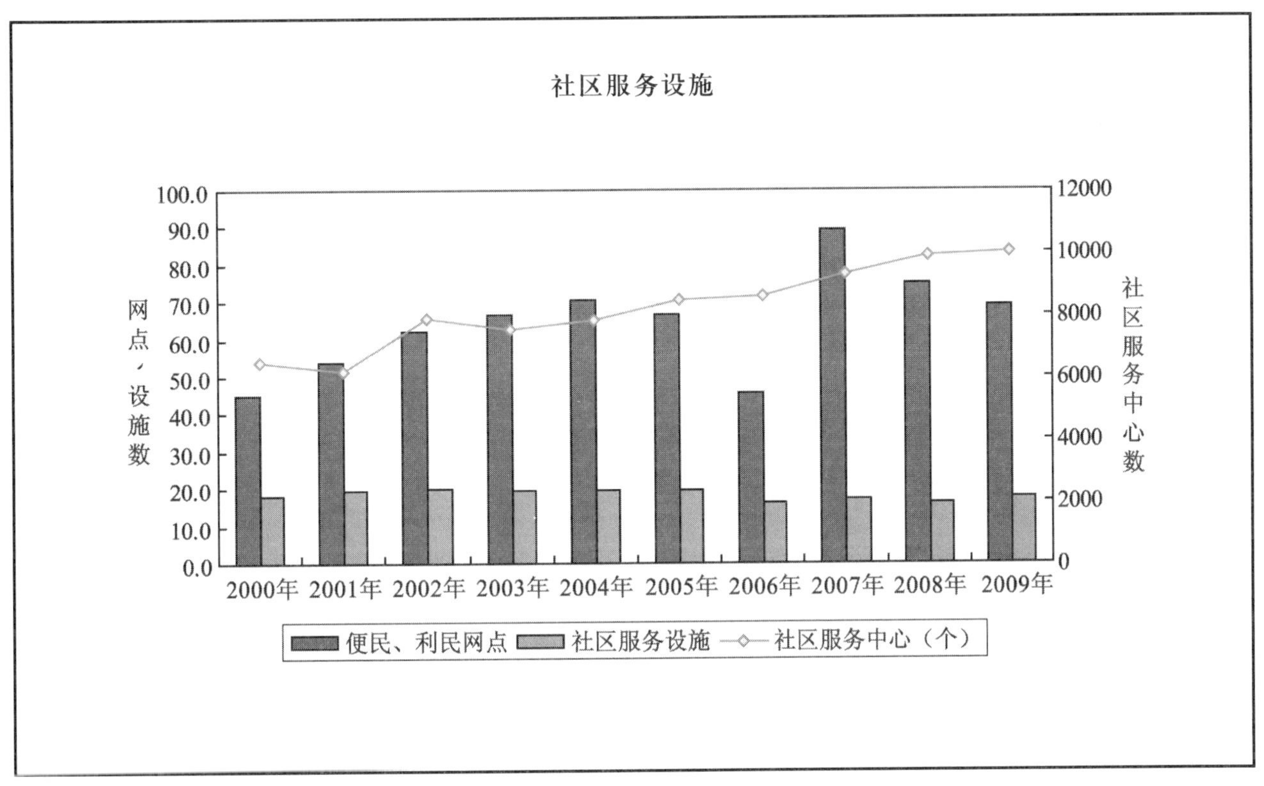

单位：万个

指　标	2000 年	2001 年	2002 年	2003 年	2004 年	2005 年	2006 年	2007 年	2008 年	2009 年
社区服务设施	18.1	19.6	19.9	19.6	19.8	19.5	16.0	17.2	16.2	17.5
社区服务中心（个）	6444	6179	7898	7520	7804	8479	8565	9319	9873	10003
社区服务站								5.0	3.0	5.3
便民、利民网点	45.2	54.0	62.3	66.8	70.4	66.5	45.8	89.3	74.9	69.3

图－16　城市最低生活保障

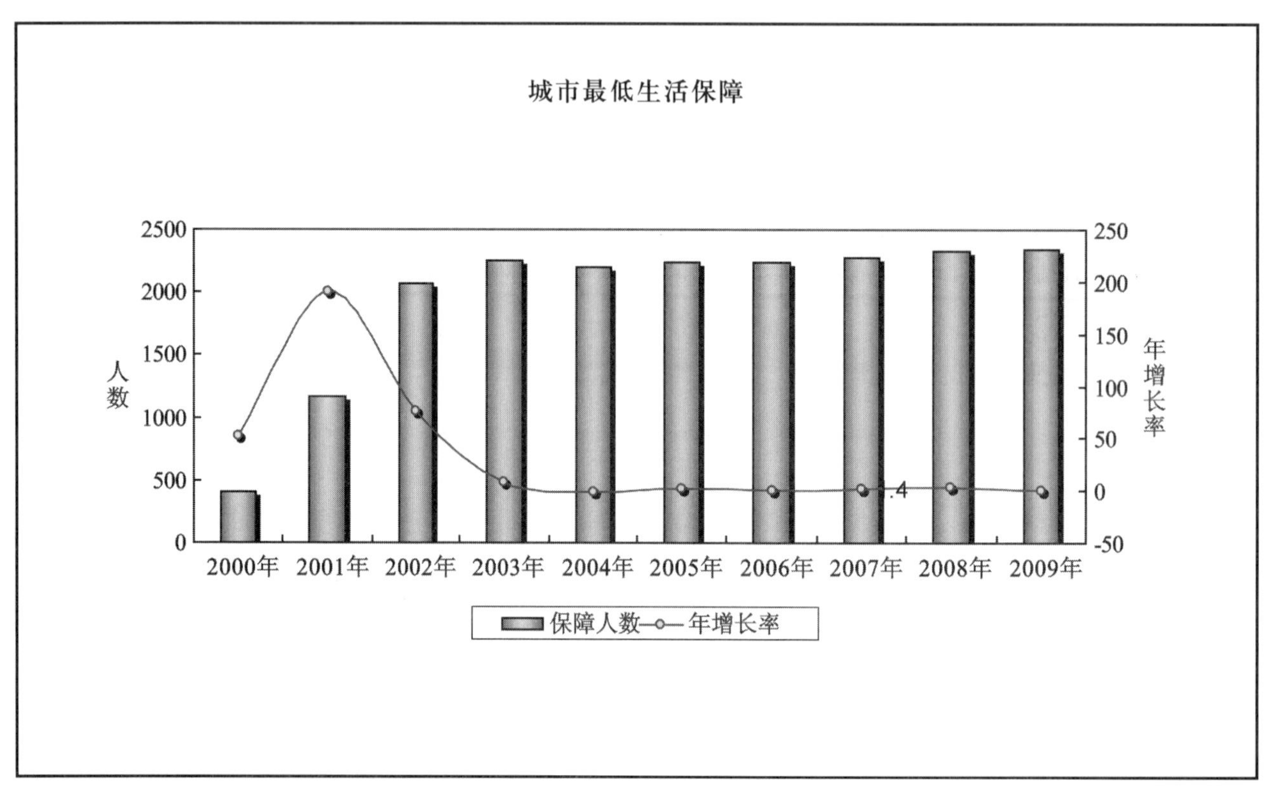

单位：万人、%

指　标	2000年	2001年	2002年	2003年	2004年	2005年	2006年	2007年	2008年	2009年
保障人数	402.6	1170.7	2064.7	2246.8	2205	2234.2	2240.1	2272.1	2334.8	2345.6
年增长率	51.4	190.8	76.4	8.8	-1.9	1.3	0.3	1.4	2.8	0.5

图 -17　城市最低生活保障平均标准与平均支出水平

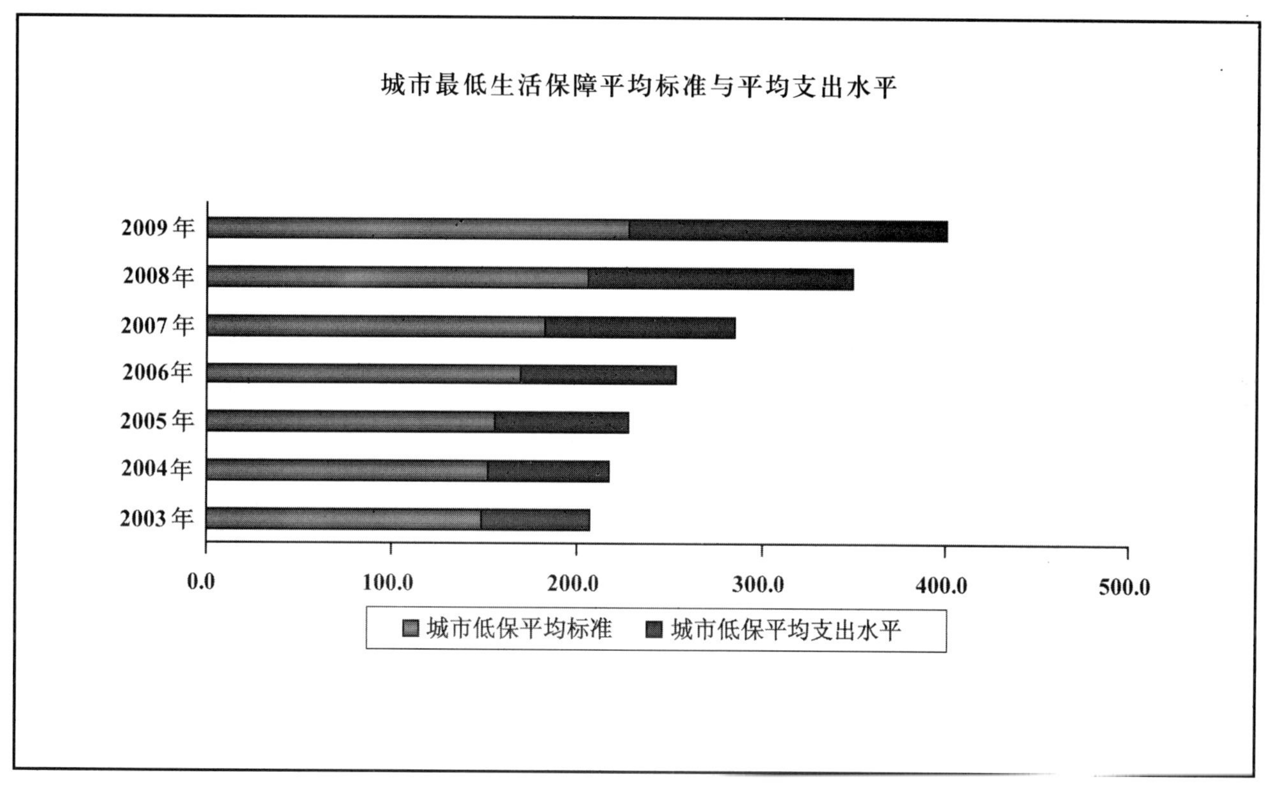

单位：元／人、月

指　标	2003 年	2004 年	2005 年	2006 年	2007 年	2008 年	2009 年
城市低保平均标准	149.0	152.0	156.0	169.6	182.4	205.3	227.8
城市低保平均支出水平	58.0	65.0	72.3	83.6	102.7	143.7	172.0

图－18 各省城市最低生活保障平均标准与支出水平

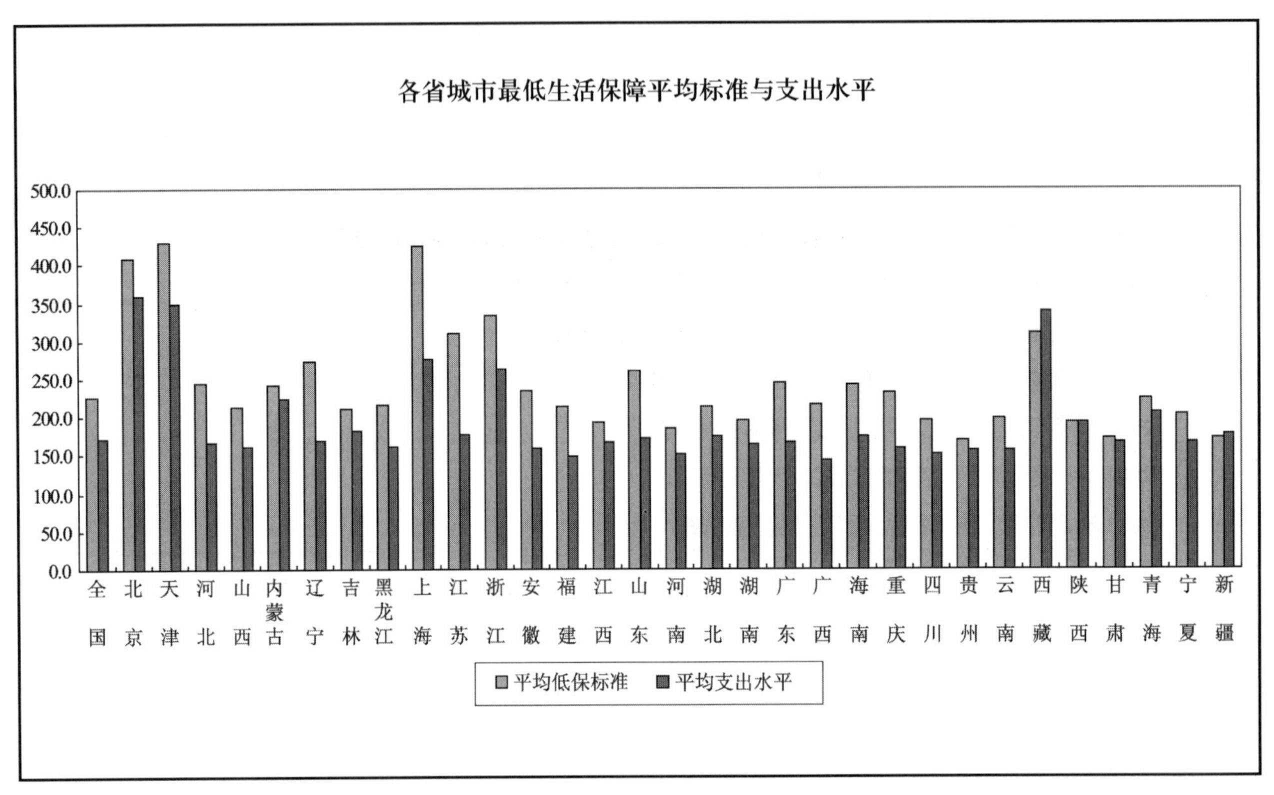

单位：元／人、月

地　区	平均低保标准	平均支出水平	地　区	平均低保标准	平均支出水平	地　区	平均低保标准	平均支出水平	地　区	平均低保标准	平均支出水平
全　国	227.8	172.3	黑龙江	217.0	160.3	河　南	185.6	151.3	贵　州	169.7	157.4
北　京	410.0	360.0	上　海	425.0	276.5	湖　北	213.9	174.6	云　南	198.6	155.0
天　津	430.0	350.1	江　苏	310.3	177.6	湖　南	195.4	163.5	西　藏	309.6	338.6
河　北	245.2	167.3	浙　江	334.0	263.3	广　东	244.3	166.3	陕　西	192.2	193.2
山　西	212.6	160.3	安　徽	234.3	158.6	广　西	216.9	142.4	甘　肃	171.0	165.6
内蒙古	241.4	223.1	福　建	213.2	147.4	海　南	242.6	174.9	青　海	222.7	204.7
辽　宁	272.2	169.9	江　西	193.6	166.2	重　庆	231.0	159.8	宁　夏	204.1	165.4
吉　林	211.8	183.4	山　东	261.5	173.1	四　川	195.7	152.1	新　疆	172.2	175.9

图－19　农村最低生活保障

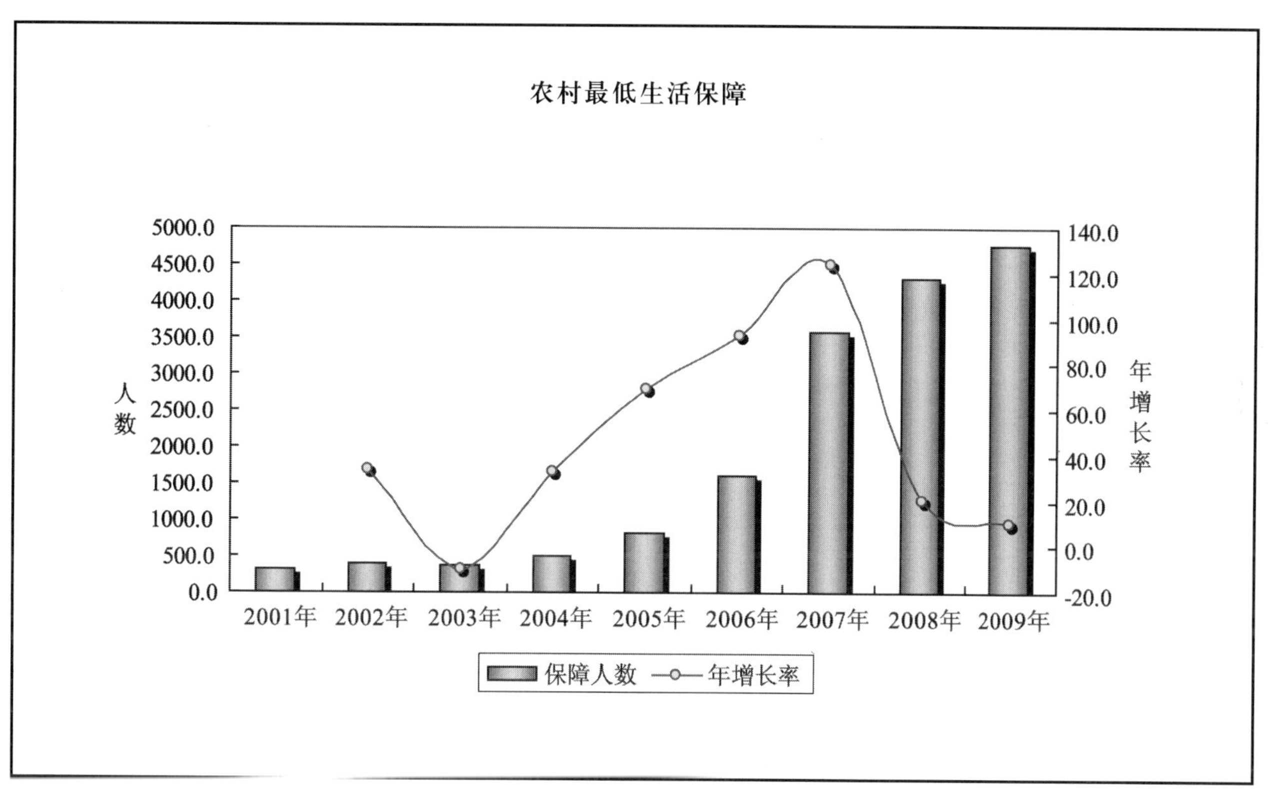

单位：万人、%

指　标	2001年	2002年	2003年	2004年	2005年	2006年	2007年	2008年	2009年
保障人数	304.6	407.8	367.1	488.0	825.0	1593.1	3566.3	4305.5	4760.0
年增长率		33.9	-10.0	32.9	69.1	93.1	123.9	20.7	10.6

图－20　农村五保供养

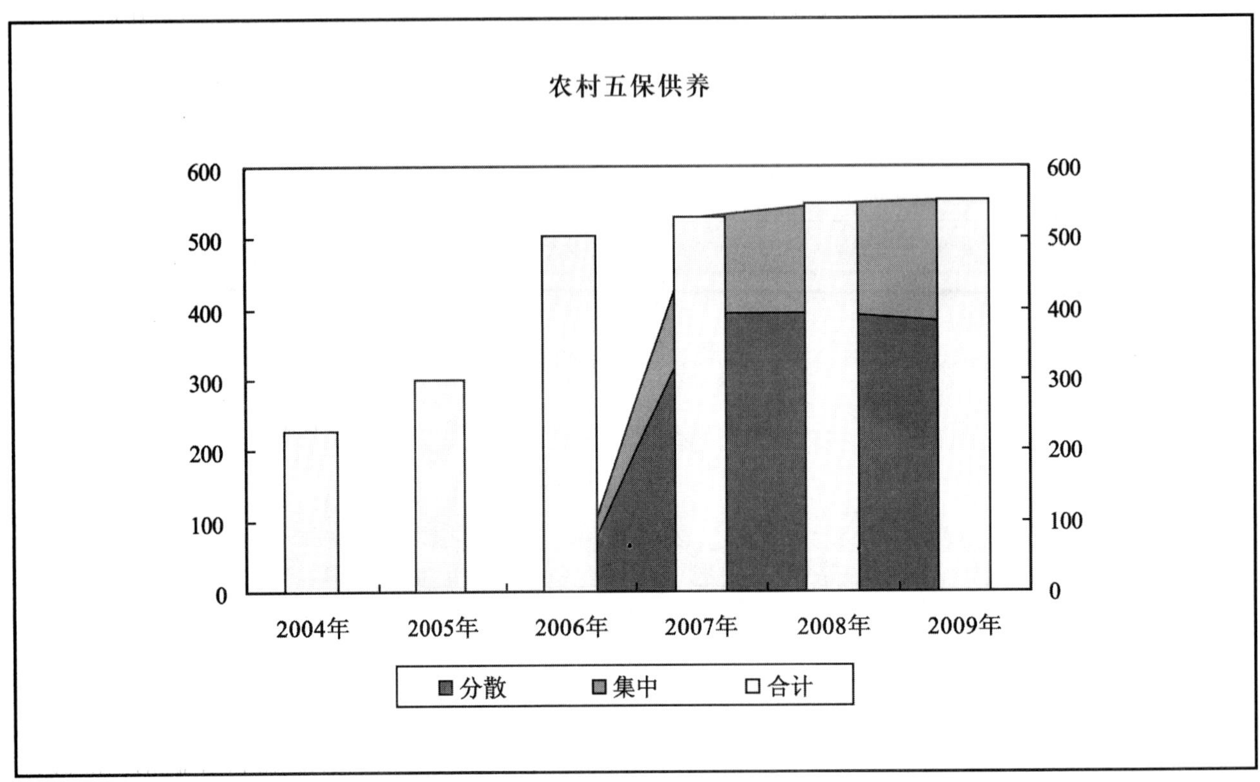

单位：万人、%

指　标	2004年	2005年	2006年	2007年	2008年	2009年
合　计	228.7	300	503.3	531.3	548.6	553.4
分　散				393.3	393.0	381.6
集　中				138.0	155.6	171.8

图 -21 社会捐赠

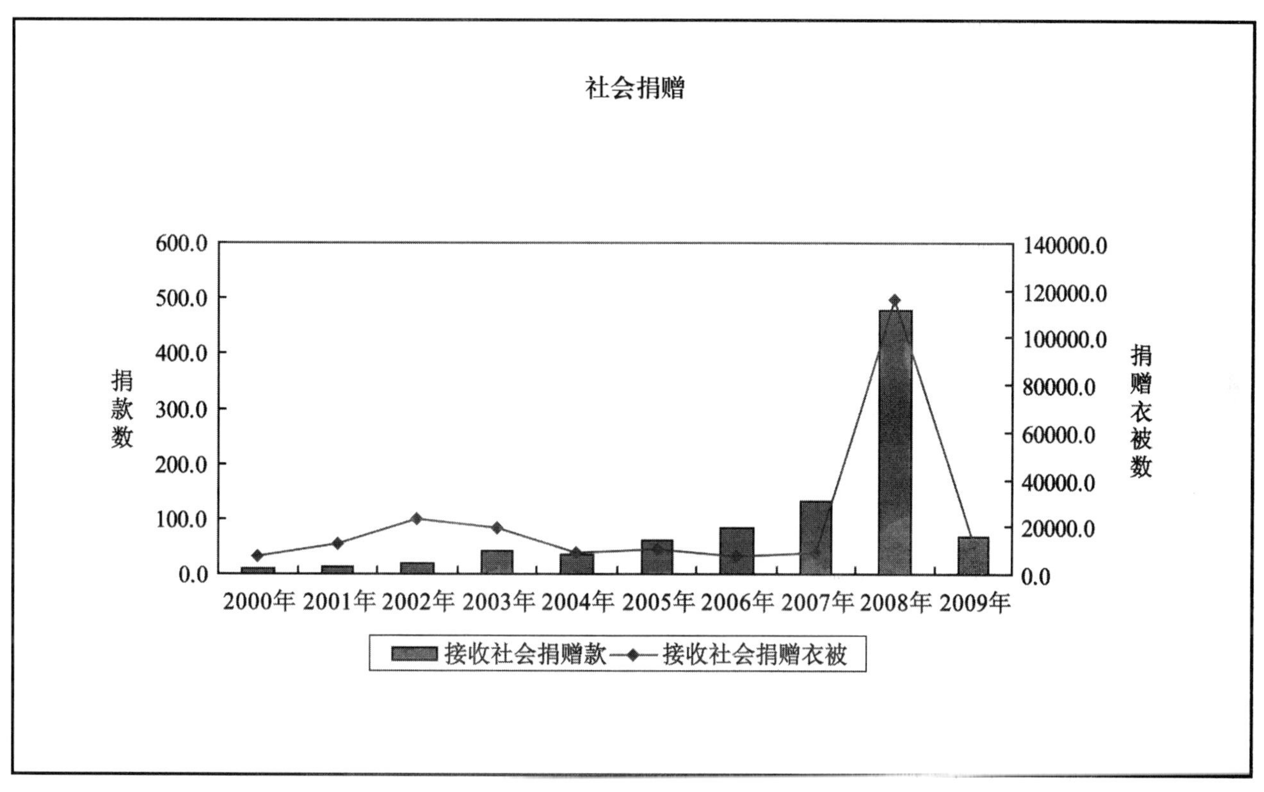

单位：亿元、万件

指　标	2000 年	2001 年	2002 年	2003 年	2004 年	2005 年	2006 年	2007 年	2008 年	2009 年
接收社会捐赠款	9.3	11.7	19.0	41.0	34.0	60.3	83.1	132.8	479.3	**66.5**
接收社会捐赠衣被	7708.5	12635.4	22961.1	19648.8	8957.2	10355.0	7123.6	8756.8	115816.3	**12476.6**

图 -22 社会福利企业中的残疾职工

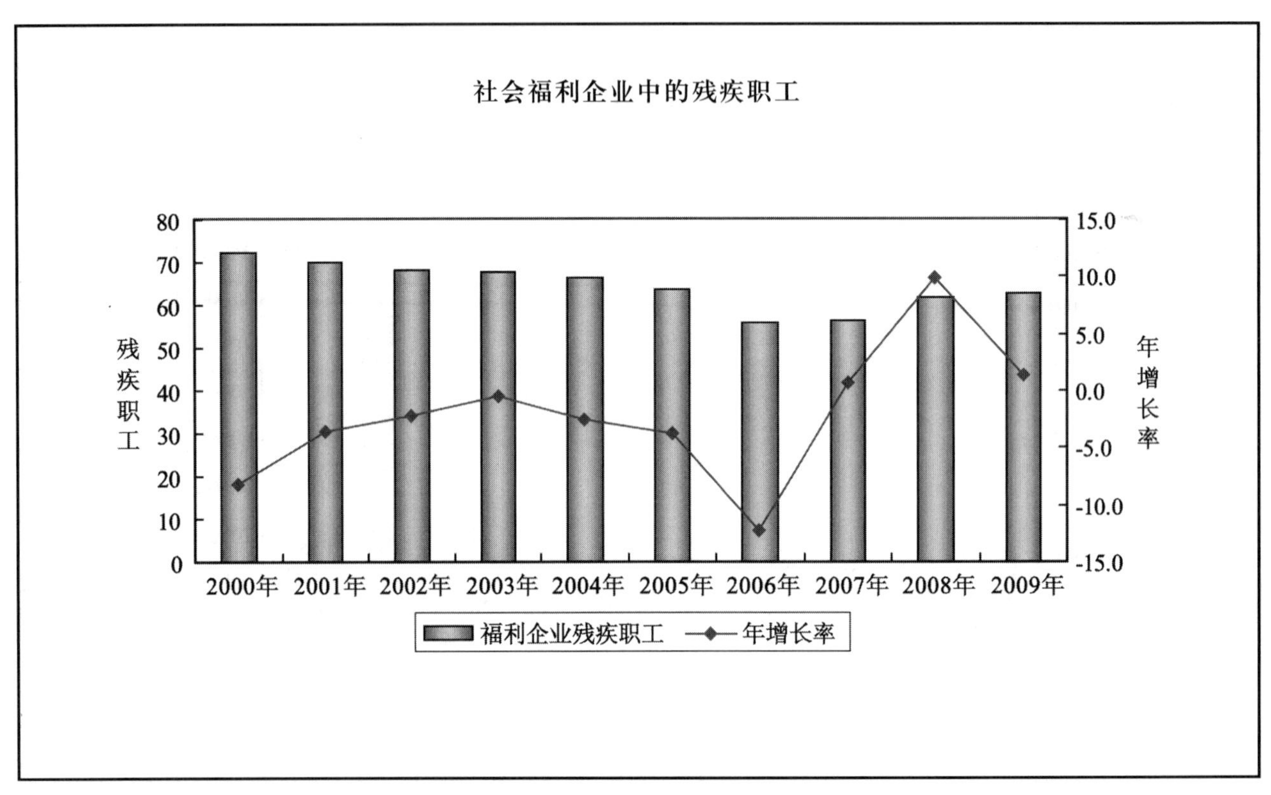

单位：万人、%

指　标	2000 年	2001 年	2002 年	2003 年	2004 年	2005 年	2006 年	2007 年	2008 年	2009 年
福利企业残疾职工	72.5	69.9	68.3	67.9	66.2	63.7	55.9	56.3	61.9	62.7
年增长率	-8.2	-3.6	-2.3	-0.6	-2.5	-3.8	-12.2	0.7	9.9	1.3

图 -23 福利彩票

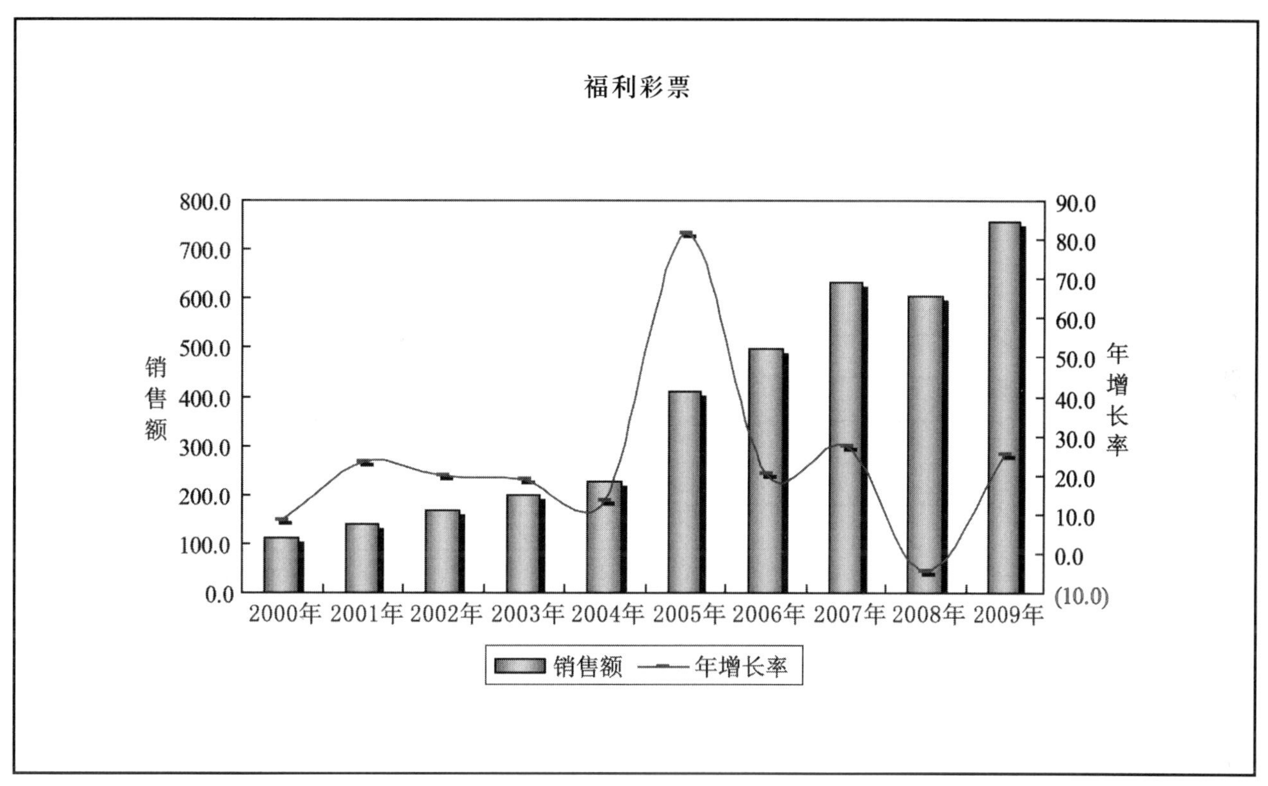

单位：亿元、%

指　标	2000 年	2001 年	2002 年	2003 年	2004 年	2005 年	2006 年	2007 年	2008 年	2009 年
销售额	113.4	140.0	168.0	200.0	226.4	411.2	495.7	631.6	604.0	756.0
年增长率	8.6	23.5	20.0	19.0	13.2	81.6	20.5	27.4	-4.4	25.2

图－24　因灾死亡人口

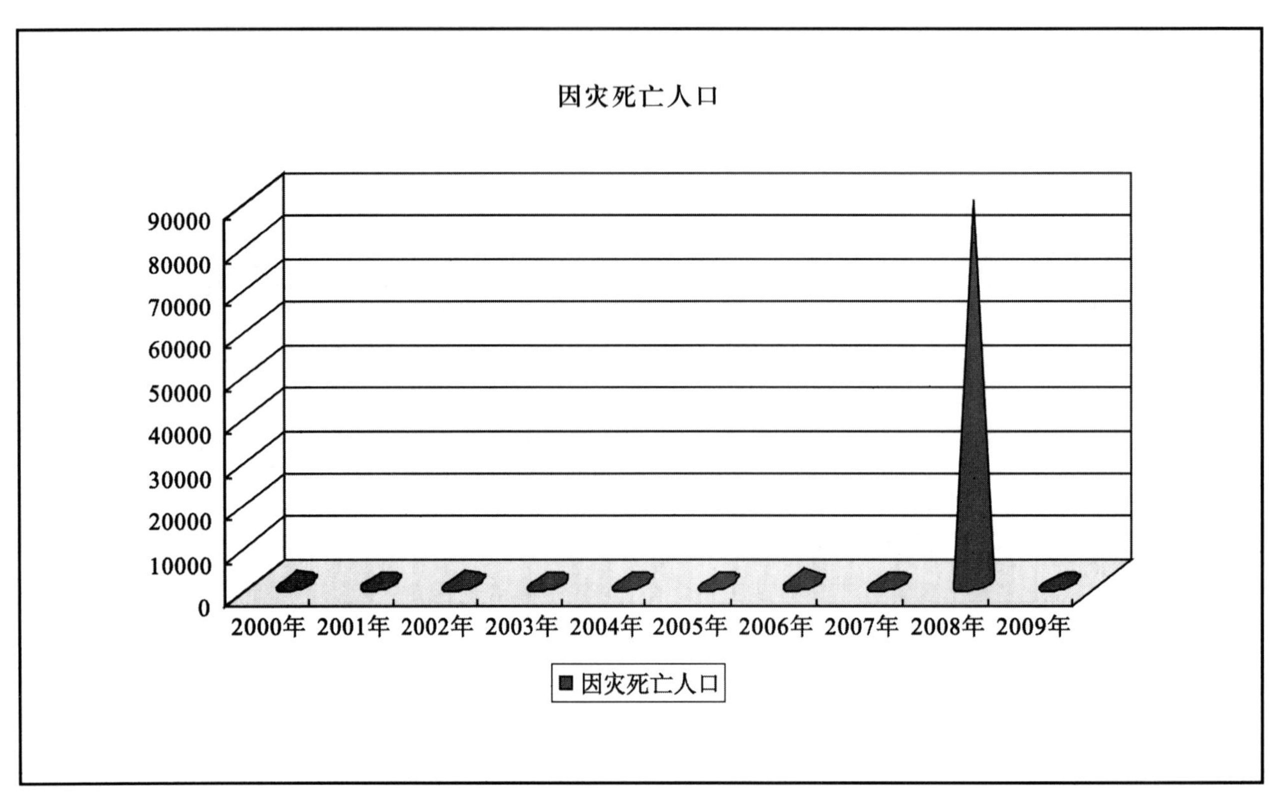

单位：人

指　标	2000年	2001年	2002年	2003年	2004年	2005年	2006年	2007年	2008年	2009年
因灾死亡(含失踪)人口	3014	2583	2840	2259	2250	2475	3186	2325	88928	1528

图-25 受灾人口

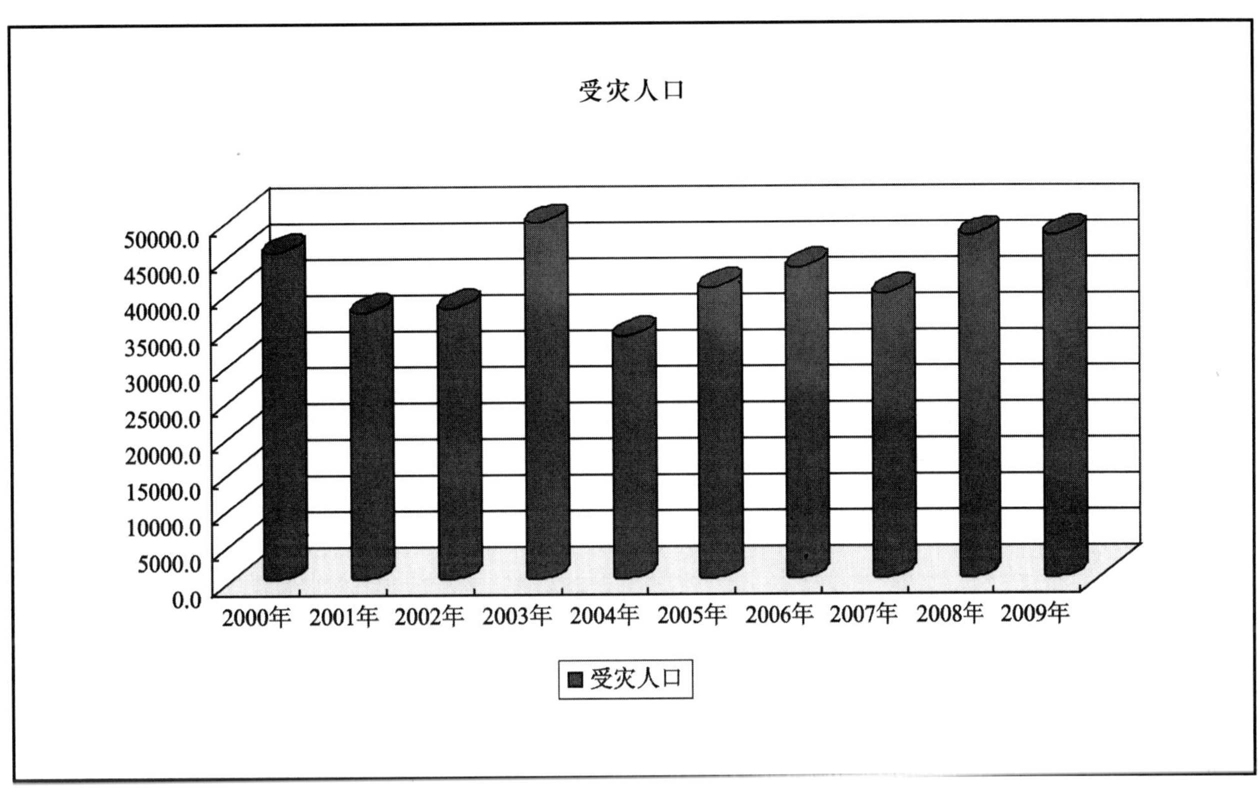

单位：万人次

指　标	2000年	2001年	2002年	2003年	2004年	2005年	2006年	2007年	2008年	2009年
受灾人口	45652.0	37256.0	37842.0	49745.9	33920.6	40653.7	43453.3	39777.9	47795.0	47933.5

图－26 国家抚恤、补助优抚对象

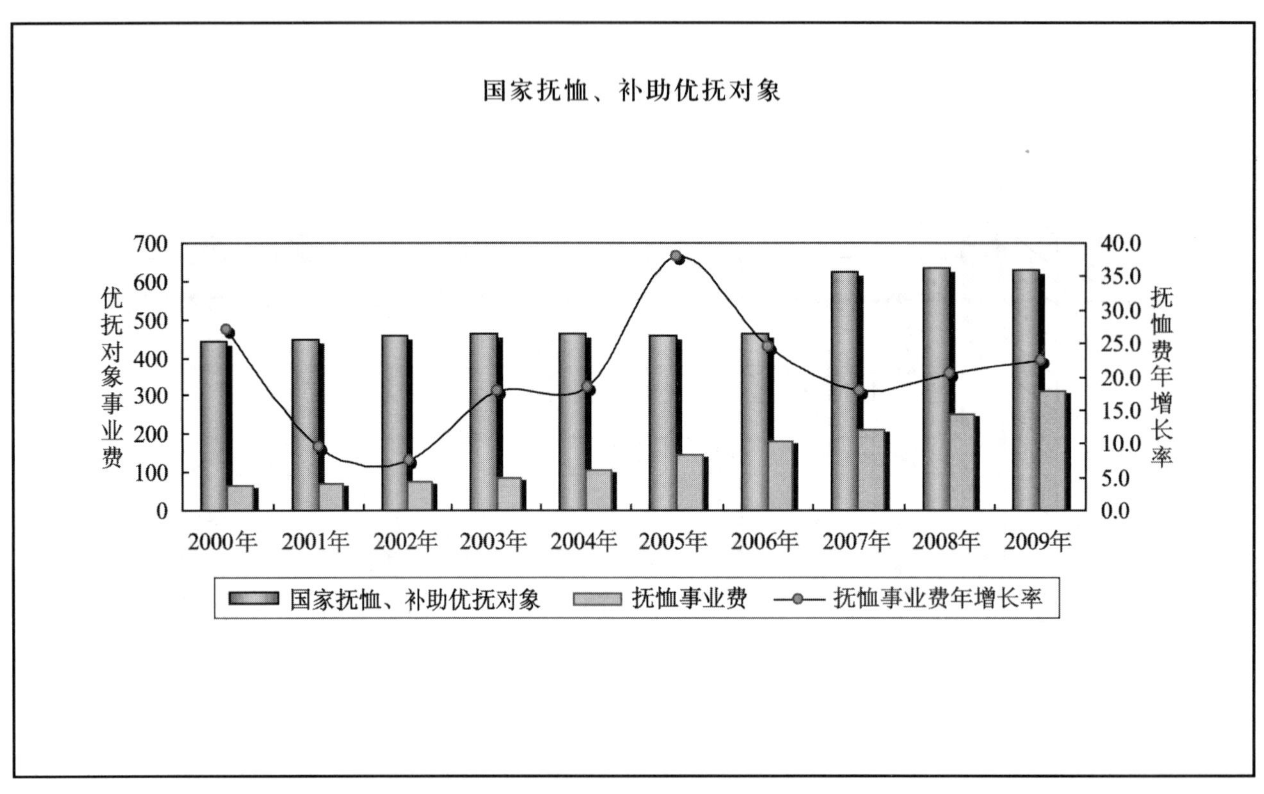

单位：万人、亿元、%

指　标	2000年	2001年	2002年	2003年	2004年	2005年	2006年	2007年	2008年	2009年
国家抚恤、补助优抚对象	442.4	450.7	459.0	464.9	462.0	460.3	462.6	622.4	633.2	630.7
抚恤事业费	63.5	69.5	74.7	87.9	104.1	143.6	178.8	210.8	253.6	310.3
抚恤事业费年增长率	27.0	9.5	7.5	17.7	18.4	37.9	24.5	17.9	20.3	22.4

图－27　优抚对象分类

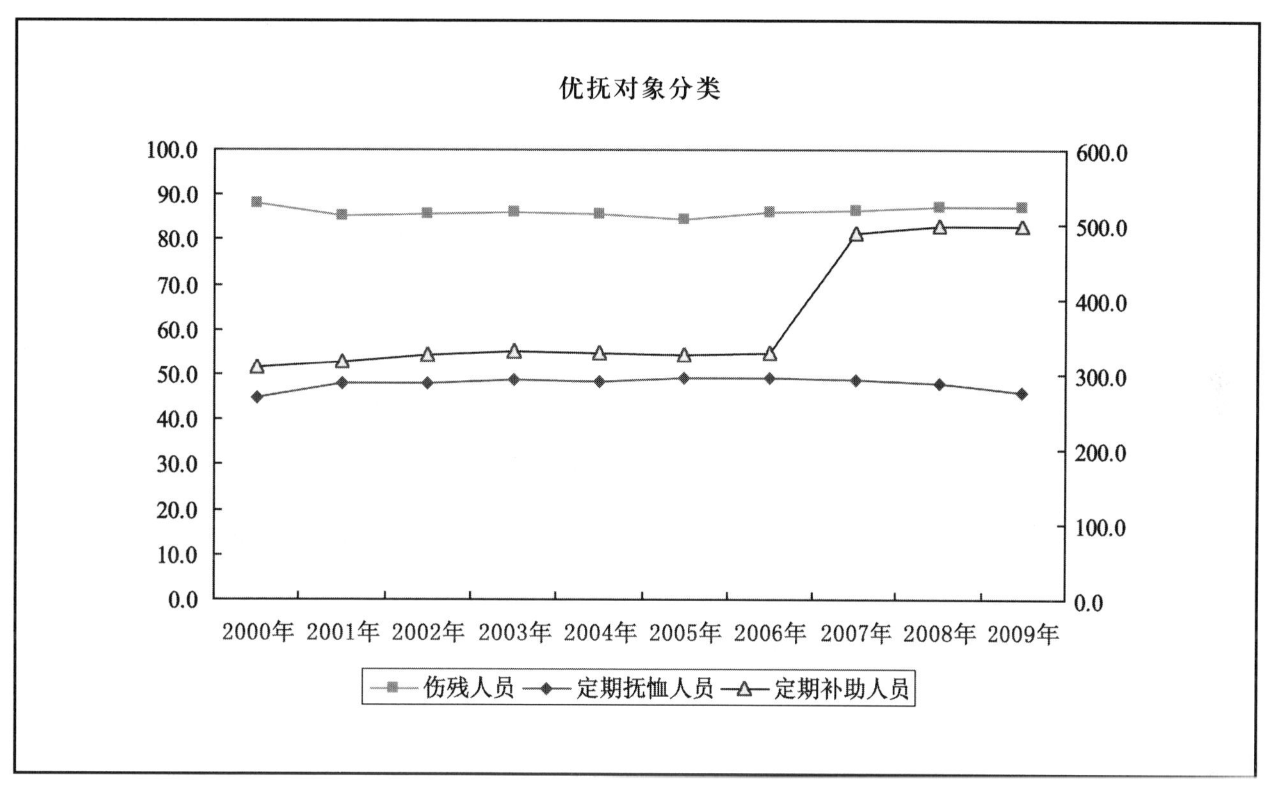

单位：万人

指　标	2000年	2001年	2002年	2003年	2004年	2005年	2006年	2007年	2008年	2009年
伤残人员	88.1	85.5	85.8	86.0	85.6	84.5	86.0	86.5	87.2	87.2
定期抚恤人员	44.8	48.1	48.0	48.9	48.6	49.3	49.1	48.9	47.9	45.9
定期补助人员	309.5	317.1	325.2	330.0	327.8	326.6	327.4	487.1	498.2	497.7

图 -28　接收安置军休干部、军休职工

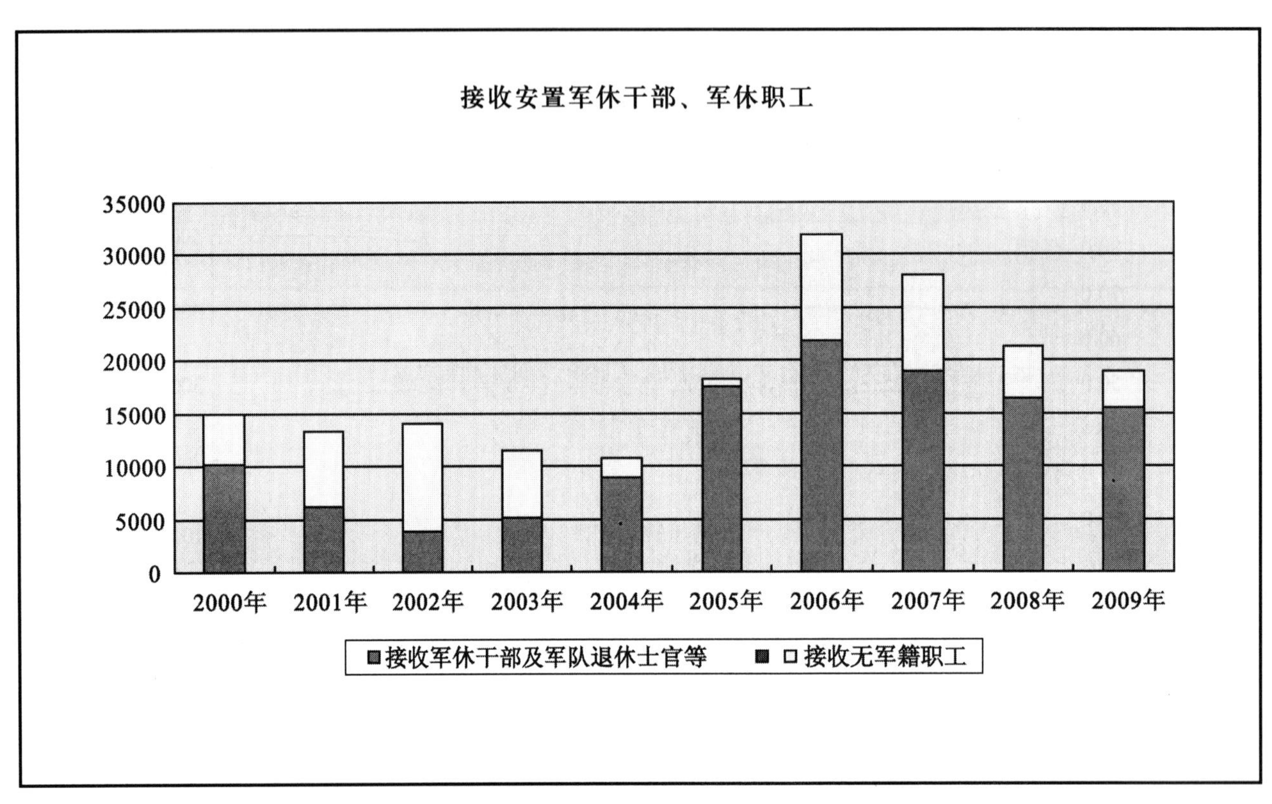

单位：万人、亿元、%

指　标	2000年	2001年	2002年	2003年	2004年	2005年	2006年	2007年	2008年	2009年
接收军休干部及军队退休士官等	10197	6236	3792	5195	8974	17416	21832	18997	16331	15492
接收无军籍职工	4822	7129	10175	6312	1820	904	10136	9061	5047	3412

图－29　烈士褒扬和零散烈士纪念设施

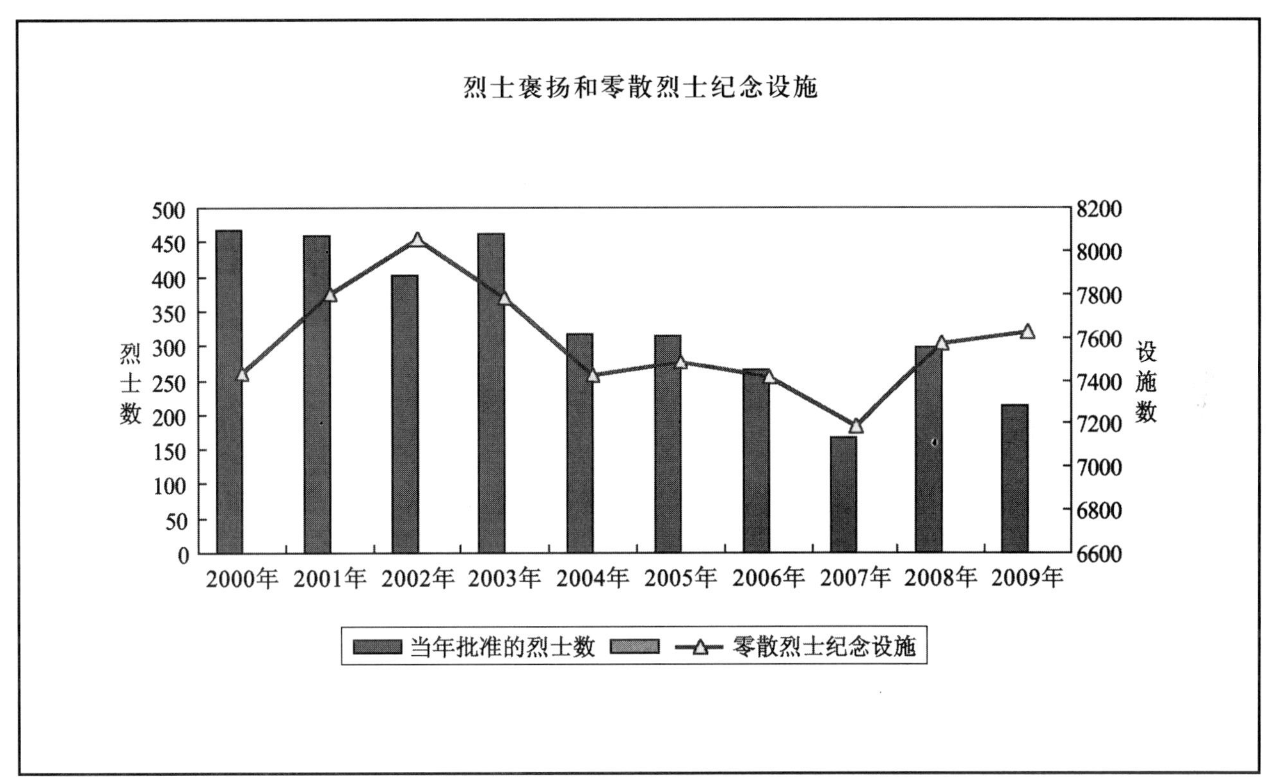

单位：人、个

指　标	2000 年	2001 年	2002 年	2003 年	2004 年	2005 年	2006 年	2007 年	2008 年	2009 年
当年批准的烈士数	468	460	403	461	316	314	265	168	297	213
零散烈士纪念设施	7427	7802	8051	7781	7425	7483	7414	7186	7569	7622

图 -30 社会组织

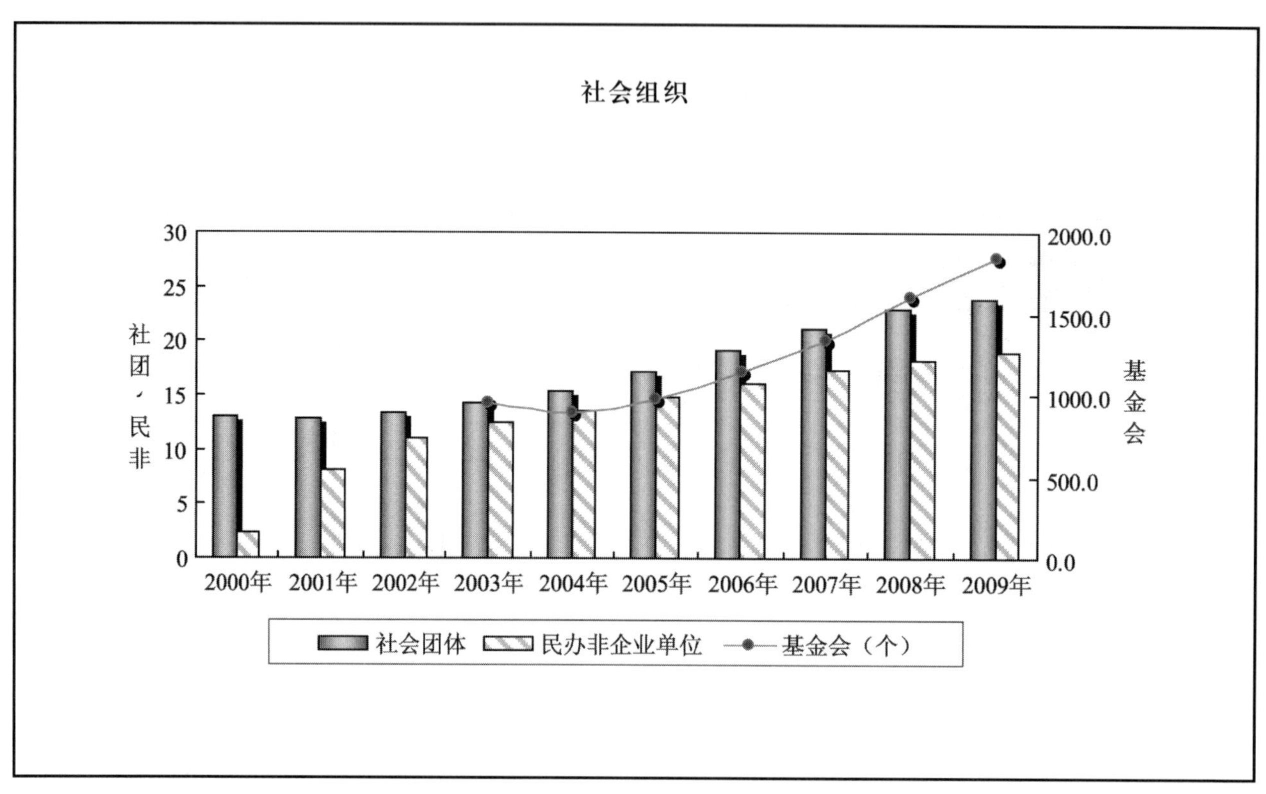

单位：万个、%

指　标	2000 年	2001 年	2002 年	2003 年	2004 年	2005 年	2006 年	2007 年	2008 年	2009 年
社会团体	13.1	12.9	13.3	14.2	15.3	17.1	19.2	21.2	23	23.9
民办非企业单位	2.3	8.2	11.1	12.4	13.5	14.8	16.1	17.4	18.2	19
基金会（个）				954	892	975	1144	1340	1597	1843

图-31　自治组织

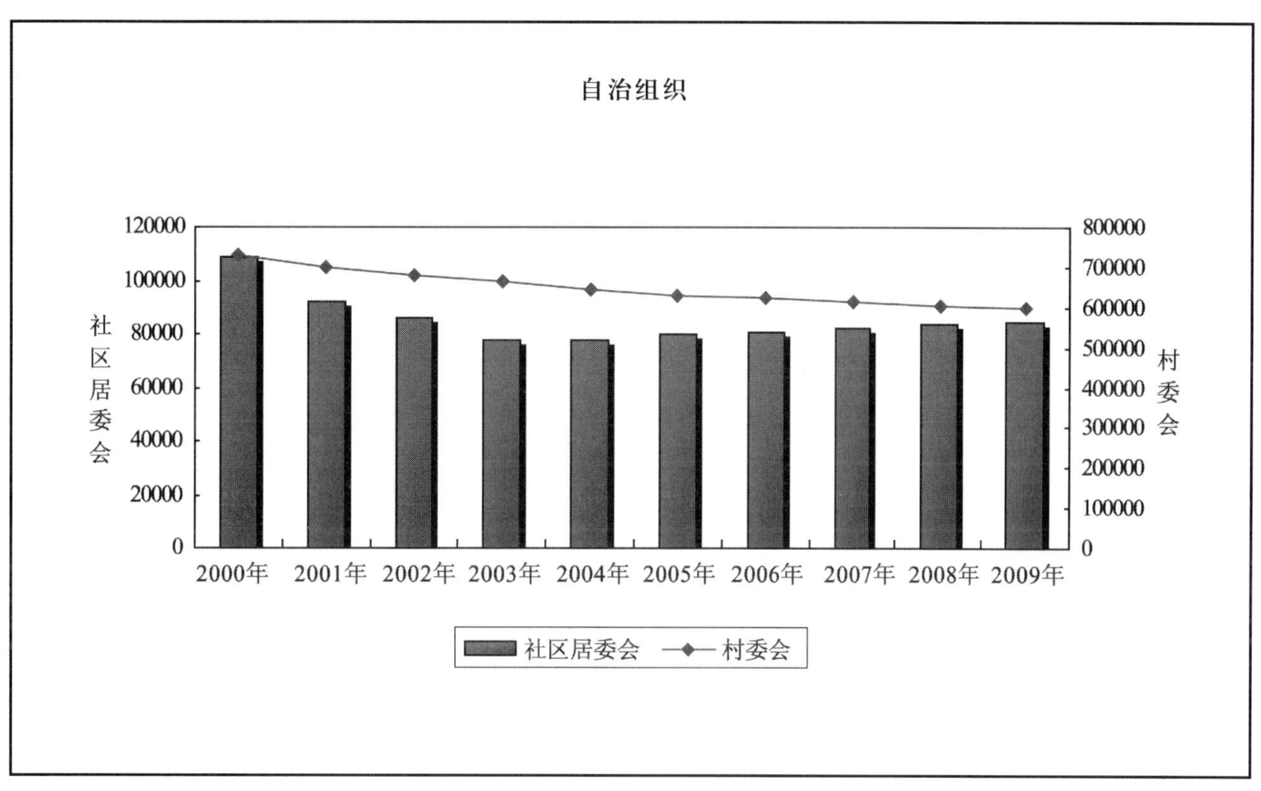

单位：个

指　标	2000年	2001年	2002年	2003年	2004年	2005年	2006年	2007年	2008年	2009年
社区居委会	108424	91893	86087	77431	77884	79947	80717	82006	83413	84689
村委会	731659	699974	681277	663486	644166	629079	623669	612709	604285	599078

图－32 结婚登记服务

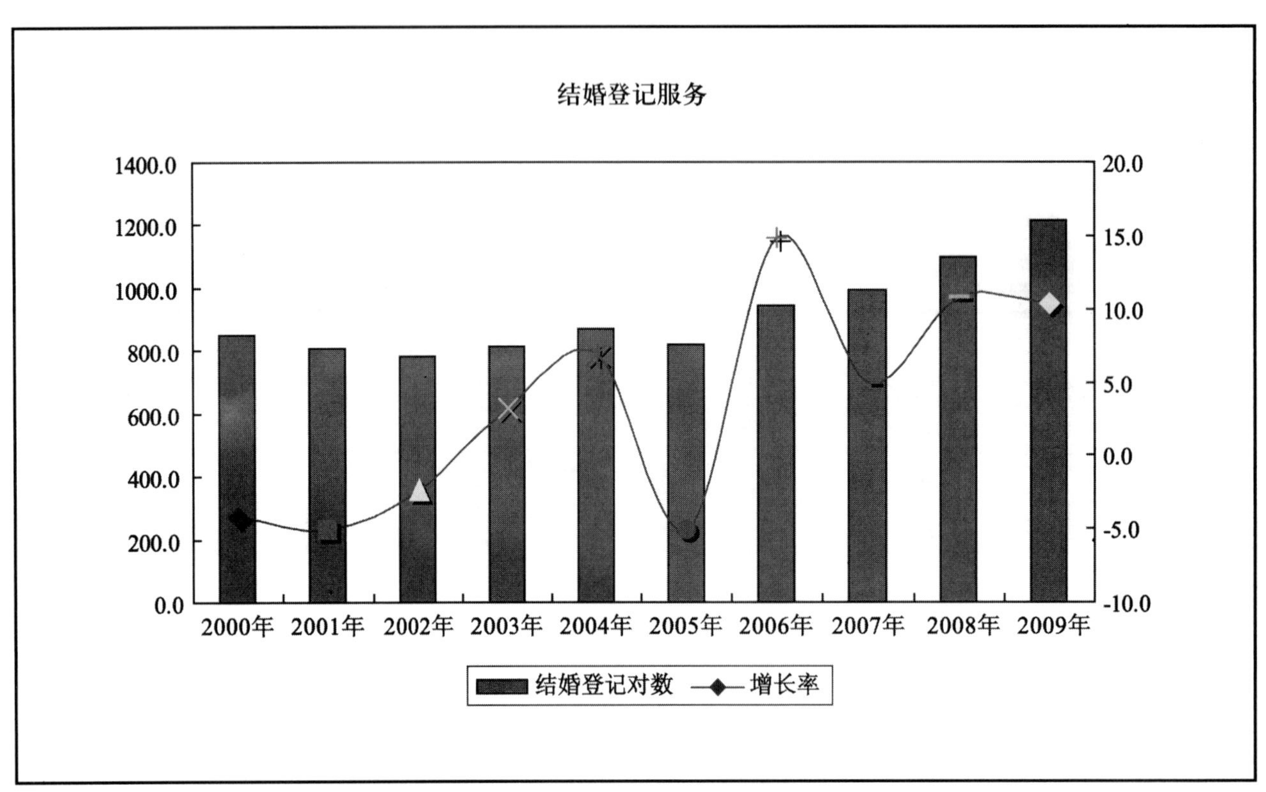

单位：万对、%

指　标	2000年	2001年	2002年	2003年	2004年	2005年	2006年	2007年	2008年	2009年
结婚登记对数	848.5	805.0	786.0	811.4	867.2	823.1	945.0	991.4	1098.3	1212.4
增长率	-4.2	-5.1	-2.4	3.2	6.9	-5.1	14.8	4.9	10.8	10.4

图 –33　分年龄组结婚登记情况

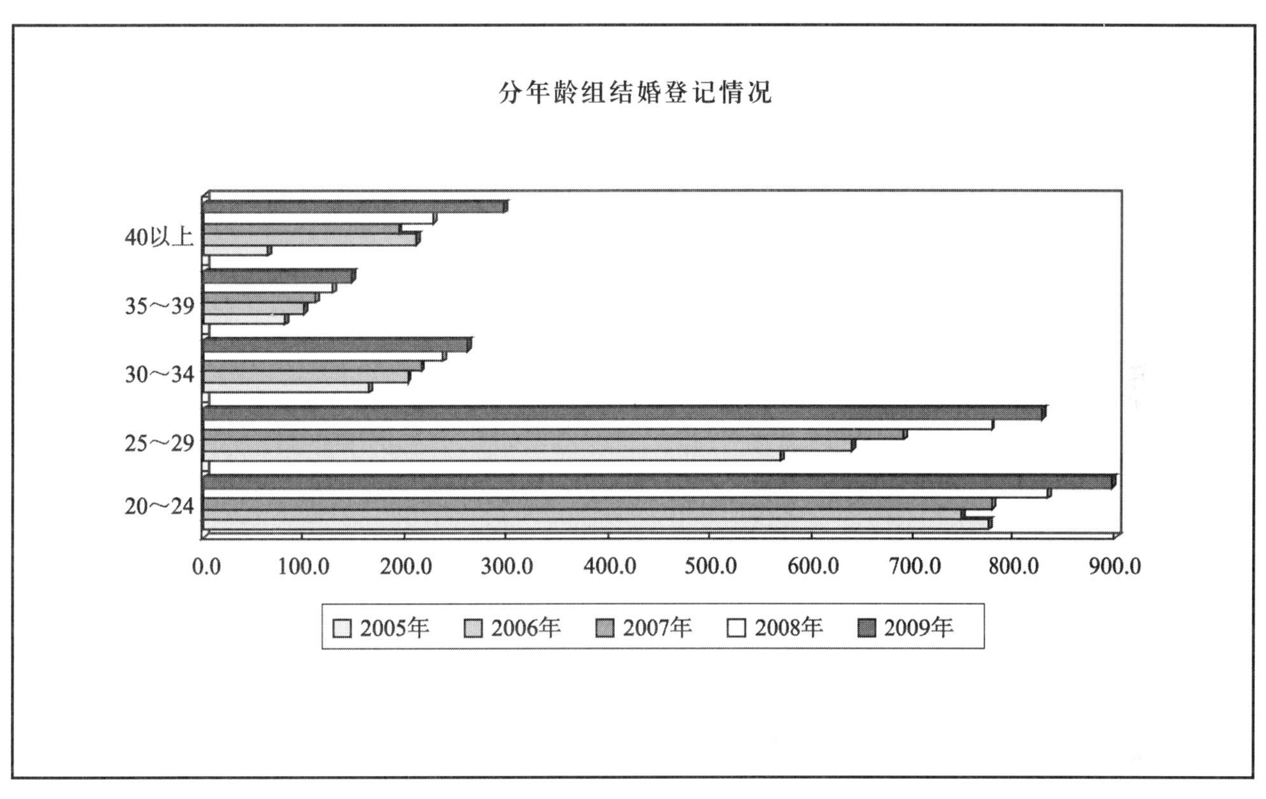

单位：万人

年　龄	20～24	25～29	30～34	35～39	40以上
2005年	773.2	565.0	163.4	80.6	63.8
2006年	744.8	636.3	200.8	99.0	209.1
2007年	776.7	689.5	214.0	110.9	191.6
2008年	832.3	775.7	236.1	126.5	226.2
2009年	896.7	826.6	260.4	145.5	295.5

图－34　结婚率和离婚率

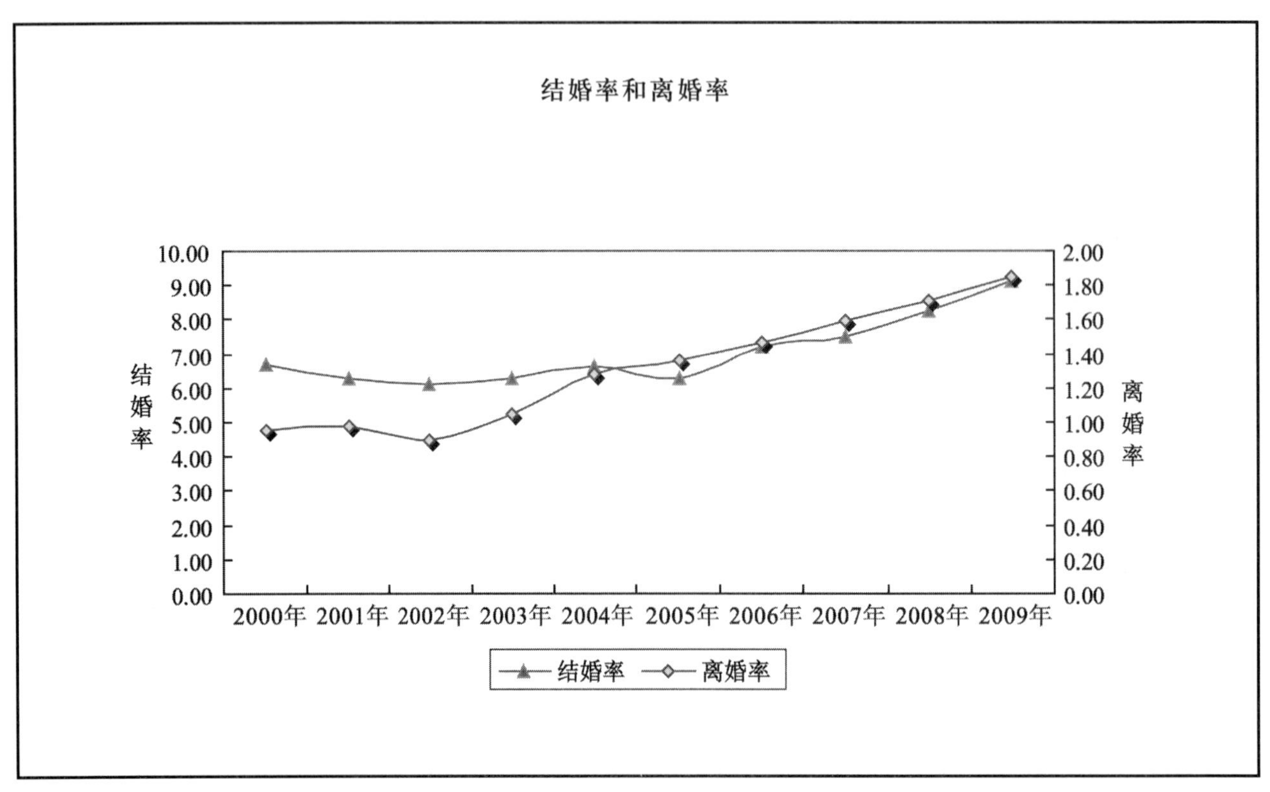

单位：‰

指　标	2000年	2001年	2002年	2003年	2004年	2005年	2006年	2007年	2008年	2009年
结婚率	6.70	6.30	6.10	6.30	6.65	6.30	7.19	7.50	8.27	9.10
离婚率	0.96	0.98	0.90	1.05	1.28	1.37	1.46	1.59	1.71	1.85

图 –35　民政部门和法院办理离婚情况

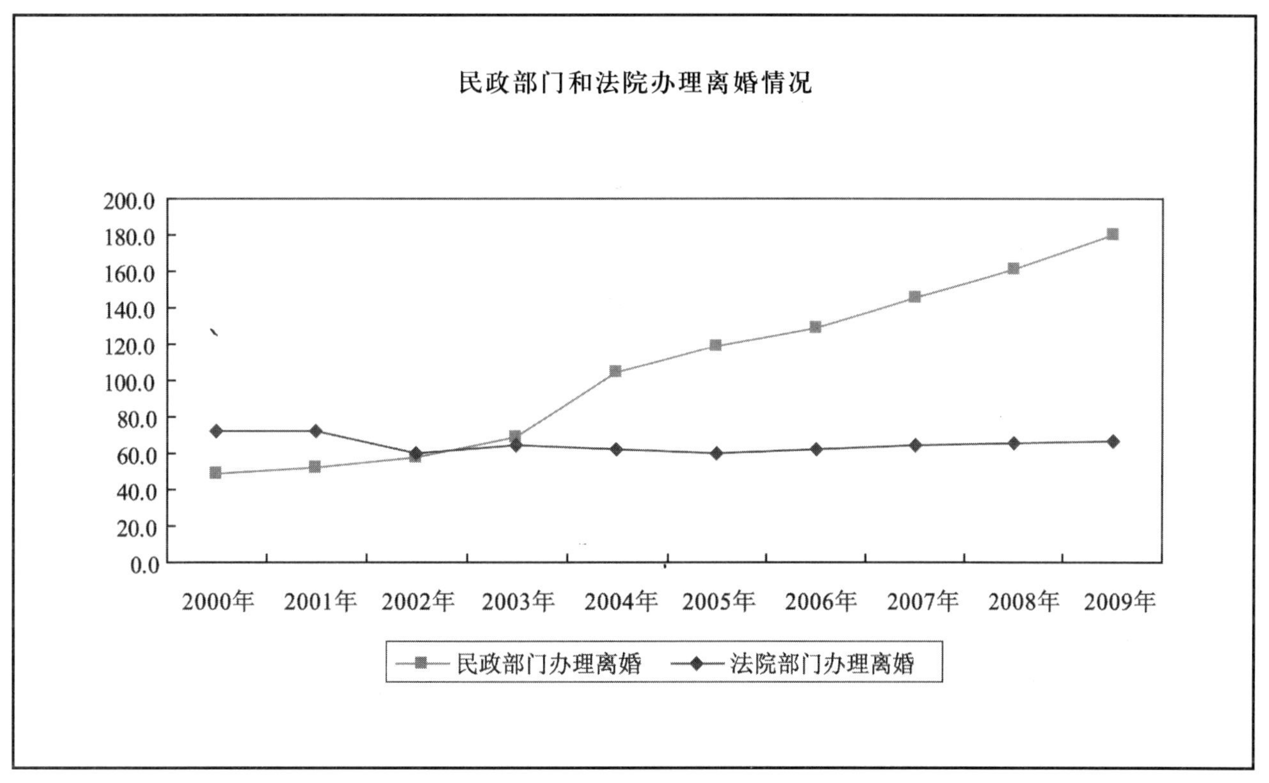

单位：万对

指　标	2000 年	2001 年	2002 年	2003 年	2004 年	2005 年	2006 年	2007 年	2008 年	2009 年
民政部门办理离婚	48.8	52.5	57.3	69.1	104.6	118.4	129.1	145.7	161.0	180.2
法院部门办理离婚	72.4	72.2	60.4	64.0	61.9	60.1	62.2	64.1	65.9	66.6

图－36　殡葬服务

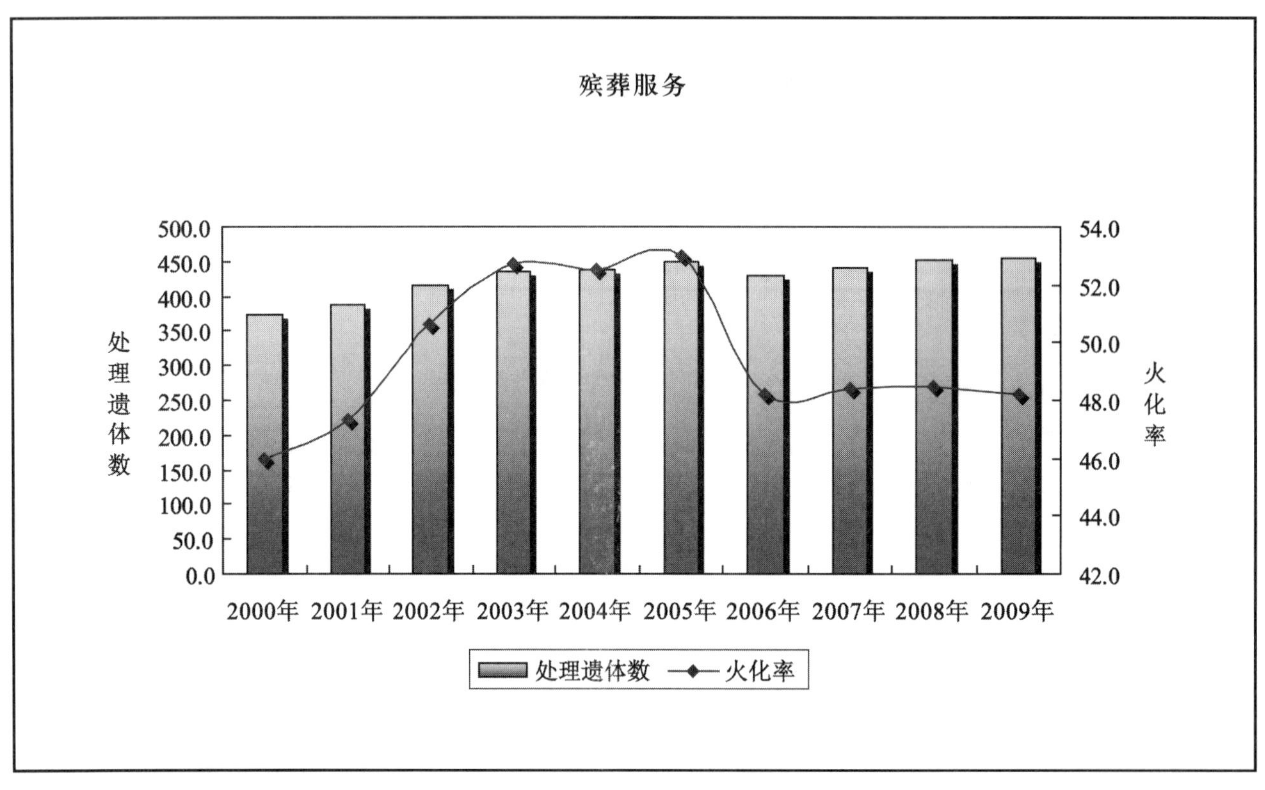

单位：万具、%

指　标	2000年	2001年	2002年	2003年	2004年	2005年	2006年	2007年	2008年	2009年
处理遗体数	373.7	386.7	415.2	435.0	436.9	450.2	430.2	442.1	453.4	454.2
火化率	46.0	47.3	50.6	52.7	52.5	53.0	48.2	48.4	48.5	48.2

02

专 文

民政部关于印发《2009 年民政事业发展统计报告》的通知

民函〔2010〕123 号

各省、自治区、直辖市民政厅（局），计划单列市民政局，新疆生产建设兵团民政局：

现将《2009 年民政事业发展统计报告》印发给你们。

二〇一〇年五月二十八日

2009年民政事业发展统计报告

2009 年民政部门紧紧围绕党和国家中心任务，着力提高“三个群体”生活水平、加强民政公共服务设施建设、发挥民政在构建和谐社会中的基础作用，有效落实了中央提出的“保增长、保民生、保稳定”的要求，各项民政工作都取得了显著进步，奠定了民政事业进一步发展的基础。

一、社会服务重点工作快速发展

（一）各类收养性机构建设有新的突破

资金保障和服务保障相结合的适度普惠养老服务迈出新步伐，全国部分县（市）建立了高龄生活补贴制度，以家庭为基础、社区为依托、机构为支撑的养老服务格局基本形成；开展了基本养老服务体系建设试点工作；制定实施了社会散居孤儿和福利机构儿童最低养育标准，“明天计划”、“重生行动”和脑瘫康复等助医项目取得明显效果；通过落实福利企业优惠政策继续促进残疾人在福利企业就业，依法保障残疾职工合法权益。

截至 2009 年底，全国各类收养性社会福利单位 40250 个，比上年增加 573 个，床位 299.3 万张，比上年增长 7.1%；收养 236.2 万人，比上年增长 6.4%。年末在院人员按性质分，优抚对象 12.7 万人，“三无”

收养性服务机构

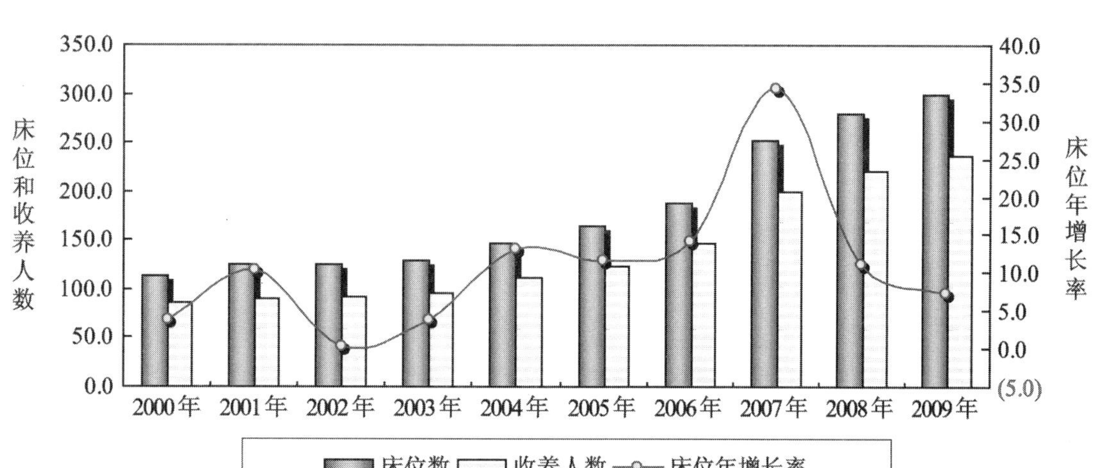

单位：万张、万人、%

指　标	2000年	2001年	2002年	2003年	2004年	2005年	2006年	2007年	2008年	2009年
床位数	113.0	124.7	125.1	129.8	146.8	163.9	187.1	251.3	279.4	299.3
收养人数	85.4	89.3	92.6	96.5	110.9	123.6	147.0	200.0	221.9	236.3
床位年增长率	3.8	10.4	0.3	3.8	13.1	11.6	14.1	34.3	11.2	7.2

对象183.5万人，自费人员40.0万人；按年龄分，老年人207.1万人，青壮年17.5万人，少年儿童11.5万人；按类型分，自理（完全自理）186.4万人，介助（半自理）22.6万人，介护（不能自理）27.1万人。

1.养老服务事业加快发展。推动各地建立高龄津贴制度，启动基本养老服务体系建设工程，在黑龙江、江苏、湖北、重庆、甘肃5个省份进行试点，有效缓解了老年福利服务的供需矛盾。制定《机构养老服务基本规范》、《居家养老服务基本规范》国家标准。完成了《老年养护院建设标准》和《社区老年日间照料中心建设标准》（送审稿），并报送有关部委批复。

截至2009年底，全国各类老年福利机构38060个，比上年增加908个，床位266.2万张，比上年增长9.1%，收养各类人员210.9万人，比上年增长7.7%。其中：城市养老服务机构5291个，床位49.3万张，年末收养老年人32.3万人；农村养老服务机构31286个，床位208.8万张，年末收养老年人173.0万人；光荣院1401个，床位6.7万张，年末收养老年人4.6万人；荣誉军人康复医院47个，床位0.8万张，年末收养老年人0.4万人；复员军人疗养院35个，床位0.6万张，年末收养老年人0.4万人。

2.儿童福利事业取得重大进展。制定了社会散居孤儿和福利机构儿童最低养育标准，细化了受艾滋病影响儿童福利保障政策，拓展了儿童福利对象，初步建立了独立面向孤儿的保障服务体系。加强了残疾孤儿手术康复工作和儿童福利机构设施建设，推动规范化进程。完成了《儿童福利机构建设标准》（送审稿），并报送有关部委批复。

截至2009年底，全国各类收养性单位共收养儿童11.5万人，比上年增长27.8%。全国独立儿童福利机构303个，比上年增加13个，床位4.4万张，比上年增长9.1%。

拓展收养渠道，完善收养政策，引导和推动寻根回访工作有序开展。2009年全国收养登记合计44260件，其中：中国公民收养登记39801件，外国人收养登记4459件。被收养人合计44359人，其中残疾儿童2578人，女性32241人。

截至2009年底，全国有流浪儿童救助保护中心116个，床位0.4万张。全年救助城市生活无着的流浪乞讨未成年人14.5万人次。

3.智障和精神疾病服务机构建设得到加强。与国家发展改革委、卫生部共同完成了《精神卫生防治体系建设与发展规划》，并联合下发了上报备选项目的通知，指导各地做好中央专项投资精神卫生专业机构的准备工作，就有关工作做出部署，并争取中央将110所精神病医院纳入了全国精神卫生防治体系建设规划。截至2009年底，全国民政部门管理的智障和精神疾病服务机构共有266个，比上年增加22个。其中社会福利医院（精神病院）177个，比上年增加18个，床位数3.9万张，比上年增长8.3%，年末收养各类人员3.3万人，比上年增长6.4%；复退军人精神病院89个，比上年增加4个，床位数2.0万张，比上年增长11.1%，年末收养各类人员1.7万人，比上年增长13.3%。

（二）社区建设和服务不断深入

城乡社区服务体系进一步健全，基本公共服务覆盖面进一步拓宽，服务领域和内容逐步丰富。城市和谐社区示范单位创建活动、农村社区建设试验全覆盖创建活动顺利开展，影响带动农村社区建设的覆盖面不断扩大。截至2009年底，全国共有各类社区服务中心17.5万个，其中综合性社区服务中心10003个，比上年增加130个，其中提供住宿的综合性社区服务中心674个，不提供住宿的综合性社区服务中心9329个；

居委会社区服务站5.3万个，其他社区服务设施11.2万个。城市便民、利民服务网点69.3万个。社区志愿服务组织28.9万个。

积极开展社区就业和社区服务。目前，社区服务已经成为新兴的吸纳就业的领域，2009年城市社区共吸纳从业人员215.8万人，其中：安置下岗失业人员53.1万人。

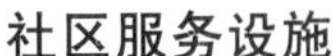

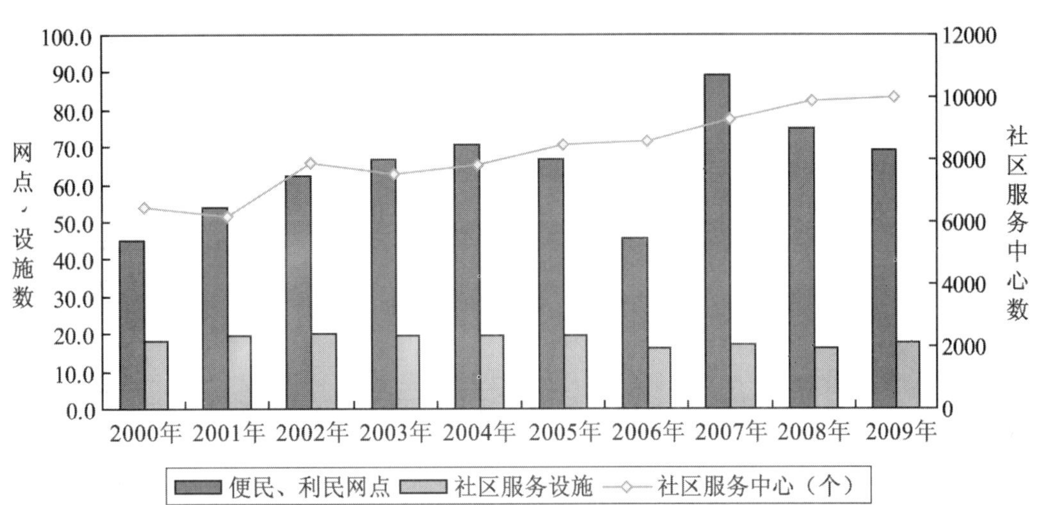

单位：万个

指　标	2000年	2001年	2002年	2003年	2004年	2005年	2006年	2007年	2008年	2009年
社区服务设施	18.1	19.6	19.9	19.6	19.8	19.5	16.0	17.2	16.2	17.5
社区服务中心（个）	6444	6179	7898	7520	7804	8479	8565	9319	9873	10003
社区服务站								5.0	3.0	5.3
便民、利民网点	45.2	54.0	62.3	66.8	70.4	66.5	45.8	89.3	74.9	69.3

（三）社会救助水平持续提高

社会救助各项制度逐步完善，供养和补助标准持续提高，救助惠民范围不断扩大。

1.城市低保巩固了动态管理下的应保尽保。2009年底，全国共有1141.1万户、2345.6万城市低保对

城市最低生活保障

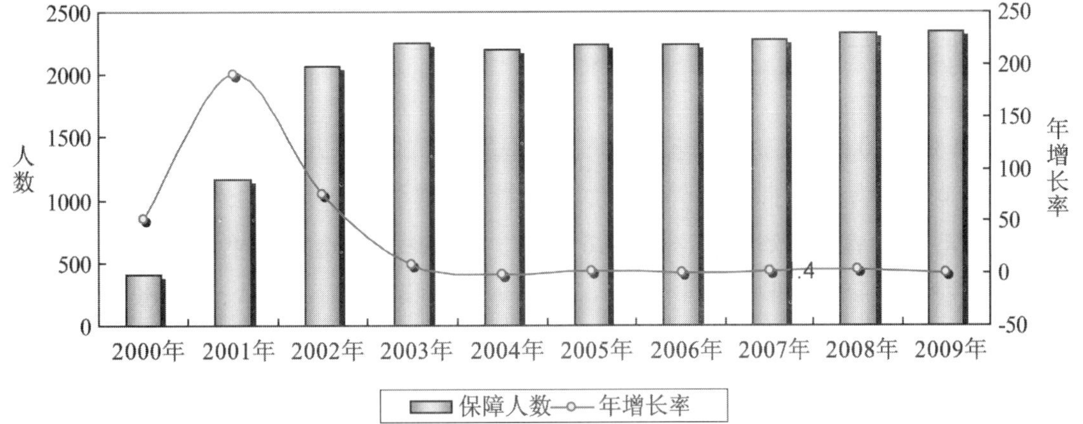

单位：万人、%

指　标	2000年	2001年	2002年	2003年	2004年	2005年	2006年	2007年	2008年	2009年
保障人数	402.6	1170.7	2064.7	2246.8	2205	2234.2	2240.1	2272.1	2334.8	2345.6
年增长率	51.4	190.8	76.4	8.8	-1.9	1.3	0.3	1.4	2.8	0.5

象。全年各级财政共支出低保资金482.1亿元，比上年增长22.5%，其中中央财政补助资金为359.1亿元（其中春节一次性补贴34.2亿元），占全部支出资金的74.5%。城市低保对象中：在职人员79.0万人，占总人数的3.4%；灵活就业人员432.2万人，占总人数的18.4%；老年人333.5万人，占总人数的14.2%；登记失业人员510.2万人，占总人数的21.8%；未登记失业人员410.9万人，占总人数的17.5%；在校生369.1万人，占总人数的15.7%；其他未成年人210.7万人，占总人数的9.0%。

2009年全国城市低保平均标准227.75元，比上年提高10.9%；全国城市低保月人均保障水平172元，比上年提高19.7%。

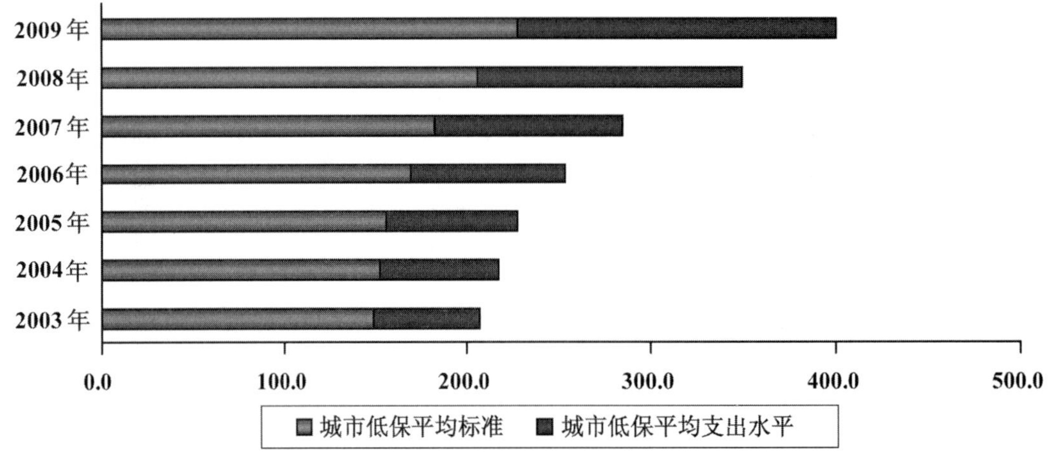

单位：元/人、月

指　标	2003年	2004年	2005年	2006年	2007年	2008年	2009年
城市低保平均标准	149.0	152.0	156.0	169.6	182.4	205.3	227.8
城市低保平均支出水平	58.0	65.0	72.3	83.6	102.7	143.7	172.0

2.农村低保稳步向应保尽保迈进。截至2009年底，全国已有2291.7万户、4760.0万人得到了农村低保，比上年同期增加454.5万人，增长了10.6%。全年共发放农村低保资金363.0亿元，比上年增长58.7%，其中中央补助资金255.1亿元（其中春节一次性生活补贴39.6亿元），占全国支出资金的70.4%。

2009年全国农村低保平均标准100.84元/人、月，比上年同期提高了18.54元，增长了22.5%。全国农村低保月人均保障水平68元，比上年提高34.9%。

农村最低生活保障

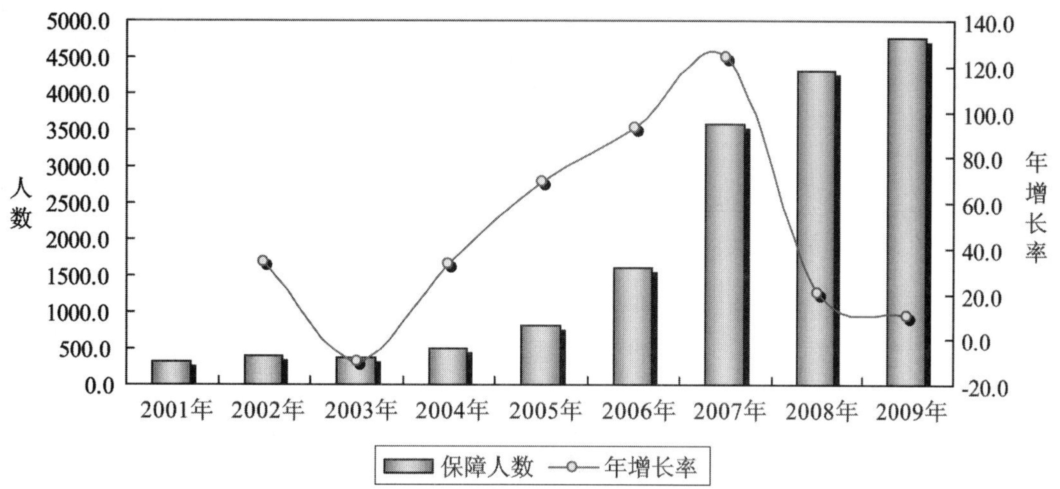

单位：万人、%

指　标	2001 年	2002 年	2003 年	2004 年	2005 年	2006 年	2007 年	2008 年	2009 年
保障人数	304.6	407.8	367.1	488.0	825.0	1593.1	3566.3	4305.5	4760.0
年增长率		33.9	−10.0	32.9	69.1	93.1	123.9	20.7	10.6

3.农村五保供养水平不断提高。争取将农村五保供养资金单列县、乡财政，实现资金管理重大突破。各地根据当地实际情况，调整供养标准，落实供养资金，供养水平不断提高。截至2009年底，全国农村得到五保供养的人数为529.4万户，553.4万人，分别比上年同期增长1.4%和0.9%。全年各级财政共发放农村五保供养资金88.0亿元，比上年增长19.4%，其中中央财政安排春节一次性生活补贴补助资金5.4亿元。农村五保集中供养171.8万人，集中供养年平均标准为2587.49元／人；农村五保分散供养381.6万人，分散供养年平均标准为1842.71元／人。

农村五保供养

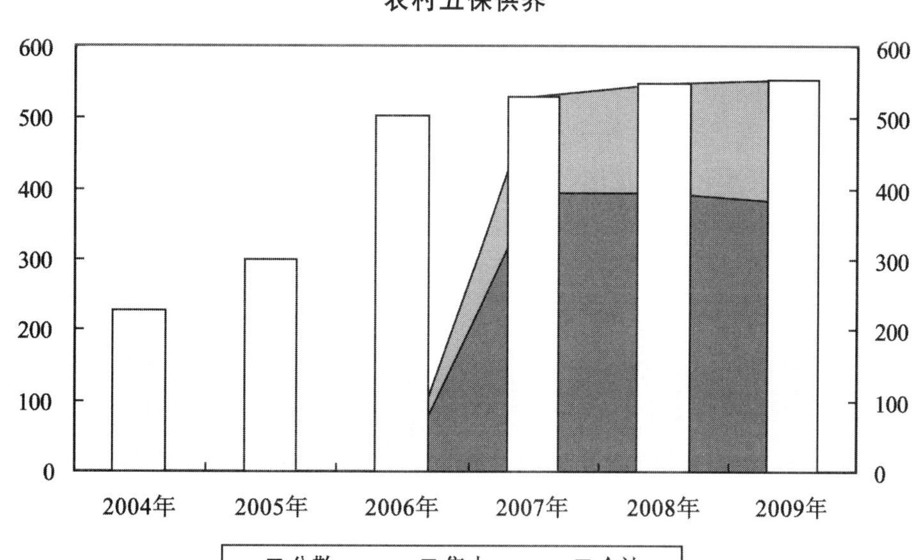

单位：万人、%

指　标	2004 年	2005 年	2006 年	2007 年	2008 年	2009 年
合　计	228.7	300	503.3	531.3	548.6	553.4
分　散				393.3	393.0	381.6
集　中				138.0	155.6	171.8

4.城乡医疗救助纳入国家基本医疗保障体系。出台城乡医疗救助四部门文件，城乡医疗救助已纳入国家基本医疗保障体系。推行“一站式”服务和医疗费即时结算的医疗救助模式。2009 年各全年用于农村医疗救助的各级财政性资金支出64.6亿元，其中：资助参加新型农村合作医疗资金10.5亿元，大病救助资金49.4亿元。累计救助贫困农民4789.1万人次，其中：民政部门资助参加合作医疗4059.1万人次，人均资助参合水平25.9元；民政部门资助大病医疗救助730.0万人次，人均救助水平676.6元。

全年用于城市医疗救助的各级财政性资金41.2亿元，其中：民政部门资助参加医疗保险资金5.8亿元，大病医疗救助31.4亿元。累计救助1506.3万人次，其中：民政部门资助参加医疗保险1095.9万人次，人均救助水平53.5元；城市民政部门大病医疗救助410.4万人次，人均医疗救助水平764.7元。

5.临时救助制度逐步健全。2009年全年有62.2万农村人口享受了农村传统救济，546.4万人次得到了农村临时救济。为城乡低保家庭、五保对象、享受国家抚恤补助的优抚对象和城乡老党员发放了一次性节日生活补贴，惠及7400多万人。

6.救助管理机构规范化扎实推进。加强流浪乞讨精神病人、危重病人的救治工作，特别是流浪未成年人的救助保护工作；协助有关部门治理了扰乱公共秩序的有害乞讨行为。截至2009年底，全国共有救助单位1488个，床位5.1万张，其中救助管理站1372个，床位4.7万张。全年救助城市生活无着的流浪乞讨人员168.1万人次。

（四）救灾应急工作取得实效

继续完善救灾应急机制，全年救助受灾群众6553万人，紧急转移安置700多万人次，下拨中央救灾资金174.5亿元，调拨救灾帐篷4.46万顶。汶川地震毁损农房恢复重建已完成了93.4%，切实加强了汶川地震救灾捐赠资金使用管理，积极参与和落实对口支援任务。增设因灾遇难人员抚慰金项目，提高因灾倒损农房恢复重建补助标准。卫星遥感等高新技术在灾害监测评估中得到进一步应用，灾情管理信息系统基本实现省市县各级全覆盖。推动全国“防灾减灾日”的设立并开展相关活动，推进全国综合减灾示范社区创建活动，防灾减灾能力明显增强。

完成了《救灾物资储备库建设标准》编制工作，并经住房和城乡建设部、国家发改委联合批准发布实施。规划建设16个中央救灾物资储备库，各省、自治区、直辖市本级和大部分市县都建立了储备库点，基本覆盖了全国所有多灾易灾地区。完成了格尔木库、乌鲁木齐库首批2个中央级救灾物资储备库的可行性研究报告的批复工作，并组织开展后续工作。完成了沈阳、哈尔滨、武汉、长沙和喀什库五个中央级救灾物资储备库的可行性研究报告编制工作，并上报国家发改委投资项目评审中心进行评审。

2009年全国各类自然灾害共造成约47933.5万人（次）不同程度受灾，因灾死亡和失踪1528人；农作物受灾面积47213.7千公顷，比上年增长18.1%。绝收面积4917.5千公顷，比上年增长22.0%；倒塌房屋83.8万间；直接经济损失2523.7亿元。

因灾死亡人口

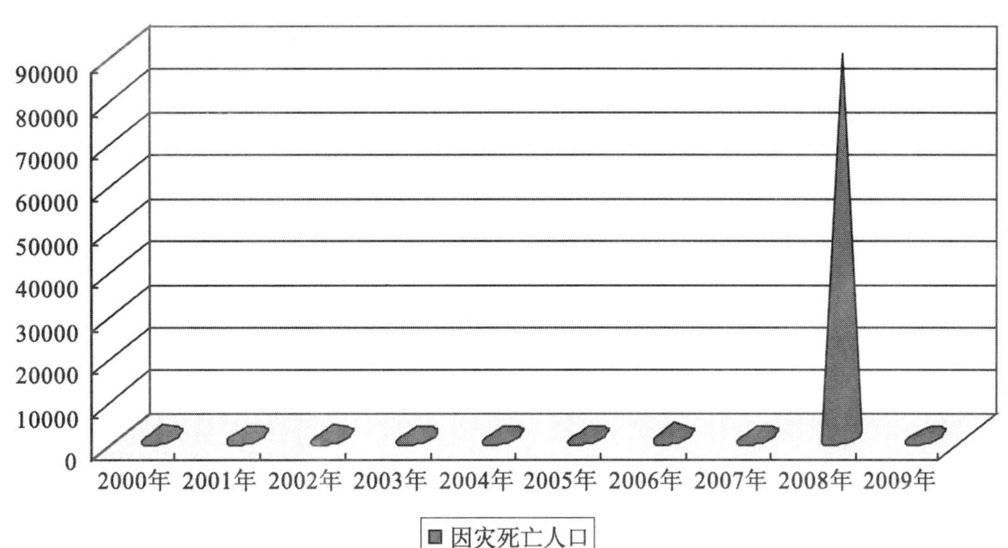

单位：人

指　标	2000 年	2001 年	2002 年	2003 年	2004 年	2005 年	2006 年	2007 年	2008 年	2009 年
因灾死亡人口（含失踪）	3014	2583	2840	2259	2250	2475	3186	2325	88928	1528

（五）拥军优抚安置工作扎实推进

大幅度提高重点优抚对象抚恤补助标准，着力推进优抚医疗保障制度建设。会同有关部门制定《伤病残军人退役安置规定》，推动了伤病残退役军人接收安置工作，对国防事业和军队建设的保障更加有力。

截至 2009 年底，国家抚恤、补助各类重点优抚对象 630.7 万人，比上年减少 2.5 万人，比上年下降 0.4%。其中伤残人员 87.2 万人，与上年基本持平；带病回乡退伍军人 122.0 万人，比上年增长 2.3%；在乡复员军人 180.9 万人，比上年下降 5.6%；在乡退伍红军老战士 1351 人，比上年减少 271 人，比上年下降 16.7%，在乡西路军红军老战士 322 人，比上年减少 118 人，比上年下降 26.8%，红军失散人员 4.1 万人，比上年减少 0.6 万人，比上年下降 12.8%；烈士遗属 31.8 万人，比上年下降 4.2%，因公牺牲、病故军人遗属 14.1 万人，比上年下降 3.4%。

国家抚恤、补助优抚对象

优抚对象事业费　0 100 200 300 400 500 600 700

抚恤费年增长率　0.0 5.0 10.0 15.0 20.0 25.0 30.0 35.0 40.0

2000年 2001年 2002年 2003年 2004年 2005年 2006年 2007年 2008年 2009年

国家抚恤、补助优抚对象　抚恤事业费　抚恤事业费年增长率

单位：万人、亿元、%

指　标	2000年	2001年	2002年	2003年	2004年	2005年	2006年	2007年	2008年	2009年
国家抚恤、补助优抚对象	442.4	450.7	459.0	464.9	462.0	460.3	462.6	622.4	633.2	630.7
抚恤事业费	63.5	69.5	74.7	87.9	104.1	143.6	178.8	210.8	253.6	310.3
抚恤事业费年增长率	27.0	9.5	7.5	17.7	18.4	37.9	24.5	17.9	20.3	22.4

2009年，中央财政安排优抚对象医疗补助资金20.0亿元，使599.9万优抚对象享受了优抚医疗保障。

2009年各级政府共批准烈士213人，均为省级人民政府批准。中央一次性投资5亿元改造资金，实施了全国133个重点烈士纪念设施保护改造工作。截至2009年底，全国共有烈士纪念建筑物管理单位1137个；烈士纪念建筑物15723处，其中纪念馆（陈列馆）1076个，零散烈士纪念建筑物7622处。

烈士褒扬和零散烈士纪念设施

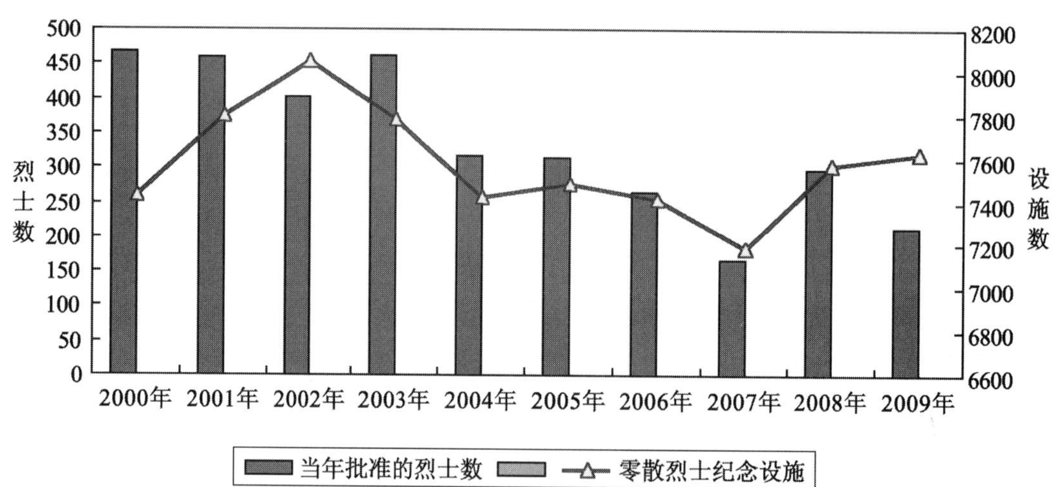

单位：人、个

指　标	2000年	2001年	2002年	2003年	2004年	2005年	2006年	2007年	2008年	2009年
当年批准的烈士数	468	460	403	461	316	314	265	168	297	213
零散烈士纪念设施	7427	7802	8051	7781	7425	7483	7414	7186	7569	7622

2009年全年共接收安置退役士兵、复员干部39.1万人，比上年减少1.5%。其中退伍义务兵32.6万人（城镇义务兵17.1万人）；转业、复员士官6.3万人，复员干部1482人。

军休安置管理工作持续稳定发展，全年共接收军队离退休干部（含退休士官）、无军籍退休退职职工1.9万人，比上年降低9.5%，中央下拨安置经费160.2亿元，比上年增长12.1%，军休干部政治待遇、生活待遇得到较好落实，服务管理水平有所提高。截至2009年底，全国有军休所（含管理中心）1876个，比上年增加了30个，年末职工1.9万人。

接收安置军休干部、军休职工

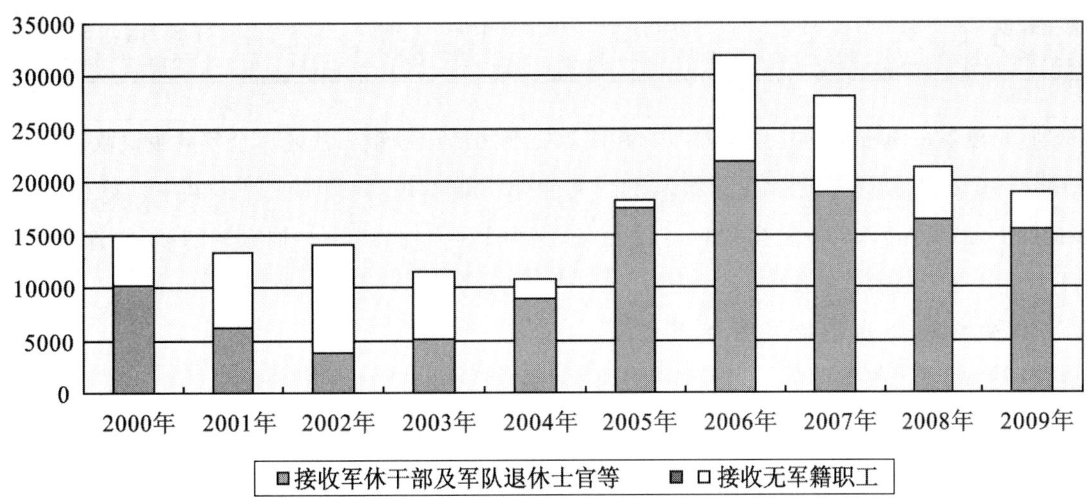

单位： 万人、亿元、%

指　标	2000年	2001年	2002年	2003年	2004年	2005年	2006年	2007年	2008年	2009年
接收军休干部及军队退休士官等	10197	6236	3792	5195	8974	17416	21832	18997	16331	15492
接收无军籍职工	4822	7129	10175	6312	1820	904	10136	9061	5047	3412

加强军供站建设，制定下发《进一步加强军供站建设管理工作的通知》。截至2009年底，全国有军供站（含军转站）330个，比上年增加了1个，年末职工0.6万人。

（六）社会慈善事业蓬勃发展

营造慈善政策和社会氛围，增加城乡慈善组织，开展慈善活动，促进中国特色慈善事业发展。推动社会捐助信息公示制度建设，下发《民政部办公厅关于做好2008年慈善捐助信息公示的通知》、《民政部关于进一步加强社会捐助信息公示工作的指导意见》。制定《社会捐助信息示指南（试行）》及《公募性机构社会捐助信息公开透明指标（试行）》；推动部分省市开展儿童大病救助基金制度试点，研究和测算儿童大病数量与需求，推动慈善超市创新试点及经常性社会捐助体系建设工作。

截至2009年底，全国共建立经常性社会捐助工作站、点和慈善超市3.3万个（其中：慈善超市8101

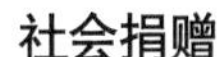
社会捐赠

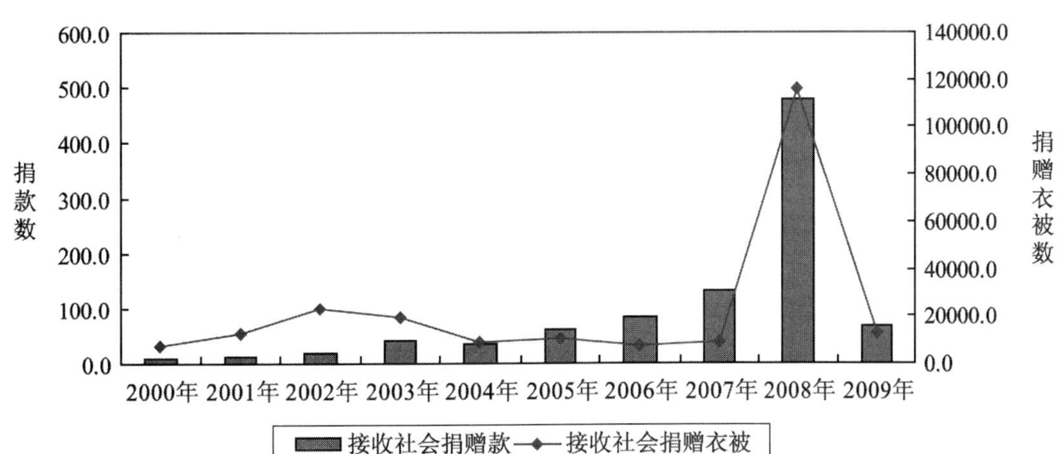

单位：亿元、万件

指　标	2000年	2001年	2002年	2003年	2004年	2005年	2006年	2007年	2008年	2009年
接收社会捐赠款	9.3	11.7	19.0	41.0	34.0	60.3	83.1	132.8	479.3	66.5
接收社会捐赠衣被	7708.5	12635.4	22961.1	19648.8	8957.2	10355.0	7123.6	8756.8	115816.3	12476.6

个），基本形成覆盖全国城市的社会捐助网，并逐步拓展到部分乡镇、社区。全年各级民政部门共接收社会各界捐款68.6亿元，其中捐赠物资折款2.2亿元。接收捐赠衣被12476.6万件，其中：棉衣被1384.4万件。间接接收其他部门转入的社会捐款14.1亿元，衣被681.0万件，其中：棉衣被527.6万件，捐赠物资折款1884.9万元。这些捐赠款物使1522.3万人（次）困难群众受益。

（七）社会福利企业继续发挥作用

社会福利业是现代服务业的重要组成部分，在国民经济行业分类中，社会福利业主要是由我部管理的社会福利机构组成。分析新的残疾人就业优惠政策对社会福利企业的影响，做好社会福利企业资格认定工作。2009年社会福利业增加值为517.8亿元，比上年增长145.8%，占服务业的比重0.36%，比上年增加个0.18个百分点。全国共有福利企业22783个，比上年减少997个；吸纳残疾职工62.7万人，比上年增加0.8万人；实现利润125.4亿元，比上年增长5.9%；年末固定资产1454.1亿元，比上年增长2.9%。

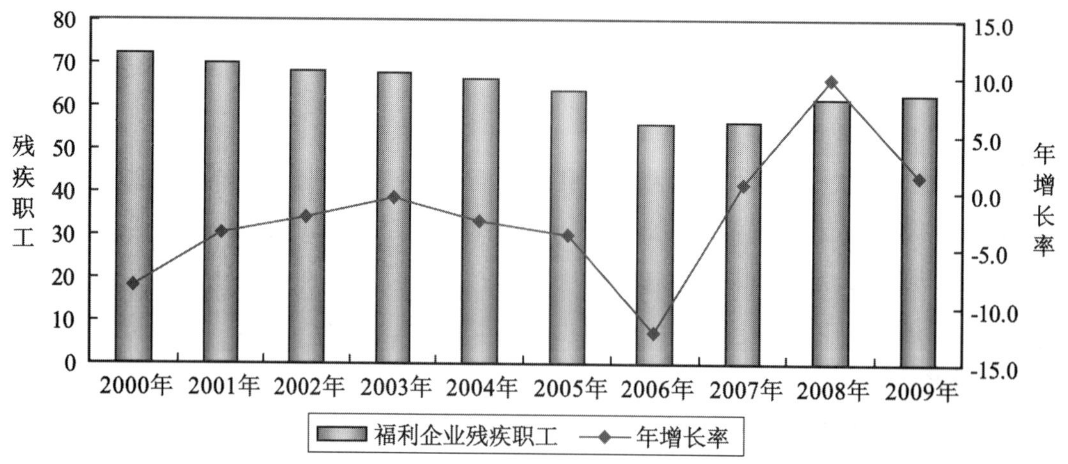

单位：万人、%

指　标	2000年	2001年	2002年	2003年	2004年	2005年	2006年	2007年	2008年	2009年
福利企业残疾职工	72.5	69.9	68.3	67.9	66.2	63.7	55.9	56.3	61.9	62.7
年增长率	−8.2	−3.6	−2.3	−0.6	−2.5	−3.8	−12.2	0.7	9.9	1.3

（八）福利彩票事业实现跨越式发展

认真贯彻《彩票管理条例》，坚持安全运行、健康发展的方针，对福彩公益金、发行费加强管理、严格规程，确保资金安全。2009年中国福利彩票年销售756.06亿元，比上年增加152.06亿元，同比增长25.2%，为社会福利和社会公益事业发展提供了资金支持；筹集公益金248亿元，比上年增长17.3%。2009年民政系统共支出彩票公益金113.4亿元，比上年减少6.1亿元。其中资助用于福利类收养性单位49.3亿元，用于优抚类收养性单位3.4亿元，用于优抚安置单位1.2亿元，用于救助类单位5.9亿元，用于社区服务单位8.1亿元，用于殡葬类单位2.45亿元，用于专项资助9.2亿元，用于城市医疗救助6.56亿元，用于农村医疗救助9.0亿元，用于其他项目18.2亿元。

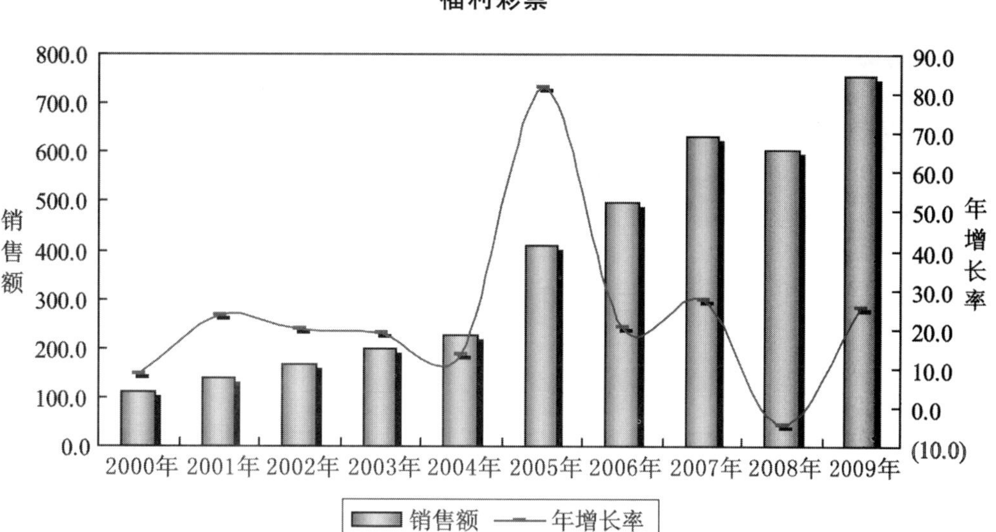

单位：亿元、%

指　标	2000年	2001年	2002年	2003年	2004年	2005年	2006年	2007年	2008年	2009年
销售额	113.4	140.0	168.0	200.0	226.4	411.2	495.7	631.6	604.0	756.0
年增长率	8.6	23.5	20.0	19.0	13.2	81.6	20.5	27.4	−4.4	25.2

（九）老龄事业健康发展

截至2009年底，全国65岁及以上老年人口11309万人，比上年增长了3.22%，占全国总人口的8.5%，比上年上升了0.2个百分点。60岁及以上老年人口16714万人，比上年增长了4.53%，占全国总人口的12.5%，比上年上升了0.5个百分点。为应对目前我国严重的人口老龄化趋势，满足人民日益增长的养老服务需求，老龄事业发展部门积极采取有效措施，扩大老龄服务领域和范围，统筹解决城乡养老服务问题。截至2009年底全国共有老年法律援助中心19909个，比上年增加2075个，增长了11.6%；老年维权协调组织13.6万个，比上年增加5.3万个，增长了64.9%；老年学校59543个，在校学习人员541.5万人，分别比上年增长了49.6%和7.4%；建立各类老年活动室32.9万个，全年接待来信来访43.3万次，有力地保障了老年人的合法权益。

二、公共管理稳步推进

（一）区划工作有序开展

加强行政区划调整事项的调研、论证，重点支持国家综合配套改革试验区的区划调整工作，稳妥审核报批天津市设立滨海新区、上海市浦东新区行政区划调整等9件行政区划调整。加强对乡镇行政区划调整工作的指导，联合有关部门下发了指导意见，要求加强乡镇撤并相关规划和建设的管理，提升乡镇社会管理和公共服务的能力和水平。加强行政区划政策理论研究和指导，开展行政区划管理体制创新调研，形成一批有价值的课题成果。

2009年底全国乡镇级区划总数为40858个。乡镇区划总数为34170个，比上年减少131个，其中：镇19322个，比上年增加88个；乡14848个（含民族乡1099个），比上年减少219个。街道办事处6686个，比上年增加162个。区公所2个。

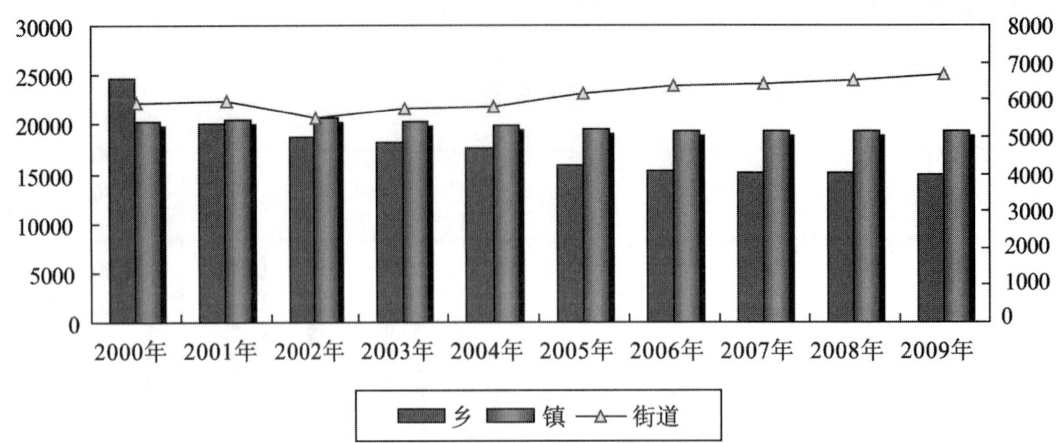

单位：个

指　标	2000年	2001年	2002年	2003年	2004年	2005年	2006年	2007年	2008年	2009年
乡	24555	20012	18640	18064	17534	15951	15306	15120	15067	14848
镇	20312	20358	20600	20226	19892	19522	19369	19249	19234	19322
街道	5902	5972	5516	5751	5829	6152	6355	6434	6524	6686

（二）地名规范管理取得新进展

启动了第二次全国地名普查试点，扎实推进“地名公共服务”工程，严格审核政区更名事项，研究制订地名分类管理和保护、陆地边境自然地理实体标准、地名规划通则等标准。开展《地名标志》国家标准执行情况专项检查，规范标志设置，推动设标工作，全国超过90%的县城和超过70%的乡镇完成了县乡镇设标任务。四级国家地名数据库建设步伐加快，目前有23个省市、250多个地市州、1300多个县区建立了本级地名数据库，共采集、整理地名数据3000多万条，开通地名网站636个，开通地名问路电话服务热线266条，设置地名触摸屏2500多台。

（三）界线管理成效显著

如期完成全国省、县两级行政区域界线联检工作，妥善解决边界纠纷问题；大力推进全国平安边界建设工作，各项创建活动取得新进展；成功召开全国平安边界建设工作会议，推动全国平安边界建设再上新台阶；顺利完成省级行政区域界线详图编制年度任务，勘界成果为经济社会发展服务能力进一步提高。

截至2009年底，完成京津线等14条、长约7874公里省界年度联检任务，完成1349条市县级界线年度联检任务；全年共妥善解决边界纠纷近百起。全国31个省（自治区、直辖市）的平安边界建设工作被纳入了当地党委、政府或者民政部门的平安建设总体规划，21个省(自治区、直辖市)建立了形式不同的议事协调机构；25个省（自治区、直辖市）把平安边界建设纳入了政府、综治或者民政部门的工作考核目标，19个省（区、市）将考核结果与政绩、晋职晋级、奖惩等挂钩。全国68条陆地省界，已有66条签订了平安边界创建协议，其中北京等28个省（自治区、直辖市）的陆地省界已全部签订了平安边界创建协议。完成了首批10条省界的详图集编制任务，启动了第二批10条省界的详图集编制工作；全国有19个省（自治区、直辖市）已经完成本区域内县界详图集编制工作。

三、组织管理规范有序

（一）社会组织健康发展

指导社会组织开展深入学习实践科学发展观活动，社会组织党的建设、自身建设有所加强，服务会员、服务群众、服务社会的功能得到发挥。初步形成了门类齐全、层次不同、覆盖广泛的社会组织体系。规范开展社会组织年检和评估工作，引导社会组织在应对金融危机中发挥了积极作用。

截至2009年底，全国共有社会组织43.1万个，比上年增长4.1%；这些社会组织业务范围涉及科技、教育、文化、卫生、劳动、民政、体育、环境保护、法律服务、社会中介服务、工伤服务、农村专业经济等社会生活的各个领域，吸纳社会各类人员就业544.7万人，比上年增长14.5%；形成固定资产1030.0亿元，比上年增长27.9%；各类费用支出1094.7亿元，比上年增长13.5%；社会组织增加值为493.1亿元，比上年增长32.4%，占各类民政管理单位增加值比重58%，占第三产业（服务业）增加值比重为0.345%。接收社会捐赠440.7亿元。

全国共有社会团体23.9万个，比上年增长3.9%。按照社团活动地域范围划分，全国性及跨省（自治区、直辖市）的1800个，省级及省内跨地（市）域的23364个，地级社团63043个，县级社团150540个。按照社团服务的主要领域划分，工商服务业类22847个，科技研究类19786个，教育类12943个，卫生类11521个，社会服务类30818个，文化类19687个，体育类12623个，生态环境类6702个，法律类3213个，宗教类4165个，农业及农村发展类45367个，职业及从业组织类16120个，国际及其他涉外组织类661个，其他32294个。

全国共有民办非企业单位19.0万个，比上年增长4.4%。其中：工商服务业类2080个，科技研究类9760个，教育类92703个，卫生类27237个，社会服务类28060个，文化类7188个，体育类6591个，生态环境类1049个，法律类782个，宗教类271个，农业及农村发展类1466个，职业及从业组织类1628个，国际及其他涉外组织类56个，其他11608个。从地域分布来看，民办非企业单位登记数量超过3万个的省份仅有山东省，为31820个，超过1万个的省份有江苏省、浙江省、湖北省、广东省和四川省。

全国共有基金会1843个，比上年增长15.4%，其中：公募基金会1029个，非公募基金会800个。民政部登记的基金会148个。公募基金会和非公募基金会共接收社会各界捐赠183.6亿元。

注：由于社会组织年检工作在每年的六月底完成，社会组织接收捐赠数据为2008年数据。

社会组织

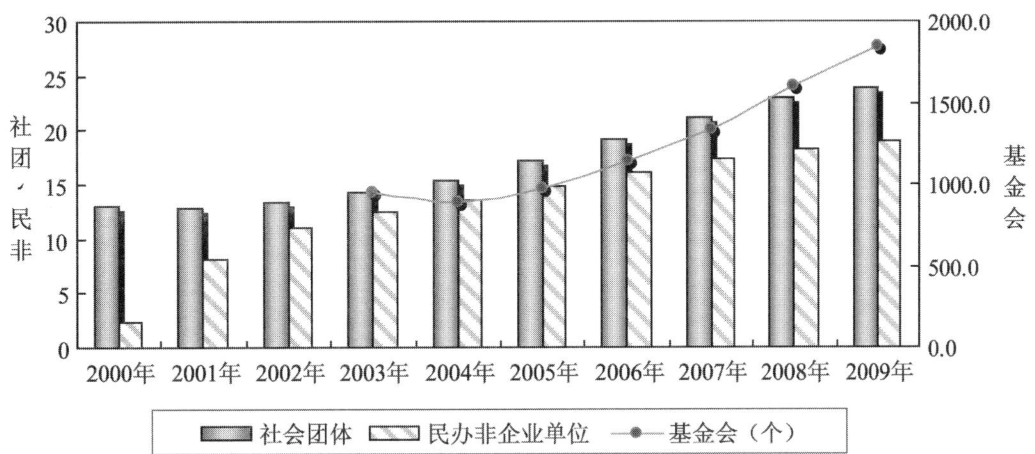

单位：万个、%

指　标	2000年	2001年	2002年	2003年	2004年	2005年	2006年	2007年	2008年	2009年
社会团体	13.1	12.9	13.3	14.2	15.3	17.1	19.2	21.2	23	23.9
民办非企业单位	2.3	8.2	11.1	12.4	13.5	14.8	16.1	17.4	18.2	19
基金会（个）				954	892	975	1144	1340	1597	1843

（二）自治组织建设不断加强

推动修订村委会组织法，进一步完善党领导下的村级民主自治机制，着力解决村务公开民主管理中的突出问题，组织协调村务公开和民主管理“难点村”专项治理工作，取得初步成效。村（居）委会选举工作平稳有序推进。全年共有7.4万个村委会完成选举，参与选举的村民登记数为8172.4万人，参与投票人数为6521.5万人。

村委会和居委会的结构得到了进一步调整。截至2009年底，基层群众自治组织共计68.4万个，其中：村委会59.9万个，比上年减少0.5万个，降低0.8%，村民小组480.5万个，比上年减少0.4万个，村委会成员234.0万人，比上年增加0.1万人；社区居委会84689个，比上年增加1276个，增长了1.5%，居民小组129.5万个，比上年增加0.8万个，居委会成员43.1万人，比上年增加2.1%。

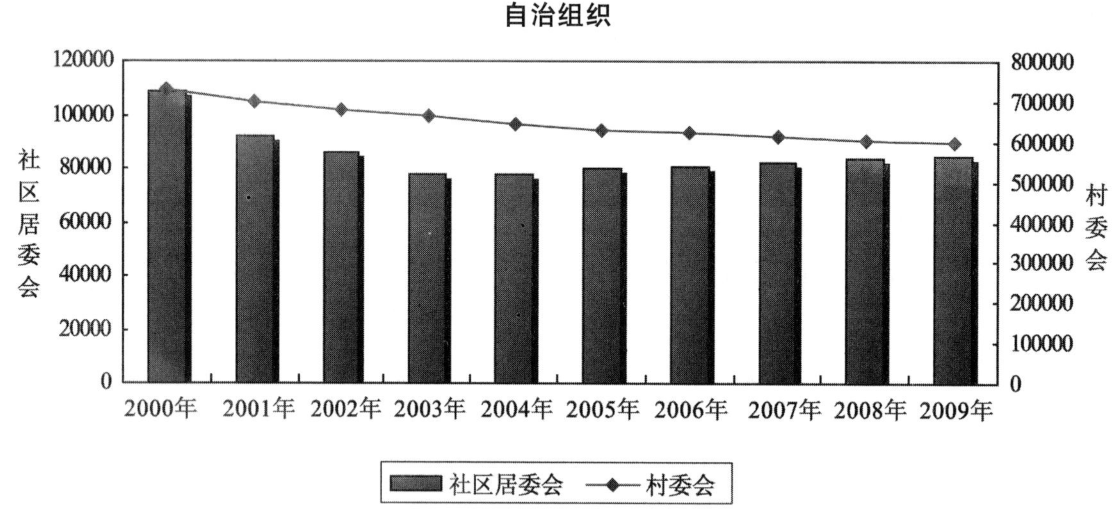

单位：个

指　标	2000年	2001年	2002年	2003年	2004年	2005年	2006年	2007年	2008年	2009年
社区居委会	108424	91893	86087	77431	77884	79947	80717	82006	83413	84689
村委会	731659	699974	681277	663486	644166	629079	623669	612709	604285	599078

四、对个人和家庭的社会服务进一步提升

（一）婚姻登记服务进一步规范

推进婚姻登记服务的规范化，全国共有704个县级以上婚姻登记机关解决了编制、工作经费和办公场所问题，婚姻登记规范化达标单位累计1500多个，达标率57%。2009年全国办理结婚登记1212.4万对，比上年增加114.1万对，增长10.4%。其中：内地居民登记结婚1207.5万对，比上年增加114.3万对；涉外及华侨、港澳台居民登记结婚4.9万对，比上年减少0.4万对；粗结婚率为9.1‰，比上年上升0.8个千分点。2009年20-24岁办理结婚登记的公民占结婚总人口比重最多，占37.0%，25-29岁占34.1%，30-34岁占10.7%，35-39岁占6.0%，40岁以上占12.2%。与上年年龄结构情况相比，40岁以上结婚登记的比例增长最快，增长

了1.9个百分点，而20—24岁结婚登记的比例下降了0.9个百分点，体现了我国晚婚晚育政策深入人心。从结婚人口区域分布来看，结婚登记超过50万对的省份有河北省、江苏省、安徽省、山东省、河南省、湖北省、湖南省、广东省、广西壮族自治区和四川省，与上年完全一致。

2009年办理离婚手续的有246.8万对，比上年增加19.9万对，增长8.8%，粗离婚率为1.85‰，比上年增加0.14个千分点。其中：民政部门登记离婚180.2万对，比上年增长12.0%，法院办理离婚66.6万对，比上年增长1.1%。从近五年情况看，离婚人数逐年上升，平均增幅为7.65%，说明我国已婚男女收入及个性越来越独立，自我意识越来越强。

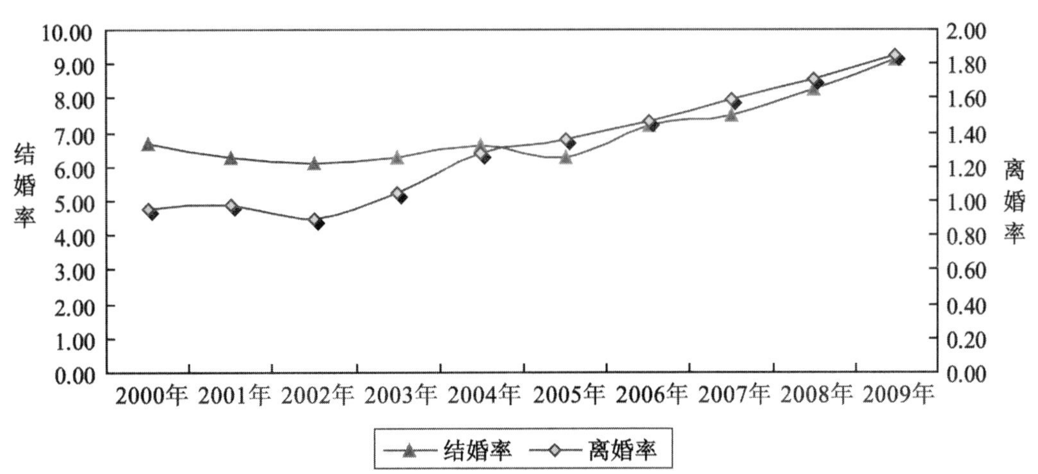

单位：‰

指　标	2000年	2001年	2002年	2003年	2004年	2005年	2006年	2007年	2008年	2009年
结婚率	6.70	6.30	6.10	6.30	6.65	6.30	7.19	7.50	8.27	9.10
离婚率	0.96	0.98	0.90	1.05	1.28	1.37	1.46	1.59	1.71	1.85

（二）殡葬管理进一步加强

先后出台了《民政部关于清理整顿公墓有关问题的通知》、《民政部进一步深化殡葬改革促进殡葬事业科

殡葬服务

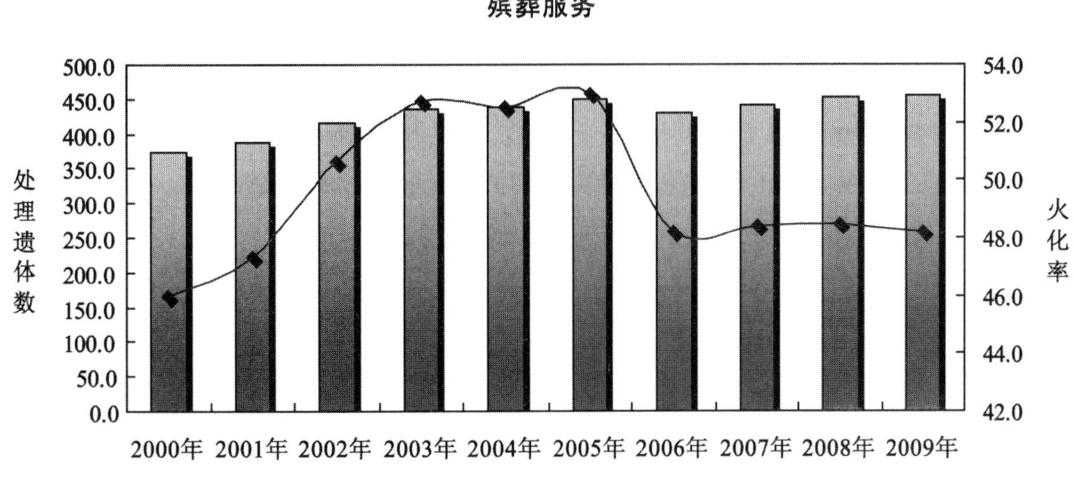

单位：万具、%

指　标	2000年	2001年	2002年	2003年	2004年	2005年	2006年	2007年	2008年	2009年
处理遗体数	373.7	386.7	415.2	435.0	436.9	450.2	430.2	442.1	453.4	454.2
火化率	46.0	47.3	50.6	52.7	52.5	53.0	48.2	48.4	48.5	48.2

学发展的指导意见》等8个政策性文件，加大了殡葬管理政策的指导力度，对于指导各地完善发展规划、推行惠民殡葬政策，强化为民服务意识、提高服务质量等起到了重要作用。积极开展公墓清理整顿工作，初步遏制了公墓违规建设的势头，从严整治了各类违法经营行为，有效规范了公墓的建设管理。截至2009年底，全国共有殡葬服务单位3896个，比上年增加142个，其中殡仪馆1729个，比上年增加37个；殡葬管理单位901个，比上年减少48个；民政部门管理的公墓1266个，比上年增加57个。殡仪服务单位职工共有7.4万人，其中殡仪馆职工4.5万人。火化炉5123台，比上年增加334台；火化遗体454.2万具，比上年减少0.8万具，火化率48.2%，比上年下降0.3个百分点。

五、民政事业蓬勃发展

（一）民政管理单位逐步壮大

截至2009年底，全国共有各类民政登记管理单位120.9万个，其中：各级民政行政机关3498个，民政事业单位6.8万个，社会组织43.1万个，基层群众自治组织68.4万个，社会福利企业2.3万个。

2009年各类民政登记管理单位职工总数有1038.0万人，比上年增加65.8万人，增长6.8%。其中民政行政机关87542人，民政事业单位53.1万人，社会组织544.7万人，基层群众自治组织277.1万人，社会福利企业154.4万人。民政行政机关人数中，从行政层级情况看，中央级318人，省级3688人，地级13338人，县级70198人；从年龄结构情况看，职工以中青年为主要力量， 35岁及以下21201人，占24.2%，比上年增加了0.5个百分点；36岁至45岁34334人，占39.2%，与上年减少了0.8个百分点；46岁至55岁26254人，占30%，比上年增加了0.4个百分点；56岁及以上5753人，占6.6%，比上年下降了0.2个百分点。从学历结构情况看，具有大学本科及以上学历的职工有31622人，占36.1%，比上年增加0.7个百分点；具有专科学历的职工有37049人，占42.3%，比上年减少1.3个百分点；专科以下学历的有18871人，占21.6%，比上年减少2个百分点。

（二）科技人才队伍建设继续推进

大力发展民政科技事业。召开了第二次全国民政科学技术大会，发布了《全国民政科技中长期发展规划纲要（2009—2020年）》和《全国民政信息化建设中长期发展规划纲要》，出台了《民政部关于进一步加强民政科技工作的决定》。组织实施了“残障人功能康复辅具”、“中国巨灾应急救援信息集成系统与示范”等6项“十一五”国家重点科技支撑计划项目。民政标准化建设步伐不断加快，40项标准基础项目研究，完成了56项标准基础研究成果评审验收，组织了65项国家标准和35项行业标准制修订工作，审批发布了49项国家或行业标准。科技和标准化建设对民政事业发展的支撑作用进一步显现。

大力推进民政所辖人才队伍建设。社会工作人才已纳入国家人才发展总体格局，在165个地区和260个单位开展了社会工作人才队伍建设试点，命名了首批7个全国社会工作人才队伍建设试点示范地区和15个试点示范单位。组织了年度社会工作者职业水平考试，2009年全国共有8.4万名考生报名参加考试，有4227人取得社会工作师职业水平证书，6611人取得助理社会工作师职业水平证书。目前，全国累计产生助理社会工作师27259人，社会工作师8419人。民政行业共有社会工作师7953人，比上年增加3761人，增长了1.9倍。其中民政事业单位3001人，基层群众自治组织4189人，社会组织6889人，民政行政机关758人，社会福利企业1057人。民政行业共有助理社会工作师24995人，比上年增加7470人，比上年增长42.6%。其中民政事业单位3873人，基层群众自治组织9073人，社会组织9215人，民政行政机关798人，社会福利企业2036人。大力培育发展了民办社会工作服务机构，推动了党政机关、事业单位、城乡社区、社会组织设置社会工作岗位。全国民政事业单位和城乡社区共设置了45000多个社会工作岗位。

积极开展民政特有工种职业技能鉴定，大力推动民政技能人才队伍建设，2009年共有3510人通过鉴定，其中：原有假肢、殡葬8个鉴定职业2040人，与首次鉴定相比，鉴定等级进一步提高，参考地区进一步增加，通过人员大幅增长；新职业灾害信息员1470人，圆满完成了试点任务，有力推动了灾害信息员队伍建设。

（三）民政事业费稳步增长

2009年民政事业费支出2181.9亿元，比上年增长1.7%。其中：抚恤事业费310.3亿元，比上年增长22.3%；军队离退休、退职费225.7亿元，比上年增长25.0%；城市居民最低生活保障支出482.1亿元，比上年增长22.5%；农村及其他社会救济支出487.9亿元，比上年增长49.3%，其中：农村最低生活保障费363.0亿元，比上年增长58.7%，农村五保供养支出88.0亿元，比上年增长19.4%；社会福利费124.1亿元，比上年增长20.3%；自然灾害救济费199.2亿元，比上年降低67.3%；地方离、退休人员费用30.0亿元，比上年增长13.4%；其他用于城乡医疗救助、民政事务管理等民政事业费322.7亿元，比上年增长27.7%。

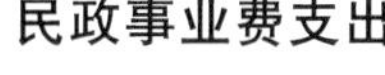

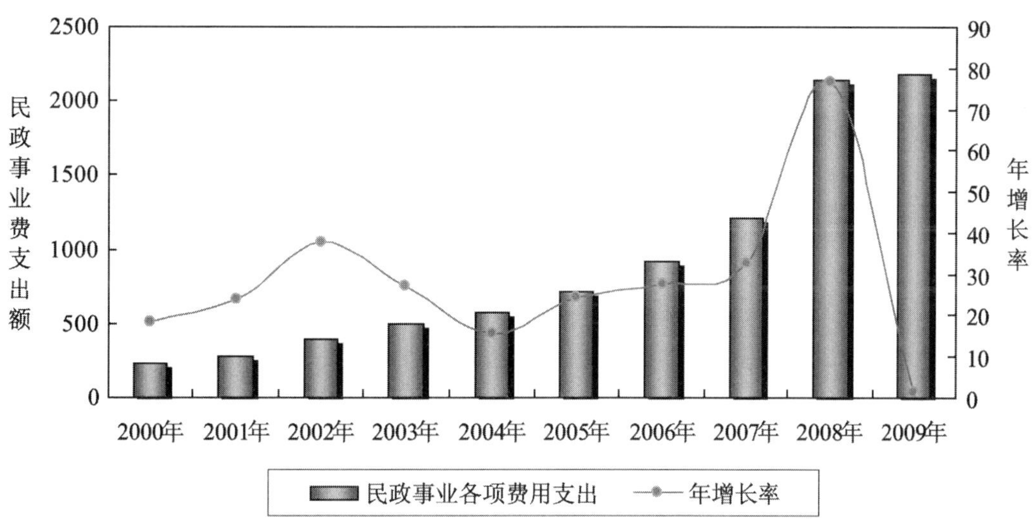

单位：亿元、%

指　标	2000年	2001年	2002年	2003年	2004年	2005年	2006年	2007年	2008年	2009年
民政事业各项费用支出	230.5	284.8	392.2	498.9	577.4	718.4	915.4	1215.5	2146.5	2181.9
年增长率	18.5	23.7	37.6	27.2	15.7	24.4	27.4	32.8	76.6	1.7

中央财政继续加大对民政事业的投入。2009年中央财政共向各地转移支付民政事业费1227.0亿元，比上年增长3.9%，占民政事业费比重56.2%，比上年增长了1.2个百分点。

中央转移支付民政事业费

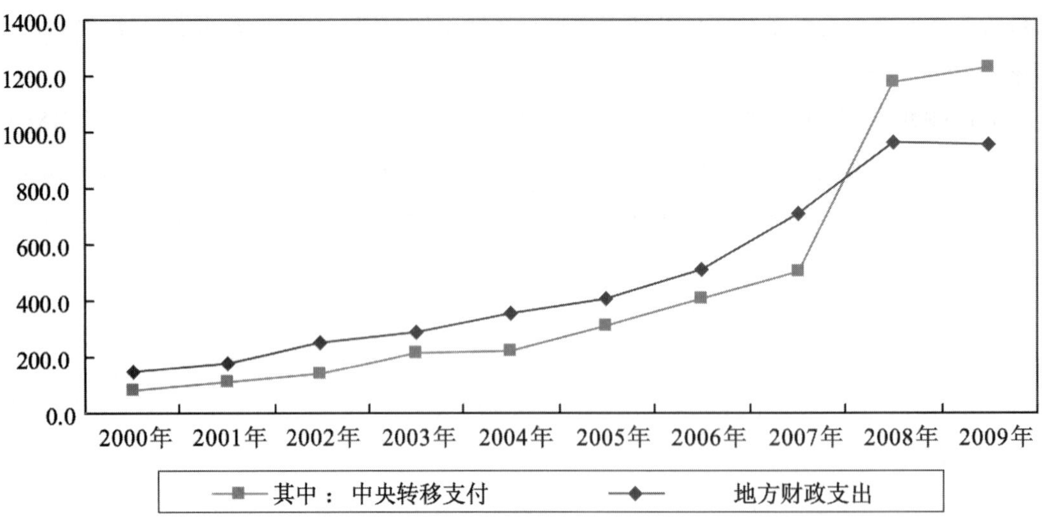

单位：亿元、%

指　标	2000年	2001年	2002年	2003年	2004年	2005年	2006年	2007年	2008年	2009年
民政事业各项费用支出	230.5	284.8	392.2	498.9	577.4	718.4	915.4	1215.5	2146.5	2181.9
其中：　中央转移支付	83.7	108.2	138.4	211.8	223.8	310.3	404.0	504.4	1181.1	1227.0
地方财政支出	146.8	176.6	253.8	287.1	353.6	408.1	511.4	711.1	965.4	954.9
中央财政转移支付占民政事业费支出比重	36.3	38.0	35.3	42.5	38.8	43.2	44.1	42.6	55.0	56.2

2009年民政事业费占国家财政支出比重由2008年的3.4%下降到2.9%，比上年降低了0.5个百分点。

民政事业费支出占国家财政支出的比重

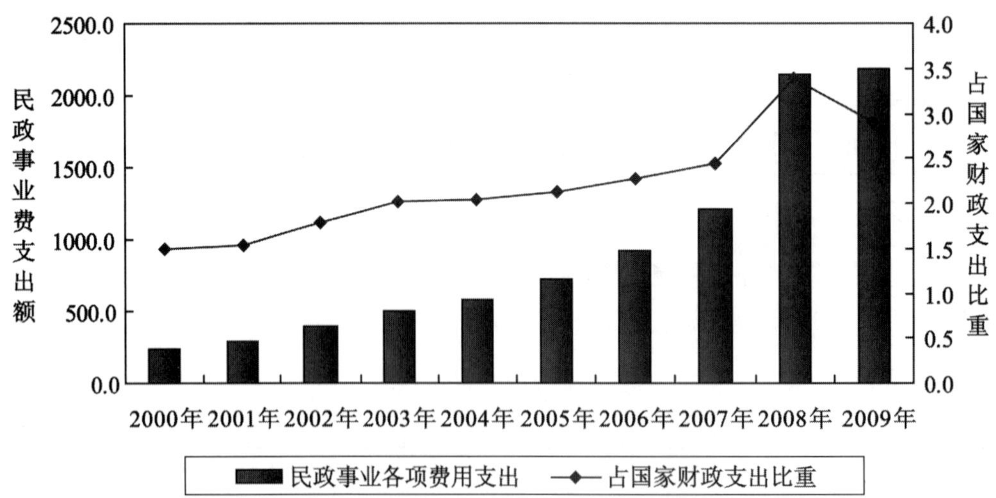

单位：亿元、%

指　标	2000年	2001年	2002年	2003年	2004年	2005年	2006年	2007年	2008年	2009年
民政事业各项费用支出	230.5	284.8	392.2	498.9	577.4	718.4	915.4	1215.5	2146.5	2181.9
占国家财政支出比重	1.5	1.5	1.8	2.0	2.0	2.1	2.3	2.5	3.4	2.9

2009年各类民政登记管理单位固定资产总值为5198.0亿元，比上年增加12.9%，其中：民政行政机关119.2亿元，比上年降低10.3%；民政事业单位818.3亿元，比上年增长5.7%；社会组织1030.0亿元，比上年增长27.9%；基层群众自治组织1722.4亿元，比上年增长17.4%；社会福利企业1497.4亿元，比上年增长6.0%。

民政事业基本建设2009年施工项目6457个，比上年增加2551个。民政事业基础设施得到了明显改善，2009年全年完成投资总额157.0亿元，比上年增长135.7%，其中：国家投资70.6亿元，比上年增长165.4%，其中：用于优抚安置事业单位投资13.2亿元，比上年增长37.5%；社区服务单位投资27.6亿元，比上年增长430.8%；收养性单位投资75.6亿元，比上年增长148.7%；殡仪服务单位投资13.6亿元，比上年增长19.3%；救助类单位投资5.4亿元，比上年增长107.7%；其他事业单位投资21.6亿元，比上年增长188.0%。

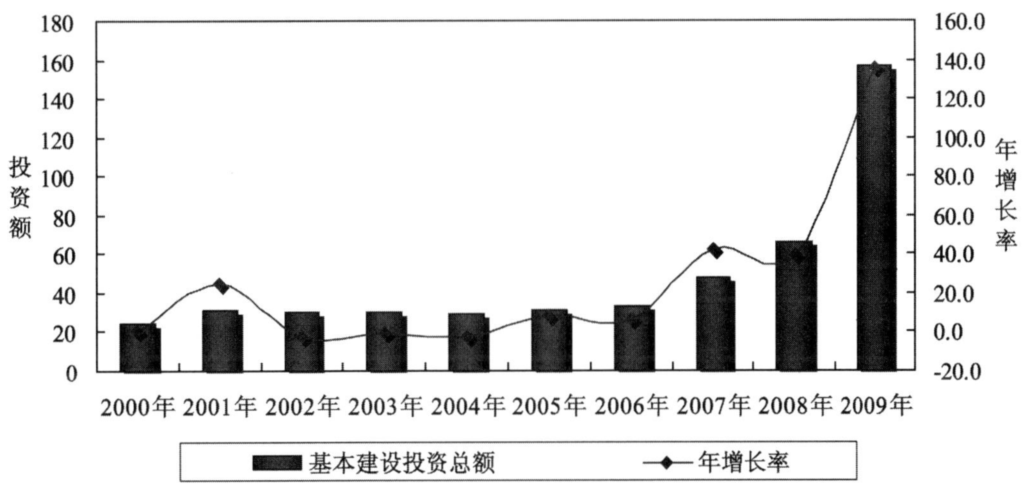

单位：亿元、%

指 标	2000年	2001年	2002年	2003年	2004年	2005年	2006年	2007年	2008年	2009年
基本建设投资总额	24.7	30.8	30.1	30	29.2	31.6	33.5	47.7	66.6	157
年增长率	—	24.7	−2.3	−0.3	−2.7	8.2	6.0	42.4	39.6	135.7

2009年底，全国各类民政登记管理单位增加值1849.4亿元，比上年增长12.1%，占服务业的比重1.3%。其中：各级民政行政机关增加值141.1亿元，比上年增长33.2%，民政事业单位增加值326.4亿元，比上年增长5.2%，社会组织增加值493.1亿元，比上年增长32.4%，基层群众自治组织增加值371.0亿元，比上年增长12.9%，社会福利企业增加值517.8亿元，比上年减少2.8%。

民政单位增加值占服务业增加值比重

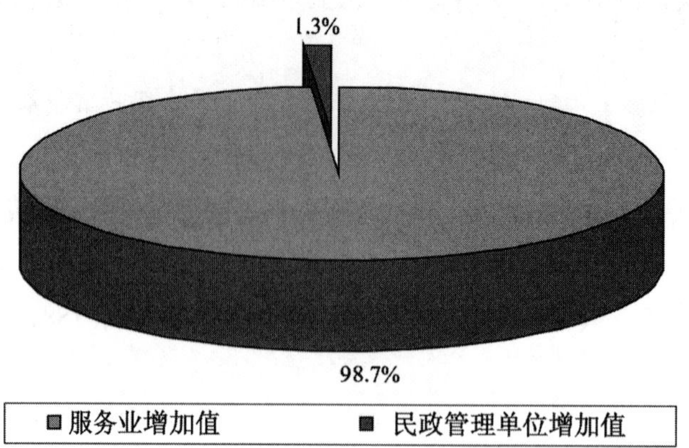

单位：亿元、%

指　标	产　值	比　重
服务业增加值	142918.0	100
# 民政管理单位增加值	1856.2	1.3

民政部关于表彰2009年度全国民政统计工作先进单位的通报

民函〔2010〕59 号

各省、自治区、直辖市民政厅（局），计划单列市民政局，新疆生产建设兵团民政局：

2009年，全国民政统计部门紧紧围绕民政中心工作，牢固树立“以民为本、为民解困、为民服务”的民政工作核心理念，深入贯彻落实科学发展观，坚决贯彻执行民政部党组的各项战略部署，深化细化各项工作，为服务领导决策、推进政务公开、加强民政公共服务设施建设、推动民政事业健康发展做出了积极贡献。

为鼓励各地将民政统计工作提高到新的更高水平，根据民政事业统计、财务报表和统计台账报送情况，民政部评选出了2009年度民政财务统计工作先进单位，予以通报表扬。

2010年，民政工作任务将更加繁重而艰巨，希望各级民政部门切实重视和加强民政财务统计工作，为促进民政事业健康发展更好地发挥基础保障作用。

二〇一〇年二月二十六日

2009年全国民政计财工作先进单位名单

一等奖：(10 名)

北京市民政局计财处

湖北省民政厅计财处

江苏省民政厅计财处

山东省民政厅计财处

湖南省民政厅计财处

浙江省民政厅计财处

河南省民政厅计财处

上海市民政局计财处

吉林省民政厅计财处

黑龙江省民政厅计财处

二等奖：(11 名)

甘肃省民政厅计财处

贵州省民政厅计财处

天津市民政局计财处

福建省民政厅计财处

青海省民政厅计财处

安徽省民政厅财务和机关事务处

宁夏回族自治区民政厅财务统计处

陕西省民政厅资金管理处

内蒙古自治区民政厅计财处

河北省民政厅计财处

海南省民政厅计财处

三等奖：(11 名)

重庆市民政局计财处

江西省民政厅计财处

四川省民政厅计财处

广东省民政厅计财处

广西壮族自治区民政厅计财处

新疆维吾尔自治区民政厅计财处

西藏自治区民政厅计财处

山西省民政厅计财处

云南省民政厅计财处

辽宁省民政厅计财处

新疆生产建设兵团民政局办公室

联合国《所有经济活动的国际标准行业分类》

修订本第4版(节选)

联合国
经济和社会事务部统计司
纽约,2009年

第一章
总体结构

《国际标准行业分类》中的单个类别归并为以下21个门类:

门类	类	说明
A	01—03	农业、林业及渔业
B	05—09	采矿和采石
C	10—33	制造业
D	35	电、煤气、蒸气和空调的供应
E	36—39	供水;污水处理、废物管理和补救活动
F	41—43	建筑业
G	45—47	批发和零售业;汽车和摩托车的修理
H	49—53	运输和储存
I	55—56	食宿服务活动
J	58—63	信息和通信
K	64—66	金融和保险活动
L	68	房地产活动
M	69—75	专业、科学和技术活动
N	77—82	行政和辅助活动
O	84	公共管理和国防;强制性社会保障
P	85	教育
Q	86—88	人体健康和社会工作活动
R	90—93	艺术、娱乐和文娱活动
S	94—96	其他服务活动
T	97—98	家庭作为雇主的活动;家庭自用、未加区分的物品生产和服务活动
U	99	国际组织和机构的活动

第二章

具体结构

门类N

行政和辅助活动

类	大组	组	说明
类77			出租和租赁活动
	771	7710	汽车的出租和租赁
	772		私人和家庭用品的出租和租赁
		7721	娱乐和体育设备的出租和租赁
		7722	录影带与光盘的出租
		7729	其他私人和家庭用品的出租和租赁
	773	7730	其他机械、设备和有形商品的租赁
	774	7740	知识产权和产品的租赁，版权作品除外
类78			就业活动
	781	7810	就业安置机构的活动
	782	7820	临时就业机构的活动
	783	7830	提供其他人力资源服务
类79			旅行社、旅游经营者、预订服务及相关活动
	791		旅行社和旅游经营者的活动
		7911	旅行社的活动
		7912	旅游经营者的活动
	799	7990	其他预订及相关活动
类80			调查和安全活动
	801	8010	私人保安活动
	802	8020	安全系统服务活动
	803	8030	调查活动
类81			为楼宇和院落景观活动提供的服务
	811	8110	设施综合支助服务活动
	812		清洁活动
		8121	楼宇的一般内部清洁
		8129	其他楼宇和工业清洁活动
	813	8130	院落景观的保养和维护服务活动
类82			办公室行政管理、办公支持和其他企业辅助活动
	821		办公室管理和辅助活动
		8211	办公室综合管理辅助活动
		8219	复制、文件准备和其他专业化办公支持活动
	822	8220	呼叫中心的活动
	823	8230	会议和贸易展览会的举办
	829		未另分类的商务辅助服务活动
		8291	收款公司和信贷局的活动
		8292	包装活动
		8299	未另分类的其他商务辅助服务活动

门类O
公共管理与国防；强制性社会保障

类	大组	组	说明
类84			公共管理与国防；强制性社会保障
	841		国家管理及社区经济和社会政策
		8411	一般公共行政管理活动
		8412	对提供保健、教育、文化服务和其他社会服务（社会保障除外）的机构的活动的监管
		8413	为提高企业经营效率进行的监管和促进活动
	842		为整个社会提供服务
		8421	外交事务
		8422	国防活动
		8423	公共秩序和安全活动
	843	8430	强制性社会保障活动

门类P
教　育

类	大组	组	说明
类85			教育
	851	8510	学前教育和初等教育
	852		中等教育
		8521	普通中等教育
		8522	技术和职业中等教育
	853	8530	高等教育
	854		其他教育
		8541	体育和文娱教育
		8542	文化教育
		8549	未另分类的其他教育
	855	8550	教育辅助活动

门类 Q
人体健康和社会工作活动

类	大组	组	说明
类86			人体健康活动
	861	8610	医院活动
	862	8620	医疗和牙科治疗活动
	869	8690	其他人体健康活动
类87			留宿护理活动
	871	8710	留宿护理机构
	872	8720	面向有智障、精神疾病和药物滥用问题的人群的留宿护理活动
	873	8730	面向老年人与残疾人的留宿护理
	879	8790	其他留宿护理活动
类88			不配备食宿的社会服务
	881	8810	为老年人和残疾人提供的不配备食宿的社会服务
	889	8890	其他不配备食宿的社会服务

门类 R
艺术、娱乐和文娱活动

类	大组	组	说明
类90			艺术创作和文娱活动
	900	9000	艺术创作和文娱活动
类91			图书馆、档案馆、博物馆及其他文化活动
		9101	图书馆和档案馆活动
		9102	博物馆活动以及古迹和楼宇的运营
		9103	动植物园和自然保护区活动
类92			赌博和押宝活动
	920	9200	赌博和押宝活动
类93			体育、娱乐和文娱活动
	931		体育活动
		9311	体育设施的运营
		9312	体育俱乐部的活动
		9319	其他体育活动
	932		其他娱乐和文娱活动
		9321	游乐公园和主题公园的活动
		9329	未另分类的其他娱乐和文娱活动

门类 S
其他服务活动

类	大组	组	说明
类94			成员组织的活动
	941		企业、雇主和专业成员组织的活动
		9411	企业和雇主组织的活动
		9412	专业成员组织的活动
	942	9420	工会活动
	949		其他成员组织的活动
		9491	宗教组织的活动
		9492	政治组织的活动
		9499	未另分类的其他成员组织的活动
类95			电脑及个人和家庭用品的修理
	951		电脑和通信设备的修理
		9511	电脑和外部设备的修理
		9512	通信设备的修理
	952		个人和家庭用品的修理
		9521	电子消费品的修理
		9522	家用用品、家庭和园艺设备的修理
		9523	鞋履及其他皮革商品的修理
		9524	家具和家庭摆设的修理
		9529	其他个人和家庭用品的修理
类96			其他个人服务活动
		9601	纺织品和皮毛制品的清洗和干洗
		9602	理发和其他美容活动
		9603	殡葬及有关活动
		9609	未另分类的其他个人服务活动

门类 T
家庭作为雇主的活动；家庭自用、未加区分的物品生产和服务活动

类	大组	组	说明
类 97			家庭作为家政人员雇主的活动
	970	9700	家庭作为家政人员雇主的活动
类 98			未加区分的私人家庭自用物品生产和服务活动
	981	9810	未加区分的私人家庭自用物品生产活动
	982	9820	未加区分的私人家庭自我服务活动

门类 U
国际组织和机构的活动

类	大组	组	说明
类 99			国际组织和机构的活动
	990	9900	国际组织和机构的活动

第三部分
具体结构与解释性说明
门类 N
行政和辅助活动

门类N

行政和辅助活动

本门类包括各种主要商业运营辅助活动。由于这些活动的主要目的不是转让专业知识，因此不同于门类 M 中的活动。

77 出租和租赁活动

本类包括有形和非金融无形资产的租赁，包括广义的有形物品，如在顾客支付阶段性租金后向其提供汽车、计算机、消费用品和工业机械与设备。它可以细分为：（1）摩托车的租赁，(2)娱乐和运动设备、个人和家庭设备的租赁，(3)经常用于商业经营的其他机械和设备的租赁，包括其他运输设备及(4)知识产权产品和类似产品的租赁。经营租赁包括在本类中。

本类不包括金融租赁活动(见 6491 组)，房地产的租赁(见门类 L)和配备操作人员的设备的租赁。后者是根据使用此设备完成的活动定义的，如建筑业(门类 F)或运输(门类 H)。

771 汽车的出租和租赁

见 7710 组。

7710 汽车的出租和租赁

本组包括：

☆下列类型车辆的租赁和经营租赁：

* 不配备驾驶员的客车
* 卡车、公用挂车和娱乐车辆

本组不包括：

☆配备驾驶员的车辆或卡车的租赁或租用，见 4922、4923

☆金融租赁，见 6491

772 私人和家庭用品的出租和租赁

本大组包括个人和家庭用品的租赁和娱乐设备、运动设备及录像带的租赁。活动主要包括用品的短期租赁(尽管有些情况下用品会被长期租赁)。

7721 娱乐和体育设备的出租和租赁

本组包括:

☆娱乐和运动设备的租赁:

* 游船、单人艇、帆船
* 自行车
* 海滩椅和遮阳伞
* 其他运动设备
* 滑雪板

本组不包括:

☆录像带和磁盘的租赁,见7722

☆未另分类的其他个人和家庭用品的租赁,见7729

☆作为娱乐设施不可分割的一部分的休闲和娱乐设备的租赁,见9329

7722 录影带与光盘的出租

本组包括:

☆录像、唱片、CD 盘、DVD 盘等

7729 其他私人和家庭用品的出租和租赁

本组包括:

☆对家庭或各行业各种个人和家庭用品的租赁(娱乐和运动设备除外):

* 纺织品、服装和鞋靴
* 家具、陶器和玻璃器皿、厨房用具和餐具、家用电器和家庭用品
* 珠宝首饰、乐器、布景和戏装
* 书籍、报刊和杂志
* 业余者或作为爱好使用的机械和设备,如家用修理工具
* 花卉和植物
* 供家庭使用的电子设备

本组不包括:

☆不配备驾驶员的汽车、卡车和娱乐车辆的租赁,见7710

☆娱乐和运动用品的租赁,见7721

☆录像带和磁盘的租赁,见7722

☆不配备驾驶员的摩托车和房车的租赁,见7730

☆办公室家具的租赁,见7730

☆洗衣店提供亚麻制品、工作服和其他物品,见9601

773 其他机械、设备和有形商品的租赁

见7730组。

7730 其他机械、设备和有形商品的租赁

本组包括:

☆不配备操作人员的其他机械和设备的租赁和经营租赁,此类机械和设备一般由各行业用作资本货物:

* 发动机和涡轮机
* 机械
* 采矿和油田设备
* 专业的广播、电视和通信设备
* 电影生产设备
* 计量和控制设备
* 其他科学、商业和工业设备

☆不配备驾驶员的陆上运输设备的租赁和经营租赁(除汽车外):

* 摩托车、房车和野营车等
* 铁路车辆

☆不配备操作人员的水上运输设备的租赁和经营租赁:

* 商船

☆不配备操作人员的航空运输设备的租赁和经营租赁:

* 飞机
* 热气球

☆不配备操作人员的农业机械和设备的租赁和经营租赁:

* 2821 组生产的产品的租赁,诸如农用拖拉机等

☆不配备操作人员的建筑和土木工程机械和设备的租赁和经营租赁:

* 起重车
* 脚手架和工作平台,不包括架设和拆除

☆不配备操作人员的办公机械和设备的租赁和经营租赁:

* 计算机及其外部设备
* 复印机、打字机和文字处理机
* 会计用机械和设备: 现金出纳机、电子计算器等
* 办公室家具

本组还包括:

☆住宿或办公用集装箱的租赁

☆集装箱的租赁

☆货架的租赁

☆动物(如牧群、赛马)的租赁

本组不包括:

☆配备操作人员的农业机械和设备的租赁和经营租赁，见0161、0240

☆配备操作人员的建筑和土木工程机械和设备的租赁和经营租赁，见43类

☆配备操作人员的水上运输设备的租赁和经营租赁，见50类

☆配备操作人员的航空运输设备的租赁和经营租赁，见51类

☆金融租赁，见6491

☆游船的租赁，见7721

☆自行车的租赁，见7721

774 知识产权和产品的租赁，版权作品除外

见7740组。

7740 知识产权和产品的租赁，版权作品除外

本组包括允许他人向知识产权产品和类似产品所有者（如资产所有者）支付版税或许可费用后而使用其产品的活动。对这些产品可进行各种形式的租赁，如再版许可，在后续加工或产品生产中使用，企业特许经营等。目前的所有者可能已经或还未创造出这些产品。

本组包括：知识产权产品的租赁（版权作品除外，如书籍或软件）

☆从下列使用中收取版税或许可费：

* 有专利权的实体
* 商标或服务商标
* 品牌名称
* 矿物勘探和评估
* 特许经营协议

本组不包括：

☆版权的获取与出版，见58和59类

☆生产、复制和发行版权作品（书籍、软件和胶片），见58和59类

☆房地产的租赁，见681大组

☆有形产品（资产）的租赁，见771、772、773大组

☆录像带和磁盘的租赁，见7722

☆书籍的租赁，见7729

78 就业活动

本类中的活动包括编制就业空缺清单以及推荐或安排申请人就业（就业代理机构不招收被推荐或安排的人员）；在规定时限内向客户企业提供就业人员以补充其劳动力；在合同或收费的基础上为他人提供人力资源及人力资源管理服务。本类还包括经理人才的物色和安置，以及戏剧角色选派机构的活动。

本类不包括针对艺术家个人的代理机构活动（见7490组）。

781 就业安置机构的活动

见7810组。

7810 就业安置机构的活动

本组包括编制就业空缺清单和推荐或安排申请人就业（就业代理机构不招收被推荐或安排的人员）。

本组包括：

☆人员物色、选择推荐和安置活动，包括经理人才的安置和物色活动

☆角色选派机构的活动，如戏剧角色选派机构

☆在线就业安置机构的活动

本组不包括：

☆针对个人的戏剧或艺术代理人或代理机构的活动，见7490

782 临时就业机构的活动

见7820组。

7820 临时就业机构的活动

本组包括：

☆在规定时限内向客户企业提供就业人员，临时取代或补充其劳动力，被选派的人员是临时服务单位的雇员

划入此类的单位不负责直接监督客户工作场所的雇员。

783 提供其他人力资源服务

见7830组。

7830 提供其他人力资源服务

本组包括：

☆为客户企业提供人力资源

这类人力资源的提供通常是在长期或永久性的基础上完成的，划入此类的单位可在提供人力资源方面履行各种相关的职责和实行从事人事管理。

划入此类的单位代表雇主为雇员记录与工资、税金及其他财务和人力资源问题有关的事宜，但是他们不负责对雇员进行指导和监督。

本组不包括：

☆提供人力资源的同时履行企业监管或运营职能，见相关经济活动分类

☆提供人力资源以临时替代或补充客户的员工，见7820

79 旅行社、旅游经营者、预订服务及相关活动

本类包括向一般公众和商业客户提供旅行、旅游、运输和食宿服务的活动，通过旅行社或直接由代理人(如旅游经营者)进行旅游安排和组织的活动，以及包括预订服务在内的其他旅行相关服务。本类还包括导游和旅游促进活动。

791 旅行社和旅游经营者的活动

本大组包括主要从事向一般公众和商业客户提供旅行、旅游、运输和食宿服务的代理机构的活动，以及通过旅行社或直接由旅游经营者销售的旅游安排和组织活动。

7911 旅行社的活动

本组包括：

☆主要从事向一般公众和商业客户提供旅行、旅游、运输和食宿服务的代理机构的活动

7912 旅游经营者的活动

本组包括：

☆通过旅行社或直接由旅游经营者进行的旅游安排和组织。旅游可能包括以下任何一种或所有形式：

* 运输
* 住宿
* 食品
* 参观博物馆、历史或文化遗址，观看戏剧、音乐或体育活动

799 其他预订及相关活动

见7990组。

7990 其他预订及相关活动

本组包括：

☆其他与旅行有关的预订服务的提供：

* 运输、旅馆、餐馆、汽车租赁、娱乐和体育等的预订

☆分时交换服务的提供

☆戏剧、体育及其他消遣和娱乐活动的售票

☆游客支助服务的提供：

* 向游客提供旅行信息
* 导游的活动

☆旅游促进活动

本组不包括：

☆旅行社和旅游经营者的活动，见7911、7912

☆会议活动的组织与管理，见8230

80 调查和安全活动

本类涵盖安全相关的活动：调查和侦查活动；警卫和巡逻活动；配备人员和设备的以保护在运输过程中的钱财、票据或其他贵重物品的活动；电子安全报警系统的运营，如防盗和火警系统，活动重心在于此类系统的远程控制，但通常也会涉及到销售、安装与修理活动。如果能够单独提供销售、安装与修理的数据，则不应列入本类，而应列入零售和建筑业类。

801 私人保安活动

见8010组。

8010 私人保安活动

本组包括下列一种或多种活动的提供：警卫和巡逻服务；配备人员和设备以保护在运输过程中的钱财、票据或其他贵重物品的有关活动。

本组包括：

☆装甲车辆服务

☆保镖服务

☆测谎仪服务

☆指纹服务

☆安全警卫服务

本组不包括：

☆公共秩序和安全活动，见8423

802 安全系统服务活动

见8020组。

8020 安全系统服务活动

本组包括：

☆电子安全报警系统，如防盗和火警系统及其维护的监测或遥控监测

☆机械或电子锁设备、保险箱及保险库的安装、修理、改造与调整

进行这些活动的单位可能也从事这些安全系统、机械或电子锁设备、保险箱及保险库的销售。

本组不包括：

☆无后期监测的安全系统(如防盗和火警系统)的安装，见4321☆

☆无监测、安装或维护服务的安全系统、机械或电子锁设备、保险箱及保险库的销售，见4759

☆安全顾问，见7490

☆公共秩序和安全活动，见8423

☆提供配制钥匙的服务，见9529

803 调查活动

见8030组。

8030 调查活动

本组包括：

☆调查和侦查服务活动

☆不依赖客户类型或调查目的的所有私家侦探的活动

81 为楼宇和院落景观活动提供的服务

本类包括提供一些普通的支助服务，如在客户所在场所中提供综合支助服务，各种类型的建筑物内部和外部保洁、工业机械的保洁，火车、汽车、飞机等的清洁，油罐车和油船的清洗，建筑、船舶、火车等的消毒和检查活动等，瓶子的清洗，街道的清扫，冰雪的清除，院落景观的设计、保养和维护服务活动和／或人行道、护壁、舱板、池塘和类似结构的建造。

811 设施综合支助服务活动

见8110组。

8110 设施综合支助服务活动

本组包括：

☆为客户设施提供综合支助服务，如一般内部清理、维护、垃圾处置、警卫和保安、邮件路由、接待、洗衣及相关服务，以支持设施经营

列入此类的单位提供经营人员来完成这些辅助活动，但不涉及核心业务或客户活动。

本组不包括：

☆仅提供辅助服务中的一种服务(如一般内部清理)或仅满足单一功能(如供热)，根据所提供的服务见相应的组

☆为客户单位(如旅馆、餐馆、煤矿或医院)的完善经营提供管理及经营人员，见经营单位一组

☆对客户的计算机系统和／或数据处理设施进行实地管理和操作，见6202

☆在合同或付费基础上经营修正设施，见8423

812 清洁活动

本组包括各种类型建筑物的一般内部保洁、建筑物外部保洁、建筑物专业保洁活动或其他专业保洁活动、工业机械的保洁，油槽车、油轮内部的清理，建筑物和工业机械的消毒和检查活动，瓶子的清洗，街道的清扫，冰雪的清除。

本组不包括：

☆农业虫害控制，见0161

☆新建筑物竣工后的保洁，见4330

☆建筑物外墙的蒸汽清洗、喷砂清理和类似的活动，见4390

☆地毯和小地毯的清洗及帷幔和窗帘的清洗，见9601

8121 楼宇的一般内部清洁

本组包括：

☆各种类型建筑物的一般(非专业)保洁，诸如：

* 办公室
* 房屋或公寓
* 工厂
* 商店
* 研究所

☆其他商业和专业场所以及多单位的居住楼的一般(非专业)保洁

这些活动包含了大部分内部保洁，尽管它们可能也包括相关外部区域(如窗户或通道)的保洁。

本组不包括：

☆专业内部保洁活动，诸如烟囱的清扫及壁炉、火炉、熔炉、焚化炉、锅炉、通风装置和排气装置的清理，见8129

8129 其他楼宇和工业清洁活动

本组包括：

☆各类建筑物的外部保洁，包括办公楼、工厂、商店、研究所及其他商业和专业场所以及多单位的居住楼

☆专业内部保洁活动，诸如烟囱的清扫及壁炉、火炉、熔炉、焚化炉、锅炉、通风装置和排气装置的清理

☆游泳池保洁和维护服务

☆工业机械的保洁

☆瓶子的清洗

☆火车、公共汽车、飞机等的保洁

☆油槽车、油轮内部的清理

☆消毒和检查活动

☆街道的清扫和冰雪的清除

☆未另列明的建筑物和工业保洁活动

本组不包括：

☆农业虫害控制，见0161

☆污水管道和排水管道的清理，见3700

☆汽车保洁和洗车，见4520

813 院落景观的保养和维护服务活动

见8130组。

8130 院落景观的保养和维护服务活动

本组包括：

☆种植、照料和维护：

＊下列地方的公园和花园：

□公私住宅

□公共和半公共建筑物（学校、医院、行政大楼、教堂建筑物等）

□市政场所（公园、绿地、公墓等等）

□交通干线绿化（公路、铁路线和轨道交通线、水道等）

□工业和商业建筑物

＊下列地方的绿化：

□建筑物（屋顶花园、墙面绿化、院内花园）

□体育场（如足球场、高尔夫球场等）、运动场、日光浴草坪和其他娱乐场地

□静止水和流动水（水池、交替湿干地、桥梁、游泳池、水渠、水道、工厂污水系统）

＊防噪声、防风、防侵蚀、防耀眼和遮挡视线用的人工林

本组还包括：

☆对土地进行维护，使其保持良好的生态条件

本组不包括：

☆商品化生产和为商品化生产种植的植物和树木，见01和02类

☆树木苗圃（不包括森林树木苗圃），见0130

☆对土地进行维护，使其保持良好的农用条件，见0161

☆用于景观目的的建筑业活动，见门类F

☆景观设计和建筑活动，见7110

☆植物园的经营，见9103

82 办公室行政管理、办公支持和其他企业辅助活动

本类包括在收费或合同的基础上提供各种日常的办公室行政管理和日常商业辅助活动。

本类还包括向未另分类的企业提供所有辅助活动。

划入本类的单位不提供运营人员完成企业全部运营。

821 办公室管理和辅助活动

本大组包括在收费或合同的基础上提供日常办公室管理活动，如为其他单位提供的财务规划、结算和记账、人员和物资分配及后勤服务等。

本大组还包括在收费或合同的基础上提供各组织和企业一般自行完成的日常企业辅助活动。

划人本大组中的单位不提供运营人员完成企业全部运营。提供配备人员的辅助活动的单位根据其特定活动划人各活动所在组别。

8211 办公室综合管理辅助活动

本组包括：

☆在收费或合同的基础上提供日常综合管理服务，如接待、财务规划、结算和记账、人员和物资分配（邮件服务）和后勤

本组不包括：

☆配备操作人员进行完整的业务操作，见与活动相关的组别

☆提供这些活动中的某一种，见与该特定活动相对应的组别

8219 复制、文件准备和其他专业化办公支持活动

本组包括各种复制、文件准备和专业化办公支持活动。本组中的文件复制／打印活动指的是短期打印活动。

本组包括：

☆文件准备

☆文件编辑或校对

☆打字、文字加工或桌面出版

☆文秘辅助服务

☆文件转录和其他文秘服务

☆写信或填简历

☆邮箱租赁和其他邮寄服务（直接邮寄广告除外）

☆复印

☆复制

☆晒蓝图

☆其他文件复制服务，打印服务，诸如胶印、快速打印、数码打印、印前服务除外

本组不包括：

☆文件的打印（胶印、快速打印等等），见1811

☆直接邮寄广告，见7310

☆专业速记服务（如法庭记录），见8299

☆公共速记服务，见8299

822 呼叫中心的活动

见8220组。

8220 呼叫中心的活动

本组包括：

☆国内呼叫中心、人工应答客户的呼叫、自动呼叫分配、计算机电话集成、互动式语音应答系统或类似方法，即接收命令、提供产品信息、处理顾客的援助要求，或受理顾客的投诉

☆国外呼叫中心使用类似方法向潜在的顾客出售或推销物品

或服务，并为客户进行市场调研或民意测验及类似活动

823 会议和贸易展览会的举办

见8230组。

8230 会议和贸易展览会的举办

本组包括：

☆组织、促进和/或管理活动，诸如商业和贸易展览会、会议，无论是否包括管理及为活动举办单位提供办事人员

829 未另分类的商务辅助服务活动

本大组包括收款公司和信贷局的活动，以及向公司提供的未另分类的所有其他辅助活动

8291 收款公司和信贷局的活动

本组包括：，

☆索赔款项的收取以及客户付款转账，如收账活动

☆将个人信贷和就业过往情况以及企业信贷情况等信息汇总，提供给金融机构、零售商和其他需要考查个人信用状况的个人和单位

8292 包装活动

本组包括：

☆在收费或合同基础上的包装活动，不论是否涉及自动加工工艺：

* 液体的装瓶，包括饮料和食品
* 固体的包装(透明塑料包装、箔纸覆盖等)
* 药物制剂的安全包装
* 贴标签、加盖印记及印压
* 包裹与礼品包扎

本组不包括：

☆软饮料的制造和矿泉水的生产，见1104

☆与运输相关的打包活动，见5229

8299 未另分类的其他商务辅助服务活动

本组包括：

☆提供现场法律诉讼的速记报告以及录音材料的抄录：

* 法庭报告和速记服务
* 公共速记服务

☆电视会议直播时实时加标题活动

☆条形编码活动

☆条形编码印刷活动

☆在合同或收费基础上的筹资活动

☆邮件预先分拣服务

☆收回服务

☆汽车停放计时器硬币收集服务

☆独立拍卖人的活动

☆忠诚度计划管理

☆未另分类的其他典型商务支助活动

本组不包括：

☆提供文件转录服务，见8219

☆提供胶片或磁带说明或字幕服务，见5912

门类O

公共管理与国防；强制性社会保障

本门类涵盖政府性活动，通常由公共行政机构来实行。这包括法律法规的施行与司法解释，以及在此基础上的公共管理事务、立法活动、税收、国防、公共秩序与安全、移民服务、外交事务和政府管理。本门类还包括强制性社会安全活动。

法律地位或机构地位并不能决定某种活动是否属于本门类，而是由上一段规定的活动性质来决定的，也就是说划人《国际标准行业分类》其他类别的活动即使是由公共实体来进行，也仍不属于本门类。例如，学校系统的管理(即监管、检查或课程设置)属于本门类，但教学本身则不在此列(见门类P)，监狱医院或军队医院属于在卫生类(见门类Q)。同样，本门类中所述及的某些活动可能是由非政府单位进行的 。

84 公共管理与国防；强制性社会保障

见门类O。

841 国家管理及社区经济和社会政策

本组包括一般行政管理(如各级政府的行政、立法、财政等的行政管理)及社会和经济生活方面的监督。

8411 一般公共行政管理活动

本组包括：

☆中央、地区和地方机构的行政及立法管理

☆财政事务的管理监督：

* 税收计划的运行
* 商品税/关税的征收及对违反税法情况的调查
* 海关管理

☆预算执行情况及公共资金和公共债务的管理：

筹款和收款及开支控制

☆对(民用)研究与发展总政策及相关资金的管理

☆各级政府经济和社会全面规划以及统计服务的管理和运作

本组不包括：

☆政府所有或占有建筑的运营，见6810、6820

☆对提高个人福利的研发政策及相关资金的管理，见8412

☆对改善经济业绩和竞争能力的研发政策的管理，见8413

☆对国防研发政策及相关资金的管理，见8422

☆政府档案馆的管理，见9101

8412 对提供保健、教育、文化服务和其他社会服务(社会保障除外)的机构的活动的监管

本组包括：

☆对旨在提高个人福利的计划的公共管理：

* 卫生
* 教育
* 文化
* 体育
* 娱乐
* 环境
* 住房
* 社会服务

☆对这些领域的研究与发展政策及相关资金的公共管理

本组还包括：

☆主办娱乐和文化活动

☆对艺术家赞助的分配

☆对饮用水供应计划的管理

☆对废物收集与处理工作的管理

☆对环境保护计划的管理

☆对住房计划的管理

本组不包括：

☆污水和废物处理与补救活动，见37、38、39类

☆强制性的社会保障活动，见8430

☆教育活动，见85类

☆与人的健康有关的活动，见86类

☆（私立、公立或政府经营的）图书馆和档案馆的活动，见9101

☆博物馆和其他文化机构的经营，见9102

☆体育运动或其他娱乐活动，见93类

8413 为提高企业经营效率进行的监管和促进活动

本组包括：

☆对下列不同经济领域的公共管理和监管，包括补贴的分配：

* 农业
* 土地利用
* 能源和矿产资源
* 基础设施
* 运输
* 通信
* 旅馆与旅游
* 批发与零售

☆对旨在改善经济业绩的研究与发展政策及相关资金的管理

☆一般劳动事务的管理

☆地区发展政策措施的管理，如减少失业等

本组不包括：

☆研究与实验发展活动，见73类

842 为整个社会提供服务

本组包括外交事务、国防、公共秩序和安全活动。

8421 外交事务

本组包括：

☆外交部及驻外使团和领事馆或驻国际组织代表处的管理和运作

☆在国外传播信息和进行文化服务的管理、运作及对此类活动的支持

☆向外国提供援助，不论是否通过国际组织进行

☆向外国提供军事援助

☆对外贸、国际金融和对外技术事务的管理

本组不包括：

☆国际灾难或冲突难民服务，见8890

8422 国防活动

本组包括：

☆国防事务及陆、海、空军和太空防御力量的管理、监督与运作，诸如：

* 陆、海、空军战斗部队
* 工程、运输、通信、情报、物资、人事部门和其他非战斗部队及指挥部
* 防务机构的后备役部队及辅助部队
* 装备、设备、给养等军需的提供
* 战场为军事人员进行的保护健康活动

☆民防力量的管理和运作及对它们的支持

☆对制订应急计划及开展有民间机构和群众参加的训练

的支持

☆对与国防有关的研究与发展政策及相关资金的管理

本组不包括：

☆研究与实验活动，见72类

☆向外国提供军事援助，见8421

☆军事法庭的活动，见8423

☆在和平时期发生灾难的情况下提供国内应急物资，见8423

☆军事院校的教学活动，见8530

☆军队医院的活动，见8610

8423 公共秩序和安全活动

本组包括：

☆受政府支持的正规警察与辅助警察及港口、边防、海防和其他特种警察的管理与运作，包括交通管理、外侨登记、警察实验室的运作及逮捕记录的保存

☆消防：

* 受政府支持的正规消防队和辅助消防队在以下方面的管理与运作： 防火、灭火、人员和动物抢救、救灾、防洪、交通事故处理等

☆行政民事和刑事法庭、军事法庭和司法系统的管理与运作，包括代表政府的或由政府出钱或提供服务的法律代理或咨询

☆宣判及解释法律

☆民事诉讼的仲裁

☆监狱管理和管教服务，包括帮助犯人改过自新的服务，不论这些工作是由政府部门进行，还是由私人部门在合同或付费的基础上进行

☆在和平时期发生灾难的情况下提供国内应急物资

本组不包括：

☆森林防火灭火服务，见0240

☆油气田的灭火，见0910

☆机场由非专业单位进行的防火灭火活动，见5223

☆在民事、刑事和其他案件中提供咨询和代理服务，见6910

☆警察实验室的运作，见7120

☆武装力量的管理和运作，见8422

☆监狱学校的活动，见85类

☆监狱医院的活动，见8610

843 强制性社会保障活动

见8430组。

8430 强制性社会保障活动

本组包括：

☆政府提供的社会保障计划的筹资和管理：

* 生病、工伤事故和失业保险

* 退休金

* 补助计划，包括因生育、暂时丧失能力、丧偶等情况造成的收入损失

本组不包括：

☆强制性社会保障，见6530

☆提供福利服务及社会工作，见8810、8890

门类P

教　育

本门类包括在各级或为各种职业举办的以及通过广播电视或其他通信手段开展的口头或书面的公立教育或私立教育。它包括正规学校系统中不同机构在不同层级上进行的教育，像成人教育、扫盲计划等。还包括各自层级上的军事院校、监狱学校等。本门类包括公立教育及私立教育。

在初等教育的每一层级，各类包括了对体残学生或智障学生的特殊教育。本类中各类别的划分是以1997年《国际标准教育分类》所界定的教育层级为依据的。提供《国际标准教育分类》中0级与1级教育的教育机构的活动划人851大组，2级和3级教育划人852大组，4级、5级、6级划人853大组。

本门类还包括与运动和娱乐相关的教学，包括桥牌或高尔夫球等。

85 教育

见门类P。

851 学前教育和初等教育

见8510组。

8510 学前教育和初等教育

本组涵盖向学龄前儿童提供帮助使其适应学校环境的指导，以及读写、算术等基本技能，包括历史、地理、自然科学、社会科学、艺术及音乐基本知识方面的指导。此类教育一般面向儿童。同时，在学校系统内外实施的扫盲计划也包括在本组中。尽管后者与前者内容相似，但主要面向年龄超过小学人学年龄的人。同时还包括向有特殊教育需求的儿童提供的相似水平的教育。教育可在教室进行或通过广播、电视、因特网或函授等方式进行。

本组包括：

☆学前教育

☆初等教育

本组还包括：

☆这一层级残疾学生的特殊教育

☆成人扫盲计划

本组不包括：

☆854 大组中规定的成人教育

☆幼儿日托活动，见 8890

852 中等教育

本组包括普通中等教育以及技术和职业中等教育的提供。

8521 普通中等教育

本组包括提供为终身学习和人类发展打基础的教育，而且提供了进一步教育的可能。这些单位的学习通常采用以科目为导向，聘用专业教师在专业领域进行授课。教育可在教室进行或通过广播、电视、因特网或函授等方式进行。

这一层级科目的专门化往往开始对选修普通课程的人的学习经历产生某种影响，此类课程的安排在于使学生能取得接受技术和职业教育或进入大学的资格，在科目方面没有特殊的先决条件。

本组包括：

☆第一阶段普通中等教育，它或多或少对应于学校义务教育阶段

☆第二阶段普通中等教育，原则上提供了进入高等教育的机会

本组还包括：

☆这一层级残疾学生的特殊教育

本组不包括：

854 大组中规定的成人教育

8522 技术和职业中等教育

课程的设置通常强调学习内容专门化，并着重于与当前或今后就业相关的教育，既重视理论基础教育，又重视实际技能教育。课程安排可能只是为就业做广泛准备，也可能是针对某一非常具体的职业。教育场地多样化，如单位或客户的培训基地、教育机构、工作场所、家庭或者通过广播、电视、因特网或函授等方式进行。

本组包括：

☆853 大组中规定的高等教育水平以下的技术和职业教育

本组还包括：

☆导游培训

☆厨师、酒店经营者、餐厅经营者的培训

☆这一层级残疾学生的特殊教育

☆美容美发学校

☆计算机维修培训

☆面向专职驾驶员(如卡车、公共汽车、长途汽车驾驶员)的驾驶学校

本组不包括：

☆中等教育后和大学一级的技术和职业教育，见 8530

☆854 大组中规定的成人教育

☆以娱乐、爱好或自我发展为目的进行的表演教育，见 8542

☆不面向专职驾驶员的驾驶学校，见 8549

☆作为不配备食宿的社会工作的职业培训，见 8810、8890

853 高等教育

见 8530 组。

8530 高等教育

本组包括中等教育后的非高等和高等教育的提供，包括学士、硕士学位的授予。入学条件是至少为高中毕业或具有同等学历。教育可在教室进行或通过广播、电视、因特网或函授等方式进行。

本组包括：

☆中等教育后的非高等教育

☆高等教育第一阶段(不以取得高级研究资格为目标)

☆高等教育第二阶段(以取得高级研究资格为目标)

本组还包括：

☆提供高等教育的表演艺术学校

本组不包括：

☆854 大组中规定的成人教育

854 其他教育

本组涵盖一般进修教育和适合所有职业的进修教育和培训。教育可在教室进行或通过广播、电视、因特网或函授等方式进行。本组还包括向团体或个人提供体育活动指导、外语培训、美术培训、戏剧培训、音乐培训、其他培训或其他与 851 ☆ 853 大组中未列明的专门培训。

本组不包括：

☆初等教育、中等教育或高等教育，见 851、852、853 大组

8541 **体育和文娱教育**

本组涵盖在校园内向团体和个人提供体育运动指导。本组不包括正统学校、学院、大学的活动。教育场地多样化，如单位或客户的培训基地、教育机构等其他方式。本组中涵盖的培训均有正式的组织。

本组包括：

☆运动教学(垒球、篮球、板球、足球等)

☆竞赛运动辅导

☆拉拉队指导

☆体操教学

☆马术教学、学院或学校

☆游泳教学

☆职业活动讲师、教师、教练

☆武术教学

☆牌类教学(如桥牌)

☆瑜伽教学

本组不包括：

☆文化教育，见8542

8542 **文化教育**

本组包括美术、戏剧、音乐的教学。提供此类教学的单位一般为“学校”、“工作室”或“培训班”等。这些单位一般提供有组织的教学，学生学习这些科目主要是出于爱好、娱乐和自我发展的目的，但这类教育不颁发专业证书以及学士学位或硕士学位证书。

本组包括：

☆钢琴教师和其他音乐教学

☆美术教学

☆舞蹈教学与舞蹈工作室

☆戏剧学校(学术类院校除外)

☆精致艺术学校(学术类院校除外)

☆表演艺术学校(学术类院校除外)

☆摄影学校(商业类学校除外)

8549 **未另分类的其他教育**

本组包括851☆853大组中一般教育未涉及的成人教育与专业培训，但不包括大学和大专院校的活动。教学可在各种场所进行，如单位或客户的培训基地、教育机构、工作场所、家庭或者通过广播、电视、因特网或其他方式进行。此类教育完成后不颁发高中毕业证书以及学士学位或硕士学位证书。

本组包括：

☆难以划分层级的教育

☆学术辅导活动

☆大学理事会的筹建

☆补习学校

☆专业考核课程

☆语言教学和沟通技巧的传授

☆速读辅导

☆宗教学的讲授

本组还包括：

☆汽车驾驶学校

☆飞行学校

☆救生员培训

☆生存训练

☆公共演讲培训

☆计算机培训

本组不包括：

☆成人扫盲计划，见8510

☆一般中等教育，见8521

☆面向专职驾驶员的驾驶学校，见8522

☆高等教育，见8530

☆文化教育，见8542

855 **教育辅助活动**

见8550组。

8550 **教育辅助活动**

本组包括：

☆支持教育过程与教育体系的非教学服务：

* 教育咨询
* 教育指导顾问服务
* 教育检测评价服务
* 教育检测服务
* 交换学生项目的组织

本组不包括：

☆社会学和人文学的研究与试验发展，见7220

门类Q

人体健康和社会工作活动

本门类包括卫生与社会工作。活动范围包括医院及其他机构专业医务人员提供的保健活动，涉及一些保健的留宿护理服务，以及无专业保健人员参与的社会工作。

86 **人体健康活动**

本类包括各种医院和医疗保健机构，如设有普通科或专科、外科、精神科、药物滥用科等的医院、疗养院、医疗护理中心、收容所、精神病院、康复中心、麻疯病院以及其他保健机构的长期和短期活动，这些机构配有食宿，可为各类病人进行诊断与医治。包括一般或特殊的牙科活动和矫正活动。另外，本类还包括不是由医院或行业医生，而是由有行医资格的辅导医生提供的人体健康服务。

861 医院活动

见8610组。

8610 医院活动

本组包括：

☆普通医院(如社区或地区医院、非营利组织医院、大学附属医院、军事基地中和监狱医院)与专门医院(精神病院、传染病院、妇产科医院、专门疗养院)提供的长期或短期医院活动

这些活动主要针对住院病人，并在医生的监督之下进行，它们包括：

* 医务人员和助理人员的服务

* 实验室和技术设施的服务，包括放射和麻醉服务

* 急诊室服务

* 手术室、药房、饮食及其他医院设施服务

* 计划生育中心，可提供配备食宿的医疗服务，如消毒和终止妊娠

本组不包括：

☆所有类型材料与产品的实验室测试与检查，医疗相关材料与产品除外，见7120

☆兽医活动，见7500

☆战场上为军事人员进行的保护健康活动，见8422

☆普通或专业牙科，如牙齿科、牙髓科、儿童牙科；口腔科等的业务活动，见8620

☆面向住院病人的私人咨询服务，见8620

☆药品实验室测试，见8690

☆救护运输活动，见8690

862 医疗和牙科治疗活动

见8620组。

8620 医疗和牙科治疗活动

本组包括：

☆由普通科医生、专科医生及外科医生提供的医疗咨询和治疗服务

☆普通或专业牙科，如牙齿科、牙髓科、儿童牙科；口腔科等的业务活动

☆正牙活动

☆计划生育中心，可提供不配备食宿的医疗服务，如消毒和终止妊娠

此类活动可在私人诊所、集体诊所和医院门诊部及附设于企业、学校、老年之家、工会组织和共济会组织的医务室以及病人家中进行。

本组还包括：

☆手术室中的牙科活动

☆面向住院病人的私人咨询服务

本组不包括：

☆牙科实验室的人造牙、托牙和修复器械的生产，见3250

☆住院病人的医院活动，见8610

☆诸如助产士、护士和理疗师等的医疗辅助活动，见8690

869 其他人体健康活动

见8690组。

8690 其他人体健康活动

本组包括：

☆不是由医院或医生或牙医进行的人体健康活动：

* 由护士、助产士、理疗师或其他医疗辅助人员进行的以下活动： 验光、水疗、医疗按摩、职业疗法、言语矫治、手足病治疗、顺势疗法、按摩疗法、针灸等这些活动可在各类卫生所进行，诸如附设于企业、学校、老年之家、工会组织和共济会组织的医务室及除医院之外的可住院的保健机构，还有私人诊室、病人家中或其他地方。这些活动不包括医疗活动 。

本组还包括：

☆牙科辅助医疗人员的活动，诸如牙科治疗人员、学校牙科护士和牙科保健员等，他们可能远离牙医而工作，但由牙医进行定期监督指导

☆医疗实验室的活动，诸如：

*X 光实验室和其他影像诊断中心

* 血样分析实验室

☆血库、精子库、移植器官库等的活动

☆用任何运输方式(包括飞机)进行的病人救护运输。通常在医疗紧急情况下提供此类服务

本组不包括：

☆牙科实验室的人造牙、义齿和修复器械的生产，见3250

☆不带救生设备或医疗人员进行的病人的转移，见49、50、51类

☆非医疗实验室测试，见7120

☆食品卫生方面的检验活动，见7120

☆医院活动，见8610☆医生业务和牙科业务活动，见8620

☆护理服务机构，见8710

87 留宿护理活动

本类涵盖留宿护理的提供，及监护或居民要求的其他种类的护理服务。护理设施是此类服务过程的重要组成部分，主要提供一系列健康与社会服务，其中健康服务主要涉及护理服务。

871 留宿护理机构

见8710组。

8710 留宿护理机构

本组包括：

☆下列组织的活动：

* 老年人护理之家
* 疗养院
* 配备护理的养老院
* 护理机构
* 护理之家

本组不包括：

☆健康护理专业人士提供的家庭服务，见86类

☆不附带或极少附带护理服务的养老院的活动，见8730

☆提供食宿的社会服务，如孤儿院、儿童之家和接待站、临时避护所等，见8790

872 面向有智障、精神疾病和药物滥用问题的人群的留宿护理活动

见8720组。

8720 面向有智障、精神疾病或药物滥用问题的人群的留宿护理活动

本组包括向有智障、精神疾病或有药物滥用问题的人提供的留宿护理服务(但不包括注册医院的护理)。留宿护理机构提供住宿、监护、咨询和一些保健护理。同时还包括向有精神疾病或药物滥用问题的病人提供留宿护理与治疗服务。

本组包括：

☆以下组织的活动：

* 酒精中毒与药物成瘾的治疗机构
* 精神病康复院
* 为情绪紊乱人群提供的团体之家
* 智障机构
* 精神健康过渡疗养院

本组不包括：

☆配备食宿的社会服务，如临时避护所，见8790

873 面向老年人与残疾人的留宿护理

见8730组。

8730 面向老年人与残疾人的留宿护理

本组包括向不能完全自理和/或不想独立生活的老年人和残疾人提供留宿护理与个人护理服务。护理通常包括食宿、监护、日常生活帮助，如家政服务。在一些情况下，这些单位在单独机构中为居民提供护理服务。

本组包括：

☆下列机构的活动：

* 疗养机构
* 退休者关怀社区
* 基本不配备护理的老年人之家
* 不配备护理的疗养院

本组不包括：

☆配备护理的养老院，见8710

☆配备食宿的社会服务，其中医疗与食宿均不是重要因素，见8790

879 其他留宿护理活动

见8790组。

8790 其他留宿护理活动

本组包括除向不能完全自理或不想独立生活的老年人和残疾人之外的个人提供的留宿护理与个人护理服务。

本组包括：

☆为儿童及缺少生活自理能力的特类人员提供24小时护理服务，但在这方面医疗或教育不是重要因素：

* 孤儿院
* 提供食宿的儿童之家和接待站
* 临时避护所
* 照顾未婚母亲及其儿女的机构

这些活动可由政府机构进行，也可由民间组织进行。

本组还包括：

☆下列活动：

* 为有社会问题或人际问题的个人开办的重返社会训练所

* 为行为不良青年与罪犯开办的重返社会训练所

* 惩戒营

本组不包括：

☆强制性社会保障计划的筹资和管理，见8430

☆护理服务机构的活动，见8710

☆面向有智障、精神疾病和药物滥用问题的人群的留宿护理，见8720

☆老年人与残疾人的住院治疗，见8730

☆收养活动，见8890

☆灾民的短期避难活动，见8890

88 不配备食宿的社会服务

本类包括直接向客户提供的各种社会援助。本类中的活动不包括提供食宿的服务，但临时性食宿除外。

881 为老年人和残疾人提供的不配备食宿的社会服务

见8810组。

8810 为老年人和残疾人提供的不配备食宿的社会服务

本组包括：

☆老年人和残疾人可在家中或其他地方得到的社会服务、咨询服务、福利、职业介绍及类似服务，这些服务由公共或私人组织、国家或地方自助组织及提供咨询活动的专家提供：

* 看望老年人和残疾人

* 为老年人或残疾人提供的日间照料服务

* 为残疾人提供的康复和就业指导(如果教育因素受到限制的话)

本组不包括：

☆强制性社会保障计划的筹资和管理，见8430

☆与本组所述活动类似且提供食宿的活动，见8730

☆面向残疾儿童的日托服务，见8890

889 其他不配备食宿的社会服务

见8890组。

8890 其他不配备食宿的社会服务

本组包括：

☆个人及家庭可在家中或其他地方得到的社会服务、咨询服务、福利、难民服务、职业介绍及类似服务，这些服务由公共或私人组织、救灾组织、国家或地方自助组织及咨询专家提供：

* 为儿童和青少年提供的福利和辅导

* 收养活动、防止虐待儿童和其他人的活动

* 家庭预算咨询、婚姻与家庭指导、信用与债务咨询服务

* 社区和邻里活动

* 为灾民、难民、移民等进行的活动(包括临时或长期的救济)

* 为失业者提供康复和就业指导活动(如果教育因素受到限制的话)

* 有关福利援助、出租必需品、房租补贴或食品券的资格审查

* 儿童(包括残疾儿童)日托活动

* 为无家可归者及其他社会弱势群体提供的日间照料机构

* 慈善活动、募捐活动或其他社会支助活动

本组不包括：

☆强制性社会保障计划的筹资和管理，见8430

☆与本组所述活动类似且配备食宿的活动，见8790

门类R

艺术、娱乐和文娱活动

本门类包括为满足公众的文化娱乐需求而经营的设施和提供的服务，包括现场演出、场馆运作、赌博、体育及文娱活动。

90 艺术创作和文娱活动

见9000组。

900 艺术创作和文娱活动

见9000组。

9000 艺术创作和文娱活动

本组包括为满足客户的文化娱乐需求而经营的设施和提供的服务。其中包括筹备、宣传和参与面向公众的现场演出、活动或展览；为艺术产品的生产及现场演出的筹备而进行的艺术、创意和技术指导。

本组包括：

☆戏剧、音乐会、歌剧、舞蹈和其他舞台表演等：

* 团体、马戏团或公司，乐队或乐团的活动

* 艺术家的活动，如作家、演员、导演、音乐家、演讲者、舞台布景设计师和建筑师等

☆音乐厅和剧场及其他艺术设施的管理

☆雕塑家、画家、漫画家、雕刻家及蚀刻家等的活动

☆所有体裁(包括小说创作和科技写作)作家的活动

☆独立记者的活动

☆艺术作品(如画作等)的修复

本组还包括：

☆现场艺术表演者的活动，无论有无艺术设施

本组不包括：

☆彩色玻璃窗的修复，见2310

☆造像(而非艺术原创)的制造，见2396

☆风琴及其他历史性乐器的恢复，见3319

☆历史古迹和楼宇的修复，见4100

☆电影和录像带的制作，见5911、5912

☆电影院的管理，见5914

☆个人戏剧或艺术经纪人或经纪公司的活动，见7490

☆铸造活动，见7810

☆售票活动，见7990

☆各类博物馆的管理，见9102

☆体育、娱乐及文娱活动，见93类

☆家具的修复(陈列方式复原除外)，见9524

91 图书馆、档案馆、博物馆及其他文化活动

本类包括图书馆和档案馆活动、各种博物馆和动植园的管理、历史古迹和自然保护区活动。还包括有历史、文化或教育意义(如世界遗产等)的物品、场馆及自然奇迹的保存和展览。

本类不包括体育、游乐和文娱活动，如海滨浴场和游憩公园的活动(见93类)。

910 图书馆、档案馆、博物馆及其他文化活动

见91类。

9101 图书馆和档案馆活动

本组包括：

☆由图书馆进行的各种文档和资料活动，阅读、视讲观看及公共档案，向一般公共或特殊的读者，如学生、科学家、各种专门人员提供服务，以及政府档案馆的管理：

* 专业或非专业资料的整理

* 对资料进行编目

* 出借和收藏图书、地图、期刊、胶片、纪录磁带及艺术作品等

* 为满足信息需求而进行的检索活动等

☆股票照片图书馆与服务

9102 博物馆活动以及古迹和楼宇的运营

本组包括：

☆各种博物馆的管理：

* 艺术博物馆、珠宝、家具、服装、陶器、银器博物馆

* 自然历史博物馆、科学和技术博物馆、历史博物馆，包括军事博物馆

* 其他专业博物馆

* 露天博物馆

☆历史古迹和楼宇的管理

本组不包括：

☆历史古迹和楼宇的更新与修复，见门类F

☆艺术作品与博物馆收藏品的修复，见9000

☆图书馆和档案馆的活动，见9101

9103 动植物园和自然保护区活动

本组包括：

☆动植物园(包括儿童动物园)的活动

☆自然保护区(包括野生动物保护区)的活动等

本组不包括：

☆园林艺术和景观绿化，见8130

☆垂钓和狩猎场的管理，见9319

92 赌博和押宝活动

本类包括赌博设施(如赌场、宾果大厅和视频游戏终端)的经营，以及赌博服务的提供(如彩票和场外押宝)。

920 赌博和押宝活动

见9200组。

9200 赌博和押宝活动

本组包括：

☆赌博登记及其他押宝活动

☆场外押宝

☆赌场(包括“赌船”)的经营

☆彩票销售

☆投币赌博机的设置

☆虚拟赌博网站的运营

本组不包括：

☆投币游戏活动，见9329

93 体育、娱乐和文娱活动

本类涵盖文娱、娱乐和体育活动(博物馆活动、历史古迹的保护、动植物园和自然保护区活动、赌博和押宝活动除外)。

本类不包括戏剧、音乐和其他文娱活动，如现场戏剧、音乐会、音乐剧、歌舞剧和其他舞台作品，见90类。

931 体育活动

本组包括体育设施的经营、运动队或俱乐部参加现场体育赛事供付费观众观赏，独立运动员参加现场体育表演或竞技比赛供付费观众观赏；赛车、赛狗、赛马等由主人驾驭参加比赛和其他供观赏的体育活动；运动教练员在体育活动或竞赛中提供专门

指导支持参赛者；比赛场地和场馆的运作；以及体育赛事的组织、宣传和管理等其他未另分类的活动。

9311 体育设施的运营

本组包括：

☆对室内外体育活动所需设施的管理（不论开放式、封闭式或半封闭式，也不论是否有观众席）：

* 足球、曲棍球、板球、篮球、回力球场馆
* 赛车、赛狗、赛马比赛赛道
* 游泳池与游泳馆
* 田径场馆
* 冬季运动场馆
* 冰球场
* 拳击场
* 高尔夫球场
* 保龄球馆
* 健身中心

☆利用自有设施组织与举办室内外专业或业余体育活动

本类包括为这些设施提供工作人员和管理人。

本组不包括：

☆游乐及体育器械的出租，见7721

☆滑雪场的管理，见9329

☆公园与海滩活动，见9329

9312 体育俱乐部的活动

本组包括专业、半专业或业余体育俱乐部的活动，这些俱乐部都可为其成员提供参与体育活动的机会。

本组包括：

☆体育俱乐部的管理：

* 足球俱乐部
* 保龄球俱乐部
* 游泳俱乐部
* 高尔夫俱乐部
* 拳击俱乐部
* 健身俱乐部
* 冬季运动俱乐部
* 象棋俱乐部
* 田径俱乐部
* 射击俱乐部等

本组不包括：

☆由教师和教练进行体育教学活动，见8541

☆体育设施的管理，见9311

☆体育俱乐部利用自有设施组织与举办室内外专业或业余体育活动，见9311

9319 其他体育活动

本组包括：

☆体育运动的开展和推广活动，无论是否有运动设施

☆自由运动员、裁判员和计时员等

☆体育联盟及协调机构的活动

☆体育运动推广活动

☆赛马、赛狗和赛车的养护活动

☆垂钓和狩猎场的管理

☆登山向导的活动

☆运动或游乐性的狩猎和垂钓辅助活动

本组不包括：

☆赛马的繁育，见0142

☆体育器械的出租，见7721

☆体育学校的活动，见8541

☆体育教练或教师的活动，见8541

☆体育俱乐部利用(或不利用)自有设施组织与举办室内外专业或业余体育活动，见9311、9312

☆在公园和海滩组织的活动，见9329

932 其他娱乐和文娱活动

本大组包括各有关单位为满足赞助者的各种娱乐需求而开办娱乐场所和提供娱乐服务的活动，还包括举办各种引人入胜的活动，如机械竞赛、水上竞赛、比赛、表演秀、主题展览及草地野餐等。

本大组不包括：

☆体育活动，见931大组

☆戏剧艺术、音乐或其他文娱活动，见9000

9321 游乐公园和主题公园的活动

本组包括：

☆游乐公园或主题公园的活动，包括举办各种引人入胜的活动，如机械竞赛、水上竞赛、比赛、表演秀、主题展览及草地野餐等

9329 未另分类的其他娱乐和文娱活动

本组包括：

☆在公园和海滩组织的娱乐活动，包括更衣室、锁、椅子等设施的出租

☆娱乐性运输设施（如快艇码头）的管理

☆滑雪场的管理

☆作为娱乐设施主要组成部分的休闲娱乐设备的出租

☆娱乐性展览会的举办

☆迪斯科厅和舞厅的管理

☆投币游戏的管理

☆其他未另分类的娱乐和文娱活动(游乐公园和主题公园除外)

本组还包括:

☆现场艺术表演者的活动，无论有无艺术设施

本组不包括:

☆捕鱼船，见5011、5021

☆为游乐园、森林及露营地短暂停留的游客提供的空间与设施，见5520

☆迪斯科厅的饮料供应服务，见5630

☆活动停车场、宿营地、娱乐营、狩猎和垂钓营地和露营园，见5520

☆休闲娱乐设备的单独出租，见7721

☆投币赌博机的使用，见9200

☆游乐园和主题公园的活动，见9321

门类S

其他服务活动

本门类(作为剩余分类)包括成员组织的活动，电脑及个人和家庭用品的修理以及其他类别中未提及的各种私人服务活动。

94 成员组织的活动

本类包括代表特殊集团利益或向广大公众宣传各种理念的组织开展的活动。这些组织通常都有一批成员，但其活动也可能涉及并惠及非组织成员。本类主要是根据这些组织服务的目标来分类的，即雇主、自营职业者和科学界的利益(941大组)，雇员的利益(942大组)，以及宗教、政治、文化、教育或娱乐理念和活动的宣传(949大组)。

941 企业、雇主和专业成员组织的活动

本大组包括增进企业和雇主组织成员利益的单位开展的活动。就专业成员组织而言，还包括增进专业成员的专业利益。

9411 企业和雇主组织的活动

本组包括:

☆这样一些组织的活动，其成员利益关系到企业在某一行业(包括农业)领域的发展与成功，或取决于各种行业所在某一地理区域或政治区域的经济增长和经济条件

☆同业组织联合会的活动

☆商会、行会和类似组织的活动

☆信息的传播、代表组织成员与政府机构商谈、企业与雇主的公共关系和劳资谈判

本组不包括:

☆工会活动，见9420

9412 专业成员组织的活动

本组包括:

☆这样一些组织的活动，其成员的兴趣主要集中在某一学科、专业实践或技术领域，如医学会、法学会、会计学会、工程学会及建筑师协会等

☆由从事文化活动的专业人员，如作家、画家、各类演员、记者等组成的协会的活动

☆信息的传播、从业标准的制订和监督、代表成员与政府机构谈判及专业性组织的公共关系

本组还包括:

☆学术团体的活动

本组不包括:

☆由这些组织提供的教育，见85类

942 工会活动

见9420组。

9420 工会活动

本组包括:

☆增进有组织的劳工和工会雇员的利益

本组还包括:

☆这样一些组织的活动，其成员是各行业的雇员，他们主要关心的是能否就薪资和工作条件提出对他们有利的意见以及能否通过组织采取统一行动

☆单个工厂工会、由下属分支机构组成的工会及由下属工会按行业、地区、组织结构或其他标准组成的劳工组织的活动

本组不包括:

☆由这些组织提供的教育，见85类

949 其他成员组织的活动

本大组包括各单位增进其成员利益的活动(企业和雇主组织、专业组织、工会除外)。

9491 宗教组织的活动

本组包括:

☆宗教组织或个人的活动，他们为在教堂、清真寺、寺庙、犹太教会堂或其他地点做礼拜的人直接提供服务

☆男、女修道院的活动

☆宗教静修活动

本组还包括：

☆宗教葬礼服务活动

本组不包括：

☆由这些组织提供的教育，见85类

☆宗教组织的卫生活动，见86类

☆这些组织的社会活动，见87和88类

9492 政治组织的活动

本组包括：

☆与政党有关的政治组织及其附属组织(如与某一政党相联系的青年团体)的活动，这些组织的主要活动是安排其政党成员或其同情者担任政治职务，以影响公共政府组织的决策，还包括信息传播、公共关系、募捐等

9499 未另分类的其他成员组织的活动

本组包括：

☆非直接附属于政党的组织通过公共教育、政治影响、募捐等方式促进某项公共事业或解决某个问题的活动：

* 市民的支持或抗议运动
* 环境和生态保护运动
* 未另分类的对社区和教育实体的支持
* 对一些特殊组织，如种族组织和少数民族团体的保护和扶持
* 包括退伍军人组织在内的爱国组织

☆消费者协会

☆汽车协会

☆以增进社会了解为目的的组织，如扶轮社、共济会等

☆青年组织，如童子军、学生会、俱乐部、兄弟会等

☆为文化、娱乐活动或这方面爱好(体育或体育比赛)而设立的组织，如诗歌、文学和图书俱乐部，历史、园艺、电影和摄影、音乐和艺术、工艺和集邮俱乐部、社交俱乐部、嘉年华俱乐部等等

本组还包括：

☆由成员组织或其他组织开展的募捐活动

本组不包括：

☆专业艺术团体或组织的活动，见9000

☆体育俱乐部的活动，见9312

☆专业成员组织的活动，见9412

95 电脑及个人和家庭用品的修理

本类包括计算机外部设备的修理与保养，如台式机、笔记本计算机、计算机终端、存储设备及打印机。本类还包括通信设备的修理，如传真机、双向无线电，电子消费品的修理，如收音机、电视机，家庭和园艺设备的修理，如草坪剪草机、吹风机，鞋和皮革商品、家具和家庭摆设、服装和服装附件、体育用品、乐器、业余爱好物品及其他个人和家庭用品的修理。

本类不包括医学诊断图像设备、测量和研究用具、实验室工具、雷达和声纳设备，见3313。

951 电脑和通信设备的修理

本大组包括计算机和计算机外部设备及通信设备的修理和维护。

9511 电脑和外部设备的修理

本组包括电子设备(如计算机、计算机械和外部设备)的修理。

本组包括：☆以下设备的修理和维护：

* 桌面计算机
* 笔记本计算机
* 磁盘驱动器、闪存及其他存储设备
* 光盘驱动器(CD☆RW、CD☆ROM、DVD☆ROM、DVD☆RW)
* 打印机
* 显示器
* 键盘
* 鼠标、操纵杆和轨迹球辅件
* 内置和外置计算机调制解调器
* 专用计算机终端
* 计算机服务器
* 扫描仪(包括条形码扫描仪)
* 智能读卡器
* 虚拟现实头盔
* 计算机投影仪
* 本组还包括：

☆以下设备的修理和维护：

* 计算机终端(如自动出纳，即ATM)、销售点终端机(即POS，非机器操作的)
* 掌上计算机，即PDA

本组不包括：

☆载波机调制解调器的修理与保养，见9512

9512 通信设备的修理

本组包括：

☆以下通信设备的修理和维护：

* 无绳电话

* 移动电话

* 载波机调制解调器

* 传真机

* 通信传送设备（如路由器、桥接器、调制解调器）

* 双向无线电

* 商业电视和摄影机

952 个人和家庭用品的修理

本大组包括个人和家庭用品的修理与服务。

9521 电子消费品的修理

本组包括：

☆电子消费品的修理与保养：

* 电视机、无线电接收机

* 盒式磁带录像机（VCR）

*CD 播放机

* 家用摄影机

9522 家庭用品、家庭和园艺设备的修理

本组包括：

☆家庭用品的修理与服务：

* 冰箱、炉具、洗衣机、干衣机、房间用空调等等

☆家庭与园艺设备的修理与服务：

* 草坪剪草机、修边机、吹雪机与吹叶机、修剪工具等

本组不包括：

☆手持电动工具的修理，见 3312

☆中央空调系统的修理，见 4322

9523 鞋履及其他皮革商品的修理

本组包括：

☆鞋类的修理和维护：

* 鞋子、靴子等

☆鞋跟的安装

☆皮革商品的修理与保养：

* 皮箱及类似产品

9524 家具和家庭摆设的修理

本组包括：

☆家具和家庭摆设包括办公家具的重新装面、重新装饰、修理及修复

☆自立式家具的组装

本组不包括：

☆整体厨房和商店设备等的安装，见 4330

9529 其他个人和家庭用品的修理

本组包括：

☆自行车的修理

☆服装的修理和改样

☆珠宝的修理和改样

☆手表、钟表及其零件（如表壳和所有金属外壳），机芯，天文钟等的修理

☆体育用品（体育枪支除外）的修理

☆书籍的修理

☆乐器的修理

☆玩具及类似物品的修理

☆其他个人和家庭用品的修理和维护

☆钢琴调音

本组不包括：

☆工业金属雕刻，见 2592

☆体育与娱乐用枪的修理，见 3311

☆手持电动工具的修理，见 3312

☆定时时钟、时间／日期印章、定时锁及类似时间记录设备，见 3313

96 其他个人服务活动

本类包括在其他类别中未列入的所有服务活动。主要包括如下服务类型：纺织品和皮毛制品的洗涤和干洗，理发和其他美容活动，殡葬及有关活动。

960 其他个人服务活动

见 96 类。

9601 纺织品和皮毛制品的清洗和干洗

本组包括：

☆由机械设备、手工或自助投币机进行的各种服装（包括毛皮服装）和纺织品的洗涤、干洗、熨烫等，针对一般公众或工业和商业客户

☆洗衣店的洗衣收送服务

☆地毯和小地毯的洗涤以及帷幔和帘布的清洗，不论是否在客户家中进行

☆由洗衣店提供的亚麻制品、工作服和有关物品

☆尿布供应服务

本组还包括：

☆在清洗时对服装或其他纺织制品的修改和改小服务

本组不包括：

☆除工作服以外的服装租赁，即使这些物品的清洗是该项活动不可分割的一部分，见7730

☆作为一项单独活动的服装修改，见9529

9602 理发和其他美容活动

本组包括：

☆男女洗发、修剪、定型、染发、烫发、拉直及类似活动

☆修面和修胡须

☆面部按摩、修指甲和修脚、化妆等

本组不包括：☆假发的制造，见3290

9603 殡葬及有关活动

本组包括：

☆人或动物尸体的埋葬和火化及相关活动：

* 在埋葬或火葬前对尸体进行整容和防腐处理及承办丧葬者的服务

* 提供埋葬或火化服务

* 殡仪馆停尸房的租借

☆墓地的出租或出售

☆墓地和陵墓的维护

本组不包括：

☆宗教葬礼服务活动，见9491

9609 未另分类的其他个人服务活动

本组包括：

☆土耳其浴、桑拿浴和蒸汽浴、太阳浴、减肥和健美院、按摩院等的活动

☆占星术和巫师的活动

☆护卫服务、约会服务、婚姻介绍所服务等社会活动

☆宠物照料服务，如为宠物提供食宿、照料、临时看管、训练等

☆家系组织

☆擦皮鞋者、搬运工、代客泊车者等

☆投币服务机的特许经营(自动照相亭、称体重的磅称、测血压的血压机、投币锁柜等)

本组不包括：

☆兽医活动，见7500

☆健身中心的活动，见9311

门 类 T

家庭作为雇主的活动;家庭自用、未加区分的物品生产和服务活动

97 家庭作为家政人员雇主的活动

见9700组。

970 家庭作为家政人员雇主的活动

见9700组。

9700 家庭作为家政人员雇主的活动

本组包括：

☆本组包括： 雇用家政服务人员的家庭的活动，诸如保姆、厨师、侍者、随从、管家、洗衣工、园丁、门卫、马夫、驾驶员、看护、家庭女教师、照看孩子者、私人教师、秘书等

它允许受雇人员在普查或调查中陈述其雇主的活动，即使雇主是个人。这类活动的产品是由家庭雇主消费的。

本组不包括：

☆由独立服务提供者(公司或个人)提供的厨师、园艺等服务，根据服务类型见《国际标准行业分类》

98 未加区分的私人家庭自用物品生产和服务活动

本类包括未加区分的私人家庭自用生活用品生产和服务活动。

不从事家庭生活用品初级生产活动的家庭应划人本类。如果家庭从事的是市场活动，则应划人初级市场活动类。

981 未加区分的私人家庭自用物品生产活动

见9810组。

9810 未加区分的私人家庭自用物品生产活动

本组包括：

☆未加区分的家庭等自给性物品生产活动，为维持自身生活而进行的各种物品生产活动，包括狩猎和采集、种地、盖房、制作服装和生产其他家庭自用物品生产物品供在市场上出售的家庭划人《国际标准行业分类》中相关的物品生产行业。主要从事特定的自给性物品生产活动的家庭划人《国际标准行业分类》中相关的物品生产行业。

982 未加区分的私人家庭自我服务提供活动

见9820组。

9820 未加区分的私人家庭自我服务提供活动

本组包括：

☆未加区分的家庭自我服务提供活动，例如家庭为维持自身生活而进行的自我服务活动。这些活动包括烹饪、教学、照料家庭成员和其他由家庭提供的为维持自身生活的服务还从事各种家庭生活用品生产活动的家庭划人未加区分的家庭自给物品生产活动。

门 类 U

国际组织和机构的活动

见9900组。

99 国际组织和机构的活动

见9900组。

990 国际组织和机构的活动

见9900组。

9900 国际组织和机构的活动

本组包括：

☆国际组织，诸如联合国和联合国系统的专门机构、地区机构等、国际货币基金组织、世界银行、世界海关组织、经济合作与发展组织、石油输出国组织、欧洲共同体、欧洲自由贸易联盟等的活动

本组还包括：

☆由所在国而不是由所代表的国家为外交使团和领事馆确定的活动

03

历年统计资料

A-1 县及以上行政区划

单位：个

年份	省级	地级（不含地级市）	县级（不含县级市、市辖区）	市			市辖区	县级合计
					地级	县级		
1978	30	212	2153	193	98	92	408	2653
1979	30	211	2153	216	104	109	428	2690
1980	30	211	2151	223	107	113	511	2775
1981	30	208	2144	233	108	122	514	2780
1982	30	210	2140	245	112	130	527	2797
1983	30	178	2091	289	144	142	552	2785
1984	30	175	2069	300	147	150	595	2814
1985	30	165	2046	324	162	159	621	2826
1986	30	159	2017	353	166	184	629	2830
1987	30	156	1986	381	170	208	632	2826
1988	31	151	1936	434	183	248	647	2831
1989	31	151	1919	450	185	262	648	2829
1990	31	151	1903	467	185	279	651	2833
1991	31	151	1894	479	187	289	650	2833
1992	31	148	1848	517	191	323	662	2833
1993	31	139	1795	570	196	371	669	2835
1994	31	127	1735	622	206	413	697	2845
1995	31	124	1716	640	210	427	706	2849
1996	31	117	1696	666	218	445	717	2858
1997	33	110	1693	668	222	442	727	2862
1998	33	104	1689	668	227	437	737	2863
1999	34	95	1682	667	236	427	749	2858
2000	34	74	1674	663	259	400	787	2861
2001	34	67	1660	662	265	393	808	2861
2002	34	57	1649	660	275	381	830	2860
2003	34	51	1642	660	282	374	845	2861
2004	34	50	1636	661	283	374	852	2862
2005	34	50	1636	661	283	374	852	2862
2006	34	50	1635	656	283	369	856	2860
2007	34	50	1635	655	283	368	856	2859
2008	34	50	1635	655	283	368	856	2859
2009	34	50	1636	654	283	367	855	2858

A-2 乡镇级行政区划

单位：个

年 份	乡镇级合计	镇	乡	#民族乡	街道办事处	区公所
1978	6195	2173				4022
1979	10424	2361			4444	3619
1980						
1981	11434	2678			4965	3791
1982						
1983	49695	2968	35514		5304	5909
1984	106439	7186	85290		5844	8119
1985	104900	9140	82450	3144	5402	7908
1986	83954	10718	61353	2936	5718	6165
1987	81025	11103	58739	3020	5680	5503
1988	65345	11481	45195	1571	5099	3570
1989	65419	11873	44624	1755	5420	3502
1990	65188	12084	44397	1980	5269	3438
1991	63391	12455	42654	1403	5186	3096
1992	54830	14539	33827	1348	5233	1231
1993	54863	15805	32445	1351	5470	1143
1994	54605	16702	31463	1322	5372	1068
1995	53360	17532	29502	1330	5596	730
1996	51336	18171	27056	1383	5565	544
1997	50967	18925	25966	1545	5678	398
1998	50999	19216	25712	1517	5732	339
1999	50750	19756	24745	1222	5904	345
2000	51024	20312	24555	1356	5902	255
2001	46369	20358	20012	1165	5972	27
2002	44822	20600	18640	1162	5516	66
2003	44067	20226	18064	1149	5751	26
2004	43275	19892	17534	1127	5829	20
2005	41636	19522	15951	1093	6152	11
2006	41040	19369	15306	1089	6355	10
2007	40813	19249	15120	1094	6434	10
2008	40828	19234	15067	1097	6524	3
2009	40858	19322	14848	1099	6686	2

A-3 全国人口情况

单位：万人、%

年份	总人口	城镇	乡村	农村贫困人口	65岁及以上老年人口	65岁及以上人口比重	60岁及以上老年人口	60岁及以上人口比重	出生人口	死亡人口	当年净增人口
1978	96259	17245	79014	25000							
1979	97542	18495	79047								1283
1980	98705	19140	79565								1163
1981	100072	20171	79901								1367
1982	101654	21480	80174		4991	4.9					1469
1983	103008	22274	80734								954
1984	104357	24017	80340	12800							
1985	105851	25094	80757	12500							1164
1986	107507	26366	81141	13100							1476
1987	109300	27674	81626	12200	5968	5.4					1500
1988	111026	28661	82365	9600							1541
1989	112704	29540	83164	10200							1577
1990	114333	30195	84138	8500	6368	5.6			2391	762	1629
1991	115823	31203	84260						2258	768	1490
1992	117171	32175	84996	8000					2119	771	1348
1993	118517	33173	85344						2126	780	1346
1994	119850	34169	85681	7000					2104	771	1333
1995	121121	35174	85947	6540	7510	6.2			2063	792	1271
1996	122389	37304	85085		7833	6.4			2067	799	1268
1997	123626	39449	84177	4962	8085	6.5			2038	801	1237
1998	124761	41608	83153	4210	8359	6.7			1942	807	1135
1999	125786	43748	82038	3412	8679	6.9			1834	809	1025
2000	126743	45906	80837	3209	8821	7.0			1771	814	957
2001	127627	48064	79563	2927	9062	7.1			1702	818	884
2002	128453	50212	78241	2820	9377	7.3			1647	821	826
2003	129227	52376	76851	2900	9692	7.5			1599	825	774
2004	129988	54283	75705	2610	9857	7.6			1593	832	761
2005	130756	56212	74544	2365	10055	7.7	14408	11.03	1617	849	768
2006	131448	57706	73742	2148	10419	7.9	14901	11.3	1584	892	692
2007	132129	59379	72750	4320	10636	8.1	15340	11.6	1594	913	681
2008	132802	60667	72135	4007	10956	8.3	15989	12	1608	935	673
2009	133474	62186	71288	3597	11309	8.5	16714	12.5	1615	943	672

注：本表资料来源于国家统计局。

A-4　城乡居民生活水平、职工工资和住房

单位：元、平方米／人

年　份	平均消费水平			职工平均工资	城市人均住宅建筑面积
	全　国	农　村	城　镇		
1978	184	138	405	615	6.7
1979	207	158	434	668	6.9
1980	236	178	496	762	7.2
1981	236	199	562	772	7.7
1982	262	221	576	798	8.2
1983	284	246	603	826	8.7
1984	311	283	664	974	9.1
1985	437	347	802	1148	10.0
1986	485	376	920	1329	12.4
1987	550	417	1089	1459	12.7
1988	693	508	1431	1747	13.0
1989	762	553	1568	1935	13.5
1990	803	571	1686	2140	13.7
1991	896	621	1925	2340	14.2
1992	1070	718	2356	2711	14.8
1993	1331	855	3027	3371	15.2
1994	1746	1118	3891	4538	15.7
1995	2236	1434	4874	5348	16.3
1996	2641	1768	5430	5980	17.0
1997	2834	1876	5796	6444	17.8
1998	2972	1895	6217	7446	18.7
1999	3138	1927	6796	8319	19.4
2000	3397	2037	7402	9333	20.3
2001	3609	2156	7761	10834	20.8
2002	3791	2259	7972	12373	22.8
2003	4089	2361	8473	13969	23.7
2004	4925	2301	8679	15920	25.0
2005	5463	2560	9410	18200	26.1
2006	6138	2847	10423	20856	27.1
2007	7103	3265	11904	24721	
2008	8349	3795	13845	28898	
2009	9098	4021	15025	32244	

注：本表资料来源于国家统计局。

A-5 城乡居民家庭人均收入和消费支出

单位：元、%

年 份	城镇居民可支配收入	城镇居民家庭		农民纯收入	农村居民家庭	
		人均生活消费支出	恩格尔系数		人均生活消费支出	恩格尔系数
1978	343	311	57.5	134	116	67.7
1979				161	135	64.0
1980	478	412	56.9	191	162	61.8
1981	*458*	457	56.7	223	191	59.8
1982	*495*	471	58.6	270	220	60.6
1983	*526*	506	59.2	310	248	59.4
1984	*608*	559	58.0	355	274	59.3
1985	739	673	52.2	398	317	57.8
1986	900	799	52.4	424	357	56.5
1987	1002	884	53.5	463	398	55.8
1988	1181	1104	51.4	545	477	54.0
1989	1376	1211	54.5	602	535	54.8
1990	1510	1279	54.2	686	585	58.8
1991	1701	1454	53.8	709	620	57.6
1992	2027	1672	53.0	784	659	57.6
1993	2577	2111	50.3	922	770	58.1
1994	3496	2851	50.0	1221	1017	58.9
1995	4283	3538	51.0	1578	1310	58.6
1996	4839	3919	48.8	1926	1572	56.3
1997	5160	4186	46.6	2090	1617	55.1
1998	5425	4332	44.7	2162	1590	53.4
1999	5854	4616	42.1	2210	1577	52.6
2000	6280	4998	39.4	2253	1670	49.1
2001	6860	5309	38.2	2366	1741	47.7
2002	7703	6030	37.7	2476	1834	46.2
2003	8472	6511	37.1	2622	1943	45.6
2004	9422	7182	37.7	2936	2185	47.2
2005	10493	7943	36.7	3255	2555	45.5
2006	11759	8697	35.8	3587	2829	43.0
2007	13786	9997	36.3	4140	3224	43.1
2008	15781	11243	37.9	4761	3661	43.7
2009	17175	11265	36.5	5153	3993	41.0

注：1.本表资料来源于国家统计局。

2.斜体下划线为生活费支出，与其他年份不可比。

A-6 社会服务机构

单位：万个

年 份	合 计	行政机关	事业单位	社会组织	自治组织	福利企业
1978	1.1		1.1			0.1
1979	1.3		1.2			0.1
1980	1.4		1.3			0.1
1981	1.5		1.3			0.2
1982	1.7		1.6			0.2
1983	40.2		1.9		37.7	0.6
1984	103.6		2.6		100.3	0.7
1985	107.7		3.3		103.0	1.5
1986	101.2		3.9		95.3	2.0
1987	100.1		4.2		93.2	2.8
1988	106.7		4.3	0.4	97.8	4.0
1989	111.8		4.4	0.5	102.8	4.2
1990	119.8		4.5	1.1	110.0	4.2
1991	129.2		4.7	8.3	111.9	4.4
1992	136.1		4.8	15.5	110.8	5.0
1993	139.7		5.3	16.8	112.0	5.7
1994	140.3		5.2	17.4	111.7	6.0
1995	133.7		5.2	18.1	104.4	6.0
1996	133.9		5.3	18.5	104.2	5.9
1997	131.4		5.3	18.1	102.4	5.6
1998	122.2		5.4	16.6	95.2	5.1
1999	115.7		5.4	14.3	91.6	4.5
2000	109.5		6.1	15.3	84.0	4.1
2001	110.4	0.6	5.7	21.1	79.2	3.8
2002	111.0	0.5	5.8	24.5	76.7	3.6
2003	110.3	0.4	5.8	26.7	74.0	3.4
2004	111.5	0.4	6.7	28.9	72.2	3.2
2005	113.0	0.4	6.6	32.0	70.9	3.1
2006	116.0	0.4	6.7	35.4	70.5	3.0
2007	118.0	0.3	7.0	38.7	69.5	2.5
2008	119.6	0.4	6.6	41.4	68.8	2.4
2009	120.9	0.3	6.8	43.1	68.4	2.3

A-7 社会服务机构职工

单位：万人

年 份	合 计	行政机关	乡、镇民政助理员	事业单位	社会组织	群众性自治组织	社会福利企业
1978	19.7			5.2			14.5
1979	21.9			7.4			14.5
1980	25.3			8.4			16.9
1981	27.8			9.1			18.7
1982	29.1			9.8			19.3
1983	41.5			10.8			30.7
1984	48.0			13.0			35.1
1985	497.9			15.4		414.5	68.0
1986	506.2			17.5		402.1	86.6
1987	529.1			18.3		396.9	113.9
1988	569.6			19.3		402.7	147.6
1989	587.5			20.0		416.0	151.5
1990	631.8			21.0		452.5	158.3
1991	661.2			22.0		468.5	170.7
1992	691.3			23.0		477.4	190.9
1993	733.9			23.8		503.9	206.3
1994	749.6			24.0		506.5	219.0
1995	694.2			24.3		448.5	221.4
1996	676.0			25.1		446.8	204.2
1997	681.1	14.3		28.3		428.6	209.8
1998	649.2	14.8		29.7		409.4	195.3
1999	629.9	14.8	5.9	33.4		401.4	180.2
2000	580.3	13.5	5.7	37.5		363.4	165.8
2001	577.3	12.1	4.6	42.7		362.8	159.8
2002	537.4	11.2	4.1	40.1		333.8	152.3
2003	562.6	10.8	3.7	42.5		358.8	150.5
2004	543.7	11.3	3.9	45.3		334.6	152.5
2005	509.0	8.4	5.5	45.2		311.1	144.3
2006	903.8	8.3	4.6	46.2	425.2	287.3	136.8
2007	938.4	8.4	4.7	49.7	456.9	282.7	140.7
2008	967.4	8.7	4.5	52.6	475.8	276.0	154.3
2009	1038.1	8.8	4.7	53.1	544.7	277.1	154.4

A-8 社会服务机构固定资产原值

单位：亿元

年份	合计	行政机关	事业单位	社会组织	群众性自治组织	社会福利企业
1978						
1979						
1980						
1981						
1982						
1983	13.0		6.6			6.4
1984	14.9		7.8			7.1
1985	20.1		11.3			8.8
1986	24.2		13.9			10.3
1987	28.7		16.2			12.4
1988	40.8		24.1			16.7
1989	44.1		24.5			19.6
1990	51.7		28.4			23.3
1991	63.6		34.1			29.5
1992	75.6		39.4			36.3
1993	100.3		49.5			50.8
1994	119.0		56.9			62.1
1995	142.6		65.7			77.0
1996	168.1		80.1			88.0
1997	211.5		105.2			106.3
1998	962.4		127.8			834.5
1999	1017.3		127.8			889.5
2000	1199.3		277.6			921.7
2001	1317.0		323.0			994.0
2002	1394.9		353.9			1041.0
2003	1644.3		401.2			1243.1
2004	1818.4	62.8	512.5			1243.1
2005	3097.8	64.9	528.6		1174.9	1329.4
2006	4066.7	94.3	575.1	423.0	1446.4	1527.9
2007	3973.0	132.8	656.7	682.0	1223.9	1277.6
2008	4592.8	132.9	774.1	805.8	1467.3	1412.7
2009	5198.0	119.2	829.0	1030	1722.4	1497.4

A-9　社会服务领域基本建设投资（按投资来源分）

单位：亿元、个

年　份	计划总投资	本年完成投资	国家投资	国内贷款	自　筹	#福利彩票公益金	其　他	本年施工项目个数
1988								
1989	5.8	2.0	0.8	0.1	0.8		0.2	
1990	6.9	2.4	1.0	0.1	1.0		0.3	
“八五”时期	**63.4**	**27.6**	**10.1**	**1.2**	**13.4**		**2.8**	
1991	7.0	3.0	1.1	0.1	1.5		0.3	
1992	7.3	3.2	0.8	0.1	1.9		0.4	
1993	12.8	5.6	1.3	0.2	3.4		0.7	
1994	15.5	6.2	2.3	0.5	2.9		0.6	
1995	20.9	9.6	4.6	0.3	3.8		0.9	
“九五”时期	**237.9**	**89.8**	**21.3**	**5.9**	**54.3**	**6.8**	**8.3**	**2793**
1996	29.8	10.1	2.1	0.4	6.4	0.0	1.1	
1997	35.7	13.8	2.7	0.8	8.6	0.0	1.6	
1998	41.0	16.6	2.8	0.8	11.1	0.0	1.9	
1999	63.2	24.7	6.0	2.3	14.6	3.5	1.8	1456
2000	68.2	24.7	7.7	1.6	13.6	3.3	1.9	1337
“十五”时期	**376.9**	**151.7**	**47.9**	**8.8**	**78.4**	**21.0**	**16.6**	**22117**
2001	77.5	30.8	10.4	2.2	15.1	3.6	3.1	1360
2002	88.7	30.1	9.5	1.4	15.9	3.3	3.3	3659
2003	87.3	30.0	9.9	1.7	15.1	3.5	3.3	3867
2004	89.7	29.2	8.9	2.4	14.4	4.7	3.5	8982
2005	33.8	31.6	9.1	1.0	17.9	5.8	3.5	4249
“十一五”时期	**552.5**	**304.8**	**121.6**	**9.5**	**148.8**	**64.5**	**23.8**	**16435**
2006	34.8	33.5	9.9	0.9	19.9	8.4	2.5	3626
2007	47.6	47.7	14.5	3.0	26.9	13.0	2.9	2446
2008	63.5	66.6	26.6	1.9	34.6	16.5	3.2	3906
2009	406.6	157	70.6	3.7	67.4	26.6	15.3	6457

A-10 国家对社会服务领域基本建设投资(按项目分)

单位：亿元

年 份	国家基本建设投资	#优抚安置单位	#社区服务设施	#收养性福利机构	#殡仪	#救助	#其他
1989	0.7						
1990	0.8			0.2	0.1		
“八五”时期	**10.3**	**4.2**		**1.4**	**1.1**	**0.2**	
1991	1.0	0.1		0.2	0.1		
1992	1.0			0.2			
1993	1.4			0.2	0.4		
1994	2.3	1.2		0.3	0.3		
1995	4.6	2.9		0.5	0.3	0.2	
“九五”时期	**21.3**	**2.0**	**1.6**	**6.6**	**6.5**		**2.6**
1996	2.1	0.1		0.5	0.5		
1997	2.7			0.7	1.1		
1998	2.8	0.2		1.8	0.8		
1999	6.0	0.9	0.6	1.5	1.7		1.2
2000	7.7	0.8	1.0	2.1	2.4		1.4
“十五”时期	**47.9**	**5.0**	**9.4**	**14.3**	**9.2**		**9.8**
2001	10.4	0.7	1.5	3.1	2.1		3.0
2002	9.5	0.7	2.1	2.8	1.9		1.9
2003	9.9	1.2	2.4	3.3	1.5		1.5
2004	9.0	1.1	2.3	2.5	1.1		1.9
2005	9.1	1.3	1.1	2.6	2.6		1.5
“十一五”时期	**121.6**	**19.9**	**17.6**	**49.0**	**13.2**	**4.3**	**17.6**
2006	9.9	1.8	0.8	3.9	1.4	0.3	1.6
2007	14.5	2.5	0.9	6.5	2.4	0.4	1.8
2008	26.6	8.2	1.9	8.5	3.7	1.1	3.2
2009	70.6	7.4	14.0	30.1	5.7	2.5	11.0

A-11 民政事业费及财政支出

单位：亿元

年 份	国家财政支出	民政事业费总支出	抚恤费	离休费	社会福利及其他社会救济费	#最低生活保障事业费	自然灾害救济费	退休费	其他民政事业费
1978	1122.09	13.7	2.8		4.4		4.2	2.3	
1979	1281.79	18.4	3.5		5.2		6.8	2.9	
1980	1228.83	17.5	4.4		5.2		4.5	3.4	
“六五”时期	**7483.18**	**114.2**	**27.3**	**0.9**	**32.1**		**35.2**	**16.8**	**1.7**
1981	1138.41	19.2	4.4		5.1		6.3	3.4	
1982	1229.98	19.6	4.8		5.1		6.0	3.5	
1983	1409.52	21.6	5.3		6.5		6.4	3.4	
1984	1701.02	24.2	6.1	0.2	8.0		6.9	3.0	
1985	2004.25	29.6	6.7	0.7	7.4		9.6	3.5	1.7
“七五”时期	**12865.67**	**208.4**	**59.2**	**11.4**	**46.7**		**56.4**	**22.0**	**12.8**
1986	2204.91	34.4	8.4	1.2	8.3		10.7	3.8	1.9
1987	2262.18	35.9	9.6	1.8	8.6		9.9	4.1	2
1988	2491.21	39.6	11	2.3	9		10.4	4.3	2.5
1989	2823.78	46.6	14	2.9	10		12.3	4.6	2.9
1990	3083.59	51.9	16.2	3.2	10.8		13.1	5.2	3.5
“八五”时期	**24387.46**	**386.6**	**107.8**	**23.2**	**75.6**		**94.1**	**45.5**	**40.5**
1991	3386.62	62.5	16.8	3.6	11.7		20.9	5.4	4.2
1992	3742.2	63.7	18	4.2	12.4		17.1	6.6	5.4
1993	4642.3	69.9	20.1	3.6	14.5		14.9	8.3	8.4
1994	5792.62	87	24.4	5.5	17.3		17.7	12.1	10.1
1995	6823.72	103.5	28.5	6.3	19.7		23.5	13.1	12.4
“九五”时期	**57043.46**	**840.9**	**220.6**	**76.9**	**201.8**	**48.7**	**171.5**	**58.0**	**112.2**
1996	7937.55	121.2	31.9	6.2	22.8	3	30.8	13.9	15.5

年 份	国家财政支出	民政事业费总支出	抚恤费	军队离退休、退职费	社会福利及其他社会救济费	#最低生活保障事业费	农村及其他社会救济费	自然灾害救济费	地方离、退休人员费	其他民政事业费
1997	9233.56	133.5	36.1	12.4	27.1	2.9		28.7	10.3	19
1998	10798.18	161.8	39.4	15.2	34	7.1		41.2	10.9	21.3
1999	13187.67	194.7	49.7	18.4	52.5	13.8		35.6	11.2	27.2
2000	15886.5	229.7	63.5	24.7	65.4	21.9		35.2	11.7	29.2
“十五”时期	**127800.69**	**2471.8**	**479.8**	**302.7**	**444.7**	**668**	**127.6**	**247.6**	**66.9**	**284.7**
2001	18902.58	284.8	69.5	31.2	90.6	41.6		41	13	39.5
2002	22053.15	392.3	74.7	49.5	167.5	108.7		40	13.2	47.3

年 份	国家财政支出	民政事业费总支出	抚恤费	军队离退休、退职费	社会福利费	城市居民最低生活保障事业费	农村及其他社会救济费	自然灾害救济费	地方离、退休人员费	其他民政事业费
2003	24649.95	498.9	87.9	59	78.9	153.1		52.9	13.1	54
2004	28486.89	577.4	104.1	74.1	52.1	172.7	47.7	51.1	13.9	61.7
2005	33708.12	718.4	143.6	88.9	55.6	191.9	79.9	62.6	13.7	82.2
“十一五”时期	**228079.59**	**6459.4**	**953.5**	**687**	**380.1**	**1377.1**	**1152.3**	**967.8**	**95.3**	**846.3**
2006	40213.16	915.4	178.8	115.7	65.3	224.2	147.8	79	14	90.6
2007	49565.4	1215.5	210.8	165	87.6	277.4	189.8	79.8	24.8	180.3
2008	62427.03	2146.5	253.6	180.6	103.1	393.4	326.8	609.8	26.5	252.7
2009	75874	2181.9	310.3	225.7	124.1	482.1	487.9	199.2	30	322.7

A-12　中央级民政事业费及中央转移支付民政经费

单位：万元

年　份	合　计	中央级民政事业费	中央专项转移支付	抚恤、退休、救济费	救　灾	社会福利救济事业费	其　他
1978	11	11					
1979	44	44					
1980	103	103					
“六五”时期	**335594**	**1108**	**334486**	**63306**	**270745**	**220**	**215**
1981	138	138					
1982	74120	78	74042	14247	59795		
1983	74368	163	74205	14205	60000		
1984	78872	286	78586	18586	60000		

年　份	合　计	中央级民政事业费	中央专项转移支付	抚　恤	安　置	救　灾	社会福利救济事业费	其　他
1985	108096	443	107653	9698	6570	90950	220	215
“七五”时期	**778310**	**9267**	**769043**	**148718**	**105230**	**512500**		
1986	132802	2526	130276	16396	9285	102000		
1987	133877	2742	131135	21726	19409	90000		
1988	158355	1297	157058	24110	21948	111000		
1989	174374	1185	173189	43206	26483	103500		
1990	178902	1517	177385	43280	28105	106000		
“八五”时期	**1488090**	**15897**	**1472193**	**328272**	**315101**	**828820**		
1991	309432	1792	307640	49010	34210	224420		
1992	209360	3217	206143	52156	40587	113400		
1993	238083	3108	234975	60494	53481	121000		
1994	353831	4077	349754	79084	90670	180000		
1995	377384	3703	373681	87528	96153	190000		
“九五”时期	**2943934**	**104302**	**2839632**	**749824**	**773058**	**1122750**	**190000**	**4000**
1996	426354	6371	419983	102394	102589	215000		
1997	455309	5954	449355	110430	114925	220000		4000
1998	568049	50783	517266	120000	149516	247750		

年　份	合　计（亿元）	中央级民政事业费（亿元）	中央专项转移支付（亿元）	抚恤（亿元）	安置（亿元）	救灾（亿元）	低保（亿元）	医疗救助（亿元）	其他（亿元）
1999	62.8	1.2	61.6	18.0	17.6	22.0	4.0		
2000	86.6	2.9	83.7	23.7	23.0	22.0	15.0		
“十五”时期	**1004.3**	**11.9**	**992.4**	**212.1**	**217.3**	**170.1**	**373.1**	**12.0**	**7.9**
2001	109.6	1.4	108.2	26.3	28.7	30.2	23.0		
2002	140.2	1.8	138.4	31.6	37.0	24.3	45.5		
2003	213.6	1.8	211.8	37.1	39.2	40.5	92.0	3.0	0.1
2004	227.7	3.9	223.8	40.7	47.4	32.0	100.6	3.0	0.1
2005	313.2	2.9	310.3	76.4	65.0	43.1	112.0	6.0	7.7
“十一五”时期	**3370.1**	**40.5**	**3316.5**	**552.0**	**494.4**	**752.4**	**1309.0**	**189.6**	**19.2**
2006	406.8	2.8	404.0	111.7	73.9	49.4	136.0	14.3	18.7
2007	523.1	5.6	504.4	110.9	117.4	49.9	189.9	36.3	0.1
2008	1207.7	26.6	1181.1	142.1	142.9	478.4	363.1	54.5	0.1
2009	1232.5	5.5	1227.0	187.3	160.2	174.7	620	84.5	0.3

A-13 按收养人员分类的收养机构

单位：个

年 份	单位数	老年及残疾人	智障和精神疾病	儿童	其他
1978	8571	8365	139	67	
1979	8988	8801	135	52	
1980	9669	9460	150	59	
1981	10031	9813	155	63	
1982	12275	12046	165	64	
1983	15807	15582	165	60	
1984	22796	22566	167	63	
1985	29100	28852	161	59	28
1986	35008	34750	166	58	34
1987	37372	37109	170	60	33
1988	39030	38767	173	62	28
1989	39743	39472	180	64	27
1990	40583	40340	181	62	
1991	42264	42013	188	63	
1992	43319	43063	189	67	
1993	43681	43375	190	67	49
1994	43240	42911	188	73	68
1995	43074	42735	190	77	72
1996	42829	42518	155	84	72
1997	42385	42027	192	91	75
1998	42131	41755	195	105	76
1999	40430	40030	191	110	99
2000	40491	39321	201	126	843
2001	38785	38106	200	160	319
2002	38200	37591	200	178	231
2003	37294	36224	205	192	673
2004	38593	37880	211	208	294
2005	41368	40641	226	224	277
2006	41948	40964	219	249	516
2007	43607	42713	234	269	391
2008	39677	38674	244	290	469
2009	40250	39671	266	303	10

A–14 按收养人员分类的床位

单位：万张

年 份	床位数	老年及残疾人床位	智障和精神疾病床位	儿童床位	其他床位
1978	16.3	15.7	0.6		
1979	22.6	20.1	2.1	0.4	
1980	24.2	21.3	2.4	0.5	
1981	25.3	22.2	2.5	0.6	
1982	28.2	24.8	2.8	0.6	
1983	32.4	29.0	2.8	0.6	
1984	42.5	39.0	2.9	0.6	
1985	49.1	45.5	2.9	0.5	0.2
1986	58.7	54.7	3.1	0.6	0.3
1987	64.9	60.7	3.3	0.6	0.3
1988	69.5	65.3	3.4	0.6	0.2
1989	73.8	69.3	3.6	0.7	0.2
1990	78.0	73.5	3.7	0.8	
1991	82.8	78.3	3.8	0.7	
1992	89.8	85.2	3.8	0.8	
1993	92.7	87.4	4.0	0.9	0.4
1994	95.5	90.1	4.0	0.9	0.5
1995	97.6	91.9	4.0	1.1	0.6
1996	100.8	95.0	4.0	1.2	0.6
1997	103.1	97.2	4.0	1.3	0.6
1998	105.8	99.6	4.1	1.5	0.6
1999	108.9	102.4	4.1	1.6	0.8
2000	113.0	104.5	4.1	1.8	2.6
2001	122.7	114.6	4.2	2.3	1.6
2002	123.1	114.9	4.3	2.5	1.4
2003	129.8	120.6	4.5	2.7	2.0
2004	146.8	137.7	4.5	3.0	1.6
2005	163.9	154.3	4.4	3.2	2.0
2006	187.1	176.8	4.4	3.1	2.8
2007	251.3	239.8	4.7	3.3	3.5
2008	279.4	265.7	5.4	4.0	4.3
2009	299.3	289.0	5.8	4.4	0.1

A-15 收养人员分类

单位：万人

年　份	总人数	老年及残疾人	智障和精神疾病人	儿童	其他
1978	16.3	14.0	1.9	0.4	
1979	18.6	16.3	1.9	0.4	
1980	19.1	16.7	2.0	0.4	
1981	19.7	17.0	2.2	0.5	
1982	22.5	19.7	2.3	0.5	
1983	25.9	23.0	2.4	0.5	
1984	34.1	31.0	2.6	0.5	
1985	40.8	37.5	2.6	0.5	0.2
1986	47.4	43.9	2.8	0.5	0.2
1987	51.8	48.2	2.9	0.5	0.2
1988	54.8	51.1	3.0	0.6	0.1
1989	56.9	53.0	3.1	0.6	0.2
1990	59.9	56.1	3.2	0.6	
1991	64.6	60.8	3.2	0.6	
1992	69.6	65.6	3.3	0.7	
1993	72.4	68.0	3.4	0.7	0.3
1994	73.6	69.2	3.3	0.8	0.3
1995	74.7	70.1	3.2	1.0	0.4
1996	76.9	72.3	3.1	1.1	0.4
1997	78.5	73.7	3.2	1.2	0.4
1998	80.0	74.9	3.2	1.4	0.5
1999	82.7	77.6	3.2	1.4	0.5
2000	85.4	78.6	3.2	1.8	1.8
2001	88.5	82.0	3.3	2.1	1.1
2002	91.6	85.0	3.4	2.2	1.0
2003	96.5	89.1	3.5	2.5	1.4
2004	110.9	103.9	3.6	2.8	0.6
2005	123.6	116.2	3.7	2.9	0.8
2006	147.0	138.5	3.8	3.2	1.5
2007	200.0	191.3	4.1	3.0	1.6
2008	221.9	211.5	4.5	3.4	2.5
2009	236.2	227.5	5.1	3.6	0.005

A-16 按城乡分类的收养机构

年　份	单位数（个）	福利机构	敬老院	床位数（万张）	福利机构	敬老院	收养人数（万人）	福利机构	敬老院
1978	728	728					5.7	5.7	
1979	8235	765	7470	6.4	6.4		16.4	5.9	10.6
1980	9101	839	8262	7.1	7.1		17.2	6.1	11.2
1981	9410	866	8544	7.4	7.4		17.7	6.2	11.5
1982	11450	864	10586	7.6	7.6		20.0	6.2	13.8
1983	14933	886	14047	7.7	7.7		23.3	6.3	16.9
1984	22117	1246	20871	8.5	8.5		31.2	7.1	24.1
1985	28027	4405	23622	44.7	13.8	30.9	37.5	11.4	26.2
1986	33765	7087	26678	53.9	18.8	35.1	43.8	15.3	28.5
1987	36039	8025	28014	59.8	20.8	39.1	48.0	16.6	31.3
1988	37709	9177	28532	64.4	23.3	41.1	50.9	18.4	32.5
1989	38476	8851	29625	68.6	23.5	45.1	53.0	18.4	34.6
1990	39248	11362	27886	72.3	28.8	43.5	55.6	22.5	33.1
1991	40941	11874	29067	76.8	30.7	46.1	60.2	24.1	36.1
1992	41928	15456	26472	83.6	38.4	45.2	65.0	30.0	35.1
1993	42309	16028	26281	86.7	41.1	45.7	67.9	32.7	35.2
1994	41841	16636	25205	89.4	43.9	45.5	69.1	34.6	34.5
年　份	单位数（个）	国有社会福利院	社会办敬老院	床位数（万张）	国有社会福利院	社会办敬老院	收养人数（万人）	国有社会福利院	社会办敬老院
1995	41661	1274	31890	91.4	12.4	79.0	70.2	9.9	60.3
1996	41411	1281	31613	94.6	13.0	81.6	72.4	10.3	62.1
1997	41005	1303	31968	96.8	13.6	83.2	74.0	10.9	63.1
1998	40431	1054	32236	94.4	9.5	84.8	71.4	7.5	63.9
1999	39015	1671	37344	102.3	17.1	85.3	78.1	13.2	64.8
年　份	单位数（个）	城　市	农　村	床位数（万张）	城　市	农　村	收养人数（万人）	城　市	农　村
2000	39032	13456	25576	106.5	50.9	55.6	81.4	38.6	42.8
2001	37311	10661	26650	115.8	47.4	68.4	83.8	34.9	48.9
2002	36752	11055	25697	115.8	49.6	66.2	86.6	37.2	49.4
2003	35859	11516	24343	122.3	54.7	67.6	91.4	41.0	50.4
2004	37147	10705	26442	138.6	61.1	77.5	105.3	45.9	59.4
2005	39921	10240	29681	155.8	66.3	89.5	117.9	50.0	67.9
2006	40456	9083	31373	179	65.4	113.6	141.1	49.1	92
2007	45057	7373	34684	241.2	61.4	179.8	193.2	43.9	149.3
2008	39677	9309	30368	279.4	86.3	193.1	221.9	61.4	160.5
2009	40250	8964	31286	299.3	90.5	208.8	236.2	63.2	173

A-17 社区服务设施

单位：个

年份	城乡各类服务设施合计	社区服务中心	城镇社区服务设施	城镇便民、利民网点
1987				
1988	69699		69699	
1989	71357		71357	
1990	84757		84757	
1991	89918		89918	
1992	112171		112171	
1993	92946	3711	89235	169503
1994	98679	4034	94645	204229
1995	115175	4380	110795	234024
1996	132309	5055	127254	259201
1997	138366	5113	133253	307226
1998	154196	6154	148042	345075
1999	164962	7623	157339	405740
2000	187888	6444	181444	451567
2001	201758	6179	195579	539544
2002	206743	7898	198845	622986
2003	203945	7520	196425	668418
2004	205926	7804	198122	703760
2005	203275	8479	194796	664764
2006	168572	8565	160007	457896

年份	城乡各类服务设施合计	社区服务中心	社区服务站	其他社区服务设施	城镇便民、利民网点
2007	171099	9319	50116	111664	892656
2008	162051	9873	30021	122157	748684
2009	174976	10003	53170	111803	692625

A-18 城市社会救济和城市居民最低生活保障

单位：万人

年　份	城市居民传统救济总人数	城市居民传统定救人数	城市精简退职老职工人数	享受40%人数	定量救济人数
1978					
1979	33.6	23.7	9.9		
1980	32.9	22.9	10		
1981	31.5	21.5	10		
1982	34.7	21.4	13.3		
1983	47.1	22.6	24.5		
1984	*207.4*	*160.6*	*46.8*	*25.3*	
1985	30.0	18.2	11.8	6.4	5.4
1986	49.0	35.6	13.4	7.1	6.3
1987	29.8	16.2	13.6	7.2	6.4
1988	32.9	17.6	15.3	7.7	7.6
1989	30.5	16.2	14.3	7.1	7.2
1990	41.8	16.4	25.4	16.4	9.0
1991	33.7	16.1	17.6	8.5	9.0
1992	39.5	19.2	20.3	9.7	10.6
1993	24.6	13.8	10.8	5	5.8
1994	23.0	12.4	10.6	4.9	5.7
1995	109.0	55.2	53.8	23.9	29.9
1996	120.1	66.5	53.6	23.6	30.0

年　份	城市最低生活保障人数	在职人员	下岗人员	退休人员	失业人员	“三无”人员	其他人员
1996	84.9						
1997	87.9						
1998	184.1						
1999	256.9						
2000	402.6						
2001	1170.7						
2002	2064.7	186.8	554.5	90.8	358.3	91.9	783.1
2003	2246.8	179.3	518.4	90.7	409	99.9	949.3
2004	2205	141	468.9	73.1	423.1	95.4	1003.5
2005	2234.2	114.1	430.7	61.3	410.1	95.8	1122.1
2006	2240.1	97.6	350	53.2	420.8	93.1	1225.3

年　份	城市最低生活保障人数	残疾人	三无人员	老年人	成年人				未成年人	
					在职人员	灵活就业	登记失业	未登记失业	在校生	其他
2007	2272.1	161.0	125.8	298.4	93.9	343.8	627.2	364.3	321.6	223
2008	2334.8	169.1	106.9	316.7	82.2	381.7	564.3	402.2	358.1	229.6
2009	2345.6	181.0	94.1	333.5	79.0	432.2	510.2	410.9	369.1	210.7

注：1984年的精简退职老职工人数含农村的数据。

A-19 农村社会救济和农村居民最低生活保障

单位：万人、万户

年 份	农村社会救济总人数	农村定期定量救济人数	农村精简退职老职工人数	享受40%人数	定量救济人数
1978					
1979	6847.6	*6837.7*	*9.9*		
1980	4651.8	*4641.8*	*10.0*		
1981	4265.1	*4255.1*	*10.0*		
1982	4270.7	*4257.4*	*13.3*		
1983	3526.7	*3502.2*	*24.5*		
1984	3842.7	*3795.9*	*46.8*	*25.3*	
1985	116.7	75.1	41.6	18.1	23.5
1986	103	63.1	39.9	18.1	21.7
1987	92.2	53.2	39	17.7	21.3
1988	93	54.1	38.9	17.6	21.4
1989	75.7	35.0	40.7	18.3	22.3
1990	100.2	46.7	53.5	23.6	29.9
1991	97	43.8	53.2	23.5	29.8
1992	97.5	45.6	51.9	23.3	28.6
1993	80.1	36.3	43.8	19.5	24.3
1994	82.1	38.5	43.6	19.2	24.3
1995	98.3	55.2	43.1	19	24.1
1996	109.2	66.5	42.7	18.6	24.1
1997	104.5	51.4	53.1	23.2	29.8
1998	120.5	65.6	54.9	24.9	30
1999	107.1	55.6	51.5	22.5	28.7
2000	112.2	*62.5*	49.7	22.1	27.6
2001	130.5	80.7	49.8	21.3	27.8
2002	138.7	*90.0*	48.7	20.9	27.8

年 份	农村困难群众救助总人数	农村居民最低生活保障人数	农村特困户救助人数	农村困难群众救助总户数	农村居民最低生活保障户数	困难户	其 他	农村特困户救助户数	困难户	其 他	五保户供养户数	农村传统救济人数
2001	385.3	304.6	80.7									
2002	497.8	407.8	*90.0*	156.7	156.7							
2003	1160.5	367.1	793.4	632.8	146.5	114.5	32	282.1	192.7	89.3	204.2	
2004	1402.1	488	914.1	780.8	197.9	165.2	33.6	317.1	260.4	56.6	265.8	
2005	1891.8	825	1066.8	1061	356.5	298.8	57.7	354.8	290.4	64.4	349.7	
2006	2987.8	1593.1	775.8	1606.3	777.2			325.8			503.3	115.6

年 份	农村救助总人数	农村居民最低生活保障人数	农村集中供养五保人数	农村分散供养五保人数	其他农村救济人数	农村临时救济人数
2007	4818.6	3566.3	138	393.3	75	646
2008	5757.3	4305.5	155.6	393	72.2	831
2009	5922	4760	171.8	381.6	62.2	546.4

注：1984 年以前含应保未保的农村救济人数。

A-20　最低生活保障和社会救济平均标准

年　份	城市最低生活保障平均标准（元／人、月）	农村最低生活保障平均标准（元／人、月）	集中供养农村五保户救济平均标准（元／人、年）	分散供养农村五保户救济平均标准（元／人、年）
1999	149.0			
2000	157.0			
2001	147.0			
2002	148.0			
2003	149.0			
2004	152.0			
2005	156.0			
2006	169.6	70.9	1608.2	1224.5
2007	182.4	70.0	1953.0	1432.0
2008	205.3	82.3	2176.1	1624.4
2009	227.8	100.8	2587.5	1842.7

A-21　最低生活保障和社会救济平均支出水平

年　份	城市最低生活保障平均支出水平（元／人、月）	农村最低生活保障平均支出水平（元／人、月）	农村集中供养五保平均支出水平（元／人、年）	农村分散供养五保平均支出水平（元／人、年）
1999	44.8			
2000	45.3			
2001	29.6			
2002	43.9			
2003	58.0			
2004	65.0			
2005	72.3			
2006	83.6	34.5		
2007	102.7	38.8		
2008	143.7	50.4	2055.7	1121.0
2009	172.0	68.0	2316.0	1284.0

A-22　医疗救助

单位：人次

年　份	农村民政部门医疗救助总数	农村民政部门救助	民政部门资助参加合作医疗	城市医疗救助总数	城市民政部门医疗救助	资助参加医疗保险人数
2004	673.7	121.1	552.6			
2005	854.5	199.6	654.9	114.9		
2006	1518.4	201.3	1317.1	187.2		
2007	2894.4	377.1	2517.3	442		
2008	4191.9	759.5	3432.4	1086.2	443.6	642.6
2009	4789.1	730	4059.1	1506.3	410.4	1095.9

A-23　城市生活无着人员救助

年　份	救助站（个）	流浪儿童救助保护中心（个）	救助人次数（人次）	救助类单位床位数（张）
1978	783			
1979	845			
1980	665			
1981	598			
1982	610			
1983	615			
1984	628			
1985	636			
1986	647			
1987	639			
1988	644			
1989	669			
1990	666			
1991	691			
1992	692			
1993	719			
1994	712			
1995	722			
1996	720			
1997	728			
1998	742			
1999	800			
2000	857			
2001	838			
2002	861			
2003	864			
2004	977		820254	47086
2005	1079	40	1196305	45603
2006	1189	50	1295506	45661
2007	1261	90	1544492	46800
2008	1334	88	1573484	50642
2009	1372	116	1680532	51049

注：斜体下划线数据经过修正。

A-24 家庭收养儿童登记

单位：件、人

年　份	收养登记总数	中国公民收养登记	外国公民收养登记	被收养人合　计	福利机构抚养的孤儿	被中国公民收养	被外国人收养
1996	18896	14804	4092	20389	2201		
1997	21548	17193	4355	21548	975		
1998	26498	20611	5887	26498	677		
1999	38074	31584	6158	38019	1670	31882	6137
2000	55802	49037	6765	56191	1847	49500	6691
2001	44706	36089	8617	45844	1908	37200	8644
2002	45336	35372	9964	47860	2404	37642	10218
2003	54159	44884	9275	54159	3427	44884	9275
2004	52603	40084	12519	55572	3189	44708	10864
2005	49506	35470	14036	50921	3564	38057	12864
2006	48178	38393	9785	49148	2867	39424	9724
2007	45192	36893	8299	46047	1146	37790	8257
2008	42550	37009	5541	44115	1846	38617	5498
2009	44260	39801	4459	44359	1605	39964	4395

A-25 社会捐赠

单位：亿元、亿件

年　份	社会捐赠款物合计	社会捐赠款			社会捐赠其他物资折款	接收社会捐赠衣被数量
			民政部门	各类社会组织		
1997	14.0	4.2			9.9	0.9
1998	113.2	50.2	50.2		63.0	2.9
1999	17.8	6.9	5.0	2.0	10.8	0.6
2000	16.3	9.3	5.4	3.9	7.0	0.8
2001	20.0	11.7	7.6	4.1	8.3	1.3
2002	20.8	19.0	11.1	7.9	1.8	2.3
2003	43.4	41.0	29.2	11.9	2.4	2.0
2004	35.1	34.0	17.1	16.9	1.2	0.9
2005	61.9	60.3	31.3	29.0	1.6	1.0
2006	89.5	83.1	43.0	40.1	6.4	0.7
2007	148.3	132.8	50.9	81.9	15.6	0.9
2008	790.2	744.5	479.3	265.2	45.7	11.6
2009	509.4	507.2	66.5	440.7	2.2	1.2

A-26 社会福利企业

年 份	单位数 （个）	残疾职工人数 （万人）	利润额 （亿元）
1978	920	3.5	0.8
1979	1106	4.8	0.8
1980	1309	5.5	0.9
1981	1574	6.1	0.7
1982	1704	6.4	0.8
1983	5930	9.6	0.9
1984	6710	11.6	1.3
1985	14872	23.2	5.1
1986	19865	31.4	4.2
1987	27793	43.3	8.8
1988	40496	55.9	16.5
1989	41565	60.5	16.1
1990	41827	63.8	17.8
1991	43805	70.1	21.3
1992	49836	77.8	32.6
1993	56881	84.5	44.7
1994	60233	90.9	44.1
1995	60237	93.9	49.1
1996	59397	93.6	45.1
1997	55509	91.0	66.3
1998	50514	85.6	63.9
1999	44628	79.0	76.7
2000	40670	72.5	99.0
2001	37980	69.9	119.5
2002	35758	68.3	148.3
2003	33976	67.9	189.9
2004	32410	66.2	219
2005	31211	63.7	225.2
2006	30199	55.9	237.8
2007	24974	56.3	169.3
2008	23780	61.9	119.2
2009	22783	62.7	125.4

A-27 中国福利彩票销售

年　份	福利彩票发行单位（个）	福利彩票销售额（亿元）	提取公益金（亿元）	公益金支出（亿元）
1978				
1979				
1980				
“六五”时期				
1981				
1982				
1983				
1984				
1985				
“七五”时期		**14.2**	**4.6**	
1986				
1987		0.2	0.1	
1988		3.8	1.2	
1989		3.8	1.3	
1990		6.5	2.0	
“八五”时期		**115.2**	**34.3**	
1991		7.7	2.5	
1992		13.8	4.1	
1993		18.4	5.5	
1994		18.0	5.3	
1995		57.3	16.9	
“九五”时期		**358.7**	**103.5**	**72.7**
1996		64.8	19.1	
1997		36.4	10.1	
1998		63.2	19.6	14.1
1999	1169	104.4	30.5	19.9
2000	1253	89.9	24.2	38.7
“十五”时期		**1145.2**	**393.6**	**161.9**
2001	1185	139.6	41.9	19.7
2002	1121	168.0	58.8	25.5
2003	1145	200.1	70.0	30.6
2004	1128	226.4	79.2	33.8
2005	1113	411.2	143.7	52.3
“十一五”时期		**2487.3**	**848.0**	**362.8**
2006	989	495.7	171.6	52.6
2007	985	631.6	217.0	77.6
2008	999	604.0	211.4	119.2
2009	988	756.0	248.0	113.4

A-28 人口受灾和救灾

年 份	受灾人口（万人次）	因灾死亡（含失踪）人口（人）	紧急转移人口（万人）	紧急抢救灾民累计人数（万人）	因灾发救济费累计人数（万人）
1978		4965			
1979		6962			
1980		6821			
1981	26710.0	7422			
1982	22900.7	7935			
1983	22439.0	10952			
1984	20894.0	6927			
1985	26446.0	4394	290.5	139.0	6061.0
1986	29928.0	5410	345.8	199.0	6738.0
1987	23512.0	5495	348.0	113.0	6710.0
1988	36169.0	7306	582.9	112.0	6029.0
1989	34569.0	5952	365.3	132.0	6499.0
1990	29348.0	7338	579.2	129.0	5804.0
1991	41941.0	7315	1308.5	549.0	6725.0
1992	37174.0	5741	303.6	205.0	5259.0
1993	37541.0	6125	307.7	159.0	5258.0
1994	43799.0	8549	1054.0	244.0	5990.0
1995	24215.0	5561	1064.0	297.0	6710.0
1996	32305.0	7273	1216.0	478.0	6447.0
1997	47886.0	3212	511.3	305.0	5487.0
1998	35216.0	5511	2082.4	903.0	5781.0
1999	35319.0	2966	664.8	367.0	5058.0
2000	45652.3	3014	467.1	324.0	5127.0
2001	37255.9	2583	211.1	476.0	5727.0
2002	37841.8	2840	471.8	460.0	6013.0
2003	49745.9	2259	707.3	1001.5	6242.0
2004	33920.6	2250	563.2	492.0	4854.9
2005	40653.7	2475	1570.3	623.6	5097.1
2006	43453.3	3186	1384.5	659.2	4981.7
2007	39777.9	2325	1499.1	582.9	4382.7
2008	47795.0	88928	2682.2	1211.6	5996.8
2009	47933.5	1528	709.9	304.6	4793.7

A-29 因灾造成物资损失

年 份	直接经济损失（亿元）	倒塌房屋（万间）	受灾面积（万公顷）	死亡大牲畜（万头）
1978		73.1	4844	226.3
1979		152.1	3937	
1980		137.3	5003	72.6
1981		261.5	3979	170.9
1982		320.3	3313	198.6
1983	260.9	345.4	3471	114.8
1984		274.7	3189	36.9
1985	410.4	224.9	4437	322.7
1986		209.7	4714	79.0
1987	326.3	180.0	4207	100.0
1988		258.0	5087	249.2
1989	525.0	194.1	4699	450.0
1990	616.0	247.4	3847	166.0
1991	1215.1	581.5	5547	97.9
1992	853.9	196.6	5133	171.4
1993	933.2	271.6	4867	150.8
1994	1876.0	512.1	5504	238.2
1995	1863.0	439.3	4587	245.2
1996	2882.0	809.0	5975	619.3
1997	1975.0	288.0	5343	33.5
1998	3007.4	821.4	2229	689.3
1999	1962.4	174.5	4998	82.2
2000	2045.3	147.3	5469	162.0
2001	1942.0	92.2	5215	62.8
2002	1717.4	175.7	4711.9	74.8
2003	1884.2	343.0	5438.6	81.1
2004	1602.3	155.0	3710.6	169.5
2005	2042.1	226.4	3881.8	112.9
2006	2528.1	193.3	4109.1	126.3
2007	2363.0	146.7	4899.3	
2008	13547.5	1097.7	3999.0	
2009	2523.7	83.8	4721.4	1099.4

A-30 定期抚恤优抚对象

年 份	抚恤补助总人数（万人）	定期抚恤人数（人）	烈 属（人）	牺牲、病故军人家属（人）	伤残人员（万人）
1978	205.9				73.4
1979	173.6				75.6
1980	222.4				78.6
1981	233.6				79.6
1982	240.8	590104	541516	48588	81.6
1983	251.2	577791	526826	50965	83.0
1984	267.3	585403	536523	48880	84.4
1985	283.3	518566	440000	78566	85.3
1986	339.8	533245	446209	87036	86.5
1987	366.3	548063	453480	94583	88.0
1988	378.5	537472	429271	108201	88.7
1989	411.7	525134	422656	102478	89.1
1990	425.7	516638	407276	109362	87.4
1991	434.8	614945	504462	110483	87.5
1992	433.7	602163	492457	109706	87.6
1993	441.2	495994	383924	112070	88.3
1994	442.0	487256	372850	114406	88.5
1995	448.8	486250	370685	115565	88.8
1996	447.0	484270	366216	118054	89.3
1997	448.3	480464	362086	118378	89.5
1998	447.0	473901	357492	116409	89.2
1999	445.1	458079	336587	121492	88.7
2000	442.4	448276	325116	123160	88.1

年 份	抚恤补助总人数（万人）	定期抚恤人数（人）	烈 属（人）	牺牲军人家属（人）	病故军人家属（人）	伤残人员（万人）
2001	450.7	480852	348521	60081	72250	85.5
2002	459.0	480466	341109	63953	75404	85.8
2003	464.9	488820	345141	65303	78376	86.0
2004	462.0	485733	339817	65695	80221	85.6
2005	460.3	492517	349253	63603	79661	84.5
2006	462.6	491320	346089	64248	80983	86.0
2007	622.4	488675	342101	64478	82096	86.5
2008	633.2	478880	332390	65001	81489	87.2
2009	630.7	458578	317675	62304	78599	87.2

A-31 定期补助优抚对象

单位：人

年份	定期补助总人数	红军老战士合计				在乡复员军人	带病回乡退伍军人	其他
			在乡红军老战士	西路军	红军失散人员			
1978	9251	9251	9251					
1979	7872	7872	7872					
1980	6922	6922	6922					
1981	6567	6567	6567					
1982	1002181	6383	6383			859055	136743	
1983	1104586	6142	6142			952993	145451	
1984	1243633	6159	6159			1081350	156124	
1985	1461180	6329	6329			1185502	183129	86220
1986	1999872	6315	6315			1673990	210445	109122
1987	2230873	7466	7466			1833402	241290	148715
1988	2360462	7415	7415			1950641	247009	155397
1989	2715258	6628	6628			2272639	283075	152916
1990	2866579	7514	7514			2373873	305045	180147
1991	2939074	7015	7015			2419453	346021	166585
1992	2975175	6599	6599			2402869	373989	191718
1993	2947209	113728	5531	2997	105200	2424984	408497	
1994	2963965	112054	5058	2430	104566	2424435	427476	
1995	2987751	108484	4659	2318	101507	2423191	456076	
1996	3018047	115317	4480	2303	108534	2421517	481213	
1997	3037367	122115	4195	2214	115706	2396017	519235	
1998	3033826	118245	3996	2157	112092	2367266	548315	
1999	3056727	111096	3687	2106	105303	2363466	582165	
2000	3057257	105632	3326	1997	100309	2320739	630886	
2001	3170877	98345	3325	1889	93131	2246954	782802	42776
2002	3251971	94848	3136	1691	90021	2274657	882090	376
2003	3300232	90767	2893	1610	86264	2262264	919349	27852
2004	3277914	87521	2701	1454	83366	2214467	950428	25498
2005	3265797	79639	2681	1370	75588	2145421	977424	63313
2006	3274059	71707	2417	1220	68070	2064713	1072684	64955
2007	4870800	66220	2049	966	63205	1988977	1134414	1681189
2008	4981893	49198	1622	440	47136	1920235	1193622	1818838
2009	4976839	42945	1351	322	41272	1809019	1219752	1511744（含两参人员）

A-32　接收军队离退休、退职人员

单位：人

年　份	合　计	军队离退休干部	地方(含军队职工)人员
1978			
1979			
1980			
1981			
1982	21993	801	21192
1983	20038	1507	18531

年　份	合　计	军队离退休干部	#离　休	地方人员	军队职工
1984	9916	1873	117	6228	1815
1985	12429	6137	3327	4472	1820
1986	29260	21564	15598	4236	3460
1987	14146	10035	6224	1719	2392
1988	6050	4242	2329	1287	521
1989	4858	3441	1530	994	423
1990	6214	4988	2573	1008	218
1991	6558	5568	2703	806	184
1992	4420	3551	1516	693	176
1993	5578	916	283	543	4318
1994	5773	1016	447	566	4190
1995	3531	1056	323	476	1999
1996	9346	3210	371	282	5854
1997	6311	3246	401	230	2835
1998	8156	5868	785	691	1597

年　份	合　计	军队离退休干部	地方离退休干部	军队无军籍职工
1999	12380	9464	305	2611
2000	15238	10197	219	4822
2001	13738	6236	373	7129

年　份	合　计	军队离退休干部(含地方)	#离　休	军队退休士官	军队无军籍职工
2002	14428	3640		161	10627
2003	11057	5055	143	140	6312
2004	10794	8884	200	90	1820

年　份	合　计	军队离退休干部	#离　休	地方离退休干部	#离　休	军队退休士官	军队无军籍职工
2005	18512	17280	223	136	14	192	904
2006	31968	20794	259	673	85	365	10136
2007	28058	18534	258	303	23	160	9061
2008	21378	15829	78	205	15	297	5047
2009	18904	13836	143	348	5	1308	3412

A-33 烈士褒扬和优待

单位：人、个、户、万元

年 份	本年批准烈士人数	零散烈士纪念建筑物	优待优抚对象户数	#优待军属户数	优待总金额	#固定优待军属总额
1978		5347				
1979		3779			20393	
1980		2825			31459	
1981		2915			47255	
1982	8601	3592	4730756		58750	
1983	11024	3826	4387292		59588	
1984	8478	3953	4102419		62263	
1985	5887	3716	3567165	2884906	71655	577018
1986	11758	3871	3355694	2710272	75243	62205
1987	10644	4121	3223550	2562036	80915	66321
1988	9035	4236	3225253	2477699	87160	71735
1989	3960	4466	3086285	2423418	92169	77764
1990	3067	6065	2941486	2522476	99535	86739
1991	1556	6474	2967881	2540714	106354	93069
1992	1338	6957	2967002	2535037	116573	102008
1993	1467	6956	3009163	2470099	131555	113330
1994	1215	7279	3027420	2462671	155627	133070
1995	1277	7067	3051322	2476261	194379	166414
1996	1187	7020	3040439	2449077	251798	217527
1997	888	7048	3334000	2427586	321741	261865
1998	749	7322	3250395	2415838	356413	292305
1999	616	7252	3818210	2380675	402998	305386
2000	468	7427	3855797	2282584	469054	363675
2001	460	7802	3973085	2086464	385859	275456
2002	403	8051	4130817	1929011	374819	251854
2003	461	7781	3962425	1672205	391581	239410
2004	316	7425	3632630	1430630	418499	267458
2005	314	7483	3393218	1224036	379631	213968
2006	265	7414	3220933	1183674	421010	224354
2007	168	7186	3277318	1145223	454090	233479
2008	297	7569	3301682	1108878	666011	267750
2009	213	7622	3280522	1190816	751065	297448

A-34 社会组织

单位：个

年份	社会组织合计	社会团体	民办非企业	基金会
1978				
1979				
1980				
1981				
1982				
1983				
1984				
1985				
1986				
1987				
1988	4446	4446		
1989	4544	4544		
1990	10855	10855		
1991	82814	82814		
1992	154502	154502		
1993	167506	167506		
1994	174060	174060		
1995	180583	180583		
1996	184821	184821		
1997	181318	181318		
1998	165600	165600		
1999	142665	136764	5901	
2000	153322	130668	22654	
2001	210939	128805	82134	
2002	244509	133297	111212	
2003	266612	141167	124491	954
2004	289432	153359	135181	892
2005	319762	171150	147637	975
2006	354393	191946	161303	1144
2007	386916	211661	173915	1340
2008	413660	229681	182382	1597
2009	431069	238747	190479	1843

注：2001 年以前的基金会含在社会团体内。

A-35 自治组织

年份	基层群众性自治组织合计(万个)	居民委员会(个)	居民小组(万个)	居民委员会成员(万人)	村民委员会(万个)	村民小组(万个)	村民委员会成员(万人)
1978							
1979		46810					
1980							
1981		57169					
1982							
1983	37.7	65519			31.2		
1984	100.3	75609			92.7		
1985	103.0	80943		34.9	94.9		379.6
1986	95.3	86824		36.2	86.6		365.9
1987	93.2	86799		37.0	84.5		359.9
1988	97.8	95684		36.1	88.3		366.6
1989	102.8	93691		36.6	93.4		379.4
1990	110.0	98814		43.1	100.1		409.4
1991	111.9	100347		44.1	101.9		424.4
1992	110.8	104136		46.5	100.4		430.9
1993	112.0	107173		47.9	101.3		456.0
1994	111.7	110112		48.0	100.7		458.5
1995	104.4	111860		48.0	93.2		400.5
1996	104.2	113690		49.3	92.8		397.5
1997	102.4	117915	108.3	49.8	90.6	535.8	378.8
1998	95.2	119042	117.2	50.8	83.3	537.1	358.6
1999	91.6	114815	124.7	50.1	80.1	555.7	351.3
2000	84.0	108424	127.2	48.4	73.2	553.4	315.0
2001	79.2	91893	125.9	46.4	70.0	541.9	316.4
2002	76.7	86087	124.4	39.6	68.1	528.6	294.2
2003	74.1	77431	122.2	39.7	66.3	519.2	319.1
2004	72.2	77884	129.6	42.5	64.4	507.9	292.1
2005	70.9	79947	123.3	45.4	62.9	490.5	265.7
2006	70.4	80717	123.5	44.3	62.4	453.3	243.0
2007	69.5	82006	122.3	41.6	61.3	466.9	241.1
2008	68.8	83413	128.7	42.2	60.4	480.9	233.9
2009	68.4	84689	129.5	43.1	59.9	480.5	234.0

A-36 结婚登记服务

年　份	结婚登记总数（万对）	内地居民登记结婚数（万对）	涉外华侨港奥台登记结婚数（万对）	每千居民之结婚宗数(粗结婚率)（‰）
1978	597.8	597.8		6.2
1979	637.1	636.3	0.8	6.7
1980	720.9	719.8	1.1	7.3
1981	1041.7	1040.3	1.4	10.4
1982	836.9	835.5	1.4	8.3
1983	765.4	764.2	1.3	7.5
1984	784.8	783.4	1.4	7.5
1985	831.3	829.1	2.2	7.9
1986	884.0	882.3	1.7	8.2
1987	926.7	924.7	2.0	8.6
1988	899.2	897.2	2.0	8.3
1989	937.2	935.2	2.0	8.4
1990	951.1	948.7	2.4	8.2
1991	953.6	951.0	2.6	8.3
1992	957.5	954.5	3.0	8.3
1993	915.4	912.2	3.3	7.8
1994	932.4	929.0	3.4	7.8
1995	934.1	929.7	4.4	7.7
1996	938.7	934.0	4.7	7.7
1997	914.1	909.1	5.1	7.4
1998	891.7	886.7	5.0	7.2
1999	885.3	879.9	5.4	7.1
2000	848.5	842.0	6.5	6.7
2001	805.0	797.1	7.9	6.3
2002	786	778.8	7.3	6.1
2003	811.4	803.5	7.8	6.3
2004	867.2	860.8	6.4	6.7
2005	823.1	816.6	6.4	6.3
2006	945	938.2	6.8	7.2
2007	991.4	986.3	5.1	7.5
2008	1098.3	1093.2	5.1	8.3
2009	1212.4	1207.5	4.9	9.1

每千居民之结婚宗数（粗结婚率）计算方法

$$每千居民之结婚宗数=\frac{结婚宗数}{（当年期初人口数+当年期末人口数）/2}\times 1000‰$$

A−37　离婚办理服务

年　份	离婚总数（万对）	民政部门登记离婚数（万对）	内地居民登记离婚数（万对）	涉外华侨港奥台登记离婚数（对）	法院部门办理离婚数（万对）	每千居民之离婚宗数（粗离婚率）（‰）
1978	28.5	17.0	17		11.5	0.18
1979	31.9	19.3	19.3	82	12.6	0.33
1980	34.1	18.0	18	330	16.1	0.35
1981	38.9	18.7	18.7	46	20.2	0.39
1982	42.8	21.1	21.1	116	21.7	0.42
1983	41.8	19.7	19.7	126	22.1	0.42
1984	45.4	19.9	19.9	110	25.5	0.40
1985	45.8	19.6	19.6	108	26.2	0.44
1986	50.6	21.4	21.4	205	29.2	0.47
1987	58.1	23.6	23.6	220	34.5	0.55
1988	65.5	26.4	26.4	310	39.1	0.60
1989	75.3	28.8	28.7	518	46.5	0.68
1990	80.0	30.1	30	602	49.9	0.69
1991	83.1	30.1	30	588	53	0.72
1992	85.0	31.6	31.5	833	53.4	0.74
1993	91.0	33.6	33.5	968	57.4	0.77
1994	98.2	35.5	35.4	737	62.7	0.82
1995	105.6	36.8	36.7	813	68.8	0.88
1996	113.4	39.4	39.3	1175	74	0.93
1997	119.9	44.0	43.9	1385	75.9	0.97
1998	119.2	46.6	46.5	948	72.6	0.96
1999	120.2	47.8	47.7	975	72.4	0.96
2000	121.3	48.9	48.8	1075	72.4	0.96
2001	125.0	52.8	52.5	2856	72.2	0.98
2002	117.7	57.3	56.8	5221	60.4	0.90
2003	133.0	69	68.7	3333	64	1.05
2004	166.5	104.6	104	5830	61.9	1.28
2005	178.5	118.4	117.5	8267	60.1	1.37
2006	191.3	129.1	128.3	8414	62.2	1.46
2007	209.8	145.7	144.8	8852	64.1	1.59
2008	226.9	161	160	9470	65.9	1.71
2009	246.8	180.2	179.6	5608	66.6	1.85

每千居民之离婚宗数（粗离婚率）计算方法

$$每千居民之离婚宗数=\frac{离婚宗数}{（当年期初人口数+当年期末人口数）/2}\times 1000‰$$

A-38 殡葬服务

年　份	殡仪馆	公墓	殡葬管理单位	火化炉数（台）	处理遗体数（万具）	火化率（%）
1978				1712	117.5	
1979				2300	102.1	
1980				2510	98.7	
1981				2586	85.4	
1982				2622	96.2	
1983				2622	108.0	
1984				2686	128.2	
1985	9	24	122	2729	155.2	
1986	5	25	143	2745	155.5	26.2
1987	6	29	195	2752	162.0	27.0
1988	14	37	219	2729	180.9	29.5
1989	17	50	217	2768	182.3	30.1
1990	1260	73	211	2795	201.3	31.5
1991	1283	84	234	2714	215.6	34.0
1992	1288	88	228	2852	242.6	31.2
1993	1264	136	296	2891	247.6	31.6
1994	1272	163	284	2882	257.1	33.4
1995	1281	209	302	2927	262.7	33.2
1996	1283	256	313	3005	282.7	35.2
1997	1289	359	340	2959	295.0	36.8
1998	1310	425	374	3157	319.7	39.6
1999	1318	624	402	3340	336.4	41.5
2000	1363	692	466	3565	373.7	46.0
2001	1415	757	540	4299	386.7	47.3
2002	1486	854	542	3945	415.2	50.6
2003	1515	855	599	4159	434.9	52.7
2004	1549	937	633	4792	436.9	52.5
2005	1594	1009	681	5037	450.2	53
2006	1635	1109	805	5649	430.2	48.2
2007	1708	1162	799	4838	442.1	48.4
2008	1692	1209	853	4789	453.4	48.5
2009	1729	1266	901	5123	454.2	48.2

注：斜体下划线数据经过修正。1989 年以前部分数据统计不完全

04

综合统计资料

B-1 “七五”－“十一五”时期民政事业发展速度

单位：%

指　标	“七五”时期平均每年增长速度	“八五”时期平均每年增长速度	“九五”时期平均每年增长速度	“十五”时期平均每年增长速度	“十一五”时期前4年平均增长速度
一、综合					
1.行政区划					
乡	-11.6	-7.8	-4.7	-7.2	-1.8
镇	5.7	7.7	3.0	-0.8	-0.3
2.60岁以上老年人口					3.8
3.事业费支出	11.9	14.8	17.3	25.6	32
4.固定资产	20.8	22.5	53.1	9.9	14.1
二、社会工作					
1.收养机构床位	9.7	4.6	3.0	7.7	16.3
儿童福利院				11.7	8.2
城市老年福利机构				5.0	4.1
农村老年福利机构				10.0	23.6
2.社区服务设施			8.0	5.6	4.2
3.享受最低生活保障城市居民				40.9	1.2
4.儿童收养				-2.0	-3.4
5.抚恤补助优抚对象	8.5	1.1	-0.3	0.8	8.2
伤残人员抚恤金			27.1	18.2	20.3
烈属和牺牲病故军人家属抚恤金			6.7	13.5	16.7
6.福利企业	23.0	7.6	-7.6	-5.2	-7.6
7.福利彩票		54.5	14.6	29.4	16.5
三、成员组织					
1.社会组织		75.5	-3.2	15.8	7.8
社会团体				5.6	8.7
基金会					17.3
民办非企业单位				45.5	6.6
2.自治组织					
村民委员会	1.1	-6.9	-4.7	-3.0	-1.2
社区居委会	4.1	2.5	-0.6	-5.9	1.5
四、其他社会服务					
1.婚姻					
办理结婚登记	2.7	-0.4	-0.2	-0.6	10.2
办理离婚登记	11.7	5.7	2.8	8.0	8.4
2.殡葬					
处理遗体数	5.3	5.5	7.3	3.8	0.2

B-2 民政事业发展主要指标预期值

指　标	单　位	2010年预期值	2015年预期值	2020年预期值	2030年预期值
一、综合					
1.行政区划					
乡	万个	1.4	1.3	1.2	1
镇	万个	1.9	1.9	1.9	1.8
2.人口	万人	136100	137529	141001	148212
60岁以上老年人口	万人	17100	20906	25191	36578
3.事业费支出	亿元	2880.1	11541.9	46253.9	742826.5
4.固定资产	亿元	5930.9	11469.6	22180.9	82953.5
二、社会工作					
1.收养床位数	万张	336.2	606.8	1093.4	3550.7
2.社区服务设施	万个	1.1	1.3	1.6	2.4
3.城市居民最低生活保障	万人	2444.1	2519.6	2674.5	3013.3
4.儿童收养	万件	4.3	3.8	3.0	2.1
5.抚恤补助优抚对象	万人	682.4	1012.0	1500.8	3300.6
伤残人员抚恤金	元/人、年	9200.5	23181.5	58407.7	370788.3
烈属和牺牲病故军人家属抚恤金	元/人、年	6157.6	13327.9	28848.1	135153
6.福利企业	万个	2.1	1.4	1.0	0.4
7.福利彩票	亿元	880.9	1890.3	4056.6	18682
三、成员组织					
1.社会组织	万个	46.5	67.6	98.5	208.7
社会团体	万个	26.0	39.4	59.8	137.8
基金会	万个	0.2	0.5	1.1	5.3
民办非企业单位	万个	20.3	27.9	38.4	72.7
2.自治组织					
村民委员会	万个	59.2	55.7	52.5	46.5
社区居委会	万个	8.6	9.3	10.0	11.6
四、其他社会服务					
1.婚姻					
结婚登记	万对	1336.1	2171.4	3528.9	9320.9
离婚办理	万对	267.5	400.4	599.3	1342.6
2.殡葬					
处理遗体数	万具	455.1	459.7	464.3	473.7

注：发展速度为“十一五”前4年的平均速度。

B-3 2005年-2009年民政事业发展主要数据

指 标	单 位	2005年	2006年	2007年	2008年	2009年
一、综合						
1.行政区划						
镇	个	19522	19369	19249	19234	19322
乡	个	15951	15306	15120	15067	14848
#民族乡	个	1093	1089	1093	1097	1098
街道办事处	个	6152	6355	6434	6524	6686
区公所	个	11	10	10	3	2
2.人口						
60岁以上老年人口	万人	14408	14901	15340	15989	16714
占全国总人口	%	11.03	11.3	11.6	12	12.5
65岁以上老年人口	万人	9857	10055	10419	10636	11309
占全国总人口	%	7.6	7.7	7.9	8.1	8.5
3.资产						
民政事业费支出	亿元	718.5	915.4	1215.5	2146.5	2181.9
#抚恤事业	亿元	143.6	178.8	210.8	253.6	310.3
安置事业	亿元	88.9	115.7	165	180.6	225.7
城市最低生活保障	亿元	191.9	224.2	277.4	393.4	482.1
农村及其他社会救济	亿元	79.9	147.8	189.8	326.8	487.9
社会福利事业	亿元	55.6	65.3	87.6	103.1	124.1
自然灾害救济	亿元	62.6	79	79.8	609.8	199.2
地方离退休人员	亿元	13.7	14	24.8	26.5	30
其 他	亿元	82.3	90.6	180.3	252.7	322.7
基本建设支出	亿元	31.6	33.5	47.7	66.6	157
固定资产	亿元	3111.9	4066.3	3973.3	4588.9	5198

B-3续表1

指　标	单　位	2005年	2006年	2007年	2008年	2009年
二、社会工作						
1.收养机构	万个	4.1	4.2	4.4	4	4
床位数	万张	163.9	187.1	251.3	279.4	299.3
年末收养人数	万人	123.6	147	200	221.9	236.2
2.社区服务设施						
社区服务中心	个	8479	8565	9319	9873	10003
社区服务站	万个			5	3	5.3
其他社区服务设施数	万个	19.5	16	17.2	16.3	11.2
城市便民、利民网点	万个	66.5	45.8	89.3	74.9	69.3
3.社会救助						
城市低保						
城市居民最低生活保障人数	万人	2234.2	2240.1	2272.1	2334.8	2345.6
城市居民最低生活保障户数	万户	994.7	1029.7	1064.3	1110.5	1141.1
城市最低生活保障平均标准	元／人、月	156	169.6	182.4	205.3	227.8
城市最低生活保障平均补差水平	元／人、月	72.3	83.6	102.7	143.7	172
农村低保						
农村居民最低生活保障人数	万人	825	1593.1	3566.3	4305.5	4760
农村居民最低生活保障户数	万户	406.1	777.2	1608.5	1982.2	2291.8
农村最低生活保障平均标准	元／人、月	76	70.9	70	82.3	100.84
农村最低生活保障平均补差水平	元／人、月	38	34.5	38.8	50.4	68
农村集中供养五保						
农村集中供养五保户救济人数	万人			138	155.6	171.8
农村集中供养五保户救济户数	万户			131.6	150	166.6
农村集中供养五保户平均标准	元／人、年		1608.2	1953	2176.1	2587.49
农村集中供养五保户平均补差水平	元／人、年				2055.7	2316
农村分散供养五保						
农村分散供养五保户救济人数	万人			393.3	393	381.6
农村分散供养五保户救济户数	万户			367.6	371.9	362.8
农村分散供养五保户平均标准	元／人、年		1224.5	1432	1624.4	1842.71
农村分散供养五保户平均补差水平	元／人、年				1121	1284
医疗救助						
城市医疗救助	万人次	114.9	187.2	442	443.6	410.4
民政部门资助参加医疗保险人数	万人次				642.6	1095.9
农村医疗救助	万人次	199.6	241.3	377.1	759.5	730
民政部门资助参加合作医疗人数	万人次	654.9	1317.1	2517.3	3432.4	4059.1

B-3续表2

指　标	单　位	2005年	2006年	2007年	2008年	2009年
4.儿童收养						
家庭收养孤、残儿童	万人	5.1	4.9	4.6	4.4	4.4
5.优抚安置						
国家抚恤、补助各类优抚对象	万人	460.3	462.6	622.4	633.2	630.7
安置义务兵、士官人数	万人	45.2	42.5	37.3	39.7	39.1
接收军队离退休人员人数	万人	1.9	3.2	2.8	2.1	1.9
6.福利企业	万个	3.1	3	2.5	2.4	2.3
其中残疾职工数	万人	63.7	55.9	56.3	61.9	62.7
7.福利彩票						
销售福利彩票	亿元	411.2	495.7	631.6	604	756.1
筹集社会福利基金	亿元	143.7	171.6	217	211.4	248
8.社会捐赠						
社会捐赠款数	亿元	31.3	43	50.9	479.3	509.3
捐赠衣被总数	亿件	1	0.7	0.9	11.6	1.2
捐赠其他物资价值	亿元	1.6	6.4	15.6	19.6	2.2
受益人次数	万人次	3610.7	3259.1	3069.7	5202.9	1522.3
社会捐赠接收站、点数	万个	3.1	3.3	3.6	3.8	3.3
9.自然灾害						
受灾人口	万人次	40653.7	43453.3	39777.9	47795.0	47933.5
因灾死亡人口(含失踪)	人	2475	3186	2325	88928	1299
直接经济损失	亿元	2042.1	2528.1	2363.0	11752.4	2523.7
三、成员组织						
1.社会组织	万个	32	35.4	38.7	41.4	43.1
社会团体	万个	17.1	19.2	21.2	23	23.9
基金会	个	975	1144	1340	1597	1843
民办非企业单位	万个	14.8	16.1	17.4	18.2	19
2.基层组织						
村委会	万个	62.9	62.4	61.3	60.4	59.9
社区居委会	万个	8	8.1	8.2	8.3	8.5
四、其他社会服务						
1.婚姻						
结婚登记（万对）	万对	823.1	945	991.4	1098.3	1212.4
#涉外及港台	万对	6.4	6.8	5.1	5.1	4.9
每千居民之结婚宗数	‰	6.3	7.19	7.5	8.3	9.1
离婚办理	万对	178.5	191.3	209.8	226.9	246.8
每千居民之离婚宗数	‰	1.37	1.46	1.59	1.71	1.85
2.殡葬						
处理遗体数	万具	450.2	430.2	442.1	453.4	454.2
火化率	%	53	48.2	48.4	48.5	48.2

B-4　民政事业发展主要数据与上年比较

指　标	单　位	2008年	2009年	比上年增减(%)
一、综合				
1.行政区划				
镇	个	19234	19322	0.5
乡	个	15067	14848	-1.5
#民族乡	个	1097	1098	0.2
街道办事处	个	6524	6686	2.5
区公所	个	3	2	-33.3
2.老龄人口				
60岁以上老年人口	万人	15989	16714	4.5
占全国总人口	%	12	12.5	0.5
65岁以上老年人口	万人	10956	11309	3.2
占全国总人口	%	8.3	8.5	0.2
3.资产				
民政事业费总支出	亿元	2146.5	2181.9	1.6
#抚恤事业	亿元	253.6	310.3	22.4
安置事业	亿元	180.6	225.7	25.0
城市最低生活保障	亿元	393.4	482.1	22.5
农村及其他社会救济	亿元	326.8	487.9	49.3
社会福利事业	亿元	103.1	124.1	20.4
自然灾害救济	亿元	609.8	199.2	-67.3
地方离退休人员	亿元	26.5	30	13.2
其　他	亿元	252.7	322.7	27.7
基本建设支出	亿元	66.6	157	135.7
固定资产	亿元	4588.9	5198	13.3
二、社会工作				
1.收养机构				
收养性单位数	万个	4	4	0.0
床位数	万张	279.4	299.3	7.1
收养人数	万人	221.9	236.2	6.4
2.社区服务设施				
社区服务中心	个	9873	10003	1.3
社区服务站	个	30021	53170	77.1
其他社区服务设施	个	122157	111803	-8.5
城市便民、利民网点	个	748684	692625	-7.5
3.社会救助				
城　市				
城市居民最低生活保障人数	万人	2334.8	2345.6	0.5
城市居民最低生活保障户数	万户	1110.5	1141.1	2.8
城市最低生活保障平均标准	元/人、月	205.3	227.75	10.9
城市最低生活保障平均补差水平	元/人、月	143.7	172	19.7

B-4 续表

指　标	单　位	2008年	2009年	比上年增减(%)
农　村				
农村居民最低生活保障人数	万人	4305.5	4760	10.6
农村居民最低生活保障户数	万户	1982.2	2291.8	15.6
农村最低生活保障平均标准	元／人、月	82.3	100.84	22.5
农村最低生活保障平均补差水平	元／人、月	50.4	68	34.9
农村集中供养五保户救济人数	万人	155.6	171.8	10.4
农村集中供养五保户救济户数	万户	150	166.6	11.1
农村集中供养五保户平均标准	元／人、年	2176.1	2587.49	18.9
农村集中供养五保户平均补差水平	元／人、年	2055.7	2316	
农村分散供养五保户救济人数	万人	393	381.6	-2.9
农村分散供养五保户救济户数	万户	371.9	362.8	-2.4
农村分散供养五保户平均标准	元／人、年	1624.4	1842.71	13.4
农村分散供养五保户平均补差水平	元／人、年	1121	1284	14.5
医疗救助				
城市医疗救助	万人	443.6	410.4	-7.5
民政部门资助参加医疗保险人数	万人	642.6	1095.9	
农村大病医疗救助	万人次	759.5	730	-3.9
农村资助参加合作医疗人数	万人	3432.4	4059.1	18.3
4.儿童收养				
家庭收养儿童	万人	4.4	4.4	0.0
5.福利企业				
福利企业	万个	2.4	2.3	-4.2
残疾人	万人	61.9	62.7	1.3
6.福利彩票				
销售福利彩票	亿元	604	756.1	25.2
筹集社会福利基金	亿元	211.4	248	17.3
7.优抚安置				
国家抚恤、补助各类优抚对象	万人	633.2	630.7	-0.4
安置义务兵、士官人数	万人	39.7	39.1	-1.5
接收军队离退休人员人数	万人	2.1	1.9	-9.5
8.社会捐赠				
社会捐赠款数	亿元	479.3	66.5	-86.1
捐赠衣被总数	亿件	11.6	1.2	-89.7
捐赠其他物资价值	亿元	19.6	2.2	-88.8
受益人次数	万人次	5202.9	1522.3	-70.7
社会捐赠接收站、点数	万个	3.8	3.3	-13.2
三、成员组织				
1.社会组织				
民间组织总数	万个	41.4	43.1	4.1
社会团体	万个	23	23.9	3.9
基金会	个	1597	1843	15.4
民办非企业单位	万个	18.2	19	4.4
2.自治组织				
村委会	万个	60.4	59.9	-0.8
社区居委会	万个	8.3	8.5	2.4
四、其他社会服务				
1.婚姻				
结婚登记（万对）	万对	1098.3	1212.4	10.4
# 涉外及港台	万对	5.1	4.9	-3.9 (千分点)
每千居民之结婚宗数	‰	8.3	9.1	0.8
离婚办理	万对	226.9	246.8	8.8 (千分点)
每千居民之离婚宗数	‰	1.71	1.85	0.1
2.殡葬				
处理遗体数	万具	453.4	454.2	0.2
火化率	%	48.5	48.2	-0.6 (百分点)

B-5 行政区划与上年比较

单位：个

指　标	2008年	2009年	比上年增减(%)
一、地级行政区划合计	333	333	
其中：地级市	283	283	
地区	17	17	
自治州	30	30	
盟	3	3	
二、县级行政区划合计	2859	2858	
其中：市辖区	856	855	
县级市	368	367	
县	1463	1464	
自治县	117	117	
旗	49	49	
自治旗	3	3	
特区	2	2	
林区	1	1	
三、乡镇、街道级行政区划合计	40829	40858	0.1
其中：镇	19234	19322	0.5
乡	13872	13653	-1.6
苏木	98	96	-2.0
民族乡	1097	1098	0.1
民族苏木	1	1	0.0
街道办事处	6524	6686	2.5
区公所	3	2	-33.3

B-6 社会服务机构与上年比较

单位：个

指　标	2008年	2009年	比上年增减(%)
合计	1195492	1208896	1.1
一、行政管理	3500	3498	-0.1
1.民政行政机关	3500	3498	-0.1
二、社会工作	84864	84467	-0.5
2.收养类单位	39677	40250	1.4
3.社区服务中心	9873	10003	1.3
4.优抚安置单位	3308	3343	1.1
5.救灾储备单位	301	326	8.3
6.救助类单位	1422	1488	4.6
7.福利彩票发行单位	999	988	-1.1
8.福利企业	23780	22783	-4.2
9.老龄机构	2396	2309	-3.6
10.其他事业单位	3108	2977	-4.2
三、成员组织	1101358	1114836	1.2
（一）社会组织	413660	431069	4.2
11.社会团体	229681	238747	3.9
12.基金会	1597	1843	15.4
13.民办非企业单位	182382	190479	4.4
（二）自治组织	687698	683767	-0.6
14.社区居委会	83413	84689	1.5
15.村委会	604285	599078	-0.9
四、其他社会服务	5770	6095	5.6
16.婚姻登记服务类单位	2016	2199	9.1
17.殡仪类单位	3754	3896	3.8

B-7 社会服务机构职工与上年比较

单位：人

指　标	2008年	2009年	比上年增减(%)
合计	9718075	10427170	7.3
机构职工小计	9673279	10380336	7.3
一、行政管理	86579	87542	1.1
1.民政行政机关	86579	87542	1.1
二、社会工作	1985771	1992910	0.4
2.收养类单位	279236	288960	3.5
3.社区服务中心	69979	68065	-2.7
4.优抚安置单位	34711	34249	-1.3
5.救灾储备单位	1097	1083	-1.3
6.救助类单位	15862	15681	-1.1
7.福利彩票发行单位	7088	7390	4.3
8.福利企业	1542560	1544329	0.1
其中：残疾职工	619049	627024	1.3
9.老龄机构	8928	8692	-2.6
10.其他事业单位	26310	24461	-7.0
三、成员组织	7518657	8217794	9.3
（一）社会组织	4758332	5446666	14.5
11.社会团体	2855858	3356506	17.5
12.基金会	10414	12000	15.2
13.民办非企业单位	1892060	2078160	9.8
（二）自治组织	2760325	2771128	0.4
14.社区居委会	421519	430860	2.2
15.村委会	2338806	2340268	0.1
四、其他社会服务	82272	82090	-0.2
16.婚姻登记服务类单位	7541	8040	6.6
17.殡仪类单位	74731	74050	-0.9
乡镇民政助理员	44796	46834	4.5

B-8 社会服务机构中的社会工作师

单位：人

指　标	社会工作师			助理社会工作师		
	2008年	2009年	比上年增减(%)	2008年	2009年	比上年增减(%)
合计	3144	7360	134.1	17574	24095	37.1
一、公共管理	286	758	165.0	609	798	31.0
1.民政行政机关	286	758	165.0	609	798	31.0
二、社会工作	1496	3809	154.6	4727	5530	17.0
（一）提供住宿的社会工作	890	1786	100.7	1552	2304	48.5
（1）老年人与残疾人服务机构	584	1146	96.2	914	1461	59.8
2.城市养老服务机构	64	334	421.9	176	471	167.6
3.农村养老服务机构	285	392	37.5	238	417	75.2
4.社会福利院	139	300	115.8	308	410	33.1
5.光荣院	29	48	65.5	73	113	54.8
6.荣誉军人康复医院	35	50	42.9	16	23	43.8
7.复员军人疗养院	32	22	-31.3	103	27	-73.8
（2）智障与精神疾病服务机构	53	110	107.5	153	163	6.5
8.复退军人精神病院	31	45	45.2	100	82	-18.0
9.社会福利医院	22	65	195.5	53	81	52.8
（3）儿童服务机构	50	130	160.0	126	158	25.4
10.儿童福利院	44	119	170.5	107	145	35.5
11.流浪儿童救助保护中心	6	11	83.3	19	13	-31.6
（4）其他服务机构	203	400	97.0	359	522	45.4
12.生活无着人员救助站	90	173	92.2	138	232	68.1
13.军休所	94	205	118.1	196	266	35.7
14.军供站	12	20	66.7	13	23	76.9
15.其他收养服务机构	7	2	-71.4	12	1	-91.7
（二）不提供住宿的社会工作	606	2023	233.8	3175	3226	1.6
16.社区服务中心	185	452	144.3	488	775	58.8
17.救灾储备仓库	5	5	0.0	11	9	-18.2
18.烈士纪念管理单位	83	120	44.6	67	89	32.8
19.福利企业	100	1057	957.0	2346	2036	-13.2
20.福利彩票发行单位	38	63	65.8	49	53	8.2
21.老龄行政机构	59	49	-16.9	46	53	15.2
22.救灾救济、捐赠等其他事业单位	136	277	103.7	168	211	25.6
三、成员组织	1191	2544	113.6	11840	17388	46.9
(一)社会组织	225	1213	439.1	5682	8315	46.3
23.社会团体	54	448	729.6	3501	3502	0.0
24.基金会	6	33	450.0	54	70	29.6
25.民办非企业单位	165	732	343.6	2127	4743	123.0
(二)自治组织	966	1331	37.8	6158	9073	47.3
26.社区居委会	701	1074	53.2	4590	6880	49.9
27.村委会	265	257	-3.0	1568	2193	39.9
四、其他社会服务	171	249	45.6	398	379	-4.8
(一)殡葬服务	129	192	48.8	314	301	-4.1
28.殡仪馆	46	97	110.9	155	187	20.6
29.公墓	45	49	8.9	111	64	-42.3
30.殡葬管理单位	38	46	21.1	48	50	4.2
(二)婚姻服务	42	57	35.7	84	78	-7.1
31.婚姻登记服务类单位	42	57	35.7	84	78	-7.1

B-9 社会服务领域的性别统计

单位：人

类别名称	人员总数		占总人数的比重(%)	比上年增减(百分点)
		女性		
一、行政管理				
1.民政行政机关职工	87542	26808	30.6	0.4
二、社会工作				
(一)机构职工				
2.收养类单位	288960	152570	52.8	0.9
3.社区服务中心	68065	34694	51.0	1.9
4.救助类单位	15681	5243	33.4	0.4
5.优抚安置单位	34249	14500	42.3	0.8
6.福利彩票发行单位	7390	2946	39.9	0.1
7.福利企业	1544329	495445	32.1	1.1
8.救灾储备单位	1083	344	31.8	-0.3
9.老龄行政机构	8692	3583	41.2	1.5
10.其他事业单位	24461	11043	45.1	1.1
(二)民政对象				
(1)收养人员	2361823	578208	24.5	-0.8
(2)城市最低生活保障人员	23455927	9614125	41.0	0.4
(3)农村最低生活保障人员	47600086	15023512	31.6	0.5
(4)农村集中供养五保户	1718262	379524	22.1	-1.3
(5)农村分散供养五保户	3815916	858891	22.5	-0.7
(6)福利企业中的残疾人	627024	197809	31.5	0.4
(7)家庭收养的儿童	44115	31065	70.4	0.0
三、成员组织				
(一) 民间组织	5446666	1581622	29.0	1.4
11.社会团体	3356506	790553	23.6	-1.0
12.基金会	12000	3415	28.5	0.1
13.民办非企业单位	2078160	787654	37.9	0.7
(二) 基层群众自治组织	2771128	718566	25.9	-0.1
14.社区居委会	430860	214707	49.8	-0.1
15.村委会	2340268	503859	21.5	-0.2
四、其他社会服务				
16.婚姻登记服务机构	8040	4984	62.0	-0.5
17.殡仪类机构	74050	21102	28.5	0.5

B-10　社会服务机构固定资产与上年比较

单位：万元

指　标	2008年	2009年	比上年增减(%)
合计	45888550.2	51979720.5	13.3
一、行政管理	1329111.3	1191964.6	
1.民政行政机关	1329111.3	1191964.6	-10.3
二、社会工作	20129463.6	21371286.0	6.2
2.收养类单位	3800323.9	4207425.4	10.7
3.社区服务中心	426562.1	353765.1	-17.1
4.优抚安置单位	738000.3	796140.6	7.9
5.救灾储备单位	32522.8	35494.8	9.1
6.救助类单位	171294.9	182468.5	6.5
7.福利彩票发行单位	401551.3	429952.0	7.1
8.福利企业	14126948.0	14974360.7	6.0
9.老龄机构	51080.5	38483.4	-24.7
10.其他事业单位	381179.8	353195.5	-7.3
三、成员组织	22730841.6	27524129.1	21.1
（一）社会组织	8058207.9	10300619.8	27.8
11.社会团体	1942526.8	2253841.0	16.0
12.基金会	143518.9	147290.1	2.6
13.民办非企业单位	5972162.2	7899488.7	32.3
（二）自治组织	14672633.7	17223509.3	17.4
14.社区居委会	2713819.2	3295297.9	21.4
15.村委会	11958814.5	13928211.4	16.5
四、其他社会服务	1699133.7	1892340.8	11.4
16.婚姻登记服务类单位	14571.0	19941.1	36.9
17.殡仪类单位	1684562.7	1872399.7	11.2

B-11 社会服务机构增加值（按国民经济行业分类）

单位：亿元

民政业务	2008年	2009年	比上年增减(%)
民政管理单位增加值合计	1630.8	1849.4	13.4
一、公共管理	105.9	141.1	33.2
1.民政行政机关	105.9	141.1	33.2
二、社会工作	764.3	777.7	1.8
（一）提供住宿的社会工作	180.9	204.6	13.1
(1)老年人与残疾人服务机构	65.5	70.8	8.1
2.城市养老服务机构	8.8	18.5	110.2
3.农村养老服务机构	27.6	22.5	-18.5
4.社会福利院	20.6	20.1	-2.4
5.光荣院	3.4	3.8	11.8
6.荣誉军人康复医院	3.2	3.7	15.6
7.复员军人疗养院	1.9	2.2	15.8
(2)智障与精神疾病服务机构	12.9	15.8	22.5
8.复退军人精神病院	4.6	5.3	15.2
9.社会福利医院	8.3	10.5	26.5
(3)儿童服务机构	5.3	6.4	20.8
10.儿童福利院	4.8	5.8	20.8
11.流浪儿童救助保护中心	0.5	0.60	20.0
(4)其他服务机构	97.2	111.6	14.8
12.生活无着人员救助站	8.9	9.5	6.7
13.军休所	84.5	98.5	16.6
14.军供站	3.1	3.4	9.7
15.其他收养服务机构	0.7	0.2	-71.4
(二)不提供住宿的社会工作	583.4	573.1	-1.8
16.社区服务设施	9	10.80	20.0
17.救灾储备仓库	0.4	0.50	25.0
18.烈士纪念管理单位	4.8	4.8	0.0
19.福利企业	532.9	517.8	-2.8
20.福利彩票发行单位	17.1	19.30	12.9
21.老龄行政机构	2.8	3.3	17.9
22.救灾救济、捐赠等其他事业单位	16.4	16.6	1.2
三、成员组织	701	864.1	23.3
(一)社会组织	134.1	215.0	60.3
23.社会团体	92.9	93.5	0.6
24.基金会	41.2	121.5	194.9
(二)自治组织	566.9	649.1	14.5
25.社区居委会	54.7	55.7	1.8
26.村委会	273.9	315.3	15.1
27.民办非企业单位	238.3	278.1	16.7
四、其他社会服务	59.6	66.5	11.6
(一)殡葬服务	58.5	65.2	11.5
28.殡仪馆	39.8	43.2	8.5
29.公墓	14.6	17.4	19.2
30.殡葬管理单位	4.1	4.6	12.2
(二)婚姻服务	1.1	1.3	18.2
31.婚姻登记服务类单位	1.1	1.3	18.2

B-12 社会服务机构增加值（按登记类型分类）

单位：亿元

民政业务	2008年	2009年	比上年增减(%)
民政管理单位增加值合计	1630.8	1849.5	13.4
一、行政机关	105.9	141.1	33.2
1.民政行政机关	105.9	141.1	33.2
二、事业单位	291	326.5	12.2
(一)优抚安置单位	92.4	106.8	15.6
2.军休所	84.5	98.5	16.6
3.军供站	3.1	3.4	9.7
4.烈士纪念建筑物管理单位	4.8	4.8	0.0
(二)救灾储备单位	0.4	0.5	25.0
5.救灾储备仓库	0.4	0.5	25.0
(三)社区服务中心	9	10.8	20.0
6.社区服务中心	9	10.8	20.0
(四)婚姻登记服务类单位	1.1	1.3	18.2
7.婚姻登记服务类单位	1.1	1.3	18.2
(五)收养类单位	83.9	92.5	10.3
8.荣誉军人康复医院	3.2	3.7	15.6
9.复员军人疗养院	1.9	2.2	15.8
10.复退军人精神病院	4.6	5.3	15.2
11.光荣院	3.4	3.8	11.8
12.社会福利院	20.6	20.1	-2.4
13.儿童福利院	4.8	5.8	20.8
14.社会福利医院	8.3	10.5	26.5
15.城镇老年福利机构	8.8	18.5	110.2
16.农村老年福利机构	27.6	22.5	-18.5
17.其他收养机构	0.7	0.2	-71.4
(六)救助类单位	9.4	10.2	8.5
18.救助管理站	8.9	9.5	6.7
19.流浪儿童救助保护中心	0.5	0.6	20.0
(七)殡仪类单位	58.5	65.2	11.5
20.殡仪馆	39.8	43.2	8.5
21.公墓	14.6	17.4	19.2
22.殡葬管理单位	4.1	4.6	12.2
(八)彩票、募捐类单位	17.1	19.3	12.9
23.福利彩票发行单位	17.1	19.3	12.9
(九)24.其他事业单位	19.2	19.9	3.6
25.老龄行政机构	2.8	3.3	17.9
26.其他事业单位	16.4	16.6	1.2
三、社会组织	372.4	493.1	32.4
27.社会团体	92.9	93.5	0.6
28.基金会	41.2	121.5	194.9
29.民办非企业单位	238.3	278.1	16.7
四、自治组织	328.6	371	12.9
30.社区居委会	54.7	55.7	1.8
31.村委会	273.9	315.3	15.1
五、福利企业	532.9	517.8	-2.8
32.福利企业	532.9	517.8	-2.8

B-13 社会服务领域基本建设投资与上年比较

单位：亿元、个、万平方米

项　目	2008年	2009年	比上年增减(%)
一、计划总投资	198.8	406.6	104.5
二、本年计划投资	63.5	166.5	162.2
其中：用于优抚安置单位	8.3	19.2	131.3
社区服务单位	5.1	29.7	482.4
收养性单位	29.5	76.1	158.0
殡葬类单位	8.7	14.6	67.8
救助类单位	2.8	5.7	103.6
其他	9.1	21.1	131.9
三、自开始建设至本年底累计完成投资	107.2	216	101.5
四、本年完成投资	66.6	157	135.7
其中：用于优抚安置单位	9.6	13.2	37.5
社区服务单位	5.2	27.6	430.8
收养性单位	30.4	75.6	148.7
殡葬类单位	11.4	13.6	19.3
救助类单位	2.6	5.4	107.7
其他	7.5	21.6	188.0
(一)国家投资	26.6	70.6	165.4
(二)国内贷款	1.9	3.7	94.7
(三)自筹	34.6	67.4	94.8
其中：福利彩票公益金	16.5	26.6	61.2
(四）其他	3.2	14.4	350.0
五、本年施工项目个数	3906	6457	65.3
六、本年施工房屋建设面积	428.7	1187	176.9
七、本年新增固定资产	21.2	59.7	181.6

B-14 各项民政事业经费与上年比较

单位：亿元

指　标	2008年	2009年	比上年增减(%)
各项民政事业经费总支出	2332.3	2452.3	5.1
一、国家财政性支出	2292.3	2365.9	3.2
1.民政事业费支出	2146.5	2181.9	1.6
同比增长(%)	76.6	1.6	-75
占国家财政支出比重（%）	3.4	2.9	-0.5
其中：抚恤费	253.6	310.3	22.4
军队离退休、退职费	180.6	225.7	25.0
城市最低生活保障	393.4	482.1	22.5
农村及其他社会救济	326.8	487.9	49.3
社会福利费	103.1	124.1	20.4
自然灾害救济费	609.8	199.2	-67.3
地方离、退休人员费	26.5	30	13.2
其他民政事业费	252.7	322.7	27.7
2.国家基本建设	26.6	70.6	165.4
3.公益金支出	119.2	113.4	-4.9
二、其他基本建设投资	40	86.4	116.0

B-15 中央级民政事业费和转移支付的民政事业费与上年比较

单位：万元

指　标	2008年	2009年	比上年增减(%)
合计	12073881.2	12324839.2	2.1
一、中央级民政事业费	263213.2	55240.2	-79.1
1.民政管理事务	30349.0	30338.4	0.0
其中：行政运行	4603.7	4579.2	-0.5
一般行政管理政务	12217.6	12716.9	4.1
机关服务	183.2	312.2	70.4
拥军优属	323.7	176.2	-45.6
老龄事务	625.7	1233.4	97.1
民间组织管理	715.9	640.9	-10.5
行政区划和地名管理	248.6	730.3	193.7
基层政权和社区建设	327.6	371.2	13.3
其他民政管理政务支出	11103.1	9578.1	-13.7
2.自然灾害生活救助	212775.1	14378.6	-93.2
3.其他款项用于民政支出	20089.1	10523.2	-47.6
二、中央财政转移支付的民政经费	11810668	12269599	3.9
其中：抚恤	1420777	1873106	31.8
安置	1428989	1601702	12.1
救灾	4784300	1746675	-63.5
低保	3630950	6199685	70.7
医疗救助	544609	845300	55.2
其他	1043	3131	200.2

B-16 社会工作类机构财务状况

单位：万元

指 标	2008年	2009年	比上年增减(%)
一、执行企业会计制度单位填报			
（一）固定资产原值	90868.30	125738.30	38.4
（二）本年折旧	2332.30	6427.70	175.6
（三）营业收入	17913.90	16546.10	-7.6
（四）营业税金及附加	1104.90	427.30	-61.3
（五）营业费用	8109.00	7485.80	-7.7
（六）管理费用	6256.90	5852.40	-6.5
其中：税金	914.50	239.60	-73.8
差旅费	77.90	88.30	13.4
工会经费	53.30	36.70	-31.1
（七）财务费用	368.50	245.70	-33.3
其中：利息净支出	82.30	109.30	32.8
（八）住房公积金和住房补贴	137.80	132.90	-3.6
（九）劳动、失业保险费	162.60	139.50	-14.2
（十）养老保险和医疗保险费	596.20	591.50	-0.8
（十一）营业利润	-768.70	-478.00	-37.8
（十二）本年应付工资总额	4389.90	3801.50	-13.4
（十三）本年应付福利总额	436.00	399.70	-8.3

B−16续表

单位：万元

指　标	2008年	2009年	比上年增减(%)
二、执行行政（事业）单位会计制度填报			
（一）固定资产原值	4098182.2	4424393.5	8.0
（二）上年结余	241334.9	250969.4	4.0
（三）收入合计	3600936.5	3358248.8	-6.7
其中：事业收入	1181657.2	1038917.7	-12.1
经营收入	68211.4	69829.3	2.4
（四）支出合计	3404822.7	3272719.0	-3.9
其中：人员支出	713443.0	710452.0	-0.4
公共支出	692648.1	565861.4	-18.3
其中：福利费	18725.0	21536.2	15.0
劳务费	12533.3	20587.0	64.3
取暖费	29488.2	32786.0	11.2
差旅费	10102.2	11813.2	16.9
对个人和家庭补助支出	964219.5	1155954.6	19.9
其中：助学金	2359.6	2439.8	3.4
抚恤和生活补助	108343.8	46545.3	-57.0
（五）收支结余	330800.2	220151.3	-33.4
（六）经营税金	3120.2	2955.4	-5.3
三、执行民间非营利组织单位会计制度填报			
（一）固定资产原值	753570.9	1044226.9	38.6
（二）上年结余	294373.8	21160.4	-92.8
（三）收入合计	1814149.4	477147.5	-73.7
其中：提供服务收入	274097.9	48656.5	-82.2
政府补助收入	102023.2	214965.0	110.7
（四）费用合计	1319754.4	582548.0	-55.9
其中：业务活动成本	597759.4	104921.5	-82.4
其中：人员费用	60380.8	42243.9	-30.0
	155123.5	36656.6	-76.4
固定资产折旧	3439.7	4694.5	36.5
税费	305.6	246.7	-19.3
管理费用	73144.0	82785.7	13.2
其中：人员费用	27962.9	41460.6	48.3
日常费用	27922.1	26851.8	-3.8
固定资产折旧	2459.1	3656.9	48.7
税费	292.4	324.7	11.0
（五）净资产变动额	124666.3	17931.7	-85.6

B-17 提供住宿的社会工作活动与上年比较

指 标	床位数（万张、%）			收养救助人数（万人、%）			年末床位利用率（%）
	2008年	2009年	比上年增减（%）	2008年	2009年	比上年增减（%）	
合计	319.6	323.5	1.2	256.2	251.4	-1.9	78.7
1.老年人与残疾人服务机构	286.7	289	9.8	228.5	227.5	7.7	78.2
（1）城市养老服务机构	41.5	49.3	18.8	29	32.3	11.4	65.5
（2）农村养老服务机构	193	208.8	8.2	160.6	173	7.7	82.9
（3）社会福利院	21.6	22.8	5.6	15.5	16.7	7.7	73.2
（4）光荣院	8.2	6.7	-18.3	5.4	4.6	-14.8	68.7
（5）荣誉军人康复医院	0.8	0.8	0.0	0.5	0.5	0.0	62.5
（6）复员军人疗养院	0.6	0.6	0.0	0.4	0.4	0.0	66.7
2.智障与精神疾病服务机构	5.4	5.9	9.3	4.6	5.1	10.9	86.4
（7）社会福利医院	3.6	3.9	8.3	3.1	3.3	6.5	84.6
（8）复退军人精神病院	1.8	2	11.1	1.5	1.8	20.0	90.0
3.儿童收养救助服务机构	4.3	4.5	11.6	3.5	3.7	5.7	77.1
（9）儿童福利院	4	4.4	10.0	3.4	3.6	5.9	81.8
（10）流浪儿童救助保护中心	0.3	0.1	-66.7	0.1	0.1	-	25.0
4.社区服务机构	1.6	1.8			1		
（11）社区养老服务中心	1.6	1.5	-6.3	0.9	1	11.1	66.7
（12）社区养老服务站		3					
5.其他提供住宿的服务机构	23.2	22.3	-3.9	19.6	14.1	-4.1	84.3
（13）生活无着人员救助管理站	4.7	4.7	-	1.6	2.2	37.5	46.8
（14）其他收养机构	4.3	0.1	-97.7	2.5	0.1	-96.0	100.0
（15）军供站	2.9	5.7	96.6				
（16）军休所（万户）	11.3	11.8	4.4	15.5	11.8	6.5	139.8

B-18 社区服务和儿童收养与上年比较

单位：个、人、张

指　标	2008年	2009年	比上年增减(%)
一、社区服务			
（一）社区服务设施合计	162051	174976	8.0
1.社区服务中心	9873	10003	1.3
2.社区服务站	30021	53170	77.1
3.其他社区服务设施	122157	111803	-8.5
（二）城镇便民、利民服务网点数	748684	692625	-7.5
（三）日间照料床位	15933	44972	182.3
（四）社区从业人员			
1.社区从业人员	2019781	2157935	6.8
其中：安置下岗人员	585568	531421	-9.2
2.社区服务志愿者组织数	304109	288560	-5.1
社区服务志愿者人数	4984300	5992530	20.2
二、儿童收养服务			
（一）收养登记合计	42550	44260	4.0
1.中国公民收养登记	37009	39801	7.5
其中：香港居民	236	404	71.2
澳门居民	27	14	-48.1
台湾居民	70	42	-40.0
华侨	51	29	-43.1
2.外国人收养登记	5541	4459	-19.5
（二）被收养人合计	44115	44359	0.6
1.社会福利机构抚养的孤儿	1846	1605	-13.1
其中：被外国人收养	293	133	-54.6
2.社会福利机构抚养的弃婴	11601	13690	18.0
其中：被外国人收养	5205	4262	-18.1
3.社会弃婴	26663	26271	-1.5
4.父母无力抚养的儿童	755	769	1.9
其中：被外国人收养			
5.其他	3250	2024	-37.7

B-19　社会救助与上年比较

单位：万人、万户、亿元

指　标	2008年	2009年	比上年增减(%)
一、城市最低生活保障与农村救助总人数	7261.1	7721.2	-100.0
（一）城市居民最低生活保障人数	2334.8	2345.6	0.5
其中：三无对象	106.9	94.1	-12.0
老年人	316.7	333.5	5.3
在职人员	82.2	79	-3.9
灵活就业	381.7	432.2	13.2
登记失业	564.3	510.2	-9.6
未登记失业	402.2	410.9	2.2
在校生	358.1	369.1	3.1
其他未成年人	229.6	210.7	-8.2
城市居民最低生活保障家庭数	1110.5	1141.1	2.8
城市居民最低生活保障费	393.4	482.1	22.5
城市居民最低生活保障平均标准（元／人、月）	205.3	227.75	10.9
城市居民最低生活保障平均支出水平(元／人、月)	143.7	172	19.7
（二）农村社会救济人数	4926.3	5375.6	9.1
1.农村居民最低生活保障人数	4305.5	4760	10.6
农村居民最低生活保障家庭数	1982.2	2291.8	15.6
农村居民最低生活保障费	228.7	363	58.7
农村居民最低生活保障平均标准（元／人、月）	82.3	100.84	22.5
农村居民最低生活保障平均支出水平（元／人、月）	50.4	68	34.9
2.农村集中供养五保户救济人数	155.6	171.8	10.4
农村集中供养五保救济家庭数	150	166.6	11.1
农村集中供养五保救济费	30.2	36.9	
农村集中供养五保救济平均标准(元／人、年)	2176.1	2587.49	18.9
农村集中供养五保救济平均支出水平(元／人、年)	2055.7	2316	
3.农村分散供养五保救济人数	393	381.6	-2.9
农村分散供养五保救济家庭数	371.9	362.8	-2.4
农村分散供养五保救济费	43.1	50.4	
农村分散供养五保救济平均标准(元／人、年)	1624.4	1842.71	13.4
农村分散供养五保救济平均支出水平(元／人、年)	1121	1284	
4.农村传统救济人数	72.2	62.2	-13.9
二、医疗救助			
（一）城市医疗救助			
其中：城市医疗救助人次数（万人次）	443.6	410.4	-7.5
平均支出水平（元／人、次）	483.5	764.7	58.2
民政部门资助参加医疗保险人次数（万人）	642.6	1095.9	
合作医疗平均支出水平（元／人）	60.5	53.5	
（二）农村医疗救助			
其中：民政部门资助参加合作医疗人次数（万人）	3432.4	4059.1	18.3
合作医疗平均支出水平（元／人）	20.7	25.9	25.1
民政部门医疗救助人次数（万人次）	759.5	730	-3.9
医疗救助平均支出水平（元／ 人、次）	360.3	676.6	87.8
三、流浪乞讨救助人次数	1573484	1680532	6.8

B-20　各省城市最低生活保障平均标准与上年比较

单位：元／人、月

指　标	2008年	2009年	比上年增减(%)
全　国	205.3	227.8	10.9
北　京	390.0	410.0	5.1
天　津	400.0	430.0	7.5
河　北	196.0	245.2	25.1
山　西	200.2	212.6	6.2
内蒙古	195.0	241.4	23.8
辽　宁	224.0	272.2	21.5
吉　林	161.9	211.8	30.8
黑龙江	200.5	217.0	8.2
上　海	400.0	425.0	6.3
江　苏	278.2	310.3	11.5
浙　江	296.6	334.0	12.6
安　徽	212.4	234.3	10.3
福　建	211.1	213.2	1.0
江　西	193.3	193.6	0.1
山　东	234.6	261.5	11.5
河　南	169.0	185.6	9.8
湖　北	187.7	213.9	13.9
湖　南	180.4	195.4	8.3
广　东	256.1	244.3	-4.6
广　西	178.3	216.9	21.6
海　南	189.3	242.6	28.2
重　庆	231.2	231.0	-0.1
四　川	190.0	195.7	3.0
贵　州	158.3	169.7	7.2
云　南	197.7	198.6	0.4
西　藏	255.8	309.6	21.0
陕　西	172.3	192.2	11.5
甘　肃	157.2	171.0	8.8
青　海	188.2	222.7	18.3
宁　夏	187.1	204.1	9.1
新　疆	143.0	172.2	20.4

注：月最低工资标准数据来源劳动和社会保障部

B-21 各省城市最低生活保障支出水平与上年比较

单位：元／人、月

指　标	2008年	2009年	比上年增减(%)
全　国	143.7	172.3	19.9
北　京	303.5	360.0	18.6
天　津	322.0	350.1	8.7
河　北	139.7	167.3	19.7
山　西	143.9	160.3	11.4
内蒙古	171.8	223.1	29.9
辽　宁	136.3	169.9	24.7
吉　林	139.1	183.4	31.8
黑龙江	138.7	160.3	15.6
上　海	244.4	276.5	13.1
江　苏	163.5	177.6	8.6
浙　江	250.2	263.3	5.3
安　徽	132.9	158.6	19.3
福　建	132.8	147.4	11.0
江　西	146.6	166.2	13.4
山　东	138.3	173.1	25.1
河　南	120.0	151.3	26.1
湖　北	142.6	174.6	22.5
湖　南	135.2	163.5	21.0
广　东	149.3	166.3	11.4
广　西	123.3	142.4	15.5
海　南	118.2	174.9	47.9
重　庆	145.5	159.8	9.8
四　川	123.6	152.1	23.1
贵　州	135.6	157.4	16.1
云　南	140.8	155.0	10.1
西　藏	142.0	338.6	138.4
陕　西	151.2	193.2	27.8
甘　肃	150.4	165.6	10.1
青　海	179.0	204.7	14.4
宁　夏	136.8	165.4	20.9
新　疆	142.8	175.9	23.1

B-22 社会捐赠与上年比较

单位：万元、万件、万人次

指 标	2008年	2009年	比上年增减(%)
社会捐赠合计	5761485.3	5093349.2	-86.2
一、民政部门直接接收的捐赠	4988485.3	686349.2	-86.2
（一）直接接收捐赠情况			
1.捐赠款数额	4792849.8	664626.1	-86.1
2.捐赠衣被合计	115816.3	12476.6	-89.2
其中：棉衣被	29655.5	1348.4	-95.5
3.捐赠其他物资价值	195635.5	21723.1	-88.9
（二）间接接收捐赠情况			
1.捐赠款数额	1397962.3	140839.5	-89.9
2.捐赠衣被合计	98082.6	681	-99.3
其中：棉衣被	11668.6	527.6	-95.5
3.捐赠其他物资价值	70171.4	1884.9	-97.3
（三）受益人次数	5202.9	1522.3	-70.7
（四）社会捐赠接收工作站、点数	37538	33197	-11.6
其中：社会捐赠接收工作站数	17594	16552	-5.9
慈善超市数	7053	8101	14.9
二、各类社会组织接收捐赠(亿元)	77.3	440.7	470.1

注：由于社会组织年检工作滞后于年报汇总工作，社会组织捐赠数据为2008年。

B-23 自然灾害与上年比较

单位：千公顷、万人次、万间、亿元、%

指 标	2008年	2009年	比上年增减(%)
一、农作物受灾情况总计			
受灾	39990.0	47213.7	18.1
成灾	22283.5	21234.3	
绝收	4032.2	4917.5	22.0
（一）旱灾			
受灾	12136.8	29258.7	141.1
成灾	6797.6	13197.1	
绝收	811.8	3268.8	302.7
（二）洪涝灾			
受灾	6476.5	7643.7	18.0
成灾	3655.6	3168.7	
绝收	756.0	780.9	3.3
（三）风雹灾			
受灾	4179.8	5493.1	31.4
成灾	2123.1	2944.1	
绝收	474.7	534.5	12.6
（四）台风灾			
受灾	2310.2	1145.7	-50.4
成灾	939.5	478.8	
绝收	145.4	80.9	-44.4
（五）雪灾、低温冷冻			
受灾	14695.6	3672.5	-75.0
成灾	8719.2	1445.6	
绝收	1828.1	252.4	-86.2
二、人口受灾情况			
受灾	47795.0	47933.5	0.3
死亡人口(含失踪)	88928.0	1528	-98.3
紧急转移人口	2682.2	709.9	-73.5
三、损失情况			
倒塌房屋	1097.8	83.8	-92.4
损坏房屋	2628.7	356.9	-86.4
直接经济损失	11752.4	2523.7	-78.5

B-24 国家优抚、安置对象与上年比较

单位：人

指 标	2008年	2009年	比上年增减(%)
一、重点优抚对象人数	6332289	6307209	-0.4
1.抚恤	1350396	1330370	-1.5
（1）烈士家属抚恤	332390	317675	-4.4
（2）因公牺牲抚恤	65001	62304	-4.1
（3）病故军人家属抚恤	81489	78599	-3.5
（4）伤残人员抚恤	871516	871792	0.0
2.补助	4981893	4976839	-0.1
（1）在乡复员军人	1920235	1809019	-5.8
（2）带病回乡退伍军人	1193622	1219752	2.2
（3）在乡红军老战士	1622	1351	-16.7
（4）在乡西路军红军老战士	440	322	-26.8
（5）红军失散人员	47136	41272	-12.4
（6）参战退役人员	1459070	1511744	3.6
（7）参试退役人员	173333	173499	0.1
（8）其他补助人数	186435	219880	17.9
二、接收离退休人员数	21378	18904	-11.6
1.军队干部（含地方）	16034	14184	-11.5
2.军队退休士官	297	1308	340.4
3.军队无军籍职工	5047	3412	-32.4
三、安置			
1.退伍士兵	343435	325534	-5.2
2.转业、复员士官	52438	63488	21.1
3.复员干部	1429	1482	3.7
四、当年批准的烈士	297	213	-28.3
五、零散烈士纪念建筑物	7569	7622	0.7
六、优待			
优待优抚对象（万户）	330.2	328.1	-0.6
其中：军属（万户）	110.9	119.1	7.4
优待金（亿元）	66.6	75.1	12.8
其中：军属（亿元）	26.8	29.7	10.8

B-25 社会组织财务状况

单位：万元

指　标	2008年	2009年	比上年增减(%)
一、执行企业会计制度单位填报			
（一）固定资产原值	123433.9	48148.7	-61.0
（二）本年折旧	92316.6	1841.5	-98.0
（三）营业收入	146950.7	64070.1	-56.4
（四）营业税金及附加	1946.2	1946.8	0.0
（五）营业费用	110707.7	20871.5	-81.1
（六）管理费用	14248.0	13309.2	-6.6
其中：税金	823.0	936.4	13.8
差旅费	251.1	283.9	13.1
工会经费	58.0	100.2	72.8
（七）财务费用	1684.2	1713.2	1.7
其中：利息净支出	72.0	197.6	174.4
（八）住房公积金和住房补贴	1067.4	733.3	-31.3
（九）劳动、失业保险费	114.3	253.3	121.6
（十）养老保险和医疗保险费	2072.9	2355.7	13.6
（十一）营业利润	-2678.1	-423.7	-84.2
（十二）本年应付工资总额	10338.6	13034.4	26.1
（十三）本年应付福利总额	689.3	1151.7	67.1

B-25 续表

单位：万元

指　标	2008年	2009年	比上年增减(%)
二、执行行政（事业）单位会计制度填报			
（一）固定资产原值	224239.9	241385.5	7.6
（二）上年结余	10193.0	9783.4	-4.0
（三）收入合计	160960.0	138033.6	-14.2
其中：事业收入	70192.2	53747.9	-23.4
经营收入	31830.6	22834.9	-28.3
（四）支出合计	147777.5	125442.4	-15.1
其中：工资福利支出	64503.4	35393.6	-45.1
商品和服务支出	26519.9	19681.6	-25.8
其中：福利费	1545.7	1602.1	3.6
劳务费	1051.0	1305.1	24.2
取暖费	875.5	1075.7	22.9
差旅费	974.2	1256.7	29.0
对个人和家庭补助支出	3504.5	1621.3	-53.7
其中：助学金	221.1	235.8	6.6
抚恤和生活补助	248.0	128.3	-48.3
（五）收支结余	2085.6	16607.6	696.3
（六）经营税金	339.9	8384.5	2366.8
三、执行民间非营利组织单位会计制度填报			
（一）固定资产原值	7710534.1	10011085.6	29.8
（二）上年结余	1061425.0	3736842.4	252.1
（三）收入合计	18146450.7	12276880.8	-32.3
其中：捐赠收入	7944475.7	4407339.8	-44.5
会费收入	682894.4	861759.3	26.2
（四）费用合计	9373739.3	10786029.3	15.1
其中：业务活动成本	5221112.0	6411452.8	22.8
其中：人员费用	1530116.3	2420736.7	58.2
	764662.4	1260975.0	64.9
固定资产折旧	53713.3	109265.8	103.4
税费	44253.5	60020.5	35.6
管理费用	2484170.7	2630987.7	5.9
其中：人员费用	686634.6	870969.6	26.8
日常费用	364663.3	431413.2	18.3
固定资产折旧	25150.7	28802.6	14.5
税费	10928.4	12945.6	18.5
（五）净资产变动额	1274614.6	1392427.6	9.2

B-26 社会组织与上年比较

单位：个

指 标	2008年	2009年	比上年增减(%)
社会组织合计	413660	431069	4.2
一、社会团体	229681	238747	3.9
按活动区域分			
中央级	1781	1800	1.1
省级	22810	23364	2.4
地级	62004	63043	1.7
县级	143086	150540	5.2
二、民办非企业单位	182382	190479	4.4
按性质分类			
法人	119628	129927	8.6
合伙	7117	7087	-0.4
个体	55637	53465	-3.9
三、基金会	1597	1843	15.4
按性质分类			
公募性	943	1029	9.1
非公募性	643	800	24.4
境外代表机构	11	14	27.3

B-27　自治组织财务状况

单位：万元

指　标	2008年	2009年	比上年增减(%)
一、执行企业会计制度单位填报			
（一）固定资产原值	1161054.3	1265160.2	9.0
（二）本年折旧	45488.3	39518.1	-13.1
（三）营业收入	310477.2	750607.3	141.8
（四）营业税金及附加	8236.6	6824.6	-17.1
（五）营业费用	68327.6	86909.0	27.2
（六）管理费用	103819.6	190948.7	83.9
其中：税金	1060.9	2775.3	161.6
差旅费	751.7	1819.4	142.0
工会经费	129.5	228.3	76.3
（七）财务费用	1848.8	-525.1	-128.4
其中：利息净支出	396.3	-3818.0	-1063.4
（八）住房公积金和住房补贴	378.2	639.5	69.1
（九）劳动、失业保险费	244.8	846.0	245.6
（十）养老保险和医疗保险费	4412.7	5994.7	35.9
（十一）营业利润	11721.5	-6228.5	-153.1
（十二）本年应付工资总额	39843.9	48517.6	21.8
（十三）本年应付福利总额	8824.5	17182.4	94.7

B-27 续表

单位：万元

指　标	2008年	2009年	比上年增减(%)
二、执行行政（事业）单位会计制度填报			
（一）固定资产原值	10996225.4	14292857.3	30.0
（二）上年结余	5113646.1	548319.7	-89.3
（三）收入合计	7912239.2	7520441.5	-5.0
其中：事业收入	2170517.5	2305893.3	6.2
经营收入	1652737.2	1617005.9	-2.2
（四）支出合计	6678583.9	7292158.9	9.2
其中：人员支出	1856594.7	2091517.8	12.7
公共支出	1814759.4	1818440.0	0.2
其中：福利费	175750.3	167264.8	-4.8
劳务费	206394.7	214246.3	3.8
取暖费	28297.8	30094.0	6.3
差旅费	52098.5	58551.3	12.4
对个人和家庭补助支出	161655.0	240029.7	48.5
其中：助学金	8739.6	8581.4	-1.8
抚恤和生活补助	54201.8	23654.5	-56.4
（五）收支结余	289337.5	288905.5	-0.1
（六）经营税金	21898.1	24863.8	13.5
三、执行民间非营利组织单位会计制度填报			
（一）固定资产原值	2515354.0	1665491.8	-33.8
（二）上年结余	376346.5	175197.5	-53.4
（三）收入合计	2827624.9	2730415.8	-3.4
其中：提供服务收入	83214.7	47867.4	-42.5
政府补助收入	303308.9	125060.9	-58.8
（四）费用合计	4304322.4	11583872.5	169.1
其中：业务活动成本	3841956.9	3253128.8	-15.3
其中：人员费用	85324.1	71881.0	-15.8
	65628.3	53978.0	-17.8
固定资产折旧	9595.6	8018.4	-16.4
税费	3826.5	2524.9	-34.0
管理费用	262951.5	147809.6	-43.8
其中：人员费用	74097.2	65619.3	-11.4
日常费用	84922.6	39838.3	-53.1
固定资产折旧	48812.5	5379.1	-89.0
税费	13402.4	5444.4	-59.4
（五）净资产变动额	20110.8	19426.2	-3.4

B-28 自治组织与上年比较

单位：个、人

指 标	2008年	2009年	比上年增减(%)
一、城市			
（一）社区居委会	83413	84689	1.5
居民小组	1286755	1295137	0.7
居民委员会成员人数	421519	430860	2.2
其中：女性	210416	214707	2.0
其中：中共党员	227434	234214	3.0
（二）居委会选举情况			
1.当年进行选举的居委会数	20827	21585	3.6
2.当年参选人口数	49506242	50266905	1.5
其中：登记选民数	44150926	42112017	-4.6
参选人数	32103409	31192634	-2.8
二、农村			
（一）村民委员会	604285	599078	-0.9
村民小组	4809274	4805021	-0.1
村民委员会成员人数	2338806	2340268	0.1
其中：女性	507272	503859	-0.7
其中：中共党员	1373333	1391485	1.3
（二）村委会选举情况			
1.当年进行选举的村委会数	266358	73504	-72.4
2.当年参选村人口数	323548321	81724337	-74.7
其中：登记选民数	295147598	72500569	-75.4
参选人数	268823712	65214790	-75.7

B-29 其他社会服务与上年比较

单位：对、件、个、人、具

指 标	2008年	2009年	比上年增减(%)
一、婚姻服务			
（一）结婚登记	10983106	12124143	10.4
1.内地居民登记结婚（对数）	10932151	12074992	10.5
初婚人数	19725171	21687812	9.9
再婚人数	2241041	2560474	14.2
其中：女性	1079685	1246665	15.4
恢复结婚	162244	181162	11.6
2.涉外及华侨、港澳台居民登记结婚（对数）	50955	49151	-3.5
每千居民之结婚宗数（‰）	8.3	9.1	0.8（千分点）
（二）办理离婚	2268926	2468075	8.8
1.民政部门办理离婚（对数）	1609626	1801738	11.9
(1)内地居民办理离婚	1600156	1795991	12.2
(2)华侨、港澳台居民登记离婚	9470	5747	-40.8
2.各级法院办理离婚（对数）	659300	666337	1.1
每千居民之离婚宗数（‰）	1.71	1.85	0.14（千分点）
二、殡葬服务			
（一）火化炉数	4789	5123	7.0
（二）全年处理遗体数	4534134	4542116	0.2
（三）火化率(%)	48.5	48.2	-0.6
（四）穴位数	9449459	10418045	10.3
（五）安葬数	6598255	7063888	7.1

05

分地区民政业务统计资料

C-1 省级行政区划

单位:个、万平方千米

地 区	面 积	省级合计	直辖市	省	自治区	特别行政区
全 国	**960**	**34**	**4**	**23**	**5**	**2**
北 京	1.68	1	1			
天 津	1.1	1	1			
河 北	19	1		1		
山 西	15	1		1		
内蒙古	110	1			1	
辽 宁	15	1		1		
吉 林	18	1		1		
黑龙江	46	1		1		
上 海	0.58	1	1			
江 苏	10	1		1		
浙 江	10	1		1		
安 徽	13	1		1		
福 建	12	1		1		
江 西	16	1		1		
山 东	15	1		1		
河 南	16	1		1		
湖 北	18	1		1		
湖 南	21	1		1		
广 东	18	1		1		
广 西	23	1			1	
海 南	3.4	1		1		
重 庆	8.23	1	1			
四 川	48	1		1		
贵 州	17	1		1		
云 南	38	1		1		
西 藏	120	1			1	
陕 西	19	1		1		
甘 肃	39	1		1		
青 海	72	1		1		
宁 夏	6.6	1			1	
新 疆	160	1			1	
香 港		1				1
澳 门		1				1
台 湾		1		1		

C-2 地级与县级行政区划

单位:个

地区	地级市	地区	自治州	盟	县级合计	市辖区	县级市	县	自治县	旗	自治旗	特区	林区
全国	**283**	**17**	**30**	**3**	**2858**	**855**	**367**	**1464**	**117**	**49**	**3**	**2**	**1**
北京					18	16		2					
天津					16	13		3					
河北	11				172	36	22	108	6				
山西	11				119	23	11	85					
内蒙古	9			3	101	21	11	17		49	3		
辽宁	14				100	56	17	19	8				
吉林	8		1		60	20	20	17	3				
黑龙江	12	1			128	64	18	45	1				
上海					18	17		1					
江苏	13				106	55	26	25					
浙江	11				90	32	22	35	1				
安徽	17				105	44	5	56					
福建	9				85	26	14	45					
江西	11				99	19	10	70					
山东	17				140	49	31	60					
河南	17				159	50	21	88					
湖北	12		1		103	38	24	38	2				1
湖南	13		1		122	34	16	65	7				
广东	21				121	54	23	41	3				
广西	14				109	34	7	56	12				
海南	2				20	4	6	4	6				
重庆					40	19		17	4				
四川	18		3		181	43	14	120	4				
贵州	4	2	3		88	10	9	56	11			2	
云南	8		8		129	12	9	79	29				
西藏	1	6			73	1	1	71					
陕西	10				107	24	3	80					
甘肃	12		2		86	17	4	58	7				
青海	1	1	6		43	4	2	30	7				
宁夏	5				22	9	2	11					
新疆	2	7	5		98	11	19	62	6				

C-3 乡镇级行政区划

单位:个

地区	乡镇级合计	镇	乡	民族乡	街道办事处	区公所	村、居委会合计	村民委员会	居民委员会
全国	**40858**	**19322**	**14848**	**1098**	**6686**	**2**	**683767**	**599078**	**84689**
北京	322	142	40	5	140		6615	3950	2665
天津	243	116	20	2	107		5264	3821	1443
河北	2228	992	968	52	267	1	52156	49035	3121
山西	1397	563	633		201		30028	28135	1893
内蒙古	863	463	179	18	221		13597	11282	2315
辽宁	1504	577	357	75	570		14947	11100	3847
吉林	897	425	196	28	276		11089	9121	1968
黑龙江	1272	467	429	58	376		11824	9055	2769
上海	210	109	2		99		5362	1722	3640
江苏	1334	911	107	1	316		21893	16393	5500
浙江	1513	735	445	14	333		33974	29958	4016
安徽	1520	905	357	9	258		18931	15732	3199
福建	1102	591	338	19	173		16570	14432	2138
江西	1535	778	620	8	137		19708	16880	2828
山东	1872	1096	269	1	507		80805	74844	5961
河南	2361	904	978	12	479		51014	47346	3668
湖北	1227	740	204	10	283		29399	25517	3882
湖南	2409	1106	1056	97	247		47454	42928	4526
广东	1584	1137	11	7	436		25690	19502	6188
广西	1232	702	424	58	106		16062	14361	1701
海南	222	183	21		18		3011	2556	455
重庆	1009	578	267	14	164		10978	8803	2175
四川	4660	1821	2586	98	253		53664	47997	5667
贵州	1555	689	757	252	109		19205	17568	1637
云南	1366	597	689	148	80		14081	12953	1128
西藏	692	140	542	8	10		5453	5261	192
陕西	1745	921	649		175		29088	27370	1718
甘肃	1350	464	762	34	124		17377	16149	1228
青海	396	137	229	28	30		4562	4161	401
宁夏	233	99	93		41		2760	2316	444
新疆	1005	234	620	43	150	1	11206	8830	2376

C-4 民政部门

地区	单位数	年末职工人数		受教育程度情况		职业资格
			女性	大学专科	大学本科及以上	助理社会工作师
全国	**3498**	**87542**	**26808**	**37049**	**31622**	**798**
部本级	1	318	79	2	316	
北京	20	1007	393	291	617	1
天津	19	608	170	245	319	
河北	192	5698	1962	2076	1684	70
山西	131	2506	752	1107	727	12
内蒙古	115	2527	768	1162	986	
辽宁	121	2723	778	1268	1302	
吉林	75	1461	384	566	789	7
黑龙江	146	2552	924	1142	1091	51
上海	21	782	255	252	452	4
江苏	127	3372	807	1337	1470	94
浙江	103	2366	546	1000	954	17
安徽	123	2755	661	1151	1035	26
福建	98	1635	310	665	488	2
江西	116	2934	810	1156	940	28
山东	178	6065	1820	2517	2756	119
河南	181	7831	2763	3488	2270	81
湖北	116	3929	1130	1956	1342	24
湖南	145	5902	1916	2362	1971	34
广东	149	3828	1085	1517	1412	54
广西	125	2300	752	1039	769	1
海南	23	568	150	214	183	23
重庆	42	1151	312	460	528	
四川	207	5066	1603	2319	1621	77
贵州	99	2471	773	1295	698	8
云南	147	3886	1236	1686	1302	17
西藏	83	867	319	222	162	5
陕西	119	3069	766	1451	959	11
甘肃	101	2640	733	1027	877	16
青海	55	793	260	283	233	6
宁夏	26	593	191	213	219	3
新疆	294	3339	1400	1580	1150	7

行政机构

单位：个、人

水平情况	年龄结构情况				职工按行政级别分	
社会工作师	35岁及以下	36岁至45岁	46岁至55岁	56岁及以上	中央级	省级
758	**21201**	**34334**	**26254**	**5753**	**318**	**3688**
	108	93	77	40	318	
7	249	336	351	71		168
	78	188	274	68		118
37	1600	2222	1555	321		109
7	573	947	856	130		82
2	536	1030	857	104		76
	499	936	1037	251		83
22	287	614	513	47		92
36	598	1041	807	106		116
36	142	205	322	113		160
90	479	1242	1289	362		149
19	340	794	959	273		98
25	482	1121	898	254		106
6	238	641	604	152		91
11	575	1207	931	221		91
70	1880	2342	1552	291		140
46	2779	2859	1762	431		154
25	712	1538	1284	395		90
59	1741	2252	1476	433		158
69	955	1375	1191	307		128
12	298	1044	850	108		85
2	85	241	179	63		71
10	191	414	447	99		161
48	1106	2197	1456	307		127
20	464	1104	770	133		122
17	739	1737	1249	161		147
1	465	284	109	9		88
45	819	1153	889	208		133
23	807	1026	665	142		108
	174	395	203	21		105
2	135	254	164	40		128
11	1067	1502	678	92		204

C-4续表

地区	职工按行政级别分		助理工作师资格考试情况		社会工程师资格考试情况	
	地级	县级	报名考试人数	考试通过人数	报名考试人数	考试通过人数
全　国	**13338**	**70198**	**32036**	**7586**	**40519**	**3696**
部本级						
北　京		839	5418	788	4426	493
天　津		490	823	97	788	77
河　北	671	4918	1527	297	3661	279
山　西	372	2052	494	60	1408	128
内蒙古	478	1973	328	50	929	25
辽　宁	674	1966	427	75	574	32
吉　林	260	1109			5	
黑龙江	638	1798	4		4	
上　海		622	46	37	38	9
江　苏	645	2578	4206	927	3230	319
浙　江	395	1873	2655	611	4001	388
安　徽	493	2156	1271	165	1577	75
福　建	293	1251	1160	226	1106	87
江　西	445	2398	2450	657	3197	227
山　东	880	5045	3705	1225	6124	333
河　南	735	6942	1130	153	2982	236
湖　北	578	3261	850	141	1131	72
湖　南	716	5028	26		71	6
广　东	947	2753		969		525
广　西	452	1763	3		39	5
海　南	62	435		21		2
重　庆		990	617	100	382	45
四　川	796	4143	1968	336	1592	112
贵　州	368	1981	5	2	41	2
云　南	597	3142			7	
西　藏	278	501				
陕　西	491	2445	1563	355	1639	57
甘　肃	375	2157	4	1	35	2
青　海	144	544	277	22	235	10
宁　夏	105	360	180	5	242	19
新　疆	450	2685	899	266	1055	131

单位：人、万元

乡、镇、街道民政助理员	执行行政事业单位会计制度填报					
	固定资产原价	上年结余	收入合计	支出合计	收支结余	行政事业单位增加值
46834	**1191964.6**	**378975.3**	**3976607.3**	**4039739.7**	**409839.7**	**1411238.2**
	35370.5	7227.4	30375.6	29226.0	8377.0	6884.2
718	32324.1	40632.7	221447.4	194131.2	52431.1	75767.2
470	5952.9	1794.3	39530.8	40313.6	76.9	31210.7
3028	44356.4	5904.5	182401.3	233758.3	5548.3	93773.9
1444	22558.3	4458.5	94111.6	98893.2	6414.0	55214.9
1120	20550.2	2146.2	116346.9	113684.9	1430.5	34649.1
1449	44624.3	2469.1	77711.8	77872.3	1597.2	29849.0
241	22705.5	663.0	49855.6	50836.9	1616.9	26452.1
129	22985.4	1158.8	61576.0	61436.1	1406.4	22410.1
313	15674.5	37197.2	180358.9	161715.3	50913.2	47621.8
1241	64338.1	13455.2	188506.4	183391.1	18375.4	88138.5
2269	58025.3	33347.5	280666.8	280580.8	26438.2	58243.2
1103	33201.9	6159.3	127385.4	121623.4	8193.9	38176.6
1455	20824.3	8169.6	123044.0	115884.7	5714.6	46911.3
1060	31227.3	9457.6	44962.7	44153.3	10984.7	23486.5
2409	78342.2	7702.3	95587.2	93293.3	12858.2	50351.3
1233	29472.9	5293.6	102004.2	99732.2	5186.1	38583.5
1437	74312.9	599.5	66764.7	67261.3	3721.5	33919.7
3106	60252.8	11746.1	219446.6	216100.7	2925.7	92644.1
1899	92621.6	31772.0	328077.8	331367.3	19954.5	86473.9
2468	39031.6	22467.5	149329.8	137728.2	22733.4	53242.6
322	12763.5	8738.3	58706.0	50554.3	10305.9	21176.8
2687	29401.7	2507.0	69725.9	68865.4	1532.0	26120.4
2182	70245.5	10255.2	223019.7	213503.6	13549.4	66677.3
3721	35991.0	22798.9	223889.3	361445.9	36657.9	80652.8
2505	71973.2	51050.9	276890.7	264563.0	37391.4	34390.5
692	9380.5		10131.4	10131.4		3268.6
3779	24154.7	3195.9	69340.1	55406.7	8148.2	30146.5
859	15253.0	1808.5	18398.3	16852.1	3246.9	9770.6
368	11372.9	7745.0	60199.0	55679.8	13246.5	22280.6
278	12280.6	3511.9	46070.8	44791.6	3836.3	20421.4
849	50395.0	13541.8	140744.6	144961.8	15027.5	62328.5

C-5 提供住宿的社会

地 区	单位数	年末职工人数		受教育程度情况	
			女性	大学专科	大学本科及以上
全 国	**40250**	**288960**	**152570**	**43979**	**17827**
北 京	404	9207	5618	1704	710
天 津	286	5245	3437	835	485
河 北	1719	15337	7931	1624	697
山 西	1006	6743	3159	1369	555
内蒙古	674	4567	2034	995	339
辽 宁	1222	13342	7913	2352	831
吉 林	813	6349	2891	871	689
黑龙江	708	6758	3338	1473	607
上 海	625	17878	12652	1236	550
江 苏	2046	20437	11845	2645	1328
浙 江	1633	12345	7460	1492	751
安 徽	2296	12487	4862	1184	329
福 建	811	4073	2071	577	259
江 西	2080	14604	6202	707	188
山 东	2149	22471	11516	5668	2895
河 南	2867	18348	7675	2617	744
湖 北	2504	18190	10000	3002	1004
湖 南	2448	12901	6215	2743	810
广 东	2524	17496	10145	2150	1118
广 西	1332	7683	5160	1380	561
海 南	207	556	356	59	18
重 庆	2414	6313	2783	889	308
四 川	3157	15233	6660	2076	710
贵 州	948	3124	1575	987	211
云 南	729	3488	1931	592	229
西 藏	205	389	237	21	2
陕 西	893	4790	2422	875	274
甘 肃	682	2652	1105	537	181
青 海	142	712	383	118	60
宁 夏	93	791	488	101	78
新 疆	633	4451	2506	1100	306

服务机构总表

单位:个、人

职业资格水平		年龄结构			
助理社会工作师	社会工作师	35岁及以下	36岁至45岁	46岁至55岁	56岁及以上
1770	**1377**	**78682**	**117591**	**72120**	**20567**
39	28	2117	4712	1964	414
25	20	1184	1885	1839	337
33	25	6266	5533	2597	941
24	26	2084	2791	1612	256
11	19	1053	2151	1212	151
50	22	3609	5353	3615	765
87	216	1889	2987	1263	210
79	53	1842	3421	1400	95
88	105	3283	6010	6188	2397
192	121	4689	8054	6170	1524
42	53	2621	4531	3859	1334
89	47	2361	5270	3873	983
59	21	1128	1475	1237	233
68	9	2697	5425	3779	2703
141	78	8664	8702	4055	1050
42	21	6356	7098	3659	1235
34	17	4045	8254	4808	1083
31	40	2954	6517	3022	408
159	59	4944	7036	4209	1307
137	74	2717	3199	1449	318
3		93	289	122	52
21	12	1238	2380	2255	440
160	166	4001	6257	3554	1421
22	52	918	1279	771	156
5	10	1068	1456	795	169
2		234	150	4	1
67	40	1344	1761	1336	349
10	19	1029	997	510	116
5		329	242	121	20
12	5	305	308	151	27
33	19	1620	2068	691	72

C-5 续表 1

地　区	年末床位数	光荣间床位	年在院总人天数	年末在院人数	# 女性	在院人员按性质分 优抚对象	"三无" 对象
全　国	**2992828**	**140713**	**579784193**	**2361823**	**578208**	**126867**	**1835404**
北　京	58755	643	7008298	26968	10708	364	5056
天　津	24963	1131	4891318	16958	6208	663	3805
河　北	142655	9601	32856781	113587	13813	8969	95572
山　西	45101	3637	6704132	27026	3613	4310	20132
内蒙古	38243	1718	7742018	30372	4404	2231	24457
辽　宁	102265	5890	22823635	69340	20885	5187	44310
吉　林	73238	7209	9425612	51371	11100	5840	39733
黑龙江	64267	3919	11004681	53687	10680	4035	42297
上　海	96876	185	16671734	61700	35434	378	6454
江　苏	236311	5719	49061264	183212	52825	6299	139014
浙　江	172467	3400	33048545	103961	38999	2075	49716
安　徽	169229	5189	32929252	139364	26170	3345	126853
福　建	24476	2231	3559355	16181	4365	1688	10285
江　西	214863	29811	32632073	210317	47645	9319	191100
山　东	277520	12263	79512671	235311	60107	13516	193701
河　南	257623	13311	52159578	225806	41185	17090	200746
湖　北	216211	9029	42057587	185933	45805	7900	160827
湖　南	124218	9309	25894842	105747	24677	9479	90299
广　东	120008	4816	16662984	89105	27023	10076	52156
广　西	49933	1774	10155514	33450	11597	1143	20891
海　南	3823	303	748687	2364	1120	311	1976
重　庆	80685	1065	14005550	62070	13870	1147	48934
四　川	213594	2643	37202044	177739	30880	5392	151050
贵　州	23414	418	4513536	15285	3858	570	12311
云　南	37678	776	4743912	27461	7719	1310	24459
西　藏	5131		1237473	3696	1673		3696
陕　西	49542	2440	10805949	41745	9059	2009	35862
甘　肃	20114	915	2097282	13136	3466	1012	9877
青　海	5220	6	587740	3596	783	66	2891
宁　夏	6307	289	798137	5556	1289	243	4450
新　疆	38098	1073	6242009	29779	7248	900	22494

单位：人、张、人次、人天

	在院人员按年龄分			在院人员按类型分			康复和医疗门诊人次数	家庭寄养儿童数量
自费人员	老人	青壮年	少年儿童	自理（完全自理）	介助（半自理）	介护（不能自理）		
399552	**2071294**	**175193**	**115336**	**1864428**	**226034**	**271361**	**8329815**	**17691**
21548	23620	2072	1276	16952	4443	5573	336981	947
12490	14783	1394	781	9433	3599	3926	74794	432
9046	105975	3385	4227	94725	13140	5722	356399	248
2584	22877	2053	2096	22020	3449	1557	197906	1547
3684	26024	3049	1299	19537	9480	1355	65930	186
19843	60821	6129	2390	62483	4467	2390	275593	352
5798	43024	5826	2521	38903	8642	3826	167166	120
7355	46126	5783	1778	51620	1184	883	343061	231
54868	54853	4246	2601	37338	9502	14860	116450	1331
37899	172651	6083	4478	133466	31666	18080	1057726	577
52170	98376	2845	2740	74026	17536	12399	455199	1094
9166	131415	3706	4243	134694	2654	2016	174488	1166
4208	11750	2535	1896	12949	2103	1129	206817	1054
9898	197148	4292	8877	189688	17531	3098	64255	546
28094	228937	3956	2418	207760	18672	8879	465533	612
7970	214416	5781	5609	208235	12281	5290	288777	466
17206	174485	6520	4928	172141	9234	4558	740781	954
5969	96722	4319	4706	93934	8136	3677	239466	605
26873	76856	4222	8027	70516	10449	8140	1136886	1237
11416	28544	2022	2884	26279	3269	3902	398781	508
77	1998	31	335	1681	487	196	20869	23
11989	56713	3401	1956	54140	5658	2272	268179	374
21297	69044	80436	28259	22282	6586	148871	477890	445
2404	11638	1650	1997	12633	1608	1044	55304	376
1692	23743	1751	1967	22534	3679	1248	53109	645
	2679		1017	3631	56	9	1	
3874	35673	3290	2782	33712	5029	3004	52664	543
2247	10135	1009	1992	2061	9065	2010	120499	81
639	2837	131	628	3278	231	87	20277	50
863	4873	293	390	4173	932	451	10728	197
6385	22558	2983	4238	27604	1266	909	87306	744

C-5 续表 2

地　区	增加值合计	执行企业会计制度单位财务指标					执行行	
		固定资产原价	营业收入	费用合计	营业利润	企业单位增加值	固定资产原价	上年结余
全　国	**925196.0**	**98357.9**	**8295.4**	**7242.7**	**-540.1**	**2825.9**	**3139412.7**	**106844.6**
北　京	26407.2	8262.6	2406.8	2167.0	-2.3	668.3	110764.9	3692.8
天　津	19650.3						34421.7	3643.5
河　北	36325.0	562.0	193.2	114.2		10.2	153923.2	1109.9
山　西	17992.3						53086.8	6575.2
内蒙古	12870.7	2375.4	170.8	143.0	1.0	98.2	37988.3	1032.3
辽　宁	40638.3	4287.9	82.0	66.5	11.0	62.6	129442.7	4931.9
吉　林	36884.2	4179.7				74.0	61282.3	199.0
黑龙江	16069.5	1739.0	10.0	8.0		8.7	74135.8	1341.0
上　海	45711.5	168.0	115.0	123.0	-7.0	-5.9	77298.4	7319.6
江　苏	176557.1	7346.5	100.7	60.3		82.0	370197.6	6292.3
浙　江	47544.2	25772.4	1768.8	2160.0	-512.6	-244.3	196897.2	7801.9
安　徽	21337.3	6287.9	501.5	436.5	10.6	191.7	130828.4	1697.4
福　建	15096.5	1852.7	350.4	77.5	-33.0	153.3	47798.3	3321.2
江　西	19386.2	2702.0	162.0	202.0	5.0	6.8	91585.4	1047.8
山　东	71052.2	3183.0	312.8	180.0		169.8	173757.8	2395.4
河　南	29783.9	100.0	3.0	3.0			147162.2	422.1
湖　北	47272.1					6.0	181258.4	-164.5
湖　南	41891.7						136143.6	1575.0
广　东	64723.6	6499.3	1269.2	1056.0	-35.7	530.4	258663.6	21545.7
广　西	21177.5	1515.0	476.2	30.8	1.0	31.4	135386.1	1565.7
海　南	3116.5						44629.9	99.0
重　庆	15666.3	3599.3	154.5	198.6		49.7	70297.5	367.8
四　川	38472.1	434.0	74.6	92.2		7.4	203919.4	18749.2
贵　州	9644.6						26023.5	515.6
云　南	7251.1	4436.0				14.8	44788.9	1491.4
西　藏	2036.2	30.0					18614.6	
陕　西	17156.6	11218.0	98.6	72.5	10.9	800.3	48155.0	1424.6
甘　肃	5070.3	246.0		0.7		11.0	21308.5	983.9
青　海	1586.3						2931.6	41.1
宁　夏	2718.4	1377.0					7251.6	2155.7
新　疆	14106.3	184.2	45.3	50.9	11.0	99.5	49469.5	3671.1

单位：万元

政事业会计制度单位财务指标				执行社会非营利组织会计制度单位财务指标				
收入合计	支出合计	收支结余	行政事业单位增加值	固定资产原价	上年结余	收入合计	费用合计	社会组织单位增加值
1352476.2	**1335119.7**	**83247.1**	**832163.3**	**969654.8**	**18723.9**	**432170.4**	**547771.5**	**90206.8**
46899.2	45274.9	4210.0	26285.8	43008.1	1666.1	14105.5	16982.1	-546.9
25078.0	24202.3	2936.4	17190.1	7537.9	94.9	16867.6	6309.8	2460.2
59146.5	57714.0	1951.9	35811.8	8855.8		1832.6	1085.8	503.0
33248.7	35846.1	3145.8	17414.6	6720.6	1.0	952.2	1106.6	577.7
25565.3	23800.2	916.8	12567.9	4713.6	-8.0	24038.0	657.5	204.6
59477.3	59721.8	4211.6	37729.3	30403.4	105.3	6601.3	7986.2	2846.4
41187.9	41228.2	463.0	27685.3	7703.3		1736.6	1749.2	9124.9
36647.1	49154.1	1902.1	14800.8	7843.6	295.0	1159.1	5431.2	1260.0
44991.8	42248.7	4195.7	27662.9	76768.5	6090.1	65238.8	66867.5	18054.5
208506.1	200609.3	12993.4	168389.3	125997.7	5245.3	19853.0	14475.0	8085.8
76673.2	74106.1	8323.9	42357.4	73750.1	833.9	19529.2	18012.6	5431.1
30292.7	29512.9	1854.5	19057.8	40670.9		5596.7	5299.5	2087.8
27783.7	26288.7	1903.7	14899.2	3516.8	8.0	772.8	399.5	44.0
41505.7	41241.8	943.1	19036.8	6561.7		2482.0	1492.9	342.6
72798.5	71011.5	4393.1	46722.7	203077.2		43620.2	44795.5	24159.7
43410.2	44418.4	760.3	28468.1	28565.5	42.5	105505.6	305322.4	1315.8
75394.3	72760.3	2502.6	42667.0	36259.8	31.9	9715.9	8608.5	4599.1
64707.2	63757.3	1987.7	41187.4	10820.1		3187.7	2979.5	704.3
116486.2	120375.2	7965.1	63245.1	7726.6	-29.0	2795.3	2027.5	948.1
29472.0	27771.7	2341.6	20290.8	9164.7	418.4	2256.9	2148.9	855.3
2275.0	2267.3	22.1	3116.5					
22724.8	22444.7	268.8	14507.0	34045.0	33.2	3729.5	3342.6	1109.6
80992.4	74638.1	6117.8	36834.0	35596.6	773.1	4338.9	2850.6	1630.7
12585.1	13088.0	587.3	8037.9	116616.2	3043.0	69043.2	20820.0	1606.7
14401.2	13796.3	1636.2	6849.3	10206.2	16.8	468.3	506.9	387.0
1741.9	1741.9		2036.2					
21240.5	20310.2	814.9	15319.0	15758.5	53.4	1919.1	1763.7	1037.3
8063.6	7759.5	232.2	4910.6	6624.6		1656.8	1615.7	148.7
1353.4	1449.3	23.7	1018.6	5477.9		884.5	855.3	567.7
3495.2	3846.2	178.5	2582.3	3389.0		343.7	421.6	136.1
24331.5	22734.7	3463.3	13481.8	2274.9	9.0	1939.4	1857.4	525.0

C-6 在工商部门登记的

地　区	单位数	年末职工人数		受教育程度情况	
			女性	大学专科	大学本科及以上
全　国	**100**	**1800**	**969**	**307**	**61**
北　京	2	64	36	3	4
天　津					
河　北	2	33	16	6	
山　西	1	26	21		
内蒙古	3	17	10		
辽　宁	15	114	114	114	
吉　林					
黑龙江	4	8	6		4
上　海					
江　苏	7	364	64	94	20
浙　江	14	348	199	9	9
安　徽	8	68	28	4	
福　建	7	62	31	10	2
江　西	1	9	4		
山　东					
河　南					
湖　北					
湖　南					
广　东	12	130	80	13	7
广　西	9	380	251	5	1
海　南					
重　庆	1	10	6		
四　川	1	22	15		
贵　州					
云　南	6	11	8		
西　藏					
陕　西					
甘　肃					
青　海					
宁　夏					
新　疆	7	134	80	49	14

收养性社会服务机构

单位:个、人

职业资格水平		年龄结构			
助理社会工作师	社会工作师	35岁及以下	36岁至45岁	46岁至55岁	56岁及以上
13	**7**	**375**	**992**	**388**	**45**
		11	22	30	1
		9	19	3	2
		4	4	15	3
		2	11	4	
			114		
		4	2	2	
12	6	62	271	31	
		90	156	92	10
		19	32	17	
1	1	24	16	14	8
			6	3	
		24	58	43	5
		94	219	63	4
			2	8	
			6	16	
		6	5		
		26	49	47	12

C-6 续表 1

地　区	年末床位数	光荣间床位	年在院总人天数	年末在院人数	# 女性	在院人员按性质分	
						优抚对象	"三无" 对象
全　国	**13724**	**248**	**1473107**	**8090**	**2830**	**84**	**1223**
北　京	490		82795	229	88		121
天　津							
河　北	438	45	46280	145	36		17
山　西	30		10950	30	1		2
内蒙古	240		34220	102	25	4	4
辽　宁	1241		378940	1052	668	1	33
吉　林							
黑龙江	521	118	37300	373	200	23	46
上　海							
江　苏	1314		994	710	262		
浙　江	4475		468458	2264	478		57
安　徽	1002	4	47084	392	26	4	76
福　建	316	56	57920	214	90	4	68
江　西	102		102	102			102
山　东							
河　南							
湖　北							
湖　南							
广　东	1109	3	123443	958	282	42	490
广　西	1510		9600	748	300		2
海　南							
重　庆	105		4200	24	13		
四　川	170	2	62050	170	110		18
贵　州							
云　南	186			186	48		186
西　藏							
陕　西							
甘　肃							
青　海							
宁　夏							
新　疆	475	20	108771	391	203	6	1

单位:人、张、人次、人天

	在院人员按年龄分			在院人员按类型分			康复和医疗门诊人次数	家庭寄养儿童数量
自费人员	老人	青壮年	少年儿童	自理(完全自理)	介助(半自理)	介护(不能自理)		
6783	**7633**	**211**	**246**	**4733**	**1712**	**1645**	**6530**	**15**
108	215	14		114	67	48		
128	145			145				
28	30			30				
94	97	1	4	102				
1018	1052			236	509	307		
304	224	16	133	373				
710	710			486	200	24		
2207	2251	13		1127	618	519	3931	
312	392			392			742	
142	201	3	10	159	22	33	120	15
	67		35	102				
426	842	84	32	545	216	197		
746	748			440	38	270		
24	24			6	2	16		
152	163	7		18		152	1620	
	157	2	27	104	3	79		
384	315	71	5	354	37		117	

C-6续表2

地区	增加值合计	执行企业会计制度单位财务指标					执行行	
		固定资产原价	营业收入	费用合计	营业利润	企业单位增加值	固定资产原价	上年结余
全国	**1926.8**	**22735.7**	**2318.6**	**2672.4**	**-569.8**	**-104.2**	**10260.4**	
北京	96.0	949.1	316.4	310.4	-33.8	96.0		
天津								
河北	41.9	70.0	79.2	79.2		9.9	300.0	
山西	3.8						96.0	
内蒙古	123.9		2.6	3.8		0.3	2036.0	
辽宁	0.6		65.0	65.0		0.6		
吉林								
黑龙江								
上海								
江苏	1391.2						6280.0	
浙江	-269.1	19492.4	1436.8	1897.0	-543.6	-406.1	25.0	
安徽	78.9	782.3	134.5	122.0	6.0	64.2	22.0	
福建	108.7	931.0	72.9	24.9		63.3	96.6	
江西								
山东								
河南								
湖北								
湖南								
广东	128.1	49.9	167.7	135.6	1.6	55.1	626.0	
广西	159.2							
海南								
重庆	5.6	80.0	8.5	14.5		5.6		
四川		380.0						
贵州								
云南	24.3	1.0					108.0	
西藏								
陕西								
甘肃								
青海								
宁夏								
新疆	33.7		35.0	20.0		6.9	670.8	

单位：万元

政事业会计制度单位财务指标				执行社会非营利组织会计制度单位财务指标				
收入合计	支出合计	收支结余	行政事业单位增加值	固定资产原价	上年结余	收入合计	费用合计	社会组织单位增加值
303.4	**1716.4**		**1618.0**	**4833.4**	**979.4**	**2100.7**	**1409.9**	**413.0**
20.0	20.0		32.0					
15.0	15.0		3.8					
57.1	57.1		111.6	110.0		12.0	10.0	12.0
				1040.0	295.0	647.8		
	1269.0		1381.2	800.0		20.0	20.0	10.0
6.0	6.0		6.0	1787.4	2.0	772.3	707.8	131.0
			0.9	98.0		14.6	14.6	13.8
18.0	8.0		6.4	65.0	8.0	116.0	108.0	39.0
10.0	10.0							
	154.0		25.0	90.0		73.0	77.0	48.0
				843.0	674.4	445.0	472.5	159.2
22.0	22.0		24.3					
155.3	155.3		26.8					

C-7 在编制部门登记的

地　区	单位数	年末职工人数		受教育程度情况	
			女性	大学专科	大学本科及以上
全　国	**4768**	**97318**	**55494**	**24438**	**12516**
北　京	173	4619	2842	973	553
天　津	24	1565	850	333	237
河　北	349	6436	3526	1080	537
山　西	135	3107	1622	903	494
内蒙古	84	1948	991	808	275
辽　宁	131	4456	2456	1369	628
吉　林	226	2898	1376	502	482
黑龙江	101	3195	1381	614	453
上　海	46	3494	2399	570	323
江　苏	246	6170	3606	1479	1019
浙　江	178	3496	2435	762	538
安　徽	147	2662	1448	560	255
福　建	145	2313	1328	510	239
江　西	153	2539	1352	431	171
山　东	137	5010	2780	1810	1459
河　南	226	4012	2253	1189	483
湖　北	387	6798	3803	1675	788
湖　南	278	5486	3042	1799	632
广　东	256	7810	5177	1519	783
广　西	117	3373	2343	786	367
海　南	12	222	141	46	13
重　庆	80	1659	878	566	229
四　川	382	5236	2605	1452	574
贵　州	101	1565	810	693	187
云　南	107	1279	790	369	168
西　藏	6	64	44	14	2
陕　西	80	1577	783	464	148
甘　肃	39	765	388	226	134
青　海	9	325	213	78	36
宁　夏	17	362	244	86	73
新　疆	396	2877	1588	772	236

收养性社会服务机构

单位：个、人

职业资格水平		年龄结构			
助理社会工作师	社会工作师	35岁及以下	36岁至45岁	46岁至55岁	56岁及以上
919	**742**	**31818**	**38745**	**22233**	**4522**
24	21	1241	1888	1204	286
20	16	379	479	575	132
30	13	2391	2599	1258	188
23	26	1042	1220	721	124
8	9	468	867	547	66
34	12	1254	1850	1134	218
21	78	776	1307	698	117
13	13	919	1391	823	62
59	97	971	1014	1162	347
68	68	1802	2344	1646	378
33	31	1189	1321	750	236
20	11	805	1109	630	118
42	14	767	854	594	98
11	7	709	1020	559	251
131	71	1839	1771	1128	272
20	18	1595	1622	640	155
32	17	1767	3002	1653	376
11	19	1674	2596	1061	155
138	55	3006	3016	1504	284
29	24	1451	1175	635	112
3		28	157	35	2
18	11	532	531	519	77
24	33	1920	2101	980	235
21	36	445	637	437	46
5	4	483	460	295	41
2		39	25		
30	12	542	607	376	52
8	4	265	336	136	28
4		163	76	67	19
12	5	169	131	56	6
25	17	1187	1239	410	41

C-7 续表 1

地　区	年末床位数	光荣间床位	年在院总人天数	年末在院人数	# 女性	在院人员按性质分	
						优抚对象	“三无”对象
全　国	**572725**	**44891**	**114910530**	**432338**	**130221**	**50130**	**275375**
北　京	21029	617	3532600	12366	4738	354	3474
天　津	6007	1056	1415477	4506	1656	526	1833
河　北	43208	6468	9716697	32074	4321	6386	24129
山　西	11557	2820	2615614	7729	1763	3187	3529
内蒙古	9124	1071	1742136	6293	1517	1275	3777
辽　宁	22445	2004	5802728	17484	5945	2599	9184
吉　林	20978	2327	3730189	14413	3116	2253	9782
黑龙江	20080	1243	3077366	17188	4221	1439	11822
上　海	13425	50	3136949	11481	6042	58	3162
江　苏	42821	1560	9388221	33253	11707	1597	23888
浙　江	32652	1046	6900027	19256	8456	509	6705
安　徽	14560	1149	3428815	11763	3843	1307	8783
福　建	11338	1439	1984430	8667	2708	1220	4507
江　西	19392	2201	2412176	17111	5581	1486	13301
山　东	25207	452	6379716	19078	4446	5756	10172
河　南	24083	3059	5655763	19445	4013	2997	13429
湖　北	49480	4438	8668712	38019	10824	4443	26997
湖　南	23331	3813	5568889	17926	6258	4832	9532
广　东	31793	2003	5756639	23782	10876	2066	12952
广　西	12301	1259	3220223	9334	4061	775	4954
海　南	917	179	181500	552	316	147	332
重　庆	10106	501	2291107	8279	3128	526	4000
四　川	43899	1185	7868001	33723	7519	1871	24840
贵　州	6720	293	1541287	5023	1876	300	2946
云　南	10214	221	1256017	7686	1911	160	7187
西　藏	620		171550	470	193		470
陕　西	10532	1483	2070748	8282	2252	1185	6984
甘　肃	4011	199	694559	2681	1027	108	2176
青　海	1212	6	180877	842	322		633
宁　夏	1442	154	275526	1273	418	112	922
新　疆	28241	595	4245991	22359	5167	656	18973

单位：人、张、人次、人天

自费人员	在院人员按年龄分			在院人员按类型分			康复和医疗门诊人次数	家庭寄养儿童数量
	老人	青壮年	少年儿童	自理（完全自理）	介助（半自理）	介护（不能自理）		
106833	**283508**	**76709**	**72121**	**297780**	**66379**	**68179**	**5777415**	**17245**
8538	9537	1741	1088	6939	2533	2894	262129	938
2147	2653	1101	752	2895	482	1129	48473	432
1559	27843	1752	2479	25046	4597	2431	313501	248
1013	4549	1458	1722	5827	576	1326	80209	1547
1241	4031	1219	1043	3592	2255	446	62160	186
5701	12591	3247	1646	14002	2165	1317	249026	352
2378	9695	3550	1168	11267	2245	901	136285	120
3927	12335	3425	1428	16299	424	465	333732	231
8261	6930	2148	2403	4461	1927	5093	4269	1331
7768	26483	3439	3331	16607	10550	6096	820264	577
12042	14371	2395	2490	8579	6371	4306	275417	1091
1673	6955	1501	3307	9986	587	1190	115940	1163
2940	4503	2466	1698	5901	1713	1053	203093	1016
2324	12607	1036	3468	14494	2044	573	36358	546
3150	14580	2513	1985	15403	2251	1424	214302	612
3019	14053	1878	3514	15844	2805	796	212313	466
6579	32355	3045	2619	33126	3560	1333	411504	954
3562	12125	2815	2986	12265	3073	2588	176591	480
8764	13553	3335	6894	15590	3442	4750	610835	1147
3605	4665	1957	2712	6000	1322	2012	351067	508
73	241	29	282	399	143	10	20518	23
3753	5520	1346	1413	5593	1214	1472	228308	374
7012	1871	21352	10500	10675	3056	19992	321996	445
1777	2105	1557	1361	4052	344	627	47289	368
339	5310	931	1445	5966	1010	710	45280	633
			470	444	19	7		
113	4152	1953	2177	4161	2401	1720	3739	543
397	1074	500	1107	698	1593	390	85637	81
209	312	107	423	651	150	41	20262	50
239	767	222	284	539	410	324	10180	117
2730	15742	2691	3926	20479	1117	763	76738	666

C-7 续表 2

地　区	增加值合计	执行企业会计制度单位财务指标					执行行	
		固定资产原价	营业收入	费用合计	营业利润	企业单位增加值	固定资产原价	上年结余
全　国	**554057.4**	**13555.7**	**2557.4**	**2494.9**	**35.5**	**1422.8**	**1569868.6**	**92459.2**
北　京	25122.9	7313.5	2090.4	1856.6	31.5	572.3	93065.3	3362.8
天　津	16046.7						28205.3	3642.1
河　北	27557.1						86604.4	1055.0
山　西	14641.2						30669.3	6555.0
内蒙古	10252.7						19987.0	1004.9
辽　宁	28920.4	2010.0					70019.0	4465.5
吉　林	23614.5						37213.6	199.0
黑龙江	11782.2	38.0					53952.2	1339.0
上　海	27350.4	133.0	115.0	123.0	-7.0	-5.9	73336.8	7313.6
江　苏	58230.8						147146.7	5537.8
浙　江	29922.7	2000.0	13.0	27.0		10.2	89639.8	5654.5
安　徽	9499.5	1159.0	222.0	222.0		2.0	26677.8	1483.7
福　建	13694.8						34903.6	2429.9
江　西	8084.2		112.0	112.0		1.0	31369.2	791.5
山　东	32950.1						94228.5	2395.4
河　南	14662.0	40.0					37801.0	322.5
湖　北	28828.7						93801.0	-164.9
湖　南	27668.0						57386.1	1500.6
广　东	50028.4	286.0		128.7		19.9	149658.9	17854.9
广　西	15283.0	35.0					38516.1	1538.1
海　南	2030.6						37061.3	1.9
重　庆	10107.0						30851.2	281.1
四　川	24210.1	10.0					89826.1	13969.5
贵　州	7583.2						16272.4	435.6
云　南	4910.5	267.0					20358.2	1414.1
西　藏	475.5						994.2	
陕　西	10781.4	150.0				742.0	21509.3	1270.3
甘　肃	4003.2	2.0		0.1		2.0	9354.7	963.9
青　海	1018.6						2931.6	41.1
宁　夏	2279.2						5026.6	2129.7
新　疆	12517.8	112.2	5.0	25.5	11.0	79.3	41501.4	3671.1

单位：万元

政事业会计制度单位财务指标				执行社会非营利组织会计制度单位财务指标				
收入合计	支出合计	收支结余	行政事业单位增加值	固定资产原价	上年结余	收入合计	费用合计	社会组织单位增加值
944292.6	**935193.9**	**77054.7**	**551481.8**	**11929.2**	**186.4**	**3149.7**	**3866.2**	**1152.8**
43677.3	42185.4	4045.7	24115.6	620.5	130.5	840.0	689.0	435.0
23601.3	22907.5	2936.4	16046.7					
45572.4	44323.8	1944.4	27557.1					
28755.9	31389.1	3145.8	14610.7	128.0		44.0	35.0	30.5
22038.9	20307.4	898.5	10252.7					
47111.8	47719.2	4169.1	28915.4	269.7		59.0	59.0	5.0
32605.5	32688.1	463.0	23613.5	1424.8		2.0	2.0	1.0
30856.1	44408.8	1902.0	11782.2	135.0		12.0		
41920.2	40143.7	4149.7	27303.0	705.2	43.1	404.4	1506.1	53.3
87456.4	79926.8	12389.3	58193.8	71.0		150.8	105.0	37.0
52633.4	49971.9	6857.8	29912.5	4069.0		596.0	576.0	
16702.9	16123.4	1843.6	9497.5					
23095.6	21669.0	1809.5	13694.8	160.0		13.7		
13752.9	13524.3	943.1	8083.2	27.1		2.0	2.0	
55128.9	53336.5	4393.1	32950.1					
25079.2	26058.8	730.2	14661.2	1230.5		60.9	60.9	0.8
55642.5	55378.9	444.1	28715.7	512.0	0.5	650.0	616.0	113.0
43605.8	43400.5	1548.0	27668.0	20.0				
90983.0	94206.4	7124.3	50008.5					
26454.2	24801.0	2316.1	15283.0	147.4		63.0	40.3	
1279.0	1282.8	22.1	2030.6					
16787.4	16497.0	257.4	10107.0					
47796.0	42996.1	5753.7	24210.1	40.0		30.1		
11453.6	12190.9	573.0	7169.2	1494.0		100.3	70.3	414.0
11006.0	10467.2	1581.4	4864.3	741.0	3.3	80.5	63.3	46.2
858.0	858.0		475.5					
14820.4	14257.9	919.1	10039.4					
7270.4	6978.0	230.2	4001.2	20.0		3.0	0.3	
1353.4	1449.3	23.7	1018.6					
2864.1	3176.1	178.5	2279.2	56.0		10.0	10.0	
22130.1	20570.1	3461.9	12421.5	58.0	9.0	28.0	31.0	17.0

C-8 在民政部门登记的

地 区	单位数	年末职工人数		受教育程度情况	
			女性	大学专科	大学本科及以上
全 国	**26228**	**156173**	**80237**	**16238**	**4574**
北 京	136	3706	2241	587	124
天 津	142	2844	2131	390	186
河 北	794	6412	3212	351	136
山 西	741	2981	1204	391	53
内蒙古	300	1415	596	92	43
辽 宁	838	7484	4857	769	188
吉 林	499	3001	1300	326	183
黑龙江	340	1835	867	301	55
上 海	578	14384	10253	666	227
江 苏	1488	12190	7327	985	239
浙 江	745	4537	2442	517	154
安 徽	1344	6860	2537	486	69
福 建	403	1269	505	45	11
江 西	1926	12056	4846	276	17
山 东	2012	17461	8736	3858	1436
河 南	2004	10217	3796	1034	230
湖 北	2117	11392	6197	1327	216
湖 南	2078	7069	3001	856	156
广 东	1826	8023	4184	546	319
广 西	109	1650	1222	269	72
海 南	194	328	211	13	5
重 庆	1048	3115	1364	278	73
四 川	1612	6063	2310	417	69
贵 州	842	1547	759	294	24
云 南	347	1578	829	176	53
西 藏	199	325	193	7	
陕 西	531	2384	1208	350	115
甘 肃	601	1827	682	303	45
青 海	133	387	170	40	24
宁 夏	74	419	238	15	5
新 疆	227	1414	819	273	47

收养性服务机构

单位:个、人

职业资格水平		年龄结构			
助理社会工作师	社会工作师	35岁及以下	36岁至45岁	46岁至55岁	56岁及以上
667	**427**	**39106**	**63839**	**40051**	**13177**
15	7	713	2397	514	82
3	4	559	1055	1088	142
3	11	2991	1999	745	677
1		795	1324	761	101
1	10	200	826	342	47
16	9	2195	2868	2016	405
62	126	950	1475	493	83
39	40	601	888	327	19
29	8	2312	4996	5026	2050
109	36	2537	4809	3881	963
2		974	1680	1318	565
67	36	1043	3102	2160	555
16	6	279	459	416	115
57	2	1988	4399	3217	2452
10	7	6825	6931	2927	778
22	3	3591	3803	2082	741
2		2278	5252	3155	707
20	21	1164	3800	1893	212
20	4	1634	3308	2162	919
7	5	547	820	243	40
		63	128	87	50
2		582	1186	1120	227
135	38	1109	2282	1924	748
1	16	471	633	333	110
	4	457	737	311	73
		195	125	4	1
17	17	627	809	762	186
2	15	737	635	367	88
1		166	166	54	1
		132	175	91	21
8	2	391	772	232	19

C–8 续表 1

地 区	年末床位数	光荣间床位	年在院总人天数	年末在院人数	# 女性	在院人员按性质分 优抚对象	"三无" 对象
全 国	**1917686**	**85238**	**362527403**	**1550022**	**367842**	**62089**	**1246163**
北 京	26292	26	2038308	10818	4452	2	117
天 津	14577	43	2649639	9945	4057	49	193
河 北	67597	2344	14571004	55283	5894	1128	48165
山 西	28131	645	3420268	15519	1548	1047	13238
内蒙古	16287	355	3108144	13797	1211	691	11255
辽 宁	64832	2446	13542847	42513	12497	1950	27666
吉 林	45013	4317	5082803	31743	6924	3014	25485
黑龙江	25581	1412	4482017	22299	3088	1830	18460
上 海	80910	135	13534785	47678	29392	320	3292
江 苏	167382	3672	34396698	132390	37007	4378	100166
浙 江	69525	1824	12025556	38742	12749	980	23908
安 徽	92045	3280	13796235	76506	13283	1521	68745
福 建	8690	418	1177496	5304	1340	303	3920
江 西	195369	27610	30219795	193104	42064	7833	177697
山 东	252313	11811	73132955	216233	55661	7760	183529
河 南	182329	8846	33046048	160373	26916	13223	142529
湖 北	166731	4591	33388875	147914	34981	3457	133830
湖 南	93055	4606	18854500	82530	16827	4327	75962
广 东	68256	2242	9117360	49846	12130	2045	31241
广 西	8488	92	1998084	6024	3278	43	723
海 南	2896	114	565362	1807	802	159	1644
重 庆	42080	491	6896855	32524	7989	189	24702
四 川	97748	1368	14722273	81446	16072	2392	68142
贵 州	16611	125	2969369	10201	1979	267	9307
云 南	18554	319	1964994	13131	3704	1116	10927
西 藏	4511		1065923	3226	1480		3226
陕 西	28736	802	6648657	25334	5013	731	21614
甘 肃	15215	713	1296951	10022	2356	899	7405
青 海	4008		406863	2754	461	66	2258
宁 夏	4645	135	521881	4081	813	131	3326
新 疆	9279	456	1884858	6935	1874	238	3491

单位:人、张、人次、人天

自费人员	在院人员按年龄分			在院人员按类型分			康复和医疗门诊人次数	家庭寄养儿童数量
	老人	青壮年	少年儿童	自理(完全自理)	介助(半自理)	介护(不能自理)		
241770	**1482278**	**37699**	**30045**	**1287787**	**129361**	**132874**	**2024294**	**411**
10699	10576	230	12	7273	1335	2210	62918	
9703	9732	213		4916	2556	2473	18837	
5990	53899	706	678	46784	6154	2345	41549	
1234	14851	385	283	12650	2666	203	12652	
1851	13254	418	125	8678	4642	477	1505	
12897	39070	2803	640	40252	1562	699	23958	
3244	28343	2144	1256	23365	5601	2777	28572	
2009	21470	752	77	22217	62	20	5053	
44066	45923	1598	157	30336	7575	9767	112181	
27846	128714	2535	1141	107201	14790	10399	167821	
13854	38453	170	119	30874	4564	3304	67236	3
6240	75091	878	537	74111	1679	716	18368	3
1081	5064	66	174	4912	349	43	2943	23
7574	184474	3256	5374	175092	15487	2525	27897	
24944	214357	1443	433	192357	16421	7455	251231	
4621	155418	3033	1922	147668	8593	4112	34472	
10627	142130	3475	2309	139015	5674	3225	329277	
2241	79466	1504	1560	76402	5049	1079	58541	125
16560	48159	695	992	42827	4858	2161	497880	79
5258	5958	35	31	2908	1570	1546	44029	
4	1752	2	53	1277	344	186	351	
7633	30813	1315	396	29035	2881	608	16981	
10912	65844	7413	8189	8378	2364	70704	95521	
627	9472	93	636	8520	1264	417	8015	8
1088	12064	666	401	10758	1952	421	6761	12
	2679		547	3187	37	2	1	
2989	23785	1046	503	22714	1556	1064	43910	
1718	8630	509	883	1339	7063	1620	34832	
430	2525	24	205	2627	81	46	15	
624	3904	71	106	3432	522	127	548	80
3206	6408	221	306	6682	110	143	10439	78

C–8 续表 2

地 区	增加值合计	执行企业会计制度单位财务指标					执行行	
		固定资产原价	营业收入	费用合计	营业利润	企业单位增加值	固定资产原价	上年结余
全 国	**309860.1**	**59322.9**	**3010.3**	**1696.0**	**-6.8**	**1415.9**	**1064932.7**	**10019.8**
北 京	-1005.9							-3.0
天 津	2588.9						1260.1	
河 北	6250.8	407.0					51962.7	24.9
山 西	2443.4						16631.8	4.0
内蒙古	1451.9	1418.0	106.2	77.2	1.0	73.7	8298.0	22.4
辽 宁	10291.4	2235.7	17.0	1.5	11.0	62.0	52969.3	89.3
吉 林	12559.5	4179.7				74.0	21650.7	
黑龙江	2349.2	1444.0	7.0	5.0		8.7	9674.2	2.0
上 海	18361.1	35.0					3961.6	6.0
江 苏	107535.9	7346.5	100.7	60.3		82.0	170365.9	741.9
浙 江	9600.8	4280.0	319.0	236.0	31.0	151.6	33088.0	457.4
安 徽	6802.1	4238.0	145.0	92.5	4.6	125.5	51298.6	213.7
福 建	1079.7	871.6	277.5	52.6	-33.0	90.0	9552.6	869.3
江 西	11302.0	2702.0	50.0	90.0	5.0	5.8	60216.2	256.3
山 东	38102.1	3183.0	312.8	180.0		169.8	79529.3	
河 南	8318.5	60.0	3.0	3.0			68231.1	56.1
湖 北	18443.4					6.0	87457.4	0.4
湖 南	13503.8						77245.5	74.4
广 东	12009.5	5780.4	1101.5	791.7	-37.3	444.6	91435.2	3581.4
广 西	888.6	840.0	455.2	10.8		30.2	4628.5	-16.0
海 南	1085.7						7563.6	97.1
重 庆	3802.1	3470.0	11.5	17.5		5.6	27677.8	83.5
四 川	8165.5	13.0					47479.0	3112.1
贵 州	2046.9						9638.1	80.0
云 南	1682.0	4137.0				14.8	16696.9	68.6
西 藏	1560.7	30.0					17620.4	
陕 西	5216.2	11068.0	98.6	72.5	10.9	58.3	19389.9	152.0
甘 肃	938.0	135.0					10246.8	20.0
青 海	567.7							
宁 夏	401.8	1377.0					1891.2	26.0
新 疆	1516.8	72.0	5.3	5.4		13.3	7272.3	

单位：万元

政事业会计制度单位财务指标				执行社会非营利组织会计制度单位财务指标				
收入合计	支出合计	收支结余	行政事业单位增加值	固定资产原价	上年结余	收入合计	费用合计	社会组织单位增加值
333772.7	**326548.4**	**4131.3**	**224147.2**	**855406.1**	**17219.1**	**386284.2**	**525607.5**	**84297.0**
154.0	97.0	57.0		33997.6	1535.6	13241.5	16261.1	-1005.9
359.0	359.0		378.8	4061.4	94.9	16388.8	5831.0	2210.1
10040.9	10014.5	7.5	6226.2	2032.0		904.5	247.0	24.6
3380.2	3371.4		1927.7	5567.0	1.0	857.8	1018.1	515.7
1852.8	1878.3	15.0	1253.9	2508.0	-8.0	314.4	279.9	124.3
10401.3	10338.6	37.3	7585.0	28471.3	105.3	6194.0	6227.4	2644.4
7513.3	7491.1		3361.6	6218.5		1716.6	1743.2	9123.9
2889.1	1848.5		1092.5	5144.0		450.8	5390.7	1248.0
3071.6	2105.0	46.0	359.9	76063.3	6047.0	64834.4	65361.4	18001.2
110223.3	110219.1	236.6	100391.6	123048.6	5181.3	18141.8	12760.1	7062.3
7823.4	7771.1	270.8	4915.6	50201.7	574.4	12149.8	11283.7	4533.6
8332.1	8175.9	9.9	5154.6	31036.9		4233.3	4086.4	1522.0
4032.4	4000.9	56.9	984.7	2460.7		565.6	254.0	5.0
27742.8	27707.5		10953.6	6534.6		2480.0	1490.9	342.6
17669.6	17675.0		13772.6	203077.2		43620.2	44795.5	24159.7
11272.2	11295.3		7015.5	20034.2	42.5	104607.8	304975.8	1303.0
19751.8	17381.4	2058.5	13951.3	35747.8	31.4	9065.9	7992.5	4486.1
20414.8	19677.2	439.7	13190.5	7739.8		1222.6	1014.4	313.3
21288.0	21831.9	754.9	10683.8	7631.6	-29.0	2703.3	1931.5	881.1
928.5	911.9		264.7	2812.9	-256.0	1301.3	1247.4	593.7
994.8	983.3		1085.7					
4151.6	4157.5	11.2	2752.1	20709.8	33.2	2513.0	2273.0	1044.4
26404.5	24717.8	165.5	6667.3	25888.5	773.1	3156.6	1861.8	1498.2
1105.5	871.1	14.3	854.2	115122.2	3043.0	68942.9	20749.7	1192.7
2953.2	2909.5	52.0	1489.0	7095.9	13.0	178.5	239.1	178.2
883.9	883.9		1560.7					
5066.6	4722.7	-105.2	4223.6	14689.2	36.4	1738.4	1593.2	934.3
657.3	645.6	2.0	789.3	6493.6		1640.8	1615.4	148.7
				5477.9		884.5	855.3	567.7
581.1	620.1		265.7	3333.0		333.7	411.6	136.1
1833.1	1886.3	1.4	995.5	2206.9		1901.4	1816.4	508.0

C-9 未登记的收养性

地　区	单位数	年末职工人数		受教育程度情况	
			女性	大学专科	大学本科及以上
全　国	**9154**	**33669**	**15870**	**2996**	**676**
北　京	93	818	499	141	29
天　津	120	836	456	112	62
河　北	574	2456	1177	187	24
山　西	129	629	312	75	8
内蒙古	287	1187	437	95	21
辽　宁	238	1288	486	100	15
吉　林	88	450	215	43	24
黑龙江	263	1720	1084	558	95
上　海	1				
江　苏	305	1713	848	87	50
浙　江	696	3964	2384	204	50
安　徽	797	2897	849	134	5
福　建	256	429	207	12	7
江　西					
山　东					
河　南	637	4119	1626	394	31
湖　北					
湖　南	92	346	172	88	22
广　东	430	1533	704	72	9
广　西	1097	2280	1344	320	121
海　南	1	6	4		
重　庆	1285	1529	535	45	6
四　川	1162	3912	1730	207	67
贵　州	5	12	6		
云　南	269	620	304	47	8
西　藏					
陕　西	282	829	431	61	11
甘　肃	42	60	35	8	2
青　海					
宁　夏	2	10	6		
新　疆	3	26	19	6	9

社会服务机构

单位:个、人

职业资格水平		年龄结构			
助理社会工作师	社会工作师	35岁及以下	36岁至45岁	46岁至55岁	56岁及以上
171	**201**	**7383**	**14015**	**9448**	**2823**
		152	405	216	45
2		246	351	176	63
	1	875	916	591	74
		243	243	115	28
2		383	447	319	38
	1	160	521	465	142
4	12	163	205	72	10
27		318	1140	248	14
3	11	288	630	612	183
7	22	368	1374	1699	523
2		494	1027	1066	310
		58	146	213	12
		1170	1673	937	339
		116	121	68	41
1		280	654	500	99
101	45	625	985	508	162
		2	4		
1	1	124	661	608	136
1	95	972	1868	634	438
		2	9	1	
	2	122	254	189	55
20	11	175	345	198	111
		27	26	7	
		4	2	4	
		16	8	2	

C-9 续表 1

地　区	年末床位数		年在院总人天数	年末在院人数		在院人员按性质分	
		光荣间床位			# 女性	优抚对象	“三无”对象
全　国	**488693**	**10336**	**100873153**	**371373**	**77315**	**14564**	**312643**
北　京	10944		1354595	3555	1430	8	1344
天　津	4379	32	826202	2507	495	88	1779
河　北	31412	744	8522800	26085	3562	1455	23261
山　西	5383	172	657300	3748	301	76	3363
内蒙古	12592	292	2857518	10180	1651	261	9421
辽　宁	13747	1440	3099120	8291	1775	637	7427
吉　林	7247	565	612620	5215	1060	573	4466
黑龙江	18085	1146	3407998	13827	3171	743	11969
上　海	2541			2541			
江　苏	24794	487	5275351	16859	3849	324	14960
浙　江	65815	530	13654504	43699	17316	586	19046
安　徽	61622	756	15657118	50703	9018	513	49249
福　建	4132	318	339509	1996	227	161	1790
江　西							
山　东							
河　南	51211	1406	13457767	45988	10256	870	44788
湖　北							
湖　南	7832	890	1471453	5291	1592	320	4805
广　东	18850	568	1665542	14519	3735	5923	7473
广　西	27634	423	4927607	17344	3958	325	15212
海　南	10	10	1825	5	2	5	
重　庆	28394	73	4813388	21243	2740	432	20232
四　川	71777	88	14549720	62400	7179	1129	58050
贵　州	83		2880	61	3	3	58
云　南	8724	236	1522901	6458	2056	34	6159
西　藏							
陕　西	10274	155	2086544	8129	1794	93	7264
甘　肃	888	3	105772	433	83	5	296
青　海							
宁　夏	220		730	202	58		202
新　疆	103	2	2389	94	4		29

单位：人、张、人次、人天

	在院人员按年龄分			在院人员按类型分			康复和医疗门诊人次数	家庭寄养儿童数量
自费人员	老人	青壮年	少年儿童	自理（完全自理）	介助（半自理）	介护（不能自理）		
44166	**297875**	**60574**	**12924**	**274128**	**28582**	**68663**	**521576**	**20**
2203	3292	87	176	2626	508	421	11934	9
640	2398	80	29	1622	561	324	7484	
1369	24088	927	1070	22750	2389	946	1349	
309	3447	210	91	3513	207	28	105045	
498	8642	1411	127	7165	2583	432	2265	
227	8108	79	104	7993	231	67	2609	
176	4986	132	97	4271	796	148	2309	
1115	12097	1590	140	12731	698	398	4276	
2541	2000	500	41	2541				
1575	16744	109	6	9172	6126	1561	69641	
24067	43301	267	131	33446	5983	4270	108615	
941	48977	1327	399	50205	388	110	39438	
45	1982		14	1977	19		661	
330	44945	870	173	44723	883	382	41992	
166	5131		160	5267	14	10	4334	
1123	14302	108	109	11554	1933	1032	28171	11
1807	17173	30	141	16931	339	74	3685	
	5			5				
579	20356	740	147	19506	1561	176	22890	
3221	1166	51664	9570	3211	1166	58023	58753	
	61			61				
265	6212	152	94	5706	714	38	1068	
772	7736	291	102	6837	1072	220	5015	
132	431		2	24	409		30	
	202			202				
65	93		1	89	2	3	12	

C–9 续表 2

地区	增加值合计	执行企业会计制度单位财务指标					执行行	
		固定资产原价	营业收入	费用合计	营业利润	企业单位增加值	固定资产原价	上年结余
全　国	**59351.7**	**2743.6**	**409.1**	**379.4**	**1.0**	**91.4**	**494351.0**	**4365.6**
北　京	2194.2						17699.6	333.0
天　津	1014.7						4956.3	1.4
河　北	2475.2	85.0	114.0	35.0		0.3	15056.1	30.0
山　西	903.9						5689.7	16.2
内蒙古	1042.2	957.4	62.0	62.0		24.2	7667.3	5.0
辽　宁	1425.9	42.2					6454.4	377.1
吉　林	710.2						2418.0	
黑龙江	1938.1	257.0	3.0	3.0			10509.4	
上　海								
江　苏	9399.2						46405.0	12.6
浙　江	8289.8						74144.4	1690.0
安　徽	4956.8	108.6					52830.0	
福　建	213.3	50.1					3245.5	22.0
江　西								
山　东								
河　南	6803.4						41130.1	43.5
湖　北								
湖　南	719.9						1512.0	
广　东	2557.6	383.0				10.8	16943.5	109.4
广　西	4846.7	640.0	21.0	20.0	1.0	1.2	92241.5	43.6
海　南	0.2						5.0	
重　庆	1751.6	49.3	134.5	166.6		38.5	11768.5	3.2
四　川	6096.5	31.0	74.6	92.2		7.4	66614.3	1667.6
贵　州	14.5						113.0	
云　南	634.3	31.0					7625.8	8.7
西　藏								
陕　西	1159.0						7255.8	2.3
甘　肃	129.1	109.0		0.6		9.0	1707.0	
青　海								
宁　夏	37.4						333.8	
新　疆	38.0						25.0	

单位：万元

政事业会计制度单位财务指标				执行社会非营利组织会计制度单位财务指标				
收入合计	支出合计	收支结余	行政事业单位增加值	固定资产原价	上年结余	收入合计	费用合计	社会组织单位增加值
74107.5	**71661.0**	**2061.1**	**54916.3**	**97486.1**	**339.0**	**40635.8**	**16887.9**	**4344.0**
3067.9	2992.5	107.3	2170.2	8390.0		24.0	32.0	24.0
1117.7	935.8		764.6	3476.5		478.8	478.8	250.1
3513.2	3355.7		1996.5	6823.8		928.1	838.8	478.4
1097.6	1070.6		872.4	1025.6		50.4	53.5	31.5
1616.5	1557.4	3.3	949.7	2095.6		23711.6	367.6	68.3
1964.2	1664.0	5.2	1228.9	1662.4		348.3	1699.8	197.0
1069.1	1049.0		710.2	60.0		18.0	4.0	
2901.9	2896.8	0.1	1926.1	1524.6		48.5	40.5	12.0
10826.4	9194.4	367.5	8422.7	2078.1	64.0	1540.4	1589.9	976.5
16210.4	16357.1	1195.3	7523.3	17692.0	257.5	6011.1	5445.1	766.5
5257.7	5213.6	1.0	4404.8	9536.0		1348.8	1198.5	552.0
637.7	610.8	37.3	213.3	831.1		77.5	37.5	
7058.8	7064.3	30.1	6791.4	7300.8		836.9	285.7	12.0
686.6	679.6		328.9	3060.3		1965.1	1965.1	391.0
4215.2	4182.9	85.9	2527.8	5.0		19.0	19.0	19.0
2089.3	2058.8	25.5	4743.1	5361.4		447.6	388.7	102.4
1.2	1.2		0.2					
1785.8	1790.2	0.2	1647.9	13335.2		1216.5	1069.6	65.2
6791.9	6924.2	198.6	5956.6	9668.1		1152.2	988.8	132.5
26.0	26.0		14.5					
420.0	397.6	2.8	471.7	2369.3	0.5	209.3	204.5	162.6
1353.5	1329.6	1.0	1056.0	1069.3	17.0	180.7	170.5	103.0
135.9	135.9		120.1	111.0		13.0		
50.0	50.0		37.4					
213.0	123.0		38.0	10.0		10.0	10.0	

C-10 老年人与残疾人

地区	单位数	年末职工人数		受教育程度情况	
			女性	大学专科	大学本科及以上
全国	**39671**	**257850**	**134721**	**34844**	**11954**
北京	393	8387	5069	1518	522
天津	281	4606	3154	696	387
河北	1703	14437	7424	1577	666
山西	994	5922	2697	1106	355
内蒙古	661	3873	1677	719	212
辽宁	1212	12358	7395	2075	617
吉林	797	5432	2422	707	400
黑龙江	693	5230	2778	1107	257
上海	616	16734	11895	942	391
江苏	2023	17918	10352	1890	765
浙江	1620	11838	7110	1337	612
安徽	2273	11518	4310	941	176
福建	785	3033	1466	320	120
江西	2073	14420	6109	638	134
山东	2127	20633	10428	4971	2251
河南	2850	17202	6960	2252	537
湖北	2476	16087	8752	2424	552
湖南	2416	10968	5049	2148	542
广东	2490	15727	9067	1704	850
广西	1316	6325	4282	990	318
海南	206	548	349	58	17
重庆	2394	5606	2385	651	197
四川	3111	12823	5421	1234	383
贵州	912	2295	1151	618	140
云南	705	2802	1519	378	88
西藏	194	309	182	5	
陕西	879	4233	2125	707	185
甘肃	667	2285	928	413	118
青海	139	533	253	44	29
宁夏	89	575	318	35	25
新疆	576	3193	1694	639	108

服务机构总表

单位:个、人

职业资格水平		年龄结构			
助理社会工作师	社会工作师	35岁及以下	36岁至45岁	46岁至55岁	56岁及以上
1461	**1146**	**67726**	**106252**	**64865**	**19007**
37	24	1775	4452	1804	356
14	11	1048	1730	1563	265
33	24	5963	5232	2341	901
17	23	1867	2434	1405	216
9	19	866	1886	1003	118
48	20	3397	4883	3366	712
85	215	1694	2527	1029	182
78	46	1336	2921	916	57
53	72	2776	5760	5855	2343
157	90	3916	7096	5512	1394
34	47	2436	4338	3751	1313
84	45	2024	4918	3661	915
53	18	706	1139	1013	175
63	3	2649	5335	3738	2698
76	49	7990	8068	3627	948
40	6	5812	6705	3496	1189
29	14	3474	7490	4256	867
21	35	2404	5614	2641	309
129	39	4120	6452	3938	1217
129	69	2071	2792	1194	268
3		91	285	121	51
19	10	994	2187	2013	412
141	147	3031	5357	3136	1299
11	52	709	920	525	141
	3	787	1227	639	149
		184	120	4	1
58	37	1175	1534	1205	319
8	15	899	844	438	104
1		237	202	86	8
10	2	202	232	116	25
21	11	1093	1572	473	55

C-10续表1

地　区	年末床位数	光荣间床位	年在院总人天数	年末在院人数	# 女性	在院人员按性质分 优抚对象	“三无”对象
全　国	**2889793**	**136927**	**554894671**	**2275739**	**549276**	**117199**	**1783750**
北　京	56891	643	6479941	25426	10133	358	4028
天　津	23069	831	4307824	15350	5696	506	2725
河　北	140486	9545	32311836	111914	13469	8314	94901
山　西	43433	3237	6300188	25808	3235	3599	19831
内蒙古	35756	1687	7286021	28780	4010	2089	23279
辽　宁	99436	5877	21844328	66695	19891	4728	42644
吉　林	69164	6819	8583044	48160	10495	5417	37679
黑龙江	59595	3492	10399538	49474	9309	4018	38747
上　海	92450	185	15958974	57340	33595	378	3964
江　苏	228631	5702	46923381	177091	50900	5945	135375
浙　江	169487	3400	32114578	101278	38367	1923	48306
安　徽	165595	5189	32024170	136328	24821	2956	124395
福　建	20217	2096	2730068	12225	3181	1278	8311
江　西	214263	29811	32468574	209767	47444	9319	190619
山　东	273077	12263	78464972	232137	59402	12085	192544
河　南	254436	13308	51418650	222980	40122	16622	199239
湖　北	210738	8910	40692238	181909	44103	7527	158745
湖　南	119263	9026	24783653	102112	22941	8629	88522
广　东	114144	4516	15187446	83860	25290	9290	49322
广　西	46785	1620	9266424	30587	10522	883	19461
海　南	3778	303	735182	2327	1095	311	1939
重　庆	78044	913	13239879	59701	13022	945	47694
四　川	204865	2423	34776117	170605	28391	5011	147939
贵　州	20357	348	3610641	12629	2846	417	10872
云　南	34775	776	4316743	24957	7367	1174	22441
西　藏	4066		970658	2785	1220		2785
陕　西	46939	1981	10043596	39343	8235	1470	34014
甘　肃	18578	805	1818645	12081	3052	947	8994
青　海	4728		520468	3111	594	66	2473
宁　夏	5865	277	655053	5157	1086	239	4141
新　疆	30882	944	4661841	23822	5442	755	17821

单位：人、张、人次、人天

自费人员	在院人员按年龄分			在院人员按类型分			康复和医疗门诊人次数	家庭寄养儿童数量
	老人	青壮年	少年儿童	自理（完全自理）	介助（半自理）	介护（不能自理）		
374790	**2054773**	**141411**	**79555**	**1811492**	**208897**	**255350**	**5569238**	**8396**
21040	23520	1608	298	16173	4231	5022	192334	17
12119	14637	678	35	8554	3481	3315	55596	
8699	105213	2891	3810	94005	12645	5264	335141	160
2378	22375	1574	1859	21114	3210	1484	156797	1500
3412	25873	2221	686	18796	8663	1321	30085	73
19323	60306	5091	1298	59994	4380	2321	95268	145
5064	42014	4525	1621	36423	8127	3610	64057	108
6709	45647	3457	370	47677	1156	641	49429	
52998	54357	2934	49	36249	8898	12193	114546	
35771	170438	3636	3017	130600	30063	16428	722689	401
51049	98083	1781	1414	73412	16236	11630	396238	793
8977	130953	2856	2519	132257	2496	1575	97619	718
2636	10670	513	1042	10685	1033	507	96245	546
9829	197034	4032	8701	189343	17402	3022	40627	546
27508	227869	2691	1577	205794	17972	8371	407997	216
7119	214186	4746	4048	206253	11511	5216	197617	326
15637	173444	5035	3430	169899	7956	4054	556769	229
4961	95899	2943	3270	91184	7542	3386	87869	362
25248	75657	2073	6130	66986	9346	7528	999964	900
10243	27994	445	2148	24658	2671	3258	182036	410
77	1998	31	298	1651	480	196	20869	23
11062	55895	2628	1178	52657	5429	1615	166621	244
17655	68581	76971	25053	18842	5016	146747	312270	101
1340	10963	537	1129	10419	1472	738	26681	98
1342	23341	869	747	20591	3361	1005	13924	38
	2679		106	2751	32	2	1	
3859	35477	2558	1308	33246	3859	2238	43864	176
2140	10029	777	1275	1688	8504	1889	41649	42
572	2806	97	208	2793	231	87	2465	
777	4819	157	181	4096	830	231	3423	80
5246	22016	1056	750	22702	664	456	58548	144

C-10 续表 2

地　区	增加值合计	执行企业会计制度单位财务指标					执行行	
		固定资产原价	营业收入	费用合计	营业利润	企业单位增加值	固定资产原价	上年结余
全　国	**707248.4**	**98356.9**	**8295.4**	**7242.7**	**-540.1**	**2825.9**	**2756251.4**	**69666.4**
北　京	19930.6	8262.6	2406.8	2167.0	-2.3	668.3	92231.2	2745.4
天　津	12378.5						31974.7	3291.5
河　北	30953.6	562.0	193.2	114.2		10.2	144985.7	423.8
山　西	13228.6						46236.7	6452.2
内蒙古	8688.6	2375.4	170.8	143.0	1.0	98.2	32807.8	781.7
辽　宁	30659.7	4287.9	82.0	66.5	11.0	62.6	115131.1	1462.4
吉　林	22785.6	4179.7				74.0	52287.3	199.0
黑龙江	11560.4	1739.0	10.0	8.0		8.7	48100.5	38.0
上　海	33852.1	168.0	115.0	123.0	-7.0	-5.9	51871.8	5263.8
江　苏	147515.6	7346.5	100.7	60.3		82.0	333221.6	4761.1
浙　江	38227.4	25772.4	1768.8	2160.0	-512.6	-244.3	178540.0	6812.0
安　徽	17206.3	6287.9	501.5	436.5	10.6	191.7	123373.0	675.7
福　建	7538.2	1852.7	350.4	77.5	-33.0	153.3	37090.4	2246.3
江　西	18391.5	2702.0	162.0	202.0	5.0	6.8	90869.8	1043.3
山　东	60323.2	3183.0	312.8	180.0		169.8	153233.1	2092.9
河　南	23543.1	100.0	3.0	3.0			135584.2	126.1
湖　北	35663.1					6.0	155449.4	190.8
湖　南	33120.8						122173.0	279.4
广　东	52591.8	6499.3	1269.2	1056.0	-35.7	530.4	235270.9	18797.0
广　西	13637.8	1515.0	476.2	30.8	1.0	31.4	123487.9	829.8
海　南	3088.5						44169.9	99.0
重　庆	10692.8	3599.3	154.5	198.6		49.7	60827.9	130.0
四　川	24601.7	434.0	74.6	92.2		7.4	172925.3	6367.6
贵　州	5451.2						20478.7	254.2
云　南	4402.4	4435.0				14.8	37223.5	1226.0
西　藏	1418.5	30.0					17620.4	
陕　西	12922.0	11218.0	98.6	72.5	10.9	800.3	41721.2	1332.8
甘　肃	3210.1	246.0		0.7		11.0	17416.7	629.9
青　海	956.0						1518.8	
宁　夏	1621.3	1377.0					5284.3	332.7
新　疆	7087.4	184.2	45.3	50.9	11.0	99.5	33144.6	782.0

单位：万元

政事业会计制度单位财务指标				执行社会非营利组织会计制度单位财务指标				
收入合计	支出合计	收支结余	行政事业单位增加值	固定资产原价	上年结余	收入合计	费用合计	社会组织单位增加值
962722.0	**958273.0**	**50598.6**	**614215.7**	**969654.8**	**18723.9**	**432170.4**	**547771.5**	**90206.8**
30959.1	29457.3	3173.9	19809.2	43008.1	1666.1	14105.5	16982.1	-546.9
15125.1	14585.6	2853.3	9918.3	7537.9	94.9	16867.6	6309.8	2460.2
51154.8	50432.8	430.1	30440.4	8855.8		1832.6	1085.8	503.0
25949.3	29095.0	2983.6	12650.9	6720.6	1.0	952.2	1106.6	577.7
16890.9	15872.4	441.0	8385.8	4713.6	-8.0	24038.0	657.5	204.6
43923.8	42766.8	1510.3	27750.7	30403.4	105.3	6601.3	7986.2	2846.4
21624.6	21570.4	246.0	13586.7	7703.3		1736.6	1749.2	9124.9
16342.4	29431.4	74.1	10291.7	7843.6	295.0	1159.1	5431.2	1260.0
28193.5	25850.6	1665.1	15803.5	76768.5	6090.1	65238.8	66867.5	18054.5
163191.0	159552.4	7021.0	139347.8	125997.7	5245.3	19853.0	14475.0	8085.8
61146.5	59387.7	6472.7	33040.6	73750.1	833.9	19529.2	18012.6	5431.1
22809.8	22103.5	732.4	14926.8	40670.9		5596.7	5299.5	2087.8
15056.5	14427.8	663.7	7340.9	3516.8	8.0	772.8	399.5	44.0
39948.9	39680.5	943.1	18042.1	6561.7		2482.0	1492.9	342.6
50693.7	49116.8	3613.3	35993.7	203077.2		43620.2	44795.5	24159.7
32188.6	33060.8	97.3	22227.3	28565.5	42.5	105505.6	305322.4	1315.8
53535.6	50054.4	3401.5	31058.0	36259.8	31.9	9715.9	8608.5	4599.1
48728.8	47764.1	637.0	32416.5	10820.1		3187.7	2979.5	704.3
93479.9	97408.9	7234.7	51113.3	7726.6	-29.0	2795.3	2027.5	948.1
16747.7	15554.3	1604.9	12751.1	9164.7	418.4	2256.9	2148.9	855.3
2246.3	2238.6	22.1	3088.5					
13992.7	13712.7	280.7	9533.5	34045.0	33.2	3729.5	3342.6	1109.6
52340.7	48911.3	2067.9	22963.6	35596.6	773.1	4338.9	2850.6	1630.7
5573.3	5630.4	231.5	3844.5	116616.2	3043.0	69043.2	20820.0	1606.7
8602.4	8070.3	1395.5	4000.6	10206.2	16.8	468.3	506.9	387.0
741.7	741.7		1418.5					
13446.9	13796.2	56.1	11084.4	15758.5	53.4	1919.1	1763.7	1037.3
4148.0	4147.7	75.5	3050.4	6624.6		1656.8	1615.7	148.7
505.0	484.0		388.3	5477.9		884.5	855.3	567.7
2044.1	2466.6	-39.8	1485.2	3389.0		343.7	421.6	136.1
11390.4	10900.0	710.1	6462.9	2274.9	9.0	1939.4	1857.4	525.0

C-11 城市养老

地　区	单位数	年末职工人数		受教育程度情况	
			女性	大学专科	大学本科及以上
全　国	**5291**	**64380**	**40407**	**8790**	**2776**
北　京	180	4100	2205	874	179
天　津	159	3422	2511	434	230
河　北	207	2831	1816	238	66
山　西	67	952	557	100	32
内蒙古	63	451	300	62	40
辽　宁	298	3569	2773	801	230
吉　林	175	889	514	194	72
黑龙江	143	1151	782	490	60
上　海	308	8067	6005	319	141
江　苏	598	6975	4330	884	274
浙　江	429	4017	2505	304	138
安　徽	177	2009	980	208	55
福　建	72	422	251	53	11
江　西	351	2589	1105	61	1
山　东	328	3932	2297	1297	558
河　南	219	2093	1064	239	49
湖　北	288	2495	1653	289	88
湖　南	78	571	277	79	13
广　东	359	4328	2593	385	174
广　西	159	2728	1986	562	189
海　南					
重　庆	111	1214	747	131	34
四　川	273	2755	1375	243	42
贵　州	37	298	136	69	8
云　南	43	248	180	28	
西　藏					
陕　西	59	803	559	141	46
甘　肃	26	432	209	91	22
青　海	3	55	24	20	
宁　夏	2	38	27	1	
新　疆	79	946	646	193	24

服务机构

单位:个、人

职业资格水平		年龄结构			
助理社会工作师	社会工作师	35岁及以下	36岁至45岁	46岁至55岁	56岁及以上
471	**334**	**17278**	**26591**	**15836**	**4675**
19	10	913	2247	791	149
5	5	792	1280	1182	168
1		1689	735	349	58
2	5	317	464	153	18
		103	232	105	11
9	7	1012	1537	904	116
11	44	354	402	118	15
65	43	199	802	147	3
11	15	1337	3008	2708	1014
104	38	1459	2722	2097	697
4	5	743	1237	1468	569
18	2	345	983	526	155
2	1	117	137	148	20
23	2	463	1084	526	516
3	3	1702	1450	623	157
23	2	849	955	269	20
2		446	1205	739	105
1		101	291	166	13
20	7	1262	1798	1119	149
104	50	1041	1300	324	63
1	1	333	452	358	71
3	73	681	1035	555	484
1		79	147	57	15
		97	112	34	5
29	20	317	282	147	57
1		242	147	40	3
		22	21	12	
		14	14	6	4
9	1	249	512	165	20

C-11 续表 1

地 区	年末床位数	光荣间床位	年在院总人天数	年末在院人数	# 女性	在院人员按性质分 优抚对象	“三无”对象
全 国	**492625**	**7239**	**86036276**	**322729**	**124301**	**6845**	**99485**
北 京	27413	38	2732218	11244	4756	28	778
天 津	17353	57	3061329	11439	4713	74	374
河 北	21856	550	4781450	16229	4419	498	9999
山 西	4656	103	569252	2693	644	66	1111
内蒙古	3794	25	635122	2629	863	89	603
辽 宁	26384	562	6396317	18118	8776	748	4566
吉 林	13142	363	1422294	7299	2140	207	4421
黑龙江	11191	343	1067186	7494	2303	361	4116
上 海	41883		7932790	27408	16218	139	494
江 苏	65797	658	11342480	39629	13857	612	17029
浙 江	55465	213	10986095	34927	17531	356	5073
安 徽	16744	282	2341767	10612	3087	156	3511
福 建	3057	66	467901	1831	628	164	409
江 西	6233	837	1433705	6030	2361	1029	3909
山 东	35538	348	9381977	26366	10112	113	2388
河 南	16758	973	2806841	12224	2280	591	8015
湖 北	25742	545	3402974	18168	5029	485	9011
湖 南	4458	172	1325325	3284	970	131	1970
广 东	27577	291	3351615	18742	6552	444	5359
广 西	12313	21	1992155	8055	4352	24	1006
海 南							
重 庆	9863	111	1806767	6585	2991	19	582
四 川	25686	121	3958935	18498	4773	231	11615
贵 州	1654	29	202870	724	155	10	134
云 南	2938	16	114262	1519	735	138	493
西 藏							
陕 西	5620	321	1250552	4437	1932	36	1202
甘 肃	2349	15	100089	1500	503	11	155
青 海	680		26550	240			23
宁 夏	320	6	74170	266	89	4	216
新 疆	6161	173	1071288	4539	1532	81	923

单位:人、张、人次、人天

	在院人员按年龄分			在院人员按类型分			康复和医疗门诊人次数
自费人员	老人	青壮年	少年儿童	自理 (完全自理)	介助 (半自理)	介护 (不能自理)	
216399	**296080**	**13060**	**13589**	**224851**	**47192**	**50686**	**804848**
10438	10938	291	15	6983	1907	2354	89869
10991	11212	222	5	5747	2802	2890	20957
5732	15813	138	278	12855	2090	1284	8132
1516	2669	1	23	1548	959	186	4568
1937	2431	161	37	1982	498	149	
12804	17724	380	14	16162	1391	565	18165
2671	6698	545	56	5330	1212	757	5471
3017	6622	709	163	7307	128	59	743
26775	26676	690	42	16181	4182	7045	16842
21988	37877	1311	441	19285	11586	8758	124635
29498	34644	213	70	25596	5370	3961	117222
6945	10545	49	18	9518	709	385	9598
1258	1715	69	47	1573	136	122	2154
1092	5668	115	247	4787	1104	139	807
23865	26366			18189	5430	2747	37455
3618	11804	338	82	11348	635	241	26750
8672	17876	211	81	16440	743	985	8694
1183	3256	15	13	2860	285	139	1545
12939	17986	570	186	15744	1412	1586	203281
7025	7990	46	19	4677	1593	1785	43854
5984	6502	81	2	5411	846	328	2181
6652	394	6507	11597	5256	231	13011	38566
580	718	1	5	536	111	77	8317
888	1459	25	35	1191	239	89	57
3199	4024	348	65	2980	907	550	6766
1334	1457	2	41	688	443	369	46
217	240			113	81	46	
46	262	4		261	5		289
3535	4514	18	7	4303	157	79	7884

C-11 续表 2

地　区	增加值合计	执行企业会计制度单位财务指标					执行行	
		固定资产原价	营业收入	费用合计	营业利润	企业单位增加值	固定资产原价	上年结余
全　国	**184516.0**	**50066.9**	**5953.4**	**5074.7**	**-521.3**	**1219.6**	**423216.7**	**12987.3**
北　京	4038.3	2598.1	1075.4	1041.4	-4.8	289.6	19501.9	432.5
天　津	4580.9						14836.9	213.2
河　北	2558.5	289.0	114.0	35.0		0.3	19724.1	
山　西	2068.1						7401.5	1941.5
内蒙古	936.3	590.0	83.0	54.0	1.0	61.4	3283.5	44.7
辽　宁	6915.6	4084.0	65.0	65.0		0.6	26289.4	195.0
吉　林	8820.6	586.0				74.0	8114.6	
黑龙江	1145.4	626.0					8539.0	2.0
上　海	13931.8						15080.2	4020.2
江　苏	93438.0	4004.5	98.5	58.1		22.0	88519.6	269.5
浙　江	7181.7	25646.2	1758.8	2149.5	-512.6	-250.1	38141.2	972.3
安　徽	1775.3	3675.3	501.5	436.5	10.6	191.7	5853.9	4.0
福　建	1120.0	1721.7	298.4	77.5	-33.0	101.3	8657.7	545.0
江　西	2183.3	30.0	50.0	90.0	5.0	5.8	9500.7	19.3
山　东	7569.8	3170.0	312.8	180.0		160.8	12153.4	
河　南	2557.0						16897.5	-80.0
湖　北	1952.2					6.0	9929.6	
湖　南	829.1						6830.8	72.4
广　东	12055.3	354.8	855.4	588.4	1.6	395.0	45783.8	3192.8
广　西	1046.6	850.0	455.2	10.8		30.2	5584.6	-9.4
海　南								
重　庆	1004.0	209.3	151.5	195.6		49.7	5392.8	29.0
四　川	3229.5	411.0					33366.5	1093.7
贵　州	644.0						3806.2	
云　南	107.3	551.0				14.8	1947.4	3.5
西　藏								
陕　西	1058.5	650.0	98.6	72.5	10.9	58.3	2064.9	17.0
甘　肃	325.7						2661.3	
青　海	32.3							
宁　夏	46.1							
新　疆	1364.8	20.0	35.3	20.4		8.2	3353.7	9.1

单位：万元

政事业会计制度单位财务指标				执行社会非营利组织会计制度单位财务指标				
收入合计	支出合计	收支结余	行政事业单位增加值	固定资产原价	上年结余	收入合计	费用合计	社会组织单位增加值
168988.7	**168506.1**	**4835.6**	**136670.6**	**351216.4**	**10202.8**	**128961.6**	**114099.7**	**46625.8**
5027.0	4710.2	510.6	3426.6	26330.6	1103.2	8831.4	11068.3	322.1
2779.0	2640.6	242.5	2391.2	4133.4	94.9	16383.2	5831.6	2189.7
5255.5	5257.5		2319.1	6557.8		1380.4	724.9	239.1
2426.2	3776.5	585.1	1603.6	4167.0	1.0	763.7	849.0	464.5
1146.8	1836.5	15.0	781.4	793.0	-8.0	194.0	179.0	93.5
6626.6	6483.2	289.8	4550.5	23500.9	28.0	4778.3	4831.9	2364.5
1078.9	1092.3		790.6	2841.0		735.3	692.3	7956.0
1968.1	1435.1		1110.4	3706.0	295.0	858.0	88.0	35.0
3033.2	2803.4	345.2	1909.2	24707.1	1610.6	38260.2	41115.5	12022.6
89431.3	88991.0	719.6	86163.5	101902.9	5245.3	14679.2	10393.9	7252.5
10497.0	10320.1	850.9	5859.9	22984.0	296.3	8941.7	8294.0	1571.9
1342.9	1372.4	-42.5	459.1	11865.7		3360.9	3148.9	1124.5
903.8	904.2	-25.0	975.7	248.5	8.0	201.8	229.8	43.0
3520.3	3514.6		2070.4	2793.1		832.3	384.3	107.1
1685.7	1644.8		1701.9	56229.1		14551.4	13854.1	5707.1
2979.8	3019.3	-60.1	2189.4	4239.9	3.5	854.8	840.4	367.6
1892.9	1618.4		1251.7	6066.4	30.9	3183.6	2836.2	694.5
1329.4	1335.8	77.0	789.3	1154.7		155.0	148.0	39.8
19010.6	19197.2	1031.4	10964.9	3866.6	-29.0	1788.8	1442.7	695.4
1066.8	1050.7	6.6	416.4	4026.1	674.4	1428.2	1335.8	600.0
752.8	649.5	42.0	425.1	6618.9	23.2	1220.2	985.4	529.2
1993.0	1731.5	200.8	2565.4	16238.3	772.1	1949.5	1419.7	664.1
308.2	293.9	14.3	219.1	2685.7		268.6	278.6	424.9
87.3	90.3	0.5	92.5	2900.0				
579.5	569.7	10.2	484.7	3445.7	53.4	1153.3	1010.3	515.5
355.8	336.6		295.4	1042.0		312.8	276.1	30.3
				3420.0		68.0	68.0	32.3
				1160.0		102.0	102.0	46.1
1910.3	1830.8	21.7	863.6	1592.0		1725.0	1671.0	493.0

C-12 农村养老

地　区	单位数	年末职工人数		受教育程度情况	
			女性	大学专科	大学本科及以上
全　国	**31286**	**136005**	**61482**	**12474**	**2627**
北　京	195	3024	2059	238	57
天　津	109	599	335	91	54
河　北	1293	7896	3580	497	56
山　西	817	3003	1150	428	54
内蒙古	526	2118	699	128	27
辽　宁	809	5709	2856	492	47
吉　林	586	3222	1336	289	147
黑龙江	502	2909	1444	451	95
上　海	281	6531	4406	345	98
江　苏	1342	8482	4536	424	127
浙　江	1082	5476	2980	502	123
安　徽	1984	7990	2535	419	24
福　建	581	1249	448	5	
江　西	1346	7147	2837	180	1
山　东	1711	14034	6681	2665	909
河　南	2470	12853	4717	1455	227
湖　北	1982	9685	4842	1066	129
湖　南	2097	6972	2939	992	154
广　东	1912	5697	2503	115	11
广　西	1001	1296	626	25	3
海　南	190	309	202	12	5
重　庆	2230	3277	1012	183	32
四　川	2714	8008	2926	475	110
贵　州	816	1320	669	269	23
云　南	558	1492	750	106	19
西　藏	165	192	118		
陕　西	758	1996	888	137	15
甘　肃	614	1430	504	233	30
青　海	130	332	146	20	24
宁　夏	74	320	158	7	1
新　疆	411	1437	600	225	25

服务机构

单位:个、人

职业资格水平		年龄结构			
助理社会工作师	社会工作师	35岁及以下	36岁至45岁	46岁至55岁	56岁及以上
417	**392**	**32645**	**56361**	**36063**	**10936**
3	7	411	1723	767	123
2		112	247	176	64
2	10	2964	2939	1247	746
		906	1192	782	123
2	10	469	1013	562	74
8	4	1438	2217	1643	411
61	149	1034	1476	601	111
10		818	1601	459	31
21	4	988	2035	2436	1072
24	20	1669	3471	2818	524
3	17	903	2166	1819	588
50	34	1245	3266	2766	713
14	6	242	442	457	108
28		1273	2747	2013	1114
8	7	5339	5660	2375	660
2	1	4139	4858	2792	1064
		1952	4473	2647	613
10	17	1175	3793	1780	224
1	2	852	2080	1867	898
4		142	611	413	130
		59	121	79	50
		308	1290	1373	306
133	61	1636	3508	2148	716
1	11	426	515	285	94
	2	355	641	426	70
		117	75		
22	8	396	691	716	193
2	15	529	496	319	86
1		144	145	42	1
		68	153	82	17
5	7	536	716	173	12

C-12 续表 1

地 区	年末床位数	光荣间床位	年在院总人天数	年末在院人数	# 女性	在院人员按性质分：优抚对象	“三无”对象
全 国	**2087857**	**80120**	**407636696**	**1730200**	**346916**	**67190**	**1570042**
北 京	26190	16	2797924	11620	4348	34	2643
天 津	3411	18	722979	2084	302	63	1744
河 北	101251	3737	23429487	84478	7012	2064	80418
山 西	31101	756	4090950	18259	1314	1410	16217
内蒙古	25332	562	5419875	21446	2083	812	20228
辽 宁	57783	2995	12255479	37465	7134	2187	33030
吉 林	49271	4865	5602187	35287	6758	4029	29889
黑龙江	39767	2327	8058708	34795	5144	2604	31009
上 海	42831	135	6136352	24566	14271	182	2860
江 苏	148184	4017	32611168	127705	32428	4575	113021
浙 江	93672	2135	16639134	54427	14667	1180	40154
安 徽	140578	3329	28205801	119755	19717	1702	116965
福 建	9962	480	1073408	5569	998	333	5164
江 西	182555	19447	25912112	180799	36339	2543	173953
山 东	225936	11519	66489148	197566	47302	7668	186880
河 南	226776	9783	45888087	202794	35841	13836	185856
湖 北	158115	4185	32522841	144804	32479	3758	138828
湖 南	97388	3998	19486856	85731	17186	3701	80788
广 东	62226	1932	7996888	46390	10912	7344	34656
广 西	22873	48	4569795	14846	2798	145	14545
海 南	2820	64	556602	1768	796	131	1637
重 庆	59488	275	9757953	46739	7339	602	44964
四 川	165775	1137	28314716	142330	20726	3414	130840
贵 州	15274	100	2818565	9644	1836	276	9222
云 南	24249	593	3532974	18516	5343	922	17278
西 藏	2869		673413	1934	893		1934
陕 西	33505	595	7472626	29478	4979	299	28639
甘 肃	13449	688	1329666	8992	1963	878	7518
青 海	3328		380313	2514	461	66	2235
宁 夏	4159	141	469234	3754	814	195	3362
新 疆	17739	243	2421455	14145	2733	237	13565

单位：人、张、人次、人天

自费人员	在院人员按年龄分			在院人员按类型分			康复和医疗门诊人次数
	老人	青壮年	少年儿童	自理（完全自理）	介助（半自理）	介护（不能自理）	
92968	**1597206**	**103178**	**29816**	**1430068**	**127080**	**173052**	**1609938**
8943	10837	654	129	8190	1729	1701	41155
277	1987	73	24	1481	435	168	7484
1996	79857	2116	2505	73290	8753	2435	49422
632	16958	848	453	16269	1913	77	15745
406	19549	1679	218	14020	6638	788	3500
2248	34350	2401	714	35657	1430	378	24547
1369	31834	2403	1050	26842	5977	2468	35243
1182	32673	1939	183	33683	704	408	11588
21524	23113	1446	7	17588	3740	3238	97204
10109	125626	1420	659	106985	16391	4329	193880
13093	54052	243	132	42400	6899	5128	75015
1088	116671	2186	898	117844	1428	483	50230
72	5445	50	74	5291	278		2625
4303	172863	2925	5011	164928	13548	2323	22257
3018	195524	1602	440	181339	11401	4826	219982
3102	196991	3766	2037	188319	10183	4292	63624
2218	139191	3436	2177	137056	5430	2318	333282
1242	83279	1426	1026	79251	5288	1192	59630
4390	45817	204	369	38909	5254	2227	64053
156	14775	14	57	14452	319	75	3169
	1715	2	51	1252	335	181	220
1173	44101	2121	517	42996	3390	353	27792
8076	66773	67481	8076	8076	3414	130840	144179
146	8956	119	569	8193	1141	310	4270
316	17666	532	318	16679	1645	192	2891
	1934			1934			
540	28156	831	491	27163	1632	683	4988
596	7718	505	769	760	6966	1266	33457
213	2285	24	205	2514			15
197	3582	69	103	2876	689	189	1054
343	12928	663	554	13831	130	184	17437

C-12 续表 2

地　区	增加值合计	执行企业会计制度单位财务指标					执行行	
		固定资产原价	营业收入	费用合计	营业利润	企业单位增加值	固定资产原价	上年结余
全　国	**224819.4**	**43579.0**	**2105.8**	**1855.8**	**-32.3**	**1427.0**	**1383657.1**	**9278.1**
北　京	3321.6	5664.5	1331.4	1125.6	2.5	378.7	32006.0	433.4
天　津	950.3						4673.3	1.4
河　北	11108.8	273.0	79.2	79.2		9.9	70108.2	54.9
山　西	2739.8						18843.9	20.2
内蒙古	2074.5	1785.4	70.6	71.8		36.6	15097.5	12.4
辽　宁	7796.5	203.9	17.0	1.5	11.0	62.0	50629.5	488.3
吉　林	5499.8	3593.7					28003.6	150.0
黑龙江	5839.5	1111.0	10.0	8.0		8.7	24778.3	36.0
上　海	6586.8	168.0	115.0	123.0	-7.0	-5.9	3377.1	8.6
江　苏	30396.6	3342.0	2.2	2.2		60.0	171776.3	551.0
浙　江	13449.3	126.2	10.0	10.5		5.8	85093.7	1569.5
安　徽	10074.9	2612.6					97837.1	181.7
福　建	828.2						9883.2	16.7
江　西	7616.9	2672.0					41674.1	162.2
山　东	32813.6	13.0				9.0	90709.9	
河　南	13114.7	100.0	3.0	3.0			97870.5	99.6
湖　北	17680.3						87468.4	0.4
湖　南	12501.8						67416.0	2.0
广　东	7312.6	5777.5	385.8	327.1	-38.8	97.7	75467.5	985.0
广　西	4393.2	348.0					85873.7	28.2
海　南	1038.1						7273.1	12.1
重　庆	4185.6	3270.0					31575.9	3.2
四　川	12447.4	23.0	74.6	92.2		7.4	101553.0	4076.0
贵　州	1862.3						6197.9	80.0
云　南	1534.5	1684.0					22231.3	104.8
西　藏	401.0	10.0					9457.6	
陕　西	3970.6	10418.0				742.0	19880.9	139.3
甘　肃	902.2	246.0		0.7		11.0	10869.5	20.0
青　海	535.4							
宁　夏	392.4	20.0					2155.0	4.0
新　疆	1450.2	117.2	7.0	11.0		4.1	13875.1	37.2

单位：万元

政事业会计制度单位财务指标				执行社会非营利组织会计制度单位财务指标				
收入合计	支出合计	收支结余	行政事业单位增加值	固定资产原价	上年结余	收入合计	费用合计	社会组织单位增加值
287153.9	**281368.3**	**4238.8**	**180602.2**	**607212.2**	**8743.0**	**300616.8**	**431496.3**	**42790.2**
7077.4	6230.9	329.1	3820.4	16638.3	557.8	5241.3	5884.5	-877.5
932.7	801.8		679.8	3404.5		484.4	478.2	270.5
16029.6	15853.3	23.0	10835.0	2298.0		452.2	360.9	263.9
4224.9	4195.1		2626.6	2553.6		188.5	257.6	113.2
2964.3	2941.0		1926.8	3920.6		23844.0	478.5	111.1
10687.4	10414.6	63.8	7288.6	6503.5	66.3	1503.0	2870.3	445.9
8891.5	8934.3		4343.9	4791.3		964.3	1021.9	1155.9
6259.6	5785.2	89.0	4605.8	3987.6		301.1	5343.2	1225.0
2150.5	1869.5	-6.0	560.8	52007.8	4479.5	26909.3	25752.0	6031.9
36918.2	36995.9	60.5	29503.3	24094.8		5173.8	4081.1	833.3
17709.8	18784.0	898.2	9652.0	47456.5	529.6	10230.0	9376.8	3791.5
12790.9	12545.0	12.2	9111.6	28805.2		2235.8	2150.6	963.3
3781.7	3774.9	14.2	827.2	3108.3		557.3	169.7	1.0
17922.8	17999.8		7548.4	3521.5		1424.7	894.4	68.5
18317.7	18101.1	2.6	14352.0	146848.1		29068.8	30941.4	18452.6
16122.8	16139.0	36.1	12167.3	24319.5	39.0	104649.9	304481.1	947.4
19819.0	17760.9	2063.5	13784.7	29159.4	1.0	6328.6	5568.7	3895.6
18233.5	17861.6	13.0	11837.3	9665.4		2852.7	2831.5	664.5
16491.8	16684.9	315.2	7125.2	2248.0		662.5	240.8	89.7
1828.4	1816.6	5.0	4336.2	4788.0		282.7	292.3	57.0
932.2	920.7		1038.1					
4747.4	4835.3	0.2	3668.7	25673.1		2381.0	2234.1	516.9
33832.2	31652.8	242.5	11473.4	19348.3	1.0	2364.4	1430.9	966.6
846.6	645.4		680.5	113520.5	3043.0	68743.8	20536.6	1181.8
1838.3	1777.9	16.1	1211.5	5741.2	16.8	400.3	442.9	323.0
22.5	22.5		401.0					
2646.1	2675.6	1.0	2706.8	12312.8		765.8	753.4	521.8
638.0	645.5	2.0	772.8	5582.6		1344.0	1339.6	118.4
				2057.9		816.5	787.3	535.4
611.1	648.1		302.4	2173.0		231.7	309.6	90.0
1885.0	2055.1	57.6	1414.1	682.9	9.0	214.4	186.4	32.0

C−13 社会

地　区	单位数	年末职工人数		受教育程度情况	
			女性	大学专科	大学本科及以上
全　国	**1611**	**36584**	**22337**	**8628**	**3855**
北　京	8	1032	700	331	250
天　津	5	315	172	92	55
河　北	46	893	564	211	128
山　西	18	527	302	130	41
内蒙古	40	807	426	362	79
辽　宁	80	2352	1393	522	240
吉　林	22	761	338	171	165
黑龙江	25	809	410	141	69
上　海	26	2091	1484	263	140
江　苏	64	1907	1169	447	287
浙　江	85	1868	1321	369	180
安　徽	60	1015	586	210	58
福　建	73	863	496	158	69
江　西	104	1585	872	202	58
山　东	26	932	457	399	252
河　南	61	1014	549	252	111
湖　北	123	2592	1542	726	241
湖　南	80	2131	1157	715	228
广　东	137	4901	3528	1021	539
广　西	91	2019	1507	352	99
海　南	6	154	104	37	10
重　庆	42	943	529	245	114
四　川	82	1340	736	370	151
贵　州	46	459	237	161	50
云　南	97	920	526	207	47
西　藏	29	117	64	5	
陕　西	37	911	430	252	65
甘　肃	23	353	185	72	52
青　海	6	146	83	4	5
宁　夏	12	215	132	27	24
新　疆	57	612	338	174	48

福利院

单位:个、人

职业资格水平		年龄结构			
助理社会工作师	社会工作师	35岁及以下	36岁至45岁	46岁至55岁	56岁及以上
410	**300**	**11544**	**15137**	**8252**	**1651**
12	7	407	374	184	67
4		91	92	114	18
2	5	326	366	178	23
8	12	186	188	126	27
5	9	205	396	188	18
24	9	720	826	651	155
8	2	171	353	202	35
	3	189	371	231	18
21	48	433	701	701	256
25	28	584	710	486	127
22	22	486	825	410	147
12	9	327	434	222	32
33	9	228	343	251	41
6	1	475	677	371	62
30	13	301	343	253	35
11	3	417	360	192	45
19	12	650	1265	583	94
4	10	747	925	422	37
87	24	1716	2245	806	134
20	19	804	751	399	65
3		16	120	18	
15	7	271	406	245	21
5	13	470	527	300	43
7	20	113	181	138	27
	1	296	422	141	61
		67	45	4	1
6	9	295	358	224	34
4		114	174	56	9
		71	36	32	7
10	2	120	64	27	4
7	3	248	259	97	8

C-13 续表1

地　区	年末床位数	光荣间床位	年在院总人天数	年末在院人数	#女性	在院人员按性质分	
						优抚对象	“三无”对象
全　国	**227916**	**8817**	**44504023**	**166959**	**66801**	**5976**	**103501**
北　京	2529		813769	2241	976	21	599
天　津	1264		391767	1086	417		607
河　北	5824	60	1533168	4483	1215	18	3914
山　西	3508		895498	2451	1143	128	2224
内蒙古	4670	167	710567	3571	978	130	2418
辽　宁	12548	665	2667659	9115	3595	458	4687
吉　林	4857	412	1267562	4076	1237	211	3283
黑龙江	6808	142	1037210	5919	1599	232	3431
上　海	7686		1884357	5351	3106	42	610
江　苏	13613	376	2735701	8976	4443	128	5259
浙　江	18457	549	4237062	11178	5853	130	2972
安　徽	6322	357	1147677	4674	1928	97	3744
福　建	5347	616	860808	3616	1381	160	2425
江　西	13390	1393	1798615	11472	4789	353	9150
山　东	4982	6	1142693	3658	1229	21	3236
河　南	5873	187	1695596	4376	1692	282	3819
湖　北	20694	870	3560083	14791	5656	646	9959
湖　南	10347	322	2466603	8025	3841	912	4875
广　东	21375	964	3524288	16845	7505	602	8670
广　西	9243	390	2367192	6613	3194	63	3785
海　南	604	10	125260	404	240	43	292
重　庆	8127	281	1576340	5983	2615	77	2125
四　川	11572	188	2033332	8627	2785	486	5245
贵　州	2629	40	450955	1794	687	23	1375
云　南	7359		634428	4758	1258	46	4574
西　藏	1197		297245	851	327		851
陕　西	6581	413	1108934	4673	1266	476	4120
甘　肃	2672	41	376355	1554	584	23	1321
青　海	720		113605	357	133		215
宁　夏	1366	118	111643	1123	182	27	563
新　疆	5752	250	938051	4318	947	141	3153

单位：人、张、人次、人天

自费人员	在院人员按年龄分			在院人员按类型分			康复和医疗门诊人次数	家庭寄养儿童数量
	老人	青壮年	少年儿童	自理（完全自理）	介助（半自理）	介护（不能自理）		
57482	**109570**	**22021**	**35368**	**110456**	**27414**	**29089**	**1870943**	**8396**
1621	1426	661	154	811	504	926	41666	17
479	697	383	6	700	147	239	18070	
551	3105	397	981	2999	660	824	194472	160
99	567	512	1372	1219	138	1094	2436	1500
1023	2789	351	431	1977	1217	377	5446	73
3970	6308	2244	563	6377	1490	1248	13841	145
582	2117	1446	513	2966	790	320	18047	108
2256	5171	724	24	5439	306	174	13647	
4699	4554	797		2480	976	1895	500	
3589	6215	853	1908	3676	2016	3284	141535	401
8076	8801	1165	1212	4733	3913	2532	100301	793
833	2565	508	1601	3698	313	663	8783	718
1031	2328	390	898	2862	470	284	87094	546
1969	7857	358	3257	9641	1386	445	4599	546
401	1771	750	1137	2496	571	591	85570	216
275	1938	544	1894	3428	435	513	23950	326
4186	12396	1290	1105	12648	1505	638	171032	229
2238	4415	1434	2176	4875	1255	1895	8794	362
7573	10431	897	5517	10995	2374	3476	577055	900
2765	4157	384	2072	4528	691	1394	85977	410
69	138	29	237	275	121	8	19231	23
3781	4919	405	659	4008	1137	838	99890	244
2896	486	2896	5245	5245	486	2896	86861	101
396	1095	212	487	1280	165	349	8269	98
138	4104	302	352	2600	1454	704	10976	38
	745		106	817	32	2	1	
77	2598	1335	740	2549	1164	960	3072	176
210	840	249	465	240	1060	254	8114	42
142	281	73	3	166	150	41	2450	
533	961	84	78	951	130	42	1480	80
1024	3795	348	175	3777	358	183	27784	144

C-13 续表 2

地 区	增加值合计	执行企业会计制度单位财务指标					执行行	
		固定资产原价	营业收入	费用合计	营业利润	企业单位增加值	固定资产原价	上年结余
全 国	**201034.8**	**4711.0**	**236.2**	**312.2**	**13.5**	**179.3**	**662331.8**	**31232.4**
北 京	10994.7						34565.0	1445.1
天 津	4435.4						5127.9	3018.9
河 北	4180.0						16848.0	89.0
山 西	2835.8						5193.3	459.3
内蒙古	3751.4		17.2	17.2		0.2	9649.5	675.6
辽 宁	10566.5						24313.5	428.3
吉 林	5300.4						12175.6	15.0
黑龙江	3972.6	2.0					12860.5	
上 海	12675.8						32674.4	1210.9
江 苏	18315.5						66120.3	1002.0
浙 江	14586.4						48436.8	2386.8
安 徽	3066.0						12287.4	102.6
福 建	4214.2	131.0	52.0			52.0	11754.2	1481.7
江 西	5290.4		112.0	112.0		1.0	23951.9	22.0
山 东	6540.9						15130.3	-161.2
河 南	2826.4						7078.5	227.1
湖 北	10009.1						34984.7	113.9
湖 南	14088.2						25942.3	43.1
广 东	26162.7	367.0	28.0	140.5	1.5	37.7	93782.5	13879.9
广 西	6852.7	317.0	21.0	20.0	1.0	1.2	23505.5	587.4
海 南	1916.4						34855.8	1.9
重 庆	4698.8	120.0	3.0	3.0			21349.7	97.8
四 川	6866.8						32941.9	1174.9
贵 州	2154.9						5925.6	80.8
云 南	2180.5	2200.0					11092.9	444.4
西 藏	1017.5	20.0					8162.8	
陕 西	5026.2	150.0					12136.4	1176.5
甘 肃	1601.9						2795.1	557.1
青 海	388.3						1518.8	
宁 夏	1177.4	1357.0					3129.3	328.7
新 疆	3341.0	47.0	3.0	19.5	11.0	87.2	12041.4	342.9

单位：万元

政事业会计制度单位财务指标				执行社会非营利组织会计制度单位财务指标				
收入合计	支出合计	收支结余	行政事业单位增加值	固定资产原价	上年结余	收入合计	费用合计	社会组织单位增加值
328500.0	**335508.5**	**21851.5**	**200064.7**	**11226.2**	**-221.9**	**2592.0**	**2175.5**	**790.8**
15807.0	15830.1	1886.0	10986.2	39.2	5.1	32.8	29.3	8.5
6762.5	7621.3	2545.8	4435.4					
6606.5	6350.4	149.5	4180.0					
6754.1	6422.9	819.7	2835.8					
9258.5	7546.5	310.7	3751.2					
17743.6	17746.2	63.3	10530.5	399.0	11.0	320.0	284.0	36.0
7266.3	7157.9	246.0	5287.4	71.0		37.0	35.0	13.0
6345.4	20442.3	-15.4	3972.6	150.0				
21990.8	20221.8	1235.0	12675.8	53.6		69.3		
27508.0	26075.3	1491.8	18315.5					
23400.2	21049.6	2572.1	14518.7	3309.6	8.0	357.5	341.8	67.7
4834.7	4773.5	200.2	3066.0					
7970.2	7470.9	512.7	4162.2	160.0		13.7		
8898.3	8846.4	8.8	5122.4	247.1		225.0	214.2	167.0
10714.3	10714.3	34.2	6540.9					
4707.8	5369.0	194.5	2825.6	6.1		0.9	0.9	0.8
17435.1	17620.4	-71.4	10000.1	1034.0		203.7	203.6	9.0
19844.4	19661.5	211.2	14088.2			180.0		
45411.9	48779.7	5255.5	25962.0	1612.0		344.0	344.0	163.0
11574.3	10617.3	1490.2	6653.2	350.6	-256.0	546.0	520.8	198.3
1037.3	1041.1	22.1	1916.4					
6962.0	6736.4	199.5	4635.3	1753.0	10.0	128.3	123.1	63.5
13778.5	11396.1	1487.6	6866.8	10.0		25.0		
3004.0	3118.1	115.8	2154.9	410.0		30.8	4.8	
4768.5	4825.0	189.9	2116.5	1565.0		68.0	64.0	64.0
719.2	719.2		1017.5					
6897.9	7021.7	155.7	5026.2					
2578.8	2610.7	0.2	1601.9					
505.0	484.0		388.3					
1421.0	1806.5	-39.8	1177.4	56.0		10.0	10.0	
5993.9	5432.4	580.1	3253.8					

C-14 光荣

地区	单位数	年末职工人数		受教育程度情况		职业资格水平		
			女性	大学专科	大学本科及以上	助理社会工作师	社会工作师	35岁及以下
全　国	**1401**	**12567**	**6116**	**2533**	**757**	**113**	**48**	**3340**
北　京	10	231	105	75	36	3		44
天　津	7	245	126	73	43	3	6	46
河　北	150	1749	917	302	47	23	8	620
山　西	85	863	379	286	65	5	3	272
内蒙古	29	360	184	126	44	2		54
辽　宁	24	559	294	195	91	5		177
吉　林	11	128	66	44	13	5	20	26
黑龙江	22	233	114	25	33	3		87
上　海								
江　苏	14	135	71	18	9	4		23
浙　江	22	80	40	27	8			25
安　徽	51	358	155	54	6	4		79
福　建	58	442	245	64	23	3	1	103
江　西	270	2590	1016	51	18	6		306
山　东	55	498	270	190	65	13		180
河　南	95	638	305	116	17	4		249
湖　北	81	960	524	301	85	8	2	317
湖　南	158	1078	538	264	77	6	8	303
广　东	76	442	254	82	17	15		131
广　西	63	227	136	32	7	1		65
海　南	9	78	38	9	2			15
重　庆	9	35	18	14	6			12
四　川	36	208	106	53	28			69
贵　州	8	66	37	32	8			26
云　南	6	36	4	6				5
西　藏								
陕　西	20	148	79	48				60
甘　肃	3	19	6	4	2			2
青　海								
宁　夏	1	2	1					
新　疆	28	159	88	42	7			44

院

单位:个、人、人天、张

年龄结构			年末床位数		年在院总人天数	年末在院人数	
36岁至45岁	46岁至55岁	56岁及以上		光荣间床位			#女性
5277	**2823**	**1127**	**67298**	**36758**	**13952931**	**45989**	**9542**
108	62	17	759	589	136030	321	53
106	79	14	891	606	122844	604	249
831	285	13	9770	4878	2118336	5426	627
384	183	24	2964	2229	463155	1585	92
186	114	6	1620	902	484622	1075	83
211	151	20	2391	1655	455517	1737	311
66	35	1	1249	534	222376	853	353
100	43	3	1629	530	235784	1210	253
49	43	20	581	433	130026	457	110
36	19		1428	483	100181	309	100
190	81	8	1751	1221	287520	1108	89
203	130	6	1601	834	273201	1059	124
698	748	838	11215	8117	3087340	10754	3871
216	80	22	4604		1032890	2970	468
282	87	20	4264	1920	909119	3187	231
428	180	35	5664	3214	1136929	3974	881
526	219	30	6830	4472	1477939	4980	901
201	88	22	1886	1189	181517	915	169
115	42	5	2116	1141	265654	876	76
38	24	1	314	189	46020	135	49
10	12	1	306	156	67758	216	23
96	40	3	1094	547	313753	785	54
29	11		449	137	59596	176	97
20	5	6	129	109	35079	115	31
59	26	3	573	392	77472	332	14
9	8		58	11	4870	14	2
1	1		12	12	6	6	1
79	27	9	1150	258	227397	810	230

C-14续表

地区	在院人员按性质分			在院人员按年龄分			在院人员按类型分	
	优抚对象	“三无”对象	自费人员	老人	青壮年	少年儿童	自理（完全自理）	介助（半自理）
全国	**30789**	**9831**	**5369**	**44554**	**766**	**669**	**39146**	**5604**
北京	275	8	38	319	2		189	91
天津	232		372	604			489	97
河北	4704	542	180	5192	200	34	4022	1025
山西	1343	217	25	1568	16	1	1411	154
内蒙古	1014	30	31	1055	20		784	284
辽宁	1243	328	166	1722	8	7	1622	64
吉林	325	86	442	840	11	2	640	148
黑龙江	765	191	254	1125	85		1198	12
上海								
江苏	389	66	2	456	1		416	34
浙江	175	16	118	290	19		246	54
安徽	932	175	1	1102	4	2	1087	15
福建	602	313	144	1032	4	23	949	99
江西	4937	3538	2279	10352	229	173	9557	1124
山东	2970			2957	13		2549	319
河南	1613	1544	30	3130	27	30	2932	155
湖北	2604	947	423	3879	28	67	3673	238
湖南	3857	858	265	4891	49	40	4133	692
广东	628	232	55	894	1	20	655	176
广西	632	125	119	875	1		804	68
海南	117	10	8	125		10	112	17
重庆	161	23	32	215	1		175	27
四川	590	169	26	638	16	131	143	642
贵州	46	116	14	98	10	68	169	7
云南	19	96		73		42	81	16
西藏								
陕西	311	21		327		5	319	8
甘肃	14			14				14
青海								
宁夏	5		1	6				6
新疆	286	180	344	775	21	14	791	18

单位：人、人次、万元

介护（不能自理）	康复和医疗门诊人次数	增加值合计	执行行政事业会计制度单位财务指标					
			固定资产原价	上年结余	收入合计	支出合计	收支结余	行政事业单位增加值
1239	**281401**	**38072.0**	**163409.6**	**3111.7**	**69553.9**	**67706.3**	**3476.7**	**38072.0**
41	19644	1576.0	6158.3	434.4	3047.7	2686.1	448.2	1576.0
18	7182	2166.4	4926.6	58.0	2649.9	2579.9	65.0	2166.4
379	32515	6237.8	26876.6	66.9	11644.8	11602.8		6237.8
20	4907	2584.8	6990.8	714.8	5981.2	5186.0	1283.1	2584.8
7	11100	1137.3	3106.1	49.0	2520.7	2572.6	90.5	1137.3
51	38715	3541.7	9439.6	144.1	5996.4	5919.1	220.6	3541.7
65	5296	651.0	1452.6	34.0	1545.2	1543.2		651.0
	23039	284.2	1362.7		1194.3	1193.8	0.5	284.2
7	1182	513.4	1538.6		641.5	617.6	1.8	513.4
9	803	495.2	2064.7	63.4	870.5	757.0	139.5	495.2
6	1542	1175.0	5116.6	276.4	1530.3	1327.6	336.5	1175.0
11	1372	958.8	5709.5	202.9	1955.1	1832.1	161.8	958.8
73	5914	1929.6	12838.9	98.7	7418.1	7318.3	5.2	1929.6
102	4482	2018.3	11605.2		2610.4	2613.4		2018.3
100	16348	884.1	7076.7	1.0	1868.3	1863.3	0.5	884.1
63	43229	3032.1	14807.7	76.5	4874.0	4852.7	97.8	3032.1
155	14368	3926.0	17162.9	358.9	6194.8	5968.8	342.5	3926.0
84	4776	1257.7	7583.6	239.3	2071.8	2155.0	155.4	1257.7
4	21982	610.9	5838.1	78.9	626.2	634.2	53.1	610.9
6	1418	114.0	1541.0	85.0	269.3	269.3		114.0
14	6576	510.0	986.5		606.1	606.1		510.0
	9909	995.2	3343.4	23.0	1329.0	1258.6	24.0	995.2
	2838	209.0	1163.0	15.0	336.8	548.8		209.0
18		36.9	273.0	0.5	26.0	26.0		36.9
5	521	573.5	1766.9		806.0	901.0		573.5
	32	91.5	110.8		106.0	106.0		91.5
	600	5.4			12.0	12.0		5.4
1	1111	556.2	2569.2	91.0	821.5	755.0	50.7	556.2

C-15 荣誉军人

地区	单位数	年末职工人数		受教育程度情况		职业资格水平		
			女性	大学专科	大学本科及以上	助理社会工作师	社会工作师	35岁及以下
全　国	**47**	**5074**	**2567**	**1404**	**983**	**23**	**50**	**1766**
北　京								
天　津								
河　北	1	209	103	64	89	4		86
山　西	6	329	162	107	67	1	3	109
内蒙古	1	67	33	18	16			7
辽　宁	1	169	79	65	9	2		50
吉　林	2	387	162					99
黑龙江	1	128	28					43
上　海	1	45		15	12		5	18
江　苏	1	136	81	35	39		2	49
浙　江	1	305	211	110	108	1		224
安　徽	1	146	54	50	33			28
福　建	1	57	26	40	17	1	1	16
江　西	1	483	277	141	55			126
山　东	2	578	301	220	211	6	13	234
河　南	3	160	64	36	12			40
湖　北	1	350	190	37	9			109
湖　南	1	136	78	39	56			51
广　东	4	155	81	35	62	2	3	63
广　西	2	55	27	19	20			19
海　南	1	7	5					1
重　庆	2	137	79	78	11	3	2	70
四　川	4	490	267	82	49			165
贵　州	5	152	72	87	51	2	21	65
云　南	1	106	59	31	22			34
西　藏								
陕　西	1	197	82	77	19			32
甘　肃	1	51	24	13	12	1		12
青　海								
宁　夏								
新　疆	1	39	22	5	4			16

康复医院

单位:个、人、张、人天

年龄结构			年末床位数	光荣间床位	年在院总人天数	年末在院人数	# 女性
36岁至45岁	46岁至55岁	56岁及以上					
1670	**1183**	**455**	**8173**	**1858**	**1479247**	**5378**	**1080**
48	59	16	300		45260	124	1
116	88	16	724	149	135534	438	38
29	22	9	100	26	9490	26	
92	17	10	280		53296	216	65
220	53	15	420	420		420	
47	36	2	200	150	650	56	10
16	10	1	50	50	5475	15	
30	49	8	140	40	19181	40	
48	27	6	365		115606	337	171
45	66	7	200		41405	179	
14	27		250	100	54750	150	50
113	76	168	750	17	230315	643	72
179	126	39	700		203725	604	184
44	66	10	265	45	19985	91	16
114	107	20	498	71	67691	163	54
44	36	5	150	50	20500	30	30
37	46	9	692	40	80498	658	55
15	16	5	240	20	71628	197	102
6			40	40	7300	20	10
29	25	13	260	90	31061	178	54
184	88	53	660	380	131647	291	53
48	34	5	351	42	78655	291	71
32	33	7	100	58		49	
96	50	19	300		44280	123	44
18	15	6	50	50	7665	21	
			8			8	
6	11	6	80	20	3650	10	

C-15续表

地区	在院人员按性质分			在院人员按年龄分			在院人员按类型分	
	优抚对象	“三无”对象	自费人员	老人	青壮年	少年儿童	自理(完全自理)	介助(半自理)
全国	**2886**	**610**	**1882**	**3580**	**1729**	**69**	**3554**	**1042**
北京								
天津								
河北	124			124			124	
山西	287	62	89	239	189	10	300	46
内蒙古	26			26				26
辽宁	91		125	158	58		142	
吉林	420			420			420	
黑龙江	56			56			50	6
上海	15			14	1			
江苏	33		7	32	8			10
浙江	32	41	264	226	111		337	
安徽	69		110	70	109		110	31
福建	19		131	150			10	50
江西	457		186	225	405	13	361	240
山东	489		115	451	153		404	125
河南	81	5	5	81	5	5	90	1
湖北	25		138	93	70		82	40
湖南	16	2	12	20	5	5	10	15
广东	75	405	178	380	253	25	408	100
广西	19		178	197			197	
海南	20			20			12	7
重庆	86		92	158	20		67	29
四川	216	70	5	216	71	4	98	193
贵州	62	25	204	96	195		241	48
云南	49			39	10		40	7
西藏								
陕西	80		43	77	39	7	43	46
甘肃	21				21			21
青海								
宁夏	8			8			8	
新疆	10			4	6			1

单位：人、人次、万元

介护 （不能自理）	康复和医疗门诊人次数	增加值合计	执行行政事业会计制度单位财务指标					
			固定资产原价	上年结余	收入合计	支出合计	收支结余	行政事业单位增加值
782	**619977**	**36545.3**	**74581.3**	**7867.8**	**68156.9**	**63946.7**	**12865.4**	**36545.3**
		1403.7		150.0	2664.0	2665.0		1403.7
92	112337	1273.4	3275.2	132.4	1909.9	1725.5	295.7	1273.4
	10039	768.0	1143.2		959.2	934.4	24.8	768.0
74		1839.4	4459.1	206.7	2869.8	2203.7	872.8	1839.4
		2402.8	2540.9		2722.7	2722.7		2402.8
	412	318.7	560.0		575.0	575.0		318.7
15		657.7	740.1	24.1	1019.0	955.9	90.9	657.7
30	152828	3307.8	1838.9	2938.6	5441.9	3636.4	4744.1	3307.8
	102897	2514.2	4788.0	1820.0	8661.0	8469.0	2012.0	2514.2
38	27466	1115.1	2278.0	111.0	2311.0	2085.0	226.0	1115.1
90	3000	417.0	1085.8		445.7	445.7		417.0
42	7050	1291.5	2283.5	741.1	2052.7	1864.7	929.1	1291.5
75	15181	5599.9	11186.8	603.3	7923.3	7797.1	729.5	5599.9
	23755	461.8	1185.2	87.1	910.0	996.6		461.8
41	532	2985.3	8053.0		9412.0	8078.0	1333.0	2985.3
5		1327.4	4176.0	-197.0	2694.7	2504.4	-6.7	1327.4
150	44597	3621.5	7322.9		6059.0	5975.2	159.3	3621.5
	27054	734.4	2686.0	144.7	1652.0	1435.5	50.0	734.4
1		20.0	500.0		7.5	7.5		20.0
82	30182	294.4	1523.0		924.4	885.4	39.0	294.4
	26811	1025.5	1573.5		1342.0	2831.3	113.0	1025.5
2	2987	581.0	3386.0	78.4	1077.7	1024.2	101.4	581.0
2		543.2	1678.9	672.8	1882.3	1351.1	1189.0	543.2
34	28517	1377.6	4032.1		1391.0	1501.8	-110.8	1377.6
		288.8	980.0	52.8	469.4	448.9	73.3	288.8
9	4332	375.2	1305.2	301.8	779.7	826.7		375.2

C-16 复员军人

地 区	单位数	年末职工人数	女性	受教育程度情况		职业资格水平		35岁及以下
				大学专科	大学本科及以上	助理社会工作师	社会工作师	
全 国	**35**	**3240**	**1812**	**1015**	**956**	**27**	**22**	**1153**
北 京								
天 津	1	25	10	6	5			7
河 北	6	859	444	265	280	1	1	278
山 西	1	248	147	55	96	1		77
内蒙古	2	70	35	23	6			28
辽 宁								
吉 林	1	45	6	9	3			10
黑龙江								
上 海								
江 苏	4	283	165	82	29		2	132
浙 江	1	92	53	25	55	4	3	55
安 徽								
福 建								
江 西	1	26	2	3	1			6
山 东	5	659	422	200	256	16	13	234
河 南	2	444	261	154	121			118
湖 北	1	5	1	5				
湖 南	2	80	60	59	14			27
广 东	2	204	108	66	47	4	3	96
广 西								
海 南								
重 庆								
四 川	2	22	11	11	3			10
贵 州								
云 南								
西 藏								
陕 西	4	178	87	52	40	1		75
甘 肃								
青 海								
宁 夏								
新 疆								

疗养院

单位:个、人、张、人天

年龄结构			年末床位数		年在院总人天数	年末在院人数	
36岁至45岁	46岁至55岁	56岁及以上		光荣间床位			#女性
1216	**708**	**163**	**5924**	**2135**	**1285498**	**4484**	**636**
5	12	1	150	150	8905	137	15
313	223	45	1485	320	404135	1174	195
90	73	8	480		145799	382	4
30	12		240	5	26345	33	3
			50		16060	44	10
10	20	5	225	225	68625	225	7
114	19	18	316	178	84825	284	62
26	8	3	100	20	36500	100	45
16	4		120		6487	69	12
220	170	35	1317	390	214539	973	107
206	90	30	500	400	99022	308	62
5			25	25	1720	9	4
35	18		90	12	6430	62	13
91	12	5	388	100	52640	310	97
7	5		78	50	23734	74	
48	42	13	360	260	89732	300	

C−16续表

地区	在院人员按性质分			在院人员按年龄分			在院人员按类型分	
	优抚对象	“三无”对象	自费人员	老人	青壮年	少年儿童	自理(完全自理)	介助(半自理)
全国	**3513**	**281**	**690**	**3783**	**657**	**44**	**3417**	**565**
北京								
天津	137			137			137	
河北	906	28	240	1122	40	12	715	117
山西	365		17	374	8		367	
内蒙古	18		15	23	10		33	
辽宁	1	33	10	44			34	5
吉林	225			105	120		225	
黑龙江								
上海								
江苏	208		76	232	43	9	238	26
浙江	50	50		70	30		100	
安徽								
福建								
江西		69		69			69	
山东	824	40	109	800	173		817	126
河南	219		89	242	66		136	102
湖北	9			9				
湖南	12	29	21	38	14	10	55	7
广东	197		113	149	148	13	275	30
广西								
海南								
重庆								
四川	74			74			24	50
贵州								
云南								
西藏								
陕西	268	32		295	5		192	102
甘肃								
青海								
宁夏								
新疆								

单位：人、人次、万元

介护（不能自理）	康复和医疗门诊人次数	增加值合计	执行行政事业会计制度单位财务指标					
			固定资产原价	上年结余	收入合计	支出合计	收支结余	行政事业单位增加值
502	**382131**	**22260.9**	**49054.9**	**5189.1**	**40368.6**	**41237.1**	**3330.6**	**22260.9**
	1903	245.5	2410.0		2001.0	942.0		245.5
342	50600	5464.8	11428.8	63.0	8954.4	8703.8	257.6	5464.8
15	16804	1726.7	4532.0	3184.0	4653.0	7789.0		1726.7
		21.1	528.0		41.4	41.4		21.1
5								
		111.0			120.0	120.0		111.0
20	108629	1544.3	3427.9		3250.1	3236.2	3.2	1544.3
		0.6	15.6		8.0	8.0		0.6
		79.8	620.7		136.7	136.7		79.8
30	45327	5780.7	12447.5	1650.8	9442.3	8246.1	2847.0	5780.7
70	43190	3699.1	5475.8	-208.7	5599.9	5673.6	-73.7	3699.1
9		4.1	206.0		102.6	124.0	-21.4	4.1
	3532	448.3	645.0		432.0	432.0		448.3
5	106202	2182.0	5330.6	500.0	4434.8	4616.9	317.9	2182.0
	5944	37.3	147.0		66.0	41.0		37.3
6		915.6	1840.0		1126.4	1126.4		915.6

C-17 智障与精神疾病

地区	单位数	年末职工人数		受教育程度情况	
			女性	大学专科	大学本科及以上
全　国	**266**	**22245**	**11949**	**6877**	**4389**
北　京	2	334	211	67	76
天　津	3	513	204	96	74
河　北	3	536	270		
山　西	7	729	401	245	192
内蒙古	6	523	258	220	97
辽　宁	6	698	358	177	114
吉　林	7	707	352	152	277
黑龙江	6	1014	329	210	242
上　海	3	614	303	184	77
江　苏	13	1958	1082	619	479
浙　江	3	180	103	46	58
安　徽	5	422	209	111	86
福　建	17	890	503	211	116
江　西	4	155	73	53	50
山　东	15	1680	994	652	589
河　南	7	808	463	317	169
湖　北	13	1700	943	462	382
湖　南	16	1553	994	506	239
广　东	11	1268	706	366	235
广　西	8	948	552	281	165
海　南					
重　庆	14	526	255	176	73
四　川	35	2092	1032	730	258
贵　州	25	662	322	308	41
云　南	9	314	184	144	81
西　藏					
陕　西	5	385	179	120	42
甘　肃	5	181	90	67	33
青　海	1	92	54	45	26
宁　夏	3	81	55	33	18
新　疆	14	682	470	279	100

服务机构总表

单位:个、人

职业资格水平		年龄结构			
助理社会工作师	社会工作师	35岁及以下	36岁至45岁	46岁至55岁	56岁及以上
163	**110**	**7486**	**8191**	**5313**	**1255**
		175	72	47	40
6	1	94	121	239	59
		183	166	164	23
3	2	172	332	187	38
		137	185	180	21
2	2	123	366	177	32
		131	358	192	26
	4	328	371	289	26
17	11	265	103	206	40
16	16	665	740	452	101
3		67	87	19	7
		159	144	85	34
5	2	360	288	191	51
5	6	33	84	34	4
62	26	623	568	390	99
2	15	378	295	97	38
		411	600	481	208
		429	746	306	72
18	8	599	398	195	76
3	3	423	284	197	44
2	2	143	136	220	27
3	6	842	778	358	114
6		148	296	204	14
1		102	121	86	5
5	2	99	172	88	26
1	1	64	74	38	5
		39	13	29	11
		46	24	11	
3	3	248	269	151	14

C-17续表1

地区	年末床位数	光荣间床位	年在院总人天数	年末在院人数	# 女性	在院人员按性质分：优抚对象	在院人员按性质分：“三无”对象
全国	**58383**	**3632**	**15267584**	**49464**	**12896**	**9532**	**17210**
北京	654		175939	509	179	6	10
天津	1019	300	287540	796	203	157	278
河北	973		295756	857	66	651	
山西	1163	400	311974	1005	210	711	128
内蒙古	1213	31	305542	937	150	142	533
辽宁	1377	13	471587	1257	347	459	316
吉林	3021	390	748282	2308	504	423	1211
黑龙江	3038	427	423280	2722	832	17	2221
上海	1842		652682	1808	699		142
江苏	5791	13	1612155	4333	1158	350	1902
浙江	1098		423314	1239	136	152	171
安徽	678		147117	447	40	389	56
福建	3410	135	628436	3149	827	410	1167
江西	351		100889	310	88		241
山东	3113		745944	2333	431	1431	363
河南	1588	3	305660	1415	384	468	116
湖北	3391	115	852494	2409	800	369	557
湖南	2891	242	652242	2278	799	835	435
广东	3265	300	1052507	3222	893	786	1005
广西	2187	154	722005	2065	568	260	897
海南							
重庆	1740	152	487197	1595	509	202	499
四川	6896	220	1850398	5768	1642	381	1922
贵州	2113	70	599476	1823	401	153	608
云南	1244		316055	1121	141	136	675
西藏							
陕西	1086	459	287275	959	182	539	405
甘肃	540	110	119707	329	118	65	174
青海	68	6	23472	68	37		1
宁夏	142	12	42709	125	42	4	47
新疆	2491	80	625950	2277	510	36	1130

单位：人、张、人次、人天

	在院人员按年龄分			在院人员按类型分			康复和医疗门诊人次数
自费人员	老人	青壮年	少年儿童	自理（完全自理）	介助（半自理）	介护（不能自理）	
22722	**15015**	**31671**	**2778**	**32042**	**11710**	**5712**	**2312131**
493	98	384	27	361	90	58	135845
361	146	647	3	714	55	27	14172
206	431	407	19	231	407	219	18700
166	502	479	24	708	235	62	40087
262	151	750	36	511	398	28	35845
482	484	716	57	1101	87	69	9725
674	1010	1298		1577	515	216	103042
484	388	2326	8	2717		5	292190
1666	496	1312		1089	604	115	1904
2081	2154	2142	37	2426	1412	495	326582
916	190	1042	7	84	955	200	37913
2	133	290	24	362	50	35	49381
1572	1080	2014	55	1805	972	372	110572
69	114	196		106	128	76	8428
539	1068	1265		1691	470	172	39131
831	225	1035	155	591	750	74	89960
1483	892	1474	43	962	1186	261	162586
1008	823	1313	142	1586	545	147	150253
1431	1054	2106	62	2348	630	244	74325
908	487	1569	9	1404	448	213	186570
894	818	773	4	1317	217	61	63089
3465	463	3465	1840	3440	381	1947	161343
1062	655	1103	65	1554	68	201	24644
310	312	727	82	826	100	195	39100
15	196	726	37	356	528	75	8800
90	90	232	7	292	22	15	78540
67	31	34	3	68			17812
74	54	71		48	47	30	7305
1111	470	1775	32	1767	410	100	24287

C-17 续表2

地区	增加值合计	执行行政事业	
		固定资产原价	上年结余
全国	**158298.4**	**234005.7**	**15476.9**
北京	2512.1	3033.5	41.0
天津	4832.4	1635.5	251.2
河北	3839.2	6875.2	538.1
山西	4535.4	6080.2	110.5
内蒙古	2934.4	2511.0	181.0
辽宁	6940.3	10101.5	1317.0
吉林	12867.1	7303.8	
黑龙江	2876.2	11838.0	1303.0
上海	6353.0	7979.6	88.5
江苏	22671.2	29559.1	1457.9
浙江	4442.8	4880.8	132.0
安徽	1888.1	2487.8	984.3
福建	5680.6	8523.8	500.7
江西	789.1	589.1	
山东	9731.5	15381.9	302.5
河南	5456.9	7774.6	10.0
湖北	8331.5	20219.2	-369.2
湖南	6975.4	8715.6	1295.6
广东	10108.7	16443.8	2481.0
广西	6415.5	9205.8	598.7
海南			
重庆	3570.8	5695.2	17.0
四川	11629.5	24239.1	1762.8
贵州	3387.9	3805.3	238.4
云南	1476.8	3337.2	204.9
西藏			
陕西	2150.9	3983.1	
甘肃	1060.1	2303.8	354.0
青海	446.3	860.0	41.1
宁夏	457.5	236.4	97.7
新疆	3937.2	8405.8	1537.2

单位：万元

会计制度单位财务指标			
收入合计	支出合计	收支结余	行政事业单位增加值
282912.5	**272343.4**	**18742.5**	**158298.4**
6824.8	6296.0	569.8	2512.1
7093.3	6791.8	26.3	4832.4
5576.2	5083.5	1030.8	3839.2
6684.9	6137.3	158.0	4535.4
3903.1	3953.7	16.2	2934.4
10656.3	10741.6	1865.0	6940.3
17620.0	17717.0	217.0	12867.1
8868.0	9121.0	1156.0	2876.2
8887.3	8941.3	154.6	6353.0
37631.7	33347.7	5928.6	22671.2
8954.9	8407.6	623.2	4442.8
4172.1	4017.0	1093.6	1888.1
10816.5	9978.1	565.7	5680.6
1097.3	1097.3		789.1
19942.3	19732.2	779.8	9731.5
8732.0	9051.0	628.0	5456.9
17625.2	18473.5	-904.9	8331.5
13035.2	13399.1	1001.0	6975.4
19113.7	19180.6	158.1	10108.7
10644.2	10017.0	730.4	6415.5
5981.7	6258.9	-289.2	3570.8
24524.7	21673.3	375.7	11629.5
5633.2	5995.6	233.4	3387.9
3158.9	2912.1	200.2	1476.8
3631.5	2828.5	392.0	2150.9
2975.5	2681.7	146.7	1060.1
678.3	795.2	23.7	446.3
647.6	527.0	218.3	457.5
7802.1	7186.8	1644.5	3937.2

C-18 福利类精神

地区	单位数	年末职工人数		受教育程度情况		职业资格水平		
			女性	大学专科	大学本科及以上	助理社会工作师	社会工作师	35岁及以下
全　国	177	12958	6829	4199	2475	81	65	4484
北　京	2	334	211	67	76			175
天　津	2	393	147	78	56	6	1	74
河　北	1	10	4					
山　西	1	105	50	43	24	1	1	28
内蒙古	3	312	152	146	33			74
辽　宁	3	137	81	44	31	2	2	20
吉　林	6	662	342	152	232			131
黑龙江	5	968	308	196	217		4	312
上　海	3	614	303	184	77	17	11	265
江　苏	12	1654	911	531	382	16	15	554
浙　江	2	121	62	30	53	3		67
安　徽	4	130	79	53	35			75
福　建	14	761	430	199	114	5	2	296
江　西	3	152	72	53	50	5	6	33
山　东	2	310	158	148	92		3	92
河　南	6	481	277	212	85		5	277
湖　北	5	392	213	118	70			96
湖　南	9	881	574	268	122			223
广　东	2	622	375	213	183	3	2	352
广　西	4	460	263	163	98	3	1	144
海　南								
重　庆	13	497	239	169	71	2	2	135
四　川	30	1317	658	475	176	2	6	545
贵　州	23	546	257	217	30	6		132
云　南	6	209	137	117	41	1		58
西　藏								
陕　西	2	151	52	44	11	5	2	66
甘　肃	2	88	42	25	11	1	1	24
青　海	1	92	54	45	26			39
宁　夏	3	81	55	33	18			46
新　疆	8	478	323	176	61	3	1	151

病院和医院

单位：个、张、人天、人

年龄结构			年末床位数		年在院总人天数	年末在院人数	
36岁至45岁	46岁至55岁	56岁及以上		光荣间床位			# 女性
4709	**3132**	**633**	**38625**	**1654**	**10102098**	**32700**	**9132**
72	47	40	654		175939	509	179
81	182	56	719		225935	619	193
10			30		5457	15	5
46	27	4	150		46575	150	46
124	110	4	700		173855	512	86
72	35	10	327	3	86407	279	61
313	192	26	2940	390	719292	2227	504
357	273	26	2838	427	423280	2593	813
103	206	40	1842		652682	1808	699
649	362	89	5171	13	1347165	3607	965
31	16	7	1037		401049	1178	135
28	9	18	278		11102	51	
251	166	48	2878	135	628306	2639	698
84	31	4	326		100889	302	83
99	113	6	500		136260	376	64
157	42	5	738	3	232400	601	269
155	101	40	727	25	130501	422	103
488	142	28	1511	156	280070	1073	341
185	55	30	1324	100	539951	1488	550
171	124	21	1311		482906	1311	384
130	205	27	1695	112	470777	1550	509
486	232	54	5271	32	1265847	4317	1292
233	169	12	1679	40	451321	1419	300
76	72	3	896		218569	782	96
44	32	9	520	200	175505	492	166
42	19	3	250		61400	190	64
13	29	11	68	6	23472	68	37
24	11		142	12	42709	125	42
185	130	12	2103		592477	1997	448

C-18 续表

地　区	在院人员按性质分			在院人员按年龄分			在院人员按类型分	
	优抚对象	“三无”对象	自费人员	老人	青壮年	少年儿童	自理（完全自理）	介助（半自理）
全　国	**1797**	**14528**	**16375**	**9613**	**21297**	**1790**	**22023**	**7338**
北　京	6	10	493	98	384	27	361	90
天　津		278	341	96	520	3	557	40
河　北			15	15			15	
山　西		50	100	70	80		125	20
内蒙古	63	373	76	60	452		155	351
辽　宁	3	183	93	122	114	43	212	39
吉　林	342	1211	674	964	1263		1547	485
黑龙江	17	2092	484	383	2202	8	2588	
上　海		142	1666	496	1312		1089	604
江　苏	38	1888	1681	2002	1575	30	2346	1091
浙　江	91	171	916	182	989	7	27	951
安　徽		49	2	48	1	2	51	
福　建	332	951	1356	730	1854	55	1485	782
江　西		233	69	106	196		98	128
山　东		234	142	124	252		240	110
河　南	17	116	468	87	470	44	591	10
湖　北	20	25	377	392	30		-478	900
湖　南	221	260	592	399	589	85	622	368
广　东	30	752	706	438	1011	39	1360	50
广　西	6	816	489	396	912	3	943	160
海　南								
重　庆	166	495	889	773	773	4	1305	192
四　川	231	1325	2761	313	2761	1243	2843	231
贵　州	91	568	760	565	794	60	1150	68
云　南	25	650	107	185	527	70	705	53
西　藏								
陕　西	87	405		93	362	37	268	180
甘　肃	7	114	69	39	151		175	15
青　海		1	67	31	34	3	68	
宁　夏	4	47	74	54	71		48	47
新　疆		1089	908	352	1618	27	1527	373

单位：人、人次、万元

介护（不能自理）	康复和医疗门诊人次数	增加值合计	执行行政事业会计制度单位财务指标					
			固定资产原价	上年结余	收入合计	支出合计	收支结余	行政事业单位增加值
3339	**1601833**	**104961.3**	**139328.0**	**7650.0**	**177922.5**	**172723.7**	**9160.3**	**104961.3**
58	135845	2512.1	3033.5	41.0	6824.8	6296.0	569.8	2512.1
22	14172	3807.8	1635.5		5875.9	5349.6		3807.8
		5.0	100.0		2.0	2.0		5.0
5	390	575.4	322.0		798.0	789.0	9.0	575.4
6	6420	1356.2	1064.6	5.0	1989.9	2005.2	16.2	1356.2
28		1562.6	4565.3	798.0	2250.9	2463.1	565.0	1562.6
195	103042	12763.9	7223.8		17520.0	17617.0	217.0	12763.9
5	289347	2840.7	10951.0	1303.0	8371.0	8624.0	1156.0	2840.7
115	1904	6353.0	7979.6	88.5	8887.3	8941.3	154.6	6353.0
170	326582	18290.4	21935.3	-72.1	27552.5	26357.5	1309.6	18290.4
200	37913	3662.8	4275.0	50.0	7771.0	7231.0	533.9	3662.8
	25001	297.2	622.9		591.9	729.0	-183.0	297.2
372	101567	5098.2	8011.1	500.7	9784.7	9001.4	499.9	5098.2
76	8428	788.4	572.5		1091.8	1091.8		788.4
26	3468	2399.6	1482.3		3498.3	3498.3		2399.6
	66754	3505.4	4032.6	10.0	6129.0	5583.0	600.0	3505.4
	25892	1536.2	2329.6	-69.8	2400.0	2788.8	-146.0	1536.2
83	75841	3579.4	5473.4	531.0	6588.1	6393.7	628.0	3579.4
78	32699	6772.3	8568.9	413.9	11784.8	12124.8	39.4	6772.3
208	88298	4087.6	4859.4	190.7	6206.9	5985.7	411.4	4087.6
53	60089	3428.2	5534.2	17.0	5767.7	6064.9	-309.2	3428.2
1243	87967	9825.8	19448.3	1762.8	18840.1	17171.4	368.7	9825.8
201	22097	2598.0	2818.3	197.4	4052.5	4441.7	233.4	2598.0
24	30100	991.2	2161.2	168.9	2036.1	1863.5	162.0	991.2
44		1071.8	1455.5		1692.1	1305.6	386.4	1071.8
	8730	541.7	530.8	38.0	919.5	925.7	51.7	541.7
	17812	446.3	860.0	41.1	678.3	795.2	23.7	446.3
30	7305	457.5	236.4	97.7	647.6	527.0	218.3	457.5
97	24170	3806.6	7245.0	1537.2	7369.8	6756.5	1644.5	3806.6

C-19 复退军人

地区	单位数	年末职工人数	女性	受教育程度情况		职业资格水平		
				大学专科	大学本科及以上	助理社会工作师	社会工作师	35岁及以下
全国	**89**	**9287**	**5120**	**2678**	**1914**	**82**	**45**	**3002**
北京								
天津	1	120	57	18	18			20
河北	2	526	266					183
山西	6	624	351	202	168	2	1	144
内蒙古	3	211	106	74	64			63
辽宁	3	561	277	133	83			103
吉林	1	45	10		45			
黑龙江	1	46	21	14	25			16
上海								
江苏	1	304	171	88	97		1	111
浙江	1	59	41	16	5			
安徽	1	292	130	58	51			84
福建	3	129	73	12	2			64
江西	1	3	1					
山东	13	1370	836	504	497	62	23	531
河南	1	327	186	105	84	2	10	101
湖北	8	1308	730	344	312			315
湖南	7	672	420	238	117			206
广东	9	646	331	153	52	15	6	247
广西	4	488	289	118	67		2	279
海南								
重庆	1	29	16	7	2			8
四川	5	775	374	255	82	1		297
贵州	2	116	65	91	11			16
云南	3	105	47	27	40			44
西藏								
陕西	3	234	127	76	31			33
甘肃	3	93	48	42	22			40
青海								
宁夏								
新疆	6	204	147	103	39		2	97

精神病院

单位:个、张、人天、人

年龄结构			年末床位数	光荣间床位	年在院总人天数	年末在院人数	# 女性
36岁至45岁	46岁至55岁	56岁及以上					
3482	**2181**	**622**	**19758**	**1978**	**5165486**	**16764**	**3764**
40	57	3	300	300	61605	177	10
156	164	23	943		290299	842	61
286	160	34	1013	400	265399	855	164
61	70	17	513	31	131687	425	64
294	142	22	1050	10	385180	978	286
45			81		28990	81	
14	16		200			129	19
91	90	12	620		264990	726	193
56	3		61		22265	61	1
116	76	16	400		136015	396	40
37	25	3	532		130	510	129
	3		25			8	5
469	277	93	2613		609684	1957	367
138	55	33	850		73260	814	115
445	380	168	2664	90	721993	1987	697
258	164	44	1380	86	372172	1205	458
213	140	46	1941	200	512556	1734	343
113	73	23	876	154	239099	754	184
6	15		45	40	16420	45	
292	126	60	1625	188	584551	1451	350
63	35	2	434	30	148155	404	101
45	14	2	348		97486	339	45
128	56	17	566	259	111770	467	16
32	19	2	290	110	58307	139	54
84	21	2	388	80	33473	280	62

C-19 续表

地　区	在院人员按性质分			在院人员按年龄分			在院人员按类型分	
	优抚对象	“三无”对象	自费人员	老人	青壮年	少年儿童	自理（完全自理）	介助（半自理）
全　国	**7735**	**2682**	**6347**	**5402**	**10374**	**988**	**10019**	**4372**
北　京								
天　津	157		20	50	127		157	15
河　北	651		191	416	407	19	216	407
山　西	711	78	66	432	399	24	583	215
内蒙古	79	160	186	91	298	36	356	47
辽　宁	456	133	389	362	602	14	889	48
吉　林	81			46	35		30	30
黑龙江		129		5	124		129	
上　海								
江　苏	312	14	400	152	567	7	80	321
浙　江	61			8	53		57	4
安　徽	389	7		85	289	22	311	50
福　建	78	216	216	350	160		320	190
江　西		8		8			8	
山　东	1431	129	397	944	1013		1451	360
河　南	451		363	138	565	111		740
湖　北	349	532	1106	500	1444	43	1440	286
湖　南	614	175	416	424	724	57	964	177
广　东	756	253	725	616	1095	23	988	580
广　西	254	81	419	91	657	6	461	288
海　南								
重　庆	36	4	5	45			12	25
四　川	150	597	704	150	704	597	597	150
贵　州	62	40	302	90	309	5	404	
云　南	111	25	203	127	200	12	121	47
西　藏								
陕　西	452		15	103	364		88	348
甘　肃	58	60	21	51	81	7	117	7
青　海								
宁　夏								
新　疆	36	41	203	118	157	5	240	37

单位：人、人次、万元

	康复和医疗门诊人次数	增加值合计	执行行政事业会计制度单位财务指标					
介护（不能自理）			固定资产原价	上年结余	收入合计	支出合计	收支结余	行政事业单位增加值
2373	**710298**	**53337.1**	**94677.7**	**7826.9**	**104990.0**	**99619.7**	**9582.2**	**53337.1**
5		1024.6		251.2	1217.4	1442.2	26.3	1024.6
219	18700	3834.2	6775.2	538.1	5574.2	5081.5	1030.8	3834.2
57	39697	3960.0	5758.2	110.5	5886.9	5348.3	149.0	3960.0
22	29425	1578.2	1446.4	176.0	1913.2	1948.5		1578.2
41	9725	5377.7	5536.2	519.0	8405.4	8278.5	1300.0	5377.7
21		103.2	80.0		100.0	100.0		103.2
	2843	35.5	887.0		497.0	497.0		35.5
325		4380.8	7623.8	1530.0	10079.2	6990.2	4619.0	4380.8
		780.0	605.8	82.0	1183.9	1176.6	89.3	780.0
35	24380	1590.9	1864.9	984.3	3580.2	3288.0	1276.6	1590.9
	9005	582.4	512.7		1031.8	976.7	65.8	582.4
		0.7	16.6		5.5	5.5		0.7
146	35663	7331.9	13899.6	302.5	16444.0	16233.9	779.8	7331.9
74	23206	1951.5	3742.0		2603.0	3468.0	28.0	1951.5
261	136694	6795.3	17889.6	-299.4	15225.2	15684.7	-758.9	6795.3
64	74412	3396.0	3242.2	764.6	6447.1	7005.4	373.0	3396.0
166	41626	3336.4	7874.9	2067.1	7328.9	7055.8	118.7	3336.4
5	98272	2327.9	4346.4	408.0	4437.3	4031.3	319.0	2327.9
8	3000	142.6	161.0		214.0	194.0	20.0	142.6
704	73376	1803.7	4790.8		5684.6	4501.9	7.0	1803.7
	2547	789.9	987.0	41.0	1580.7	1553.9		789.9
171	9000	485.6	1176.0	36.0	1122.8	1048.6	38.2	485.6
31	8800	1079.1	2527.6		1939.4	1522.9	5.6	1079.1
15	69810	518.4	1773.0	316.0	2056.0	1756.0	95.0	518.4
3	117	130.6	1160.8		432.3	430.3		130.6

C-20 儿童及其他

地区	单位数	年末职工人数		受教育程度情况	
			女性	大学专科	大学本科及以上
全国	**313**	**8865**	**5900**	**2258**	**1484**
北京	9	486	338	119	112
天津	2	126	79	43	24
河北	13	364	237	47	31
山西	5	92	61	18	8
内蒙古	7	171	99	56	30
辽宁	4	286	160	100	100
吉林	9	210	117	12	12
黑龙江	9	514	231	156	108
上海	6	530	454	110	82
江苏	10	561	411	136	84
浙江	10	327	247	109	81
安徽	18	547	343	132	67
福建	9	150	102	46	23
江西	3	29	20	16	4
山东	7	158	94	45	55
河南	10	338	252	48	38
湖北	15	403	305	116	70
湖南	16	380	172	89	29
广东	23	501	372	80	33
广西	8	410	326	109	78
海南	1	8	7	1	1
重庆	6	181	143	62	38
四川	11	318	207	112	69
贵州	11	167	102	61	30
云南	15	372	228	70	60
西藏	11	80	55	16	2
陕西	9	172	118	48	47
甘肃	10	186	87	57	30
青海	2	87	76	29	5
宁夏	1	135	115	33	35
新疆	43	576	342	182	98

服务机构总表

单位:个、人

职业资格水平		年龄结构			
助理社会工作师	社会工作师	35岁及以下	36岁至45岁	46岁至55岁	56岁及以上
146	**121**	**3470**	**3148**	**1942**	**305**
2	4	167	188	113	18
5	8	42	34	37	13
	1	120	135	92	17
4	1	45	25	20	2
2		50	80	29	12
		89	104	72	21
2	1	64	102	42	2
1	3	178	129	195	12
18	22	242	147	127	14
19	15	108	218	206	29
5	6	118	106	89	14
5	2	178	208	127	34
1	1	62	48	33	7
		15	6	7	1
3	3	51	66	38	3
		166	98	66	8
5	3	160	164	71	8
10	5	121	157	75	27
12	12	225	186	76	14
5	2	223	123	58	6
		2	4	1	1
		101	57	22	1
16	13	128	122	60	8
5		61	63	42	1
4	7	179	108	70	15
2		50	30		
4	1	70	55	43	4
1	3	66	79	34	7
4		53	27	6	1
2	3	57	52	24	2
9	5	279	227	67	3

C-20 续表 1

地　区	年末床位数		年在院总人天数	年末在院人数		在院人员按性质分	
		光荣间床位			# 女性	优抚对象	"三无"对象
全　国	**44652**	**154**	**9621938**	**36620**	**16036**	**136**	**34444**
北　京	1210		352418	1033	396		1018
天　津	875		295954	812	309		802
河　北	1196	56	249189	816	278	4	671
山　西	505		91970	213	168		173
内蒙古	1274		150455	655	244		645
辽　宁	1452		507720	1388	647		1350
吉　林	1053		94286	903	101		843
黑龙江	1634		181863	1491	539		1329
上　海	2584		60078	2552	1140		2348
江　苏	1889	4	525728	1788	767	4	1737
浙　江	1882		510653	1444	496		1239
安　徽	2956		757965	2589	1309		2402
福　建	849		200851	807	357		807
江　西	249		62610	240	113		240
山　东	1330		301755	841	274		794
河　南	1599		435268	1411	679		1391
湖　北	2082	4	512855	1615	902	4	1525
湖　南	2064	41	458947	1357	937	15	1342
广　东	2599		423031	2023	840		1829
广　西	961		167085	798	507		533
海　南	45		13505	37	25		37
重　庆	901		278474	774	339		741
四　川	1833		575529	1366	847		1189
贵　州	944		303419	833	611		831
云　南	1659		111114	1383	211		1343
西　藏	1065		266815	911	453		911
陕　西	1517		475078	1443	642		1443
甘　肃	996		158930	726	296		709
青　海	424		43800	417	152		417
宁　夏	300		100375	274	161		262
新　疆	4725	49	954218	3680	1296	109	3543

单位：人、张、人次、人天

	在院人员按年龄分			在院人员按类型分			康复和医疗门诊人次数	家庭寄养儿童数量
自费人员	老人	青壮年	少年儿童	自理（完全自理）	介助（半自理）	介护（不能自理）		
2040	**1506**	**2111**	**33003**	**20894**	**5427**	**10299**	**448446**	**9295**
15	2	80	951	418	122	493	8802	930
10		69	743	165	63	584	5026	432
141	331	87	398	489	88	239	2558	88
40			213	198	4	11	1022	47
10		78	577	230	419	6		113
38	31	322	1035	1388			170600	207
60		3	900	903			67	12
162	91		1400	1226	28	237	1442	231
204			2552			2552		1331
47	59	305	1424	440	191	1157	8455	176
205	103	22	1319	530	345	569	21048	301
187	329	560	1700	2075	108	406	27488	448
		8	799	459	98	250		508
		64	176	239	1		15200	
47			841	275	230	336	18405	396
20	5		1406	1391	20		1200	140
86	149	11	1455	1280	92	243	21426	725
		63	1294	1164	49	144	1344	243
194	145	43	1835	1182	473	368	62597	337
265	63	8	727	217	150	431	30175	98
			37	30	7			
33			774	166	12	596	38469	130
177			1366		1189	177	4277	344
2	20	10	803	660	68	105	3979	278
40	90	155	1138	1117	218	48	85	607
			911	880	24	7		
		6	1437	110	642	691		367
17	16		710	81	539	106	310	39
			417	417				50
12		65	209	29	55	190		117
28	72	152	3456	3135	192	353	4471	600

C-20 续表 2

地　区	增加值合计	执行行政事业	
		固定资产原价	上年结余
全　国	**59649.2**	**149155.6**	**21701.3**
北　京	3964.5	15500.2	906.4
天　津	2439.4	811.5	100.8
河　北	1532.2	2062.3	148.0
山　西	228.3	769.9	12.5
内蒙古	1247.7	2669.5	69.6
辽　宁	3038.3	4210.1	2152.5
吉　林	1231.5	1691.2	
黑龙江	1632.9	14197.3	
上　海	5506.4	17447.0	1967.3
江　苏	6370.3	7416.9	73.3
浙　江	4874.0	13476.4	857.9
安　徽	2242.9	4967.6	37.4
福　建	1877.7	2184.1	574.2
江　西	205.6	126.5	4.5
山　东	997.5	5142.8	
河　南	783.9	3803.4	286.0
湖　北	3277.5	5589.8	13.9
湖　南	1795.5	5255.0	
广　东	2023.1	6948.9	267.7
广　西	1124.2	2692.4	137.2
海　南	28.0	460.0	
重　庆	1402.7	3774.4	220.8
四　川	2240.9	6755.0	10618.8
贵　州	805.5	1739.5	23.0
云　南	1371.9	4228.2	60.5
西　藏	617.7	994.2	
陕　西	2083.7	2450.7	91.8
甘　肃	800.1	1588.0	
青　海	184.0	552.8	
宁　夏	639.6	1730.9	1725.3
新　疆	3081.7	7919.1	1351.9

单位：万元

会计制度单位财务指标			
收入合计	支出合计	收支结余	行政事业 单位增加值
106841.7	**104503.3**	**13906.0**	**59649.2**
9115.3	9521.6	466.3	3964.5
2859.6	2824.9	56.8	2439.4
2415.5	2197.7	491.0	1532.2
614.5	613.8	4.2	228.3
4771.3	3974.1	459.6	1247.7
4897.2	6213.4	836.3	3038.3
1943.3	1940.8		1231.5
11436.7	10601.7	672.0	1632.9
7911.0	7456.8	2376.0	5506.4
7683.4	7709.2	43.8	6370.3
6571.8	6310.8	1228.0	4874.0
3310.8	3392.4	28.5	2242.9
1910.7	1882.8	674.3	1877.7
459.5	464.0		205.6
2162.5	2162.5		997.5
2489.6	2306.6	35.0	783.9
4233.5	4232.4	6.0	3277.5
2943.2	2594.1	349.7	1795.5
3892.6	3785.7	572.3	2023.1
2080.1	2200.4	6.3	1124.2
28.7	28.7		28.0
2750.4	2473.1	277.3	1402.7
4127.0	4053.5	3674.2	2240.9
1378.6	1462.0	122.4	805.5
2639.9	2813.9	40.5	1371.9
1000.2	1000.2		617.7
4162.1	3685.5	366.8	2083.7
940.1	930.1	10.0	800.1
170.1	170.1		184.0
803.5	852.6		639.6
5139.0	4647.9	1108.7	3081.7

C-21 儿童

地　区	单位数	年末职工人数		受教育程度情况		职业资格水平		
			女性	大学专科	大学本科及以上	助理社会工作师	社会工作师	35岁及以下
全　国	**303**	**8473**	**5673**	**2194**	**1443**	**145**	**119**	**3344**
北　京	9	486	338	119	112	2	4	167
天　津	2	126	79	43	24	5	8	42
河　北	7	87	50	5	5			31
山　西	5	92	61	18	8	4	1	45
内蒙古	6	159	93	55	25	2		49
辽　宁	4	286	160	100	100			89
吉　林	9	210	117	12	12	2	1	64
黑龙江	9	514	231	156	108	1	3	178
上　海	6	530	454	110	82	18	22	242
江　苏	10	561	411	136	84	19	15	108
浙　江	9	318	247	109	81	5	6	118
安　徽	18	547	343	132	67	5	2	178
福　建	9	150	102	46	23	1	1	62
江　西	3	29	20	16	4			15
山　东	7	158	94	45	55	3	3	51
河　南	10	338	252	48	38			166
湖　北	15	403	305	116	70	5	3	160
湖　南	16	380	172	89	29	10	5	121
广　东	23	501	372	80	33	12	12	225
广　西	8	410	326	109	78	5	2	223
海　南	1	8	7	1	1			2
重　庆	6	181	143	62	38			101
四　川	11	318	207	112	69	16	13	128
贵　州	11	167	102	61	30	5		61
云　南	13	278	194	49	50	3	6	143
西　藏	11	80	55	16	2	2		50
陕　西	9	172	118	48	47	4	1	70
甘　肃	10	186	87	57	30	1	3	66
青　海	2	87	76	29	5	4		53
宁　夏	1	135	115	33	35	2	3	57
新　疆	43	576	342	182	98	9	5	279

福利院

单位：个、张、人天、人

年龄结构							
36岁至45岁	46岁至55岁	56岁及以上	年末床位数	光荣间床位	年在院总人天数	年末在院人数	# 女性
3026	**1826**	**277**	**43602**	**98**	**9493274**	**36021**	**15881**
188	113	18	1210		352418	1033	396
34	37	13	875		295954	812	309
34	19	3	626		120545	444	134
25	20	2	505		91970	213	168
76	29	5	1194		150455	626	244
104	72	21	1452		507720	1388	647
102	42	2	1053		94286	903	101
129	195	12	1634		181863	1491	539
147	127	14	2584		60078	2552	1140
218	206	29	1889	4	525728	1788	767
106	80	14	1752		510653	1434	496
208	127	34	2956		757965	2589	1309
48	33	7	849		200851	807	357
6	7	1	249		62610	240	113
66	38	3	1330		301755	841	274
98	66	8	1599		435268	1411	679
164	71	8	2082	4	512855	1615	902
157	75	27	2064	41	458947	1357	937
186	76	14	2599		423031	2023	840
123	58	6	961		167085	798	507
4	1	1	45		13505	37	25
57	22	1	901		278474	774	339
122	60	8	1833		575529	1366	847
63	42	1	944		303419	833	611
91	36	8	1389		111094	1195	200
30			1065		266815	911	453
55	43	4	1517		475078	1443	642
79	34	7	996		158930	726	296
27	6	1	424		43800	417	152
52	24	2	300		100375	274	161
227	67	3	4725	49	954218	3680	1296

C-21 续表

地　区	在院人员按性质分			在院人员按年龄分			在院人员按类型分	
	优抚对象	“三无”对象	自费人员	老人	青壮年	少年儿童	自理（完全自理）	介助（半自理）
全　国	**132**	**34013**	**1876**	**1147**	**1902**	**32972**	**20582**	**5336**
北　京		1018	15	2	80	951	418	122
天　津		802	10		69	743	165	63
河　北		437	7	37	12	395	338	51
山　西		173	40			213	198	4
内蒙古		626			52	574	230	390
辽　宁		1350	38	31	322	1035	1388	
吉　林		843	60		3	900	903	
黑龙江		1329	162	91		1400	1226	28
上　海		2348	204			2552		
江　苏	4	1737	47	59	305	1424	440	191
浙　江		1229	205	93	22	1319	530	335
安　徽		2402	187	329	560	1700	2075	108
福　建		807			8	799	459	98
江　西		240			64	176	239	1
山　东		794	47			841	275	230
河　南		1391	20	5		1406	1391	20
湖　北	4	1525	86	149	11	1455	1280	92
湖　南	15	1342			63	1294	1164	49
广　东		1829	194	145	43	1835	1182	473
广　西		533	265	63	8	727	217	150
海　南		37				37	30	7
重　庆		741	33			774	166	12
四　川		1189	177			1366		1189
贵　州		831	2	20	10	803	660	68
云　南		1175	20	35	47	1113	956	203
西　藏		911				911	880	24
陕　西		1443			6	1437	110	642
甘　肃		709	17	16		710	81	539
青　海		417				417	417	
宁　夏		262	12		65	209	29	55
新　疆	109	3543	28	72	152	3456	3135	192

单位：人、人次、万元

介护(不能自理)	康复和医疗门诊人次数	家庭寄养儿童数量	增加值合计	执行行政事业会计制度单位财务指标					
				固定资产原价	上年结余	收入合计	支出合计	收支结余	行政事业单位增加值
10103	**447913**	**9295**	**57921.1**	**144633.7**	**21667.3**	**104127.7**	**101859.6**	**13678.5**	**57921.1**
493	8802	930	3964.5	15500.2	906.4	9115.3	9521.6	466.3	3964.5
584	5026	432	2439.4	811.5	100.8	2859.6	2824.9	56.8	2439.4
55	2025	88	327.7	521.2	114.0	673.3	483.3	304.0	327.7
11	1022	47	228.3	769.9	12.5	614.5	613.8	4.2	228.3
6		113	1193.2	2634.5	69.6	4676.3	3881.1	459.6	1193.2
	170600	207	3038.3	4210.1	2152.5	4897.2	6213.4	836.3	3038.3
	67	12	1231.5	1691.2		1943.3	1940.8		1231.5
237	1442	231	1632.9	14197.3		11436.7	10601.7	672.0	1632.9
2552		1331	5506.4	17447.0	1967.3	7911.0	7456.8	2376.0	5506.4
1157	8455	176	6370.3	7416.9	73.3	7683.4	7709.2	43.8	6370.3
569	21048	301	4838.0	12576.4	857.9	6571.8	6310.8	1228.0	4838.0
406	27488	448	2242.9	4967.6	37.4	3310.8	3392.4	28.5	2242.9
250		508	1877.7	2184.1	574.2	1910.7	1882.8	674.3	1877.7
	15200		205.6	126.5	4.5	459.5	464.0		205.6
336	18405	396	997.5	5142.8		2162.5	2162.5		997.5
	1200	140	783.9	3803.4	286.0	2489.6	2306.6	35.0	783.9
243	21426	725	3277.5	5589.8	13.9	4233.5	4232.4	6.0	3277.5
144	1344	243	1795.5	5255.0		2943.2	2594.1	349.7	1795.5
368	62597	337	2023.1	6948.9	267.7	3892.6	3785.7	572.3	2023.1
431	30175	98	1124.2	2692.4	137.2	2080.1	2200.4	6.3	1124.2
			28.0	460.0		28.7	28.7		28.0
596	38469	130	1402.7	3774.4	220.8	2750.4	2473.1	277.3	1402.7
177	4277	344	2240.9	6755.0	10618.8	4127.0	4053.5	3674.2	2240.9
105	3979	278	805.5	1739.5	23.0	1378.6	1462.0	122.4	805.5
36	85	607	938.8	2182.4	60.5	1763.1	1977.6		938.8
7			617.7	994.2		1000.2	1000.2		617.7
691		367	2083.7	2450.7	91.8	4162.1	3685.5	366.8	2083.7
106	310	39	800.1	1588.0		940.1	930.1	10.0	800.1
		50	184.0	552.8		170.1	170.1		184.0
190		117	639.6	1730.9	1725.3	803.5	852.6		639.6
353	4471	600	3081.7	7919.1	1351.9	5139.0	4647.9	1108.7	3081.7

C-22 其他收养性

地　区	单位数	年末职工人数		受教育程度情况	
			女性	大学专科	大学本科及以上
全　国	**10**	**392**	**227**	**64**	**41**
北　京					
天　津					
河　北	6	277	187	42	26
山　西					
内蒙古	1	12	6	1	5
辽　宁					
吉　林					
黑龙江					
上　海					
江　苏					
浙　江	1	9			
安　徽					
福　建					
江　西					
山　东					
河　南					
湖　北					
湖　南					
广　东					
广　西					
海　南					
重　庆					
四　川					
贵　州					
云　南	2	94	34	21	10
西　藏					
陕　西					
甘　肃					
青　海					
宁　夏					
新　疆					

福利机构

单位:个、人

职业资格水平		年龄结构			
助理社会工作师	社会工作师	35岁及以下	36岁至45岁	46岁至55岁	56岁及以上
1	**2**	**126**	**122**	**116**	**28**
	1	89	101	73	14
		1	4		7
				9	
1	1	36	17	34	7

C-22 续表 1

地 区	年末床位数		年在院总人天数	年末在院人数		在院人员按性质分	
		光荣间床位			# 女性	优抚对象	“三无”对象
全 国	**1050**	**56**	**128664**	**599**	**155**	**4**	**431**
北 京							
天 津							
河 北	570	56	128644	372	144	4	234
山 西							
内蒙古	80			29			19
辽 宁							
吉 林							
黑龙江							
上 海							
江 苏							
浙 江	130			10			10
安 徽							
福 建							
江 西							
山 东							
河 南							
湖 北							
湖 南							
广 东							
广 西							
海 南							
重 庆							
四 川							
贵 州							
云 南	270		20	188	11		168
西 藏							
陕 西							
甘 肃							
青 海							
宁 夏							
新 疆							

单位：人、张、人次、人天

	在院人员按年龄分			在院人员按类型分			康复和医疗门诊人次数
自费人员	老人	青壮年	少年儿童	自理（完全自理）	介助（半自理）	介护（不能自理）	
164	**359**	**209**	**31**	**312**	**91**	**196**	**533**
134	294	75	3	151	37	184	533
10		26	3		29		
	10				10		
20	55	108	25	161	15	12	

C-22 续表 2

地 区	增加值合计	执行行政事业	
		固定资产原价	上年结余
全 国	**1728.1**	**4521.9**	**34.0**
北 京			
天 津			
河 北	1204.5	1541.1	34.0
山 西			
内蒙古	54.5	35.0	
辽 宁			
吉 林			
黑龙江			
上 海			
江 苏			
浙 江	36.0	900.0	
安 徽			
福 建			
江 西			
山 东			
河 南			
湖 北			
湖 南			
广 东			
广 西			
海 南			
重 庆			
四 川			
贵 州			
云 南	433.1	2045.8	
西 藏			
陕 西			
甘 肃			
青 海			
宁 夏			
新 疆			

单位：万元

会计制度单位财务指标

收入合计	支出合计	收支结余	行政事业单位增加值
2714.0	**2643.7**	**227.5**	**1728.1**
1742.2	1714.4	187.0	1204.5
95.0	93.0		54.5
			36.0
876.8	836.3	40.5	433.1

C−23 生活无着人员

地 区	单位数	年末职工人数		受教育程度情况	
			女性	大学专科	大学本科及以上
全 国	**1372**	**14813**	**4917**	**5171**	**2727**
北 京	21	477	237	109	120
天 津	11	207	58	55	36
河 北	22	360	64	103	37
山 西	57	498	175	164	42
内蒙古	33	388	90	152	53
辽 宁	52	757	244	328	184
吉 林	50	660	278	196	162
黑龙江	83	761	243	300	133
上 海	21	357	97	135	70
江 苏	50	578	175	173	151
浙 江	68	480	155	137	157
安 徽	35	337	86	131	48
福 建	39	329	105	88	36
江 西	58	411	134	135	52
山 东	35	353	127	171	132
河 南	41	724	260	275	121
湖 北	54	541	187	187	105
湖 南	86	862	259	348	98
广 东	67	1788	561	591	277
广 西	23	282	91	81	49
海 南	8	85	38	17	12
重 庆	39	333	110	138	97
四 川	105	847	307	328	158
贵 州	53	291	102	113	51
云 南	68	416	126	124	75
西 藏	3	23	7	2	4
陕 西	88	842	312	282	93
甘 肃	40	362	139	142	64
青 海	10	58	13	21	5
宁 夏	13	86	25	23	18
新 疆	39	320	112	122	87

救助类机构总表

单位:个、人

职业资格水平		年龄结构			
助理社会工作师	社会工作师	35岁及以下	36岁至45岁	46岁至55岁	56岁及以上
232	**173**	**4756**	**5498**	**3730**	**829**
6	4	206	153	100	18
		52	61	67	27
	3	101	112	120	27
4	6	180	174	128	16
1	10	77	152	136	23
6	9	235	276	213	33
8	6	181	269	179	31
3	2	239	331	167	24
13	20	84	90	136	47
22	19	160	177	195	46
5	5	180	183	86	31
3	3	82	147	78	30
4	3	79	112	117	21
7	5	135	185	78	13
7	3	136	112	81	24
6	10	266	239	177	42
4	5	164	210	117	50
10	7	350	333	143	36
47	20	562	668	450	108
4	6	70	86	103	23
		17	38	27	3
36		85	140	89	19
19	14	312	320	187	28
3	4	78	89	102	22
2		115	171	114	16
		12	7	4	
2	7	329	303	170	40
1	1	118	143	83	18
		19	34	3	2
9		19	47	17	3
	1	113	136	63	8

C–23 续表

地　区	本年救助人次数	从其他站转入的	儿童	老年人	残疾人	女性	救治的危重病人、精神病人	自主返乡	跨省接送
全　国	**1627551**	**141943**	**123051**	**193710**	**119664**	**274880**	**59923**	**664629**	**98085**
北　京	155747	1071	2802	13888	1979	61208	830	9177	579
天　津	17400	166	823	1987	668	2595	847	9192	332
河　北	39538	1398	1814	4683	1817	5045	1471	20043	1918
山　西	53839	4247	3292	4589	5055	4139	2195	24762	2135
内蒙古	23824	1346	3453	4641	1142	5303	857	15558	5903
辽　宁	49306	2096	2402	5575	2912	7227	2421	21061	1923
吉　林	39376	2746	2342	7338	4879	7696	1622	19214	1779
黑龙江	26096	2593	1518	5099	3839	4647	1456	7828	731
上　海	53831	10994	6233	4837	3923	10281	851	22452	840
江　苏	52278	6486	4776	5031	2391	8110	2580	35479	5648
浙　江	64293	7441	2969	4495	2428	8535	1847	37266	2740
安　徽	56376	5282	3192	7910	3135	8711	2130	30591	3466
福　建	39902	3215	2204	4283	3210	3723	732	27764	1372
江　西	61922	8444	4473	5620	5321	7394	1228	19523	2221
山　东	40623	2312	3950	6317	3160	8577	3200	19753	7396
河　南	85087	9288	6830	10732	9325	14330	2816	32775	4282
湖　北	123429	5617	9115	12221	8404	17917	5728	25308	10214
湖　南	119365	10693	10827	19709	19293	16462	6761	58036	5215
广　东	124245	1898	8919	14201	3822	15260	2660	55865	2360
广　西	29811	1176	1985	2408	1592	4702	1809	16752	1822
海　南	13260	71	803	1130	972	792	1064	1928	24
重　庆	36257	6869	3173	3714	3532	4881	1425	22367	2400
四　川	111815	23249	13664	15949	9085	19613	5099	44564	13428
贵　州	34301	2981	3283	4316	2754	4797	1302	8764	5446
云　南	45309	6493	4073	4452	4657	6438	2833	19226	1424
西　藏	3600		752	755	159	1124	124	447	6
陕　西	65038	6321	4290	9765	5293	7055	2267	40073	3567
甘　肃	18901	3397	2252	3796	1736	3127	637	10839	1838
青　海	17513	10	2856	260	958	2037	309	1118	5625
宁　夏	7771	23	444	563	498	607	179	2214	331
新　疆	17498	4020	3542	3446	1725	2547	643	4690	1120

单位：人次、张、万元

床位数	年末在站（场）人数	增加值合计	执行行政事业会计制度单位财务指标					
			固定资产原价	上年结余	收入合计	支出合计	收支结余	行政事业单位增加值
47379	**22274**	**95495.3**	**170348.1**	**14538.5**	**171684.3**	**153122.2**	**15356.8**	**95495.3**
1515	5648	4126.6	2138.1	2662.0	13984.9	11668.3	4865.2	4126.6
1034	253	2300.4	1620.1	1506.2	2429.8	2545.4	1458.2	2300.4
696	771	2369.6	2345.4	48.5	3024.8	2874.4	40.0	2369.6
1179	177	1631.7	2946.6	901.2	2509.5	2367.8	1233.0	1631.7
1081	118	1831.0	2632.6	497.8	5080.6	3962.0	311.7	1831.0
2511	699	4667.1	7705.6	40.9	8241.1	8142.8	141.9	4667.1
1820	1383	2936.7	4265.3	46.3	4456.3	4426.9	126.5	2936.7
1560	1270	1903.4	6172.6		4262.0	4330.8	0.4	1903.4
412	231	4094.8	16043.9	750.5	9115.6	9011.1	513.5	4094.8
2439	613	6569.5	13005.1	415.0	10470.4	10322.1	437.6	6569.5
2412	838	4984.0	8428.1	849.0	7473.9	7308.7	670.7	4984.0
1324	99	1554.8	2553.4	113.1	3060.8	2969.6	130.6	1554.8
1225	292	2644.7	4320.6	94.2	3697.6	3349.5	414.7	2644.7
799	351	1619.7	1745.0	30.5	2313.3	2299.1		1619.7
2198	299	2448.2	6353.7	14.8	3880.1	3894.9	9.0	2448.2
1971	313	2288.0	4510.3	63.4	4274.2	3986.8	250.9	2288.0
1769	568	4159.4	4976.6	836.0	6314.6	6314.1	836.5	4159.4
2960	690	3698.4	7127.9	80.1	20004.4	6956.9	22.5	3698.4
6462	953	20099.6	36505.8	1491.2	26330.5	26652.5	1432.6	20099.6
982	187	1787.7	3278.4	91.8	2747.5	2657.6	247.1	1787.7
203	23	452.6	1532.0	1550.0	744.3	848.3		452.6
945	239	2002.4	3144.2	51.0	3096.8	2926.4	169.9	2002.4
2300	3473	4520.4	8237.4	523.2	8423.1	7674.2	847.9	4520.4
623	840	1276.1	1603.1	150.2	1658.9	1560.7	347.7	1276.1
1102	293	1986.1	3773.6	119.6	2789.1	3040.0	88.1	1986.1
385	5	191.8	1101.6		248.3	248.3		191.8
3606	936	3045.1	3701.1	74.1	3960.0	4103.7	-28.2	3045.1
805	507	1482.8	3631.5	167.0	1809.0	1845.0	131.0	1482.8
66	5	98.9	298.3		311.9	311.9		98.9
142	24	397.3	603.7	3.0	599.3	607.3		397.3
853	176	2326.5	4046.5	1367.9	4371.7	3915.1	657.8	2326.5

C-24 在编制部门登

地 区	单位数	年末职工人数		受教育程度情况	
			女性	大学专科	大学本科及以上
全 国	**1428**	**15533**	**5196**	**5404**	**2845**
北 京	23	529	261	136	138
天 津	11	207	58	55	36
河 北	25	403	71	106	43
山 西	55	491	172	160	42
内蒙古	33	388	90	152	53
辽 宁	54	771	246	336	185
吉 林	50	660	278	196	162
黑龙江	80	756	239	299	135
上 海	21	415	154	152	75
江 苏	60	583	177	174	152
浙 江	67	500	161	149	161
安 徽	37	357	89	142	49
福 建	33	320	101	86	36
江 西	56	404	131	134	52
山 东	36	354	128	171	133
河 南	41	724	260	275	121
湖 北	67	716	263	236	129
湖 南	92	925	280	375	100
广 东	68	1919	602	621	302
广 西	29	321	112	87	64
海 南	8	85	38	17	12
重 庆	44	363	117	149	99
四 川	126	902	318	350	163
贵 州	58	329	114	135	53
云 南	65	412	126	120	75
西 藏	1	16	5	2	4
陕 西	87	842	312	279	93
甘 肃	40	367	143	143	64
青 海	5	43	8	8	3
宁 夏	13	86	25	23	18
新 疆	43	345	117	136	93

记的救助机构

单位:个、人

职业资格水平		年龄结构			
助理社会工作师	社会工作师	35岁及以下	36岁至45岁	46岁至55岁	56岁及以上
245	**184**	**4977**	**5721**	**3960**	**875**
12	5	227	170	113	19
		52	61	67	27
	3	107	121	147	28
4	6	173	174	128	16
1	10	77	152	136	23
7	9	238	282	219	32
8	6	181	269	179	31
3	2	238	326	168	24
15	22	121	96	151	47
22	19	160	182	195	46
5	5	187	186	96	31
3	3	86	158	80	33
4	3	77	108	114	21
7	5	130	184	77	13
7	3	136	113	81	24
6	10	266	239	177	42
6	6	210	263	181	62
12	7	392	345	150	38
47	25	587	711	496	125
4	6	91	95	111	24
		17	38	27	3
36		91	154	94	24
19	16	326	357	190	29
3	4	86	102	115	26
2		116	168	112	16
		7	5	4	
2	7	326	306	170	40
1	1	119	142	88	18
		16	22	3	2
9		19	47	17	3
	1	118	145	74	8

C-24续表

地 区	本年救助人次数	从其他站转入的	儿童	老年人	残疾人	女性	救治的危重病人、精神病人	自主返乡	跨省接送
全 国	**1666192**	**144946**	**141829**	**199646**	**119551**	**280172**	**60896**	**666571**	**104363**
北 京	156868	1071	3923	13888	1979	61281	830	9177	1041
天 津	17400	166	823	1987	668	2595	847	9192	332
河 北	39693	1398	1969	4683	1817	5069	1471	20043	1918
山 西	52656	4240	3060	4353	4549	3962	2189	24571	2133
内蒙古	23824	1346	3453	4641	1142	5303	857	15558	5903
辽 宁	49788	1997	2685	5507	2914	7192	2398	20751	1909
吉 林	39376	2746	2342	7338	4879	7696	1622	19214	1779
黑龙江	25988	2593	1493	5039	3843	4655	1456	7828	731
上 海	53674	10994	6397	4726	3894	10270	837	22356	840
江 苏	52350	6486	4848	5031	2391	8110	2580	35479	5648
浙 江	64071	7468	3511	4470	2403	8585	1845	37031	2980
安 徽	56569	5595	4207	7952	3246	9015	2176	30613	4372
福 建	38375	2817	2135	4031	2971	3581	728	26674	1372
江 西	59644	8444	4473	5620	5321	7394	1228	19523	2221
山 东	40624	2312	3951	6317	3160	8577	3200	19753	7396
河 南	85087	9288	6830	10732	9325	14330	2816	32775	4282
湖 北	137262	7567	17996	12261	8533	18529	5931	25311	12458
湖 南	121694	10755	11972	19709	19327	16775	6761	58356	6474
广 东	138356	2126	10138	20709	4019	18116	2989	59846	2631
广 西	31920	1266	2873	2408	1602	4811	1830	16752	1880
海 南	13260	71	803	1130	972	792	1064	1928	24
重 庆	37923	7226	4424	3729	3650	5107	1434	22367	2433
四 川	114233	23489	14695	15864	9199	19901	5097	45025	13400
贵 州	40772	3144	4133	4841	3104	5783	1692	8847	6263
云 南	44697	6470	3999	4367	4533	6414	2804	18524	1424
西 藏	2600		444	381	57	769	48	447	6
陕 西	64721	6319	4286	9739	5133	7037	2267	39733	3567
甘 肃	19435	3458	2676	3565	1700	3282	617	10652	1828
青 海	17128	10	2856	260	949	2037	309	1118	5625
宁 夏	7771	23	444	563	498	607	179	2214	331
新 疆	18433	4061	3990	3805	1773	2597	794	4913	1162

单位：人、人次、张、万元

床位数	年末在站（场）人数	增加值合计	执行行政事业会计制度单位财务指标					
			固定资产原价	上年结余	收入合计	支出合计	收支结余	行政事业单位增加值
50217	**22879**	**101313.7**	**180854.2**	**15235.8**	**181156.9**	**162414.1**	**16187.1**	**101313.7**
1815	5719	4935.2	2607.3	3080.7	15586.4	13282.8	5015.5	4935.2
1034	253	2300.4	1620.1	1506.2	2429.8	2545.4	1458.2	2300.4
896	792	2395.9	2386.4	48.5	3090.8	2940.4	40.0	2395.9
1140	177	1631.6	2944.6	901.2	2497.5	2355.8	1233.0	1631.6
1081	118	1831.0	2632.6	497.8	5080.6	3962.0	311.7	1831.0
2578	699	4731.0	8006.9	40.9	8372.5	8274.2	141.9	4731.0
1820	1383	2936.7	4265.3	46.3	4456.3	4426.9	126.5	2936.7
1660	1295	1926.6	6222.6		4379.0	4447.8	0.4	1926.6
512	288	4673.6	16376.9	791.5	9985.0	9794.5	640.5	4673.6
2439	613	6569.5	13005.1	415.0	10470.4	10322.1	437.6	6569.5
2612	865	5357.3	9234.2	849.0	7889.4	7724.1	670.8	5357.3
1371	109	1580.1	2716.4	113.1	3143.6	3024.8	130.6	1580.1
1215	291	2638.7	4320.1	94.2	3678.9	3330.8	414.7	2638.7
799	351	1619.7	1745.0	30.5	2303.2	2289.0		1619.7
2228	300	2467.2	6753.7	14.8	3884.1	3898.9	9.0	2467.2
1971	313	2288.0	4510.3	63.4	4274.2	3986.8	250.9	2288.0
2934	650	4592.2	6083.5	836.0	6934.8	7109.7	836.5	4592.2
3033	734	3908.9	7795.9	84.6	20323.7	7271.7	22.5	3908.9
7062	1242	22902.9	42185.8	1626.1	30920.0	31059.8	1828.6	22902.9
1022	203	1880.7	3643.0	91.8	2829.8	2739.9	247.1	1880.7
203	23	452.6	1532.0	1550.0	744.3	848.3		452.6
1013	245	2029.0	3193.1	51.0	3172.9	3002.5	169.9	2029.0
2260	3426	4580.5	8345.0	523.2	8525.8	7778.9	847.9	4580.5
686	980	1504.8	1756.3	248.4	1999.1	1843.4	504.6	1504.8
1092	293	1970.5	3798.6	119.6	2771.4	3022.3	88.1	1970.5
260	5	189.1	1033.1		248.3	248.3		189.1
3594	916	3043.0	3698.1	74.1	3955.0	4098.7	-28.2	3043.0
795	391	1456.6	3376.2	167.0	1788.1	1824.1	131.0	1456.6
26	5	86.1	187.3		302.5	302.5		86.1
142	24	397.3	603.7	3.0	599.3	607.3		397.3
924	176	2437.0	4275.1	1367.9	4520.2	4050.4	657.8	2437.0

C-25 未登记的

地 区	单位数	年末职工人数		受教育程度情况	
			女性	大学专科	大学本科及以上
全 国	**60**	**148**	**47**	**63**	**8**
北 京					
天 津					
河 北					
山 西	2	7	3	4	
内蒙古					
辽 宁	1	9	1	2	
吉 林					
黑龙江	4	8	6	2	
上 海	1	7	2	7	
江 苏	7	2			
浙 江	2	5	2	1	3
安 徽	3	11	1	8	
福 建	6	9	4	2	
江 西	12	26	12	8	
山 东					
河 南					
湖 北					
湖 南					
广 东	2	17	1		
广 西	1	3		3	
海 南					
重 庆					
四 川	1	2	2		
贵 州					
云 南	4	5	1	4	
西 藏	2	7	2		
陕 西	2	3	1	3	
甘 肃	2	8	1	6	2
青 海	5	15	5	13	2
宁 夏					
新 疆	3	4	3		1

救助机构

单位:个、人

职业资格水平		年龄结构			
助理社会工作师	社会工作师	35岁及以下	36岁至45岁	46岁至55岁	56岁及以上
		59	**68**	**15**	**6**
		7			
		3	2	2	2
		2	6		
		2	5		
		2			
		3	2		
			8	2	1
		2	4	3	
		16	9	1	
		3	6	5	3
			3		
		2			
			3	2	
		5	2		
		3			
		4	4		
		3	12		
		2	2		

C−25续表

地　区	本年救助人次数	从其他站转入的	儿童	老年人	残疾人	女性	救治的危重病人、精神病人	自主返乡	跨省接送
全　国	**14340**	**840**	**3338**	**1847**	**1342**	**1215**	**346**	**3284**	**105**
北　京									
天　津									
河　北									
山　西	1183	7	232	236	506	177	6	191	2
内蒙古									
辽　宁	557	99	13	106	7	35	56	310	14
吉　林									
黑龙江	143		50	60	20				
上　海	350		29	111	29	83	14	96	
江　苏	322		322						
浙　江	794	8	30	25	45	113	37	283	18
安　徽	2589	2	1239			5			4
福　建	1527	398	69	252	239	142	4	1090	
江　西	2795	132	448	15	7	8			
山　东									
河　南									
湖　北									
湖　南									
广　东	177								
广　西	250	140	250					40	5
海　南									
重　庆									
四　川	405		200	300		200	100		50
贵　州									
云　南	898	23	74	85	124	24	29	702	
西　藏	1000		308	374	102	355	76		
陕　西	340	2	4	26	160	18		340	
甘　肃	552	2		256	72	31	22	187	10
青　海	385				9				
宁　夏									
新　疆	73	27	70	1	22	24	2	45	2

单位:人、人次、张、万元

床位数	年末在站（场）人数	增加值合计	执行行政事业会计制度单位财务指标					
			固定资产原价	上年结余	收入合计	支出合计	收支结余	行政事业单位增加值
832	**198**	**257.4**	**1614.3**	**0.3**	**308.0**	**312.0**	**-0.1**	**257.4**
39		0.1	2.0		12.0	12.0		0.1
20		80.5	52.0		87.0	87.0		80.5
		2.0			3.0	3.0		2.0
					24.6	24.6		
40	1							
60		17.3			27.4	27.5	-0.1	17.3
295	2	8.7			12.2	12.2		8.7
10	1	6.0	0.5		18.7	18.7		6.0
	4	25.0	550.0	0.2	24.1	24.0		25.0
		37.5	262.0		27.0	32.0		37.5
20		3.6	90.0		2.0	2.0		3.6
100	50	0.8	20.0		2.0			0.8
10		16.6			19.7	19.7		16.6
125		2.7	68.5					2.7
28	20	2.3	8.0		5.0	5.0		2.3
40	120	39.0	450.3		28.9	28.9		39.0
40		12.8	111.0		9.4	9.4		12.8
5		2.5		0.1	5.0	6.0		2.5

C-26 救助

地区	单位数	年末职工人数		受教育程度情况	
			女性	大学专科	大学本科及以上
全国	**1488**	**15681**	**5243**	**5467**	**2853**
北京	23	529	261	136	138
天津	11	207	58	55	36
河北	25	403	71	106	43
山西	57	498	175	164	42
内蒙古	33	388	90	152	53
辽宁	55	780	247	338	185
吉林	50	660	278	196	162
黑龙江	84	764	245	301	135
上海	22	422	156	159	75
江苏	67	585	177	174	152
浙江	69	505	163	150	164
安徽	40	368	90	150	49
福建	39	329	105	88	36
江西	68	430	143	142	52
山东	36	354	128	171	133
河南	41	724	260	275	121
湖北	67	716	263	236	129
湖南	92	925	280	375	100
广东	70	1936	603	621	302
广西	30	324	112	90	64
海南	8	85	38	17	12
重庆	44	363	117	149	99
四川	127	904	320	350	163
贵州	58	329	114	135	53
云南	69	417	127	124	75
西藏	3	23	7	2	4
陕西	89	845	313	282	93
甘肃	42	375	144	149	66
青海	10	58	13	21	5
宁夏	13	86	25	23	18
新疆	46	349	120	136	94

管理站

单位：个、人

职业资格水平		年龄结构			
助理社会工作师	社会工作师	35岁及以下	36岁至45岁	46岁至55岁	56岁及以上
245	**184**	**5036**	**5789**	**3975**	**881**
12	5	227	170	113	19
		52	61	67	27
	3	107	121	147	28
4	6	180	174	128	16
1	10	77	152	136	23
7	9	241	284	221	34
8	6	181	269	179	31
3	2	240	332	168	24
15	22	123	101	151	47
22	19	162	182	195	46
5	5	190	188	96	31
3	3	86	166	82	34
4	3	79	112	117	21
7	5	146	193	78	13
7	3	136	113	81	24
6	10	266	239	177	42
6	6	210	263	181	62
12	7	392	345	150	38
47	25	590	717	501	128
4	6	91	98	111	24
		17	38	27	3
36		91	154	94	24
19	16	328	357	190	29
3	4	86	102	115	26
2		116	171	114	16
		12	7	4	
2	7	329	306	170	40
1	1	123	146	88	18
		19	34	3	2
9		19	47	17	3
	1	120	147	74	8

C-26续表

地　区	本年救助人次数	从其他站转入的	儿童	老年人	残疾人	女性	救治的危重病人、精神病人	自主返乡	跨省接送
全　国	**1680532**	**145786**	**145167**	**201493**	**120893**	**281387**	**61242**	**669855**	**104468**
北　京	156868	1071	3923	13888	1979	61281	830	9177	1041
天　津	17400	166	823	1987	668	2595	847	9192	332
河　北	39693	1398	1969	4683	1817	5069	1471	20043	1918
山　西	53839	4247	3292	4589	5055	4139	2195	24762	2135
内蒙古	23824	1346	3453	4641	1142	5303	857	15558	5903
辽　宁	50345	2096	2698	5613	2921	7227	2454	21061	1923
吉　林	39376	2746	2342	7338	4879	7696	1622	19214	1779
黑龙江	26131	2593	1543	5099	3863	4655	1456	7828	731
上　海	54024	10994	6426	4837	3923	10353	851	22452	840
江　苏	52672	6486	5170	5031	2391	8110	2580	35479	5648
浙　江	64865	7476	3541	4495	2448	8698	1882	37314	2998
安　徽	59158	5597	5446	7952	3246	9020	2176	30613	4376
福　建	39902	3215	2204	4283	3210	3723	732	27764	1372
江　西	62439	8576	4921	5635	5328	7402	1228	19523	2221
山　东	40624	2312	3951	6317	3160	8577	3200	19753	7396
河　南	85087	9288	6830	10732	9325	14330	2816	32775	4282
湖　北	137262	7567	17996	12261	8533	18529	5931	25311	12458
湖　南	121694	10755	11972	19709	19327	16775	6761	58356	6474
广　东	138533	2126	10138	20709	4019	18116	2989	59846	2631
广　西	32170	1406	3123	2408	1602	4811	1830	16792	1885
海　南	13260	71	803	1130	972	792	1064	1928	24
重　庆	37923	7226	4424	3729	3650	5107	1434	22367	2433
四　川	114638	23489	14895	16164	9199	20101	5197	45025	13450
贵　州	40772	3144	4133	4841	3104	5783	1692	8847	6263
云　南	45595	6493	4073	4452	4657	6438	2833	19226	1424
西　藏	3600		752	755	159	1124	124	447	6
陕　西	65061	6321	4290	9765	5293	7055	2267	40073	3567
甘　肃	19987	3460	2676	3821	1772	3313	639	10839	1838
青　海	17513	10	2856	260	958	2037	309	1118	5625
宁　夏	7771	23	444	563	498	607	179	2214	331
新　疆	18506	4088	4060	3806	1795	2621	796	4958	1164

单位：人、人次、张、万元

床位数	年末在站（场）人数	增加值合计	执行行政事业会计制度单位财务指标					
			固定资产原价	上年结余	收入合计	支出合计	收支结余	行政事业单位增加值
51049	**23077**	**101571.1**	**182468.5**	**15236.1**	**181464.9**	**162726.1**	**16187.0**	**101571.1**
1815	5719	4935.2	2607.3	3080.7	15586.4	13282.8	5015.5	4935.2
1034	253	2300.4	1620.1	1506.2	2429.8	2545.4	1458.2	2300.4
896	792	2395.9	2386.4	48.5	3090.8	2940.4	40.0	2395.9
1179	177	1631.7	2946.6	901.2	2509.5	2367.8	1233.0	1631.7
1081	118	1831.0	2632.6	497.8	5080.6	3962.0	311.7	1831.0
2598	699	4811.5	8058.9	40.9	8459.5	8361.2	141.9	4811.5
1820	1383	2936.7	4265.3	46.3	4456.3	4426.9	126.5	2936.7
1660	1295	1928.6	6222.6		4382.0	4450.8	0.4	1928.6
512	288	4673.6	16376.9	791.5	10009.6	9819.1	640.5	4673.6
2479	614	6569.5	13005.1	415.0	10470.4	10322.1	437.6	6569.5
2672	865	5374.6	9234.2	849.0	7916.8	7751.6	670.7	5374.6
1666	111	1588.8	2716.4	113.1	3155.8	3037.0	130.6	1588.8
1225	292	2644.7	4320.6	94.2	3697.6	3349.5	414.7	2644.7
799	355	1644.7	2295.0	30.7	2327.3	2313.0		1644.7
2228	300	2467.2	6753.7	14.8	3884.1	3898.9	9.0	2467.2
1971	313	2288.0	4510.3	63.4	4274.2	3986.8	250.9	2288.0
2934	650	4592.2	6083.5	836.0	6934.8	7109.7	836.5	4592.2
3033	734	3908.9	7795.9	84.6	20323.7	7271.7	22.5	3908.9
7062	1242	22940.4	42447.8	1626.1	30947.0	31091.8	1828.6	22940.4
1042	203	1884.3	3733.0	91.8	2831.8	2741.9	247.1	1884.3
203	23	452.6	1532.0	1550.0	744.3	848.3		452.6
1013	245	2029.0	3193.1	51.0	3172.9	3002.5	169.9	2029.0
2360	3476	4581.3	8365.0	523.2	8527.8	7778.9	847.9	4581.3
686	980	1504.8	1756.3	248.4	1999.1	1843.4	504.6	1504.8
1102	293	1987.1	3798.6	119.6	2791.1	3042.0	88.1	1987.1
385	5	191.8	1101.6		248.3	248.3		191.8
3622	936	3045.3	3706.1	74.1	3960.0	4103.7	-28.2	3045.3
835	511	1495.6	3826.5	167.0	1817.0	1853.0	131.0	1495.6
66	5	98.9	298.3		311.9	311.9		98.9
142	24	397.3	603.7	3.0	599.3	607.3		397.3
929	176	2439.5	4275.1	1368.0	4525.2	4056.4	657.8	2439.5

C-27 流浪儿童

地 区	单位数	年末职工人数		受教育程度情况	
			女性	大学专科	大学本科及以上
全 国	**116**	**868**	**326**	**296**	**126**
北 京	2	52	24	27	18
天 津					
河 北	3	43	7	3	6
山 西					
内蒙古					
辽 宁	3	23	3	10	1
吉 林					
黑龙江	1	3	2	1	2
上 海	1	65	59	24	5
江 苏	17	7	2	1	1
浙 江	1	25	8	13	7
安 徽	5	31	4	19	1
福 建					
江 西	10	19	9	7	
山 东	1	1	1		1
河 南					
湖 北	13	175	76	49	24
湖 南	6	63	21	27	2
广 东	3	148	42	30	25
广 西	7	42	21	9	15
海 南					
重 庆	5	30	7	11	2
四 川	22	57	13	22	5
贵 州	5	38	12	22	2
云 南	1	1	1		
西 藏					
陕 西	1	3	1		
甘 肃	2	13	5	7	2
青 海					
宁 夏					
新 疆	7	29	8	14	7

救助保护中心

单位:个、人

职业资格水平		年龄结构			
助理社会工作师	社会工作师	35岁及以下	36岁至45岁	46岁至55岁	56岁及以上
13	**11**	**280**	**291**	**245**	**52**
6	1	21	17	13	1
		6	9	27	1
1		6	8	8	1
		1	1	1	
2	2	39	11	15	
		2	5		
		10	5	10	
		4	19	4	4
		11	8		
			1		
2	1	46	53	64	12
2		42	12	7	2
	5	28	49	51	20
		21	12	8	1
		6	14	5	5
	2	16	37	3	1
		8	13	13	4
		1			
			3		
		5	3	5	
		7	11	11	

C-27 续表

地　区	本年救助人次数	从其他站转入的	儿童	老年人	残疾人	女性	救治的危重病人、精神病人	自主返乡	跨省接送
全　国	**52981**	**3843**	**22116**	**7783**	**1229**	**6507**	**1319**	**5226**	**6383**
北　京	1121		1121			73			462
天　津									
河　北	155		155			24			
山　西									
内蒙古									
辽　宁	1039		296	38	9		33		
吉　林									
黑龙江	35		25		24	8			
上　海	193		193			72			
江　苏	394		394						
浙　江	572	35	572		20	163	35	48	258
安　徽	2782	315	2254	42	111	309	46	22	910
福　建									
江　西	517	132	448	15	7	8			
山　东	1		1						
河　南									
湖　北	13833	1950	8881	40	129	612	203	3	2244
湖　南	2329	62	1145		34	313		320	1259
广　东	14288	228	1219	6508	197	2856	329	3981	271
广　西	2359	230	1138		10	109	21	40	63
海　南									
重　庆	1666	357	1251	15	118	226	9		33
四　川	2823	240	1231	215	114	488	98	461	22
贵　州	6471	163	850	525	350	986	390	83	817
云　南	286								
西　藏									
陕　西	23								
甘　肃	1086	63	424	25	36	186	2		
青　海									
宁　夏									
新　疆	1008	68	518	360	70	74	153	268	44

单位：人、人次、张、万元

床位数	年末在站（场）人数	增加值合计	执行行政事业会计制度单位财务指标					
			固定资产原价	上年结余	收入合计	支出合计	收支结余	行政事业单位增加值
3670	**803**	**6075.8**	**12120.4**	**697.6**	**9780.6**	**9603.9**	**830.2**	**6075.8**
300	71	808.6	469.2	418.7	1601.5	1614.5	150.3	808.6
200	21	26.3	41.0		66.0	66.0		26.3
87		144.4	353.3		218.4	218.4		144.4
100	25	25.2	50.0		120.0	120.0		25.2
100	57	578.8	333.0	41.0	894.0	808.0	127.0	578.8
40	1							
260	27	390.6	806.1		442.9	442.9		390.6
342	12	34.0	163.0		95.0	67.4		34.0
	4	25.0	550.0	0.2	14.0	13.9		25.0
30	1	19.0	400.0		4.0	4.0		19.0
1165	82	432.8	1106.9		620.2	795.6		432.8
73	44	210.5	668.0	4.5	319.3	314.8		210.5
600	289	2840.8	5942.0	134.9	4616.5	4439.3	396.0	2840.8
60	16	96.6	454.6		84.3	84.3		96.6
68	6	26.6	48.9		76.1	76.1		26.6
60	3	60.9	127.6		104.7	104.7		60.9
63	140	228.7	153.2	98.2	340.2	282.7	156.9	228.7
		1.0	25.0		2.0	2.0		1.0
16		0.2	5.0					0.2
30	4	12.8	195.0		8.0	8.0		12.8
76		113.0	228.6	0.1	153.5	141.3		113.0

C-28 军休

地　区	单位数	年末职工人数		受教育程度情况	
			女性	大学专科	大学本科及以上
全　国	**1876**	**18648**	**7830**	**6937**	**5236**
北　京	133	2282	1158	724	769
天　津	20	267	106	101	82
河　北	152	1334	567	289	226
山　西	67	549	227	203	154
内蒙古	22	258	78	132	39
辽　宁	68	1536	601	678	696
吉　林	36	527	205	291	168
黑龙江	50	377	135	181	137
上　海	28	371	157	134	136
江　苏	133	1109	474	423	315
浙　江	57	307	127	93	116
安　徽	53	375	135	143	86
福　建	55	392	150	121	89
江　西	24	198	80	47	19
山　东	163	1901	737	804	630
河　南	114	1146	476	427	226
湖　北	103	853	352	349	161
湖　南	105	805	330	309	213
广　东	84	788	367	244	210
广　西	37	245	96	97	48
海　南	12	144	55	46	19
重　庆	48	320	132	136	103
四　川	119	683	302	278	155
贵　州	14	108	52	53	18
云　南	56	491	215	171	113
西　藏					
陕　西	75	677	282	240	113
甘　肃	20	240	93	87	75
青　海	3	67	31	17	37
宁　夏	7	55	21	14	24
新　疆	18	243	89	105	59

所

单位：个、人

职业资格水平情况		年龄结构情况			
助理社会工作师	社会工作师	35岁及以下	36岁至45岁	46岁至55岁	56岁及以上
266	**205**	**5646**	**6780**	**5064**	**1158**
56	38	764	772	670	76
7	16	67	75	107	18
12	8	467	477	320	70
5	8	167	231	122	29
2		46	108	79	25
16	10	422	475	466	173
19	2	124	271	113	19
3	3	107	133	117	20
19	8	106	98	123	44
32	31	267	399	340	103
2	1	77	86	114	30
3	6	98	159	97	21
8	5	132	118	113	29
	1	32	122	32	12
15	16	529	779	497	96
7	5	479	396	221	50
1		195	345	243	70
10	2	297	310	156	42
20	26	293	273	182	40
3		82	68	74	21
1	6	56	54	30	4
		93	141	76	10
10	10	207	248	189	39
		21	35	44	8
4	1	116	173	167	35
3	2	188	233	221	35
8		91	74	55	20
		24	12	27	4
		17	25	6	7
		82	90	63	8

C-28续表

地　区	增加值合计	执行行政事业会计		
		固定资产原价	上年结余	收入合计
全　国	**985182.3**	**366284.3**	**83716.5**	**1461400.8**
北　京	250454.8	42375.2	36412.3	374698.4
天　津	23201.2	17044.9	5878.5	32295.0
河　北	39140.8	16738.7	4691.9	76022.1
山　西	14623.3	15758.5	915.4	18579.8
内蒙古	15519.8	4052.7	1061.2	18729.4
辽　宁	31562.5	31060.3	464.9	41692.0
吉　林	10152.2	5873.1	548.6	37684.7
黑龙江	15293.1	10740.9	597.5	19022.9
上　海	26990.0	8794.7	423.0	53175.2
江　苏	60027.3	16699.6	1732.2	92207.1
浙　江	17730.3	6129.6	2041.4	22800.5
安　徽	20613.9	10284.5	1136.6	27217.9
福　建	19554.9	5555.7	784.8	27959.8
江　西	7879.7	3881.2	45.2	8814.6
山　东	113331.8	30811.2	160.0	154077.1
河　南	18630.3	11781.2	924.2	31680.8
湖　北	48340.2	23926.9	-1112.2	89129.5
湖　南	28623.3	14469.7	347.1	36242.2
广　东	37755.5	15396.3	5092.4	60356.8
广　西	13334.0	3889.2	706.4	16181.7
海　南	1559.2	3735.7	1464.0	8579.5
重　庆	11964.2	3437.8	553.3	27200.0
四　川	25823.6	10415.0	3697.7	34721.2
贵　州	6740.0	2316.5	164.0	7158.7
云　南	17676.5	22227.2	2793.4	24028.6
西　藏				
陕　西	63450.4	14947.5	1018.3	74250.5
甘　肃	12929.9	4545.7	699.4	13664.7
青　海	1978.0	970.3	3.6	2940.4
宁　夏	3493.7	690.6	640.0	4752.9
新　疆	26807.9	7733.9	9831.4	25536.8

单位：万元、户、人

制度单位财务指标			休养所可提供休养的户数	年末休养（含分散休养）人数	本年代发离退休金
支出合计	收支结余	行政事业单位增加值			
1422879.7	**88215.0**	**985182.3**	**117705**	**165056**	**746009.3**
356134.7	50976.5	250454.8	26579	31443	50843.5
26199.1	8090.1	23201.2	590	3919	
74922.4	4073.4	39140.8	4715	10356	52436.6
18905.7	280.9	14623.3	2367	3275	18636.7
18259.0	765.6	15519.8	1730	1988	12726.7
41324.2	884.6	31562.5	13530	17315	62463.3
26668.8	362.2	10152.2	673	1391	9528.0
17942.4	1036.5	15293.1	1559	1960	11517.7
51881.5	1322.1	26990.0	3027	4668	40487.0
92750.0	2529.3	60027.3	4306	7142	28357.0
21346.6	2491.5	17730.3	2456	3281	17352.9
25213.2	1806.8	20613.9	2034	3025	17085.7
28285.4	301.1	19554.9	2109	2854	20168.1
8790.4		7879.7	982	1248	6285.3
154178.8	162.1	113331.8	14448	17940	111232.4
32841.5	-133.2	18630.3	3927	4657	18309.3
90423.2	-2405.9	48340.2	6604	6755	36287.2
34929.6	966.3	28623.3	3141	4844	27596.1
60292.7	4335.7	37755.5	3111	7551	46905.2
16245.1	744.5	13334.0	801	1874	10685.6
9458.6	792.3	1559.2	312	1109	4780.0
27102.1	218.9	11964.2	2279	3070	27769.2
34934.2	1031.3	25823.6	5445	6922	37434.4
6964.0	149.6	6740.0	727	856	5996.0
23113.7	2195.6	17676.5	3220	3621	24413.2
75045.1	460.1	63450.4	4247	7580	11517.3
13472.2	909.8	12929.9	919	1664	10535.7
2940.4	27.6	1978.0	199	671	2821.5
3796.3	1596.5	3493.7	76	58	2861.2
28518.8	2243.2	26807.9	1592	2019	18976.5

C–29 军供

地 区	单位数	年末职工人数		受教育程度情况	
			女性	大学专科	大学本科及以上
全 国	**330**	**6539**	**2860**	**1753**	**757**
北 京	1	48	14	11	15
天 津	1	26	3	1	10
河 北	9	105	31	20	13
山 西	6	140	61	36	11
内蒙古	5	116	31	60	27
辽 宁	11	285	115	75	54
吉 林	10	249	107	85	36
黑龙江	12	192	83	77	46
上 海	1	70	13	9	4
江 苏	18	319	158	67	33
浙 江	11	201	107	52	25
安 徽	41	772	434	114	12
福 建	12	182	108	17	17
江 西	12	296	118	95	21
山 东	21	348	132	167	76
河 南	24	569	227	142	93
湖 北	9	257	97	90	29
湖 南	12	293	141	113	23
广 东	15	300	138	103	57
广 西	12	389	200	85	31
海 南	1	43	19	3	4
重 庆	4	69	21	25	27
四 川	15	410	151	54	17
贵 州	9	84	31	30	9
云 南	25	348	186	82	25
西 藏					
陕 西	9	138	57	43	8
甘 肃	8	126	28	31	14
青 海	4	37	10	13	7
宁 夏	1	17	4	14	3
新 疆	11	110	35	39	10

站

单位：个、人

职业资格水平情况		年龄结构情况			
助理社会工作师	社会工作师	35岁及以下	36岁至45岁	46岁至55岁	56岁及以上
23	**20**	**1647**	**2531**	**1920**	**441**
		8	16	21	3
				24	2
		17	40	37	11
2	1	49	57	28	6
1		29	33	45	9
1	1	66	108	82	29
2	3	39	112	81	17
1	1	54	69	60	9
2		1	8	43	18
1	5	16	147	118	38
3	3	27	68	91	15
		149	372	202	49
		29	76	65	12
	1	59	136	77	24
5	1	84	145	100	19
1	2	202	209	125	33
	1	71	84	85	17
		69	129	83	12
		87	110	81	22
3	1	174	103	93	19
		6	20	15	2
		28	17	18	6
		180	137	76	17
		26	25	31	2
1		67	165	93	23
		36	48	43	11
		21	48	49	8
		13	12	10	2
		2	10	5	
		38	27	39	6

C-29续表

地区	增加值合计	执行企业会计制度单位财务指标					
		固定资产原价	营业收入	费用合计	营业利润	企业单位增加值	固定资产原价
全国	**34497.4**	**7669.0**	**2491.4**	**2041.0**	**-182.2**	**3190.3**	**136348.4**
北京	1533.9						24395.0
天津	331.1						310.0
河北	780.2						3879.6
山西	569.5						544.5
内蒙古	1535.1						1466.3
辽宁	1360.4						4324.4
吉林	625.7						1570.7
黑龙江	1060.1						4007.9
上海	720.8						2555.2
江苏	3083.6	2246.0	641.0	878.0	-18.0	1337.8	4000.0
浙江	2519.6						13874.4
安徽	1599.8	2187.6	220.0	208.2	-28.4	367.3	7049.2
福建	880.6						6001.4
江西	905.3						5227.4
山东	1667.1						3998.1
河南	2609.0	860.7	375.2	311.2	20.0	394.6	8804.0
湖北	1175.8						1783.6
湖南	1325.8						3419.4
广东	3279.3	1023.9	656.6	247.4	-84.3	498.0	11910.4
广西	1181.2						4821.6
海南	174.8						521.5
重庆	87.0						987.1
四川	704.8						2576.4
贵州	738.4						615.8
云南	1856.8	1350.8	598.6	396.2	-71.5	592.6	8100.5
西藏							
陕西	644.0						1222.8
甘肃	615.6						1370.1
青海	211.0						908.4
宁夏	129.9						637.3
新疆	591.2						5465.4

单位：万元、人次、张

执行行政事业会计制度单位财务指标					床位数	接待人次数	
上年结余	收入合计	支出合计	收支结余	行政事业单位增加值			接待军队人次数
7274.9	**51203.5**	**50216.3**	**6451.4**	**31307.1**	**56729**	**5092890**	**3564463**
22.0	990.0	933.0		1533.9		167000	167000
4202.6	1023.9	793.8	4432.7	331.1	50	50460	50460
126.4	1193.4	1134.3	104.6	780.2	158	103962	103962
6.0	769.3	774.7		569.5	427	85710	85710
446.0	1232.9	867.7	856.0	1535.1	324	69651	33110
-28.4	1713.2	1738.3	-53.5	1360.4	584	71744	58870
	1167.6	1218.6	10.0	625.7	847	149111	90378
	1860.3	1858.8		1060.1	937	200006	171275
50.3	1470.8	1527.5	-56.7	720.8	179	42445	19335
247.1	2313.1	2293.7	238.0	1745.8	761	173790	88621
46.2	5248.9	5469.7	46.3	2519.6	1440	242630	107243
-23.7	1717.3	1691.6	47.5	1232.5	2415	262889	109954
-277.2	1591.3	1543.3	-200.9	880.6	1106	148489	113209
273.1	1209.6	1161.5	37.1	905.3	1182	188890	140958
31.9	2106.9	2155.9	-11.9	1667.1	3076	334786	274504
566.9	3101.3	3053.8	31.0	2214.4	2938	402496	296420
168.7	1905.2	1852.5	221.4	1175.8	1664	137385	132957
0.4	2027.6	1988.0	5.1	1325.8	1340	200478	170095
99.6	3846.7	4122.3	362.6	2781.3	2473	276282	237282
89.6	3063.6	2894.7	172.9	1181.2	1588	293421	130660
537.4	898.6	346.3		174.8			
	989.5	881.5	108.0	87.0	30	167820	167820
142.1	1758.2	1239.9	26.1	704.8	2400	392426	260424
359.0	2383.2	2722.6	9.5	738.4	285	124135	122453
-59.0	2324.2	2433.9	31.1	1264.2	28586	500213	215869
4.3	779.4	762.5	19.5	644.0	200	56400	56400
	624.3	677.3		615.6	815	33707	33707
227.7	262.9	490.6		211.0		99937	99937
0.9	191.9	183.6		129.9			
15.0	1438.4	1404.4	15.0	591.2	924	116627	25850

C–30 社区服务

地　区	单位数	年末职工人数		受教育程度情况	
			女性	大学专科	大学本科及以上
全　国	**10003**	**68065**	**34694**	**17088**	**8560**
北　京	178	2425	1406	700	685
天　津	141	1112	751	291	187
河　北	188	1089	452	304	55
山　西	176	1141	548	196	18
内蒙古	753	4298	2449	1166	571
辽　宁	518	2941	2060	460	327
吉　林	227	1288	712	745	88
黑龙江	401	2237	1203	818	485
上　海	145	2850	1496	748	419
江　苏	499	4739	2266	1269	671
浙　江	579	3234	1800	977	462
安　徽	454	3049	1276	653	343
福　建	386	1681	740	116	56
江　西	476	2458	1093	210	60
山　东	510	5173	2512	2144	1618
河　南	440	2601	1178	731	321
湖　北	441	2782	1308	788	229
湖　南	440	3459	1618	1042	305
广　东	654	6014	3060	1046	594
广　西	90	738	532	44	11
海　南	1	5	2	4	1
重　庆	157	824	432	221	116
四　川	713	2874	1380	514	186
贵　州	158	1072	600	354	140
云　南	46	285	154	137	12
西　藏	28	62	30		
陕　西	304	1486	625	274	102
甘　肃	235	1016	481	285	201
青　海	112	771	495	85	17
宁　夏	114	554	408	113	28
新　疆	439	3807	1627	653	252

中心总表

单位:个、人

职业资格水平		年龄结构			
助理社会工作师	社会工作师	35岁及以下	36岁至45岁	46岁至55岁	56岁及以上
775	**452**	**24646**	**28967**	**12050**	**2402**
31	19	719	948	668	90
76	9	173	584	302	53
1	5	464	445	163	17
		390	450	237	64
5	4	1992	1581	690	35
		1153	1178	522	88
24	43	412	768	96	12
34	41	809	1020	364	44
26	17	856	999	709	286
205	69	1583	2032	891	233
110	21	989	1344	798	103
22	12	1326	1199	491	33
25	4	751	594	271	65
1		955	957	487	59
8	7	2439	2141	451	142
14	8	1260	1012	305	24
52	70	964	1268	509	41
23	7	1167	1632	611	49
18	5	1715	2266	1495	538
		342	250	135	11
			4	1	
10	1	222	410	183	9
30	33	888	1525	355	106
2	59	371	436	201	64
28		124	113	46	2
		47	15		
16	1	348	685	345	108
3	5	333	369	211	103
		325	394	52	
3		249	228	72	5
8	12	1280	2120	389	18

C-30续表1

地区	活动项目数	老年人照料项目	残疾人照料项目	家务劳动服务项目
全国	**146977**	**47520**	**14626**	**31642**
北京	3740	1152	479	1012
天津	1034	414	149	218
河北	1063	353	129	277
山西	1281	446	148	447
内蒙古	1326	325	98	135
辽宁	7873	965	558	641
吉林	7577	860	320	196
黑龙江	7945	4067	1046	1482
上海	24848	16743	745	3845
江苏	11503	3578	1732	2715
浙江	6543	2147	814	1116
安徽	1395	463	271	303
福建	1119	429	109	279
江西	15007	1450	2364	1673
山东	8026	3604	1044	1353
河南	3115	1984	352	276
湖北	4237	1037	553	2010
湖南	4585	906	1364	1429
广东	4079	1350	695	748
广西	245	158	17	25
海南				
重庆	4082	1386	366	1243
四川	6027	1230	369	969
贵州	1202	579	176	190
云南	13	7		1
西藏	215	215		
陕西	948	381	177	156
甘肃	638	241	141	137
青海	264	139	44	37
宁夏	15952	309	165	8665
新疆	1095	602	201	64

单位：人、个、人次、张

其他社区服务项目	活动人次数	老人	日间照料床位数	年末收养人数
53189	**31625082**	**15605034**	**14637**	**9587**
1097	5024930	2353719	1258	925
253	694746	568584		
304	518310	279719	655	323
240	531593	402735	135	92
768	353785	225054	120	40
5709	1085890	756612	262	200
6201	155953	86750	134	80
1350	568730	460932	280	212
3515	4076582	1465759	74	9
3478	3350648	1563725	215	190
2466	3159224	1252741	1474	550
358	205812	142871	800	518
302	282441	123143	197	73
9520	190563	110253	382	1467
2025	2008657	1023744	2097	1333
503	409204	209688	1089	651
637	571671	241876	769	525
886	938591	241277	700	446
1286	1481348	1080512	512	56
45	386848	332860	66	18
1087	477509	298855	200	121
3459	2233060	646161	1165	840
257	1301634	713538	1159	363
5	500	400	125	120
	64132	44662		
234	314597	229939	538	366
119	421603	172535	210	53
44	52773	39575		
6813	281366	179674	21	16
228	482382	357141		

C-30 续表 2

地 区	增加值合计	执行企业会计制度单位财务指标					执行行	
		固定资产原价	营业收入	费用合计	营业利润	企业单位增加值	固定资产原价	上年结余
全 国	**107689.7**	**19711.4**	**4562.6**	**3461.8**	**180.7**	**1143.0**	**259711.2**	**13334.4**
北 京	11045.5						37764.8	2417.4
天 津	1568.6						1557.8	23.6
河 北	606.4	582.0	302.0	171.1	1.8	138.4	1910.4	3.0
山 西	7449.3						3872.7	
内蒙古	1536.1	686.5	22.0	4.2		0.6	2245.9	
辽 宁	2520.7	117.7	12.2	13.3		0.8	26464.6	74.0
吉 林	842.6		13.0	10.8		4.1	534.4	
黑龙江	1701.8	561.0	45.0	13.6		37.5	6421.1	2.0
上 海	5296.6	23.4	44.5	28.8	-10.6	-7.8	14128.5	1703.9
江 苏	8892.8	3421.5	15.1	21.0	-0.8	26.6	24958.3	57.1
浙 江	17788.5	54.0	363.7	393.3	58.1	164.8	21734.6	5676.6
安 徽	2218.7	10693.0	568.8	330.8	4.8	107.0	3866.4	1.2
福 建	258.6	201.0	105.0	95.0	7.0	23.5	605.9	96.3
江 西	706.4	11.0		5.0			6034.0	30.0
山 东	18969.1	329.2	235.7	177.3	10.4	148.5	28697.0	
河 南	1562.7	59.7	97.3	73.5	9.5	48.2	5468.9	2.2
湖 北	2275.2	1015.0	1022.6	786.9	42.5	186.9	17254.0	286.0
湖 南	4637.7	17.0	82.0	62.0	21.0	21.4	6540.0	76.9
广 东	8291.3	311.7					10266.9	2564.6
广 西	150.2	70.0	2.0	2.0			1895.3	4.4
海 南	2.9							4.6
重 庆	1489.7	150.0	10.0	10.0		0.1	5768.9	166.9
四 川	1879.0	243.4	212.2	75.5	-7.0	25.5	3280.0	57.8
贵 州	1107.2	240.0	81.8	27.7	44.0	122.6	320.7	
云 南	64.9	90.0					1573.0	15.0
西 藏	488.0						12202.1	
陕 西	1640.1	37.0	1.0			59.5	5960.4	2.3
甘 肃	308.9	215.0	110.0	29.0		13.7	462.8	
青 海	196.2							
宁 夏	256.8	3.0					218.0	
新 疆	1937.2	579.3	1216.7	1131.0		21.1	7703.8	68.6

单位：万元

政事业会计制度单位财务指标				执行社会非营利组织会计制度单位财务指标				
收入合计	支出合计	收支结余	行政事业单位增加值	固定资产原价	上年结余	收入合计	费用合计	社会组织单位增加值
172199.8	**173049.0**	**10634.0**	**86399.6**	**74342.5**	**2421.8**	**44426.6**	**34243.2**	**20147.1**
15495.1	16618.7	1519.3	11045.5					
732.0	664.8	15.4	443.9	980.5		2126.7	2121.7	1124.7
561.3	492.6	45.1	372.7	1249.3	-62.5	242.2	255.7	95.3
9320.1	9315.3	4.9	7244.7	232.0		430.4	422.4	204.6
1828.6	1852.8		1492.5	735.0		231.3	237.3	43.0
1469.3	2062.6		2402.8	673.9	19.0	424.9	452.0	117.1
1156.6	1200.1		707.0	10.0		344.9	422.8	131.5
18869.3	19133.4	65.9	1610.7	146.0	10.0	120.5	119.9	53.6
19501.3	17744.4	1253.3	3985.3	393.8	105.3	14511.8	6983.8	1319.1
10007.2	10147.6	29.8	6306.3	15783.7	0.1	5869.8	5204.5	2559.9
24297.6	23851.6	5167.7	16221.6	3589.2	1341.7	2733.8	2953.9	1402.1
3764.9	3828.8	-61.6	2034.0	2168.0	7.8	434.0	376.2	77.7
521.2	622.1	2.7	226.5	131.3	10.0	626.9	485.4	8.6
1653.0	1609.0		694.6	715.3		110.1	106.0	11.8
12242.4	12240.2	1.3	9493.0	15885.5	10.6	7005.9	6972.3	9327.6
2212.4	2073.1	219.4	1413.0	753.7		655.6	342.1	101.5
5003.1	5118.3	-101.2	1838.4	2201.0		1099.0	926.7	249.9
9550.7	9041.3	1599.4	4388.4	872.7		1723.3	1257.5	227.9
21674.9	23292.3	749.7	7444.3	4218.0	-30.0	2223.8	2107.5	847.0
68.0	67.8		138.0	354.7	208.0	222.6	17.6	12.2
43.4	40.5	2.9	2.9					
2976.9	3153.7	48.7	1460.1	3535.0		102.6	102.6	29.5
1934.5	1848.4	65.3	995.9	3415.7	10.2	988.3	458.2	857.6
324.9	202.1		178.5	5477.5	641.9	968.1	978.3	806.1
23.0	36.0	2.0	64.9	103.0	0.6		0.6	
			488.0					
2059.9	2044.2	3.0	1548.0	1671.0	100.0	1.0	37.3	32.6
646.9	573.6	1.0	221.4	3630.4	40.0	618.0	81.5	73.8
				3513.2		513.0	511.3	196.2
54.9	54.4		20.6	187.6	8.1	77.1	288.1	236.2
4206.4	4119.3		1916.1	1715.5	1.0	21.0	20.0	

C-31 在工商部门登记的

地区	单位数	年末职工人数		受教育程度情况	
			女性	大学专科	大学本科及以上
全国	**221**	**1367**	**787**	**421**	**118**
北京					
天津	7	28	10	18	10
河北	12	153	58	82	10
山西	3	26	13	20	2
内蒙古	5	11	8		
辽宁	73	308	198	99	48
吉林	2	12	7	1	
黑龙江	8	27	16	4	
上海					
江苏	3	38	18	7	
浙江	5	18	18	9	2
安徽	17	97	65	10	1
福建	2	16	10	1	
江西	15	82	33	9	5
山东	5	56	34	18	8
河南	12	87	42	12	
湖北	21	170	122	60	9
湖南	5	99	54	36	9
广东	1	4	2		
广西					
海南					
重庆					
四川	6	27	22	7	
贵州	5	55	37	10	7
云南					
西藏					
陕西	3	20			
甘肃	11	33	20	18	7
青海					
宁夏					
新疆					

社区服务中心

单位:个、人

职业资格水平		年龄结构			
助理社会工作师	社会工作师	35岁及以下	36岁至45岁	46岁至55岁	56岁及以上
14	**6**	**672**	**469**	**197**	**29**
		8	9	6	5
		73	66	14	
		14	9	3	
		3	5	3	
		163	76	60	9
		5	6	1	
		10	14	3	
		8	19	9	2
	2		15	3	
		32	47	16	2
		6	10		
		23	32	27	
		20	24	12	
		55	32		
11		110	45	15	
		63	26	10	
		2	2		
		15	8	3	1
		30	11	5	9
		14	5	1	
3	4	18	8	6	1

C-31 续表 1

地区	活动项目数	老年人照料项目	残疾人照料项目	家务劳动服务项目
全国	**6965**	**528**	**116**	**142**
北京				
天津	70	37	8	10
河北	63	19	5	30
山西				
内蒙古	3	2	1	
辽宁	79	44	13	10
吉林	6004			2
黑龙江	31	23		5
上海				
江苏	64	12	5	7
浙江	44	12	12	12
安徽	6	1		4
福建	14	9	1	1
江西	81	49	14	6
山东	17	5	2	5
河南	180	180		
湖北	207	94	28	37
湖南	60	18	18	12
广东				
广西				
海南				
重庆				
四川	15	12	1	
贵州	7	2	2	
云南				
西藏				
陕西				
甘肃	20	9	6	1
青海				
宁夏				
新疆				

单位：人、个、人次、张

其他社区服务项目	活动人次数	老人	日间照料床位数	年末收养人数
6179	**294990**	**265432**	**546**	**314**
15	120650	120650		
9				
	5000	5000		
12	12353	8899	20	20
6002	7000	2000	100	80
3	1045	1045	30	16
40	6216	6216		
8	6284	6284		
1	210	210		
3	2412	73	105	43
12	4425	3536		
5	22926	22926		
	450	450		
48	71989	69156	81	66
12	1470	1470		
2	12594	12494	60	
3	15215	472	109	51
4	4751	4551	41	38

C–31 续表 2

地　区	增加值合计	执行企业会计制度单位财务指标					执行行	
		固定资产原价	营业收入	费用合计	营业利润	企业单位增加值	固定资产原价	上年结余
全　国	**929.7**	**1824.1**	**1463.7**	**1225.7**	**115.7**	**479.0**	**633.0**	
北　京								
天　津	2.5						42.0	
河　北	49.6	155.0	101.0	78.1	1.8	5.4	105.0	
山　西	0.8						20.0	
内蒙古	1.2	2.0					30.0	
辽　宁	20.8						1.0	
吉　林	0.1		6.0	6.0		0.1		
黑龙江	12.9	2.0	14.0	2.4		7.2	2.0	
上　海								
江　苏	26.6	21.5	12.1	43.8	-0.8	26.6		
浙　江	14.9		17.9	9.8		14.9		
安　徽	25.9	20.0	22.8	20.6	1.8	12.4		
福　建	36.1	25.0	25.0	16.0	7.0	22.7	336.0	
江　西	29.1						78.0	
山　东	118.6	239.2	194.7	203.4	5.4	118.6		
河　南		11.0						
湖　北	157.9	840.0	862.6	740.4	42.5	134.9		
湖　南	33.8		35.0	20.0	21.0	21.1	18.0	
广　东	4.8							
广　西								
海　南								
重　庆								
四　川	-5.0	98.4	33.0	55.5	-7.0	-5.0		
贵　州	378.6	200.0	61.6	24.7	44.0	105.6		
云　南								
西　藏								
陕　西	14.5	10.0	1.0			14.5	1.0	
甘　肃	6.0	200.0	77.0	5.0				
青　海								
宁　夏								
新　疆								

单位：万元

政事业会计制度单位财务指标				执行社会非营利组织会计制度单位财务指标				
收入合计	支出合计	收支结余	行政事业单位增加值	固定资产原价	上年结余	收入合计	费用合计	社会组织单位增加值
348.2	**321.0**		**117.1**	**1542.9**	**-3.0**	**462.0**	**437.5**	**333.6**
28.0	0.8		2.5					
120.0	120.0		44.2					
11.0	11.0		0.8					
8.0	8.0		1.2					
3.6	3.6		2.7	20.0		26.0	36.0	18.1
9.6	9.6		5.7					
				14.0		22.0	22.0	
30.0	30.0			25.0		27.0	25.5	13.5
22.0	22.0		13.4					
86.0	86.0		29.1	1.3		38.0	38.0	
				822.0		64.0	37.0	23.0
18.0	18.0		12.7			77.0		
8.0	8.0		4.8					
				50.0		30.0		
				558.0	-3.0	178.0	273.0	273.0
1.0	1.0							
3.0	3.0			52.6			6.0	6.0

C-32 在编制部门登记的

地区	单位数	年末职工人数		受教育程度情况	
			女性	大学专科	大学本科及以上
全国	**1120**	**10063**	**5527**	**3080**	**2494**
北京	173	2411	1398	691	682
天津	36	158	92	24	31
河北	10	110	55	43	5
山西	15	137	118	10	3
内蒙古	1	9	4	2	3
辽宁	97	315	237	51	8
吉林	18	167	112	52	39
黑龙江	56	560	257	206	92
上海	27	406	219	121	170
江苏	29	271	188	55	21
浙江	18	146	82	53	43
安徽	46	423	215	181	121
福建	13	60	33	9	15
江西	7	44	23	6	
山东	144	1351	745	602	598
河南	19	365	145	101	66
湖北	60	572	284	104	43
湖南	40	231	119	84	55
广东	148	1126	607	343	357
广西	3	11	6	2	
海南	1	5	2	4	1
重庆	43	231	107	72	63
四川	41	246	121	34	16
贵州	6	236	151	118	18
云南	1	11	7	3	6
西藏					
陕西	16	108	44	27	8
甘肃	18	81	47	17	7
青海					
宁夏					
新疆	34	272	109	65	23

社区服务中心

单位：个、人

职业资格水平		年龄结构			
助理社会工作师	社会工作师	35岁及以下	36岁至45岁	46岁至55岁	56岁及以上
96	**67**	**3628**	**4306**	**1824**	**305**
31	19	715	939	667	90
1		38	55	62	3
1		46	46	17	1
		32	29	22	54
			9		
		121	163	26	5
17	3	37	111	16	3
	2	122	371	62	5
1	8	200	94	84	28
15	1	90	118	60	3
	1	51	58	28	9
4	8	162	187	63	11
		35	16	9	
		14	26	4	
7	6	584	544	166	57
1		187	128	47	3
	1	214	290	66	2
		92	83	50	6
8	3	443	511	165	7
		7	2	2	
			4	1	
5		67	93	70	1
		66	150	30	
2	13	118	63	43	12
		2	3	6	
1		47	43	15	3
		38	28	13	2
2	2	100	142	30	

C-32 续表 1

地　区	活动项目数	老年人照料项目	残疾人照料项目	家务劳动服务项目
全　国	**15281**	**4457**	**3271**	**4221**
北　京	3740	1152	479	1012
天　津	13	4		4
河　北	291	68	14	55
山　西	89	36	14	21
内蒙古				
辽　宁	10	10		
吉　林	216	152	31	15
黑龙江	730	383	96	128
上　海	241	97	25	27
江　苏	635	164	35	371
浙　江	1008	289	79	342
安　徽	172	45	37	36
福　建	28	6	2	16
江　西	2466	24	1551	885
山　东	2715	908	440	742
河　南	110	58	13	31
湖　北	329	119	93	51
湖　南	89	37	14	20
广　东	1243	363	200	215
广　西	42	20		16
海　南				
重　庆	451	229	50	60
四　川	294	52	34	142
贵　州	147	106	30	
云　南				
西　藏				
陕　西	137	67	32	21
甘　肃	67	56	1	8
青　海				
宁　夏				
新　疆	18	12	1	3

单位：人、个、人次、张

其他社区服务项目	活动人次数	老人	日间照料床位数	年末收养人数
3332	**8143773**	**8029887**	**6117**	**3343**
1097	5024930	4961509	1258	925
5	6487	6487		
154	4227	4227	228	203
18	54606	54606		
	7300	5620	222	160
18	10791	10791		
123	24995	24995		
92	314766	314766		
65	748335	748335		
298	386648	385106	1022	310
54	19505	19505		
4	2910	2910		
6	2324	2324		
625	380173	377607	750	445
8	14490	14145	444	255
66	122601	106932	354	199
18	111490	110803	131	30
465	628241	624391	400	
6	18260	18260		
112	48153	48153	50	35
66	148183	135709	690	456
11	993	536	56	56
			125	120
17	11990	3925	268	149
2	14625	11495	119	
2	36750	36750		

C-32 续表 2

地 区	增加值合计	执行企业会计制度单位财务指标					执行行	
		固定资产原价	营业收入	费用合计	营业利润	企业单位增加值	固定资产原价	上年结余
全 国	**27207.8**	**5157.0**	**330.5**	**222.2**	**13.9**	**120.7**	**90594.5**	**4030.5**
北 京	10707.5						33764.8	2417.4
天 津	200.0						291.8	3.6
河 北	181.6						830.5	3.0
山 西	185.9						3307.0	
内蒙古	35.4						61.0	
辽 宁	672.3						61.0	74.0
吉 林	585.0						515.0	
黑龙江	961.8	468.0					148.0	
上 海	1901.9						6591.2	948.7
江 苏	623.8						564.8	57.1
浙 江	1336.9		78.5	60.2	13.9	18.8	4578.7	120.1
安 徽	305.1	4497.0	100.0	105.0		41.9	425.0	
福 建	79.5						111.8	96.3
江 西	14.1						77.3	
山 东	4062.5						7803.5	
河 南	936.4						4414.0	
湖 北	974.0	170.0	140.0	33.0		47.8	13016.0	283.0
湖 南	290.1						1905.7	
广 东	1443.1	2.0					6408.0	1.0
广 西	25.9						36.6	4.4
海 南	2.9							4.6
重 庆	282.7						1183.8	
四 川	362.1						1743.5	
贵 州	322.4						65.0	
云 南	2.8						19.0	15.0
西 藏								
陕 西	301.4	20.0					1272.7	2.3
甘 肃	95.1		12.0	24.0		12.2	150.8	
青 海								
宁 夏								
新 疆	315.6						1248.0	

单位：万元

政事业会计制度单位财务指标				执行社会非营利组织会计制度单位财务指标				
收入合计	支出合计	收支结余	行政事业单位增加值	固定资产原价	上年结余	收入合计	费用合计	社会组织单位增加值
49815.7	**51824.9**	**2875.6**	**26702.2**	**3230.1**	**648.3**	**10441.7**	**1151.4**	**384.9**
15272.1	16416.7	1519.3	10707.5					
383.5	370.7	15.4	200.0					
213.1	160.4	45.1	181.6					
99.0	93.2	4.9	185.9					
68.0	68.0		35.4					
422.7	976.3		672.3			81.0	81.0	
814.8	856.3		585.0					
1226.3	1271.3	65.5	961.8			0.5	0.5	
6684.3	6338.2	942.0	1894.6	2.6	4.4	9718.1	551.9	7.3
888.5	1025.6	29.8	623.8					
4385.8	4482.2	61.8	1318.1					
752.7	758.9	0.1	263.2					
134.3	236.6	-0.9	79.5					
71.5	71.5		3.1	3.0		9.1	5.0	11.0
6401.9	6401.9		4062.5					
1370.3	1209.3	218.0	936.4					
2276.9	2442.1	-101.2	926.2	312.0		131.0	10.0	
462.5	446.8		290.1	27.0		25.0		
5174.7	5772.6	4.6	1443.1					
26.7	26.5		25.9					
43.4	40.5	2.9	2.9					
372.3	374.8	-2.0	282.7					
559.6	444.3	65.3	297.1	2201.7		176.0	83.0	65.0
139.0	18.2		20.8	673.8	643.9	297.0	420.0	301.6
5.0	18.0	2.0	2.8					
371.2	376.2	3.0	301.4					
478.3	418.5		82.9	10.0		4.0		
717.3	709.3		315.6					

C-33 在民政部门登记的

地 区	单位数	年末职工人数		受教育程度情况	
			女性	大学专科	大学本科及以上
全 国	**5095**	**34051**	**16681**	**7766**	**3703**
北 京					
天 津	67	683	494	180	69
河 北	74	469	219	101	14
山 西	50	334	93	23	
内蒙古	440	2641	1426	1053	502
辽 宁	181	1224	922	162	225
吉 林	104	395	234	117	47
黑龙江	180	819	455	260	226
上 海	58	1185	493	145	41
江 苏	279	3236	1450	892	476
浙 江	243	1141	631	386	192
安 徽	225	1458	525	183	78
福 建	99	372	206	50	16
江 西	454	2332	1037	195	55
山 东	189	2166	1024	664	575
河 南	365	1867	845	536	173
湖 北	269	1435	667	360	73
湖 南	324	2588	1137	852	220
广 东	170	965	416	360	109
广 西	16	499	431		
海 南					
重 庆	42	214	139	53	19
四 川	278	1418	708	170	63
贵 州	130	709	355	177	96
云 南	10	34	8	3	
西 藏	28	62	30		
陕 西	143	646	196	68	3
甘 肃	137	679	326	193	175
青 海	112	771	495	85	17
宁 夏	106	514	372	98	28
新 疆	322	3195	1347	400	211

社区服务中心

单位：个、人

职业资格水平		年龄结构			
助理社会工作师	社会工作师	35岁及以下	36岁至45岁	46岁至55岁	56岁及以上
278	**240**	**12637**	**14753**	**5608**	**1053**
3		91	413	150	29
	5	170	190	93	16
		103	161	61	9
		1514	810	294	23
		532	392	244	56
7	40	104	217	65	9
29	16	369	305	125	20
14	4	210	354	428	193
58	31	1153	1316	583	184
78	4	364	466	283	28
18	4	641	593	215	9
8	4	117	182	65	8
1		918	899	456	59
1		891	1057	173	45
13	8	882	747	217	21
5	67	447	689	280	19
23	7	863	1191	492	42
10	2	483	329	121	32
		290	115	92	2
1		40	135	37	2
		300	888	180	50
	46	178	354	150	27
		11	11	12	
		47	15		
		86	297	196	67
		226	228	145	80
		325	394	52	
3		237	202	70	5
6	2	1045	1803	329	18

C-33 续表 1

地 区	活动项目数	老年人照料项目	残疾人照料项目	家务劳动服务项目
全 国	**90789**	**31254**	**6302**	**20811**
北 京				
天 津	425	146	76	120
河 北	380	115	61	112
山 西	349	199	54	32
内蒙古	961	185	61	86
辽 宁	2785	513	218	460
吉 林	348	204	46	50
黑龙江	5075	2519	693	969
上 海	22204	15214	463	3658
江 苏	7522	2144	1204	1523
浙 江	1677	588	218	245
安 徽	400	134	66	79
福 建	237	124	23	51
江 西	12460	1377	799	782
山 东	3231	1576	268	241
河 南	2399	1427	277	226
湖 北	2855	569	259	1669
湖 南	2434	786	304	647
广 东	1589	549	295	397
广 西	20	13	2	2
海 南				
重 庆	747	368	49	102
四 川	3885	699	187	344
贵 州	862	435	126	162
云 南				
西 藏	215	215		
陕 西	272	111	62	29
甘 肃	425	142	110	103
青 海	264	139	44	37
宁 夏	15885	280	163	8640
新 疆	883	483	174	45

单位：人、个、人次、张

其他社区服务项目	活动人次数	老人	日间照料床位数	年末收养人数
32422	**12425953**	**12247903**	**6020**	**4663**
83	250784	250784		
92	136281	134701	427	120
64	84752	84752		
629	139475	134423	120	40
1594	363904	363814	20	20
48	45355	44889	34	
894	76749	76749	130	104
2869	2962547	2961920	74	9
2651	1346729	1325797	215	190
626	593445	593440	52	40
121	153561	153260	800	518
39	57402	57186	80	18
9502	183814	181928	382	1467
1146	833032	823247	1067	671
469	313135	275610	265	207
358	280525	271868	334	260
697	767236	763265	489	366
348	661363	640912	112	56
3	2000	2000		
228	77078	77078	70	43
2655	683574	661751	263	232
139	1277996	1236363	955	256
	64132	64132		
70	81020	79820	60	15
70	240620	240560	50	15
44	52773	52773		
6802	273066	271276	21	16
181	423605	423605		

C-33 续表 2

地 区	增加值合计	执行企业会计制度单位财务指标					执行行	
		固定资产原价	营业收入	费用合计	营业利润	企业单位增加值	固定资产原价	上年结余
全 国	**36469.0**	**10814.6**	**2317.3**	**2975.9**	**-0.4**	**355.8**	**80225.2**	**1037.1**
北 京								
天 津	332.9						1224.0	20.0
河 北	242.4	427.0	201.0	104.0		133.0	341.6	
山 西	7051.2						459.5	
内蒙古	1296.8	565.5	1.0	1.0			1534.3	
辽 宁	346.6	112.0					1703.6	
吉 林	172.4		4.0	1.8		4.0	8.4	
黑龙江	136.1	56.0	7.0	10.0		5.1	359.1	2.0
上 海	3079.5	23.4	44.5	56.8	-10.6	-7.8	7534.3	755.2
江 苏	4980.6	2400.0	3.0	4.0			14957.7	
浙 江	1277.8	50.0	52.4	54.5	-2.3	5.8	921.0	
安 徽	918.6	6126.0	446.0	254.0	3.0	52.7	1855.7	1.2
福 建	59.3	50.0					81.1	
江 西	663.2	11.0		10.0			5878.7	30.0
山 东	5643.5						13225.9	
河 南	488.4	48.7	97.3	84.5	9.5	48.2	520.5	
湖 北	701.0	5.0	20.0	25.0		4.2	3656.0	3.0
湖 南	4126.6	17.0	17.0	34.0			3998.1	76.9
广 东	851.2	7.7					1410.2	75.2
广 西	9.1		2.0	4.0			42.9	
海 南								
重 庆	29.5	150.0					155.0	
四 川	665.2	125.0	179.2	62.8		27.5	1054.5	5.0
贵 州	366.8	40.0	20.2	8.9		17.0	205.7	
云 南	7.8	5.0					196.0	
西 藏	488.0						12202.1	
陕 西	811.7	7.0				45.0	1304.1	
甘 肃	202.3	6.0	6.0				261.0	
青 海	196.2							
宁 夏	251.7	3.0					204.0	
新 疆	1072.6	579.3	1216.7	2260.6		21.1	4930.2	68.6

单位：万元

政事业会计制度单位财务指标				执行社会非营利组织会计制度单位财务指标				
收入合计	支出合计	收支结余	行政事业单位增加值	固定资产原价	上年结余	收入合计	费用合计	社会组织单位增加值
63816.1	**62163.6**	**1980.3**	**29082.7**	**45359.3**	**841.2**	**19640.4**	**19097.1**	**7030.5**
320.5	293.3		241.4	117.0		212.1	207.1	91.5
61.4	46.4		26.1	1134.7	-62.5	142.7	156.2	83.3
9177.5	9177.5		7048.2	21.0		8.0	8.0	3.0
1425.7	1448.9		1281.8	469.0		88.0	94.0	15.0
489.2	498.3		297.5	215.9		171.2	169.2	49.1
95.6	97.6		55.4	10.0		343.2	348.4	113.0
193.0	213.0		109.4	79.0	10.0	72.5	71.0	21.6
11031.7	9751.7	311.3	1857.3	356.7	90.9	4593.4	6241.7	1230.0
7323.8	7328.3		4109.5	10240.3		2797.7	2524.2	871.1
1475.9	1179.0	-1.4	975.1	956.2	460.5	1441.9	1167.4	296.9
1187.1	1200.1		848.2	500.0		139.1	70.0	17.7
198.1	196.5	1.6	54.2	109.3	10.0	224.4	108.9	5.1
1495.5	1451.5		662.4	711.0		63.0	63.0	0.8
2855.7	2855.7		2811.0	8947.4		4599.9	4539.9	2832.5
664.1	685.0		338.7	471.7		352.9	262.1	101.5
2259.2	2210.2		628.9	807.0		547.0	383.2	67.9
8317.3	7759.3	1598.8	3904.7	836.8		1115.7	835.0	221.9
10690.5	11304.9	69.0	746.2	1258.0	-30.0	573.8	457.5	105.0
5.0	5.0		6.7	209.2	208.0	208.0	3.0	2.4
37.1	37.1		25.5	2265.0		18.3	18.3	4.0
693.3	718.0		487.5	713.5	5.2	256.4	171.8	150.2
114.5	112.5		118.3	4245.7	1.0	493.1	285.3	231.5
18.0	18.0		7.8	100.0				
			488.0					
896.7	878.3		750.4	1626.0	100.0		20.0	16.3
150.8	137.3	1.0	134.5	3545.6	40.0	569.0	75.5	67.8
				3513.2		513.0	511.3	196.2
51.4	50.9		16.5	184.6	7.1	75.1	285.1	235.2
2587.5	2509.3		1051.5	1715.5	1.0	21.0	20.0	

C-34 未登记的社区

地区	单位数	年末职工人数		受教育程度情况	
			女性	大学专科	大学本科及以上
全国	**3567**	**22584**	**11699**	**5821**	**2245**
北京	5	14	8	9	3
天津	31	243	155	69	77
河北	92	357	120	78	26
山西	108	644	324	143	13
内蒙古	307	1637	1011	111	66
辽宁	167	1094	703	148	46
吉林	103	714	359	575	2
黑龙江	157	831	475	348	167
上海	60	1259	784	482	208
江苏	188	1194	610	315	174
浙江	313	1929	1069	529	225
安徽	166	1071	471	279	143
福建	272	1233	491	56	25
江西					
山东	172	1600	709	860	437
河南	44	282	146	82	82
湖北	91	605	235	264	104
湖南	71	541	308	70	21
广东	335	3919	2035	343	128
广西	71	228	95	42	11
海南					
重庆	72	379	186	96	34
四川	388	1183	529	303	107
贵州	17	72	57	49	19
云南	35	240	139	131	6
西藏					
陕西	142	712	385	179	91
甘肃	69	223	88	57	12
青海					
宁夏	8	40	36	15	
新疆	83	340	171	188	18

服务中心

单位:个、人

职业资格水平		年龄结构			
助理社会工作师	社会工作师	35岁及以下	36岁至45岁	46岁至55岁	56岁及以上
387	**139**	**7709**	**9439**	**4421**	**1015**
		4	9	1	
72	9	36	107	84	16
		175	143	39	
		241	251	151	1
5	4	475	757	393	12
		337	547	192	18
		266	434	14	
5	23	308	330	174	19
11	5	446	551	197	65
132	37	332	579	239	44
32	14	574	805	484	66
		491	372	197	11
17		593	386	197	57
	1	944	516	100	40
		136	105	41	
36	2	193	244	148	20
		149	332	59	1
		787	1424	1209	499
		45	133	41	9
4	1	115	182	76	6
30	33	507	479	142	55
		45	8	3	16
28		111	99	28	2
15	1	201	340	133	38
	1	51	105	47	20
		12	26	2	
	8	135	175	30	

C-34 续表 1

地　区	活动项目数	老年人照料项目	残疾人照料项目	家务劳动服务项目
全　国	**87072**	**30659**	**6006**	**20394**
北　京				
天　津	425	146	76	120
河　北	349	100	58	108
山　西	445	225	72	57
内蒙古	822	138	44	39
辽　宁	2709	489	218	410
吉　林	337	198	41	50
黑龙江	5077	2521	693	969
上　海	22191	15206	462	3657
江　苏	7196	2105	1179	1293
浙　江	1677	588	216	260
安　徽	347	106	55	71
福　建	206	93	23	51
江　西	11833	1172	631	668
山　东	3207	1581	269	227
河　南	2354	1404	272	218
湖　北	2648	476	237	1617
湖　南	2314	744	274	634
广　东	1505	508	273	386
广　西	51	42	2	2
海　南				
重　庆	750	370	56	101
四　川	1908	677	183	460
贵　州	799	404	122	146
云　南				
西　藏	215	215		
陕　西	264	114	59	25
甘　肃	425	142	110	103
青　海	264	139	44	37
宁　夏	15871	273	163	8640
新　疆	883	483	174	45

单位：人、个、人次、张

其他社区服务项目	活动人次数	老人	日间照料床位数	年末收养人数
30013	**12138540**	**6007467**	**210**	**169**
83	250784	218361		
83	129221	77728		
91	118177	68511		
601	152970	123148		
1592	362554	252797		
48	44304	36556		
894	91749	54249	190	151
2866	2956603	700859		
2619	1308655	781366		
613	596336	279364		
115	149840	115155		
39	57216	33402		
9362	170010	93233		
1130	794763	377686		
460	279836	158195		
318	242868	86924		
662	760028	198086		
338	638762	477561		
5	6010	5210		
223	76646	67693		
588	620028	362445		
127	1208524	680458	18	18
	64132	44662		
66	79620	43500		
70	240530	164466	2	
44	52773	39575		
6795	261996	163272		
181	423605	303005		

C-34续表2

地　区	增加值合计	执行企业会计制度单位财务指标					执行行	
		固定资产原价	营业收入	费用合计	营业利润	企业单位增加值	固定资产原价	上年结余
全　国	**43083.2**	**1915.7**	**451.1**	**637.1**	**51.5**	**187.5**	**88258.5**	**8266.8**
北　京	338.0						4000.0	
天　津	1033.2							
河　北	132.8						633.3	
山　西	211.4						86.2	
内蒙古	202.7	119.0	21.0			0.6	620.6	
辽　宁	1481.0	5.7	12.2	26.6		0.8	24699.0	
吉　林	85.1		3.0	3.0			11.0	
黑龙江	591.0	35.0	24.0	7.1		25.2	5912.0	
上　海	315.2						3.0	
江　苏	3261.8	1000.0					9435.8	
浙　江	15158.9	4.0	214.9	348.4	46.5	125.3	16234.9	5556.5
安　徽	969.1	50.0					1585.7	
福　建	83.7	126.0	80.0	128.0		0.8	77.0	
江　西								
山　东	9144.5	90.0	41.0	52.8	5.0	29.9	7667.6	
河　南	137.9						534.4	2.2
湖　北	442.3						582.0	
湖　南	187.2		30.0	60.0		0.3	618.2	
广　东	5992.2	302.0					2448.7	2488.4
广　西	115.2	70.0					1815.8	
海　南								
重　庆	1177.5		10.0	11.0		0.1	4430.1	166.9
四　川	856.7	20.0				3.0	482.0	52.8
贵　州	39.4			0.2			50.0	
云　南	54.3	85.0					1358.0	
西　藏								
陕　西	512.5						3382.6	
甘　肃	5.5	9.0	15.0			1.5	51.0	
青　海								
宁　夏	5.1						14.0	
新　疆	549.0						1525.6	

单位：万元

政事业会计制度单位财务指标				执行社会非营利组织会计制度单位财务指标				
收入合计	支出合计	收支结余	行政事业单位增加值	固定资产原价	上年结余	收入合计	费用合计	社会组织单位增加值
58219.8	**58739.5**	**5778.1**	**30497.6**	**24210.2**	**935.3**	**13882.5**	**13557.2**	**12398.1**
223.0	202.0		338.0					
				863.5		1914.6	1914.6	1033.2
166.8	165.8		120.8	114.6		99.5	99.5	12.0
32.6	33.6		9.8	211.0		422.4	414.4	201.6
326.9	327.9		174.1	266.0		143.3	143.3	28.0
553.8	584.4		1430.3	438.0	19.0	146.7	165.8	49.9
246.2	246.2		66.6			1.7	74.4	18.5
17440.4	17639.5	0.4	533.8	67.0		47.5	48.4	32.0
1785.3	1654.5		233.4	34.5	10.0	200.3	190.2	81.8
1794.9	1793.7		1573.0	5529.4	0.1	3050.1	2658.3	1688.8
18435.9	18190.4	5107.3	13928.4	2633.0	881.2	1291.9	1786.5	1105.2
1795.1	1839.8	-61.7	922.6	1643.0	7.8	267.9	280.7	46.5
166.8	167.0	2.0	79.4	22.0		402.5	376.5	3.5
2984.8	2982.6	1.3	2619.5	6938.1	10.6	2406.0	2432.4	6495.1
178.0	178.8	1.4	137.9	282.0		302.7	80.0	
467.0	466.0		283.3	260.0		357.0	496.5	159.0
752.9	817.2	0.6	180.9	8.9		505.6	422.5	6.0
5801.7	6206.8	676.1	5250.2	2960.0		1650.0	1650.0	742.0
36.3	36.3		105.4	145.5		14.6	14.6	9.8
2567.5	2741.8	50.7	1151.9	1270.0		84.3	84.3	25.5
681.6	686.1		211.3	450.5	5.0	525.9	203.4	642.4
71.4	71.4		39.4					
			54.3	3.0	0.6		0.6	
791.0	788.7		496.2	45.0		1.0	17.3	16.3
14.8	14.8		4.0	22.2		45.0		
3.5	3.5		4.1	3.0	1.0	2.0	3.0	1.0
901.6	900.7		549.0					

C-35 提供床位的

地 区	单位数	年末职工人数		受教育程度情况	
			女性	大学专科	大学本科及以上
全 国	**674**	**5088**	**2691**	**1088**	**522**
北 京	9	389	239	61	72
天 津	2	2	2		
河 北	8	101	51	11	
山 西	14	115	67	11	3
内蒙古	81	347	201	40	21
辽 宁	68	276	206	107	50
吉 林	3	12	4	6	2
黑龙江	22	108	61	32	26
上 海	1	25	16	5	1
江 苏	11	123	26	47	20
浙 江	52	164	94	16	22
安 徽	19	165	77	22	5
福 建	9	40	24	1	
江 西	112	598	259	51	21
山 东	28	399	184	161	98
河 南	16	377	214	115	42
湖 北	70	511	302	130	24
湖 南	33	468	187	102	19
广 东	17	83	36	19	3
广 西	4	9	6	2	
海 南					
重 庆	5	29	15	1	
四 川	33	278	151	24	18
贵 州	21	195	94	96	10
云 南	1	11	7	3	6
西 藏					
陕 西	17	195	115	13	55
甘 肃	10	42	28	10	4
青 海					
宁 夏	8	26	25	2	
新 疆					

社区服务中心

单位:个、人

职业资格水平		年龄结构			
助理社会工作师	社会工作师	35岁及以下	36岁至45岁	46岁至55岁	56岁及以上
28	**45**	**1939**	**1990**	**978**	**181**
1		108	167	102	12
		2			
1	5	61	15	22	3
		54	56	4	1
		182	120	43	2
		126	76	64	10
		6	5	1	
		44	41	23	
1		5	5	8	7
		22	59	28	14
1	1	25	78	44	17
		64	78	23	
		12	21	7	
		222	201	121	54
5		152	179	63	5
		188	103	82	4
2	1	257	205	46	3
		137	204	112	15
		23	46	12	2
		3	3	3	
		2	11	16	
		114	112	51	1
2	38	49	96	45	5
		2	3	6	
14		41	81	48	25
		20	17	4	1
1		18	8		

C-35 续表 1

地 区	活动项目数	老年人照料项目	残疾人照料项目	家务劳动服务项目
全 国	**6348**	**1548**	**579**	**1039**
北 京	125	59	4	27
天 津				
河 北	73	39	14	8
山 西	96	26	18	25
内蒙古	143	49	17	47
辽 宁	162	77	13	60
吉 林	13	6	5	
黑龙江	16	16		
上 海	13	8	1	1
江 苏	326	39	25	230
浙 江	629	209	51	165
安 徽	53	28	11	8
福 建	45	40	1	1
江 西	678	232	181	117
山 东	249	109	34	26
河 南	117	69	18	10
湖 北	259	114	29	58
湖 南	161	58	37	26
广 东	130	52	27	21
广 西	31	29		
海 南				
重 庆	49	22	10	1
四 川	2647	59	31	175
贵 州	210	143	36	16
云 南				
西 藏				
陕 西	73	29	14	12
甘 肃	36	29	2	5
青 海				
宁 夏	14	7		
新 疆				

单位：人、个、人次、张

其他社区服务项目	活动人次数	老人	日间照料床位数	年末收养人数
3182	**897514**	**510981**	**14637**	**9587**
35	117281	53860	1258	925
12	7060	5480	655	323
27	33425	23875	135	92
30	67673	35943	120	40
12	19603	14379	262	200
2	7051	1585	134	80
	15165	15165	280	212
3	5944	5317	74	9
32	38074	17142	215	190
204	27936	23528	1474	550
6	3721	3420	800	518
3	2694	120	197	73
148	17940	15165	382	1467
80	52493	38165	2097	1333
20	78819	28639	1089	651
58	84888	57729	769	525
40	8226	3528	700	446
30	26801	2500	512	56
2	4010	2650	66	18
16	2226	2141	200	121
2382	160789	116318	1165	840
15	85784	28951	1159	363
			125	120
18	15121	5771	538	366
	3720	330	210	53
7	11070	9280	21	16

C-35 续表 2

地 区	增加值合计	执行企业会计制度单位财务指标					执行行	
		固定资产原价	营业收入	费用合计	营业利润	企业单位增加值	固定资产原价	上年结余
全 国	**7637.9**	**2520.7**	**1670.1**	**1272.3**	**105.9**	**431.7**	**33433.7**	**234.1**
北 京	1787.1						13157.1	4.0
天 津	1.0							
河 北	151.6						656.0	
山 西	99.8						196.0	
内蒙古	62.8						146.3	
辽 宁	231.4						26.0	74.0
吉 林	7.1		6.0	6.0		0.1		
黑龙江	40.0	2.0	2.0			2.0	2.0	
上 海	23.1							
江 苏	114.3						10.4	
浙 江	771.0	50.0	190.5	174.3	11.6	25.2	1412.2	102.4
安 徽	24.7	1238.0	226.0	223.0	3.0	5.1	138.7	1.2
福 建	37.9	25.0	25.0	16.0	7.0	22.7	336.0	
江 西	168.0						1891.0	30.0
山 东	678.4						498.0	
河 南	1059.2	26.7	60.0	50.5	9.5	35.3	5015.6	2.2
湖 北	594.2	835.0	984.6	760.4	32.8	156.9	4286.0	3.0
湖 南	335.7						2405.0	
广 东	98.8	6.0					577.0	
广 西	3.0	70.0					25.0	
海 南								
重 庆	36.5						300.0	
四 川	371.0		110.0			15.0	1085.6	
贵 州	190.0	225.0	48.0	13.1	42.0	112.2	175.0	
云 南	2.8						19.0	15.0
西 藏								
陕 西	711.1	20.0				45.0	995.8	2.3
甘 肃	37.4	20.0	18.0	29.0		12.2	80.0	
青 海								
宁 夏		3.0						
新 疆								

单位：万元

政事业会计制度单位财务指标				执行社会非营利组织会计制度单位财务指标				
收入合计	支出合计	收支结余	行政事业单位增加值	固定资产原价	上年结余	收入合计	费用合计	社会组织单位增加值
10449.0	**10213.6**	**404.3**	**6383.7**	**12257.0**	**-91.5**	**1683.1**	**1556.5**	**822.5**
2464.3	2541.3	70.7	1787.1					
						2.0	2.0	1.0
122.0	122.0		68.3	1091.8	-62.5	115.2	128.7	83.3
1.1	1.1		7.8	139.0		157.0	149.0	92.0
131.0	131.0		62.8	98.0		8.0	8.0	
155.6	242.6		195.2	40.0		21.0	41.0	36.2
7.0	7.0		7.0					
99.6	99.6		38.0	23.0		19.0		
						107.8	107.8	23.1
91.0	91.0		62.0	3102.0		130.0	130.0	52.3
1484.9	1436.8	47.9	728.8	652.0		37.0	37.0	17.0
321.7	318.0		18.6	146.0		38.6	21.4	1.0
82.0	82.0		13.4			23.0	19.1	1.8
326.2	326.2		168.0	630.0		62.0	62.0	
464.9	464.9		372.0	1778.0		474.5	472.5	306.4
1399.6	1259.8	219.4	1023.9	157.7		90.0	90.0	
1030.3	1007.3		437.3	43.0		18.0	18.0	
556.4	556.4		297.0	624.0		120.5	43.5	38.7
99.3	91.1		98.8	320.0	-30.0	8.8	19.5	
3.2	3.2		3.0					
9.0	9.5		16.5	1700.0		20.0	20.0	20.0
520.3	452.0	63.3	272.3	1139.9		156.6	89.3	83.7
141.9	21.1		28.1	543.6	1.0	70.1	77.7	49.7
5.0	18.0	2.0	2.8					
716.2	715.2	1.0	649.8	27.0			20.0	16.3
216.5	216.5		25.2	2.0		4.0		

C-36 不提供床位的

地 区	单位数	年末职工人数		受教育程度情况	
			女性	大学专科	大学本科及以上
全 国	**9329**	**62977**	**32003**	**16000**	**8038**
北 京	169	2036	1167	639	613
天 津	139	1110	749	291	187
河 北	180	988	401	293	55
山 西	162	1026	481	185	15
内蒙古	672	3951	2248	1126	550
辽 宁	450	2665	1854	353	277
吉 林	224	1276	708	739	86
黑龙江	379	2129	1142	786	459
上 海	144	2825	1480	743	418
江 苏	488	4616	2240	1222	651
浙 江	527	3070	1706	961	440
安 徽	435	2884	1199	631	338
福 建	377	1641	716	115	56
江 西	364	1860	834	159	39
山 东	482	4774	2328	1983	1520
河 南	424	2224	964	616	279
湖 北	371	2271	1006	658	205
湖 南	407	2991	1431	940	286
广 东	637	5931	3024	1027	591
广 西	86	729	526	42	11
海 南	1	5	2	4	1
重 庆	152	795	417	220	116
四 川	680	2596	1229	490	168
贵 州	137	877	506	258	130
云 南	45	274	147	134	6
西 藏	28	62	30		
陕 西	287	1291	510	261	47
甘 肃	225	974	453	275	197
青 海	112	771	495	85	17
宁 夏	106	528	383	111	28
新 疆	439	3807	1627	653	252

社区服务中心

单位：个、人

职业资格水平		年龄结构			
助理社会工作师	社会工作师	35岁及以下	36岁至45岁	46岁至55岁	56岁及以上
747	**407**	**22707**	**26977**	**11072**	**2221**
30	19	611	781	566	78
76	9	171	584	302	53
		403	430	141	14
		336	394	233	63
5	4	1810	1461	647	33
		1027	1102	458	78
24	43	406	763	95	12
34	41	765	979	341	44
25	17	851	994	701	279
205	69	1561	1973	863	219
109	20	964	1266	754	86
22	12	1262	1121	468	33
25	4	739	573	264	65
1		733	756	366	5
3	7	2287	1962	388	137
14	8	1072	909	223	20
50	69	707	1063	463	38
23	7	1030	1428	499	34
18	5	1692	2220	1483	536
		339	247	132	11
			4	1	
10	1	220	399	167	9
30	33	774	1413	304	105
	21	322	340	156	59
28		122	110	40	2
		47	15		
2	1	307	604	297	83
3	5	313	352	207	102
		325	394	52	
2		231	220	72	5
8	12	1280	2120	389	18

C-36 续表 1

地　区	活动项目数	老年人照料项目	残疾人照料项目
全　国	**140629**	**45972**	**14047**
北　京	3615	1093	475
天　津	1034	414	149
河　北	990	314	115
山　西	1185	420	130
内蒙古	1183	276	81
辽　宁	7711	888	545
吉　林	7564	854	315
黑龙江	7929	4051	1046
上　海	24835	16735	744
江　苏	11177	3539	1707
浙　江	5914	1938	763
安　徽	1342	435	260
福　建	1074	389	108
江　西	14329	1218	2183
山　东	7777	3495	1010
河　南	2998	1915	334
湖　北	3978	923	524
湖　南	4424	848	1327
广　东	3949	1298	668
广　西	214	129	17
海　南			
重　庆	4033	1364	356
四　川	3380	1171	338
贵　州	992	436	140
云　南	13	7	
西　藏	215	215	
陕　西	875	352	163
甘　肃	602	212	139
青　海	264	139	44
宁　夏	15938	302	165
新　疆	1095	602	201

单位：人、个、人次

家务劳动服务项目	其他社区服务项目	活动人次数	老人
30603	**50007**	**30727568**	**15094053**
985	1062	4907649	2299859
218	253	694746	568584
269	292	511250	274239
422	213	498168	378860
88	738	286112	189111
581	5697	1066287	742233
196	6199	148902	85165
1482	1350	553565	445767
3844	3512	4070638	1460442
2485	3446	3312574	1546583
951	2262	3131288	1229213
295	352	202091	139451
278	299	279747	123023
1556	9372	172623	95088
1327	1945	1956164	985579
266	483	330385	181049
1952	579	486783	184147
1403	846	930365	237749
727	1256	1454547	1078012
25	43	382838	330210
1242	1071	475283	296714
794	1077	2072271	529843
174	242	1215850	684587
1	5	500	400
		64132	44662
144	216	299476	224168
132	119	417883	172205
37	44	52773	39575
8665	6806	270296	170394
64	228	482382	357141

C-36 续表 2

地 区	增加值合计	执行企业会计制度单位财务指标					执行行	
		固定资产原价	营业收入	费用合计	营业利润	企业单位增加值	固定资产原价	上年结余
全 国	**100051.8**	**17190.7**	**2892.5**	**2189.5**	**74.8**	**711.3**	**226277.5**	**13100.3**
北 京	9258.4						24607.7	2413.4
天 津	1567.6						1557.8	23.6
河 北	454.8	582.0	302.0	171.1	1.8	138.4	1254.4	3.0
山 西	7349.5						3676.7	
内蒙古	1473.3	686.5	22.0	4.2		0.6	2099.6	
辽 宁	2289.3	117.7	12.2	13.3		0.8	26438.6	
吉 林	835.5		7.0	4.8		4.0	534.4	
黑龙江	1661.8	559.0	43.0	13.6		35.5	6419.1	2.0
上 海	5273.5	23.4	44.5	28.8	-10.6	-7.8	14128.5	1703.9
江 苏	8778.5	3421.5	15.1	21.0	-0.8	26.6	24947.9	57.1
浙 江	17017.5	4.0	173.2	219.0	46.5	139.6	20322.4	5574.2
安 徽	2194.0	9455.0	342.8	107.8	1.8	101.9	3727.7	
福 建	220.7	176.0	80.0	79.0		0.8	269.9	96.3
江 西	538.4	11.0		5.0			4143.0	
山 东	18290.7	329.2	235.7	177.3	10.4	148.5	28199.0	
河 南	503.5	33.0	37.3	23.0		12.9	453.3	
湖 北	1681.0	180.0	38.0	26.5	9.7	30.0	12968.0	283.0
湖 南	4302.0	17.0	82.0	62.0	21.0	21.4	4135.0	76.9
广 东	8192.5	305.7					9689.9	2564.6
广 西	147.2		2.0	2.0			1870.3	4.4
海 南	2.9							4.6
重 庆	1453.2	150.0	10.0	10.0		0.1	5468.9	166.9
四 川	1508.0	243.4	102.2	75.5	-7.0	10.5	2194.4	57.8
贵 州	917.2	15.0	33.8	14.6	2.0	10.4	145.7	
云 南	62.1	90.0					1554.0	
西 藏	488.0						12202.1	
陕 西	929.0	17.0	1.0			14.5	4964.6	
甘 肃	271.5	195.0	92.0			1.5	382.8	
青 海	196.2							
宁 夏	256.8						218.0	
新 疆	1937.2	579.3	1216.7	1131.0		21.1	7703.8	68.6

单位：万元

政事业会计制度单位财务指标				执行社会非营利组织会计制度单位财务指标				
收入合计	支出合计	收支结余	行政事业单位增加值	固定资产原价	上年结余	收入合计	费用合计	社会组织单位增加值
161750.8	**162835.4**	**10229.7**	**80015.9**	**62085.5**	**2513.3**	**42743.5**	**32686.7**	**19324.6**
13030.8	14077.4	1448.6	9258.4					
732.0	664.8	15.4	443.9	980.5		2124.7	2119.7	1123.7
439.3	370.6	45.1	304.4	157.5		127.0	127.0	12.0
9319.0	9314.2	4.9	7236.9	93.0		273.4	273.4	112.6
1697.6	1721.8		1429.7	637.0		223.3	229.3	43.0
1313.7	1820.0		2207.6	633.9	19.0	403.9	411.0	80.9
1149.6	1193.1		700.0	10.0		344.9	422.8	131.5
18769.7	19033.8	65.9	1572.7	123.0	10.0	101.5	119.9	53.6
19501.3	17744.4	1253.3	3985.3	393.8	105.3	14404.0	6876.0	1296.0
9916.2	10056.6	29.8	6244.3	12681.7	0.1	5739.8	5074.5	2507.6
22812.7	22414.8	5119.8	15492.8	2937.2	1341.7	2696.8	2916.9	1385.1
3443.2	3510.8	-61.6	2015.4	2022.0	7.8	395.4	354.8	76.7
439.2	540.1	2.7	213.1	131.3	10.0	603.9	466.3	6.8
1326.8	1282.8		526.6	85.3		48.1	44.0	11.8
11777.5	11775.3	1.3	9121.0	14107.5	10.6	6531.4	6499.8	9021.2
812.8	813.3		389.1	596.0		565.6	252.1	101.5
3972.8	4111.0	-101.2	1401.1	2158.0		1081.0	908.7	249.9
8994.3	8484.9	1599.4	4091.4	248.7		1602.8	1214.0	189.2
21575.6	23201.2	749.7	7345.5	3898.0		2215.0	2088.0	847.0
64.8	64.6		135.0	354.7	208.0	222.6	17.6	12.2
43.4	40.5	2.9	2.9					
2967.9	3144.2	48.7	1443.6	1835.0		82.6	82.6	9.5
1414.2	1396.4	2.0	723.6	2275.8	10.2	831.7	368.9	773.9
183.0	181.0		150.4	4933.9	640.9	898.0	900.6	756.4
18.0	18.0		62.1	103.0	0.6		0.6	
			488.0					
1343.7	1329.0	2.0	898.2	1644.0	100.0	1.0	17.3	16.3
430.4	357.1	1.0	196.2	3628.4	40.0	614.0	81.5	73.8
				3513.2		513.0	511.3	196.2
54.9	54.4		20.6	187.6	8.1	77.1	288.1	236.2
4206.4	4119.3		1916.1	1715.5	1.0	21.0	20.0	

C-37 城市居民最低生活

地 区	城市居民最低生活保障人数	按人员性质分类			老年人	成	
		#女 性	#残疾人	#三无人员		在职人员	灵活就业
全 国	**23455927**	**9614125**	**1809913**	**941436**	**3335364**	**790114**	**4321523**
北 京	147142	64247	22584	2961	14030	13386	14552
天 津	179441	88343	21567	1362	20546	6907	18831
河 北	896736	352791	47795	36325	120764	38337	186972
山 西	944358	388313	60034	21445	95841	51533	228246
内蒙古	874684	413892	74214	37328	150898	15254	212648
辽 宁	1289044	557631	157951	28858	163693	34192	278193
吉 林	1296097	448166	89227	92279	168552	67061	138737
黑龙江	1544508	654093	180216	40886	185297	34276	249630
上 海	362902	141446	26985	645	4528	58920	5469
江 苏	467749	185409	52713	18689	77427	14691	79903
浙 江	93283	35333	18279	6033	25505	3611	12578
安 徽	949802	404801	64753	43291	205152	22524	160762
福 建	186306	57150	17715	8852	35038	6185	35789
江 西	984454	424906	143529	62562	191203	17578	234137
山 东	615012	237968	37981	25230	80898	44441	83238
河 南	1483293	563052	74058	64920	181849	45374	260613
湖 北	1452729	581347	102381	73463	234835	64511	272589
湖 南	1470832	588637	99325	59808	225863	24568	199870
广 东	409441	170531	33804	23544	71787	18031	79059
广 西	622834	238907	51937	61577	164745	23941	140401
海 南	181829	83605	14152	6237	27905	5516	41113
重 庆	704054	333037	46424	12696	78090	2965	193169
四 川	1891548	793553	108130	67866	231127	28713	449578
贵 州	554564	236339	33327	18242	83536	10925	93259
云 南	905675	329530	53829	31844	128840	35626	144400
西 藏	39602	19091	1763	8424	4088	4464	14072
陕 西	864444	339318	37501	17981	72668	20892	166969
甘 肃	835523	318029	47113	17780	94890	32498	138023
青 海	220595	109057	8873	4272	17941	6602	33782
宁 夏	209571	85904	16495	10212	39148	5594	38020
新 疆	777875	369699	65258	35824	138680	30998	116921

保障及其他社会救济

单位：人、户、万元、人次

年人		未成年人		城市居民最低生活保障家庭数	城市低保资金全年计划支出	其他城市定期救济人数	城市临时救济人次数
登记失业	未登记失业	在校生	其他				
5101954	**4108581**	**3691031**	**2107360**	**11411013**	**4413128.0**	**97085**	**1800991**
39737	23905	29455	12077	74609	62117.1		63353
46923	34923	35038	16273	86862	53744.8	360	25378
190884	127811	144370	87598	437454	169376.0	2518	20099
119738	175242	185038	88720	439949	156800.7	170	9788
125486	175025	152459	42914	448978	187838.9	13722	12499
263773	178157	248551	122485	615555	243099.0	35177	435843
372578	272280	129518	147371	627072	263696.0	5230	28449
373122	332708	231818	137657	745319	354993.5	2877	2590
126845	69432	94632	3076	203168	125857.2		531881
112933	87131	60623	35041	222847	92847.1	3532	217255
12402	19436	12144	7607	56159	25668.8	991	22264
166788	156207	142635	95734	506433	163742.4	2172	9017
37896	36036	18307	17055	83647	27439.3	168	6083
169197	131262	140794	100283	447004	183633.0	1771	10651
229873	76258	62537	37767	271018	138081.7		29527
438700	198213	206699	151845	695035	218439.7	145	8053
388543	235587	148469	108195	672422	241593.1	6651	23304
417325	230330	194960	177916	756004	238203.1	13838	105731
57970	74027	77738	30829	170155	72114.7	478	47463
84080	89618	78379	41670	310182	108669.2	144	13396
24857	43470	27352	11616	77052	26341.5		6764
129719	134748	134336	31027	363541	144561.5	913	22668
266329	429726	303866	182209	998369	307686.5	2653	33361
91129	125150	105675	44890	276746	80893.5	840	8229
196632	155716	147480	96981	527774	144278.1	844	33929
6543	4442	3998	1995	17901	9703.5		
225856	153879	161748	62432	383088	231125.2	222	11909
223961	102515	162815	80821	349159	118569.8	757	15276
26149	60478	51610	24033	98517	51301.5		
40566	36404	33170	16669	95524	28618.6		480
95420	138465	164817	92574	353470	142093.0	912	45751

C-38 农村居民最低生活

地 区	农村居民最低生活保障人数	#女 性	老年人	未成年人	#残疾人	农村居民最低生活保障家庭数
全 国	**47600086**	**15023512**	**16610528**	**6091420**	**4597587**	**22917445**
北 京	79821	32767	27514	10509	20754	42835
天 津	72570	31985	18018	13535	13927	30701
河 北	1761144	471485	905389	142415	150437	1141620
山 西	1209862	393149	586613	108652	179239	824426
内蒙古	1210818	407419	640833	60508	126955	860936
辽 宁	923664	322500	366863	93297	144803	501525
吉 林	984263	233516	372508	85882	75550	491738
黑龙江	1038787	309445	355953	89868	99764	483098
上 海	101576	47714	40883	5869	14353	61905
江 苏	1387642	418580	429808	133833	155371	749522
浙 江	565830	186945	196641	69558	105388	344684
安 徽	2129320	685778	709313	213452	229245	1060669
福 建	704093	196175	161982	73164	75698	295342
江 西	1527522	636386	452752	293450	350102	612528
山 东	2002820	648493	963318	143274	172520	1218995
河 南	3639082	1094890	1544004	343071	327497	2099219
湖 北	1785172	554158	658773	257971	251732	872085
湖 南	2626872	652045	827394	351478	218953	1080998
广 东	1711535	612631	426592	290426	126348	674344
广 西	2716789	965368	912114	436406	223261	1042701
海 南	218433	84538	63940	33658	22590	91224
重 庆	1166318	424589	444562	140255	105539	595289
四 川	3965356	1053448	1471447	444696	333549	1931727
贵 州	3229852	1111073	1067938	581492	313945	1449577
云 南	3386583	936488	1030788	372457	279789	1745754
西 藏	230000	104831	41780	25054	7979	58385
陕 西	2305737	741467	649646	298160	137864	933276
甘 肃	2931985	897846	693380	616947	189226	835088
青 海	380000	112487	55872	58692	22137	129276
宁 夏	305130	98503	116321	20014	35198	184841
新 疆	1301510	556813	377589	283377	87874	473137

保障及其他社会救济

单位:人、户、万元

农村低保资金全年计划支出	农村集中五保供养人数	#女　性	老年人	未成年人	#残疾人	农村集中五保供养户数	农村集中五保供养资金全年计划支出
3495056.1	**1718262**	**379524**	**1522442**	**73917**	**268001**	**1665760**	**361915.3**
13929.6	2596	303	1850	45	1175	2518	1405.7
11083.7	1875	243	1645	10	423	1874	880.3
126091.9	94525	11830	82285	3622	17381	91842	15799.8
92482.7	17617	1520	15022	589	3473	17278	4618.4
101964.0	19942	1643	17493	559	3922	19154	3278.3
67291.7	40250	6461	33383	1298	8884	39604	12092.5
86536.7	34344	10055	30949	1489	13526	31045	5199.5
103092.1	37982	7413	29143	1527	11004	36930	9430.4
13569.6	1736	423	1601	2	321	1735	921.5
153821.2	136893	25899	127020	2676	17080	135822	40404.5
84486.7	42571	7663	39973	629	5982	41572	15611.9
132351.6	119325	19168	110731	2794	14846	116638	19577.5
53514.1	5308	1004	4833	216	693	5120	1053.2
114135.1	182535	65908	141875	21368	26771	172185	33951.1
181909.9	186880	52423	177691	4098	18721	182114	45394.6
239545.5	204618	44856	187008	7270	27076	197822	32336.7
131611.9	142092	35470	128472	5189	25542	139088	24459.3
146940.3	84285	18704	73750	4095	13155	81590	15100.7
163733.9	38519	12364	36426	1234	3149	38013	12527.7
146687.9	15854	3899	14838	420	1800	15232	3279.7
20277.2	1768	798	1668	62	156	1724	342.5
68955.3	43619	4998	37476	1283	6059	43385	9631.1
239004.8	175075	24586	152696	7042	29247	171699	38517.8
216890.8	8880	2455	7844	772	1238	8606	1501.7
238941.9	22168	5417	19124	1267	4626	21558	4260.4
11356.1	1934	896	1910	24	137	1929	386.4
185026.9	26926	4358	23591	953	6167	25423	5306.4
179267.9	7385	1906	5829	734	1547	7078	1269.6
41134.6	2381	1050	1690	349	478	1470	339.8
15299.4	3787	849	3288	214	785	3414	778.6
114121.1	14592	4962	11338	2087	2637	12298	2257.7

C-38续表

地 区	农村分散五保供养人数	#女 性	老年人	未成年人	#残疾人	农村分散五保供养户数
全 国	**3815916**	**858891**	**3190183**	**255839**	**680615**	**3628114**
北 京	2318	228	1746	22	954	2200
天 津	11438	1119	9125	145	2968	11432
河 北	163902	23328	141047	7367	30051	156175
山 西	124670	16461	92862	9828	30971	120996
内蒙古	70379	6960	61762	2371	14158	67782
辽 宁	104774	18000	79820	6292	26540	102172
吉 林	92310	25343	80833	6151	32741	79543
黑龙江	104968	24815	76152	5436	33749	97580
上 海	2105	392	1689	30	695	2102
江 苏	81823	17934	73787	2844	11434	81282
浙 江	2356	474	2055	77	375	2252
安 徽	349603	68477	320056	9525	47664	343073
福 建	91542	14387	77080	5348	16155	85780
江 西	46106	17566	35906	5425	7321	43573
山 东	61289	17833	57480	1867	7058	58793
河 南	270381	57293	241565	11625	35063	262091
湖 北	100135	25844	90171	3707	16038	97930
湖 南	446240	91341	378844	27592	70788	429568
广 东	217095	65172	192771	14257	18876	212755
广 西	314084	86073	261475	26321	45336	303781
海 南	36140	15390	32765	2203	2815	34133
重 庆	114370	18573	94016	5234	19376	112546
四 川	322332	53706	277653	16901	56392	318743
贵 州	145431	42339	107923	29159	24140	124849
云 南	197700	47933	141844	21118	50376	185480
西 藏	12025	5832	11477	393	810	11940
陕 西	87389	17509	71024	6294	19380	80338
甘 肃	115785	28287	84576	10769	30510	98591
青 海	19641	7023	13433	3451	4238	14977
宁 夏	12536	3839	9915	1016	2919	11258
新 疆	95049	39420	69331	13071	20724	74399

单位：人、户、万元、人次

农村分散五保供养全年计划计划支出	农村传统救济人数	农村临时救济人次数	城市医疗救助情况		农村医疗救助情况	
			城市民政部门医疗救助人数	民政部门资助参保医疗人数	农村民政部门救助人数	民政部门资助参加合作医疗人数
525317.8	**621597**	**5464262**	**4103725**	**10958912**	**7299800**	**40591380**
569.0		70442	18626	9475	5761	84613
4572.2		5166	40709	1248	14901	41995
26335.9	15732	112753	67829	113777	161753	1696436
18000.7	43420	105722	143707	187484	89356	733162
7256.6	40833	99398	134249	264136	173045	764230
17341.5	7259	47414	225654	393005	90047	762852
7146.5	1812	178938	218344	354951	218354	482477
18957.9		4828	327177	1154992	228661	1016275
1074.9		20400	80032	32019	19596	
17675.6	48935	212842	116585	221042	214194	1159732
535.1	95	159824	38173	21131	104480	391466
45708.8	50991	91779	55198	147876	208629	1794218
16092.6	6264	50169	27333	130304	103384	702026
6001.2	32075	53006	268375	983869	437124	1606284
8515.2		22870	49432	108077	119538	1317579
30469.9	20046	57323	63643	763115	241516	3528087
12481.5	27603	226928	92604	1353235	183321	1987557
44482.0	91695	266832	167858	616220	598785	2171670
38498.4	23553	348122	148810	278527	225717	1452967
37689.1	9544	801054	74217	149953	281459	1894436
6372.2	1305	293552	30712	138014	37965	252709
21267.6	13513	628948	241460	719022	473710	1396016
54418.5	115177	678328	442914	404782	1045562	3911100
14392.3	17165	229918	33364	229478	307344	2200193
21520.1	35217	322179	169662	895478	468498	4885082
2405.0			2020	3304	5042	73311
16823.3	400	161050	114534	218150	315390	1254658
16528.2	10348	136044	75046	222447	139871	863407
3124.7		907	212234	131467	414733	388316
832.0	2495	57824	91929	179128	154313	340833
8229.3	6120	19702	331295	533206	217751	1437693

C-39 社会福利

地　区	单位数	年末职工人数	#女　性	#残疾职工	#女　性	受教育程度情况 大学专科	大学本科及以上
全　国	**22783**	**1544329**	**495445**	**627024**	**197809**	**98720**	**37335**
北　京	747	32982	10958	12946	4017	2617	764
天　津	355	20632	5525	8741	2497	1509	417
河　北	1142	55906	16784	24246	6754	2479	839
山　西	581	36731	9079	17395	4641	598	184
内蒙古	212	10383	2466	5264	1753	356	101
辽　宁	2179	103417	35251	45925	15914	7200	3255
吉　林	716	24750	7135	10749	3410	1231	495
黑龙江	690	21902	5690	10871	3235	3259	216
上　海	1373	100148	36100	38146	14735	1412	624
江　苏	3509	325195	111400	119569	42814	23947	10720
浙　江	2769	265279	95500	100007	33459	18793	6705
安　徽	411	19566	6600	7758	2577	965	213
福　建	351	20517	5935	8549	1611	440	182
江　西	341	31812	9709	19557	5321	1569	148
山　东	1480	99699	27609	40079	10963	11691	5310
河　南	1202	70709	18532	28303	7485	4728	2062
湖　北	782	39352	13217	17981	6741	3331	1262
湖　南	664	35487	10686	19435	4601	2484	536
广　东	147	11982	4193	4037	1399	567	264
广　西	215	12672	3208	5022	1289	563	329
海　南	13	699	222	238	74	8	
重　庆	764	57747	17216	27123	6722	3499	1312
四　川	853	56350	14178	23842	6706	1889	389
贵　州	90	6268	1502	2644	990	421	94
云　南	409	41267	9615	15520	3781	887	202
西　藏	3	136	82	89	28		
陕　西	308	15500	4924	5406	1875	1225	451
甘　肃	154	6210	2016	2050	705	195	52
青　海	17	1425	660	407	113	50	
宁　夏	93	5349	2251	2073	575	177	25
新　疆	213	14257	7202	3052	1024	630	184

企业总表

单位:个、人

职业资格水平		年龄结构			
助理社会工作师	社会工作师	35岁及以下	36岁至45岁	46岁至55岁	56岁及以上
2036	**1057**	**553333**	**615611**	**301259**	**74126**
82	38	10169	15250	6018	1545
61	21	6436	8351	4798	1047
108	61	22785	21808	9378	1935
7	2	14778	14142	6264	1547
7	3	1940	5117	3113	213
7	6	35182	39442	23490	5303
362	73	7657	11389	4954	750
60	48	8284	9606	3510	502
263	105	23330	39611	27346	9861
340	172	100890	123985	78861	21459
122	91	100245	102472	50302	12260
12	3	6515	9190	3394	467
10	3	7016	9711	3226	564
1		16088	11248	3938	538
62	24	42140	35491	18335	3733
139	173	32719	28428	8311	1251
87	28	13039	17074	7188	2051
87	15	8428	19185	6222	1652
46	27	6033	3815	1757	377
10	10	5266	5099	2046	261
		272	215	181	31
59	39	21261	22759	10889	2838
23	27	23503	24930	6704	1213
16	10	2262	2323	1324	359
41	47	18267	17869	4105	1026
		25	107	4	
19	18	6556	5744	2601	599
1	10	1728	2989	1029	464
		484	867	39	35
		2257	2363	606	123
4	3	7778	5031	1326	122

C-39续表1

地　区	残疾职工工资总额	残疾职工养老保险总额	残疾职工补贴	纳税总额
全　国	**757123.0**	**174268.6**	**9851.6**	**1680761.0**
北　京	13823.3	2686.2	824.2	18863.3
天　津	8772.9	3195.0	238.1	23875.2
河　北	17844.7	5651.4	379.0	49714.2
山　西	9292.7	3282.2	772.4	36508.2
内蒙古	3267.0	1450.1	91.7	9939.1
辽　宁	195629.5	17432.8	244.6	96233.6
吉　林	133.0	23.5	18.2	31510.0
黑龙江	3.6			407.1
上　海	40573.6	15471.8	222.3	120784.1
江　苏	121567.2	31932.6	1408.4	407934.7
浙　江	152064.5	43774.5	970.4	452121.4
安　徽	5374.4	1458.4	211.3	15265.2
福　建	2765.6	718.8	212.8	13237.2
江　西	15829.3	402.8	54.4	28378.6
山　东	41571.9	10024.0	1378.7	149760.3
河　南	5039.8	1282.8	125.1	25595.1
湖　北	10142.9	2765.3	558.6	15883.3
湖　南	7003.0	1261.5	1106.7	9907.1
广　东	14320.8	551.2	61.9	4776.2
广　西	4700.7	933.7	61.4	44822.9
海　南	48425.1	19407.8	1.0	3414.0
重　庆	22467.4	6660.2	454.6	53551.9
四　川	1890.6	739.0	133.4	8416.1
贵　州	358.9	139.4	12.3	2597.7
云　南	6749.2	1383.6	154.7	32384.2
西　藏	69.0	55.0		21.0
陕　西	4843.9	854.6	77.4	12494.1
甘　肃	33.0	5.0		44.0
青　海	452.0	99.0	25.1	1180.2
宁　夏	475.3	186.4	2.5	603.1
新　疆	1638.2	440.0	50.4	10537.9

单位：万元

#增值税总额	#营业税总额	#所得税总额	应减免税金总额	实际减免税金总额	盈利总额	亏损总额
1230432.5	**66348.6**	**241426.9**	**1066828.8**	**952672.5**	**1254450.1**	**171047.9**
14112.9	552.5	2211.4	22542.8	24029.3	7240.1	612.1
20036.0	548.4	2692.8	22241.7	19101.3	21166.6	954.9
42065.7	2112.2	5510.6	38419.3	26990.0	34299.3	2971.8
25600.5	827.8	1272.0	29123.2	24465.0	8007.1	9688.6
5053.1	442.7	43.1	5745.5	5963.5	1346.8	627.0
80035.7	1296.3	16680.5	62043.6	65950.6	72782.5	10896.4
997.0	76.0	35835.0				
346.0	82.0	57.0	274.0	233.0	256.0	33.0
90920.2	2142.3	11381.1	85046.3	75815.4	145296.1	4958.1
346808.0	8246.5	57812.2	275613.2	235216.6	256761.8	33155.8
347029.7	23118.6	66316.8	257145.0	231509.3	466850.5	74717.9
13278.1	187.9	1026.1	12076.3	9149.4	11546.9	1439.0
6978.4	242.5	795.4	6005.2	4379.1	6035.9	3623.8
3567.9	111.7	41.9	10880.6	25753.3	888.3	1173.6
94470.0	14466.1	28095.9	97739.6	83657.3	115116.0	4903.9
18757.8	72.8	2686.7	19130.5	15465.6	6808.6	3331.9
16356.8	1018.8	1721.1	21986.3	17624.0	7800.1	1164.5
1364.7	2908.4	92.0	7268.2	6847.2	741.8	765.2
3176.3	89.8	837.0	3206.4	1040.0	3041.0	673.9
6215.1	386.8	384.6	6694.4	8801.5	4545.7	2314.8
348.0	36.2	148.2	1425.0	1324.0	80.0	-23.0
46712.9	866.7	2626.8	44527.3	39122.2	53123.0	4046.9
2958.1	2658.3	332.1	4224.1	6231.4	6552.9	370.1
1832.5	102.6	220.2	1054.0	843.3	36.0	1368.4
21056.5	1235.6	832.3	16370.1	9606.1	9151.1	1796.0
	19.0	2.0	17.0	17.0	82.0	
9256.8	1687.2	1209.9	5721.7	5546.7	6009.0	546.3
44.0			44.0	44.0	1.3	
1205.0	167.6	1.2	854.0	895.0	4012.0	32.0
159.6	3.0	10.0	487.0	466.1	22.0	-1105.5
9689.2	642.3	551.0	8922.5	6585.3	4849.7	6010.5

C-39续表2

地　区	增加值合计	执行企业会计制度单位财务指标			
		固定资产原价	营业收入	费用合计	营业利润
全　国	**5178092.2**	**14540612.5**	**45838251.6**	**6795023.6**	**1416859.6**
北　京	72985.9	331319.2	628086.7	80410.5	4401.1
天　津	108086.5	262930.1	833461.7	430758.4	22237.8
河　北	115555.5	402066.5	1533539.4	122845.4	30044.1
山　西	38070.4	246872.9	374324.1	46869.1	4065.8
内蒙古	29727.0	61085.1	101981.5	53169.2	2157.3
辽　宁	426576.8	622100.5	2030477.1	466360.5	65182.4
吉　林	39109.6	122152.2	284728.5	34365.9	10952.3
黑龙江	38270.5	103879.3	198883.9	50483.9	8758.1
上　海	320189.2	977416.2	2535161.5	288029.8	109468.5
江　苏	1167848.2	3265037.9	13585006.2	1421365.1	371200.1
浙　江	1389958.9	3825318.4	12682459.8	1358027.0	534116.3
安　徽	63367.6	225717.6	1184913.4	50989.5	21466.6
福　建	39606.1	196670.4	378106.8	64871.4	3744.2
江　西	7255.0	65629.6	1110439.4	21972.2	-1570.1
山　东	527936.3	1097910.5	2525024.5	995655.4	149580.1
河　南	84824.0	305236.4	633675.4	173783.6	10719.7
湖　北	74737.6	209597.1	410875.9	85810.8	11482.0
湖　南	69115.7	403616.8	595463.3	101546.7	-533.8
广　东	33524.3	105044.8	213381.4	28332.1	4632.5
广　西	15224.9	139141.9	302482.0	86794.6	-2747.2
海　南	12802.4	14561.0	7630.7	38843.5	78.0
重　庆	218921.8	374611.6	1166319.9	231764.4	26107.0
四　川	86164.9	256326.5	853271.8	79624.8	10791.8
贵　州	7244.2	57650.8	74253.7	20390.7	-435.1
云　南	125796.6	554703.5	1102340.6	275635.5	17721.5
西　藏	383.4	1229.0	941.0	469.0	82.0
陕　西	34790.5	114664.2	213392.8	39540.3	6014.1
甘　肃	2885.6	32371.5	14618.7	4941.4	247.7
青　海	1277.8	3741.0	7010.0	1225.9	17.6
宁　夏	1738.3	29660.2	28561.1	3169.7	-1109.0
新　疆	24116.7	132349.8	227438.8	136977.3	-2013.8

单位：万元

	执行行政事业会计制度单位财务指标					
企业单位增加值	固定资产原价	上年结余	收入合计	支出合计	收支结余	行政事业单位增加值
5141717.3	**433748.2**	**53854.0**	**91149858.4**	**131307.7**	**5161.5**	**36374.9**
72985.9						
107939.2	55.4		173.7	248.0	-74.4	147.3
114525.0	22142.7	10.0	3058.9	3068.9		1030.5
37432.9	3707.0		492.0	492.0		637.5
29271.4	1107.0		91002774.0	2774.0		455.6
426170.1	3992.0	764.0	25.0	25.0		406.7
37525.9	28664.4	6409.5	1480.4	1508.2		1583.7
38263.7	45.0	17583.4	54.0	498.1		6.8
319870.2	547.8	528.7	2542.4	2558.4	-16.0	319.0
1166257.2	2194.8	58.0	4805.7	3001.4	0.6	1591.0
1389958.9						
61569.9	8519.0	636.2	87916.9	86959.2	810.0	1797.7
33741.4	21672.7	1472.1	5749.1	5818.9	-23.8	5864.7
7255.0						
527199.7	18417.7					736.6
82877.6	40120.7	537.9	835.3	458.7		1946.4
70106.5	5120.1	700.0	6861.6	3505.6	3681.0	4631.1
68724.1	6393.7		136.5	141.5		391.6
32907.3	13143.0	3758.5	241.2	241.2		617.0
13772.8	4815.0	47.3	2990.2	2992.1	55.0	1452.1
12786.7	17.0		15.0	15.0		15.7
218905.9	23.0		23.0	20.0		15.9
83876.7	48741.6	11409.3	8007.3	2388.8	75.9	2288.2
6359.1	19013.2	6588.6	474.4	121.4		885.1
117153.8	174055.8	3089.6	12473.5	12964.3	593.2	8642.8
383.4						
34783.9	166.4			429.0		6.6
2765.2	95.0	20.0	182.0	172.0		120.4
1277.8						
1326.0	8180.8		125.0	138.0		412.3
23744.1	2797.4	240.9	8421.3	768.0	60.0	372.6

C-40 在工商部门登记的

地区	单位数	年末职工人数	#女性	#残疾职工	#女性	受教育程度情况	
						大学专科	大学本科及以上
全国	**22631**	**1538031**	**493177**	**623791**	**196665**	**97513**	**36460**
北京	747	32982	10958	12946	4017	2617	764
天津	354	20626	5524	8741	2497	1507	417
河北	1140	55873	16778	24236	6754	2472	839
山西	576	36383	8960	16911	4527	582	175
内蒙古	209	10317	2447	5264	1753	347	99
辽宁	2103	101230	34452	44539	15387	6335	2515
吉林	716	24750	7135	10749	3410	1231	495
黑龙江	690	21902	5690	10871	3235	3259	216
上海	1372	100011	36067	38146	14735	1399	617
江苏	3507	324975	111255	119527	42793	23895	10701
浙江	2768	265248	95493	99997	33459	18789	6703
安徽	403	19214	6444	7550	2458	959	211
福建	351	20517	5935	8549	1611	440	182
江西	341	31812	9709	19557	5321	1569	148
山东	1480	99699	27609	40079	10963	11691	5310
河南	1196	70489	18446	28303	7485	4728	2062
湖北	780	39175	13147	17808	6661	3306	1241
湖南	660	35181	10551	19329	4544	2451	517
广东	141	11740	4083	3985	1374	529	252
广西	214	12631	3203	5022	1289	558	314
海南	13	699	222	238	74	8	
重庆	764	57747	17216	27123	6722	3499	1312
四川	852	56330	14178	23842	6706	1889	389
贵州	89	6206	1475	2631	984	407	88
云南	382	39670	9194	14862	3634	781	185
西藏	3	136	82	89	28		
陕西	304	15280	4808	5317	1829	1220	450
甘肃	154	6210	2016	2050	705	195	52
青海	17	1425	660	407	113	50	
宁夏	93	5349	2251	2073	575	177	25
新疆	212	14224	7189	3050	1022	623	181

社会福利企业

单位:个、人

职业资格水平		年龄结构			
助理社会工作师	社会工作师	35岁及以下	36岁至45岁	46岁至55岁	56岁及以上
2001	**1027**	**550808**	**613437**	**299984**	**73802**
82	38	10169	15250	6018	1545
61	21	6435	8349	4796	1046
108	61	22779	21793	9369	1932
7		14671	14029	6206	1477
6	3	1931	5082	3091	213
7	6	34038	38790	23175	5227
362	73	7657	11389	4954	750
60	48	8284	9606	3510	502
263	105	23323	39577	27275	9836
339	172	100842	123909	78820	21404
122	91	100243	102464	50290	12251
6	2	6485	9083	3185	461
10	3	7016	9711	3226	564
1		16088	11248	3938	538
62	24	42140	35491	18335	3733
139	173	32687	28321	8230	1251
87	27	13005	17016	7143	2011
85	14	8386	18997	6157	1641
38	25	5935	3733	1702	370
10	10	5258	5090	2030	253
		272	215	181	31
59	39	21261	22759	10889	2838
23	27	23503	24930	6684	1213
16	10	2259	2279	1311	357
24	24	17426	17295	3926	1023
		25	107	4	
19	18	6451	5688	2544	597
1	10	1728	2989	1029	464
		484	867	39	35
		2257	2363	606	123
4	3	7770	5017	1321	116

C-40续表1

地 区	残疾职工工资总额	残疾职工养老保险总额	残疾职工补贴	纳税总额
全 国	**745387.8**	**174022.9**	**9792.2**	**1678475.1**
北 京	13823.3	2686.2	824.2	18863.3
天 津	8772.9	3195.0	238.1	23875.2
河 北	17834.7	5648.4	379.0	49695.2
山 西	8856.1	3239.7	759.9	34644.2
内蒙古	3267.0	1450.1	91.7	9939.1
辽 宁	184830.5	17367.4	222.6	96168.6
吉 林	133.0	23.5	18.2	31510.0
黑龙江	3.6			407.1
上 海	40573.6	15471.8	222.3	120784.1
江 苏	121558.3	31932.6	1408.4	407929.6
浙 江	152039.5	43763.6	967.9	452121.4
安 徽	5347.4	1450.4	205.3	15257.2
福 建	2765.6	718.8	212.8	13237.2
江 西	15829.3	402.8	54.4	28378.6
山 东	41571.9	10024.0	1378.7	149760.3
河 南	5039.8	1282.8	125.1	25595.1
湖 北	10142.9	2765.3	558.6	15883.3
湖 南	6989.5	1259.4	1106.7	9907.1
广 东	14272.4	532.1	51.9	4647.5
广 西	4700.7	933.7	61.4	44822.9
海 南	48425.1	19407.8	1.0	3414.0
重 庆	22467.4	6660.2	454.6	53551.9
四 川	1890.6	739.0	133.4	8416.1
贵 州	358.9	139.4	12.3	2597.7
云 南	6453.4	1321.7	154.7	32237.6
西 藏	69.0	55.0		21.0
陕 西	4776.9	822.6	71.0	12460.6
甘 肃	33.0	5.0		44.0
青 海	452.0	99.0	25.1	1180.2
宁 夏	475.3	186.4	2.5	603.1
新 疆	1634.2	439.2	50.4	10521.9

单位：万元

#增值税总额	#营业税总额	#所得税总额	应减免税金总额	实际减免税金总额	盈利总额	亏损总额
1228361.7	**66258.8**	**241339.8**	**1063211.4**	**948868.8**	**1252738.2**	**170091.9**
14112.9	552.5	2211.4	22542.8	24029.3	7240.1	612.1
20036.0	548.4	2692.8	22241.7	19101.3	21166.6	954.9
42050.7	2112.2	5506.6	38400.3	26971.0	34287.3	2971.8
23804.5	796.1	1204.0	27481.2	22854.0	7895.1	8905.6
5053.1	442.7	43.1	5745.5	5963.5	1346.8	627.0
80035.7	1296.3	16665.5	61666.6	65596.6	72110.9	10896.4
997.0	76.0	35835.0				
346.0	82.0	57.0	274.0	233.0	256.0	33.0
90920.2	2142.3	11381.1	85046.3	75815.4	145043.5	4958.1
346807.9	8241.6	57812.1	274589.2	234192.6	256761.3	33155.8
347029.7	23118.6	66316.8	257145.0	231509.3	466850.5	74717.9
13270.1	187.9	1026.1	12068.3	9149.4	11546.9	1266.0
6978.4	242.5	795.4	6005.2	4379.1	6035.9	3623.8
3567.9	111.7	41.9	10880.6	25753.3	888.3	1173.6
94470.0	14466.1	28095.9	97739.6	83657.3	115116.0	4903.9
18757.8	72.8	2686.7	19130.5	15465.6	6808.6	3331.9
16356.8	1018.8	1721.1	21986.3	17624.0	7800.1	1164.5
1364.7	2908.4	92.0	7182.2	6761.2	741.8	765.2
3085.2	52.2	837.0	3047.9	885.5	2650.0	673.9
6215.1	386.8	384.6	6694.4	8801.5	4545.7	2314.8
348.0	36.2	148.2	1425.0	1324.0	80.0	-23.0
46712.9	866.7	2626.8	44527.3	39122.2	53123.0	4046.9
2958.1	2658.3	332.1	4224.1	6231.4	6552.9	370.1
1832.5	102.6	220.2	1054.0	843.3	36.0	1368.4
20926.4	1231.0	832.3	16111.7	9095.4	8985.5	1796.0
	19.0	2.0	17.0	17.0	82.0	
9226.3	1684.2	1209.9	5691.2	5516.2	5902.4	546.3
44.0			44.0	44.0	1.3	
1205.0	167.6	1.2	854.0	895.0	4012.0	32.0
159.6	3.0	10.0	487.0	466.1	22.0	-1105.5
9689.2	634.3	551.0	8908.5	6571.3	4849.7	6010.5

C-40续表2

地区	增加值合计	执行企业会计制度单位财务指标			
		固定资产原价	营业收入	费用合计	营业利润
全国	**5148479.7**	**14487071.2**	**45764441.7**	**6783992.4**	**1414796.4**
北京	72985.9	331319.2	628086.7	80410.5	4401.1
天津	107939.2	262930.1	833461.7	430758.4	22237.8
河北	115471.4	402066.5	1533531.4	122837.4	30044.1
山西	37157.1	246679.9	373954.1	46776.1	4065.8
内蒙古	29649.1	60731.1	101843.5	53079.2	2142.3
辽宁	409792.2	609761.5	1999057.4	462134.9	64455.8
吉林	39109.6	122152.2	284728.5	34365.9	10952.3
黑龙江	38270.5	103879.3	198883.9	50483.9	8758.1
上海	319460.5	974962.7	2533242.6	287024.8	109215.1
江苏	1166257.2	3262953.9	13585006.2	1421365.1	371200.1
浙江	1389915.6	3824686.2	12682371.3	1357843.7	534225.2
安徽	63257.8	225293.6	1184844.3	50855.5	21575.5
福建	39606.1	196670.4	378106.8	64871.4	3744.2
江西	7255.0	65629.6	1110439.4	21972.2	-1570.1
山东	527936.3	1097910.5	2525024.5	995655.4	149580.1
河南	84824.0	301564.4	633675.4	173783.6	10719.7
湖北	74144.4	209597.1	410875.9	85810.8	11482.0
湖南	68105.5	402573.8	593804.0	100979.6	-751.6
广东	31880.8	103626.8	208720.4	26388.2	4248.5
广西	14980.1	139141.9	302482.0	86794.6	-2747.2
海南	12802.4	14561.0	7630.7	38843.5	78.0
重庆	218921.8	374611.6	1166319.9	231764.4	26107.0
四川	86126.3	256281.5	853151.8	79553.8	10761.8
贵州	6531.2	57166.8	74253.7	20390.7	-435.1
云南	121495.6	528345.0	1070895.9	273291.1	17102.3
西藏	383.4	1229.0	941.0	469.0	82.0
陕西	34450.7	112623.1	211480.1	39174.4	5979.1
甘肃	2885.6	32371.5	14618.7	4941.4	247.7
青海	1277.8	3741.0	7010.0	1225.9	17.6
宁夏	1738.3	29660.2	28561.1	3169.7	-1109.0
新疆	23868.3	132349.8	227438.8	136977.3	-2013.8

单位:万元

	执行行政事业会计制度单位财务指标					
企业单位增加值	固定资产原价	上年结余	收入合计	支出合计	收支结余	行政事业单位增加值
5116923.3	**423044.1**	**53425.6**	**91138750.5**	**122420.1**	**5159.1**	**31556.4**
72985.9						
107939.2						
114524.9	22062.1	10.0	2978.1	2988.1		946.5
37157.1						
29193.5	1107.0		91002774.0	2774.0		455.6
409408.5	3992.0	764.0				383.7
37525.9	28664.4	6409.5	1480.4	1508.2		1583.7
38263.7	45.0	17583.4	54.0	498.1		6.8
319141.5	547.8	528.7	2542.4	2558.4	-16.0	319.0
1166257.2						
1389915.6						
61523.1	8395.0	636.2	87891.8	86789.3	954.8	1734.7
33741.4	21672.7	1472.1	5749.1	5818.9	-23.8	5864.7
7255.0						
527199.7	18417.7					736.6
82877.6	40120.7	537.9	835.3	458.7		1946.4
70106.5	3722.2	330.0	5066.0	1822.0	3574.0	4037.9
67736.4	6243.7		120.0	125.0		369.1
31360.7	12674.0	3758.5	13.2	13.2		520.1
13772.8	4705.0	46.9	2745.0	2751.0	50.5	1207.3
12786.7	17.0		15.0	15.0		15.7
218905.9	23.0		23.0	20.0		15.9
83838.1	48741.6	11409.3	8007.3	2388.8	75.9	2288.2
5646.1	19013.2	6588.6	474.4	121.4		885.1
113919.6	172265.8	3089.6	9820.2	10770.0	543.7	7576.0
383.4						
34444.2	163.0			429.0		6.5
2765.2	95.0	20.0	182.0	172.0		120.4
1277.8						
1326.0	8180.8		125.0	138.0		412.3
23744.1	2175.4	240.9	7854.3	261.0		124.2

C-41 在编制部门登记的

地区	单位数	年末职工人数	#女性	#残疾职工	#女性	受教育程度情况：大学专科	受教育程度情况：大学本科及以上
全国	**152**	**6298**	**2268**	**3233**	**1144**	**1207**	**875**
北京							
天津	1	6	1			2	
河北	2	33	6	10		7	
山西	5	348	119	484	114	16	9
内蒙古	3	66	19			9	2
辽宁	76	2187	799	1386	527	865	740
吉林							
黑龙江							
上海	1	137	33			13	7
江苏	2	220	145	42	21	52	19
浙江	1	31	7	10		4	2
安徽	8	352	156	208	119	6	2
福建							
江西							
山东							
河南	6	220	86				
湖北	2	177	70	173	80	25	21
湖南	4	306	135	106	57	33	19
广东	6	242	110	52	25	38	12
广西	1	41	5			5	15
海南							
重庆							
四川	1	20					
贵州	1	62	27	13	6	14	6
云南	27	1597	421	658	147	106	17
西藏							
陕西	4	220	116	89	46	5	1
甘肃							
青海							
宁夏							
新疆	1	33	13	2	2	7	3

社会福利企业

单位：个、人

职业资格水平		年龄结构			
助理社会工作师	社会工作师	35岁及以下	36岁至45岁	46岁至55岁	56岁及以上
35	**30**	**2525**	**2174**	**1275**	**324**
		1	2	2	1
		6	15	9	3
	2	107	113	58	70
1		9	35	22	
		1144	652	315	76
		7	34	71	25
1		48	76	41	55
		2	8	12	9
6	1	30	107	209	6
		32	107	81	
	1	34	58	45	40
2	1	42	188	65	11
8	2	98	82	55	7
		8	9	16	8
				20	
		3	44	13	2
17	23	841	574	179	3
		105	56	57	2
		8	14	5	6

C-41 续表 1

地 区	残疾职工工资总额	残疾职工养老保险总额	残疾职工补贴	纳税总额
全 国	**11735.2**	**245.7**	**59.4**	**2285.9**
北 京				
天 津				
河 北	10.0	3.0		19.0
山 西	436.6	42.5	12.5	1864.0
内蒙古				
辽 宁	10799.0	65.4	22.0	65.0
吉 林				
黑龙江				
上 海				
江 苏	8.9			5.1
浙 江	25.0	10.9	2.5	
安 徽	27.0	8.0	6.0	8.0
福 建				
江 西				
山 东				
河 南				
湖 北				
湖 南	13.5	2.1		
广 东	48.4	19.1	10.0	128.7
广 西				
海 南				
重 庆				
四 川				
贵 州				
云 南	295.8	61.9		146.6
西 藏				
陕 西	67.0	32.0	6.4	33.5
甘 肃				
青 海				
宁 夏				
新 疆	4.0	0.8		16.0

单位：万元

#增值税总额	#营业税总额	#所得税总额	应减免税金总额	实际减免税金总额	盈利总额	亏损总额
2070.8	**89.8**	**87.1**	**3617.4**	**3803.7**	**1711.9**	**956.0**
15.0		4.0	19.0	19.0	12.0	
1796.0	31.7	68.0	1642.0	1611.0	112.0	783.0
		15.0	377.0	354.0	671.6	
					252.6	
0.1	4.9	0.1	1024.0	1024.0	0.5	
8.0			8.0			173.0
			86.0	86.0		
91.1	37.6		158.5	154.5	391.0	
130.1	4.6		258.4	510.7	165.6	
30.5	3.0		30.5	30.5	106.6	
	8.0		14.0	14.0		

C-41 续表 2

地 区	增加值合计	执行企业会计制度单位财务指标			
		固定资产原价	营业收入	费用合计	营业利润
全 国	**29612.5**	**53541.3**	**73809.9**	**11031.2**	**2063.2**
北 京					
天 津	147.3				
河 北	84.1		8.0	8.0	
山 西	913.3	193.0	370.0	93.0	
内蒙古	77.9	354.0	138.0	90.0	15.0
辽 宁	16784.6	12339.0	31419.7	4225.6	726.6
吉 林					
黑龙江					
上 海	728.7	2453.5	1918.9	1005.0	253.4
江 苏	1591.0	2084.0			
浙 江	43.3	632.2	88.5	183.3	-108.9
安 徽	109.8	424.0	69.1	134.0	-108.9
福 建					
江 西					
山 东					
河 南		3672.0			
湖 北	593.2				
湖 南	1010.2	1043.0	1659.3	567.1	217.8
广 东	1643.5	1418.0	4661.0	1943.9	384.0
广 西	244.8				
海 南					
重 庆					
四 川	38.6	45.0	120.0	71.0	30.0
贵 州	713.0	484.0			
云 南	4301.0	26358.5	31444.7	2344.4	619.2
西 藏					
陕 西	339.8	2041.1	1912.7	365.9	35.0
甘 肃					
青 海					
宁 夏					
新 疆	248.4				

单位:万元

企业单位增加值	执行行政事业会计制度单位财务指标					
	固定资产原价	上年结余	收入合计	支出合计	收支结余	行政事业单位增加值
24794.0	**10704.1**	**428.4**	**11107.9**	**8887.6**	**2.4**	**4818.5**
	55.4		173.7	248.0	-74.4	147.3
0.1	80.6		80.8	80.8		84.0
275.8	3707.0		492.0	492.0		637.5
77.9						
16761.6			25.0	25.0		23.0
728.7						
	2194.8	58.0	4805.7	3001.4	0.6	1591.0
43.3						
46.8	124.0		25.1	169.9	-144.8	63.0
	1397.9	370.0	1795.6	1683.6	107.0	593.2
987.7	150.0		16.5	16.5		22.5
1546.6	469.0		228.0	228.0		96.9
	110.0	0.4	245.2	241.1	4.5	244.8
38.6						
713.0						
3234.2	1790.0		2653.3	2194.3	49.5	1066.8
339.7	3.4					0.1
	622.0		567.0	507.0	60.0	248.4

C-42 福利

地　区	单位数	年末职工人数	#女　性	#残疾职工	#女　性	受教育程度情况	
						大学专科	大学本科及以上
全　国	**18236**	**1283259**	**421525**	**513034**	**165628**	**82956**	**30576**
北　京	712	31719	10433	12507	3866	2521	706
天　津	353	20553	5511	8740	2497	1504	416
河　北	784	40538	11769	17688	4585	1669	428
山　西	342	24725	6399	11404	3499	366	127
内蒙古	131	5819	1469	2847	1096	73	14
辽　宁	1879	93238	31663	41671	14174	5900	2080
吉　林	492	17901	5209	7987	2438	751	221
黑龙江	567	17814	4489	8425	2623	2866	201
上　海	1362	99644	35960	38046	14701	1385	612
江　苏	3463	317777	110235	118299	42368	23695	10617
浙　江	2382	237327	85749	88568	29981	16123	6018
安　徽	345	17286	5836	6792	2301	862	202
福　建	192	12502	3490	5456	888	220	41
江　西	340	31742	9686	19557	5321	1560	139
山　东	1311	89950	24922	36291	9789	10605	4708
河　南	990	58602	14664	23065	6062	3585	1184
湖　北	327	15702	5440	8069	3114	1350	482
湖　南	414	21257	6638	10411	2460	1620	431
广　东	121	10640	3695	3600	1260	473	240
广　西	112	7406	2006	2832	568	163	51
海　南	4	225	108	60	22	3	
重　庆	445	32497	10162	13292	3526	1834	715
四　川	432	28216	8106	11795	3676	1352	212
贵　州	19	1111	284	570	111	80	37
云　南	186	18148	4684	6542	1711	526	94
西　藏							
陕　西	249	13124	4017	4497	1528	1119	426
甘　肃	111	4447	1557	1507	575	143	42
青　海	4	85	52				
宁　夏	31	2578	947	866	248	115	16
新　疆	136	10686	6345	1650	640	493	116

工厂

单位:个、人

职业资格水平		年龄结构			
助理社会工作师	社会工作师	35岁及以下	36岁至45岁	46岁至55岁	56岁及以上
1623	**736**	**456316**	**509189**	**251847**	**65907**
81	36	9754	14742	5735	1488
59	21	6412	8304	4791	1046
47	12	16176	15511	7269	1582
		10718	9431	3735	841
1		1040	2135	2562	82
5	6	31372	35662	21184	5020
270	14	5860	8670	3185	186
53	3	6843	7764	2729	478
263	105	23309	39397	27140	9798
339	172	100327	123127	73079	21244
122	91	89550	92237	44354	11186
3	1	5805	8128	2940	413
4	2	4561	5890	1588	463
1		16079	11237	3920	506
45	15	39724	31671	15191	3364
115	125	28333	21744	7498	1027
17	2	5948	5276	3393	1085
46	5	3988	12718	3465	1086
38	24	5377	3419	1509	335
8	9	3032	3237	1043	94
		25	61	111	28
52	37	10095	13641	6719	2042
6	1	10355	14342	2727	792
		285	495	299	32
26	32	7428	8692	1511	517
17	10	5535	4801	2225	563
1	10	1303	1852	857	435
		10	40	12	23
		786	1476	258	58
4	3	6286	3489	818	93

C-42 续表 1

地 区	残疾职工工资总额	残疾职工养老保险总额	残疾职工补贴	纳税总额
全 国	**677363.6**	**154040.6**	**7358.0**	**1462198.2**
北 京	13338.8	2597.6	807.7	17681.8
天 津	8772.9	3195.0	238.1	23875.2
河 北	12397.1	3823.8	278.0	33883.0
山 西	5885.3	2579.7	642.2	20243.7
内蒙古	2599.8	805.2	9.5	6527.5
辽 宁	180755.9	15971.5	126.7	93112.6
吉 林	133.0	23.5	18.2	17951.5
黑龙江	3.6			407.1
上 海	40306.6	15371.9	221.3	120744.1
江 苏	120939.8	31874.4	1408.4	407689.0
浙 江	131901.9	37313.2	939.9	411463.9
安 徽	5127.9	1382.5	190.9	14872.2
福 建	2552.8	693.0	207.9	11306.6
江 西	15829.3	402.8	54.4	28375.9
山 东	37509.7	9095.9	1301.2	139581.5
河 南	4325.5	1061.4	115.1	23771.2
湖 北	4467.3	1279.8	230.0	4071.9
湖 南	1256.4	306.8	8.3	4373.6
广 东	14276.6	543.2	54.7	4678.2
广 西	2904.5	296.2	54.5	3186.1
海 南	48346.3	19337.1	1.0	29.0
重 庆	15061.8	4413.7	219.0	35356.5
四 川	45.0	61.0	31.0	295.0
贵 州	4.8	3.6		7.4
云 南	3565.1	618.3	90.9	21246.0
西 藏				
陕 西	3898.7	669.5	67.2	8120.8
甘 肃	33.0	5.0		44.0
青 海				
宁 夏	34.0	61.2	2.1	556.1
新 疆	1090.2	253.8	39.8	8746.8

单位：万元

#增值税总额	#营业税总额	#所得税总额	应减免税金总额	实际减免税金总额	盈利总额	亏损总额
1105635.5	**46128.5**	**209685.9**	**951370.1**	**854159.3**	**1126390.7**	**147204.9**
13755.5	121.9	1996.0	21549.5	23056.3	6636.3	577.1
20036.0	548.4	2692.8	22241.7	19101.3	21166.6	954.9
29764.9	1648.9	4274.1	28532.0	19829.9	30139.9	3301.1
16272.8	686.9	1143.4	17507.8	14723.0	6569.4	5685.7
1895.9	415.2	43.1	4990.3	4708.8	616.6	203.0
74790.5	708.5	16189.3	57257.6	61412.7	69702.4	10369.4
997.0	76.0	16895.5				
346.0	82.0	57.0	274.0	233.0	256.0	33.0
90884.2	2141.3	11378.1	85005.8	75775.6	144642.3	4958.1
346567.3	8241.6	57812.1	274348.6	233994.3	256590.8	33100.8
307584.5	12782.7	60976.1	236749.9	210193.4	408671.3	62247.7
12939.9	178.9	1008.9	11692.3	9017.8	11512.0	1215.7
6629.8	224.5	795.4	5882.2	4256.1	4814.9	3539.7
3566.7	110.2	41.9	10880.6	25753.3	888.3	1173.6
86398.8	13895.3	26965.9	89359.4	79242.1	110021.3	1709.5
17350.0	52.4	2670.7	17818.0	14758.6	5715.3	3577.0
6635.1	393.3	563.6	5233.5	4590.7	2483.6	243.6
1175.2	731.4	35.0	3079.2	2756.7	614.8	736.5
3127.8	42.2	836.8	3091.9	925.5	2681.6	640.5
2889.1	7.4	343.8	2108.4	4938.1	3010.5	2415.7
	29.2	0.2	29.0	29.0		-23.0
31871.2	144.8	1424.3	30214.7	26491.9	21963.9	3406.8
80.0	110.0	25.0	295.0	295.0	110.0	
7.4			7.4	7.4		43.1
15629.8	1123.1	482.1	9446.4	6611.1	8728.0	1656.2
5803.3	1156.6	823.3	4976.6	4801.6	5701.8	537.8
44.0			44.0	44.0	1.3	
61.9			465.0	465.0		-1109.0
8530.9	475.8	211.5	8289.3	6147.1	3151.8	6010.4

C-42 续表 2

地 区	增加值合计	执行企业会计制度单位财务指标			
		固定资产原价	营业收入	费用合计	营业利润
全 国	**4420380.5**	**12205872.3**	**40314821.8**	**5793847.6**	**1293334.0**
北 京	67528.7	284823.4	598922.2	67823.3	3711.0
天 津	107829.1	262844.1	833438.7	430753.9	22237.8
河 北	92078.2	278790.9	1222504.6	69460.4	27483.0
山 西	21994.9	158988.6	240874.8	31965.6	2834.8
内蒙古	14970.7	54148.4	61319.5	50552.8	2051.6
辽 宁	395272.1	540526.9	1867943.3	446769.1	62957.3
吉 林	23666.9	93263.8	187959.7	27460.2	6866.0
黑龙江	30839.2	91038.4	147717.9	37079.9	7935.2
上 海	317049.4	973156.8	2525899.5	284063.4	108771.9
江 苏	1163315.1	3251608.3	13569782.8	1419310.0	370941.1
浙 江	1240513.2	3494954.5	11209004.1	1256037.0	474579.5
安 徽	58884.2	202001.7	985176.9	44423.3	23109.1
福 建	27815.2	145589.2	247967.0	22669.6	1248.9
江 西	7405.7	65182.6	1110151.4	21818.2	-1337.1
山 东	493047.1	997847.2	2346140.3	892047.6	144741.0
河 南	66698.4	260728.0	520766.4	152072.9	4952.5
湖 北	22559.0	46728.2	141299.6	29143.2	5249.1
湖 南	27380.1	87555.2	315370.5	56064.5	-888.7
广 东	27472.1	90378.2	184023.2	23095.9	3972.0
广 西	8131.3	43985.0	194220.6	60157.1	-1619.0
海 南	80.0	4480.0	381.7	160.5	-52.0
重 庆	79703.1	199111.9	611490.0	133685.6	8176.4
四 川	43039.6	113316.3	288462.7	50631.7	11313.5
贵 州	3913.2	7370.4	19920.6	2318.8	1371.1
云 南	34727.0	262685.1	499337.1	30717.9	3407.8
西 藏					
陕 西	26747.0	73077.8	190080.9	30722.2	3476.1
甘 肃	749.7	7022.9	4165.7	632.6	-38.1
青 海		500.0			
宁 夏	-622.8	4873.0	8382.0	619.7	-1109.0
新 疆	17593.1	109295.5	182118.1	121590.7	-3008.8

单位:万元

企业单位增加值	执行行政事业会计制度单位财务指标					
	固定资产原价	上年结余	收入合计	支出合计	收支结余	行政事业单位增加值
4414521.7	**5689.1**	**242.9**	**11640.9**	**11543.1**	**545.2**	**5858.8**
67528.7						
107829.1						
91922.7	2287.5		104.0	104.0		155.5
21994.9						
14956.0	367.0		2346.0	2346.0		14.7
395249.1			25.0	25.0		23.0
23666.9	1.0	2.0	3.0	4.0		
30833.4	20.0		31.0	31.0		5.8
317049.4						
1163315.1						
1240513.2						
58747.9	408.0		282.0	248.9		136.3
22919.1	320.0		5320.0	5366.0		4896.1
7405.7						
493047.1						
66698.4						
22559.0						
27350.0	214.0		16.5	21.5		30.1
27438.5	511.1		13.2	13.2		33.6
8131.3						
64.3	17.0		15.0	15.0		15.7
79703.1						
43039.6						
3913.2						
34342.5	483.5		3102.2	2543.5	545.2	384.5
26746.6	11.0			429.0		0.4
749.7						
-706.8			122.0	135.0		84.0
17514.0	1049.0	240.9	261.0	261.0		79.1

C–43 假肢

地　区	单位数	年末职工人数	#女　性	#残疾职工	#女　性	受教育程度情况	
						大学专科	大学本科及以上
全　国	**36**	**2462**	**882**	**301**	**96**	**456**	**198**
北　京	1	98	29	10	2	17	6
天　津	1	73	13	1		3	1
河　北	1	24	6	5	1		
山　西	1	165	48	5		15	8
内蒙古	1	41	13			9	2
辽　宁							
吉　林	2	84	35	2		1	
黑龙江	1	23	6	8	2	5	
上　海	1	137	33			13	7
江　苏	1	74	27	2		32	10
浙　江	1	70	19			20	7
安　徽	2	43	15	18	3	4	
福　建	1	88	39			26	13
江　西	1	70	23			9	9
山　东	1	145	45	4		32	21
河　南	7	291	195	74	4	24	21
湖　北	3	185	74			26	21
湖　南	1	86	27	3	1	20	12
广　东	2	164	66	6	2	34	12
广　西	1	56	18	3	2		
海　南							
重　庆							
四　川	1	125	53	28	4	36	12
贵　州	2	206	29	112	68	63	15
云　南	1	75	31	6	1	35	5
西　藏							
陕　西	1	106	25	12	4	25	13
甘　肃							
青　海							
宁　夏							
新　疆	1	33	13	2	2	7	3

厂

单位:个、人

职业资格水平		年龄结构			
助理社会工作师	社会工作师	35岁及以下	36岁至45岁	46岁至55岁	56岁及以上
30	**11**	**578**	**884**	**665**	**335**
		19	20	36	23
2		23	45	5	
		10	12	2	
	2	23	51	21	70
1		3	19	19	
		40	27	15	2
		13	5	4	1
		7	34	71	25
1		15	16	13	30
		16	18	26	10
	1	7	25	10	1
		44	14	29	1
		9	11	18	32
		17	40	74	14
3	3	51	196	36	8
	1	37	61	46	41
		20	30	29	7
8	2	84	28	50	2
		12	21	20	3
		41	37	29	18
12	2	40	71	58	37
1		35	34	5	1
2		4	55	44	3
		8	14	5	6

C-43续表1

地 区	残疾职工工资总额	残疾职工养老保险总额	残疾职工补贴	纳税总额
全 国	**85.3**	**4.7**	**2.5**	**245.4**
北 京				
天 津				
河 北				
山 西	11.8		0.8	
内蒙古				
辽 宁				
吉 林				
黑龙江				
上 海				
江 苏	8.9			5.1
浙 江				
安 徽	4.0	1.0	0.3	8.0
福 建				39.9
江 西				2.7
山 东	4.0			81.3
河 南				31.0
湖 北				
湖 南	10.0	0.5		
广 东	11.9	1.1		46.7
广 西	6.1	1.3	1.4	
海 南				
重 庆				
四 川				
贵 州				
云 南	24.6			14.7
西 藏				
陕 西				
甘 肃				
青 海				
宁 夏				
新 疆	4.0	0.8		16.0

单位：万元

#增值税总额	#营业税总额	#所得税总额	应减免税金总额	实际减免税金总额	盈利总额	亏损总额
95.0	**125.1**	**0.1**	**1572.8**	**1572.8**	**629.1**	**-383.2**
	31.7		36.0	36.0	23.0	
					252.6	
0.1	4.9	0.1	1024.0	1024.0	0.5	
	3.0		46.0	46.0		
3.7						23.8
1.2	1.5					
81.3			81.3	81.3		3.0
	9.0		36.0	36.0		-414.0
			86.0	86.0		
7.1	37.6		75.0	75.0	351.0	4.0
	26.5		41.5	41.5	2.0	
1.6	2.9		133.0	133.0		
	8.0		14.0	14.0		

C-43续表2

地　区	增加值合计	执行企业会计制度单位财务指标			
		固定资产原价	营业收入	费用合计	营业利润
全　国	**11546.6**	**17317.1**	**15872.1**	**7618.5**	**176.9**
北　京	914.0	1334.5	1973.0	397.0	-74.0
天　津	110.1	86.0	23.0	4.5	
河　北	2.9				
山　西	637.5				
内蒙古	77.6	208.0	109.0	61.0	15.0
辽　宁					
吉　林	258.7	1139.0			
黑龙江	48.6	185.3	164.3	39.5	9.5
上　海	728.7	2453.5	1918.9	1005.0	253.4
江　苏	958.7				
浙　江	418.4	672.6	992.5	635.0	
安　徽	66.5	565.0	396.0	155.0	-16.0
福　建	141.3				
江　西	-150.7	447.0	288.0	154.0	-233.0
山　东	888.8	3375.0	1523.0	831.0	-165.0
河　南	1393.0	1507.0	1359.0	1583.1	-101.0
湖　北	612.1	22.0	38.0	33.3	
湖　南	773.9	523.0	1447.0	389.0	200.0
广　东	1419.3	1422.0	3028.0	1812.9	347.0
广　西	587.7				
海　南					
重　庆					
四　川	40.7	1638.2	1468.4	180.2	
贵　州	1.6	48.0	150.0	41.0	
云　南	711.2				
西　藏					
陕　西	657.6	1691.0	994.0	297.0	-59.0
甘　肃					
青　海					
宁　夏					
新　疆	248.4				

单位：万元

企业单位增加值	执行行政事业会计制度单位财务指标					
	固定资产原价	上年结余	收入合计	支出合计	收支结余	行政事业单位增加值
7394.6	**12271.3**	**1246.9**	**11303.5**	**9062.8**	**242.3**	**4152.0**
914.0						
110.1						
	72.0	10.0	84.1	94.1		2.9
	3707.0		492.0	492.0		637.5
77.6						
	1139.0		939.0	965.8		258.7
48.6						
728.7						
	2194.8		4002.7	2198.4	0.6	958.7
418.4						
66.5						
	821.6	820.4	419.1	442.9	-23.8	141.3
-150.7						
888.8						
1381.8	280.0					11.2
18.9	1397.9	370.0	1795.6	1683.6	107.0	593.2
773.9						
1419.3						
	880.0	46.5	1237.0	1360.0	50.5	587.7
40.7						
0.4	31.0					1.2
	1126.0		1767.0	1319.0	48.0	711.2
657.6						
	622.0		567.0	507.0	60.0	248.4

C-44 安置

地 区	单位数	年末职工人数	#女 性	#残疾职工	#女 性	受教育程度情况	
						大学专科	大学本科及以上
全 国	**27**	**1015**	**318**	**106**	**27**	**158**	**54**
北 京							
天 津	1	6	1			2	
河 北	1	23	5			7	
山 西							
内蒙古							
辽 宁							
吉 林	1	40	11				
黑龙江							
上 海							
江 苏	1	146	118	40	21	20	9
浙 江	3	105	24	14	1	14	6
安 徽	3	81	15	10		6	2
福 建							
江 西							
山 东							
河 南	2	66	12			8	6
湖 北							
湖 南	4	133	27	19	1	29	5
广 东	4	68	10	16	3	11	3
广 西	2	218	63			35	20
海 南							
重 庆							
四 川	1	20					
贵 州	1	54	19	2		23	3
云 南	1	8	1			3	
西 藏							
陕 西	1	34	10	1			
甘 肃	1	13	2	4	1		
青 海							
宁 夏							
新 疆							

农场

单位:个、人

职业资格水平		年龄结构			
助理社会工作师	社会工作师	35岁及以下	36岁至45岁	46岁至55岁	56岁及以上
6	**1**	**174**	**462**	**263**	**116**
		1	2	2	1
		3	12	6	2
		20	10	10	
		33	60	28	25
		2	33	42	28
6	1	6	51	18	6
		1	30	22	13
		39	55	16	23
		13	38	12	5
		43	120	45	10
				20	
		7	13	31	3
		2	6		
		2	27	5	
		2	5	6	

C-44续表1

地　区	残疾职工工资总额	残疾职工养老保险总额	残疾职工补贴	纳税总额
全　国	**130.9**	**13.9**	**8.5**	**111.9**
北　京				
天　津				
河　北				
山　西				
内蒙古				
辽　宁				
吉　林				
黑龙江				
上　海				
江　苏	79.9			107.5
浙　江	36.0	13.9	2.5	4.4
安　徽	14.0		6.0	
福　建				
江　西				
山　东				
河　南				
湖　北				
湖　南				
广　东				
广　西				
海　南				
重　庆				
四　川				
贵　州				
云　南				
西　藏				
陕　西	1.0			
甘　肃				
青　海				
宁　夏				
新　疆				

单位：万元

#增值税总额	#营业税总额	#所得税总额	应减免税金总额	实际减免税金总额	盈利总额	亏损总额
158.3	**14.3**		**159.4**	**140.7**	**548.4**	**182.0**
107.5			107.5	88.8	163.6	
	0.3		5.0	5.0	8.2	
						182.0
					376.6	
50.8	14.0		46.9	46.9		

C-44续表2

地　区	增加值合计	执行企业会计制度单位财务指标			
		固定资产原价	营业收入	费用合计	营业利润
全　国	**3145.7**	**6048.2**	**2606.5**	**2818.9**	**-333.2**
北　京					
天　津	147.3				
河　北	84.0				
山　西					
内蒙古					
辽　宁					
吉　林	141.1	82.9			
黑龙江					
上　海					
江　苏	632.3	2084.0			
浙　江	315.2	937.3	383.4	485.3	-184.6
安　徽	90.7	441.6	50.7	187.0	-136.3
福　建					
江　西					
山　东					
河　南	379.4				
湖　北					
湖　南	135.3	1212.9	252.4	202.5	19.2
广　东	344.8	6.0	340.0	340.2	12.0
广　西	818.9				
海　南					
重　庆					
四　川	38.6	45.0	120.0	71.0	30.0
贵　州	12.5	932.4	1389.8	1389.8	
云　南	23.9				
西　藏					
陕　西	-20.3	306.1	70.2	143.1	-73.5
甘　肃	2.0				
青　海					
宁　夏					
新　疆					

单位:万元

	执行行政事业会计制度单位财务指标					
企业单位增加值	固定资产原价	上年结余	收入合计	支出合计	收支结余	行政事业单位增加值
721.6	**5484.5**	**58.4**	**4070.8**	**3792.2**	**-214.7**	**2424.1**
	55.4		173.7	248.0	-74.4	147.3
	80.6		80.8	80.8		84.0
	82.9		178.4	178.4		141.1
		58.0	803.0	803.0		632.3
315.2						
27.7	124.0		15.1	159.9	-144.8	63.0
	942.2		814.3	437.7		379.4
87.6	1192.9					47.7
260.3	159.0		228.0	228.0		84.5
	2797.5	0.4	1753.2	1632.1	4.5	818.9
38.6						
12.5						
			24.3	24.3		23.9
-20.3						
	50.0					2.0

C-45 其他社会

地 区	单位数	年末职工人数	#女 性	#残疾职工	#女 性	受教育程度情况 大学专科	受教育程度情况 大学本科及以上
全 国	**4484**	**257593**	**72720**	**113583**	**32058**	**15150**	**6507**
北 京	34	1165	496	429	149	79	52
天 津							
河 北	356	15321	5004	6553	2168	803	411
山 西	238	11841	2632	5986	1142	217	49
内蒙古	80	4523	984	2417	657	274	85
辽 宁	300	10179	3588	4254	1740	1300	1175
吉 林	221	6725	1880	2760	972	479	274
黑龙江	122	4065	1195	2438	610	388	15
上 海	10	367	107	100	34	14	5
江 苏	44	7198	1020	1228	425	200	84
浙 江	383	27777	9708	11425	3477	2636	674
安 徽	61	2156	734	938	273	93	9
福 建	158	7927	2406	3093	723	194	128
江 西							
山 东	168	9604	2642	3784	1174	1054	581
河 南	203	11750	3661	5164	1419	1111	851
湖 北	452	23465	7703	9912	3627	1955	759
湖 南	245	14011	3994	9002	2139	815	88
广 东	20	1110	422	415	134	49	9
广 西	100	4992	1121	2187	719	365	258
海 南	9	474	114	178	52	5	
重 庆	319	25250	7054	13831	3196	1665	597
四 川	419	27989	6019	12019	3026	501	165
贵 州	68	4897	1170	1960	811	255	39
云 南	221	23036	4899	8972	2069	323	103
西 藏	3	136	82	89	28		
陕 西	57	2236	872	896	343	81	12
甘 肃	42	1750	457	539	129	52	10
青 海	13	1340	608	407	113	50	
宁 夏	62	2771	1304	1207	327	62	9
新 疆	76	3538	844	1400	382	130	65

福利企业

单位:个、人

职业资格水平		年龄结构			
助理社会工作师	社会工作师	35岁及以下	36岁至45岁	46岁至55岁	56岁及以上
377	**309**	**96265**	**105076**	**48484**	**7768**
1	2	396	488	247	34
61	49	6596	6273	2101	351
7		4037	4660	2508	636
5	3	897	2963	532	131
2		3810	3780	2306	283
92	59	1737	2682	1744	562
7	45	1428	1837	777	23
		14	180	135	38
		515	782	5741	160
		10677	10184	5880	1036
3		697	986	426	47
6	1	2411	3807	1609	100
17	9	2399	3780	3070	355
21	45	4334	6458	755	203
70	25	7054	11737	3749	925
41	10	4381	6382	2712	536
	1	559	330	186	35
2	1	2179	1721	938	154
		247	154	70	3
7	2	11166	9118	4170	796
17	26	13107	10551	3928	403
4	8	1930	1744	936	287
14	15	10802	9137	2589	508
		25	107	4	
	8	1015	861	327	33
		423	1132	166	29
		474	827	27	12
		1471	887	348	65
		1484	1528	503	23

C-45 续表 1

地　区	残疾职工工资总额	残疾职工养老保险总额	残疾职工补贴	纳税总额
全　国	**79543.2**	**20209.4**	**2482.6**	**218205.5**
北　京	484.5	88.6	16.5	1181.5
天　津				
河　北	5447.6	1827.6	101.0	15831.2
山　西	3395.6	702.5	129.4	16264.5
内蒙古	667.2	644.9	82.2	3411.6
辽　宁	14873.6	1461.3	117.9	3121.0
吉　林				13558.5
黑龙江				
上　海	267.0	99.9	1.0	40.0
江　苏	538.6	58.2		133.1
浙　江	20126.6	6447.4	28.0	40653.1
安　徽	228.5	74.9	14.1	385.0
福　建	212.8	25.8	4.9	1890.7
江　西				
山　东	4058.2	928.1	77.5	10097.5
河　南	714.3	221.4	10.0	1792.9
湖　北	5675.6	1485.5	328.6	11811.4
湖　南	5736.6	954.2	1098.4	5533.5
广　东	32.3	6.9	7.2	51.3
广　西	1790.1	636.2	5.5	41636.8
海　南	78.8	70.7		3385.0
重　庆	7405.6	2246.5	235.6	18195.4
四　川	1845.6	678.0	102.4	8121.1
贵　州	354.1	135.8	12.3	2590.3
云　南	3159.5	765.3	63.8	11123.5
西　藏	69.0	55.0		21.0
陕　西	944.2	185.1	10.2	4373.3
甘　肃				
青　海	452.0	99.0	25.1	1180.2
宁　夏	441.3	125.2	0.4	47.0
新　疆	544.0	185.4	10.6	1775.1

单位：万元

#增值税总额	#营业税总额	#所得税总额	应减免税金总额	实际减免税金总额	盈利总额	亏损总额
124543.7	**20080.7**	**31740.9**	**113726.5**	**96799.7**	**126881.9**	**24044.2**
357.4	430.6	215.4	993.3	973.0	603.8	35.0
12300.8	463.3	1236.5	9887.3	7160.1	4159.4	-329.3
9327.7	109.2	128.6	11579.4	9706.0	1414.7	4002.9
3157.2	27.5		755.2	1254.7	730.2	424.0
5245.2	587.8	491.2	4786.0	4537.9	3080.1	527.0
		18939.5				
36.0	1.0	3.0	40.5	39.8	401.2	
133.1			133.1	109.5	6.9	55.0
39445.2	10335.6	5340.7	20390.1	21310.9	58171.0	12470.2
338.2	6.0	17.2	338.0	85.6	34.9	41.3
344.9	18.0		123.0	123.0	1221.0	60.3
7989.9	570.8	1130.0	8298.9	4333.9	5094.7	3191.4
1407.8	11.4	16.0	1276.5	671.0	716.7	168.9
9721.7	625.5	1157.5	16752.8	13033.3	5316.5	920.9
189.5	2177.0	57.0	4103.0	4004.5	127.0	28.7
41.4	10.0	0.2	39.5	39.5	8.4	29.4
3275.2	338.9	40.8	4497.6	3775.0	1533.2	-100.9
348.0	7.0	148.0	1396.0	1295.0	80.0	
14841.7	721.9	1202.5	14312.6	12630.3	31159.1	640.1
2878.1	2548.3	307.1	3929.1	5936.4	6442.9	370.1
1825.1	102.6	220.2	1046.6	835.9	36.0	1325.3
5425.1	109.6	350.2	6790.7	2862.0	423.1	139.8
	19.0	2.0	17.0	17.0	82.0	
3453.5	530.6	386.6	745.1	745.1	307.2	8.5
1205.0	167.6	1.2	854.0	895.0	4012.0	32.0
97.7	3.0	10.0	22.0	1.1	22.0	3.5
1158.3	158.5	339.5	619.2	424.2	1697.9	0.1

C-45续表2

地 区	增加值合计	执行企业会计制度单位财务指标			
		固定资产原价	营业收入	费用合计	营业利润
全 国	**743019.4**	**2311374.9**	**5504951.2**	**990738.6**	**123681.9**
北 京	4543.2	45161.3	27191.5	12190.2	764.1
天 津					
河 北	23390.4	123275.6	311034.8	53385.0	2561.1
山 西	15438.0	87884.3	133449.3	14903.5	1231.0
内蒙古	14678.7	6728.7	40553.0	2555.4	90.7
辽 宁	31304.7	81573.6	162533.8	19591.4	2225.1
吉 林	15042.9	27666.5	96768.8	6905.7	4086.3
黑龙江	7382.7	12655.6	51001.7	13364.5	813.4
上 海	2411.1	1805.9	7343.1	2961.4	443.2
江 苏	2942.1	11345.6	15223.4	2055.1	259.0
浙 江	148712.1	328754.0	1472079.8	100869.7	59721.4
安 徽	4326.2	22709.3	199289.8	6224.2	-1490.2
福 建	11649.6	51081.2	130139.8	42201.8	2495.3
江 西					
山 东	34000.4	96688.3	177361.2	102776.8	5004.1
河 南	16353.2	43001.4	111550.0	20127.6	5868.2
湖 北	51566.5	162846.9	269538.3	56634.3	6232.9
湖 南	40826.4	314325.7	278393.4	44890.7	135.7
广 东	4288.1	13238.6	25990.2	3083.1	301.5
广 西	5687.0	95156.9	108261.4	26637.5	-1128.2
海 南	12722.4	10081.0	7249.0	38683.0	130.0
重 庆	139218.7	175499.7	554829.9	98078.8	17930.6
四 川	43046.0	141327.0	563220.7	28741.9	-551.7
贵 州	3316.9	49300.0	52793.3	16641.1	-1806.2
云 南	90334.5	292018.4	603003.5	244917.6	14313.7
西 藏	383.4	1229.0	941.0	469.0	82.0
陕 西	7406.2	39589.3	22247.7	8378.0	2670.5
甘 肃	2133.9	25348.6	10453.0	4308.8	285.8
青 海	1277.8	3241.0	7010.0	1225.9	17.6
宁 夏	2361.1	24787.2	20179.1	2550.0	
新 疆	6275.2	23054.3	45320.7	15386.6	995.0

单位：万元

企业单位增加值	执行行政事业会计制度单位财务指标					
	固定资产原价	上年结余	收入合计	支出合计	收支结余	行政事业单位增加值
719079.4	**410303.3**	**52305.8**	**91122843.2**	**106909.6**	**4588.7**	**23940.0**
4543.2						
22602.3	19702.6		2790.0	2790.0		788.1
15438.0						
14237.8	740.0		91000428.0	428.0		440.9
30921.0	3992.0	764.0				383.7
13859.0	27441.5	6407.5	360.0	360.0		1183.9
7381.7	25.0	17583.4	23.0	467.1		1.0
2092.1	547.8	528.7	2542.4	2558.4	-16.0	319.0
2942.1						
148712.1						
2727.8	7987.0	636.2	87619.8	86550.4	954.8	1598.4
10822.3	20531.1	651.7	10.0	10.0		827.3
33263.8	18417.7					736.6
14797.4	38898.5	537.9	21.0	21.0		1555.8
47528.6	3722.2	330.0	5066.0	1822.0	3574.0	4037.9
40512.6	4986.8		120.0	120.0		313.8
3789.2	12472.9	3758.5				498.9
5641.5	1137.5	0.4				45.5
12722.4						
139202.8	23.0		23.0	20.0		15.9
40757.8	48741.6	11409.3	8007.3	2388.8	75.9	2288.2
2433.0	18982.2	6588.6	474.4	121.4		883.9
82811.3	172446.3	3089.6	7580.0	9077.5		7523.2
383.4						
7400.0	155.4					6.2
2015.5	45.0	20.0	182.0	172.0		118.4
1277.8						
2032.8	8180.8		3.0	3.0		328.3
6230.1	1126.4		7593.3			45.1

C-46 收养登记

单位:件

地区	收养登记合计	中国公民收养登记	香港居民	澳门居民	台湾居民	华侨	外国人收养登记	协议解除收养关系登记	#中国公民
全国	**44260**	**39801**	**404**	**14**	**42**	**29**	**4459**	**115**	**85**
北京	403	256			1	4	147	1	1
天津	303	265	2				38	2	2
河北	971	955					16		
山西	368	266					102	1	1
内蒙古	255	240					15		
辽宁	418	383					35	4	4
吉林	70	48					22		
黑龙江	118	75			1		43		
上海	726	689	2			1	37	2	2
江苏	4001	3709			1		292	10	7
浙江	7816	7718	1		6	19	98	5	5
安徽	1960	1848					112	3	2
福建	1201	1104	17	4	12	1	97	26	24
江西	2045	925					1120	2	2
山东	5049	4994					55		
河南	1169	849	2		4		320		
湖北	1161	1062					99	4	4
湖南	2182	1912	3		1		270	7	5
广东	4465	4092	340	9	10	3	373	14	12
广西	2830	2432	15		1	1	398	1	1
海南	120	108	6				12		
重庆	1046	829	7		2		217	1	1
四川	1762	1707	5		3		55	6	6
贵州	831	742	2	1			89		
云南	1771	1610	1				161	2	2
西藏	49	49							
陕西	266	137	1				129	1	1
甘肃	151	100					51		
青海	20	9					11		
宁夏	91	82					9	17	
新疆	642	606					36	6	3

C-47 被收养人情况

单位:人

地区	被收养人合计	#女性	#残疾儿童	社会福利机构抚养的孤儿	#被外国人收养	社会福利机构抚养的弃婴	#被外国人收养	社会弃婴	父母无力抚养的儿童	其他	领取儿童福利证的孤儿数
全国	**44359**	**32241**	**2578**	**1605**	**133**	**13690**	**4262**	**26271**	**769**	**2024**	**127599**
北京	403	251	81	7		322	147	54	1	19	223
天津	303	213	41	8		85	38	199	1	10	8
河北	971	639	90	13		80	16	768	54	56	1475
山西	368	172	135	21		133	102	157	44	13	549
内蒙古	202	119	13	2		13		168	7	12	328
辽宁	415	181	3	8		140	34	207	9	51	1702
吉林	70	35	11	2		29	22	17	6	16	1145
黑龙江	118	57	20	3		47	43	9	29	30	333
上海	726	597	21			55	37	644	4	23	1539
江苏	4001	3129	280	85		992	292	2740	39	145	2568
浙江	7818	6654	6	330		2769	98	4351	43	325	257
安徽	1971	1558	24	43		304	112	1520	18	86	2284
福建	1201	777	83	23		333	97	722	8	115	881
江西	2106	1789	199	89	4	1528	1172	469	6	14	2491
山东	5049	3342	131	68		1124	54	3794	11	52	6704
河南	1169	752	380	81	12	541	278	460	30	57	11988
湖北	1161	659	13	44		285	99	661	51	120	7013
湖南	2182	1782	202	101		532	270	1423	49	77	15441
广东	4452	2305	90	235	22	2251	275	1607	14	345	17387
广西	2738	2370	217	84	6	826	393	1733	18	77	2091
海南	239	134	61	58		29	10	138	1	13	1298
重庆	1046	784	93			346	217	654	33	13	2706
四川	1762	1085	36	92	2	126	53	1262	122	160	6427
贵州	831	736	39	61		137	89	559	28	46	7753
云南	1798	1272	114	44	11	323	163	1323	47	61	5082
西藏	49	38						13	29	7	831
陕西	272	192	100	15	13	136	116	93	11	17	288
甘肃	151	110	13	51	51	6		83	3	8	1377
青海	20	13	8			11	11	5		4	15909
宁夏	105	79	27	9	9	20		66	10		1528
新疆	662	417	47	28	3	167	24	372	43	52	7993

C-48 救灾储备

地区	单位数	年末职工人数		受教育程度情况	
			女性	大学专科	大学本科及以上
全国	**326**	**1083**	**344**	**343**	**245**
北京	1	9			
天津	2	22	5	3	14
河北	6	54	10	8	11
山西	40	129	40	47	22
内蒙古	5	20	4	4	1
辽宁	15	101	39	39	41
吉林	2	15	7	2	5
黑龙江	3	20	6	6	9
上海					
江苏	1	3	1	2	1
浙江	6	10	5	3	
安徽	6	20	5	9	3
福建	8	11	6	3	1
江西	9	28	10	5	
山东	2	13	2	3	8
河南	10	55	13	9	29
湖北	34	109	41	43	17
湖南	3	4	2	1	2
广东	29	97	54	32	20
广西	7	29	11	15	7
海南					
重庆	2	7	3	1	3
四川	13	36	9	10	3
贵州	6	15	7	5	2
云南	18	34	8	14	9
西藏	4	8	3		
陕西	10	24	5	6	8
甘肃	20	70	20	14	
青海	38	46	12	10	3
宁夏	7	20	8	8	4
新疆	19	74	8	41	22

机构总表

单位：个、人

职业资格水平		年龄结构			
助理社会工作师	社会工作师	35岁及以下	36岁至45岁	46岁至55岁	56岁及以上
9	**5**	**387**	**438**	**209**	**49**
		2	3	1	3
2		11	6	3	2
1		15	17	18	4
	1	49	57	22	1
		6	5	7	2
		43	33	21	4
		4	5	5	1
		6	6	7	1
		1		1	1
		6	2	2	
	1	7	6	5	2
		3	7	1	
		11	6	9	2
		2	6	5	
1		26	17	11	1
2		35	52	20	2
		3	1		
1		52	33	10	2
		6	16	6	1
1		2	5		
		8	25	3	
		3	6	4	2
	1	15	17	2	
		6	2		
		7	13	3	1
	1	9	28	21	12
		22	18	6	
		4	9	5	2
1	1	23	37	11	3

C-48续表

地区	增加值合计	执行行政事业会计制度单位财务指标				
		固定资产原价	上年结余	收入合计	支出合计	收支结余
全国	**4532.0**	**35494.8**	**11633.6**	**15250.9**	**12341.7**	**1875.3**
北京	0.2	5.0				
天津	253.5	2044.3	153.4	404.1	376.7	
河北	84.9	305.5	6.9	223.1	250.0	-5.9
山西	374.6	702.7	97.5	878.4	776.0	199.0
内蒙古	72.5	289.0	17.3	98.7	99.7	16.3
辽宁	599.2	3183.9	83.2	990.4	935.7	57.5
吉林	83.3	854.2		113.0	109.1	
黑龙江	228.7	527.9	55.5	328.0	370.1	4.8
上海						
江苏						
浙江	7.0	125.1		16.6	15.7	1.5
安徽	105.2	124.2	304.6	225.5	145.3	99.4
福建	20.4	460.1		6.6	6.6	
江西	12.4	209.6		103.6	106.6	
山东	113.0	707.6	-2.7	432.0	418.7	10.6
河南	346.2	2284.3	298.0	641.2	643.7	294.5
湖北	358.9	3634.0	23.5	692.9	715.2	1.2
湖南	6.0	20.0		7.0	7.0	
广东	354.5	2426.2	985.8	2161.6	1726.3	20.1
广西	248.6	3397.8	43.4	443.1	381.5	10.0
海南						
重庆	100.7	64.7	1.7	726.5	641.0	87.2
四川	194.9	564.3	53.4	482.1	274.1	153.4
贵州	18.5	223.0		24.0	12.0	
云南	200.1	3875.3	8810.0	1761.6	93.5	
西藏	145.4	3478.3		17.4	17.4	
陕西	8.6	276.0		1478.3	1528.3	-48.0
甘肃	42.6	261.3	1.0	43.7	45.7	
青海	107.7	1548.1		161.7	161.7	
宁夏	83.4	1588.2	73.0	1133.3	1178.3	
新疆	361.0	2314.2	628.1	1656.5	1305.8	973.7

单位：万元、平方米、顶

行政事业单位增加值	库房建筑面积	仓储面积	空余仓储面积	仓储物资种类 单帐篷	中央储备	棉帐篷	中央储备
4532.0	**313364.8**	**298733.7**	**34499**	**363385**	**210382**	**95569**	**53213**
0.2	37385.0	37385.0	6385	22279		8142	
253.5	10466.0	9420.0	60	30740	25500	14000	14000
84.9	10800.0	5990.0	954	365	17	1081	1081
374.6	19000.9	17666.7	3023	7744		2434	
72.5	3562.5	3403.8	500	1100		236	
599.2	30378.0	41561.0	300	20772	15025	6031	6000
83.3	601.2	601.2				150	150
228.7	2620.0	2000.0	85	120			
7.0	3159.3	3300.0	550	265	200	50	
105.2	14008.0	6850.0		41955	40450	6500	6000
20.4	5907.0	4397.0	790	2106	1211	200	
12.4	12287.0	10102.0	2100	3400	200	1440	190
113.0	2700.0	2610.0		398	398	3198	198
346.2	15090.0	12012.0	3628	55510	39000	12185	12000
358.9	33940.0	24510.0	5630	44749	42620	2907	2650
6.0	242.0	236.0					
354.5	33658.0	19386.0	6034	12553	633		
248.6	10381.0	8701.0	288	31966	31511	462	82
100.7	5296.0	4996.0	980	2420	2160		
194.9	5390.0	5341.0	500	5964	4000	504	504
18.5	1226.1	1360.0	220	327			
200.1	3094.0	5687.0	250	2461	1079	66	
145.4	8038.0	120.0		55			
8.6	3170.7	39115.0	300	58683	5948	15514	8429
42.6	2980.0	2397.0	387	6375		3580	
107.7	18495.1	11644.0	211	1213		3123	
83.4	5666.0	5306.0		2007		2839	150
361.0	13823.0	12636.0	1324	7858	430	10927	1779

C-49 在编制部门登记的

地区	单位数	年末职工人数		受教育程度情况	
			女性	大学专科	大学本科及以上
全国	**127**	**676**	**226**	**239**	**210**
北京	1	9			
天津	2	22	5	3	14
河北	4	44	7	7	9
山西	11	78	26	34	20
内蒙古	2	13	3	4	1
辽宁	12	86	33	34	35
吉林	1	6	3	1	5
黑龙江	2	19	5	5	9
上海					
江苏	1	3	1	2	1
浙江	2	5	4	1	
安徽	2	16	5	9	3
福建					
江西	1	4	2		
山东	1	11	2	3	8
河南	6	50	11	9	28
湖北	31	103	40	42	15
湖南					
广东	21	86	46	30	18
广西	3	23	7	12	7
海南					
重庆	1	5	1	1	3
四川	3	14	5	5	1
贵州					
云南	5	15	4	4	8
西藏					
陕西	5	13	2	2	7
甘肃					
青海	2	8	4	3	3
宁夏	4	16	7	7	4
新疆	4	27	3	21	11

救灾储备机构

单位：个、人

职业资格水平		年龄结构			
助理社会工作师	社会工作师	35岁及以下	36岁至45岁	46岁至55岁	56岁及以上
9	**4**	**256**	**250**	**146**	**24**
		2	3	1	3
2		11	6	3	2
1		13	11	16	4
	1	31	28	19	
		5	2	6	
		33	28	21	4
		2	2	2	
		6	5	7	1
		1		1	1
		3	1	1	
	1	6	4	4	2
		1	2	1	
		2	4	5	
1		22	16	11	1
2		35	49	17	2
1		48	27	9	2
		5	13	4	1
1		2	3		
		3	11		
	1	7	8		
		5	5	3	
		3	1	4	
		4	7	5	
1	1	6	14	6	1

C-49续表

地区	增加值合计	执行行政事业会计制度单位财务指标				
		固定资产原价	上年结余	收入合计	支出合计	收支结余
全国	**3950.8**	**26098.4**	**11631.4**	**13620.7**	**11868.4**	**1880.3**
北京	0.2	5.0				
天津	253.5	2044.3	153.4	404.1	376.7	
河北	80.1	236.5	6.9	213.1	240.0	-5.9
山西	353.9	577.6	97.5	830.6	729.2	199.0
内蒙古	61.3	114.1	17.3	94.5	95.5	16.3
辽宁	577.8	3166.4	83.2	923.2	868.5	62.6
吉林	54.3	679.1		53.1	49.2	
黑龙江	228.7	527.9	55.5	325.5	367.6	4.8
上海						
江苏						
浙江	3.8	95.0		4.0	2.5	1.5
安徽	102.0	93.5	304.6	223.3	142.5	99.4
福建						
江西	1.7	42.6		91.0	91.0	
山东	109.9	705.6	-2.7	427.0	413.7	10.6
河南	341.9	2226.3	298.0	636.2	638.7	294.5
湖北	349.9	3596.0	23.5	681.9	704.2	1.2
湖南						
广东	350.1	2396.2	984.7	2154.3	1719.1	20.0
广西	240.7	3200.6	43.4	443.1	376.5	10.0
海南						
重庆	98.8	64.7	1.7	724.5	639.0	87.2
四川	160.7	119.3	53.4	449.8	241.8	153.4
贵州						
云南	128.7	2091.1	8810.0	602.8	84.7	
西藏						
陕西	-14.6	222.0		1457.2	1507.2	-48.0
甘肃						
青海	47.4	191.7		142.3	142.3	
宁夏	80.5	1516.2	73.0	1131.3	1176.3	
新疆	339.5	2186.7	628.0	1607.9	1262.2	973.7

单位：万元、平方米、顶

行政事业单位增加值	库房建筑面积	仓储面积	空余仓储面积	仓储物资种类 单帐篷	中央储备	棉帐篷	中央储备
3950.8	**229104.7**	**222650.5**	**23455.0**	**337211**	**202680**	**86142**	**50365**
0.2	37385.0	37385.0	6385.0	22279		8142	
253.5	10466.0	9420.0	60.0	30740	25500	14000	14000
80.1	4090.0	4010.0	390.0	363	17	847	847
353.9	11587.9	8155.7	1810.0	7037		1816	
61.3	1647.5	1488.8	300.0	800		146	
577.8	29523.0	26128.0	300.0	20752	15025	6031	6000
54.3							
228.7	2500.0	1900.0					
3.8	759.3	150.0		35		50	
102.0	13800.0	6800.0		41910	40450	6500	6000
	750.0	1000.0	500.0	50			
1.7	120.0	100.0				50	50
109.9	2400.0	2400.0		398	398	3198	198
341.9	13290.0	10652.0	2928.0	55211	39000	12180	12000
349.9	32360.0	23360.0	5530.0	44649	42620	2877	2650
350.1	27520.0	15638.0	4794.0	11327	133		
240.7	9671.0	7776.0	288.0	31574	31429	380	
98.8	2796.0	2796.0		2420	2160		
160.7	500.0	500.0					
128.7	400.0	2020.0	30.0	14		20	
-14.6	2170.0	38455.0	100.0	58633	5948	15514	8429
47.4	10380.0	9500.0		1000		3000	
80.5	4006.0	3816.0		1626		2451	150
339.5	10983.0	9200.0	40.0	6393		8940	41

C-50 未登记的

地　区	单位数	年末职工人数		受教育程度情况	
			女性	大学专科	大学本科及以上
全　国	**199**	**407**	**118**	**104**	**35**
北　京					
天　津					
河　北	2	10	3	1	2
山　西	29	51	14	13	2
内蒙古	3	7	1		
辽　宁	3	15	6	5	6
吉　林	1	9	4	1	
黑龙江	1	1	1	1	
上　海					
江　苏					
浙　江	4	5	1	2	
安　徽	4	4			
福　建	8	11	6	3	1
江　西	8	24	8	5	
山　东	1	2			
河　南	4	5	2		1
湖　北	3	6	1	1	2
湖　南	3	4	2	1	2
广　东	8	11	8	2	2
广　西	4	6	4	3	
海　南					
重　庆	1	2	2		
四　川	10	22	4	5	2
贵　州	6	15	7	5	2
云　南	13	19	4	10	1
西　藏	4	8	3		
陕　西	5	11	3	4	1
甘　肃	20	70	20	14	
青　海	36	38	8	7	
宁　夏	3	4	1	1	
新　疆	15	47	5	20	11

救灾储备机构

单位:个、人

职业资格水平		年龄结构			
助理社会工作师	社会工作师	35岁及以下	36岁至45岁	46岁至55岁	56岁及以上
	1	**131**	**188**	**63**	**25**
		2	6	2	
		18	29	3	1
		1	3	1	2
		10	5		
		2	3	3	1
			1		
		3	1	1	
		1	2	1	
		3	7	1	
		10	4	8	2
			2		
		4	1		
			3	3	
		3	1		
		4	6	1	
		1	3	2	
			2		
		5	14	3	
		3	6	4	2
		8	9	2	
		6	2		
		2	8		1
	1	9	28	21	12
		19	17	2	
			2		2
		17	23	5	2

C-50续表

地　区	增加值合计	执行行政事业会计制度单位财务指标				
		固定资产原价	上年结余	收入合计	支出合计	收支结余
全　国	**581.2**	**9396.4**	**2.2**	**1630.2**	**473.3**	**-5.0**
北　京						
天　津						
河　北	4.8	69.0		10.0	10.0	
山　西	20.7	125.1		47.8	46.8	
内蒙古	11.2	174.9		4.2	4.2	
辽　宁	21.4	17.5		67.2	67.2	-5.1
吉　林	29.0	175.1		59.9	59.9	
黑龙江				2.5	2.5	
上　海						
江　苏						
浙　江	3.2	30.1		12.6	13.2	
安　徽	3.2	30.7		2.2	2.8	
福　建	20.4	460.1		6.6	6.6	
江　西	10.7	167.0		12.6	15.6	
山　东	3.1	2.0		5.0	5.0	
河　南	4.3	58.0		5.0	5.0	
湖　北	9.0	38.0		11.0	11.0	
湖　南	6.0	20.0		7.0	7.0	
广　东	4.4	30.0	1.1	7.3	7.2	0.1
广　西	7.9	197.2			5.0	
海　南						
重　庆	1.9			2.0	2.0	
四　川	34.2	445.0		32.3	32.3	
贵　州	18.5	223.0		24.0	12.0	
云　南	71.4	1784.2		1158.8	8.8	
西　藏	145.4	3478.3		17.4	17.4	
陕　西	23.2	54.0		21.1	21.1	
甘　肃	42.6	261.3	1.0	43.7	45.7	
青　海	60.3	1356.4		19.4	19.4	
宁　夏	2.9	72.0		2.0	2.0	
新　疆	21.5	127.5	0.1	48.6	43.6	

单位：万元、平方米、顶

行政事业单位增加值	库房建筑面积	仓储面积	空余仓储面积	仓储物资种类 单帐篷	中央储备	棉帐篷	中央储备
581.2	**84260.1**	**76083.2**	**11044.0**	**26174**	**7702**	**9427**	**2848**
4.8	6710.0	1980.0	564.0	2		234	234
20.7	7413.0	9511.0	1213.0	707		618	
11.2	1915.0	1915.0	200.0	300		90	
21.4	855.0	15433.0		20			
29.0	601.2	601.2				150	150
	120.0	100.0	85.0	120			
3.2	2400.0	3150.0	550.0	230	200		
3.2	208.0	50.0		45			
20.4	5157.0	3397.0	290.0	2056	1211	200	
10.7	12167.0	10002.0	2100.0	3400	200	1390	140
3.1	300.0	210.0					
4.3	1800.0	1360.0	700.0	299		5	
9.0	1580.0	1150.0	100.0	100		30	
6.0	242.0	236.0					
4.4	6138.0	3748.0	1240.0	1226	500		
7.9	710.0	925.0		392	82	82	82
1.9	2500.0	2200.0	980.0				
34.2	4890.0	4841.0	500.0	5964	4000	504	504
18.5	1226.1	1360.0	220.0	327			
71.4	2694.0	3667.0	220.0	2447	1079	46	
145.4	8038.0	120.0		55			
23.2	1000.7	660.0	200.0	50			
42.6	2980.0	2397.0	387.0	6375		3580	
60.3	8115.1	2144.0	211.0	213		123	
2.9	1660.0	1490.0		381		388	
21.5	2840.0	3436.0	1284.0	1465	430	1987	1738

C-51 自然灾害损失情况总表

单位：千公顷、万人次、万间、亿元

地区	人口受灾情况			农作物受灾情况			损失情况		
	受灾	死亡人口（含失踪）（人）	紧急转移人口	受灾	成灾	绝收	倒塌房屋	损坏房屋	直接经济损失
合计	**47933.52**	**1528**	**709.88**	**47213.66**	**21234.26**	**4917.51**	**83.82**	**356.94**	**2523.68**
北京	36.90	0	0.00	14.60	10.17	1.00	0.00	0.00	4.50
天津	13.80	0	0.00	58.53	48.00	4.67	0.00	0.10	1.70
河北	3206.10	40	0.00	2627.50	1642.03	517.20	0.40	2.10	137.61
山西	1351.40	40	0.80	1786.50	1229.35	310.61	1.70	15.90	80.90
内蒙古	1075.10	27	1.40	4770.36	2389.92	799.53	0.45	4.70	249.70
辽宁	1401.40	4	0.20	2171.79	1033.70	498.30	0.00	1.00	166.60
吉林	1125.60	5	0.00	2670.63	1630.37	474.86	0.20	0.90	167.15
黑龙江	1595.20	8	6.10	7393.70	3130.10	541.19	0.80	8.50	108.11
上海	4.63	0	0.00	16.30	8.00	2.00	0.00	0.20	3.32
江苏	1278.99	38	2.69	1202.60	393.39	31.70	0.80	7.60	44.06
浙江	1104.70	22	106.20	463.31	243.33	46.77	1.30	7.20	119.30
安徽	3398.50	71	18.79	2101.32	320.00	47.17	2.77	19.04	132.50
福建	242.58	23	66.74	265.69	128.36	15.41	0.70	2.40	39.41
江西	2124.40	48	31.60	1351.68	656.99	78.98	7.30	25.80	85.80
山东	3938.40	3	11.20	2341.87	1182.33	206.73	1.20	9.10	162.66
河南	3311.80	74	8.40	2987.35	1063.00	73.77	3.50	8.50	99.28
湖北	2640.70	69	27.78	1827.10	531.90	151.90	5.92	20.38	68.30
湖南	3306.10	71	77.70	1824.87	626.07	121.40	11.30	30.30	142.94
广东	790.40	47	92.16	643.30	189.00	22.37	2.60	4.00	62.84
广西	2337.10	37	59.00	1109.61	459.49	75.57	5.00	11.50	66.20
海南	319.17	22	20.30	119.90	86.90	24.82	0.10	0.50	10.80
重庆	1188.26	161	41.68	495.10	177.20	40.87	6.68	16.95	48.46
四川	3451.80	333	85.97	1598.76	696.81	118.77	10.51	40.96	143.32
贵州	1612.10	66	22.00	779.87	401.90	74.37	1.40	12.80	34.00
云南	2247.89	163	10.10	1667.52	716.57	174.09	11.21	77.56	107.85
西藏	55.10	24	5.87	53.04	20.10	8.70	2.35	3.68	7.08
陕西	1671.50	40	6.00	1220.67	571.26	74.16	2.15	8.75	64.56
甘肃	2254.40	49	4.90	1880.80	669.08	212.15	1.25	8.03	92.18
青海	239.10	13	1.10	159.58	74.14	12.87	1.53	2.80	17.90
宁夏	229.50	16	0.00	365.53	126.67	36.10	0.00	0.70	17.73
新疆	348.90	14	1.20	882.80	502.85	51.53	0.65	4.80	27.00
#新疆兵团	32.00	0	0.00	361.47	275.30	67.98	0.05	0.20	9.93

C–52 旱灾损失情况

单位：千公顷、万人次、亿元

地 区	人口受灾情况		农作物受灾情况			直接经济损失
	受 灾	饮水困难人口	受 灾	成 灾	绝 收	
合 计	**23038.60**	**1750.60**	**29258.72**	**13197.12**	**3268.79**	**1099.19**
北 京	13.50	1.00	3.30	1.30	0.40	1.60
天 津	0.00	0.00	0.00	0.00	0.00	0.00
河 北	1613.50	82.70	1543.90	1062.90	418.00	55.61
山 西	881.50	134.00	1384.00	966.10	262.04	42.9
内蒙古	877.40	235.00	3890.12	1922.62	660.00	201.1
辽 宁	1263.50	79.00	2083.70	971.80	486.20	153.0
吉 林	932.20	8.00	2440.00	1471.30	446.29	146.7
黑龙江	955.20	0.00	4871.70	1907.00	271.69	45.4
上 海	0.00	0.00	0.00	0.00	0.00	0.00
江 苏	498.50	1.00	598.50	198.90	12.60	10.13
浙 江	42.00	42.00	22.48	5.70	1.30	0.2
安 徽	1270.00	1.00	909.00	52.00	0.00	25.3
福 建	17.00	17.00	42.26	26.08	1.58	7.65
江 西	923.20	91.00	621.30	260.96	29.21	23.6
山 东	2348.30	24.00	1174.67	814.70	79.40	59.0
河 南	1957.00	45.00	1579.20	287.90	27.20	34.81
湖 北	638.60	28.00	591.90	149.40	18.90	17.8
湖 南	1123.10	125.00	753.06	304.80	61.80	65.16
广 东	285.40	24.00	318.20	105.90	8.90	6.30
广 西	1352.40	106.00	773.70	336.12	32.80	20.6
海 南	6.60	2.00	13.30	1.90	0.22	0.70
重 庆	174.80	33.00	136.60	46.90	17.10	3.5
四 川	382.80	53.40	742.80	241.74	26.40	10.70
贵 州	931.40	92.00	477.90	318.10	45.30	14.5
云 南	1187.80	275.00	1036.70	416.00	72.99	38.52
西 藏	26.70	20.00	27.23	9.80	0.90	3.20
陕 西	1314.60	71.50	800.00	333.30	50.59	36.4
甘 肃	1571.30	73.00	1542.00	494.70	174.30	43.2
青 海	58.00	28.00	33.90	17.00	0.00	2.40
宁 夏	188.00	30.00	307.70	106.00	31.80	15.1
新 疆	192.30	17.00	455.30	302.70	17.20	10.0
#新疆兵团	12.00	12.00	84.30	63.50	13.68	4.11

C-53 风雹灾害

地　区	人口受灾情况			农作物
	受　灾	死亡人口(含失踪)(人)	紧急转移人口	受　灾
合　计	**10531.69**	**519**	**24.06**	**5493.07**
北　京	21.50	0	0.00	10.00
天　津	13.80	0	0.00	58.53
河　北	1173.60	31	0.00	747.60
山　西	230.54	2	0.00	131.20
内蒙古	122.20	13	0.00	143.93
辽　宁	101.98	4	0.00	66.67
吉　林	117.98	5	0.00	188.00
黑龙江	434.73	8	0.00	536.60
上　海	0.00	0	0.00	0.00
江　苏	593.94	35	0.90	108.00
浙　江	93.00	2	0.10	9.13
安　徽	863.42	63	3.00	400.00
福　建	0.30	2	0.00	0.13
江　西	270.00	39	3.90	122.07
山　东	625.80	3	0.20	175.20
河　南	1029.98	61	1.00	1128.93
湖　北	748.88	37	2.00	164.80
湖　南	1057.80	23	4.00	129.00
广　东	35.25	11	0.00	0.00
广　西	209.77	22	1.00	10.40
海　南	0.5	0	0.0	0.2
重　庆	78.70	7	4.00	21.20
四　川	1273.87	26	0.20	140.13
贵　州	232.60	20	2.00	71.27
云　南	264.82	66	1.00	90.33
西　藏	4.90	13	0.26	5.80
陕　西	249.54	9	0.00	186.67
甘　肃	402.02	4	0.50	155.67
青　海	121.98	9	0.00	72.60
宁　夏	7.40	0	0.00	3.53
新　疆	131.80	4	0.00	344.80
#新疆兵团	19.09	0	0.00	270.67

损失情况

单位：千公顷、万人次、亿元

受灾情况		损失情况		
成　灾	绝　收	倒塌房屋	损坏房屋	直接经济损失
2944.05	**534.47**	**13.50**	**108.10**	**373.31**
8.87	0.60	0.00	0.00	2.00
48.00	4.67	0.00	0.10	1.70
444.73	91.60	0.20	1.40	62.70
92.87	21.47	0.00	11.70	6.20
132.60	58.33	0.00	1.20	27.70
56.60	11.60	0.00	0.70	11.40
138.67	20.67	0.00	0.70	13.50
245.60	33.40	0.10	2.70	16.20
0.00	0.00	0.00	0.00	0.00
68.19	0.00	0.60	7.10	23.50
17.53	0.87	0.00	2.90	2.70
60.00	12.27	1.60	11.70	41.50
0.00	0.00	0.00	0.20	0.20
47.93	8.87	0.50	13.40	9.10
87.00	40.13	0.20	3.00	23.40
682.47	31.07	2.27	5.80	30.60
22.80	14.20	0.40	7.70	8.70
31.27	5.60	4.86	7.60	5.20
0.00	0.00	0.00	0.30	0.20
6.67	2.87	0.10	3.70	2.80
0.00	0.00	0.00	0.00	0.10
7.40	2.27	0.43	1.90	3.20
88.60	14.67	0.20	1.70	17.30
35.00	15.47	0.10	6.90	5.50
40.93	10.80	0.30	12.40	14.20
3.00	2.40	1.29	0.95	0.41
80.00	6.67	0.05	0.45	9.00
81.33	24.00	0.00	0.70	10.90
52.27	11.67	0.30	0.30	5.60
2.87	2.40	0.00	0.00	0.40
150.87	32.53	0.00	0.90	12.20
210.00	53.40	0.00	0.00	5.20

C-54 台风灾害损失情况

单位：千公顷、万人次、万间、亿元

地区	人口受灾情况			农作物受灾情况			损失情况		
	受灾	死亡人口（含失踪）（人）	紧急转移人口	受灾	成灾	绝收	倒塌房屋	损坏房屋	直接经济损失
合计	**1943.57**	**64**	**278.11**	**1145.69**	**478.82**	**80.93**	**2.53**	**12.50**	**190.90**
北京	0.00	0	0.00	0.00	0.00	0.00	0.00	0.00	0.00
天津	0.00	0	0.00	0.00	0.00	0.00	0.00	0.00	0.00
河北	0.00	0	0.00	0.00	0.00	0.00	0.00	0.00	0.00
山西	0.00	0	0.00	0.00	0.00	0.00	0.00	0.00	0.00
内蒙古	0.00	0	0.00	0.00	0.00	0.00	0.00	0.00	0.00
辽宁	0.00	0	0.00	0.00	0.00	0.00	0.00	0.00	0.00
吉林	0.00	0	0.00	0.00	0.00	0.00	0.00	0.00	0.00
黑龙江	0.00	0	0.00	0.00	0.00	0.00	0.00	0.00	0.00
上海	4.63	0	0.00	16.30	8.00	2.00	0.00	0.20	3.32
江苏	70.72	3	1.79	163.84	28.86	0.00	0.06	0.20	5.27
浙江	770.76	6	86.03	363.73	177.73	32.73	0.77	3.60	88.86
安徽	104.52	1	9.66	28.67	16.00	0.00	0.05	2.30	9.81
福建	212.49	6	66.74	145.64	69.72	6.93	0.20	1.60	26.33
江西	44.06	0	0.13	10.84	4.45	1.20	0.01	0.90	1.57
山东	0.00	0	0.00	0.00	0.00	0.00	0.00	0.00	0.00
河南	0.00	0	0.00	0.00	0.00	0.00	0.00	0.00	0.00
湖北	0.00	0	0.00	0.00	0.00	0.00	0.00	0.10	0.00
湖南	0.00	0	0.00	0.00	0.00	0.00	0.00	0.00	0.00
广东	379.88	26	92.16	289.47	80.46	13.47	1.23	2.80	47.54
广西	72.57	0	1.30	18.80	7.56	0.00	0.11	0.30	1.16
海南	278.87	22	20.30	104.55	84.01	24.60	0.10	0.50	6.80
重庆	0.00	0	0.00	0.00	0.00	0.00	0.00	0.00	0.00
四川	0.00	0	0.00	0.00	0.00	0.00	0.00	0.00	0.00
贵州	0.00	0	0.00	0.00	0.00	0.00	0.00	0.00	0.00
云南	5.07	0	0.00	3.85	2.03	0.00	0.00	0.00	0.24
西藏	0.00	0	0.00	0.00	0.00	0.00	0.00	0.00	0.00
陕西	0.00	0	0.00	0.00	0.00	0.00	0.00	0.00	0.00
甘肃	0.00	0	0.00	0.00	0.00	0.00	0.00	0.00	0.00
青海	0.00	0	0.00	0.00	0.00	0.00	0.00	0.00	0.00
宁夏	0.00	0	0.00	0.00	0.00	0.00	0.00	0.00	0.00
新疆	0.00	0	0.00	0.00	0.00	0.00	0.00	0.00	0.00
#新疆兵团	0.00	0	0.00	0.00	0.00	0.00	0.00	0.00	0.00

C-55 地震灾害损失情况

单位：千公顷、万人次、万间、亿元

地 区	人口受灾情况			损失情况		
	受 灾	死亡人口（含失踪）（人）	紧急转移人口	倒塌房屋	损坏房屋	直接经济损失
合 计	**172.71**	**3**	**11.44**	**7.77**	**66.55**	**33.12**
北 京	0.00	0	0.00	0.00	0.00	0.00
天 津	0.00	0	0.00	0.00	0.00	0.00
河 北	0.00	0	0.00	0.00	0.00	0.00
山 西	0.00	0	0.00	0.00	0.00	0.00
内蒙古	0.00	0	0.00	0.00	0.00	0.00
辽 宁	0.00	0	0.00	0.00	0.00	0.00
吉 林	0.00	0	0.00	0.00	0.00	0.00
黑龙江	0.00	0	0.00	0.00	0.00	0.00
上 海	0.00	0	0.00	0.00	0.00	0.00
江 苏	0.00	0	0.00	0.00	0.00	0.00
浙 江	0.00	0	0.00	0.00	0.00	0.00
安 徽	0.00	0	0.00	0.00	0.00	0.00
福 建	0.00	0	0.00	0.00	0.00	0.00
江 西	0.30	0	0.00	0.00	0.20	0.10
山 东	0.00	0	0.00	0.00	0.00	0.00
河 南	0.00	0	0.00	0.00	0.00	0.00
湖 北	0.00	0	0.00	0.00	0.00	0.00
湖 南	0.00	0	0.00	0.00	0.00	0.00
广 东	0.00	0	0.00	0.00	0.00	0.00
广 西	0.00	0	0.00	0.00	0.00	0.00
海 南	0.00	0	0.00	0.00	0.00	0.00
重 庆	1.60	2	0.04	0.00	0.00	0.23
四 川	57.60	0	0.00	0.10	2.70	3.40
贵 州	7.70	0	2.00	0.00	1.90	0.90
云 南	91.39	1	6.10	6.39	55.96	23.99
西 藏	4.32	0	2.40	0.75	1.19	1.30
陕 西	0.00	0	0.00	0.00	0.10	0.00
甘 肃	1.10	0	0.00	0.00	1.00	0.30
青 海	1.50	0	0.00	0.03	0.60	0.50
宁 夏	0.00	0	0.00	0.00	0.00	0.00
新 疆	7.10	0	0.90	0.50	2.70	2.40
#新疆兵团	0.10	0	0.00	0.00	0.20	0.00

C-56 低温冷冻和雪灾损失情况

单位：千公顷、万人次、万间、亿元

地 区	人口受灾情况			农作物受灾情况			损失情况		
	受 灾	死亡人口（含失踪）（人）	紧急转移人口	受 灾	成 灾	绝 收	倒塌房屋	损坏房屋	直接经济损失
合 计	**3001.25**	**40**	**7.05**	**3672.52**	**1445.60**	**252.40**	**3.51**	**10.99**	**172.11**
北 京	1.90	0	0.00	1.30	0.00	0.00	0.00	0.00	0.90
天 津	0.00	0	0.00	0.00	0.00	0.00	0.00	0.00	0.00
河 北	380.90	8	0.00	216.10	85.30	3.30	0.20	0.50	17.00
山 西	220.50	3	0.50	218.30	140.10	19.10	1.20	1.90	27.30
内蒙古	17.80	0	0.00	287.00	173.90	46.80	0.00	0.00	1.80
辽 宁	23.10	0	0.00	1.00	0.00	0.00	0.00	0.10	0.40
吉 林	61.10	0	0.00	5.30	4.80	1.80	0.10	0.00	4.70
黑龙江	19.90	0	0.10	415.00	177.50	16.00	0.00	0.10	1.30
上 海	0.00	0	0.00	0.00	0.00	0.00	0.00	0.00	0.00
江 苏	0.09	0	0.00	166.70	55.30	0.00	0.00	0.00	0.03
浙 江	0.00	0	0.00	0.00	0.00	0.00	0.00	0.00	0.00
安 徽	518.30	0	0.79	269.50	13.30	6.40	0.37	1.64	23.30
福 建	7.28	0	0.00	65.00	24.10	6.90	0.00	0.00	0.69
江 西	7.60	0	0.00	125.20	47.30	5.00	0.00	0.10	0.30
山 东	280.30	0	0.00	230.90	96.00	20.70	0.00	0.00	19.30
河 南	204.30	12	0.40	179.20	59.80	9.40	0.60	1.00	27.80
湖 北	308.00	0	0.78	238.00	38.50	18.10	0.22	1.28	6.10
湖 南	161.90	0	0.20	384.50	121.80	17.90	0.10	0.50	4.70
广 东	0.00	0	0.00	0.00	0.00	0.00	0.00	0.00	0.00
广 西	11.90	0	0.00	3.20	0.00	0.00	0.00	0.00	0.10
海 南	0.00	0	0.00	0.00	0.00	0.00	0.00	0.00	0.00
重 庆	2.30	0	0.00	10.60	3.00	1.30	0.00	0.00	0.10
四 川	48.90	3	3.57	44.30	10.90	1.10	0.01	0.16	0.62
贵 州	47.40	0	0.00	30.20	5.20	0.00	0.00	0.10	0.80
云 南	431.50	0	0.00	381.90	169.40	62.00	0.10	0.40	15.00
西 藏	15.18	6	0.71	9.62	3.30	3.30	0.31	0.92	0.87
陕 西	39.60	6	0.00	173.30	133.30	6.70	0.30	1.90	12.60
甘 肃	134.00	0	0.00	71.30	32.40	3.80	0.00	0.00	1.10
青 海	47.90	0	0.00	40.20	1.10	0.80	0.00	0.10	3.50
宁 夏	4.70	0	0.00	24.30	2.50	1.10	0.00	0.00	1.20
新 疆	4.10	2	0.00	75.70	45.70	0.20	0.00	0.30	0.30
#新疆兵团	0.80	0	0.00	4.90	1.10	0.70	0.00	0.00	0.30

C-57 洪涝、滑坡和泥石流灾害损失情况

单位：千公顷、万人次、万间、亿元

地区	人口受灾情况			农作物受灾情况			损失情况		
	受灾	死亡人口（含失踪）（人）	紧急转移人口	受灾	成灾	绝收	倒塌房屋	损坏房屋	直接经济损失
合计	**9245.70**	**902**	**389.22**	**7643.66**	**3168.67**	**780.92**	**56.51**	**158.80**	**655.06**
北京	0.00	0	0.00	0.00	0.00	0.00	0.00	0.00	0.00
天津	0.00	0	0.00	0.00	0.00	0.00	0.00	0.00	0.00
河北	38.10	1	0.00	119.90	49.10	4.30	0.00	0.20	2.30
山西	18.86	35	0.30	53.00	30.28	8.00	0.50	2.30	4.50
内蒙古	57.70	14	1.40	449.31	160.80	34.40	0.45	3.50	19.10
辽宁	12.82	0	0.20	20.42	5.30	0.50	0.00	0.20	1.80
吉林	14.32	0	0.00	37.33	15.60	6.10	0.10	0.20	2.25
黑龙江	185.37	0	6.00	1570.40	800.00	220.10	0.70	5.70	45.21
上海	0.00	0	0.00	0.00	0.00	0.00	0.00	0.00	0.00
江苏	115.74	0	0.00	165.56	42.14	19.10	0.14	0.30	5.13
浙江	198.94	14	20.07	67.97	42.37	11.87	0.53	0.70	27.54
安徽	642.26	7	5.34	494.15	178.70	28.50	0.75	3.40	32.59
福建	5.51	15	0.00	12.66	8.46	0.00	0.50	0.60	4.54
江西	879.24	9	27.57	472.27	296.35	34.70	6.79	11.20	51.13
山东	684.00	0	11.00	761.10	184.63	66.50	1.00	6.10	60.96
河南	120.52	1	7.00	100.02	32.83	6.10	0.63	1.70	6.07
湖北	945.22	32	25.00	832.40	321.20	100.70	5.30	11.30	35.70
湖南	963.30	48	73.50	558.31	168.20	36.10	6.34	22.20	67.88
广东	89.87	10	0.00	35.63	2.64	0.00	1.37	0.90	8.80
广西	690.46	15	56.70	303.51	109.14	39.90	4.79	7.50	41.54
海南	33.20	0	0.00	1.85	0.99	0.00	0.00	0.00	3.20
重庆	930.86	152	37.64	326.70	119.90	20.20	6.25	15.05	41.43
四川	1688.63	304	82.20	671.53	355.57	76.60	10.20	36.40	111.30
贵州	393.00	46	18.00	200.50	43.60	13.60	1.30	3.90	12.30
云南	267.31	96	3.00	154.74	88.21	28.30	4.42	8.80	15.90
西藏	4.00	5	2.50	10.39	4.00	2.10	0.00	0.62	1.30
陕西	67.76	25	6.00	60.70	24.66	10.20	1.80	6.30	6.56
甘肃	145.98	45	4.40	111.83	60.65	10.05	1.25	6.33	36.68
青海	9.72	4	1.10	12.88	3.77	0.40	1.20	1.80	5.90
宁夏	29.40	16	0.00	30.00	15.30	0.80	0.00	0.70	1.03
新疆	13.60	8	0.30	7.00	3.58	1.60	0.15	0.90	2.10
#新疆兵团	0.01	0	0.00	1.60	0.70	0.20	0.05	0.00	0.32

C-58 民政部门接收

地区	直接接收捐赠情况				间接接收
	捐赠款数额	捐赠衣被合计	#棉衣被	捐赠其他物资价值	捐赠款数额
全国	**664626.1**	**12476.6**	**1348.4**	**21723.1**	**140839.5**
中央级	48887.5				
北京	20777.2	121.3	72.6	2176.2	2548.4
天津	10616.8	54.6	35.8	0.1	8.1
河北	5324.8	357.9	36.4	15.4	901.0
山西	8520.7	1.9	1.0	22.8	6051.0
内蒙古	2139.0	18.3	1.5	167.8	114.5
辽宁	24092.7	31.9	9.0	862.4	1318.9
吉林	8812.1	612.0	394.7	15.0	196.7
黑龙江	2848.7	399.1	301.1	37.9	59.4
上海	2355.6	204.7	59.4		
江苏	97536.1	38.0	6.9	4238.4	1680.0
浙江	112081.7	87.5	58.1	364.9	721.0
安徽	5842.6	12.1	5.0	118.4	63.0
福建	4959.7	0.3		118.0	134.5
江西	5549.5	182.2	0.3	25.6	151.2
山东	69857.7	283.4	104.1	1119.2	1714.8
河南	3624.2	68.6	47.6	20.0	22.0
湖北	5131.8	6.9	3.3	2277.7	57.5
湖南	14136.6	582.4	27.1	90.8	944.8
广东	34446.9	159.3	14.8	1098.0	1611.8
广西	1092.2	11.3	4.4	296.4	157.8
海南	464.8	0.6	0.4		40.9
重庆	13382.0	11.7	8.2	480.8	9098.0
四川	105792.3	3724.2	17.3	211.8	111460.0
贵州	2417.3	4208.2	6.2	179.0	173.0
云南	21227.0	854.8	46.8	73.3	284.1
西藏	324.9	34.7	1.2	12.8	3.1
陕西	1765.1	6.9	2.5	20.5	21.0
甘肃	1320.3	67.6	35.1	385.6	430.0
青海	585.2	0.4			
宁夏	1376.4	43.6	32.3		491.8
新疆	27336.7	290.2	15.3	7294.3	381.2

的社会捐赠

单位：万元、万件、人次、个

捐赠情况			受益人次数	社会捐赠接收工作站、点数		
捐赠衣被合计	# 棉衣被	捐赠其他物资价值			# 社会捐赠接收工作站数	# 慈善超市数
681.0	**527.6**	**1884.9**	**15222999**	**33197**	**16552**	**8101**
			379084	1589	19	227
			18178	1398	100	92
2.9	0.8		605272	1229	844	198
1.0			2619126	1442	654	224
91.1	64.0	125.2	739119	423	48	164
0.1	0.1	106.3	676205	2278	1518	504
			140242	761	483	243
		6.5	55078	1614	866	351
			235649	260	148	117
		3.0	992719	3079	1003	1978
1.8	1.8	33.2	1572448	950	548	322
0.1	0.1		127532	269	199	66
			100589	1096	405	595
			158494	665	580	58
			1083630	3485	2371	595
0.2	0.2	0.9	84035	688	409	24
			304277	678	509	174
0.3	0.1	149.0	266143	1345	668	461
		337.1	335512	2123	521	113
139.3	78.6	2.1	841322	1164	715	199
			14495	56	44	1
0.1	0.1	13.9	441459	1555	990	258
5.2	2.6	73.3	1467957	2070	1191	763
8.2	0.5		251136	659	304	88
381.1	354.7	415.2	592992	221	176	21
			8532	81	81	
			188513	816	154	64
30.2	17.8	358.3	593116	349	308	36
			26033	42	35	1
19.4	6.2	260.9	209069	167	128	26
			95043	645	533	138

C-59 福利

地区	单位数	年末职工人数		受教育程度情况	
			女性	大学专科	大学本科及以上
全国	**988**	**7390**	**2946**	**2527**	**1991**
部本级	1	103	30	26	66
北京	19	159	71	65	57
天津	10	84	30	19	45
河北	14	150	53	55	42
山西	13	158	69	73	32
内蒙古	16	179	80	97	49
辽宁	21	393	134	144	145
吉林	61	357	149	70	81
黑龙江	24	203	91	69	67
上海	18	77	27	23	24
江苏	78	509	196	185	144
浙江	74	318	144	119	79
安徽	41	295	102	90	81
福建	15	260	108	18	8
江西	50	211	77	66	23
山东	19	638	251	256	232
河南	74	499	211	142	93
湖北	52	254	99	100	48
湖南	104	470	211	214	75
广东	73	612	255	172	192
广西	54	249	108	82	29
海南	3	42	20	23	5
重庆	1	132	38	66	46
四川	12	80	33	46	23
贵州	11	119	51	14	9
云南	33	118	49	44	29
西藏	1	22	9	10	4
陕西	48	259	82	108	53
甘肃	15	133	46	35	126
青海	1	15	7	5	10
宁夏	5	87	37	23	27
新疆	27	205	78	68	47

彩票

单位：个、人

职业资格水平		年龄结构			
助理社会工作师	社会工作师	35岁及以下	36岁至45岁	46岁至55岁	56岁及以上
53	**63**	**3499**	**2626**	**1090**	**175**
		32	29	23	19
1	2	69	42	43	5
	1	38	21	23	2
		58	65	23	4
2		78	45	33	2
2		88	53	34	4
		243	83	59	8
7	2	144	152	59	2
2	7	89	84	29	1
	1	15	21	30	11
4	10	215	181	100	13
	1	157	96	52	13
	2	153	104	35	3
		78	149	32	1
4	2	73	94	31	13
12	9	356	198	68	16
3		254	198	44	3
	1	114	108	31	1
	1	234	183	49	4
13	4	339	195	67	11
1	1	88	104	52	5
	4	10	22	9	1
1		84	32	14	2
		26	38	14	2
	12	43	51	18	7
		51	48	15	4
		14	8		
	2	132	76	45	6
1		65	46	16	6
		10	2	3	
	1	52	27	8	
		97	71	31	6

C-59 续表

地区	增加值合计	执行行政事业	
		固定资产原价	上年结余
全国	**192540.3**	**429952.0**	**68540.3**
部本级	24591.3	60496.6	12500.2
北京	21548.5	22741.6	13327.9
天津	2149.0	7298.3	44.6
河北	1516.0	11592.9	1310.5
山西	2023.2	6666.2	678.9
内蒙古	2704.9	8387.2	944.5
辽宁	3601.2	13962.2	1630.9
吉林	3552.2	15869.2	1034.3
黑龙江	2644.0	12550.4	3333.6
上海	1398.5	32975.5	-2858.5
江苏	5426.1	28725.0	354.4
浙江	6802.8	11801.9	4882.2
安徽	2335.0	7068.2	522.0
福建	2884.8	1998.1	-86.6
江西	3641.8	12684.7	1978.9
山东	14851.8	30467.5	3068.0
河南	13594.7	7553.7	4152.7
湖北	6331.4	13364.1	1297.5
湖南	11482.8	12511.9	-214.1
广东	13356.6	28055.9	1252.3
广西	1079.1	19653.2	402.3
海南	288.7	253.7	426.6
重庆	7038.5	13849.9	3597.5
四川	18021.1	4035.0	10886.9
贵州	4995.2	11844.8	134.9
云南	5755.5	5624.3	1551.3
西藏	788.2	531.5	164.3
陕西	3062.5	12820.1	174.3
甘肃	877.5	5163.1	635.2
青海	284.4	844.1	
宁夏	1878.2	2268.9	788.4
新疆	2034.8	6292.3	624.4

单位：万元

会计制度单位财务指标

收入合计	支出合计	收支结余	行政事业 单位增加值
837680.9	**746875.4**	**112451.4**	**192540.3**
65877.4	43799.8	22077.5	24591.3
43408.1	37157.6	19552.6	21548.5
10928.7	9879.2	1092.0	2149.0
9450.0	9107.5	560.7	1516.0
5652.1	5499.1	999.1	2023.2
20139.2	18922.7	1202.0	2704.9
15780.0	16140.9	76.3	3601.2
21594.7	20759.2	156.2	3552.2
3970.8	3099.3	1149.7	2644.0
41938.5	38834.8	90.4	1398.5
24571.2	20979.6	603.5	5426.1
21465.7	17874.1	5297.2	6802.8
23763.2	23192.4	889.0	2335.0
21201.3	20309.3	921.8	2884.8
12883.3	9788.2	2564.8	3641.8
107619.6	106414.7	3374.2	14851.8
26567.7	22224.0	4384.2	13594.7
41618.0	40962.0	2054.3	6331.4
33505.5	24133.4	8663.9	11482.8
62228.2	62266.6	2756.0	13356.6
19974.5	20579.4	114.9	1079.1
5361.7	5443.9	124.6	288.7
19971.5	18782.8	4786.2	7038.5
42941.1	36914.0	16903.5	18021.1
29654.2	11334.6	3852.3	4995.2
33660.4	33088.2	4642.7	5755.5
2720.6	2884.9	647.3	788.2
24019.1	22799.1	1404.2	3062.5
13881.6	13800.2	49.0	877.5
4131.5	3972.8		284.4
6595.7	5351.1	1256.4	1878.2
20605.8	20580.0	204.9	2034.8

C-60 优抚对象享受定期

地　区	抚恤、补助优抚对象总人数	# 在院集中供养人数	定期抚恤人数合计	烈　属	城　市
全　国	**6307209**	**119823**	**458578**	**317675**	**56026**
北　京	23373	340	2096	732	295
天　津	31901	527	1096	666	213
河　北	348851	7508	37825	28018	3129
山　西	137832	3507	13970	10361	752
内蒙古	68938	2078	3990	2650	1226
辽　宁	142593	4996	8880	4802	1430
吉　林	104797	5044	11923	9163	3387
黑龙江	118797	3748	9245	6848	2788
上　海	19871	378	6245	4794	4121
江　苏	291237	6082	25133	17539	1555
浙　江	118032	1796	5478	3044	353
安　徽	341199	2877	15557	9794	2355
福　建	101177	1560	14707	11955	845
江　西	214822	8511	33341	30745	2620
山　东	602268	13516	61676	45462	6148
河　南	449397	15662	30240	17395	3128
湖　北	374447	7828	39474	29129	4257
湖　南	558169	9430	30673	20617	4932
广　东	277096	10405	12766	9115	3136
广　西	258218	800	6729	4596	696
海　南	28779	303	4802	4427	643
重　庆	223712	1170	6408	3375	504
四　川	603922	5853	33348	18021	2376
贵　州	195265	515	5307	3129	604
云　南	292167	1130	8284	4958	913
西　藏	4713	22	2960	1801	524
陕　西	238693	2017	17809	10586	1485
甘　肃	79721	993	4245	1607	381
青　海	12148	76	1240	637	243
宁　夏	8252	240	631	277	98
新　疆	36822	911	2500	1432	889

抚恤、补助情况

单位：人

农　村	因公牺牲军人家属	城　市	农　村	病故军人家属	城　市	农　村
261649	**62304**	**14701**	**47603**	**78599**	**22525**	**56074**
437	151	55	96	1213	655	558
453	125	39	86	305	177	128
24889	4227	688	3539	5580	1039	4541
9609	1360	326	1034	2249	520	1729
1424	600	290	310	740	332	408
3372	1631	526	1105	2447	905	1542
5776	1023	338	685	1737	711	1026
4060	1014	524	490	1383	725	658
673	152	118	34	1299	1107	192
15984	2539	622	1917	5055	1428	3627
2691	874	133	741	1560	339	1221
7439	2626	640	1986	3137	788	2349
11110	1422	161	1261	1330	307	1023
28125	1163	359	804	1433	456	977
39314	8423	1827	6596	7791	1824	5967
14267	6212	1159	5053	6633	1723	4910
24872	5889	1237	4652	4456	1245	3211
15685	4357	1455	2902	5699	1961	3738
5979	1307	497	810	2344	897	1447
3900	743	133	610	1390	271	1119
3784	178	76	102	197	80	117
2871	1230	292	938	1803	444	1359
15645	7493	1666	5827	7834	2094	5740
2525	816	198	618	1362	259	1103
4045	1174	192	982	2152	516	1636
1277	585	107	478	574	89	485
9101	3015	513	2502	4208	746	3462
1226	1069	188	881	1569	367	1202
394	218	53	165	385	93	292
179	114	32	82	240	173	67
543	574	257	317	494	254	240

C-60续表

地 区	定期补助人数合计	在乡红军老战士	西路军	红军失散人员
全 国	**4976839**	**1351**	**322**	**41272**
北 京	10588	2		
天 津	23642	1		
河 北	238783	7		
山 西	90912	24		3
内蒙古	49096	12	1	3
辽 宁	98963	7		3
吉 林	65070	3	1	13
黑龙江	83948	17	1	27
上 海	6557			
江 苏	211247			2
浙 江	90299			186
安 徽	287520	4	1	4626
福 建	74936	3		1630
江 西	155428	38		13185
山 东	408704	14		48
河 南	352241	26		3028
湖 北	299526	11	3	5979
湖 南	480197	10		4847
广 东	240468			1677
广 西	240376			895
海 南	21522			191
重 庆	196263		7	6
四 川	509554	38	144	1837
贵 州	174128	2		246
云 南	265365			29
西 藏	646	2		
陕 西	197531	1068		2654
甘 肃	64211	61	141	152
青 海	7368		9	
宁 夏	5593	1	5	3
新 疆	26157		9	2

单位:人

在乡复员军人	#抗　日	带病回乡退伍军人	参战退役人员	参试退役人员	其　他
1809019	**100311**	**1219752**	**1511744**	**173499**	**219880**
6442	641	695	2599	627	223
4778	349	7702	5764	1078	4319
119288	22535	43977	53544	20980	987
48303	6508	27301	8388	5620	1273
33716	946	13241	1793	87	243
47281	1166	15549	8602	2310	25211
46215	933	10485	5266	2762	325
68077	1858	10383	4831	265	347
3700	44	539	2267	51	
85553	10817	53877	30900	2786	38129
33972	268	29543	23702	1312	1584
68220	3179	156313	43236	10497	4623
28761	47	11057	33327	107	51
46430	157	44655	49402	1335	383
217908	27422	93235	81918	15581	
129952	7318	75605	110232	33183	215
93651	6902	110744	78553	8030	2555
149499	1173	154862	161697	5773	3509
38756	428	31634	140163	354	27884
61176	235	4093	92174	1847	80191
11630	1642	1010	7515	221	955
45225	107	64478	80463	5010	1074
183181	839	166608	142243	12597	2906
65021	128	22081	86307	319	152
53188	244	25744	171548	657	14199
298		230	116		
69985	1971	31612	59757	29482	2973
28504	823	6136	20565	3597	5055
3859	3	1230	1227	1042	1
3540	80	855	979	183	27
12910	1548	4278	2666	5806	486

C-61 伤残人员享

地 区	伤残人员合计	按伤残				
		一 级				二 级
			因 战	因 公	因 病	
全 国	**871792**	**3772**	**974**	**2509**	**289**	**1392**
北 京	10689	37	1	33	3	29
天 津	7163	31	1	29	1	10
河 北	72243	240	39	190	11	66
山 西	32950	78	26	51	1	29
内蒙古	15852	53	9	41	3	11
辽 宁	34750	181	115	62	4	34
吉 林	27804	115	37	76	2	2
黑龙江	25604	84	18	63	3	13
上 海	7069	33	4	26	3	28
江 苏	54857	212	73	131	8	103
浙 江	22255	80	13	65	2	84
安 徽	38122	150	41	107	2	17
福 建	11534	38	2	35	1	15
江 西	26053	258	18	83	157	280
山 东	131888	325	115	207	3	172
河 南	66916	292	66	208	18	92
湖 北	35447	126	23	97	6	36
湖 南	47299	230	69	156	5	88
广 东	23862	112	20	81	11	12
广 西	11113	47	17	29	1	17
海 南	2455	9	1	7	1	5
重 庆	21041	104	23	78	3	20
四 川	61020	480	132	340	8	95
贵 州	15830	108	43	65		14
云 南	18518	119	35	79	5	37
西 藏	1107	13		13		1
陕 西	23353	105	13	66	26	49
甘 肃	11265	56	8	48		8
青 海	3540	20	9	11		7
宁 夏	2028	3		3		3
新 疆	8165	33	3	29	1	15

受抚恤情况

单位：人

等级分类						
因战	因公	因病	三级	因战	因公	因病
212	**687**	**493**	**22794**	**8304**	**11889**	**2601**
3	16	10	208	50	125	33
2	7	1	142	45	78	19
11	31	24	1230	560	521	149
12	14	3	658	344	240	74
	6	5	255	82	146	27
8	22	4	765	290	431	44
	2		1059	559	427	73
4	8	1	419	164	211	44
6	21	1	200	58	128	14
30	60	13	1903	942	833	128
3	34	47	494	75	265	154
8	6	3	932	349	506	77
4	8	3	190	28	137	25
5	19	256	801	133	251	417
6	143	23	4188	1764	2157	267
23	46	23	1416	547	620	249
8	22	6	836	231	491	114
25	55	8	1263	389	735	139
2	7	3	463	155	269	39
9	7	1	210	80	114	16
1	3	1	59	23	32	4
2	12	6	478	132	293	53
10	70	15	2567	768	1535	264
5	9		286	113	153	20
14	10	13	759	164	503	92
	1		44		44	
9	23	17	487	149	314	24
	7	1	213	54	127	32
1	1	5	65	22	39	4
	3		50	8	40	2
1	14		154	26	124	4

C-61 续表1

地区	按伤残					
	四级	因战	因公	因病	五级	因战
全国	**7270**	**812**	**3436**	**3022**	**70768**	**30927**
北京	104	25	58	21	518	169
天津	47	12	30	5	567	142
河北	376	57	108	211	5786	3140
山西	172	58	52	62	2572	1526
内蒙古	45	12	21	12	1020	406
辽宁	159	50	64	45	2371	1084
吉林	82	3	37	42	3776	2020
黑龙江	59	6	34	19	1977	1141
上海	41	12	24	5	387	138
江苏	591	101	305	185	4719	2245
浙江	311	26	79	206	1340	309
安徽	114	30	65	19	2862	1272
福建	88	5	38	45	1214	175
江西	1076	20	125	931	2500	638
山东	1236	35	1085	116	12382	7244
河南	1286	136	408	742	5594	2026
湖北	331	30	244	57	2870	856
湖南	230	45	139	46	3999	1401
广东	117	16	77	24	1607	522
广西	39	14	19	6	770	358
海南	15	4	9	2	175	77
重庆	173	31	105	37	1386	509
四川	252	41	166	45	4411	1535
贵州	31	1	24	6	990	453
云南	108	12	27	69	1145	540
西藏					94	
陕西	71	9	15	47	1898	561
甘肃	31	3	18	10	754	186
青海	11	5	6		296	66
宁夏	14	6	7	1	105	27
新疆	60	7	47	6	683	161

单位:人

等级分类					
因公	因病	六级	因战	因公	因病
28866	**10975**	**201611**	**75904**	**91703**	**34004**
288	61	1916	595	1101	220
206	219	1566	453	812	301
1542	1104	17201	8226	5646	3329
755	291	7191	4063	2320	808
552	62	4394	1093	2855	446
1123	164	7674	3292	3719	663
1641	115	8326	4360	3589	377
670	166	5135	2889	1687	559
205	44	1220	371	635	214
1648	826	14073	5862	5991	2220
561	470	4371	751	2013	1607
1225	365	9242	2906	4548	1788
456	583	3293	463	1433	1397
992	870	5615	1904	2449	1262
4382	756	33527	16145	13744	3638
1993	1575	16776	5794	7516	3466
1578	436	7884	2113	4135	1636
1984	614	10843	3158	5577	2108
712	373	4705	1311	2507	887
356	56	2154	839	959	356
83	15	510	248	196	66
702	175	4030	1115	2198	717
2091	785	13109	3386	6880	2843
463	74	2797	1002	1401	394
472	133	3216	1115	1517	584
94		211		211	
833	504	5429	1339	2653	1437
494	74	2243	464	1337	442
219	11	608	163	406	39
64	14	485	89	353	43
482	40	1867	395	1315	157

C-61 续表2

按伤残

地区	七级	因战	因公	八级	因战	因公	九级	因战
全国	**277816**	**106648**	**171168**	**269075**	**110690**	**158385**	**11178**	**1031**
北京	3697	1161	2536	3897	1254	2643	214	4
天津	2243	577	1666	2379	653	1726	126	5
河北	24022	13178	10844	22293	11744	10549	711	183
山西	11414	6277	5137	9898	5256	4642	360	91
内蒙古	5163	1500	3663	4537	1804	2733	216	11
辽宁	11031	4748	6283	11785	5722	6063	519	42
吉林	7682	4324	3358	6618	3812	2806	32	
黑龙江	8833	5568	3265	8988	6072	2916	75	5
上海	2198	605	1593	2796	823	1973	128	7
江苏	15288	6305	8983	17039	7324	9715	681	83
浙江	6145	1091	5054	8951	1471	7480	362	5
安徽	11921	3323	8598	11610	3712	7898	858	16
福建	3060	730	2330	3370	931	2439	216	5
江西	6990	2117	4873	8047	3139	4908	286	17
山东	44156	21908	22248	34759	18683	16076	902	27
河南	20885	7165	13720	18154	6383	11771	1115	107
湖北	11466	2931	8535	11265	3252	8013	392	21
湖南	13954	4114	9840	15201	5271	9930	1061	173
广东	7215	2097	5118	8948	3187	5761	532	50
广西	3606	1406	2200	3955	1753	2202	236	21
海南	759	377	382	828	370	458	77	4
重庆	7571	1933	5638	6844	2289	4555	261	21
四川	19985	5142	14843	19058	6011	13047	667	20
贵州	5589	1905	3684	5767	2426	3341	170	8
云南	6100	2173	3927	6713	2867	3846	199	13
西藏	466		466	276		276	1	
陕西	7711	2041	5670	7360	2179	5181	179	11
甘肃	3833	682	3151	3828	893	2935	230	58
青海	1458	372	1086	1006	366	640	51	2
宁夏	654	157	497	663	174	489	38	1
新疆	2721	741	1980	2242	869	1373	283	20

单位：人

等级分类				按人员工作单位分类				优抚对象享受医疗保障人数
因公	十级			革命伤残军人	伤残国家机关人员	伤残人民警察	伤残民兵民工	
		因战	因公					
10147	**6116**	**645**	**5471**	**822469**	**30468**	**13030**	**5825**	**2718199**
210	69	4	65	9892	406	339	52	13584
121	52	2	50	6700	141	279	43	20016
528	318	63	255	68856	1948	741	698	188606
269	578	15	563	31230	1293	212	215	65237
205	158	84	74	12071	2748	810	223	31362
477	231	22	209	31648	1426	1391	285	45008
32	112		112	25497	1563	595	149	11347
70	21	4	17	24846	368	290	100	40842
121	38	5	33	6729	125	195	20	2506
598	248	21	227	53250	953	496	158	124767
357	117	2	115	21371	577	167	140	74410
842	416	6	410	34951	2462	561	148	116872
211	50	2	48	10739	555	167	73	41772
269	200	17	183	24273	985	484	311	53081
875	241	3	238	129062	1638	641	547	481456
1008	1306	112	1194	64123	1713	735	345	197388
371	241	117	124	34179	767	383	118	335750
888	430	51	379	44269	2068	896	66	239147
482	151	35	116	23358	250	215	39	72610
215	79	17	62	9986	386	152	589	69988
73	18	1	17	2282	109	46	18	9812
240	174	14	160	20167	555	266	53	136219
647	396	19	377	57788	1965	952	315	165282
162	78	5	73	14889	620	254	67	83326
186	122	14	108	16876	732	434	476	27174
1	1		1	311	609	83	104	
168	64	3	61	22161	859	188	145	53707
172	69	1	68	10574	451	144	96	6795
49	18	1	17	2601	644	213	82	4214
37	13		13	1741	137	76	74	1708
263	107	5	102	6049	1415	625	76	4213

C–62 优待、烈士褒扬和

地区	优待				烈士
	优待优抚对象户数	# 优待军属户数	优待总金额	# 固定优待军属总额	本年批准烈士人数
全国	**3280522**	**1190816**	**751064.5**	**297448.4**	**213**
北京	19765	7456	10323.2	7344.0	2
天津	7449	3509	3933.1	2665.1	
河北	153902	63808	19245.6	11911.1	7
山西	61606	33105	6798.9	5275.2	7
内蒙古	24703	13665	190795.7	2613.1	5
辽宁	116081	42409	31398.5	13843.7	7
吉林	35595	11515	5640.1	2761.3	12
黑龙江	48900	6791	8987.8	1436.0	3
上海	22389	9050	21769.1	13929.4	
江苏	224354	76744	52221.3	28904.2	5
浙江	123923	51449	66133.2	39124.4	6
安徽	153546	60591	31547.2	16354.9	13
福建	96923	28062	21376.7	11909.2	11
江西	70962	40049	11906.1	9639.0	7
山东	617872	101471	90752.9	27315.4	4
河南	275225	69857	38084.3	16955.4	6
湖北	229394	179321	19606.0	12198.2	4
湖南	176553	61542	15478.8	6303.8	22
广东	76407	51583	29955.6	20085.3	19
广西	159371	51279	12441.8	8431.2	9
海南	13510	4861	2022.7	926.8	1
重庆	202619	31373	9684.6	5400.5	5
四川	149071	79044	15733.7	9407.1	5
贵州	71050	26102	10558.5	8575.6	8
云南	47370	25123	5794.3	3224.5	33
西藏	3114	1801	1668.8	611.9	
陕西	36137	27544	5621.9	3991.5	
甘肃	24289	17163	3961.6	3131.5	3
青海	1712	650	563.8	109.5	4
宁夏	4072	1699	1318.6	557.3	1
新疆	32658	12200	5740.1	2512.3	4

义务兵、士官安置

单位:户、万元、人、处

褒扬	安置退役士兵、复员干部				
零散烈士纪念建筑物数	总人数	退伍义务兵	#城　镇	转业、复员士官	复员干部
7622	**390504**	**325534**	**171273**	**63488**	**1482**
157	3803	2937	2324	834	32
8	2910	2421	1397	456	33
813	21093	16825	8779	4263	5
545	10607	9667	5613	934	6
138	6916	6096	3552	750	70
255	16467	13891	9086	2205	371
211	8485	6028	5697	2391	66
143	8300	7640	5492	642	18
6	3960	3270	2877	676	14
830	28849	23616	10463	5189	44
289	19151	16847	4909	2303	1
517	16342	13700	8248	2640	2
242	8577	7394	2727	1016	167
638	17239	14059	6912	3176	4
356	22918	17560	17507	5357	1
106	41463	34376	15251	7068	19
149	29037	26864	9417	2126	47
146	18761	15559	9908	3186	16
330	22631	20438	7440	2095	98
677	11461	9801	3360	1472	188
89	971	904	894	65	2
144	5634	5085	4326	540	9
235	32172	23911	9947	8158	103
284	4095	3385	2880	699	11
72	12625	9443	2692	3172	10
45	562	562	562		
105	6310	5335	3836	896	79
32	3130	2678	1409	413	39
32	1263	1075	863	185	3
3	1133	1113	973	19	1
25	3639	3054	1932	562	23

C-63 离退休、

地区	本年接收人员合计	军队离退休干部	#离休	地方离退休干部	#离休	军队退休士官
全国	**18904**	**13836**	**143**	**348**	**5**	**1308**
北京	3441	3419	15			9
天津	368	363				
河北	1480	946	3	228		183
山西	218	123	3	43		39
内蒙古	153	139	1	4		5
辽宁	1981	1580	3	4		83
吉林	302	274	1	6		12
黑龙江	684	289	6			11
上海	807	630	1			
江苏	1022	943		1		26
浙江	154	131		15	2	8
安徽	130	99	16	4		13
福建	177	172		3		
江西	116	101		9		6
山东	1710	936	2			173
河南	403	284				115
湖北	391	338		7		46
湖南	161	125	1	2		34
广东	2025	554	50	2		5
广西	90	74		1		3
海南	63	62				1
重庆	168	153	1			14
四川	887	493	22	2		366
贵州	44	38		5	1	1
云南	310	294	2			16
西藏						
陕西	688	653	4	1		13
甘肃	530	268	12	1	1	97
青海	66	61				3
宁夏	70	65				1
新疆	265	229		10	1	25

退职人员

单位：人

军队无军籍职工	本年实有人数合计	军队离退休干部	#离　休	地方离退休干部	#离　休	军队退休士官	军队无军籍职工
3412	**305173**	**176577**	**28358**	**44679**	**2040**	**3697**	**80220**
13	55819	30925	2424	9526	6	402	14966
5	6652	3845	622	1410	34	35	1362
123	16712	9629	2040	2845	135	520	3718
13	5319	2356	717	888	56	166	1909
5	3717	2329	398	474	27	6	908
314	26954	17854	2724	2856	275	283	5961
10	6653	3805	614	635	45	24	2189
384	4300	2544	485	32	4	42	1682
177	7139	5631	729	99			1409
52	18642	10662	1736	3693	267	115	4172
	7789	3757	1042	2167	45	21	1844
14	4873	2674	664	925	223	73	1201
2	8539	3229	670	4670	113	42	598
	4824	1645	413	2091	124	31	1057
601	22281	16269	4555	1225	46	442	4345
4	9995	5793	1139	1606	207	220	2376
	12878	6663	877	2904	159	91	3220
	10035	4770	711	2203	94	110	2952
1464	12298	7648	804	892	17	24	3734
12	2378	1577	198	84	3	22	695
	1607	730	68			8	869
1	5312	3485	260	306	10	57	1464
26	13659	8160	942	1360	20	536	3603
	2157	1229	224	385	15	5	538
	10255	5967	1270	486	10	65	3737
	1120	90					1030
21	11262	7836	1211	510	72	128	2788
164	4812	2116	420	327	29	139	2230
2	1325	513	85	12		5	795
4	739	486	76	19		29	205
1	5128	2360	240	49	4	56	2663

C-64 烈士陵园及

地区	单位数	年末职工人数		受教育程度情况	
			女性	大学专科	大学本科及以上
全国	**1137**	**9062**	**3810**	**2839**	**1262**
北京	5	71	35	27	14
天津	11	156	61	50	34
河北	90	829	347	190	126
山西	53	384	172	106	25
内蒙古	7	99	33	35	17
辽宁	24	347	140	167	78
吉林	27	265	106	118	58
黑龙江	18	144	59	85	46
上海	12	275	102	129	41
江苏	71	723	279	159	138
浙江	30	150	72	37	45
安徽	49	428	189	108	31
福建	41	166	61	32	9
江西	50	303	143	82	29
山东	73	702	283	318	209
河南	93	1297	610	419	117
湖北	45	590	244	231	53
湖南	33	355	160	65	25
广东	50	280	123	68	33
广西	21	153	52	20	5
海南	5	16	1	1	
重庆	15	47	21	19	12
四川	103	305	118	105	22
贵州	33	107	32	39	13
云南	61	149	24	39	2
西藏	3	13	10	3	1
陕西	40	324	170	94	26
甘肃	50	232	84	57	28
青海	5	16	6		2
宁夏	7	26	8	7	2
新疆	12	110	65	29	21

烈士纪念馆

单位：个、人

职业资格水平		年龄结构			
助理社会工作师	社会工作师	35岁及以下	36岁至45岁	46岁至55岁	56岁及以上
89	**120**	**2826**	**3769**	**2122**	**345**
3	1	21	28	20	2
1		43	53	48	12
9	5	258	326	222	23
2	4	88	172	107	17
2	2	14	37	45	3
3	1	149	103	85	10
14	34	76	140	45	4
1		22	79	37	6
	2	46	77	120	32
21	17	172	321	198	32
	4	48	55	37	10
3	4	104	216	97	11
2	1	32	77	44	13
2		59	174	63	7
1	6	278	270	130	24
11	28	550	486	238	23
		165	272	108	45
		118	156	76	5
1	1	76	104	85	15
		57	54	36	6
		4	7	5	
		15	19	11	2
7	10	98	130	67	10
		24	55	23	5
		38	80	26	5
		8	5		
1		130	131	54	9
4		61	90	69	12
		9	4	2	1
		9	14	3	
1		54	34	21	1

C-64续表

地　区	增加值合计	执行行政事业会计制度单位财务指标				
		固定资产原价	上年结余	收入合计	支出合计	收支结余
全　国	**48033.3**	**285838.9**	**12074.9**	**97382.1**	**89463.5**	**12977.6**
北　京	969.9	4823.4		3153.3	3161.7	-8.3
天　津	1663.3	10908.9	204.0	4118.9	4281.9	28.3
河　北	3480.9	12255.8	246.8	9767.7	7640.5	623.8
山　西	1881.0	8605.7	391.2	4743.9	4648.3	584.5
内蒙古	480.2	1242.6	79.0	687.0	604.0	49.0
辽　宁	1319.6	8003.3	68.0	4358.1	4042.7	684.6
吉　林	840.9	4201.1	0.3	2444.9	1889.9	34.8
黑龙江	537.4	2408.8	123.9	1443.3	1008.4	456.2
上　海	5319.6	65209.2	633.5	5348.5	5576.0	164.6
江　苏	5200.8	25824.4	66.6	8684.9	8863.4	-12.4
浙　江	1538.4	8062.0	4689.2	2606.1	2511.6	4784.3
安　徽	1437.3	8771.8	-2.0	2307.6	2061.5	66.8
福　建	782.2	4334.6	81.8	1644.7	1649.4	97.4
江　西	1006.9	7560.8	3204.0	1797.2	1798.1	201.1
山　东	4725.4	32294.4	7.4	8008.8	7908.4	110.8
河　南	2264.0	10845.5	222.9	7692.2	7110.4	540.4
湖　北	1756.6	16017.1	-147.4	2501.9	2758.3	-218.0
湖　南	2059.1	6658.6	212.1	3201.6	2767.7	387.4
广　东	3158.1	6479.2	215.9	8048.0	6063.5	1494.7
广　西	661.5	7379.9	81.4	581.1	567.1	0.6
海　南	87.3	1980.0		16.6	16.8	
重　庆	145.5	2313.6		996.2	996.2	
四　川	862.8	5333.1	185.1	2230.2	2034.5	26.8
贵　州	580.2	6739.6		438.0	427.2	13.7
云　南	307.5	4530.6	3.7	260.5	277.0	
西　藏	40.0	1000.0		509.3	509.3	
陕　西	1122.0	5952.5	50.0	2212.4	2556.0	-192.2
甘　肃	2610.4	3295.1		4276.7	3181.7	990.0
青　海	72.9	449.6		283.3	283.3	
宁　夏	47.8	503.0		138.5	228.5	
新　疆	1073.8	1854.7	1457.5	2880.7	2040.2	2068.7

单位:万元、平方米、个、人次

行政事业单位增加值	管理单位占地面积	烈士纪念建筑物面积	烈士纪念建筑物数	纪念馆(陈列馆)个数	藏品数	参观人次数
48033.3	**43344758.9**	**4819475.9**	**8101**	**1076**	**621599**	**67583896**
969.9	64600.0	22887.0	23	4	956	322331
1663.3	408768.0	42247.0	42	18	1827	263924
3480.9	2964520.6	206109.0	1164	80	37107	3277261
1881.0	1473010.0	203417.4	115	50	2424	1281791
480.2	485857.2	29843.4	24	9	164	317900
1319.6	3487317.0	305151.0	46	20	8982	1859860
840.9	3462647.0	113189.0	746	31	7261	1228453
537.4	372828.8	78662.8	159	13	5501	456502
5319.6	356426.0	30153.7	60	16	3018	18808843
5200.8	3253386.7	404185.8	338	80	372295	4632104
1538.4	901031.8	64204.3	112	32	5701	1508622
1437.3	4460154.4	271151.1	434	191	6744	2605560
782.2	692678.0	59804.0	79	19	76546	1844405
1006.9	1218886.0	706121.0	182	23	8453	961025
4725.4	4553706.0	308742.0	347	117	20243	9696817
2264.0	2573421.0	178059.0	467	92	9716	4079013
1756.6	2245967.7	140957.0	415	56	11970	2040012
2059.1	1005132.7	72025.0	77	18	3562	871469
3158.1	1613940.0	151687.7	263	11	2404	3358820
661.5	2344744.4	135879.1	132	9	1969	547762
87.3	457358.0	168443.0	443	9	4036	327684
145.5	129951.0	54557.0	45	10	1913	1147532
862.8	713537.2	146654.8	277	67	7560	1990910
580.2	728536.6	53813.0	157	8	234	1088218
307.5	1183014.1	382375.0	1210	10	722	526719
40.0	259501.0	212774.0	8	2	5702	35000
1122.0	482739.6	97260.6	198	38	4779	1534160
2610.4	521283.0	57494.0	174	25	2221	463421
72.9	62178.9	27390.0	18	4	6400	65000
47.8	199701.0	40276.0	320	7	579	169588
1073.8	667935.2	53962.2	26	7	610	273190

C-65 社会组

地 区	单位数	年末职工人数		受教育程度情况		职业资格
			女性	大学专科	大学本科及以上	助理社会工作师
全 国	**431069**	**5446666**	**1581622**	**908676**	**491012**	**8315**
部本级	1984	52614	15785			
北 京	6856	97220	28452	30431	22484	972
天 津	4143	35414	15599	9629	8524	23
河 北	15068	143116	35930	21718	8100	697
山 西	10092	143395	40116	40347	12179	23
内蒙古	7763	74164	19395	10954	4406	85
辽 宁	18167	157478	37702	35850	20563	575
吉 林	8384	94345	18995	16093	5639	508
黑龙江	11954	141385	45023	20377	7738	97
上 海	9472	121129	40333	8551	6252	133
江 苏	33066	279927	96589	61542	32104	391
浙 江	27580	254895	102443	75446	33754	174
安 徽	13960	323153	53709	33768	20822	149
福 建	14555	222270	39836	26019	19274	517
江 西	10710	189135	56890	11804	5214	52
山 东	49055	359795	81346	105316	68501	282
河 南	18396	158493	43596	36155	25655	621
湖 北	20839	202122	68812	61522	23598	22
湖 南	14992	166598	48273	43919	21285	137
广 东	26521	350258	150773	63178	31052	604
广 西	13086	257787	79282	47522	18119	15
海 南	2468	17106	4613	3956	1386	12
重 庆	8289	167462	41005	21372	11343	82
四 川	28469	378433	105871	33616	38215	94
贵 州	6429	81172	21465	12560	5545	76
云 南	11143	451291	138458	12621	10710	327
西 藏	318	1350	131	400	171	457
陕 西	12201	157348	40247	17187	7712	22
甘 肃	10015	193807	59769	23471	9423	925
青 海	2490	18821	5081	2680	1282	18
宁 夏	4810	52100	17710	6780	1959	5
新 疆	7794	103083	28393	13892	8003	220

织总表

单位：个、人

水平情况	水平情况				建立党组织的社会组织	社会组织中中共党员人数
社会工作师	35 岁及以下	36 岁至 45 岁	46 岁至 55 岁	56 岁及以上		
1213	**1757773**	**2140648**	**1055839**	**492406**	**73885**	**267514**
	14732	9471	12627	15784	1478	
15	23982	38862	22061	12315	1301	5293
30	8301	13349	10008	3756	511	6331
47	49817	63909	24493	4897	4483	37639
1	36668	49838	44111	12778	1742	4967
5	24265	31539	14586	3774	1091	3794
39	41931	55319	30259	29969	2980	6248
19	28892	41654	21688	2111	946	111
47	63874	52458	17702	7351	1863	4479
55	27767	39217	35017	19128	5896	533
58	75199	98368	73541	32819	4608	27504
64	91141	93112	53656	16986	2753	17183
27	67452	162427	63520	29754	3186	4686
41	41794	63301	66783	50392	2153	9495
1	66777	70988	42039	9331	1747	2161
123	123622	145696	69725	20752	9183	52516
102	58922	64415	25851	9305	3525	6655
10	61650	87630	40508	12334	6708	34422
78	61673	62240	29798	12887	2547	6285
225	177327	102790	50590	19551	1717	4526
1	71883	123224	44995	17685	816	1829
0.00	6791	6432	2494	1389	118	3604
16	39353	57285	28048	42776	862	7487
104	158338	130376	59017	30702	3834	1700
23	26261	32333	17415	5163	231	142
17	158923	212517	60013	19838	1592	7432
0.00	677	474	194	5	6	
13	46021	57279	40026	14022	2673	1241
29	66367	100766	19234	7440	1517	2864
0.00	5703	7374	4502	1242	526	892
0.00	11080	19977	14611	6432	349	1940
23	20590	46028	16727	19738	943	3555

C-65 续表

地　区	增加值合计	执行企业会计制度单位财务指标					执行行政事业会计	
		固定资产原价	营业收入	费用合计	营业利润	企业单位增加值	固定资产原价	上年结余
全　国	**4930896.5**	**48148.7**	**64070.1**	**35893.9**	**-423.7**	**21320.0**	**241385.5**	**9783.4**
中央级	1167628.0							
北　京	171334.9							
天　津	34987.1							
河　北	38424.5						6164.4	5.0
山　西	42214.2			9.0		2.1	4772.9	4.1
内蒙古	35029.9	321.0	262.1	79.2	9.5	80.5	14478.4	55.9
辽　宁	60471.8	1232.4	1318.5	351.7	291.0	1974.2	3658.1	8.0
吉　林	10070.3	41.7	294.2	152.1		141.4	270.2	32.0
黑龙江	15722.9	1451.0	735.8	452.5	35.4	242.9	4114.9	1.0
上　海	198837.7	3807.1	41810.2	19466.5	-2349.9	5255.2	3715.3	4506.0
江　苏	302789.7	10785.3	2603.6	4282.7	0.1	498.5	30487.1	418.5
浙　江	369326.3						728.8	
安　徽	436687.0	10024.7	2817.8	679.2	10.0	1455.1	25414.4	8.0
福　建	55711.8	2645.1	2753.8	1273.3		2426.1	40506.3	
江　西	139041.3	1594.1	336.0	767.6		12.9	10113.7	
山　东	310723.5							
河　南	66927.3	2575.0	808.0	274.0		360.3	3322.0	
湖　北	97767.7							
湖　南	108951.1	1527.0	405.0	400.5		29.2	10398.9	
广　东	821713.5	5076.8	8397.4	6438.0	1302.2	6041.1	4909.5	4202.2
广　西	34911.1	64.0					4023.0	
海　南	6395.4							
重　庆	33202.5	231.2	70.6	27.4		19.0	2990.3	
四　川	66694.5	681.6	480.1	531.7	145.0	1464.8	1383.4	
贵　州	41582.1	882.6	154.9		128.0	306.8	991.1	52.2
云　南	193468.2	2502.5	611.8	424.2	5.0	702.2	61921.8	200.6
西　藏	2246.4							
陕　西	14991.8	62.0	20.3	21.3		0.2	99.4	
甘　肃	26816.6	722.0	130.0	136.0		131.3	1547.0	
青　海	4827.6					2.0	39.6	262.6
宁　夏	6034.2	1566.6		50.0		69.5	666.0	
新　疆	15365.6	355.0	60.0	77.0		104.7	4669.0	27.3

单位：万元

制度单位财务指标				执行社会非营利组织会计制度单位财务指标				
收入合计	支出合计	收支结余	行政事业单位增加值	固定资产原价	上年结余	收入合计	费用合计	社会组织单位增加值
135116.7	**125442.4**	**16607.6**	**59993.5**	**10011085.6**	**3736842.4**	**11951682.3**	**10509430.0**	**4849583.0**
				416149.0		2040871.0	1558224.0	1167628.0
				572268.0	936501.8	906988.4	836458.2	171334.9
				58025.4	12664.2	115353.1	97825.4	34987.1
2181.4	2161.4		1135.2	161786.7	3442.5	77321.7	72937.9	37289.3
3103.1	3084.1	-18.6	2040.0	137358.1	1763.5	76753.0	70359.4	40172.1
7205.1	7235.0	47.9	5478.9	30996.2	1277.4	41921.5	30894.3	29470.5
1478.5	1459.4	113.0	722.1	72274.9	121.8	116536.8	112369.8	57775.5
671.9	701.9		596.4	338336.7	5.0	114363.9	95373.9	9332.5
4520.3	4489.4	29.9	586.1	68740.1	733.0	19353.1	23233.5	14893.9
20762.1	16227.2	196.2	1958.9	433215.5	1213688.0	1288868.8	1130344.2	191623.6
42714.1	40224.6	855.6	16022.4	1809163.1	316668.5	1424573.2	1074976.5	286268.8
1490.4	1508.4	-10.8	674.6	928418.6	296766.9	1074122.5	911530.3	368651.7
6121.5	4597.7	43.4	3088.4	461057.2	3432.4	331026.2	301231.5	432143.5
16108.6	16574.0		3913.4	170212.4	17517.6	168594.6	74433.3	49372.3
482.3	462.3		404.5	432024.3	48.4	191350.0	142991.8	138623.9
				534112.3	388.8	527752.6	505176.1	310723.5
3251.5	3171.5		1246.8	338622.5	6601.8	133902.7	120121.5	65320.2
				257783.4	1433.0	280224.1	262156.9	97767.7
9887.2	9635.2	74.0	5365.8	231225.1	51145.0	217785.6	186752.5	103556.1
5265.6	4388.7	14977.7	9149.0	1085784.0	719011.5	1752440.7	2160091.1	806523.4
491.1	8.9	65.0	167.9	170794.3	15972.3	319266.8	106136.3	34743.2
				72795.6	836.2	10233.9	8206.0	6395.4
2141.1	2141.1		2010.6	296460.9	9595.4	67550.9	58087.2	31172.9
1620.1	1616.3	16.2	1167.3	204683.4	12915.4	170856.7	151980.0	64062.4
267.3	230.1		175.6	81761.2	2258.0	45254.1	53615.5	41099.7
2237.1	2271.7	160.7	2960.2	84398.2	49453.0	279505.5	245157.9	189805.8
				204.0		2246.4	2246.4	2246.4
269.0	269.0		151.2	296570.6	46556.0	20653.6	19766.4	14840.4
682.7	548.3	6.6	393.1	142226.2	15606.5	62360.2	42372.6	26292.2
442.8	654.7	50.8	34.8	21799.7	264.1	25624.8	18644.3	4790.8
123.8	379.8		198.6	14301.7	116.0	21968.0	11777.9	5766.1
1598.1	1401.7		351.7	87536.3	58.4	26057.9	23957.4	14909.2

C-66 社会

地区	单位数	年末职工人数	女性	受教育程度情况	
				大学专科	大学本科及以上
全国	**238747**	**3356506**	**790553**	**410126**	**214103**
部本级	1800	47233	14170		
北京	3167	28716	6406	13728	6758
天津	2055	8837	3118	2409	2898
河北	9197	80284	13654	10427	3482
山西	5884	92928	21028	27165	4322
内蒙古	5337	51854	12328	5832	2026
辽宁	9195	105943	17267	27895	17249
吉林	5240	70149	9562	11747	2521
黑龙江	5519	105439	33966	9982	4617
上海	3512	34144	8901	1626	1034
江苏	18588	116023	38856	21993	10716
浙江	14352	108043	31553	26663	11675
安徽	9086	259998	31870	15340	11024
福建	10433	174033	20921	17990	5606
江西	6150	94547	22067	4101	1734
山东	17185	128238	25649	32592	26114
河南	10290	68871	15417	11296	4588
湖北	9515	94834	28976	20350	9715
湖南	9858	97823	21676	20340	9125
广东	12300	70110	17986	12000	5702
广西	8941	214940	58016	39131	15748
海南	1406	7447	1673	1069	427
重庆	4650	123137	24783	11745	5797
四川	16215	284454	70335	13508	30749
贵州	4581	61567	12627	5697	1722
云南	8359	415922	119076	8195	3992
西藏	299	1248	84	377	136
陕西	7267	97679	20699	7744	2039
甘肃	7115	170911	53019	14197	6208
青海	1810	13868	3246	1341	382
宁夏	3953	45003	14423	4481	1118
新疆	5488	82283	17201	9165	4879

团体

单位：个、人

职业资格水平		年龄结构			
助理社会工作师	社会工作师	35岁及以下	36岁至45岁	46岁至55岁	56岁及以上
3502	**448**	**940970**	**1375157**	**673792**	**366587**
		13225	8502	11336	14170
197	10	6087	7773	8584	6272
4	3	2314	3523	2132	868
118	5	24851	37491	14745	3197
3		19801	34508	28088	10531
25	3	14772	23410	10584	3088
168	15	24706	35425	18453	27359
222	14	22732	27334	18323	1760
28	21	53817	34443	12462	4717
84	15	4737	10700	12981	5726
181	26	26075	39623	32604	17721
87	21	27747	38718	30920	10658
70		46589	140852	49422	23135
282	15	23515	46622	56913	46983
3	1	30916	36590	21482	5559
194	40	38186	52967	26574	10511
81	24	21793	28638	13369	5071
		24337	42665	21389	6443
103	54	27422	38078	21884	10439
232	47	22584	24002	15553	7971
10		52953	108038	38810	15139
		2528	2868	1279	772
4	6	25860	37619	19816	39842
54	76	114874	98614	46558	24408
58	4	16806	25969	14549	4243
212	14	141874	200440	55454	18154
456		639	413	191	5
9	11	25511	36689	25258	10221
544	4	59502	91929	13320	6160
6		3371	5713	3903	881
4		8641	17246	13140	5976
63	19	12205	37755	13716	18607

C-66 续表 1

地　区	社会组织负责人	女性	按活动 中央级社团	省级社团
全　国	**494088**	**93564**	**1800**	**23364**
部本级	18975	5693	1800	
北　京	20810	4035		1166
天　津	2741	889		853
河　北	12640	2256		778
山　西	6743	1031		870
内蒙古	8479	1717		596
辽　宁	16946	6140		656
吉　林	7347	1195		569
黑龙江	9886	1166		846
上　海	16155	2653		1078
江　苏	30768	5598		853
浙　江	32297	7283		911
安　徽	17477	2166		833
福　建	27007	5249		873
江　西	11809	2418		606
山　东	59153	10849		946
河　南	15575	3302		880
湖　北	18493	4176		796
湖　南	24367	5077		730
广　东	24152	3502		947
广　西	10998	1595		630
海　南	1832	477		594
重　庆	10807	2128		850
四　川	26248	3542		950
贵　州	8290	1493		551
云　南	11401	1369		743
西　藏	299	87		172
陕　西	12706	1463		779
甘　肃	9853	1745		601
青　海	3041	417		467
宁　夏	4776	588		555
新　疆	12017	2265		685

单位：人、个

区域分		建立党组织的社会组织	社会组织职工中中共党员人数	其中：当年年检单位数	行业性社团
地级社团	县级社团				
63043	**150540**	**46916**	**153742**	**136217**	**24720**
		1384			
	2001	737	2951	2065	287
	1202	238	2032	2025	164
2620	5799	3260	21707	6762	3093
1955	3059	1102	2690	3602	553
1718	3023	819	2852	2740	861
3737	4802	2323	4697	5893	797
1781	2890	850	106	143	8
2158	2515	1323	2436	2124	318
	2434	2332	304	2314	202
4903	12832	2811	16578	11951	1431
3751	9690	1960	8483	12345	2556
3023	5230	2152	2617	5083	1073
2528	7032	1671	9143	4381	300
1794	3750	1196	1366	3778	111
4496	11743	4482	21947	16054	6481
3751	5659	2528	4131	4258	210
2811	5908	2823	19032	9274	400
3087	6041	2083	4067	3784	465
5024	6329	819	2314	6415	341
1947	6364	591	1014	4374	486
230	582	101	3342	739	93
	3800	488	3497	3557	1114
3682	11583	2891	1395	6529	799
915	3115	196	96	2084	540
1856	5760	1226	6464	3256	416
127		6		299	
1519	4969	1627	1138	2367	214
1359	5155	1333	1682	2012	29
345	998	499	701	1150	519
353	3045	258	1652	2245	179
1573	3230	807	3308	2614	680

C-66续表2

地 区	社会组织					
	科技与研究	生态环境	教育	卫生	社会服务	文化
全 国	**19786**	**6702**	**12943**	**11521**	**30818**	**19687**
部本级	233	18	99	45	64	165
北 京	438	37	109	121	246	212
天 津	236	26	121	90	285	185
河 北	870	157	434	483	1124	601
山 西	405	61	392	285	554	535
内蒙古	610	211	255	291	1013	410
辽 宁	736	174	552	571	1525	608
吉 林	219	136	232	188	1203	477
黑龙江	326	102	311	259	573	352
上 海	576	35	165	173	525	233
江 苏	1424	394	1190	1029	2699	1715
浙 江	1051	254	805	762	1763	1292
安 徽	951	203	654	486	957	875
福 建	932	199	490	420	1344	839
江 西	627	227	440	455	946	494
山 东	1622	472	646	679	2063	1436
河 南	805	389	689	467	1314	1023
湖 北	894	195	438	481	1264	753
湖 南	1079	423	588	500	1087	703
广 东	1609	188	623	421	1706	1189
广 西	633	112	252	167	632	362
海 南	229	16	25	52	61	223
重 庆	193	187	310	199	700	378
四 川	808	824	1181	992	2243	1386
贵 州	149	100	108	180	368	372
云 南	381	145	462	395	1155	710
西 藏	97		4	10	22	28
陕 西	623	106	331	249	877	842
甘 肃	240	1022	321	417	877	611
青 海	62	39	136	159	359	143
宁 夏	161	137	315	281	711	196
新 疆	567	113	265	214	558	339

单位：个

按行业分类							
体育	法律	工商业服务	宗教	农业及农村发展	职业及从业组织	国际及涉外组织	其他
12623	**3213**	**22847**	**4165**	**45367**	**16120**	**661**	**32294**
95	12	327	8	36	19	45	634
182	27	404	41	680	143		527
93	43	304	26	116	129	73	328
389	136	896	191	1843	380	19	1674
388	99	583	88	578	258		1658
291	69	424	51	915	146	7	644
459	153	679	134	1394	514	21	1675
209	66	275	76	1087	353	16	703
519	93	660	76	1130	592	18	508
293	41	493	77	77	224	15	585
1235	294	2230	335	3090	1333	49	1571
1058	174	1828	320	969	1850	37	2189
456	153	785	134	1686	578	12	1156
532	101	941	261	1630	583	95	2066
429	138	535	144	764	301	3	647
729	148	1687	208	5155	1236	39	1065
412	208	1042	237	1889	675	17	1123
426	109	900	144	1329	650	16	1916
362	150	1064	186	1498	1034	39	1145
776	125	1771	211	625	916	68	2072
195	44	530	84	4499	285	3	1143
94	14	259	15	269	64		85
289	85	426	80	908	312	1	582
1067	243	1022	338	3058	1488	24	1541
224	45	345	89	1533	462	3	603
421	118	469	175	1901	432	10	1585
13	12	21	6	16	9		61
257	64	615	130	2436	322	6	409
187	80	272	145	1471	505	7	960
95	38	139	60	368	32		180
148	40	221	28	827	70	1	817
300	91	700	67	1590	225	17	442

C-66 续表 3

地 区	增加值合计	执行行政事业会计制度单位			
		固定资产原价	收入合计	上年结余	支出合计
全 国	**934987.0**	**72799.9**	**66992.7**	**5200.1**	**65486.4**
部本级	231861.0				
北 京	32799.3				
天 津	7515.1				
河 北	10848.2	5036.8	1780.6	5.0	1775.6
山 西	19596.1	1414.9	1274.9	4.1	1221.0
内蒙古	6821.7	3682.6	2635.2	55.9	2784.4
辽 宁	35617.2	899.1	837.0	8.0	838.9
吉 林	5612.1	198.0	503.2	21.0	522.2
黑龙江	4770.0	3412.1	4281.6		4283.8
上 海	36002.7	11.2	21.1	6.5	2.6
江 苏	88204.0	14778.1	30754.0	400.9	28625.7
浙 江	70074.6				
安 徽	10981.5	3190.0	2773.9	8.0	2353.5
福 建	12983.6	8798.3	5422.8		6503.8
江 西	12061.5	601.6	358.3		338.3
山 东	86100.4				
河 南	19473.2	1300.3	1260.0		1274.0
湖 北	20647.7				
湖 南	45450.5	5734.3	4778.2		4891.2
广 东	65261.7	4158.2	3671.0	4179.5	3708.2
广 西	11988.7	315.0	491.0		0.9
海 南	3437.5				
重 庆	6616.7	1668.0	885.2		885.2
四 川	24200.2	889.4	925.1		1034.5
贵 州	16687.9	986.8	264.5	52.2	227.3
云 南	8666.0	9337.2	1410.1	169.1	1412.1
西 藏	2246.4				
陕 西	6632.9	76.4	137.0		137.0
甘 肃	18573.9	1437.0	631.6		498.2
青 海	3331.3	39.6	442.8	262.6	654.7
宁 夏	3663.3	666.0	116.4		372.4
新 疆	6260.1	4169.0	1337.2	27.3	1140.9

单位:万元

财务指标	执行社会非营利组织会计制度单位财务指标					
收支结余	行政事业单位增加值	固定资产原价	上年结余	收入合计	费用合计	社会组织单位增加值
1148.0	**28805.1**	**2181041.1**	**1692012.9**	**3108502.7**	**3204415.2**	**906181.9**
		376587.0		749061.0	572849.0	231861.0
		91316.9	605829.0	183195.2	164673.6	32799.3
		12423.0	120.4	27100.0	17636.8	7515.1
	990.1	33334.3	2781.1	24597.6	22283.8	9858.1
-3.9	689.3	40225.0	1001.7	36376.4	33916.4	18906.8
-5.4	1746.9	13072.8	915.5	14924.1	13019.5	5074.8
2.0	423.8	19088.4	78.8	82616.4	69038.1	35193.4
	435.9	9462.5		15589.1	15983.5	5176.2
6.8	359.4	16360.3	629.0	6552.3	7668.9	4410.6
0.2	0.7	110868.8	332905.2	370778.1	341401.2	36002.0
855.6	14347.6	113534.9	6361.8	232282.6	184380.7	73856.4
		117689.5	54870.1	228899.4	212464.8	70074.6
	699.6	37677.9	2430.9	28079.7	33745.5	10281.9
	2421.3	21938.2	4199.1	40455.4	18492.8	10562.3
	24.1	33082.6	38.4	20826.6	19945.6	12037.4
		110182.6	224.6	151345.2	134066.6	86100.4
	475.2	30097.3	1407.2	30236.2	27735.4	18998.0
		58711.6	34.0	107033.5	89088.4	20647.7
	2231.1	48470.9	717.5	74075.6	61186.6	43219.4
64.6	601.1	523108.3	641338.4	238546.1	909753.5	64660.6
10.0	19.6	30237.0	3119.0	207511.7	46258.2	11969.1
		5744.3	130.2	5013.2	3944.4	3437.5
	721.9	21388.6	194.3	11162.4	9885.7	5894.8
	747.3	82610.9	12251.7	93875.2	76370.3	23452.9
	172.6	44415.8	699.5	14398.7	24910.2	16515.3
160.7	670.0	20642.4	14838.3	21628.9	23532.8	7996.0
		163.0		2246.4	2246.4	2246.4
	140.0	26954.7	108.1	9018.7	8789.4	6492.9
6.6	348.8	62962.4	4667.6	32646.6	26840.7	18225.1
50.8	34.8	15654.0	52.1	21447.8	14879.7	3296.5
	193.2	6831.2	30.0	14776.2	6170.1	3470.1
	310.8	46204.0	39.4	12206.4	11256.6	5949.3

C-67 基金

地 区	单位数	年末职工人数		受教育程度情况	
			女性	大学专科	大学本科及以上
全 国	**1843**	**12000**	**3415**	**1582**	**1011**
部本级	148	4552	1366		
北 京	120	344	185	46	298
天 津	39	195	79	66	117
河 北	24	75	27	29	22
山 西	25	152	44	42	30
内蒙古	55	302	76		
辽 宁	32	350	71	220	39
吉 林	24	35			
黑龙江	24	24			24
上 海	103	560	105		
江 苏	247	500	100		
浙 江	167	517	213	241	
安 徽	30	104	21	18	41
福 建	102	714	62		
江 西	21	162	26	76	32
山 东	50	270	73	175	75
河 南	41	563	214	384	
湖 北	32	160	38		
湖 南	100	700	316		
广 东	166	292	68		
广 西	19	45	16		
海 南	21	110	3	50	40
重 庆	23	78	25	26	15
四 川	68	88	36	17	13
贵 州	14	77			
云 南	32	129	58	42	84
西 藏	10	75	42	22	35
陕 西	34	176	3		
甘 肃	23	288	16	104	66
青 海	9	36	3	12	7
宁 夏	18	59	18	12	16
新 疆	22	268	111		57

会

单位：个、人

职业资格水平		年龄结构			
助理社会工作师	社会工作师	35岁及以下	36岁至45岁	46岁至55岁	56岁及以上
70	**33**	**3241**	**3169**	**2990**	**2600**
		1275	820	1092	1365
3	5	137	124	46	37
13	27	59	76	50	10
		12	37	18	8
		14	24	66	48
		95	79	68	60
36	1	80	74	134	62
		21	14		
				24	
		87	258	177	38
		220	130	100	50
		231	173	76	37
		24	46	25	9
6		63	185	221	245
		18	118	24	2
		153	117		
		270	117	53	123
		24	64	56	16
		66	214	317	103
		30	77	85	100
		15	13	11	6
		90	10	5	5
		6	30	22	20
		26	34	20	8
		20	24	33	
		27	34	49	19
		32	43		
		11	24	39	102
12		63	83	82	60
		8	23	5	
		9	25	22	3
		55	79	70	64

C-67 续表 1

地区	社会组织负责人数		按性	
		女性	公募基金会	非公募基金会
全国	**3856**	**637**	**1029**	**800**
部本级	553	166	83	51
北京	344		27	93
天津	39	17	16	23
河北	24	7	8	16
山西	125	20	16	9
内蒙古	79	15	32	23
辽宁	32	8	26	6
吉林	21		19	5
黑龙江	24		20	4
上海	120	25	48	55
江苏	247	20	104	143
浙江	167	18	107	60
安徽	84	18	15	15
福建	357	9	19	83
江西	72	12	10	11
山东	46	13	26	24
河南	41	9	27	14
湖北	160	38	14	18
湖南	387	72	71	29
广东	166	43	128	38
广西	9	1	10	9
海南	110	3	9	12
重庆	78	12	18	5
四川	68	34	46	22
贵州	26	4	13	1
云南	32	10	26	6
西藏	10	1	9	1
陕西	156	16	20	14
甘肃	32	6	21	2
青海	21	4	4	5
宁夏	18	5	17	1
新疆	208	31	20	2

单位：个、人

质分			
境外基金代表机构	建立党组织的社会组织	社会组织职工中中共党员人数	当年年检单位数
14	**447**	**1835.0**	**1085**
14	75		
	120	360.0	94
			39
	24	72.0	
	3	51.0	
	10	60.0	
			34
	7		
	5		
	32		85
		420.0	247
	6	261.0	167
	2	9.0	
	2	3.0	16
	34		46
	40	279.0	
	32		
	3		124
	1		
		90.0	14
	2	21.0	17
		117.0	68
			9
	6	53.0	22
			10
	5		26
	20	23.0	21
			9
	2	16.0	16
	16		21

C-67 续表 2

地 区	社会组织										
	科技与研究	生态环境	教育	卫生	社会服务	文化	体育	法律	工商业服务	宗教	农业及农村发展
全 国	**48**	**35**	**567**	**70**	**490**	**113**	**20**	**25**	**11**	**9**	**26**
部本级	1	4	28	7	25	18		2	1		1
北 京											
天 津	3		16	1	8	7	1	1		1	
河 北			5		7						
山 西			10		12	3					
内蒙古		1	12	30							
辽 宁			6	2	15	3	1		1		
吉 林		2	9	1	8			3	1		
黑龙江		4	1	2	8	2	2	1	1	1	1
上 海	2	4	34	6	35	10	1		2		
江 苏	1	1	74	2	146	3	2	2		1	15
浙 江	7		86	3	46	7	1				2
安 徽	1		12		12	3					
福 建	5	1	51		6		1				2
江 西			9			1				1	
山 东	1	2	15	4	1	4		6			1
河 南			12			6	2				
湖 北		3	9	1	1	1	1	2			1
湖 南	5		60		2	1	1		3		
广 东	11	3	40	5	90	15	2				
广 西					19						
海 南	1	2	7	1	1	3		3	1	2	
重 庆			4	2	12	1		1		2	
四 川	3		47	1	8	4	1	2			1
贵 州					13						
云 南	3	2	3			7	2				
西 藏		1	3		2	2		1			
陕 西			5	1		3				1	1
甘 肃	2	2	6		8	3					
青 海	1	3				5					
宁 夏	1		2	1	3	1	2	1	1		1
新 疆			1		2						

单位：个、万元

按行业分类			增加值合计	执行社会非营利组织会计制度单位财务指标				
职业及从业组织	国际及涉外组织	其他		固定资产原价	上年结余	收入合计	费用合计	社会组织单位增加值
7	**18**	**404**	**1214769.8**	**147290.1**	**1072538.7**	**2113806.8**	**1429601.4**	**1214769.8**
1	18	42	930462.0	20372.0		1278400.0	972403.0	930462.0
		120	33106.7	1776.0		71672.9	52550.9	33106.7
1			35.0	2331.0	7770.0	233.0	233.0	35.0
		12	1.0			1.0	1.0	1.0
			2500.0	630.0		3300.0	3000.0	2500.0
		12	15944.4	196.0		9985.3	4216.8	15944.4
		4	2302.0	810.0		9224.0	9272.0	2302.0
			42.0	328.7			1007.9	42.0
1				120.0				
		9	228.0	13646.9	539878.0	253846.4	174112.0	228.0
			2909.0	1977.0	306964.0	213084.0	4029.0	2909.0
		15	49672.0	5002.1	180102.8	155914.8	115191.4	49672.0
		2	15.9	8450.0		67.6	2279.6	15.9
		36	20427.0	24695.0		24163.0	21361.0	20427.0
		10	9292.2	358.2		8121.4	5188.7	9292.2
		16	379.1	390.3		2922.1	2777.6	379.1
		21	575.0	12100.0			772.0	575.0
		13		25139.0				
		28	765.0	105.0		700.0	765.0	765.0
			142452.0	1000.0		52916.0	40005.0	142452.0
			107.5	159.7		3005.2	2602.3	107.5
			90.0			90.0	90.0	90.0
		1	2051.3	85.0	9182.0	18285.0	13193.0	2051.3
1			85.0	7493.8	411.6	5411.1	255.0	85.0
		1	84.7	5770.0	700.0		232.5	84.7
		15	442.2	2122.9	21849.6	1125.7	2978.8	442.2
		1		10.0				
		23		11712.0				
		2	740.5	92.5	5680.7	1008.3	930.0	740.5
			13.3	14.0		206.0	25.9	13.3
3		2	35.0	321.0		112.0	112.0	35.0
		19	12.0	82.0		12.0	16.0	12.0

C-68 民办

地　区	单位数	年末职工人数	女性	受教育程度情况	
				大学专科	大学本科及以上
全　国	**190479**	**2078160**	**787654**	**496968**	**275898**
部本级	36	829	249		
北　京	3569	68160	21861	16657	15428
天　津	2049	26382	12402	7154	5509
河　北	5847	62757	22249	11262	4596
山　西	4183	50315	19044	13140	7827
内蒙古	2371	22008	6991	5122	2380
辽　宁	8940	51185	20364	7735	3275
吉　林	3120	24161	9433	4346	3118
黑龙江	6411	35922	11057	10395	3097
上　海	5857	86425	31327	6925	5218
江　苏	14231	163404	57633	39549	21388
浙　江	13061	146335	70677	48542	22079
安　徽	4844	63051	21818	18410	9757
福　建	4020	47523	18853	8029	13668
江　西	4539	94426	34797	7627	3448
山　东	31820	231287	55624	72549	42312
河　南	8065	89059	27965	24475	21067
湖　北	11292	107128	39798	41172	13883
湖　南	5034	68075	26281	23579	12160
广　东	14055	279856	132719	51178	25350
广　西	4126	42802	21250	8391	2371
海　南	1041	9549	2937	2837	919
重　庆	3616	44247	16197	9601	5531
四　川	12186	93891	35500	20091	7453
贵　州	1834	19528	8838	6863	3823
云　南	2752	35240	19324	4384	6634
西　藏	9	27	5	1	
陕　西	4900	59493	19545	9443	5673
甘　肃	2877	22608	6734	9170	3149
青　海	671	4917	1832	1327	893
宁　夏	839	7038	3269	2287	825
新　疆	2284	20532	11081	4727	3067

非企业

单位：个、人

职业资格水平		年龄结构			
助理社会工作师	社会工作师	35岁及以下	36岁至45岁	46岁至55岁	56岁及以上
4743	**732**	**813562**	**762322**	**379057**	**123219**
		232	149	199	249
772		17758	30965	13431	6006
6		5928	9750	7826	2878
579	42	24954	26381	9730	1692
20	1	16853	15306	15957	2199
60	2	9398	8050	3934	626
371	23	17145	19820	11672	2548
286	5	6139	14306	3365	351
69	26	10057	18015	5216	2634
49	40	22943	28259	21859	13364
210	32	48904	58615	40837	15048
87	43	63163	54221	22660	6291
79	27	20839	21529	14073	6610
229	26	18216	16494	9649	3164
49		35843	34280	20533	3770
88	83	85283	92612	43151	10241
540	78	36859	35660	12429	4111
22	10	37289	44901	19063	5875
34	24	34185	23948	7597	2345
372	178	154713	78711	34952	11480
5	1	18915	15173	6174	2540
12		4173	3554	1210	612
78	10	13487	19636	8210	2914
40	28	43438	31728	12439	6286
18	19	9435	6340	2833	920
115	3	17022	12043	4510	1665
1		6	18	3	
13	2	20499	20566	14729	3699
369	25	6802	8754	5832	1220
12		2324	1638	594	361
1		2430	2706	1449	453
157	4	8330	8194	2941	1067

C-68 续表 1

地区	社会组织负责人		按性	
		女性	法人	合伙
全国	**311384**	**96283**	**129927**	**7087**
部本级	281		36	
北京	8711	3635	3410	19
天津	2844	1191	1959	6
河北	6984	1316	2517	329
山西	4285	667	3666	67
内蒙古	3753	1099	1344	196
辽宁	8955	3045	6134	231
吉林	4172	1607	1136	85
黑龙江	6895	2157	3128	102
上海	13676	5767	5742	70
江苏	19810	6593	10446	578
浙江	18857	7713	9303	508
安徽	6000	1375	2866	304
福建	6855	2190	3263	149
江西	7703	2536	1848	568
山东	90049	20972	19763	1159
河南	10732	3395	4751	301
湖北	13388	4269	8522	509
湖南	9973	3092	2946	290
广东	19493	7605	12129	114
广西	4497	1751	2817	170
海南	1076	428	770	47
重庆	7084	2193	2875	113
四川	15203	5632	7695	512
贵州	2380	851	849	132
云南	2938	1170	1790	102
西藏	9	2	9	
陕西	6663	1742	3328	104
甘肃	4174	968	1713	198
青海	625	149	457	39
宁夏	870	154	583	61
新疆	2449	1019	2132	24

单位：个、人

质分 个体	建立党组织的社会组织	社会组织职工中中共党员人数	当年年检单位数
53465	**26522**	**111937**	**116464**
	19		
140	444	1982	2391
84	273	4299	1774
3001	1199	15860	4301
450	637	2226	2393
831	262	882	857
2575	657	1551	3940
1899	89	5	27
3181	535	2043	3228
45	3532	229	3098
3207	1797	10506	8035
3250	787	8439	10066
1674	1032	2060	2920
608	482	352	1174
2123	549	792	2663
10898	4667	30569	30115
3013	957	2245	3476
2261	3853	15390	10587
1798	464	2218	1996
1812	895	2212	7756
1139	224	815	2240
224	17	172	647
628	372	3969	2193
3979	943	188	4034
853	35	46	674
860	360	915	1213
			6
1468	1041	103	1330
966	164	1159	1369
175	27	191	353
195	89	272	584
128	120	247	1024

C–68 续表 2

地　区	社会组织					
	科技与研究	生态环境	教育	卫生	社会服务	文化
全　国	**9760**	**1049**	**92703**	**27237**	**28060**	**7188**
中央级	2		1	5	5	7
北　京	112	8	2234	249	535	69
天　津	35	8	985	95	540	72
河　北	489	18	2136	1753	552	203
山　西	606	27	1943	174	505	206
内蒙古	263	14	1018	195	336	84
辽　宁	266	17	4647	871	1393	248
吉　林	148	4	1539	116	761	167
黑龙江	516	1	3458	163	1654	123
上　海	141	3	2645	109	1769	184
江　苏	392	14	6172	1570	3068	595
浙　江	760	374	8275	1037	1063	541
安　徽	286	4	2254	1016	563	154
福　建	211	4	2560	177	341	208
江　西	83	31	2327	858	559	155
山　东	2363	22	9461	12178	3824	1098
河　南	739	148	3292	984	1316	480
湖　北	496	76	2966	622	1799	591
湖　南	235	8	3361	346	536	216
广　东	380	6	10147	165	1998	405
广　西	111	86	3046	177	268	102
海　南	38	89	594	176	63	36
重　庆	72	3	1924	70	984	95
四　川	196	17	7850	1796	1504	206
贵　州	83	2	1216	170	155	55
云　南	61	11	1606	84	274	62
西　藏	1		6		1	
陕　西	288	34	2347	849	717	273
甘　肃	265	8	852	793	397	218
青　海	11	1	358	25	138	73
宁　夏	39	8	181	220	78	93
新　疆	72	3	1302	194	364	169

单位：个

按行业分类							
体育	法律	工商业服务	宗教	农业及农村发展	职业及从业组织	国际及涉外组织	其他
6591	**782**	**2080**	**271**	**1466**	**1628**	**56**	**11608**
		1			1		14
222	25	1	3	14	4		93
198	16	9		5	13		73
210	16	66	3	26	38		337
142	21	28	7	56	115		353
117	10	19	10	45	35		225
346	43	74	25	34	53	11	912
107	28	40	1	7	54	5	143
232	8	20		4	162		70
276	21	76	97	11	75	35	415
704	35	265	45	294	80		997
374	37	49	1	26	174		350
121	5	98	1	34	70		238
182	3	31	3	3	17		280
155	2	30	2	72	22		243
984	297	337	23	120	36		1077
545	39	123	8	20	57		314
217	69	276		474	198	3	3505
113	6	59	9	8	16		121
342	3	43	2	7	156		401
139		47		2	5		143
10	5	1		2			27
134	7	44		83	28		172
172	14	123	3	48	47	2	208
80	7	17		5	27		17
115	4	18	2	8	11		496
	1						
132	30	81	4	12	18		115
66	18	72		8	90		90
18		18	1	3	1		24
34	10	11	10	33	13		109
104	2	3	11	2	12		46

C-68 续表 3

地 区	增加值合计	执行企业会计制度单位财务指标					执行行政事业会计	
		固定资产原价	营业收入	费用合计	营业利润	企业单位增加值	固定资产原价	上年结余
全 国	**2781139.7**	**48148.7**	**64070.1**	**35893.9**	**-423.7**	**21320.0**	**168585.6**	**68124.0**
部本级	5305.0							
北 京	105428.9							
天 津	27437.0							
河 北	27575.3						1127.6	400.8
山 西	20118.1			9.0		2.1	3358.0	1828.2
内蒙古	12263.8	321.0	262.1	79.2	9.5	80.5	10795.8	4569.9
辽 宁	22552.6	1232.4	1318.5	351.7	291.0	1974.2	2759.0	641.5
吉 林	4416.2	41.7	294.2	152.1		141.4	72.2	168.7
黑龙江	10952.9	1451.0	735.8	452.5	35.4	242.9	702.8	238.7
上 海	162607.0	3807.1	41810.2	19466.5	-2349.9	5255.2	3704.1	20741.0
江 苏	211676.7	10785.3	2603.6	4282.7	0.1	498.5	15709.0	11960.1
浙 江	249579.7						728.8	1490.4
安 徽	425689.6	10024.7	2817.8	679.2	10.0	1455.1	22224.4	3347.6
福 建	22301.2	2645.1	2753.8	1273.3		2426.1	31708.0	10685.8
江 西	117687.6	1594.1	336.0	767.6		12.9	9512.1	124.0
山 东	224244.0							
河 南	46879.1	2575.0	808.0	274.0		360.3	2021.7	1991.5
湖 北	77120.0							
湖 南	62735.6	1527.0	405.0	400.5		29.2	4664.6	5109.0
广 东	613999.8	5076.8	8397.4	6438.0	1302.2	6041.1	751.3	1594.6
广 西	22814.9	64.0					3708.0	0.1
海 南	2867.9							
重 庆	24534.5	231.2	70.6	27.4		19.0	1322.3	1255.9
四 川	42409.3	681.6	480.1	531.7	145.0	1464.8	494.0	695.0
贵 州	24809.5	882.6	154.9		128.0	306.8	4.3	2.8
云 南	184360.0	2502.5	611.8	424.2	5.0	702.2	52584.6	827.0
西 藏								
陕 西	8358.9	62.0	20.3	21.3		0.2	23.0	132.0
甘 肃	7502.2	722.0	130.0	136.0		131.3	110.0	51.1
青 海	1483.0					2.0		
宁 夏	2335.9	1566.6		50.0		69.5		7.4
新 疆	9093.5	355.0	60.0	77.0		104.7	500.0	260.9

单位：万元

制度单位财务指标				执行社会非营利组织会计制度单位财务指标				
收入合计	支出合计	收支结余	行政事业单位增加值	固定资产原价	上年结余	收入合计	费用合计	社会组织单位增加值
4583.3	**59956.0**	**15459.6**	**31188.4**	**7682754.4**	**972290.8**	**6729372.8**	**5875413.4**	**2728631.3**
				19190.0		13410.0	12972.0	5305.0
				479175.1	330672.8	652120.3	619233.7	105428.9
				43271.4	4773.8	88020.1	79955.6	27437.0
	385.8		145.1	128452.4	661.4	52723.1	50653.1	27430.2
	1863.1	-14.7	1350.7	96503.1	761.8	37076.6	33443.0	18765.3
	4450.6	53.3	3732.0	17727.4	361.9	17012.1	13658.0	8451.3
	620.5	111.0	298.3	52376.5	43.0	24696.4	34059.7	20280.1
11.0	179.7		160.5	328545.5	5.0	98774.8	78382.5	4114.3
1.0	205.6	23.1	226.7	52259.8	104.0	12800.8	15564.6	10483.3
4499.5	16224.6	196.0	1958.2	308699.8	340904.8	664244.3	614831.0	155393.6
17.6	11598.9		1674.8	1693651.2	3342.7	979206.6	886566.8	209503.4
	1508.4	-10.8	674.6	805727.0	61794.0	689308.3	583874.1	248905.1
	2244.2	43.4	2388.8	414929.3	1001.5	302878.9	265206.4	421845.7
	10070.2		1492.1	123579.2	13318.5	103976.2	34579.5	18383.0
	124.0		380.4	398583.5	10.0	162402.0	117857.5	117294.3
				423539.4	164.2	373485.3	368331.9	224244.0
	1897.5		771.6	296425.2	5194.6	103666.5	91614.1	45747.2
				173932.8	1399.0	173190.6	173068.5	77120.0
	4744.0	74.0	3134.7	182649.2	50427.5	143010.0	124800.9	59571.7
22.7	680.5	14913.1	8547.9	561675.7	77673.1	1460978.6	1210332.6	599410.8
	8.0	55.0	148.3	140397.6	12853.3	108749.9	57275.8	22666.6
				67051.3	706.0	5130.7	4171.6	2867.9
	1255.9		1288.7	274987.3	219.1	38103.5	35008.5	23226.8
	581.8	16.2	420.0	114578.7	252.1	71570.4	75354.7	40524.5
	2.8		3.0	31575.4	858.5	30855.4	28472.8	24499.7
31.5	859.6		2290.2	61632.9	12765.1	256750.9	218646.3	181367.6
				31.0				
	132.0		11.2	257903.9	46447.9	11634.9	10977.0	8347.5
	50.1		44.3	79171.3	5258.2	28705.3	14601.9	7326.6
				6131.7	212.0	3971.0	3738.7	1481.0
	7.4		5.4	7149.5	86.0	7079.8	5495.8	2261.0
	260.8		40.9	41250.3	19.0	13839.5	12684.8	8947.9

C-69 自治组

地　区	单位数	居民1000户以下	居民1000户－3000户	居民3000户以上	社区居委会（村委会）成员
全　国	**683767**	**490143**	**158585**	**35039**	**2771128**
北　京	6615	4395	1863	357	31865
天　津	5264	3820	1270	174	20768
河　北	52156	41991	8510	1655	182013
山　西	30028	25903	3476	649	103016
内蒙古	13597	8824	3955	818	49889
辽　宁	14947	6870	6705	1372	66914
吉　林	11089	6358	3661	1070	44250
黑龙江	11824	5921	4626	1277	51510
上　海	5362	2016	3063	283	27409
江　苏	21893	9554	9712	2627	109689
浙　江	33974	26964	6353	657	132376
安　徽	18931	8245	8033	2653	80499
福　建	16570	11820	4244	506	67568
江　西	19708	12784	5993	931	74993
山　东	80805	67801	10753	2251	333796
河　南	51014	34473	14037	2504	214051
湖　北	29399	19896	7810	1693	111695
湖　南	47454	35632	9494	2328	168225
广　东	25690	15632	7877	2181	119530
广　西	16062	10516	4601	945	76498
海　南	3011	2623	314	74	14425
重　庆	10978	5895	4053	1030	50829
四　川	53664	39916	10568	3180	210089
贵　州	19205	15120	3314	771	83784
云　南	14081	8738	4466	877	61235
西　藏	5453	5443	10		24864
陕　西	29088	24846	3368	874	106323
甘　肃	17377	13668	3112	597	66515
青　海	4562	3928	343	291	19169
宁　夏	2760	1896	775	89	11884
新　疆	11206	8655	2226	325	55457

织总表

单位:个、人

中共党员	女性	社区居委会（村委会）主任	主任、书记“一肩挑”	中共党员	女性
1625699	**718566**	**640964**	**257775**	**490317**	**96039**
16776	15378	6433	3001	5015	1878
10448	10440	5248	1927	3786	1245
99028	30544	52154	14968	33051	5469
60318	13104	29200	17946	23819	1915
27982	15831	12589	3118	8287	2599
42592	28552	14263	7306	11318	3174
18998	13450	10259	2560	6858	2896
23471	16477	9195	2237	5496	2407
14972	15677	4859	1158	3651	2615
70538	30645	20185	5240	16798	4840
58065	32134	33037	2996	16638	3244
54164	20209	15475	3405	11521	2103
27202	15520	12479	875	6386	1477
39947	20639	15014	2968	9073	2731
236170	98109	80805	57451	79431	5640
122867	50306	46508	23174	34467	8729
76018	32118	27758	18950	24904	3701
110649	49564	46217	31443	43014	10191
85831	30939	23670	15795	20610	2844
54561	15710	15646	7042	12618	1280
11259	2965	3008	2624	2784	112
31452	14871	10978	844	9214	1723
105076	44989	46598	6554	31964	8475
36806	16586	18703	1448	10061	2184
39874	11655	11281	6655	9478	772
16044	4433	5453	2806	3629	1289
57579	30844	29030	1816	23899	4556
27920	12204	17377	1788	8812	2449
7588	3787	3845	984	2541	740
8148	3556	2760	1493	2303	628
33356	17330	10937	7203	8891	2133

C−69 续表 1

地 区	受教育程度情况		职业资格水平情况		年龄结	
	大学专科	大学本科及以上	助理社会工作师	社会工作师	35 岁及以下	36 岁至 45 岁
全 国	**306735**	**90549**	**9073**	**1331**	**620803**	**1252889**
北 京	7855	3579	899	139	4666	13100
天 津	4526	1202	311	38	3606	6682
河 北	8095	1319	89	17	35055	82414
山 西	6161	1227	28	5	26988	41771
内蒙古	5040	1091	9	5	15369	20879
辽 宁	19674	4807	1306	41	14659	29787
吉 林	6749	2093	274	39	9823	23162
黑龙江	10480	1786	231	7	11265	28693
上 海	5702	1786	517	112	3860	7653
江 苏	19034	5993	2003	273	25493	46712
浙 江	15644	4269	840	136	28543	63930
安 徽	5684	865	298	41	13765	41490
福 建	2967	536	94	37	13120	33624
江 西	2998	286	114	16	21885	35649
山 东	67739	27008	225	32	86267	148360
河 南	29752	7649	217	54	49855	91811
湖 北	13492	2052	88		20820	52663
湖 南	14899	3574	103	29	35327	84788
广 东	10032	2999	487	168	26235	44071
广 西	3373	606	106	32	12825	33559
海 南	908	227			3615	6518
重 庆	7008	1465	260	28	13816	21935
四 川	13343	5704	242	23	39971	103526
贵 州	4905	648	22	13	20081	33473
云 南	2573	591	85	7	16943	29135
西 藏	267	23			7502	9229
陕 西	1773	353	7	7	18093	45279
甘 肃	3973	1351	29	3	14427	33785
青 海	4087	3595	2		4169	9820
宁 夏	945	105	50	11	3644	5780
新 疆	7057	1760	137	18	19116	23611

单位：个、人

构情况		执行行政事业会计制度单位财务指标					
46岁至55岁	56岁及以上	居民（村民）小组	当年完成选举的居(村)委会数	当年完成选举的居(村)选民登记总数	本届登记选民数	参加投票人数	委托投票人数
726560	**170876**	**6100158**	**95089**	**131991242**	**114612586**	**96407424**	**3947701**
10922	3177	86102	1881	4176681	3164689	1055938	68464
8436	2044	115155	4768	5018361	4369286	4079284	180644
54541	10003	299331	29202	23050802	20325528	18109901	746350
26850	7407	130013	1157	647074	644269	568209	49930
10965	2676	76032	8544	9862113	7356463	6566858	230144
17847	4621	211438					
10320	945	85701	1477	1590830	1410944	1063686	2735
10359	1193	177770	822	1399245	1315316	1172029	5982
10875	5021	214736	4598	10235289	9259359	8832055	344104
30795	6689	347080	1434	4526276	4261803	3759593	194117
31836	8067	340144	1685	2504159	2485143	2219534	28035
20670	4574	284086	2905	6388770	5326215	4246467	178937
17747	3077	153795	10936	17295653	14389017	11919826	3287
14957	2502	161822	1946	2546286	2190267	1949139	24440
77102	22067	506551	2821	3595506	3321012	2913034	209045
57921	14464	400746	1578	3698080	3219978	2725620	126676
33883	4329	239368	1171	3534307	3152392	1689679	124966
40097	8013	490485	4442	8942319	7515993	6082215	253410
36527	12697	280083	5601	11234302	10396834	8984362	735769
25990	4124	281328	1375	2238868	2136401	1825126	98153
3543	749	28423					
11548	3530	95124	554	876694	847905	623221	30405
51805	14787	410005					
23918	6312	190870	307	1465673	1374435	495172	2726
13299	1858	161587	1814	2053040	1905610	1678122	93309
7771	362	16350					
33434	9517	150835	506	567051	498376	413013	50472
15222	3081	91200	1531	2454289	2162333	2108972	34895
4334	846	15761	671	479920	391487	279087	24038
2235	225	16562	732	710047	377405	483028	44404
10811	1919	41675	631	899607	814126	564254	62264

C–69 续表 2

地　区	增加值合计	执行企业会计制度单位财务指标					执行行	
		固定资产原价	营业收入	费用合计	营业利润	企业单位增加值	固定资产原价	上年结余
全　国	**3709026.6**	**1265160.2**	**750607.3**	**277332.6**	**-6228.5**	**76122.6**	**14292857.3**	**548319.7**
北　京	149599.1	989824.2	654963.1	192601.0	-6427.6	55281.2	297214.6	59196.9
天　津	852604.1						437789.3	3539.4
河　北	88271.8						545879.4	5805.5
山　西	56686.6						618120.4	69845.4
内蒙古	31430.5	5815.0	100.0	231.3		2032.5	361661.4	49.8
辽　宁	64639.0	2638.4	0.2	53.2		277.6	210207.2	12698.0
吉　林	8960.2	2.0					17559.9	657.0
黑龙江	71417.2	5015.0	32025.0	32168.7		459.3	951691.8	32686.0
上　海	99183.9	153675.4	34119.5	23232.1	-70.9	13553.7	855403.3	73364.4
江　苏	349901.2	113.0	130.0	205.0		61.9	1437608.9	8012.7
浙　江	524234.7						3690227.0	133446.3
安　徽	56371.3	5952.0		14.0	270.0	1155.4	277475.2	6129.0
福　建	32659.4	9728.0	26346.0	25685.0		1256.2	30833.7	799.4
江　西	28612.0	2224.0	577.4	975.0		572.6	60520.6	11363.8
山　东	577935.0						1525874.2	3283.0
河　南	67208.6	6476.0	30.0	30.0		0.3	237910.7	1999.4
湖　北	76728.5	13.0					278033.1	906.0
湖　南	99901.8						209362.1	1478.7
广　东	240474.5	76173.3	1626.8	1707.4		1057.6	1091149.0	113962.5
广　西	37692.9	476.2		5.0		214.1	495789.2	405.3
海　南	4363.5						24517.8	457.5
重　庆	19490.2	1395.0					90976.4	1943.1
四　川	68508.6						101544.1	1360.4
贵　州	27019.5						14322.4	6.0
云　南	22346.7	2597.1	0.2	122.1		40.1	145043.1	2604.0
西　藏	725.7						18122.8	
陕　西	23965.4						85363.4	686.8
甘　肃	13133.6	10.0					104072.1	18.4
青　海	610.4						135.0	
宁　夏	2818.6	556.0		6.1		141.5	6550.2	62.4
新　疆	11532.1	2476.6	689.1	296.7		18.6	71899.0	1552.6

单位：万元

政事业会计制度单位财务指标				执行社会非营利组织会计制度单位财务指标				
收入合计	支出合计	收支结余	行政事业单位增加值	固定资产原价	上年结余	收入合计	费用合计	社会组织单位增加值
7520441.5	**7292158.9**	**288905.5**	**3454610.7**	**1665491.8**	**175197.5**	**2730415.8**	**11583872.5**	**178293.3**
99346.5	137208.3	-204.1	94317.9					
1072193.2	1072198.2		852604.1					
146125.5	145843.1	9421.3	87306.9	22243.7	182.0	4905.3	4013.7	964.9
257971.6	740223.8	519.1	56131.1	8120.0		1068.4	1941.8	555.5
129303.2	132482.2	74.0	26216.4	9902.6	16.0	110964.3	10952.1	3181.6
72503.6	73929.1	379.2	54430.0	36293.1	599.2	47144.4	27612.0	9931.4
27616.2	26776.9	5.6	8529.2	13503.5		3375.9	2068.8	431.0
51359.1	131578.3	12743.5	65816.1	9723.3	5.4	40199.4	6326.8	5141.8
764812.8	254074.5	12512.3	81610.1	18713.9	34.6	25172.5	23558.6	4020.1
704523.4	710005.2	16315.7	320170.7	389348.2	343.0	114585.3	99922.3	29668.6
1248255.4	1081888.2	117301.2	515124.1	91665.1	546.1	36904.6	27742.7	9110.6
90993.3	79956.1	2105.4	45580.7	38019.7		14645.5	12420.8	9635.2
63904.6	63671.5	269.7	15142.9	75744.9	24101.8	48098.1	37511.4	16260.3
31139.9	33883.0	-334.1	23886.3	3126.8	18.0	7490.0	7914.6	4153.1
1088431.3	1089634.4	604.6	577935.0					
153418.7	151978.9	1074.0	56373.8	79471.6	5.0	46351.4	44360.9	10834.5
151409.6	152421.4	-93.8	64276.7	67573.0	1694.8	63667.6	43094.6	12451.8
221365.2	212987.9	447.9	99899.8	47.0		46.0	2.0	2.0
786373.4	672196.7	107537.0	225535.2	419407.0	25682.7	50624.0	30892.2	13881.7
28774.5	38573.1	269.1	37390.9	477.1	1.0	80.4	133.3	87.9
13047.6	11959.8	88.0	4363.5					
26895.3	27752.7	-711.0	18156.8	33422.3	296.0	11478.4	11243.0	1333.4
120316.0	126000.5	1431.8	54072.1	52562.5	371.3	694839.3	31105.1	14436.5
5449.4	4914.0	17.0	2323.7	141164.6	119711.8	47623.9	11137047.8	24695.8
30469.6	28943.6	4783.3	17759.3	88353.1	1560.6	22138.2	12895.0	4547.3
1310.1	1310.1		725.7					
46462.3	44454.1		23965.4					
60642.0	21131.9	1981.5	11962.2	43674.6	5.0	1334369.9	6020.3	1171.4
			5.4	14149.4		3442.8	3162.3	605.0
1736.8	1721.0		1589.8	6452.7	23.2	942.3	1400.7	1087.3
24291.4	22460.4	367.3	11408.9	2332.1		257.9	529.7	104.6

C-70 村民

地 区	单位数	居民1000户以下	居民1000户－3000户	居民3000户以上	社区居委会（村委会）成员
全 国	**599078**	**458536**	**117797**	**22745**	**2340268**
北 京	3950	3715	230	5	13667
天 津	3821	3544	236	41	11613
河 北	49035	40885	6774	1376	167551
山 西	28135	25394	2332	409	94583
内蒙古	11282	8201	2553	528	39022
辽 宁	11100	6301	4525	274	43526
吉 林	9121	5857	2552	712	35502
黑龙江	9055	5350	3109	596	38527
上 海	1722	1090	575	57	7222
江 苏	16393	8097	6712	1584	80435
浙 江	29958	25172	4551	235	112819
安 徽	15732	7277	6333	2122	64261
福 建	14432	10817	3314	301	56289
江 西	16880	11473	4694	713	63643
山 东	74844	64209	8901	1734	304477
河 南	47346	32873	12427	2046	195857
湖 北	25517	18454	6010	1053	94095
湖 南	42928	33428	7710	1790	148541
广 东	19502	13363	5027	1112	85936
广 西	14361	9990	3730	641	66580
海 南	2556	2364	165	27	12095
重 庆	8803	5274	3017	512	38694
四 川	47997	37099	8602	2296	184922
贵 州	17568	14273	2699	596	74988
云 南	12953	8376	3994	583	54347
西 藏	5261	5257	4		23815
陕 西	27370	24152	2638	580	98498
甘 肃	16149	13202	2503	444	60560
青 海	4161	3720	179	262	17521
宁 夏	2316	1820	487	9	9659
新 疆	8830	7509	1214	107	41023

委员会

单位:个、人

中共党员	女性	社区居委会（村委会）主任	主任、书记“一肩挑”	中共党员	女性
1391485	**503859**	**562851**	**221813**	**427568**	**61686**
8516	2638	3928	1612	2903	293
6215	2933	3808	852	2570	175
91911	23171	49035	13705	30990	4254
56091	8142	27386	16860	22251	938
21845	8943	10514	1991	6667	1238
29792	10790	10655	4294	7958	566
15451	8937	8488	1772	5428	2049
19212	7939	6883	1467	4045	760
5397	2286	1561	459	1300	277
53427	17647	15086	3412	12646	2866
47253	21838	29166	1756	13950	1625
43953	13000	12769	2590	9378	1128
22071	10300	10804	588	5371	713
34787	14956	13045	2293	7707	1721
217141	89345	74844	53287	73545	3996
113857	42390	43009	21733	32014	7295
64462	23729	24238	16769	21738	2264
98270	41210	41768	28350	38878	8567
64178	15618	18130	12195	15693	1053
48206	11310	14004	6273	11265	713
9573	2149	2554	2206	2351	33
24460	9529	8803	340	7340	873
92350	36561	41604	5460	28453	6989
32773	12579	17098	1218	9081	1522
35669	9028	10307	6203	8687	505
15231	4166	5261	2733	3472	1249
53234	27317	27338	1533	22409	3977
25546	9710	16149	1501	8069	1906
6993	2829	3596	890	2353	594
6895	2033	2316	1167	1884	319
26726	10836	8704	6304	7172	1228

C-70 续表 1

地　区	受教育程度情况		职业资格水平情况	
	大学专科	大学本科及以上	助理社会工作师	社会工作师
全　国	**198440**	**55846**	**2193**	**257**
北　京	1977	562	20	5
天　津	1563	296	3	2
河　北	5851	803	20	7
山　西	4129	660		
内蒙古	1898	240		3
辽　宁	7753	1171	393	
吉　林	4527	1561	192	10
黑龙江	5479	1076	192	
上　海	1991	544	81	7
江　苏	11548	3244	522	127
浙　江	9132	1791	117	10
安　徽	2740	393	18	1
福　建	1314	74	2	5
江　西	1480	106	5	8
山　东	58439	21624	37	3
河　南	25863	6830	184	37
湖　北	8575	1219		
湖　南	10562	2471	61	7
广　东	2592	642	17	6
广　西	1180	56	15	
海　南	346	14		
重　庆	3323	391	2	4
四　川	10335	4580	220	1
贵　州	3485	384	8	3
云　南	1370	288	29	2
西　藏	162	19		
陕　西	908	141	5	7
甘　肃	3007	884	2	1
青　海	3684	3337		
宁　夏	309	4		
新　疆	2918	441	48	1

单位：人

年龄结构情况			
35岁及以下	36岁至45岁	46岁至55岁	56岁及以上
499109	**1067745**	**626601**	**146813**
1032	6479	4925	1231
1702	3627	5160	1124
30250	76341	51480	9480
23963	38230	25363	7027
11163	16332	9184	2343
6987	19592	13176	3771
7368	19014	8330	790
7315	21986	8368	858
1344	2332	2727	819
18310	34145	23011	4969
22892	54746	27926	7255
9559	33544	17052	4106
10420	28231	14968	2670
17790	30622	13034	2197
78315	135835	70245	20082
43280	83758	55089	13730
16999	44623	28659	3814
29767	75511	36084	7179
15969	31336	28402	10229
10451	29016	23428	3685
2862	5493	3092	648
10071	16776	8931	2916
33375	91547	46321	13679
17466	30011	21806	5705
15026	25962	11793	1566
7256	8720	7497	342
16268	41963	31286	8981
12926	30597	14122	2915
3712	8871	4125	813
2754	4739	1965	201
12517	17766	9052	1688

C-70 续表 2

地 区	当年完成选举的村委会数	当年完成选举的村选民登记数			
			本届登记选民数	参加投票人数	委托投票人数
全 国	**73504**	**81724337**	**72500569**	**65214790**	**2621386**
北 京	34	18893	18893	18306	281
天 津	3579	2873952	2616481	2367514	115199
河 北	28890	22481837	19957977	17809924	734120
山 西	1108	594379	591812	523598	44309
内蒙古	7552	7473604	5566653	5459895	205451
辽 宁					
吉 林	876	736138	697143	608431	2650
黑龙江	755	1336512	1252710	1117523	2615
上 海	1480	2717950	2711002	2657997	130787
江 苏	610	1617199	1584086	1494039	75171
浙 江	1454	1844866	1829533	1692286	26145
安 徽	1280	2782176	2665721	2355602	116859
福 建	9678	14250290	11779852	10333765	853
江 西	1690	2233527	1940203	1739052	20220
山 东	2715	3440273	3176080	2774078	204281
河 南					
湖 北	8	22000	22000	22000	
湖 南	566	521286	490722	442612	14716
广 东	4241	7604025	7250154	6679307	580424
广 西	1229	1937845	1854536	1603434	87984
海 南					
重 庆	498	691706	691706	507890	17852
四 川					
贵 州	266	1246212	1178052	457837	2710
云 南	1564	1335894	1333031	1250436	74141
西 藏					
陕 西	504	566140	497465	412102	50189
甘 肃	1443	2245176	1993077	1932087	25312
青 海	589	398579	315996	269179	23838
宁 夏	576	494028	226101	430188	43186
新 疆	319	259850	259583	255708	22093

单位：个、人

经推举产生的村民代表数	女性	当年召开村民会议次数	当年召开村民代表会议的次数	自然村	村委会小组数
4999267	**1013867**	**426226**	**814360**	**2014177**	**4805021**
20599	5023	1158	3085	5188	26779
76577	14075	3074	9766	3821	47907
818475	120588	57617	102174	63971	263134
76927	11952	9659	14220	47070	112941
419355	100697	12088	21754	35853	57642
		698	9499	40873	79203
45532	12088	227	329	15044	56131
379252	430	139	38	18166	95006
48054	16262	1714	4248	1722	27751
86131	23883	5823	16804	77753	232251
226869	25636	16317	52869	110693	269511
288178	99031	364	1441	163583	243646
387313	61804	3813	8371	70023	132946
175011	33502	1585	3415	112650	149939
1119756	364211	197133	386704	91352	434097
				160868	367359
80	11	14253	26956	76689	199622
67591	16535	4627	6480	117519	442927
213262	18694	5107	11030	148151	229761
247055	15487	8599	10282	152170	249666
		423	2082	17257	25323
22567	5211	2419	4565	9970	76179
				101402	363118
50188	11414	20792	23496	79453	170863
35714	4151	10686	6496	131041	149753
				14963	15433
37764	3625	39016	70696	76872	139854
38732	8134	375	3442	47632	84971
12077	730	5463	6039	4665	14927
88286	36922	1525	3887	8279	14615
17922	3771	1532	4192	9484	31766

C−70 续表 3

地 区	增加值合计	执行企业会计制度单位财务指标					执行行	
		固定资产原价	营业收入	费用合计	营业利润	企业单位增加值	固定资产原价	上年结余
全 国	**3152522.6**	**1240304.5**	**721227.8**	**249366.1**	**-6604.3**	**16538.2**	**11317807.6**	**399333.2**
北 京	117833.3	989824.2	654963.1	192601.0	-6427.6	15526.5	155825.5	46769.7
天 津	844113.8						420085.1	3497.3
河 北	81890.1						510219.6	4306.8
山 西	53932.6						601346.9	55.4
内蒙古	13636.7	4374.0	45.0	137.3		12.7	52363.4	5.8
辽 宁	52344.4	2190.0	0.2	53.2			189798.7	12698.0
吉 林	6561.9	2.0					13312.5	515.0
黑龙江	46515.9	480.0	13013.0	13020.6			463888.6	32262.8
上 海	83570.3	145523.4	30714.1	21424.3	-176.7	994.9	805203.7	66899.4
江 苏	259556.8	113.0	130.0	145.0			1114059.6	5759.2
浙 江	431703.0						3317857.9	93135.5
安 徽	42869.0	5730.0					210272.0	4156.8
福 建	27248.6	8212.0	20201.0	19900.0		0.1	27515.7	760.2
江 西	23711.0	2150.5	576.4	971.0			50122.5	11328.8
山 东	512914.3						1309181.3	3017.7
河 南	58843.9	6126.0	30.0	30.0			214481.5	1916.3
湖 北	61673.4	13.0					208703.7	354.5
湖 南	78781.1						159714.2	1331.8
广 东	194012.1	71616.8	1554.8	1075.4			905250.5	103861.3
广 西	18334.6	105.0		5.0			104996.2	324.9
海 南	3319.6						20527.7	216.2
重 庆	11703.1	1395.0					65997.9	1537.4
四 川	48515.4						80821.4	1051.8
贵 州	23750.5						13989.3	6.0
云 南	16993.9	1753.1	0.2	0.1		4.0	112710.6	1740.6
西 藏	369.0						9208.0	
陕 西	22011.9						75018.4	686.8
甘 肃	9562.0	10.0					49587.6	17.8
青 海	584.1							
宁 夏	2050.0	556.0					5243.2	5.0
新 疆	3616.3	130.5		3.2			50504.4	1114.4

单位：万元

政事业会计制度单位财务指标				执行社会非营利组织会计制度单位财务指标				
收入合计	支出合计	收支结余	行政事业单位增加值	固定资产原价	上年结余	收入合计	费用合计	社会组织单位增加值
5853005.8	**5575971.9**	**307818.6**	**22894.4**	**1370099.3**	**37641.8**	**1836613.7**	**1579117.4**	**135746.2**
56695.0	89352.2	-1764.3	72.1					
1060208.9	1061090.7							
135791.7	136248.0	2840.2	50.5	20729.7	180.0	4192.3	3248.6	844.6
252693.7	234115.1	519.1	251.3	7416.0		335.0	885.0	291.0
23345.3	26170.0	81.0		7676.7	16.0	10111.9	9863.5	2536.1
62149.8	61905.8	379.2		30727.2	599.2	42794.7	21125.3	5531.2
23354.4	22664.5	5.2		13473.5		2293.0	1057.3	139.6
28936.9	40895.7	12674.8		8650.0		29167.2	5787.1	4840.8
227635.8	187714.5	11625.0	561.7	11508.1		11419.6	11574.4	1872.6
565357.7	565219.5	12986.8	11486.9	276481.2	-1623.8	89205.1	77030.5	22945.0
1046233.8	906875.7	157818.7	38.1	74134.0	286.1	31949.8	23531.5	8273.2
70322.2	62233.1	2012.8	189.6	29076.4		7694.0	8746.9	6538.9
53947.1	53810.3	241.9	15.0	60560.6	11404.0	41611.4	32067.2	13838.2
23866.0	25872.8	-347.9	1.3	2711.8	18.0	6488.2	6734.3	3423.7
958220.4	959043.9	496.5	3475.4					
139467.8	138519.7	944.5		74400.2	1.0	43508.4	40508.6	8060.5
120185.5	121443.8	-903.8		51535.2	1667.8	52080.8	34858.6	10478.8
175039.5	168958.3	312.3		44.0		44.0		
566257.8	452446.1	101714.5	6670.0	406459.6	23467.3	43196.8	14777.8	11469.5
22661.0	32112.1	216.5		440.1		69.4	69.4	38.0
9884.3	8835.8	50.0						
16478.9	17158.5	-398.5		25699.2	165.0	8801.3	8571.6	978.1
100724.3	104075.1	763.7	72.0	44970.2	47.2	20027.1	17103.9	6344.6
4978.4	4565.4	10.6		98114.1	1258.4	39559.6	1242440.9	21635.7
24408.5	23706.6	3622.3		63369.9	129.2	15035.4	10333.3	3215.4
1168.6	1168.6							
43089.1	41051.8		10.5					
26678.9	17245.8	1901.5		41918.8	5.0	1334021.1	5674.4	1133.6
				11717.3		2427.3	2182.8	584.1
1186.9	1164.6			6031.5	21.4	554.9	919.5	733.0
12037.6	10307.9	16.0		2254.0		25.4	25.0	

C-71 社区

地　区	单位数	居民1000户以下	居民1000户－3000户	居民3000户以上	社区居委会（村委会）成员
全　国	**84689**	**31607**	**40788**	**12294**	**430860**
北　京	2665	680	1633	352	18198
天　津	1443	276	1034	133	9155
河　北	3121	1106	1736	279	14462
山　西	1893	509	1144	240	8433
内蒙古	2315	623	1402	290	10867
辽　宁	3847	569	2180	1098	23388
吉　林	1968	501	1109	358	8748
黑龙江	2769	571	1517	681	12983
上　海	3640	926	2488	226	20187
江　苏	5500	1457	3000	1043	29254
浙　江	4016	1792	1802	422	19557
安　徽	3199	968	1700	531	16238
福　建	2138	1003	930	205	11279
江　西	2828	1311	1299	218	11350
山　东	5961	3592	1852	517	29319
河　南	3668	1600	1610	458	18194
湖　北	3882	1442	1800	640	17600
湖　南	4526	2204	1784	538	19684
广　东	6188	2269	2850	1069	33594
广　西	1701	526	871	304	9918
海　南	455	259	149	47	2330
重　庆	2175	621	1036	518	12135
四　川	5667	2817	1966	884	25167
贵　州	1637	847	615	175	8796
云　南	1128	362	472	294	6888
西　藏	192	186	6		1049
陕　西	1718	694	730	294	7825
甘　肃	1228	466	609	153	5955
青　海	401	208	164	29	1648
宁　夏	444	76	288	80	2225
新　疆	2376	1146	1012	218	14434

居委会

单位:个、人

中共党员	女性	社区居委会（村委会）主任	主任、书记“一肩挑”	中共党员	女性
234214	**214707**	**78113**	**35962**	**62749**	**34353**
8260	12740	2505	1389	2112	1585
4233	7507	1440	1075	1216	1070
7117	7373	3119	1263	2061	1215
4227	4962	1814	1086	1568	977
6137	6888	2075	1127	1620	1361
12800	17762	3608	3012	3360	2608
3547	4513	1771	788	1430	847
4259	8538	2312	770	1451	1647
9575	13391	3298	699	2351	2338
17111	12998	5099	1828	4152	1974
10812	10296	3871	1240	2688	1619
10211	7209	2706	815	2143	975
5131	5220	1675	287	1015	764
5160	5683	1969	675	1366	1010
19029	8764	5961	4164	5886	1644
9010	7916	3499	1441	2453	1434
11556	8389	3520	2181	3166	1437
12379	8354	4449	3093	4136	1624
21653	15321	5540	3600	4917	1791
6355	4400	1642	769	1353	567
1686	816	454	418	433	79
6992	5342	2175	504	1874	850
12726	8428	4994	1094	3511	1486
4033	4007	1605	230	980	662
4205	2627	974	452	791	267
813	267	192	73	157	40
4345	3527	1692	283	1490	579
2374	2494	1228	287	743	543
595	958	249	94	188	146
1253	1523	444	326	419	309
6630	6494	2233	899	1719	905

C-71 续表1

地 区	受教育程度情况		职业资格水平情况	
	大学专科	大学本科及以上	助理社会工作师	社会工作师
全 国	**108295**	**34703**	**6880**	**1074**
北 京	5878	3017	879	134
天 津	2963	906	308	36
河 北	2244	516	69	10
山 西	2032	567	28	5
内蒙古	3142	851	9	2
辽 宁	11921	3636	913	41
吉 林	2222	532	82	29
黑龙江	5001	710	39	7
上 海	3711	1242	436	105
江 苏	7486	2749	1481	146
浙 江	6512	2478	723	126
安 徽	2944	472	280	40
福 建	1653	462	92	32
江 西	1518	180	109	8
山 东	9300	5384	188	29
河 南	3889	819	33	17
湖 北	4917	833	88	
湖 南	4337	1103	42	22
广 东	7440	2357	470	162
广 西	2193	550	91	32
海 南	562	213		
重 庆	3685	1074	258	24
四 川	3008	1124	22	22
贵 州	1420	264	14	10
云 南	1203	303	56	5
西 藏	105	4		
陕 西	865	212	2	
甘 肃	966	467	27	2
青 海	403	258	2	
宁 夏	636	101	50	11
新 疆	4139	1319	89	17

单位：人

年龄结构情况			
35岁及以下	36岁至45岁	46岁至55岁	56岁及以上
121694	**185144**	**99959**	**24063**
3634	6621	5997	1946
1904	3055	3276	920
4805	6073	3061	523
3025	3541	1487	380
4206	4547	1781	333
7672	10195	4671	850
2455	4148	1990	155
3950	6707	1991	335
2516	5321	8148	4202
7183	12567	7784	1720
5651	9184	3910	812
4206	7946	3618	468
2700	5393	2779	407
4095	5027	1923	305
7952	12525	6857	1985
6575	8053	2832	734
3821	8040	5224	515
5560	9277	4013	834
10266	12735	8125	2468
2374	4543	2562	439
753	1025	451	101
3745	5159	2617	614
6596	11979	5484	1108
2615	3462	2112	607
1917	3173	1506	292
246	509	274	20
1825	3316	2148	536
1501	3188	1100	166
457	949	209	33
890	1041	270	24
6599	5845	1759	231

C-71 续表 2

地区	当年完成选举的居委会数	当年完成选举的居选民登记数	本届登记选民数	参加投票人数	委托投票人数	社区服务设施	居委会社区服务站
全国	**21585**	**50266905**	**42112017**	**31192634**	**1326315**	**174976**	**53170**
北京	1847	4157788	3145796	1037632	68183	3150	2634
天津	1189	2144409	1752805	1711770	65445	1946	1315
河北	312	568965	367551	299977	12230	5846	2819
山西	49	52695	52457	44611	5621	2080	1393
内蒙古	992	2388509	1789810	1106963	24693	4270	842
辽宁						6538	3134
吉林	601	854692	713801	455255	85	3205	433
黑龙江	67	62733	62606	54506	3367	2722	1490
上海	3118	7517339	6548357	6174058	213317	20332	1744
江苏	824	2909077	2677717	2265554	118946	19829	4629
浙江	231	659293	655610	527248	1890	28507	2380
安徽	1625	3606594	2660494	1890865	62078	4982	2084
福建	1258	3045363	2609165	1586061	2434	2857	1197
江西	256	312759	250064	210087	4220	3321	992
山东	106	155233	144932	138956	4764	13620	3749
河南	1578	3698080	3219978	2725620	126676	3983	1050
湖北	1163	3512307	3130392	1667679	124966	7486	1780
湖南	3876	8421033	7025271	5639603	238694	9633	1544
广东	1360	3630277	3146680	2305055	155345	7641	3166
广西	146	301023	281865	221692	10169	1218	667
海南						91	90
重庆	56	184988	156199	115331	12553	2710	1598
四川						5768	2207
贵州	41	219461	196383	37335	16	5212	5020
云南	250	717146	572579	427686	19168	482	271
西藏						90	12
陕西	2	911	911	911	283	2919	2046
甘肃	88	209113	169256	176885	9583	1772	1502
青海	82	81341	75491	9908	200	158	46
宁夏	156	216019	151304	52840	1218	569	418
新疆	312	639757	554543	308546	40171	2039	918

单位：个、人、张

日间照料床位数	其他社区服务设施	社区从业人员	安置下岗人员	社区服务志愿者组织数	社区服务志愿者人数	城镇便民、利民服务网点数	居委会小组数
30335	**111803**	**2157935**	**531421**	**288560**	**5992530**	**692625**	**1295137**
241	338	20509	6788	6813	367674	6284	59323
1487	490	102377	17505	4645	536218	14763	67248
148	2839	29703	9759	7720	71779	29722	36197
25	511	31078	10736	3779	113689	28845	17072
608	2675	56237	14487	4168	99636	19723	18390
2326	2886	256545	109685	11826	795568	77731	132235
3900	2545	127	47	15	908	37784	29570
27	831	10393	1375	1554	70117	28309	82764
3026	18443	69627	13081	9902	375353	3563	186985
5237	14701	99902	38417	14846	496435	109150	114829
1227	25548	110854	40224	14305	728862	73694	70633
393	2444	330362	54545	3112	69639	14306	40440
507	1274	29206	7423	1497	155721	11417	20849
738	1853	29164	16338	1447	7120	3572	11883
4232	9361	117241	27567	18713	350190	61703	72454
966	2493	32741	14320	4510	23152	23777	33387
284	5265	52630	20412	10271	340858	9167	39746
669	7649	149751	32389	72108	153811	46187	47558
1298	3821	314033	28253	4853	225682	10907	50322
492	461	32864	5078	3573	45631	4531	31662
		677	200	45	3120	163	3100
421	955	132866	22910	7574	446755	7532	18945
891	2848	53687	8230	61853	300495	10869	46887
35	34	20940	7591	5311	27597	22661	20007
	165	23283	10680	963	66477	2363	11834
	50	66		1	22		917
169	569	9364	3647	1706	37971	3431	10981
734	35	5240	1979	594	18864	7971	6229
		1019	218	258	112	1091	834
163	37	5277	699	8064	1403	15935	1947
91	682	30172	6838	2534	61671	5474	9909

C-71 续表 3

地 区	增加值合计	执行企业会计制度单位财务指标						执行行	
		固定资产原价	营业收入	费用合计	营业利润	企业单位增加值	固定资产原价	上年结余
全 国	**556504.0**	**24855.7**	**29379.5**	**27966.5**	**375.8**	**4630.7**	**2975049.7**	**148986.5**
北 京	31765.8					9.3	141389.1	12427.2
天 津	8490.3						17704.2	42.1
河 北	6381.7						35659.8	1498.7
山 西	2754.0						16773.5	69790.0
内蒙古	17793.8	1441.0	55.0	94.0		405.8	309298.0	44.0
辽 宁	12294.6	448.4				253.9	20408.5	
吉 林	2398.3						4247.4	142.0
黑龙江	24901.3	4535.0	19012.0	19148.1		187.5	487803.2	423.2
上 海	15613.6	8152.0	3405.4	1807.8	105.8	1117.4	50199.6	6465.0
江 苏	90344.4			60.0		0.6	323549.3	2253.5
浙 江	92531.7						372369.1	40310.8
安 徽	13502.3	222.0		14.0	270.0	1155.4	67203.2	1972.2
福 建	5410.8	1516.0	6145.0	5785.0		485.2	3318.0	39.2
江 西	4901.0	73.5	1.0	4.0			10398.1	35.0
山 东	65020.7						216692.9	265.3
河 南	8364.7	350.0					23429.2	83.1
湖 北	15055.1						69329.4	551.5
湖 南	21120.7						49647.9	146.9
广 东	46462.4	4556.5	72.0	632.0		800.8	185898.5	10101.2
广 西	19358.3	371.2				159.1	390793.0	80.4
海 南	1043.9						3990.1	241.3
重 庆	7787.1						24978.5	405.7
四 川	19993.2						20722.7	308.6
贵 州	3269.0						333.1	
云 南	5352.8	844.0		122.0		35.9	32332.5	863.4
西 藏	356.7						8914.8	
陕 西	1953.5						10345.0	
甘 肃	3571.6						54484.5	0.6
青 海	26.3						135.0	
宁 夏	768.6			6.1		1.2	1307.0	57.4
新 疆	7915.8	2346.1	689.1	293.5		18.6	21394.6	438.2

单位：万元

政事业会计制度单位财务指标				执行社会非营利组织会计制度单位财务指标				
收入合计	支出合计	收支结余	行政事业单位增加值	固定资产原价	上年结余	收入合计	费用合计	社会组织单位增加值
1667435.7	**1716187.0**	**-18913.1**	**509326.2**	**295392.5**	**137555.7**	**893802.1**	**10004755.1**	**42547.1**
42651.5	47856.1	1560.2	31756.5					
11984.3	11107.5		8490.3					
10333.8	9595.1	6581.1	6261.4	1514.0	2.0	713.0	765.1	120.3
5277.9	506108.7		2489.5	704.0		733.4	1056.8	264.5
105957.9	106312.2	-7.0	16742.5	2225.9		100852.4	1088.6	645.5
10353.8	12023.3		7640.5	5565.9		4349.7	6486.7	4400.2
4261.8	4112.4	0.4	2106.9	30.0		1082.9	1011.5	291.4
22422.2	90682.6	68.7	24412.8	1073.3	5.4	11032.2	539.7	301.0
537177.0	66360.0	887.3	12348.7	7205.8	34.6	13752.9	11984.2	2147.5
139165.7	144785.7	3328.9	83620.2	112867.0	1966.8	25380.2	22891.8	6723.6
202021.6	175012.5	-40517.5	91694.3	17531.1	260.0	4954.8	4211.2	837.4
20671.1	17723.0	92.6	9250.6	8943.3		6951.5	3673.9	3096.3
9957.5	9861.2	27.8	2503.5	15184.3	12697.8	6486.7	5444.2	2422.1
7273.9	8010.2	13.8	4171.6	415.0		1001.8	1180.3	729.4
130210.9	130590.5	108.1	65020.7					
13950.9	13459.2	129.5	5590.7	5071.4	4.0	2843.0	3852.3	2774.0
31224.1	30977.6	810.0	13082.1	16037.8	27.0	11586.8	8236.0	1973.0
46325.7	44029.6	135.6	21118.7	3.0		2.0	2.0	2.0
220115.6	219750.6	5822.5	43249.4	12947.4	2215.4	7427.2	16114.4	2412.2
6113.5	6461.0	52.6	19149.3	37.0	1.0	11.0	63.9	49.9
3163.3	3124.0	38.0	1043.9					
10416.4	10594.2	-312.5	7431.8	7723.1	131.0	2677.1	2671.4	355.3
19591.7	21925.4	668.1	11901.3	7592.3	324.1	674812.2	14001.2	8091.9
471.0	348.6	6.4	208.9	43050.5	118453.4	8064.3	9894606.9	3060.1
6061.1	5237.0	1161.0	3985.0	24983.2	1431.4	7102.8	2561.7	1331.9
141.5	141.5		356.7					
3373.2	3402.3		1953.5					
33963.1	3886.1	80.0	3533.8	1755.8		348.8	345.9	37.8
			5.4	2432.1		1015.5	979.5	20.9
549.9	556.4		413.1	421.2	1.8	387.4	481.2	354.3
12253.8	12152.5	351.3	7792.6	78.1		232.5	504.7	104.6

C−72 结婚登

地区	登记结婚对数	登记结婚人数	按居住		
			内地居民登记结婚对数	内地居民登记结婚人数	涉外及华侨、港澳台居民登记结婚对数
全国	**12124143**	**24248286**	**12074992**	**24044654**	**49151**
北京	181771	363542	180595	361188	1176
天津	104028	208056	103620	207240	408
河北	719961	1439922	719547	1439094	414
山西	343640	687280	343518	683909	122
内蒙古	188358	376716	188179	373266	179
辽宁	381661	763322	378993	745225	2668
吉林	239055	478110	237977	475542	1078
黑龙江	303854	607708	300922	601844	2932
上海	149905	299810	147413	294824	2492
江苏	730859	1461718	729206	1458156	1653
浙江	427614	855228	424655	841204	2959
安徽	610030	1220060	609248	1208202	782
福建	360613	721226	351989	693620	8624
江西	408061	816122	407146	804680	915
山东	918362	1836724	917163	1834326	1199
河南	858840	1717680	857693	1715386	1147
湖北	565400	1130800	563571	1127142	1829
湖南	652873	1305746	650267	1302623	2606
广东	864520	1729040	856471	1701074	8049
广西	515648	1031296	513561	1027122	2087
海南	129952	259904	128986	257972	966
重庆	301071	602142	300102	600204	969
四川	709998	1419996	708213	1415474	1785
贵州	307940	615880	307473	614946	467
云南	342918	685836	342212	671730	706
西藏	13598	27196	13590	27180	8
陕西	319406	638812	318905	635881	501
甘肃	122398	244796	122264	244528	134
青海	29718	59436	29690	59380	28
宁夏	56567	113134	56533	113066	34
新疆	265524	531048	265290	508626	234

记服务

单位:对、人

地分类

内地居民	#女　性	香港居民	澳门居民	台湾居民	华　侨	外国人
48552	**40418**	**5841**	**1451**	**12296**	**6491**	**23671**
1085	807	77	7	92	114	977
407	342	15	1	36	32	325
414	349	24	4	62	76	248
122	108	3		19	3	97
179	135	12	5	39	16	107
2655	2428	59	6	236	140	2240
1073	968	25	3	124	58	873
2929	2460	32	11	186	417	2289
2416	2111	126	22	305	170	1945
1644	1459	64	13	551	79	955
2853	2198	75	7	480	1787	716
782	708	38	6	311	37	390
8098	6141	665	121	2904	1800	3660
1168	825	127	25	448	46	16
1187	1036	40	16	234	48	873
1143	1040	115	23	514	26	473
1828	1748	278	60	748	57	687
2605	2505	896	131	918	140	522
8047	6227	2001	822	989	1228	3011
2087	1846	284	76	913	73	741
966	873	320	15	462	26	143
969	905	133	32	416	27	361
1785	1780	234	21	781	38	711
467	440	74	11	222	17	143
707	307	43	1	87	5	569
8	2			1		7
499	444	46	6	147	13	291
133	110	14	1	30	3	87
28	28	2		6		20
34	17	10	4	10	2	8
234	71	9	1	25	13	186

C-72 续表

地区	按婚姻状况分类			
	初婚人数	再婚人数	#女　性	#恢复结婚件数
全　国	**21687812**	**2560474**	**1246665**	**181162**
北　京	305803	57739	26400	
天　津	173558	34498	14359	3893
河　北	1300578	139344	68407	6947
山　西	632905	54375	24168	3341
内蒙古	320413	56303	26693	5440
辽　宁	624029	139293	63170	14476
吉　林	419921	58189	30462	7925
黑龙江	519276	88432	45954	8372
上　海	233292	66518	33059	5087
江　苏	1295119	166599	76183	11279
浙　江	755950	99278	51446	5856
安　徽	1118377	101683	52677	8630
福　建	650728	70498	33313	2669
江　西	738330	77792	34372	5306
山　东	1662422	174302	92193	8431
河　南	1642121	75559	37433	5270
湖　北	1058851	71949	34883	7797
湖　南	1169326	136420	70477	11659
广　东	1614197	114843	47787	8558
广　西	963233	68063	28825	3058
海　南	245575	14329	6107	1217
重　庆	450674	151468	77242	11132
四　川	1205823	214173	111797	12423
贵　州	567633	48247	22707	2954
云　南	628660	57176	27522	5016
西　藏	24774	2422	1082	207
陕　西	587516	51296	26256	1535
甘　肃	233316	11480	5469	988
青　海	54367	5069	2578	129
宁　夏	101486	11648	5449	872
新　疆	389559	141489	68195	10695

单位：对、人

按年龄分类				
20～24岁	25～29岁	30～34岁	35～39岁	40岁及以上
8967413	**8265963**	**2604340**	**1455151**	**2955419**
59813	190276	49097	20703	43653
72756	89946	22253	10764	12337
815878	360280	79559	50887	133318
289937	240867	78444	47452	30580
176090	116496	36531	19153	28446
200982	276603	127186	67495	91056
157965	140244	53319	32629	93953
179574	162350	65999	47724	152061
51134	135267	44884	18960	49565
558055	479374	121940	91830	210519
221886	334570	104410	56951	137411
442504	375909	110525	75637	215485
222965	259756	70737	40830	126938
357343	248425	73583	33850	102921
801522	673408	136531	69050	156213
707539	567755	185972	83226	173188
418396	497550	90459	56544	67851
502172	459120	139197	70233	135024
565902	765938	224216	97300	75684
367233	380371	163523	63477	56692
86902	96489	43523	21126	11864
228516	161401	66926	56838	88461
430940	352215	164587	129928	342326
185693	171710	82217	52496	123764
258014	196901	87534	43779	99608
10914	11876	3437	668	301
247619	224574	57358	29134	80127
73495	81881	25465	13387	50568
11449	12411	6456	4733	24387
61064	29364	10593	4986	7127
203161	172636	77879	43381	33991

C-73 离婚办

地 区	总 计	民政部门合计	内地居民登记离婚	涉外及华侨、港澳台居民登记离婚	# 外国人
全 国	**2468075**	**1801738**	**1795991**	**5747**	**2189**
北 京	41299	29998	29857	141	84
天 津	27556	21661	21594	67	46
河 北	126726	86707	86672	35	24
山 西	38906	25618	25612	6	6
内蒙古	51960	30463	30453	10	37
辽 宁	131466	101452	101273	179	100
吉 林	89588	71254	71175	79	47
黑龙江	126148	91355	91242	113	62
上 海	48230	39174	38772	402	233
江 苏	143718	105639	105478	161	66
浙 江	107112	82902	82541	361	77
安 徽	93010	64650	64590	60	15
福 建	58236	41441	40272	1169	414
江 西	61460	45495	45419	76	16
山 东	151693	100860	100773	87	64
河 南	124413	93493	93405	88	25
湖 北	108883	81133	80970	163	43
湖 南	131582	101241	101056	185	22
广 东	119131	94119	92580	1539	338
广 西	65646	50227	50047	180	49
海 南	10908	8585	8487	98	20
重 庆	101435	83183	83091	92	28
四 川	199738	150605	150401	204	55
贵 州	57957	38073	38020	53	7
云 南	60847	42126	42067	59	245
西 藏	1739	1258	1258		
陕 西	55209	34519	34434	85	34
甘 肃	24742	11145	11123	22	9
青 海	7638	3622	3619	3	3
宁 夏	12729	9316	9316		
新 疆	88360	60424	60394	30	20

理服务

单位：件(对)

法院部门合计			离婚案件收案	判决不离	调解不离
	判决离婚	调解离婚			
666337	**199045**	**467292**	**1142586**	**133734**	**78408**
11301	3244	8057	22140	2776	676
5895	2016	3879	11868	1994	581
40019	9223	30796	69548	5307	3123
13288	5023	8265	23255	2534	2420
21497	6241	15256	36034	1622	2143
30014	9387	20627	51282	5209	2689
18334	6065	12269	32248	2655	1626
34793	5655	29138	50153	1059	1109
9056	2365	6691	18754	4464	944
38079	9178	28901	76263	15482	5794
24210	7983	16227	48876	12539	1784
28360	10920	17440	49448	6564	2899
16795	6990	9805	30994	4431	2067
15965	5855	10110	26674	3428	1841
50833	13463	37370	92989	11641	11305
30920	7043	23877	54734	3724	5337
27750	8556	19194	42087	4302	2186
30341	11394	18947	49651	6709	4337
25012	9504	15508	41131	6054	2089
15419	5937	9482	24252	3133	1156
2323	896	1427	3478	422	280
18252	7582	10670	31723	4565	1327
49133	14113	35020	79603	9175	5936
19884	6351	13533	30572	2162	1865
18721	6523	12198	30315	2546	2116
481	80	401	651	12	69
20690	5757	14933	38485	3889	4017
13597	3987	9610	23644	2557	2314
4016	1078	2938	6650	348	493
3413	1301	2112	6681	983	540
27936	5333	22603	38384	1448	3345

C-74 婚姻登记

地区	单位数	年末职工人数		受教育程度情况	
			女性	大学专科	大学本科及以上
全国	**2199**	**8040**	**4984**	**2968**	**1346**
北京	8	38	27	12	25
天津	11	89	67	37	21
河北	52	447	326	127	48
山西	47	220	163	98	24
内蒙古	24	107	70	47	33
辽宁	84	558	389	261	181
吉林	54	336	215	78	59
黑龙江	59	245	164	96	41
上海	15	93	71	26	45
江苏	69	431	320	146	107
浙江	51	222	166	81	68
安徽	59	343	197	105	37
福建	34	103	74	29	16
江西	55	195	155	38	6
山东	73	620	393	310	182
河南	22	156	104	60	19
湖北	90	465	332	218	78
湖南	64	360	251	183	62
广东	69	383	270	142	74
广西	55	197	122	98	20
海南	1	2			2
重庆	29	136	92	67	54
四川	81	200	116	77	15
贵州	77	131	59	66	3
云南	61	155	87	81	12
西藏					
陕西	77	374	251	119	62
甘肃	752	1246	435	274	40
青海					
宁夏	100	111	25	63	7
新疆	26	77	43	29	5

服务单位总表

单位:个、人

职业资格水平		年龄结构			
助理社会工作师	社会工作师	35岁及以下	36岁至45岁	46岁至55岁	56岁及以上
78	**57**	**4136**	**2978**	**834**	**92**
		20	15	3	
		50	22	17	
	7	247	157	40	3
1	2	114	91	15	
		41	52	14	
10	2	316	176	64	2
4	3	147	143	42	4
2		133	87	25	
3	5	57	21	12	3
8	4	243	134	50	4
4	2	130	79	13	
4	2	144	156	43	
1	1	51	45	7	
		79	93	15	8
7	2	271	263	82	4
3	11	127	24	5	
5	1	206	200	56	3
9	1	204	121	32	3
4	6	198	146	38	1
4	3	85	92	18	2
		2			
3		71	49	15	1
	1	112	74	14	
		52	66	12	1
6	3	84	61	10	
		204	134	34	2
	1	693	356	148	49
		26	81	4	
		29	40	6	2

C-74 续表

地区	增加值合计	执行企业会计制度单位财务指标					执行行	
		固定资产原价	营业收入	费用合计	营业利润	企业单位增加值	固定资产原价	上年结余
全　国	**13445.8**	**876.8**	**1196.7**	**838.4**	**63.6**	**450.0**	**18834.7**	**854.4**
北　京	90.1						52.2	
天　津	207.3	76.9	408.2	383.0	23.2	140.9	19.8	13.5
河　北	406.1	31.2	85.2	39.4	0.4	49.3	384.4	3.5
山　西	155.8						126.4	
内蒙古	160.7	55.5					69.4	
辽　宁	1367.8	26.8	37.9	35.6	0.2	5.4	1074.2	20.1
吉　林	415.9						118.0	1.0
黑龙江	155.9	21.0	1.1	1.0		1.0	169.5	
上　海	976.4						789.5	185.3
江　苏	1434.1	51.2	261.3	153.1	22.5	107.8	694.6	56.0
浙　江	1172.8						4445.7	154.2
安　徽	370.0						806.5	21.2
福　建	120.8	4.0	2.6				114.8	1.0
江　西	146.7	9.9	41.8	42.4		27.1	319.3	1.2
山　东	1671.6						2532.6	34.4
河　南	117.5						145.5	
湖　北	891.9						958.7	-18.0
湖　南	563.3						415.3	-10.1
广　东	797.5	302.0				0.2	623.4	357.9
广　西	213.2	50.3	118.6	91.9	17.3	81.8	295.2	4.0
海　南	0.1						2.0	
重　庆	343.4	190.0	200.0	85.0		5.8	772.6	3.1
四　川	232.7						251.2	
贵　州	54.2						177.9	
云　南	149.6	40.0	40.0	7.0		27.7	170.0	10.4
西　藏								
陕　西	703.2	7.0					456.1	15.7
甘　肃	425.6						2732.6	
青　海								
宁　夏	56.0	1.0				3.0	61.1	
新　疆	45.6	10.0					56.2	

单位：万元

政事业会计制度单位财务指标				执行社会非营利组织会计制度单位财务指标				
收入合计	支出合计	收支结余	行政事业单位增加值	固定资产原价	上年结余	收入合计	费用合计	社会组织单位增加值
26870.6	**26923.0**	**563.9**	**12790.7**	**229.6**	**14.7**	**550.5**	**533.3**	**205.1**
155.1	147.9	7.2	90.1					
58.7	38.6	20.1	28.3	15.6	9.4	57.1	61.8	38.1
606.4	603.6	4.8	356.8					
292.6	274.1		150.3	27.0		3.0	10.5	5.5
249.4	250.4		160.7					
2893.5	2796.3	162.0	1362.4					
552.9	552.7		415.9					
5212.8	5210.6	1.5	152.0	13.0		7.9	7.4	2.9
2136.8	2166.1	72.8	976.4					
2330.8	2356.0	14.1	1280.5	31.3		274.3	232.3	45.8
1686.8	1747.5	98.9	1164.8	50.0		18.0	18.0	8.0
663.7	660.0	-5.5	360.7	4.8		30.0	50.0	9.3
209.4	204.4	1.0	115.6	2.0	4.3	10.0	12.6	5.2
318.3	280.7		119.6			3.0	3.0	
2182.4	2195.2		1671.6					
165.2	174.2		117.5					
1486.4	1481.3	-0.2	891.9					
1168.2	1161.4	-4.0	563.3					
1803.0	1742.4	298.2	794.8	15.0		14.0	3.0	2.5
198.7	203.6	0.1	131.4	0.5				
			0.1					
555.5	702.9	-111.9	324.6			18.0	18.0	13.0
437.9	401.8		231.7	8.0		5.0	5.0	1.0
70.1	69.3		30.2	9.0		33.0	32.0	24.0
146.6	155.0	4.8	110.0	5.5	1.0	21.6	20.1	11.9
808.2	804.5		675.3	20.3		26.9	30.9	27.9
348.5	401.3		424.3	10.8		10.0	10.0	1.3
53.7	65.7		44.3	15.0		18.7	18.7	8.7
79.0	75.5		45.6	1.8				

C-75 在编制部门登记的

地 区	单位数	年末职工人数		受教育程度情况	
			女性	大学专科	大学本科及以上
全 国	**991**	**5425**	**3678**	**2203**	**1199**
北 京	8	38	27	12	25
天 津					
河 北	39	357	258	107	42
山 西	27	154	104	92	21
内蒙古	18	87	53	32	32
辽 宁	72	478	338	234	152
吉 林	50	328	208	75	59
黑龙江	44	199	131	76	39
上 海	15	93	71	26	45
江 苏	49	273	209	82	86
浙 江	46	203	152	75	66
安 徽	41	268	148	83	32
福 建	18	55	36	23	15
江 西	36	135	106	36	5
山 东	73	620	393	310	182
河 南	18	128	87	52	19
湖 北	68	441	319	207	77
湖 南	59	339	234	170	61
广 东	54	332	235	126	71
广 西	40	141	87	71	14
海 南	1	2			2
重 庆	24	118	83	61	50
四 川	27	119	81	61	13
贵 州	7	26	17	14	1
云 南	34	84	53	47	9
西 藏					
陕 西	62	326	219	99	60
甘 肃	46	56	14	16	18
青 海					
宁 夏	9	10	2	3	2
新 疆	6	15	13	13	1

婚姻登记服务单位

单位:个、人

职业资格水平		年龄结构			
助理社会工作师	社会工作师	35岁及以下	36岁至45岁	46岁至55岁	56岁及以上
72	**50**	**2781**	**2051**	**553**	**40**
		20	15	3	
	4	189	131	34	3
1	2	89	53	12	
		35	40	12	
10	2	272	146	58	2
4	3	145	139	40	4
2		109	68	22	
3	5	57	21	12	3
8	2	148	87	35	3
4	2	122	70	11	
4	2	118	123	27	
1	1	27	26	2	
		55	60	12	8
7	2	271	263	82	4
3	11	103	21	4	
5	1	202	187	49	3
9	1	190	116	30	3
4	6	170	125	36	1
3	2	55	72	13	1
		2			
		61	44	13	
	1	70	41	8	
		11	11	3	1
4	3	40	40	4	
		173	123	28	2
		37	17	1	1
		4	6		
		6	6	2	1

C–75 续表

地　区	增加值合计	执行企业会计制度单位财务指标					执行行	
		固定资产原价	营业收入	费用合计	营业利润	企业单位增加值	固定资产原价	上年结余
全　国	**11723.0**	**482.9**	**171.2**	**80.8**	**0.4**	**79.8**	**14775.1**	**805.5**
北　京	90.1						52.2	
天　津								
河　北	349.8	19.2	51.3	32.4	0.4	27.9	288.3	3.5
山　西	147.2						114.4	
内蒙古	152.1	5.5					68.9	
辽　宁	1270.7	13.3					1025.2	18.1
吉　林	409.7						118.0	1.0
黑龙江	141.1	15.0				1.0	144.5	
上　海	976.4						789.5	185.3
江　苏	1112.2						632.0	51.0
浙　江	1135.6						4436.4	154.2
安　徽	315.5						523.6	21.2
福　建	92.1						59.0	1.0
江　西	128.5	9.9	41.8	42.4		27.1	176.9	1.2
山　东	1671.6						2532.6	34.4
河　南	95.2						62.6	
湖　北	885.4						942.2	-18.0
湖　南	557.3						383.3	-10.1
广　东	771.9	297.0				0.2	552.9	338.4
广　西	128.7	3.0	3.1			3.1	258.1	-4.1
海　南	0.1						2.0	
重　庆	294.1	90.0	55.0				763.1	2.3
四　川	137.2						201.5	
贵　州	18.2						60.7	
云　南	140.1	30.0	20.0	6.0		20.5	113.5	10.4
西　藏								
陕　西	649.9						424.4	15.7
甘　肃	7.5						16.1	
青　海								
宁　夏	4.6							
新　疆	40.2						33.2	

单位：万元

政事业会计制度单位财务指标				执行社会非营利组织会计制度单位财务指标				
收入合计	支出合计	收支结余	行政事业单位增加值	固定资产原价	上年结余	收入合计	费用合计	社会组织单位增加值
19686.8	**19793.7**	**521.3**	**11630.0**	**13.5**	**1.0**	**33.1**	**31.6**	**13.2**
155.1	147.9	7.2	90.1					
544.4	543.1	4.8	321.9					
267.7	267.7		147.2					
223.9	223.9		152.1					
2699.5	2607.3	162.0	1270.7					
543.7	543.5		409.7					
197.7	195.5	1.5	140.1					
2136.8	2166.1	72.8	976.4					
1840.6	1860.8	14.1	1112.2					
1649.1	1709.8	98.9	1135.6					
572.0	568.3	-5.5	315.5					
149.2	149.2	1.0	92.1					
239.4	217.1		101.4			3.0	3.0	
2182.4	2195.2		1671.6					
132.8	141.8		95.2					
1407.4	1402.3	-0.2	885.4					
1125.3	1119.7	-4.0	557.3					
1666.4	1619.9	283.6	771.7					
162.7	162.9	-4.9	125.6					
			0.1					
506.3	655.8	-114.8	294.1					
282.9	294.5		137.2	3.0		0.5	0.5	
32.1	31.3		18.2					
117.8	126.2	4.8	107.7	5.5	1.0	19.6	18.1	11.9
769.8	766.1		649.9					
17.8	17.8		6.2	5.0		10.0	10.0	1.3
6.6	6.6		4.6					
57.4	53.4		40.2					

C-76 在民政部门登记的

地区	单位数	年末职工人数		受教育程度情况	
			女性	大学专科	大学本科及以上
全国	**1102**	**2313**	**1101**	**686**	**130**
北京					
天津	11	89	67	37	21
河北	5	32	20	6	6
山西	19	63	58	4	3
内蒙古	3	15	12	10	1
辽宁	10	73	44	25	24
吉林	1	5	4		
黑龙江	14	42	31	17	2
上海					
江苏	16	130	85	54	20
浙江	3	13	8	4	1
安徽	10	50	32	17	5
福建	11	35	29	5	1
江西	19	60	49	2	1
山东					
河南	4	28	17	8	
湖北	22	24	13	11	1
湖南	5	21	17	13	1
广东	15	51	35	16	3
广西	6	20	9	9	1
海南					
重庆	4	14	6	4	4
四川	8	32	21	14	1
贵州	70	105	42	52	2
云南	26	68	31	34	3
西藏					
陕西	13	38	24	15	1
甘肃	705	1187	420	257	22
青海					
宁夏	90	98	20	59	3
新疆	12	20	7	13	3

婚姻登记服务单位

单位：个、人

职业资格水平		年龄结构			
助理社会工作师	社会工作师	35岁及以下	36岁至45岁	46岁至55岁	56岁及以上
6	**4**	**1195**	**816**	**252**	**50**
		50	22	17	
		20	10	2	
		25	35	3	
		5	9	1	
		39	28	6	
			3	2	
		21	18	3	
	2	80	36	13	1
		3	8	2	
		18	21	11	
		20	14	1	
		24	33	3	
		24	3	1	
		4	13	7	
		14	5	2	
		28	21	2	
1	1	13	7		
3		7	4	2	1
		15	13	4	
		41	55	9	
2		41	21	6	
		24	9	5	
	1	655	338	146	48
		20	74	4	
		4	16		

C-76 续表

地 区	增加值合计	执行企业会计制度单位财务指标					执行行	
		固定资产原价	营业收入	费用合计	营业利润	企业单位增加值	固定资产原价	上年结余
全 国	**1371.9**	**212.1**	**658.7**	**563.9**	**24.9**	**184.7**	**3895.5**	**46.9**
北 京								
天 津	207.3	76.9	408.2	383.0	23.2	140.9	19.8	13.5
河 北	13.6						84.0	
山 西	8.2						2.0	
内蒙古		50.0					0.5	
辽 宁	80.2	4.0	6.5	5.8	0.2	3.5	49.0	
吉 林								
黑龙江	14.7	6.0	1.1	1.0			23.0	
上 海								
江 苏	231.0	31.2	130.3	88.1	1.5	24.3	57.6	5.0
浙 江	12.3						4.0	
安 徽	42.2						196.9	
福 建	28.6	1.0	2.6				53.8	
江 西	18.2						142.4	
山 东								
河 南	22.3						82.9	
湖 北	6.5						16.5	
湖 南	6.0						32.0	
广 东	25.6	5.0					70.5	19.5
广 西	4.9						16.6	8.1
海 南								
重 庆	49.3	10.0	90.0	85.0		5.8	9.5	0.8
四 川	52.1						49.7	
贵 州	36.0						117.2	
云 南	9.5	10.0	20.0	1.0		7.2	56.5	
西 藏								
陕 西	42.0	7.0					18.5	
甘 肃	418.1						2716.5	
青 海								
宁 夏	42.7	1.0				3.0	61.1	
新 疆	0.6	10.0					15.0	

单位：万元

政事业会计制度单位财务指标				执行社会非营利组织会计制度单位财务指标				
收入合计	支出合计	收支结余	行政事业单位增加值	固定资产原价	上年结余	收入合计	费用合计	社会组织单位增加值
6718.5	**6713.7**	**42.6**	**1004.0**	**198.1**	**13.7**	**496.7**	**479.0**	**183.2**
58.7	38.6	20.1	28.3	15.6	9.4	57.1	61.8	38.1
13.3	13.3		13.6					
24.9	6.4		2.7	27.0		3.0	10.5	5.5
4.5	5.5							
178.0	174.0		76.7					
3.0	3.0							
5012.1	5012.1		11.8	13.0		7.9	7.4	2.9
341.3	346.3		160.9	31.3		274.3	232.3	45.8
9.1	9.1		4.3	50.0		18.0	18.0	8.0
35.0	35.0		32.9	4.8		30.0	50.0	9.3
52.7	47.7		23.4		4.3	10.0	10.6	5.2
78.9	63.6		18.2					
32.4	32.4		22.3					
79.0	79.0		6.5					
42.9	41.7		6.0					
136.6	122.5	14.6	23.1	15.0		14.0	3.0	2.5
36.0	40.7	5.0	4.9	0.5				
49.2	47.1	2.9	30.5			18.0	18.0	13.0
56.4	56.4		51.1	5.0		4.5	4.5	1.0
38.0	38.0		12.0	9.0		33.0	32.0	24.0
28.8	28.8		2.3					
20.9	20.9		14.1	20.3		26.9	30.9	27.9
330.7	383.5		418.1	4.8				
47.1	59.1		39.7					
9.0	9.0		0.6	1.8				

C-77 未登记的婚姻

地区	单位数	年末职工人数		受教育程度情况	
			女性	大学专科	大学本科及以上
全国	**106**	**302**	**205**	**79**	**17**
北京					
天津					
河北	8	58	48	14	
山西	1	3	1	2	
内蒙古	3	5	5	5	
辽宁	2	7	7	2	5
吉林	3	3	3	3	
黑龙江	1	4	2	3	
上海					
江苏	4	28	26	10	1
浙江	2	6	6	2	1
安徽	8	25	17	5	
福建	5	13	9	1	
江西					
山东					
河南					
湖北					
湖南					
广东					
广西	9	36	26	18	5
海南					
重庆	1	4	3	2	
四川	46	49	14	2	1
贵州					
云南	1	3	3		
西藏					
陕西	2	10	8	5	1
甘肃	1	3	1	1	
青海					
宁夏	1	3	3	1	2
新疆	8	42	23	3	1

登记服务单位

单位：个、人

职业资格水平		年龄结构			
助理社会工作师	社会工作师	35岁及以下	36岁至45岁	46岁至55岁	56岁及以上
	3	**160**	**111**	**29**	**2**
	3	38	16	4	
			3		
		1	3	1	
		5	2		
		2	1		
		3	1		
		15	11	2	
		5	1		
		8	12	5	
		4	5	4	
		17	13	5	1
		3	1		
		27	20	2	
		3			
		7	2	1	
		1	1	1	
		2	1		
		19	18	4	1

C-77 续表

地 区	增加值合计	执行企业会计制度单位财务指标					执行行	
		固定资产原价	营业收入	费用合计	营业利润	企业单位增加值	固定资产原价	上年结余
全 国	**350.9**	**181.8**	**366.8**	**193.7**	**38.3**	**185.5**	**164.1**	**2.0**
北 京								
天 津								
河 北	42.7	12.0	33.9	7.0		21.4	12.1	
山 西	0.4						10.0	
内蒙古	8.6							
辽 宁	16.9	9.5	31.4	29.8		1.9		2.0
吉 林	6.2							
黑龙江	0.1						2.0	
上 海								
江 苏	90.9	20.0	131.0	65.0	21.0	83.5	5.0	
浙 江	24.9						5.3	
安 徽	12.3						86.0	
福 建	0.1	3.0					2.0	
江 西								
山 东								
河 南								
湖 北								
湖 南								
广 东								
广 西	79.6	47.3	115.5	91.9	17.3	78.7	20.5	
海 南								
重 庆		90.0	55.0					
四 川	43.4							
贵 州								
云 南								
西 藏								
陕 西	11.3						13.2	
甘 肃								
青 海								
宁 夏	8.7							
新 疆	4.8						8.0	

单位：万元

政事业会计制度单位财务指标				执行社会非营利组织会计制度单位财务指标				
收入合计	支出合计	收支结余	行政事业单位增加值	固定资产原价	上年结余	收入合计	费用合计	社会组织单位增加值
465.3	**415.6**		**156.7**	**18.0**		**20.7**	**22.7**	**8.7**
48.7	47.2		21.3					
			0.4					
21.0	21.0		8.6					
16.0	15.0		15.0					
6.2	6.2		6.2					
3.0	3.0		0.1					
148.9	148.9		7.4					
28.6	28.6		24.9					
56.7	56.7		12.3					
7.5	7.5		0.1	2.0			2.0	
			0.9					
98.6	50.9		43.4					
						2.0	2.0	
17.5	17.5		11.3					
				1.0				
				15.0		18.7	18.7	8.7
12.6	13.1		4.8					

C-78 殡葬服务

地　区	单位数	年末职工人数	女性	受教育程度情况	
				大学专科	大学本科及以上
全　国	**3896**	**74050**	**21102**	**17047**	**5098**
北　京	50	1748	574	468	251
天　津	28	910	233	234	153
河　北	189	3598	883	615	202
山　西	41	571	166	118	56
内蒙古	127	1901	483	390	133
辽　宁	219	4461	1323	1314	461
吉　林	85	1668	474	441	129
黑龙江	151	3025	897	963	365
上　海	79	3311	1276	454	144
江　苏	244	4792	1355	869	254
浙　江	226	3324	709	730	240
安　徽	176	2927	848	564	82
福　建	157	2722	622	301	67
江　西	122	1842	427	226	31
山　东	168	3353	776	1135	383
河　南	237	5682	1675	1590	333
湖　北	128	3247	1010	1028	210
湖　南	155	2091	597	878	191
广　东	265	7426	1784	1109	431
广　西	68	1501	448	286	81
海　南	15	327	75	35	9
重　庆	113	1832	586	425	155
四　川	241	3168	1017	898	254
贵　州	111	2589	973	665	138
云　南	121	1524	480	318	77
西　藏	3	23	4		1
陕　西	100	2083	543	286	69
甘　肃	58	593	182	145	48
青　海	21	134	32	31	1
宁　夏	38	208	63	46	34
新　疆	160	1469	587	485	115

单位总表

单位：个、人

职业资格水平		年龄结构			
助理社会工作师	社会工作师	35岁及以下	36岁至45岁	46岁至55岁	56岁及以上
301	**192**	**25463**	**28836**	**15808**	**3943**
7	6	498	614	514	122
2	4	210	206	415	79
31	6	1357	1388	694	159
3	1	146	199	179	47
7	6	589	811	450	51
12	6	1716	1491	960	294
14	18	476	738	385	69
12	14	806	1258	799	162
3	1	1107	967	916	321
17	20	1253	1884	1217	438
13	12	909	1345	798	272
18	14	960	1209	623	135
2	2	940	1168	495	119
6	2	567	915	306	54
	4	1150	1316	684	203
40	5	2828	2030	688	136
17	3	1183	1256	661	147
4	2	805	821	368	97
47	21	2874	2777	1438	337
17	19	490	618	305	88
1		67	156	96	8
		592	773	337	130
9	12	1121	1346	554	147
9	3	892	1072	553	72
	2	392	594	500	38
		14	9		
2	4	615	861	475	132
		166	254	140	33
		49	68	15	2
		60	105	38	5
8	5	631	587	205	46

C-78 续表 1

地 区	火化炉数	全年处理遗体数	国际运尸数	外国人
全 国	**5123**	**4542116**	**922**	**316**
北 京	80	79955	102	80
天 津	62	59245		
河 北	339	290986	1	1
山 西	53	19722	3	
内蒙古	116	56889		
辽 宁	275	255252	4	
吉 林	115	111068		
黑龙江	232	169994		
上 海	89	111826	12	10
江 苏	443	448872		
浙 江	305	298507		
安 徽	195	264323		
福 建	183	159165	2	1
江 西	150	105918		
山 东	440	585799		
河 南	301	324048		
湖 北	277	224838		
湖 南	109	64508		
广 东	371	425565	756	187
广 西	76	59506	14	12
海 南	4	2115	14	11
重 庆	107	68413		
四 川	221	182473		
贵 州	78	49532		
云 南	300	37295	2	2
西 藏	5	676		
陕 西	69	38788		
甘 肃	32	14136		
青 海	40	5930		
宁 夏	5	3560		
新 疆	51	23212	12	12

单位:具、个、台

港澳台	侨民	穴位数	本年销售穴位数	安葬数	本年安葬数
560	**28**	**10418045**	**540764**	**7063888**	**528737**
4	4	543573	21266	413065	22095
		196651	9030	195836	10274
		211596	6682	84364	8143
1	2	21382	1856	15174	1442
		197708	10146	151660	10704
		539744	21785	450491	20694
		38000	6258	25081	6916
		160888	15035	133117	15134
2		1508970	90183	995209	62515
		1226500	53989	979422	54269
		909386	36170	708118	32688
		220393	16099	179672	20929
1		145973	17361	79975	13228
		82490	17274	69858	17245
		194624	9011	133112	15814
		180271	12004	112423	15469
		671715	22826	459399	34050
		278008	12262	91970	15064
550	19	710536	26155	409597	27297
2		169135	19182	127623	11746
	3	71447	2986	35645	1672
		287189	17186	172579	16943
		717707	32213	372182	32544
		264061	14707	94014	13315
		182375	10583	79149	9732
		214390	12912	196623	13847
		56466	3745	34038	3605
		2084	644	1463	113
		286204	3479	24256	4365
		128579	17735	238773	16885

C-78 续表 2

地区	增加值合计	执行企业会计制度单位财务指标					执行行	
		固定资产原价	营业收入	费用合计	营业利润	企业单位增加值	固定资产原价	上年结余
全国	**651563.6**	**527053.8**	**466733.4**	**213350.9**	**78197.0**	**171687.0**	**1327636.4**	**57585.8**
北京	28329.7	13329.6	21992.7	14395.1	2865.7	6249.7	74213.1	484.5
天津	14922.4	3402.0	4842.0	1554.0	2054.0	2235.9	26555.5	1443.9
河北	14148.7	288.0	252.0	193.0	-64.0	10.7	55992.1	527.6
山西	3418.2	629.0	45.9	81.7	-15.0	24.4	16551.7	-84.7
内蒙古	9099.9	4088.7	2699.2	2134.9	67.3	508.4	18015.6	1455.6
辽宁	29899.6	32783.2	18944.5	10369.3	2010.5	5385.7	72612.3	1881.2
吉林	7904.4	676.4	4380.5	6978.8	62.1	975.9	28970.0	150.8
黑龙江	18051.1	18245.7	5695.7	4684.6	1336.0	4645.9	46502.8	373.0
上海	60413.1	175093.1	199346.8	71214.4	42650.5	59389.9	1103.8	1692.1
江苏	43440.5	20164.6	18994.6	9161.1	3998.1	5555.0	123376.6	15478.7
浙江	36506.7	13493.0	38113.7	8493.3	2049.9	4238.6	90408.1	4840.1
安徽	14377.5	7766.9	5118.5	3244.2	334.0	1616.3	38146.1	973.3
福建	19205.6	37349.7	22625.2	11407.7	4069.3	8952.7	32803.4	1004.8
江西	7958.3	4554.6	756.0	461.6	24.2	133.8	37685.3	1470.7
山东	23922.5	4476.2	2334.3	1870.5	246.1	962.8	73995.4	620.2
河南	12510.3	10453.5	5574.1	3945.1	255.3	1455.3	48427.5	1676.1
湖北	12867.9	3875.6	6227.7	2647.3	913.3	2200.8	61872.0	1299.3
湖南	10307.8	17584.8	4132.4	2893.0	-150.2	813.0	44404.3	87.2
广东	78761.9	30286.6	28540.7	11136.4	8846.6	13184.2	249798.7	9711.4
广西	11243.1	12781.7	11812.6	3777.8	622.5	3220.0	27268.6	3664.9
海南	9716.6	12368.7	3681.6	1876.9	145.0	9405.1	509.0	96.1
重庆	7853.4	17070.7	4571.7	3474.3	126.6	1000.2	36841.5	1524.2
四川	134504.6	19714.3	9857.4	6195.5	420.1	24254.9	50396.1	1443.9
贵州	13114.7	28158.1	18315.7	8362.5	3359.7	8203.9	16062.1	1644.6
云南	9648.2	8159.8	2313.1	1473.5	-73.0	508.0	18512.4	615.0
西藏	180.0						1665.8	
陕西	6973.1	13222.0	15339.3	15078.1	1653.1	3744.7	6871.7	118.0
甘肃	2513.5	1872.7	2484.9	709.9	80.8	238.9	4534.1	58.5
青海	603.8	719.0	174.2	160.7	2.6	50.1	995.1	
宁夏	2353.7	4200.0	2056.0	1586.7	1.2	289.4	2491.9	0.4
新疆	6812.8	10245.6	5510.4	3789.0	304.7	2232.8	20053.8	3334.4

单位：万元

政事业会计制度单位财务指标				执行社会非营利组织会计制度单位财务指标				
收入合计	支出合计	收支结余	行政事业单位增加值	固定资产原价	上年结余	收入合计	费用合计	社会组织单位增加值
1146251.0	**1109033.2**	**62228.3**	**478139.1**	**17709.5**	**260.9**	**9930.3**	**9718.8**	**1737.5**
72975.8	73624.9	347.4	22080.0					
31718.6	30554.2	1267.0	12686.5					
31616.3	29860.7	-33.0	14138.0					
14108.7	12209.5	138.1	3393.8					
16377.3	16092.1	1951.2	8591.5	350.4		5.5	5.5	
60635.1	60749.8	2691.1	24420.9	1875.7		269.0	259.0	93.0
14508.3	14656.5	-240.6	6928.5					
31930.1	30556.0	1388.5	13404.7				0.7	0.5
2766.7	3218.8	448.5	1023.2					
90061.6	76461.6	17761.7	37712.0	2543.1		3790.5	3550.9	173.5
69140.0	58432.0	12654.2	32196.1	336.6		305.0	305.0	72.0
31629.6	27829.9	2463.7	12761.2					
24665.6	19137.8	3977.9	10235.4			136.0	116.0	17.5
18189.0	17022.4	2370.4	7824.5	6.0				
47855.8	48171.8	656.4	22911.7	500.7		193.0	193.0	48.0
24267.1	23771.4	649.9	11055.0	2420.0		318.2	188.2	
45119.7	54260.6	-7842.6	10667.1					
21341.2	20864.5	499.1	9489.8	200.0	2.0	200.0	180.0	5.0
146050.9	131851.6	14141.1	65552.7	890.0		45.0	45.0	25.0
14518.4	18682.2	490.5	8023.1					
687.4	582.6	106.6	311.5					
19029.2	17408.8	411.5	6562.2	1526.0	249.9	876.5	781.0	291.0
266180.2	273404.4	1587.0	109557.7	748.0	-3.0	3164.2	3475.0	692.0
6775.5	5587.4	2543.2	4827.8	4185.0		296.5	199.9	83.0
10828.5	12384.1	1615.4	9140.2	17.0				
346.8	346.8		180.0					
6127.3	6011.0	37.1	3106.4	408.0	12.0	224.3	255.3	122.0
5842.7	5895.0	47.6	2274.6	63.0		2.9	0.1	
767.8	553.8		485.7	1359.0		84.7	80.2	68.0
2776.8	2701.4	31.0	2017.3				84.0	47.0
17413.0	16149.6	68.4	4580.0	281.0		19.0		

C-79 在工商部门

地　区	单位数	年末职工人数		受教育程度情况	
			女性	大学专科	大学本科及以上
全　国	**441**	**12005**	**4092**	**1985**	**565**
北　京	2	45	14	5	2
天　津	2	78	31	12	3
河　北	3	56	11	5	13
山　西	1	25	8		
内蒙古	8	116	23	9	1
辽　宁	20	744	298	128	67
吉　林	2	31	24	3	3
黑龙江	4	63	16	7	21
上　海	57	2595	1077	281	91
江　苏	28	387	112	97	17
浙　江	49	769	196	96	14
安　徽	11	129	55	15	1
福　建	24	911	202	81	19
江　西	8	83	25	8	5
山　东	12	197	77	45	15
河　南	22	614	167	118	2
湖　北	2	32	13	13	8
湖　南	13	184	68	69	13
广　东	33	895	274	117	37
广　西	16	339	99	46	15
海　南	5	92	19	9	
重　庆	7	123	62	19	8
四　川	33	837	308	259	105
贵　州	47	1676	670	428	84
云　南	5	80	32	24	5
西　藏					
陕　西	15	725	128	31	7
甘　肃	2	18	8	6	
青　海	3	66	20	15	
宁　夏	1	7	1	1	
新　疆	6	88	54	38	9

登记的殡葬服务单位

单位：个、人

职业资格水平		年龄结构			
助理社会工作师	社会工作师	35岁及以下	36岁至45岁	46岁至55岁	56岁及以上
37	**30**	**4075**	**4526**	**2610**	**794**
		28	8	7	2
		14	32	25	7
		36	14	4	2
				25	
	2	45	55	16	
		329	235	149	31
		1	26	3	1
		18	33	12	
2	1	883	762	707	243
3	2	70	177	90	50
	3	175	250	267	77
7		53	50	18	8
		324	351	177	59
		11	35	32	5
		86	71	26	14
		226	259	72	57
		10	17	5	
2	1	64	78	38	4
4		308	336	190	61
9	15	111	167	48	13
1		10	39	38	5
		56	40	20	7
2	5	331	323	148	35
7	1	638	704	276	58
		37	30	11	2
		145	354	179	47
		4	6	8	
		22	38	6	
		4	3		
		36	33	13	6

C-79 续表 1

地　区	火化炉数	全年处理遗体数	国际运尸数	外国人
全　国	**255**	**217046**	**14**	**11**
北　京				
天　津				
河　北	2	1179		
山　西				
内蒙古	4	1119		
辽　宁	21	13480		
吉　林	3	5794		
黑龙江	1			
上　海	38	45066	12	10
江　苏	20	20360		
浙　江	12	14526		
安　徽		234		
福　建	42	37947	2	1
江　西	8	4825		
山　东	3	2433		
河　南	10	6891		
湖　北				
湖　南	10	3317		
广　东	2	2484		
广　西	4	1060		
海　南				
重　庆	2	918		
四　川	26	25838		
贵　州	36	24824		
云　南	4	1067		
西　藏				
陕　西				
甘　肃				
青　海	4	1920		
宁　夏				
新　疆	3	1764		

单位:具、个、台

港澳台	侨民	穴位数	本年销售穴位数	安葬数	本年安葬数
3		**3827809**	**208978**	**2350049**	**169915**
		7727	220	391	185
		51003	2624	50205	2753
		8330	380	5710	409
		1472	962	1400	808
		86829	7201	64783	4681
		3818	302	4957	1635
		1710	198	938	186
2		1508356	89569	994697	62003
		124876	9738	94584	8815
		469794	19620	373415	18335
		59008	3970	34493	3750
1		60824	7132	29288	4066
		794	52	152	52
		24578	2037	14493	2058
		68830	2556	33128	2218
		1628	725	1530	695
		115626	1596	8316	1202
		378870	12571	174844	11426
		63109	7540	46840	6124
		31171	626	15154	506
		44546	816	12436	1049
		382420	16764	186203	17175
		189078	11780	69137	9610
		7935	471	2585	88
		127355	8271	123543	9114
		6450	450	5040	450
		422	422	79	79
		1250	385	1708	443

C-79 续表 2

地 区	增加值合计	执行企业会计制度单位财务指标						执行行	
		固定资产原价	营业收入	费用合计	营业利润	企业单位增加值		固定资产原价	上年结余
全 国	**101161.3**	**325469.1**	**340738.4**	**145346.5**	**59048.3**	**96879.6**		**19571.2**	**209.3**
北 京	-72.3	4183.5	979.0	674.1	-312.8	-72.3			
天 津	2235.9	3402.0	4842.0	1554.0	2054.0	2235.9			
河 北	290.9							542.0	2.0
山 西	24.4	629.0	45.9	81.7	-15.0	24.4			
内蒙古	146.2	1001.0	549.2	368.2	18.0	126.1		503.0	
辽 宁	5069.2	28684.7	16680.9	8594.7	1978.9	5035.7		838.4	
吉 林	855.8	25.4	4054.5	6746.8		855.8			
黑龙江	30.0	360.0	103.0	96.0		8.9		527.1	
上 海	46905.0	119462.5	166793.3	60801.4	35367.8	46899.8		130.3	
江 苏	2446.2	10734.1	9958.1	5108.5	1567.6	2267.9		1410.2	
浙 江	4589.3	9980.2	36378.2	7195.2	1629.7	3164.6		5683.2	89.0
安 徽	815.7	4414.4	3070.9	1690.2	207.4	815.7			
福 建	7862.6	27329.4	18177.4	8284.1	3700.1	7721.7		544.0	
江 西	84.9	1517.0	521.6	331.6	4.2	77.7		180.0	
山 东	849.1	4095.2	2054.3	1792.1	157.1	849.1			
河 南	1188.5	5391.2	3205.6	2356.7	55.0	773.2		808.0	
湖 北	110.3	861.0	715.0	609.1	-51.0	85.6		53.0	
湖 南	823.7	12003.2	1246.4	1075.7	-155.2	205.2		4229.0	
广 东	11950.1	20305.5	25536.2	8962.7	8580.9	11784.9		1800.0	
广 西	1525.0	10362.7	6486.2	1919.9	353.8	1513.3		233.5	
海 南	26.8	4659.7	1379.0	843.9		26.8			
重 庆	292.3	4871.0	426.1	319.0	10.3	274.7		170.0	
四 川	1865.6	11918.9	8128.0	5063.1	144.5	1160.6		20.0	
贵 州	7680.8	23969.9	16885.7	7636.0	3272.0	7669.6		280.0	
云 南	163.0	955.0	724.8	414.8	-89.9	116.6		310.3	0.3
西 藏									
陕 西	1829.6	5242.2	8290.1	9909.4	378.3	1733.6		554.2	118.0
甘 肃	70.1	93.1	433.2	362.2	64.8	70.1			
青 海	60.5	631.0	155.0	155.0		37.4		128.0	
宁 夏	217.4	4100.0	2000.0	1586.7	1.2	217.4			
新 疆	1224.7	4286.3	918.8	813.7	126.6	1199.6		627.0	

单位：万元

政事业会计制度单位财务指标				执行社会非营利组织会计制度单位财务指标				
收入合计	支出合计	收支结余	行政事业单位增加值	固定资产原价	上年结余	收入合计	费用合计	社会组织单位增加值
13671.3	**12216.1**	**507.0**	**3592.7**	**4875.4**	**-1.0**	**1598.6**	**1761.6**	**689.0**
660.0	469.0	191.0	290.9					
187.0	187.0		20.1	14.7		1.6	1.6	
349.7	7.3		33.5	1583.7		10.0		
1000.1	850.0		21.1					
86.9	90.8		5.2					
696.5	683.5	27.0	178.3					
7120.8	5486.0	120.5	1424.7					
201.0	195.9		140.9					
50.0	50.0		7.2					
699.3	692.0		415.3	2370.0		260.0	130.0	
58.0	57.0		24.7					
1187.0	1070.6	116.4	618.5	200.0	2.0	180.0	160.0	
121.9	72.4	51.8	165.2					
140.0	1360.0		11.7					
12.6	10.8		17.6					
152.0	115.0		16.0	707.0	-3.0	1147.0	1470.0	689.0
11.7			11.2					
70.8	70.8	0.3	46.4					
516.0	398.0		96.0					
3.0	3.0							
28.0	28.0		23.1					
319.0	319.0		25.1					

C-80 在编制部门

地区	单位数	年末职工人数		受教育程度情况	
			女性	大学专科	大学本科及以上
全　国	**2918**	**54537**	**14529**	**14154**	**4244**
北　京	48	1703	560	463	249
天　津	25	821	201	222	150
河　北	169	3202	742	596	185
山　西	39	527	154	118	56
内蒙古	88	1413	381	353	119
辽　宁	172	3443	949	1116	365
吉　林	80	1606	441	436	126
黑龙江	139	2894	861	928	338
上　海	22	716	199	173	53
江　苏	158	2987	720	718	233
浙　江	173	2531	511	629	223
安　徽	130	2549	731	503	76
福　建	110	1516	350	212	46
江　西	110	1725	392	212	26
山　东	153	3132	687	1083	364
河　南	195	4628	1388	1420	318
湖　北	121	3191	992	1007	199
湖　南	123	1672	438	790	164
广　东	177	6062	1419	954	386
广　西	50	1085	317	229	61
海　南	7	185	43	20	9
重　庆	60	787	219	265	85
四　川	180	2247	670	623	146
贵　州	41	636	214	190	28
云　南	94	779	198	262	65
西　藏	2	22	4		1
陕　西	67	1201	374	246	62
甘　肃	34	430	130	119	41
青　海	3	20	4	4	
宁　夏	26	118	34	45	34
新　疆	122	709	206	218	36

登记的殡葬服务单位

单位:个、人

职业资格水平		年龄结构			
助理社会工作师	社会工作师	35岁及以下	36岁至45岁	46岁至55岁	56岁及以上
250	**155**	**19011**	**21099**	**11654**	**2773**
7	6	470	606	507	120
2	4	194	172	384	71
31	6	1189	1226	650	137
3	1	139	190	151	47
5	4	437	574	355	47
9	4	1282	1158	765	238
14	18	468	695	375	68
12	14	778	1190	771	155
1		224	205	209	78
10	18	845	1134	777	231
13	9	723	1085	528	195
9	12	851	1043	548	107
2	2	523	658	283	52
6	2	552	858	268	47
	4	1048	1237	658	189
40	5	2411	1570	568	79
17	3	1166	1230	648	147
2	1	677	657	275	63
42	21	2380	2245	1176	261
8	4	339	425	249	72
		45	99	39	2
		201	351	154	81
6	7	782	963	395	107
2	2	178	260	191	7
	2	311	248	186	34
		14	8		
2	4	431	432	257	81
		98	189	115	28
		8	6	4	2
		32	51	30	5
7	2	215	334	138	22

C-80 续表 1

地　区	火化炉数	全年处理遗体数	国际运尸数	
				外国人
全　国	**4548**	**4159653**	**908**	**305**
北　京	80	79955	102	80
天　津	62	59245		
河　北	321	273213	1	1
山　西	53	19722	3	
内蒙古	98	54146		
辽　宁	248	235827	4	
吉　林	110	102231		
黑龙江	223	166429		
上　海	51	66760		
江　苏	390	383047		
浙　江	293	283981		
安　徽	188	256558		
福　建	117	107305		
江　西	136	99525		
山　东	437	583366		
河　南	256	288482		
湖　北	274	223241		
湖　南	99	61191		
广　东	350	413459	756	187
广　西	69	55442	14	12
海　南	4	2115	14	11
重　庆	87	54251		
四　川	190	155119		
贵　州	30	20854		
云　南	233	34502	2	2
西　藏	5	676		
陕　西	69	38757		
甘　肃	32	14136		
青　海	6	2892		
宁　夏	5	3220		
新　疆	32	20006	12	12

单位:具、个、台

港澳台	侨民	穴位数	本年销售穴位数	安葬数	本年安葬数
557	**28**	**4797648**	**246933**	**3671802**	**278789**
4	4	535846	21046	412674	21910
		133323	5603	137814	6745
		176675	4048	60350	4397
1	2	21101	1791	15109	1377
		102292	6550	81957	7310
		401385	13209	356493	13524
		31782	5946	20023	5273
		158404	14714	131842	14835
		614	614	512	512
		466788	20801	323600	23399
		418007	15638	320725	13641
		132838	9101	121055	14174
		66736	7222	42884	6996
		79675	17211	68474	15972
		163522	6858	112881	13640
		98453	8719	70142	12306
		667943	21603	457249	33010
		118485	7620	63990	11383
550	19	231914	8444	197279	8795
2		91026	5749	74658	5106
	3	23386	1008	20237	1145
		56226	2875	50739	2570
		311297	14324	175315	14250
		14938	464	10988	1291
		73674	5232	31269	4653
		71273	4017	65264	3777
		12714	1085	11329	1568
				50	50
		24532	1387	10236	1255
		112799	14054	226664	13925

C-80 续表 2

地区	增加值合计	执行企业会计制度单位财务指标					执行行	
		固定资产原价	营业收入	费用合计	营业利润	企业单位增加值	固定资产原价	上年结余
全国	**528382.1**	**149403.3**	**97656.8**	**51995.5**	**16566.9**	**67366.9**	**1237481.9**	**41191.6**
北京	28402.0	9146.1	21013.7	13721.0	3178.5	6322.0	74213.1	484.5
天津	11894.1						23952.7	1143.9
河北	12337.9	288.0	252.0	193.0	-64.0	10.7	50834.4	515.8
山西	3392.3						16513.7	-84.7
内蒙古	8249.2	571.0	525.0	515.7	7.3	104.4	16741.2	1435.1
辽宁	24357.3	1306.5	1460.6	1088.6	6.6	302.1	70468.1	1881.2
吉林	7024.0	103.0	141.0	119.0	62.1	119.1	28607.0	150.8
黑龙江	17871.4	17885.7	5592.7	4588.6	1336.0	4637.0	44993.9	373.0
上海	13508.1	55630.6	32553.5	10413.0	7282.7	12490.1	973.5	1692.1
江苏	34078.1	5317.5	1536.0	751.4	573.0	701.3	102781.0	2366.0
浙江	31678.6	3489.8	1598.8	1226.1	420.2	1073.4	84432.9	4751.1
安徽	11843.7	1962.0	1274.4	1220.1	146.7	546.7	33138.3	753.3
福建	10678.4	5563.4	3201.6	2346.3	269.2	822.2	28660.4	1004.8
江西	7861.0	1709.6	229.4	125.0	20.0	56.1	37195.3	1470.7
山东	23025.4	381.0	280.0	78.4	89.0	113.7	73995.4	620.2
河南	10758.1	5062.3	2243.5	1567.4	200.3	672.9	42466.9	1671.1
湖北	12550.8	936.6	5347.7	1980.6	870.7	1939.2	61750.0	1299.3
湖南	9232.5	5414.6	2521.0	1494.3	5.0	604.9	36995.3	86.5
广东	65214.1	6241.4	2054.5	1418.7	143.7	812.6	240684.3	7427.6
广西	9139.7	1873.0	3798.4	1209.9	237.7	1186.7	25575.1	3664.9
海南	9610.9	6934.0	1647.0	633.0	145.0	9300.0	494.0	96.1
重庆	5267.1						27611.9	1388.1
四川	132397.8	7150.4	1461.4	1027.6	275.6	23033.4	48994.8	1341.1
贵州	4817.6	1002.2	326.1	61.2	69.5	103.1	15147.6	1652.3
云南	9259.4	3321.8	1485.4	956.8	16.9	373.9	16940.1	611.5
西藏	175.8						1615.8	
陕西	4864.1	7979.8	7049.2	5168.7	1274.8	2011.1	6025.9	
甘肃	2181.7	15.0					4425.1	60.5
青海	451.0						851.9	
宁夏	1845.5					4.0	1796.9	0.4
新疆	4414.5	118.0	63.9	91.1	0.4	26.3	18605.4	3334.4

单位：万元

政事业会计制度单位财务指标				执行社会非营利组织会计制度单位财务指标				
收入合计	支出合计	收支结余	行政事业单位增加值	固定资产原价	上年结余	收入合计	费用合计	社会组织单位增加值
1090505.6	**1065335.9**	**47098.4**	**460907.2**	**952.7**		**2478.7**	**2439.5**	**108.0**
72975.8	73624.9	347.4	22080.0					
30163.9	29186.7	779.8	11894.1					
28536.6	26609.9	322.3	12327.2					
14039.7	12159.5	138.1	3392.3					
14973.9	14705.1	1946.2	8144.8	14.7		2.3	2.3	
59325.2	59741.3	2691.1	23972.2	287.0		239.0	239.0	83.0
14488.3	14636.5	-240.6	6904.9					
30534.0	29338.0	1386.5	13234.4					
2679.8	3128.0	448.5	1018.0					
68849.0	64966.9	3871.1	33376.8					
61729.2	52766.0	12423.7	30605.2					
29484.8	25909.5	2142.7	11297.0					
22814.0	17660.6	3933.6	9856.2			115.0	95.0	
18117.5	16950.9	2370.4	7804.9	6.0				
47855.8	48171.8	656.4	22911.7					
22242.4	21754.0	637.9	10085.2	50.0		58.2	58.2	
44836.7	53978.6	-7842.6	10611.6					
19226.2	18866.2	382.4	8627.6					
144147.6	129997.4	14064.6	64376.5	290.0		45.0	45.0	25.0
14082.4	17031.2	485.5	7953.0					
685.4	580.6	106.6	310.9					
15162.6	13995.7	115.6	5267.1					
265714.2	272922.8	1578.8	109364.4	5.0		2000.2	2000.0	
6572.0	5382.6	2557.9	4714.5					
10455.4	12010.6	1611.9	8885.5	17.0				
339.7	339.7		175.8					
5086.4	5088.1	37.1	2853.0	3.0				
5202.9	5259.4	46.1	2181.7					
725.6	511.6		451.0					
2634.6	2497.2	31.0	1841.5					
16824.0	15564.6	68.4	4388.2	280.0		19.0		

C-81 在民政部门

地区	单位数	年末职工人数		受教育程度情况		职业资格水平		
			女性	大学专科	大学本科及以上	助理社会工作师	社会工作师	35岁及以下
全国	**481**	**6914**	**2283**	**852**	**272**	**14**	**7**	**2221**
北京								
天津								
河北	16	280	104	11	3			105
山西								
内蒙古	28	358	73	24	10	2		105
辽宁	27	274	76	70	29	3	2	105
吉林	2	30	9	2				7
黑龙江	6	42	11	15	6			6
上海								
江苏	58	1418	523	54	4	4		338
浙江	3	24	2	4	3			11
安徽	34	232	61	44	4	2	2	55
福建	11	245	62	8	2			92
江西	4	34	10	6				4
山东	3	24	12	7	4			16
河南	19	417	112	46	11			175
湖北	5	24	5	8	3			7
湖南	17	227	88	18	13			62
广东	52	442	85	38	8	1		176
广西	1	26	9	8	1			21
海南	3	50	13	6				12
重庆	36	705	224	122	58			290
四川	24	70	29	15	3	1		8
贵州	23	277	89	47	26			76
云南	20	656	249	32	7			42
西藏	1	1						
陕西	16	150	39	7				37
甘肃	17	116	38	19	7			54
青海	13	38	6	12	1			14
宁夏	11	83	28					24
新疆	31	671	326	229	69	1	3	379

登记的殡葬服务单位

单位：个、人、具、台

年龄结构			火化炉数	全年处理遗体数	穴位数		安葬数	
36岁至45岁	46岁至55岁	56岁及以上				本年销售穴位数		本年安葬数
2947	**1422**	**324**	**308**	**158334**	**1640292**	**69909**	**957953**	**71746**
140	32	3	16	16594	16605	1388	10177	2390
174	75	4	14	1624	93455	2532	67814	2484
98	46	25	6	5945	51530	1375	29215	2489
17	6		2	3043				
17	13	6	5	1855				
573	350	157	33	45465	634836	23450	561238	22055
10	3				12685	442	5378	282
111	52	14	5	3175	28547	3028	24124	3005
114	31	8	21	12992	10691	1289	1561	469
22	6	2	6	1568	2021	11	1232	1221
8					6524	116	5738	116
195	47		32	28675	12988	729	9153	945
9	8		3	1597	2144	498	620	345
81	55	29			43897	3046	19664	2479
186	66	14	19	9622	87654	3992	33326	6368
5			3	3004				
18	19	1			16890	1352	254	21
290	105	20	18	13244	114300	10578	68274	10660
47	10	5	5	1516	23190	1037	10236	1031
108	86	7	12	3854	60045	2463	13889	2414
311	301	2	62	1669	99654	4735	44881	4831
1								
72	37	4			8762	616	7802	950
50	7	5			36681	2203	17622	1580
19	5		30	1118	1413	63	1413	63
51	8			340	261250	1670	13941	3031
220	54	18	16	1434	14530	3296	10401	2517

C-81 续表

地 区	增加值合计	执行企业会计制度单位财务指标					执行行	
		固定资产原价	营业收入	费用合计	营业利润	企业单位增加值	固定资产原价	上年结余
全 国	**18273.0**	**49049.4**	**26763.2**	**15313.9**	**2550.8**	**6920.1**	**61337.8**	**15651.7**
北 京								
天 津								
河 北	547.8						4470.7	9.8
山 西								
内蒙古	689.2	2511.7	1624.0	1250.0	42.0	277.9	771.4	20.5
辽 宁	473.1	2792.0	803.0	686.0	25.0	47.9	1305.8	
吉 林	3.1	548.0	185.0	113.0		1.0		
黑龙江	44.3						546.0	
上 海								
江 苏	6916.2	4113.0	7500.5	3301.2	1857.5	2585.8	19185.4	13112.7
浙 江	166.8	23.0	136.7	72.0		0.6	292.0	
安 徽	1718.1	1390.5	773.2	333.9	-20.1	253.9	5007.8	220.0
福 建	638.2	3282.9	1246.2	777.3	100.0	408.8	3562.0	
江 西	12.4	1328.0	5.0	5.0			310.0	
山 东	48.0							
河 南	544.0		125.0	21.0		9.2	4902.6	5.0
湖 北	206.8	2078.0	165.0	57.6	93.6	176.0	69.0	
湖 南	223.7	167.0	365.0	323.0		2.9	2840.0	0.7
广 东	1536.6	3739.7	907.0	712.0	122.0	586.3	7096.2	2283.8
广 西	58.4						1460.0	
海 南	78.9	775.0	655.6	400.0		78.3	15.0	
重 庆	1261.3	12199.7	4145.6	3155.3	116.3	725.5	4403.6	2.7
四 川	170.7	635.0	268.0	104.8		60.9	1265.7	3.0
贵 州	616.3	3186.0	1103.9	665.3	18.2	431.2	634.5	-7.7
云 南	225.8	3190.0	102.9	101.9		17.5	1262.0	3.2
西 藏	4.2						50.0	
陕 西	274.0						279.5	
甘 肃	261.6	1070.6	2051.7	347.7	16.0	168.8	107.0	-2.0
青 海	92.3	78.0	16.2	2.7	2.6	12.7	15.2	
宁 夏	290.8	100.0	56.0			68.0	695.0	
新 疆	1170.4	5841.3	4527.7	2884.2	177.7	1006.9	791.4	

单位：万元

政事业会计制度单位财务指标				执行社会非营利组织会计制度单位财务指标				
收入合计	支出合计	收支结余	行政事业单位增加值	固定资产原价	上年结余	收入合计	费用合计	社会组织单位增加值
36431.4	**26014.9**	**14410.7**	**10655.9**	**10933.8**	**13.9**	**5045.3**	**4824.5**	**697.0**
1224.3	1223.8	12.3	547.8					
1194.4	1178.0	5.0	411.3	321.0		1.6	1.6	
960.2	1001.2		415.2	5.0		20.0	20.0	10.0
10.0	10.0		2.1					
42.0	40.0	2.0	43.8				0.7	0.5
20516.1	10811.2	13863.6	4156.9	2543.1		3790.5	3550.9	173.5
290.0	180.0	110.0	166.2					
2144.8	1920.4	321.0	1464.2					
1589.6	1265.6		229.4					
21.5	21.5		12.4					
				500.7		193.0	193.0	48.0
1315.7	1315.7	12.0	534.8					
225.0	225.0		30.8					
910.0	909.7	0.3	215.8			20.0	20.0	5.0
1681.4	1711.8	24.7	950.3					
296.0	291.0	5.0	58.4					
2.0	2.0		0.6					
1741.7	1532.9	64.8	398.8	1526.0	1.9	394.8	413.8	137.0
185.5	226.5		106.8	35.0		17.0	5.0	3.0
191.8	204.8	-14.7	102.1	4185.0		296.5	199.9	83.0
302.3	302.7	3.2	208.3					
7.1	7.1		4.2					
519.0	519.0		152.0	405.0	12.0	224.3	255.3	122.0
636.6	632.6	1.5	92.8	63.0		2.9	0.1	
14.2	14.2		11.6	1349.0		84.7	80.2	68.0
142.2	204.2		175.8				84.0	47.0
268.0	264.0		163.5	1.0				

C-82 未登记的

地区	单位数	年末职工人数		受教育程度情况		年龄	
			女性	大学专科	大学本科及以上	35岁及以下	36岁至45岁
全　国	**56**	**594**	**198**	**56**	**17**	**156**	**264**
北　京							
天　津	1	11	1			2	2
河　北	1	60	26	3	1	27	8
山　西	1	19	4			7	9
内蒙古	3	14	6	4	3	2	8
辽　宁							
吉　林	1	1					
黑龙江	2	26	9	13		4	18
上　海							
江　苏							
浙　江	1			1			
安　徽	1	17	1	2	1	1	5
福　建	12	50	8			1	45
江　西							
山　东							
河　南	1	23	8	6	2	16	6
湖　北							
湖　南	2	8	3	1	1	2	5
广　东	3	27	6			10	10
广　西	1	51	23	3	4	19	21
海　南							
重　庆	10	217	81	19	4	45	92
四　川	4	14	10	1			13
贵　州							
云　南	2	9	1			2	5
西　藏							
陕　西	2	7	2	2		2	3
甘　肃	5	29	6	1		10	9
青　海	2	10	2			5	5
宁　夏							
新　疆	1	1	1		1	1	

殡葬类单位

单位：个、人、具、台

结构		火化炉数	全年处理遗体数	穴位数		安葬数	
46岁至55岁	56岁及以上				本年销售穴位数		本年安葬数
122	**52**	**12**	**7083**	**152296**	**14944**	**84084**	**8287**
6	1			12325	803	7817	776
8	17			9986	866	8127	947
3				281	65	65	65
4				489	102	489	102
1				2400	10	101	8
3	1	3	1710	774	123	337	113
				8900	470	8600	430
5	6	2	4356				
4		3	921	7722	1718	6242	1697
1		3					
	1						
6	1			12098	1148	4148	708
8	3			15000	5893	6125	516
58	22			72117	2917	41130	2664
1				800	88	428	88
2		1	57	1112	145	414	160
2			31	7000	8	14	6
10				621	7	47	7
				671	581		
			8				

C-82 续表

地区	增加值合计	执行企业会计制度单位财务指标					执行行	
		固定资产原价	营业收入	费用合计	营业利润	企业单位增加值	固定资产原价	上年结余
全国	**3747.2**	**3132.0**	**1575.0**	**695.0**	**31.0**	**520.4**	**9245.5**	**533.2**
北京								
天津	792.4						2602.8	300.0
河北	972.1						145.0	
山西	1.5						38.0	
内蒙古	15.3	5.0	1.0	1.0				
辽宁								
吉林	21.5						363.0	
黑龙江	105.4						435.8	
上海								
江苏								
浙江	72.0							
安徽								
福建	26.4	1174.0					37.0	
江西								
山东								
河南	19.7						250.0	
湖北								
湖南	27.9						340.0	
广东	61.1		43.0	43.0		0.4	218.2	
广西	520.0	546.0	1528.0	648.0	31.0	520.0		
海南								
重庆	1032.7						4656.0	133.4
四川	70.5	10.0					115.6	99.8
贵州								
云南		693.0						
西藏								
陕西	5.4						12.1	
甘肃	0.1	694.0					2.0	
青海		10.0	3.0	3.0				
宁夏								
新疆	3.2						30.0	

单位：万元

政事业会计制度单位财务指标				执行社会非营利组织会计制度单位财务指标				
收入合计	支出合计	收支结余	行政事业单位增加值	固定资产原价	上年结余	收入合计	费用合计	社会组织单位增加值
5642.7	**5466.3**	**212.2**	**2983.3**	**947.6**	**248.0**	**807.7**	**693.2**	**243.5**
1554.7	1367.5	487.2	792.4					
1195.4	1558.0	-558.6	972.1					
69.0	50.0		1.5					
22.0	22.0		15.3					
10.0	10.0		21.5					
354.0	328.0		105.4					
				336.6		305.0	305.0	72.0
61.0	15.7	44.3	8.9			21.0	21.0	17.5
9.7	9.7		19.7					
18.0	18.0		27.9					
100.0	70.0		60.7	600.0				
2112.3	1869.4	231.1	878.7		248.0	481.7	367.2	154.0
128.5	140.1	8.2	70.5	1.0				
5.9	5.9		5.4					
0.2			0.1					
				10.0				
2.0	2.0		3.2					

C–83 殡仪

地 区	单位数	年末职工人数		受教育程度情况	
			女性	大学专科	大学本科及以上
全 国	**1729**	**44524**	**11621**	**10486**	**2869**
北 京	12	663	162	218	74
天 津	11	534	129	125	74
河 北	154	2823	607	488	127
山 西	23	417	118	77	42
内蒙古	62	1162	297	241	81
辽 宁	101	2858	835	788	235
吉 林	43	1218	339	334	102
黑龙江	103	2482	740	806	272
上 海	15	1155	313	221	84
江 苏	94	2701	635	547	162
浙 江	74	2051	417	480	143
安 徽	72	2039	570	365	50
福 建	61	1713	389	149	32
江 西	87	1503	353	168	25
山 东	126	2813	588	988	308
河 南	115	3650	1057	1001	191
湖 北	82	2670	873	819	185
湖 南	57	1178	342	525	106
广 东	92	4493	997	604	193
广 西	30	772	201	174	36
海 南	2	84	22	13	5
重 庆	36	865	246	208	79
四 川	78	1586	417	443	100
贵 州	32	889	354	175	24
云 南	50	545	126	167	49
西 藏	2	22	4		1
陕 西	39	803	224	134	40
甘 肃	18	317	95	90	30
青 海	15	73	15	29	
宁 夏	6	49	13	7	8
新 疆	37	396	143	102	11

馆

单位:个、人

职业资格水平		年龄结构			
助理社会工作师	社会工作师	35岁及以下	36岁至45岁	46岁至55岁	56岁及以上
187	**97**	**15127**	**17423**	**9570**	**2404**
4	2	141	224	246	52
2	1	111	113	264	46
30	6	1040	1126	539	118
3	1	91	144	143	39
1	2	367	468	283	44
2	1	1060	970	606	222
13	16	330	555	276	57
11	13	649	1046	644	143
2		400	277	339	139
11	12	737	1038	701	225
8	9	572	910	448	121
8	10	699	806	451	83
2	1	565	759	298	91
6	1	456	751	250	46
	4	941	1105	591	176
22	2	1878	1256	457	59
17	3	956	1018	558	138
		456	458	219	45
27	6	1615	1738	923	217
8	3	283	277	158	54
		19	47	17	1
		265	348	173	79
4	1	539	698	274	75
5		220	427	227	15
		206	170	139	30
		14	8		
	3	280	305	173	45
		69	142	79	27
		30	30	11	2
		13	27	8	1
1		125	182	75	14

C-83续表1

地　区	火化炉数	全年处理遗体数	国际运尸数	外国人
全　国	**5123**	**4542116**	**922**	**316**
北　京	80	79955	102	80
天　津	62	59245		
河　北	339	290986	1	1
山　西	53	19722	3	
内蒙古	116	56889		
辽　宁	275	255252	4	
吉　林	115	111068		
黑龙江	232	169994		
上　海	89	111826	12	10
江　苏	443	448872		
浙　江	305	298507		
安　徽	195	264323		
福　建	183	159165	2	1
江　西	150	105918		
山　东	440	585799		
河　南	301	324048		
湖　北	277	224838		
湖　南	109	64508		
广　东	371	425565	756	187
广　西	76	59506	14	12
海　南	4	2115	14	11
重　庆	107	68413		
四　川	221	182473		
贵　州	78	49532		
云　南	300	37295	2	2
西　藏	5	676		
陕　西	69	38788		
甘　肃	32	14136		
青　海	40	5930		
宁　夏	5	3560		
新　疆	51	23212	12	12

单位:具、个、台

港澳台	侨民	穴位数	本年销售穴位数	安葬数	本年安葬数
560	**28**	**1142503**	**84706**	**735782**	**113780**
4	4	6745	486	6494	486
		36382	1914	17046	1794
		24887	2485	23123	2515
1	2				
		62894	4851	51345	4828
		22012	1444	16025	1074
		9309	3532	9500	4768
		63286	5536	58572	8445
2		117	117	117	117
		80483	2512	52140	2993
		72169	5889	47461	5477
		1385	159	6564	5891
1		54903	6709	38854	5287
		75079	15981	64262	15853
		39156	1060	30574	8382
		23260	5497	18313	5542
		70500	6905	68559	17848
		175717	5817	51407	8612
550	19	59093	1760	39830	2073
2		4044	65	3023	50
	3	18100	1008	18000	1008
		43260	1657	38317	1438
		78720	1307	10130	1311
		9055	264	2629	411
		36929	1880	9628	1422
		42722	1401	39134	1375
		7089	566	5519	532
				50	50
		12000			
		13207	3904	9166	4198

C-83 续表 2

地区	增加值合计	执行企业会计制度单位财务指标					执行行	
		固定资产原价	营业收入	费用合计	营业利润	企业单位增加值	固定资产原价	上年结余
全　国	**431623.4**	**227632.6**	**103332.7**	**53669.1**	**18351.4**	**68931.1**	**971750.7**	**23706.6**
北　京	9688.4						37479.4	43.0
天　津	7902.9						16436.6	747.3
河　北	9614.0	288.0	252.0	193.0	-64.0	10.7	44069.6	462.3
山　西	2554.4	629.0	45.9	81.7	-15.0	24.4	13531.5	54.5
内蒙古	7293.1	1651.0	839.2	692.9	22.3	244.4	15013.1	1416.5
辽　宁	17757.7	11384.1	3515.8	2434.1	54.9	1093.9	59956.1	642.5
吉　林	6561.1	548.0	4269.5	6905.8	5.0	883.9	25618.1	150.8
黑龙江	14077.1	12324.7	1451.3	2551.3	305.8	2461.5	38428.1	373.0
上　海	22053.9	83983.9	52958.4	16323.0	12328.4	22006.5	127.3	3.8
江　苏	28020.7	8686.8	2999.0	1793.7	489.7	553.8	102318.3	3376.0
浙　江	23016.0	5444.8	2113.5	1530.4	20.1	524.5	67847.5	1759.0
安　徽	9344.1	2681.1	895.3	786.0	5.0	409.2	25664.7	355.7
福　建	12467.6	25864.8	16518.4	8969.5	3338.3	7017.2	26065.3	931.4
江　西	6988.6	4195.6	678.4	375.7	24.2	117.7	24026.8	1470.7
山　东	20317.6	1001.0	411.4	212.8	89.0	208.9	64364.2	956.5
河　南	8412.4	4696.1	1068.4	509.6	103.7	322.0	43127.7	1593.6
湖　北	6211.5	1260.0	121.9	44.8	61.3	112.6	51572.4	1084.8
湖　南	7375.8	10763.7	1549.3	1260.2	-178.0	193.6	31276.5	138.0
广　东	46365.2	7103.7	2257.5	1184.0	368.0	1113.1	151068.4	3895.4
广　西	6199.5	2173.0	291.4	315.4	-59.0	122.0	21201.7	878.5
海　南	4824.4	3466.0	823.0	316.0	72.0	4631.3	295.2	42.1
重　庆	4224.9	3761.3	718.1	597.7	26.4	128.3	24824.0	330.4
四　川	127779.2	13026.4	3055.0	1285.2	131.9	23085.0	37018.0	690.4
贵　州	4888.1	12616.9	1272.3	1487.0	19.9	949.3	13103.5	1542.3
云　南	8097.8	650.0				12.7	15091.7	446.6
西　藏	175.8						1615.8	
陕　西	3694.0	5447.4	4603.9	3226.9	1177.4	1551.1	5386.0	
甘　肃	1686.6	15.0					3603.9	44.5
青　海	542.9	641.0	158.0	158.0		37.4	837.0	
宁　夏	350.8	100.0	56.0			14.0	1336.0	
新　疆	3137.3	3229.3	409.8	434.4	24.1	1102.1	9446.3	277.0

单位：万元

政事业会计制度单位财务指标				执行社会非营利组织会计制度单位财务指标				
收入合计	支出合计	收支结余	行政事业单位增加值	固定资产原价	上年结余	收入合计	费用合计	社会组织单位增加值
822614.8	**814539.3**	**28290.9**	**362353.4**	**5982.7**	**3.9**	**1393.0**	**1133.4**	**338.9**
22284.1	22670.5	483.7	9688.4					
16089.6	15371.5	506.0	7902.9					
21347.7	21042.4	303.4	9603.3					
9762.4	7977.8	38.5	2530.0					
12918.7	12042.3	1916.2	7048.7	335.7		3.2	3.2	
41551.9	42545.8	1116.7	16580.8	287.0		239.0	239.0	83.0
9915.9	10110.4	-46.1	5677.2					
25046.8	24194.5	977.4	11615.2				0.5	0.4
91.8	218.6		47.4					
53976.9	49017.7	5879.5	27466.9					
47309.2	41472.5	7106.3	22491.5					
19052.5	17408.1	1434.3	8934.9					
14206.0	12463.7	1125.4	5450.4			115.0	95.0	
14581.1	13411.3	2370.0	6870.9					
39875.4	40209.4	615.6	20108.7					
18598.4	18284.2	471.1	8090.4	420.0		188.2	58.2	
30065.0	40656.4	-9506.6	6098.9					
16975.7	16556.6	491.3	7182.2	200.0	2.0	180.0	160.0	
102035.9	94410.9	8525.3	45227.1	290.0		45.0	45.0	25.0
11375.2	12028.4	145.6	6077.5					
335.2	238.3	96.9	193.1					
12248.9	11506.1	-358.8	3959.6	1526.0	1.9	394.8	413.8	137.0
251732.3	259060.6	790.8	104692.7	35.0		13.5	1.5	1.5
5223.6	4236.1	2332.7	3914.8	1260.0		110.6	37.0	24.0
8473.3	10224.9	1393.0	8085.1					
339.7	339.7		175.8					
3881.6	3912.9	20.8	2142.9					
3769.7	3706.4	30.9	1686.6					
712.0	498.0		437.5	1349.0		84.7	80.2	68.0
860.6	827.6	31.0	336.8					
7977.7	7895.7		2035.2	280.0		19.0		

C-84 公

地 区	单位数	年末职工人数		受教育程度情况	
			女性	大学专科	大学本科及以上
全 国	**1266**	**21498**	**7408**	**4134**	**1312**
北 京	33	985	372	207	133
天 津	7	236	78	51	30
河 北	17	409	161	80	51
山 西	6	61	16	9	8
内蒙古	31	500	120	67	19
辽 宁	65	1177	362	366	135
吉 林	11	137	47	35	12
黑龙江	36	414	114	125	58
上 海	53	2115	950	211	56
江 苏	111	1857	659	212	60
浙 江	101	964	231	133	41
安 徽	78	728	236	146	20
福 建	33	395	101	35	8
江 西	12	151	30	19	
山 东	35	490	175	132	59
河 南	42	924	289	252	29
湖 北	38	464	109	196	19
湖 南	42	482	178	153	37
广 东	93	1752	561	247	107
广 西	21	543	194	64	32
海 南	8	160	36	18	1
重 庆	51	806	299	137	48
四 川	102	1214	476	348	129
贵 州	50	1491	573	396	97
云 南	32	805	308	74	9
西 藏	1	1			
陕 西	37	1074	256	92	16
甘 肃	28	199	66	39	7
青 海	5	57	15	1	1
宁 夏	11	83	27	9	3
新 疆	76	824	369	280	87

墓

单位:个、人

职业资格水平		年龄结构			
助理社会工作师	社会工作师	35岁及以下	36岁至45岁	46岁至55岁	56岁及以上
64	**49**	**7178**	**8393**	**4660**	**1267**
3	3	314	365	245	61
		63	60	92	21
1		176	143	63	27
		28	19	13	1
		134	246	115	5
7	2	506	358	270	43
1	2	62	35	37	3
1	1	127	176	97	14
	1	700	678	558	179
4	6	456	756	440	205
1	3	214	318	288	144
10	2	227	339	127	35
	1	130	173	81	11
		63	73	13	2
		192	190	81	27
3		333	412	117	62
		180	193	82	9
2	1	175	178	89	40
13	1	688	660	327	77
9	16	155	271	93	24
1		33	60	60	7
		270	342	146	48
3	5	456	483	217	58
2	1	594	565	278	54
		110	365	326	4
			1		
2	1	253	475	269	77
		75	83	36	5
		17	36	4	
		23	47	11	2
1	3	424	293	85	22

C-84 续表 1

地 区	增加值合计	执行企业会计制度单位财务指标				
		固定资产原价	营业收入	费用合计	营业利润	企业单位增加值
全 国	**174004.7**	**288595.2**	**359643.1**	**157707.6**	**59022.1**	**96550.5**
北 京	16502.6	13329.6	21992.7	14395.1	2865.7	6249.7
天 津	5236.2	3402.0	4842.0	1554.0	2054.0	2235.9
河 北	2518.9					
山 西	607.9					
内蒙古	1205.5	2147.7	1825.0	1423.0	45.0	263.8
辽 宁	10614.0	18226.4	15086.3	7716.5	1899.6	4177.6
吉 林	535.1	128.4	111.0	73.0	57.1	92.0
黑龙江	3400.3	5921.0	4244.4	2133.3	1030.2	2184.4
上 海	37434.5	91109.2	146388.4	54891.4	30322.1	37383.4
江 苏	13733.1	11477.8	15995.6	7367.4	3508.4	5001.2
浙 江	10974.4	8048.2	36000.2	6962.9	2029.8	3714.1
安 徽	4367.4	4982.9	3792.1	1981.1	187.3	1042.5
福 建	1455.6	10875.9	5053.8	2118.8	279.6	1287.9
江 西	726.1	338.0	67.8	76.9		15.2
山 东	3376.4	3475.2	1922.9	1657.7	157.1	753.9
河 南	2657.8	5757.4	4505.7	3435.5	151.6	1133.3
湖 北	4824.8	2615.6	6105.8	2602.5	852.0	2088.2
湖 南	1796.1	6806.1	2583.1	1632.8	27.8	619.4
广 东	24052.0	22143.9	26017.2	9670.4	8486.6	11955.5
广 西	4041.2	10608.7	11521.2	3462.4	681.5	3098.0
海 南	173.9	5434.7	2034.6	1243.9		105.1
重 庆	2998.0	13309.4	3853.6	2876.6	100.2	871.9
四 川	5478.0	6606.0	6722.4	4910.3	288.2	1149.9
贵 州	7618.1	15471.2	17043.4	6875.5	3339.8	7240.5
云 南	1025.7	7468.8	2313.1	1473.5	-73.0	495.3
西 藏	4.2					
陕 西	2272.3	5955.1	10143.0	11632.6	375.7	1826.7
甘 肃	535.8	1857.7	2464.9	700.9	80.8	238.8
青 海	47.4	78.0	16.2	2.7	2.6	12.7
宁 夏	1660.4	4100.0	2000.0	1586.7	1.2	271.4
新 疆	2131.0	6920.3	4996.7	3250.2	271.2	1042.2

单位：万元

执行行政事业会计制度单位财务指标					
固定资产原价	上年结余	收入合计	支出合计	收支结余	行政事业单位增加值
216539.7	**31480.0**	**242476.7**	**217487.0**	**31214.4**	**76057.1**
22756.2	441.5	46051.5	44589.9	1487.2	10252.9
6551.2	688.0	11148.0	10745.0	703.0	3000.3
3789.2	65.3	5756.0	4960.2	-336.9	2518.9
2577.0	-149.0	3912.1	3799.5	97.6	607.9
1227.6	16.0	2673.0	3071.1	22.0	941.7
11138.8	1234.0	16718.8	16184.7	1572.0	6426.4
730.7		2216.5	1958.0		443.1
4739.9		4410.3	3811.9	409.7	1215.8
132.6	287.2	21.5	333.1		51.1
19083.3	13156.3	30650.9	22921.6	12449.3	8558.4
19565.5	2886.1	16672.1	12210.7	5267.4	7188.3
10696.2	653.8	11755.6	9592.4	1038.9	3324.9
1139.5	0.5	3023.8	2081.8	118.5	150.2
12269.2		2490.2	2490.2		710.9
8759.3	-336.3	7713.8	7695.8	40.8	2574.5
3963.3	10.8	3509.0	3333.4	172.5	1524.5
8799.6	214.5	12404.2	10953.7	1664.0	2736.6
7185.0	-50.8	2647.4	2491.6	4.8	1171.7
39858.6	5031.0	27176.7	21674.9	4739.0	12096.5
2742.4	2413.2	1098.9	4729.5	2.6	943.2
39.0	52.0	294.0	287.0	7.0	68.8
10510.9	1193.8	5134.4	4487.3	737.2	1972.1
9739.1	513.6	12012.8	11530.7	734.7	3639.1
1082.8		466.8	329.2	153.2	318.6
1795.8	50.5	1340.1	1251.5	128.4	530.4
50.0		7.1	7.1		4.2
805.8	118.0	1450.5	1318.0		323.6
506.6	8.0	1636.8	1632.6	1.5	297.0
143.2		42.2	42.2		34.7
593.0		1459.0	1405.0		1342.0
3568.4	2982.0	6582.7	5567.4		1088.8

C-84 续表 2

地 区	执行社会非营利组织会计制度单位财务指标			
	固定资产原价	上年结余	收入合计	费用合计
全 国	**10097.4**	**257.0**	**8365.6**	**8549.3**
北 京				
天 津				
河 北				
山 西				
内蒙古			0.7	0.7
辽 宁	5.0		20.0	20.0
吉 林				
黑龙江				0.2
上 海				
江 苏	2536.1		3633.9	3550.9
浙 江	336.6		305.0	305.0
安 徽				
福 建			21.0	21.0
江 西				
山 东	500.7		193.0	193.0
河 南	2000.0		130.0	130.0
湖 北				
湖 南			20.0	20.0
广 东	600.0			
广 西				
海 南				
重 庆		248.0	481.7	367.2
四 川	713.0	-3.0	3147.2	3470.0
贵 州	2925.0		185.9	162.9
云 南				
西 藏				
陕 西	407.0	12.0	224.3	224.3
甘 肃	63.0		2.9	0.1
青 海	10.0			
宁 夏				84.0
新 疆	1.0			

单位:万元、个

社会组织单位增加值	穴位数	本年销售穴位数	安葬数	本年安葬数
1397.1	**9275542**	**456058**	**6328106**	**414957**
	536828	20780	406571	21609
	160269	7116	178790	8480
	186709	4197	61241	5628
	21382	1856	15174	1442
	134814	5295	100315	5876
10.0	517732	20341	434466	19620
	28691	2726	15581	2148
0.1	97602	9499	74545	6689
	1508853	90066	995092	62398
173.5	1146017	51477	927282	51276
72.0	837217	30281	660657	27211
	219008	15940	173108	15038
17.5	91070	10652	41121	7941
	7411	1293	5596	1392
48.0	155468	7951	102538	7432
	157011	6507	94110	9927
	601215	15921	390840	16202
5.0	102291	6445	40563	6452
	651443	24395	369767	25224
	165091	19117	124600	11696
	53347	1978	17645	664
154.0	243929	15529	134262	15505
689.0	638987	30906	362052	31233
59.0	255006	14443	91385	12904
	145446	8703	69521	8310
122.0	171668	11511	157489	12472
	49377	3179	28519	3073
	2084	644	1413	63
47.0	274204	3479	24256	4365
	115372	13831	229607	12687

C-85 殡葬服务

地　区	单位数	年末职工人数		受教育程度情况	
			女性	大学专科	大学本科及以上
全　国	**901**	**8028**	**2073**	**2427**	**917**
北　京	5	100	40	43	44
天　津	10	140	26	58	49
河　北	18	366	115	47	24
山　西	12	93	32	32	6
内蒙古	34	239	66	82	33
辽　宁	53	426	126	160	91
吉　林	31	313	88	72	15
黑龙江	12	129	43	32	35
上　海	11	41	13	22	4
江　苏	39	234	61	110	32
浙　江	51	309	61	117	56
安　徽	26	160	42	53	12
福　建	63	614	132	117	27
江　西	23	188	44	39	6
山　东	7	50	13	15	16
河　南	80	1108	329	337	113
湖　北	8	113	28	13	6
湖　南	56	431	77	200	48
广　东	80	1181	226	258	131
广　西	17	186	53	48	13
海　南	5	83	17	4	3
重　庆	26	161	41	80	28
四　川	61	368	124	107	25
贵　州	29	209	46	94	17
云　南	39	174	46	77	19
西　藏					
陕　西	24	206	63	60	13
甘　肃	12	77	21	16	11
青　海	1	4	2	1	
宁　夏	21	76	23	30	23
新　疆	47	249	75	103	17

管理单位

单位:个、人

职业资格水平		年龄结构			
助理社会工作师	社会工作师	35岁及以下	36岁至45岁	46岁至55岁	56岁及以上
50	**46**	**3158**	**3020**	**1578**	**272**
	1	43	25	23	9
	3	36	33	59	12
		141	119	92	14
		27	36	23	7
6	4	88	97	52	2
3	3	150	163	84	29
		84	148	72	9
		30	36	58	5
1		7	12	19	3
2	2	60	90	76	8
4		123	117	62	7
	2	34	64	45	17
		245	236	116	17
	1	48	91	43	6
		17	21	12	
15	3	617	362	114	15
		47	45	21	
2	1	174	185	60	12
7	14	571	379	188	43
		52	70	54	10
		15	49	19	
		57	83	18	3
2	6	126	165	63	14
2	2	78	80	48	3
	2	76	59	35	4
		82	81	33	10
		22	29	25	1
		2	2		
		24	31	19	2
6	2	82	112	45	10

C-85 续表

地　区	增加值合计	执行企业会计制度单位财务指标					执行行	
		固定资产原价	营业收入	费用合计	营业利润	企业单位增加值	固定资产原价	上年结余
全　国	**45935.5**	**10826.0**	**3757.6**	**1974.2**	**823.5**	**6205.4**	**139346.0**	**2399.2**
北　京	2138.7						13977.5	
天　津	1783.3						3567.7	8.6
河　北	2015.8						8133.3	
山　西	255.9						443.2	9.8
内蒙古	601.3	290.0	35.0	19.0		0.2	1774.9	23.1
辽　宁	1527.9	3172.7	342.4	218.7	56.0	114.2	1517.4	4.7
吉　林	808.2						2621.2	
黑龙江	573.7						3334.8	
上　海	924.7						843.9	1401.1
江　苏	1686.7						1975.0	-1053.6
浙　江	2516.3						2995.1	195.0
安　徽	666.0	102.9	431.1	477.1	141.7	164.6	1785.2	-36.2
福　建	5282.4	609.0	1053.0	319.4	451.4	647.6	5598.6	72.9
江　西	243.6	21.0	9.8	9.0		0.9	1389.3	
山　东	228.5						871.9	
河　南	1440.1						1336.5	71.7
湖　北	1831.6						1500.0	
湖　南	1135.9	15.0					5942.8	
广　东	8344.7	1039.0	266.0	282.0	-8.0	115.6	58871.7	785.0
广　西	1002.4						3324.5	373.2
海　南	4718.3	3468.0	824.0	317.0	73.0	4668.7	174.8	2.0
重　庆	630.5						1506.6	
四　川	1247.4	81.9	80.0			20.0	3639.0	239.9
贵　州	608.5	70.0				14.1	1875.8	102.3
云　南	524.7	41.0					1624.9	117.9
西　藏								
陕　西	1006.8	1819.5	592.4	218.6	100.0	366.9	679.9	
甘　肃	291.1		20.0	9.0		0.1	423.6	6.0
青　海	13.5						14.9	
宁　夏	342.5					4.0	562.9	0.4
新　疆	1544.5	96.0	103.9	104.4	9.4	88.5	7039.1	75.4

单位：万元

政事业会计制度单位财务指标				执行社会非营利组织会计制度单位财务指标				
收入合计	支出合计	收支结余	行政事业单位增加值	固定资产原价	上年结余	收入合计	费用合计	社会组织单位增加值
81159.5	**77006.9**	**2723.0**	**39728.6**	**1629.4**		**171.7**	**36.1**	**1.5**
4640.2	6364.5	-1623.5	2138.7					
4481.0	4437.7	58.0	1783.3					
4512.6	3858.1	0.5	2015.8					
434.2	432.2	2.0	255.9					
785.6	978.7	13.0	601.1	14.7		1.6	1.6	
2364.4	2019.3	2.4	1413.7	1583.7		10.0		
2375.9	2588.1	-194.5	808.2					
2473.0	2549.6	1.4	573.7					
2653.4	2667.1	448.5	924.7					
5433.8	4522.3	-567.1	1686.7	7.0		156.6		
5158.7	4748.8	280.5	2516.3					
821.5	829.4	-9.5	501.4					
7435.8	4592.3	2734.0	4634.8					
1117.7	1120.9	0.4	242.7	6.0				
266.6	266.6		228.5					
2159.7	2153.8	6.3	1440.1					
2650.5	2650.5		1831.6					
1718.1	1816.3	3.0	1135.9					
16838.3	15765.8	876.8	8229.1					
2044.3	1924.3	342.3	1002.4					
58.2	57.3	2.7	49.6					
1645.9	1415.4	33.1	630.5					
2435.1	2813.1	61.5	1225.9			3.5	3.5	1.5
1085.1	1022.1	57.3	594.4					
1015.1	907.7	94.0	524.7	17.0				
795.2	780.1	16.3	639.9	1.0			31.0	
436.2	556.0	15.2	291.0					
13.6	13.6		13.5					
457.2	468.8		338.5					
2852.6	2686.5	68.4	1456.0					

C-86 其他

地 区	单位数	年末职工人数		受教育程度情况	
			女性	大学专科	大学本科及以上
全 国	**2977**	**24461**	**11043**	**7572**	**6019**
部本级	32	1403	644	324	850
北 京	79	519	279	189	199
天 津	26	226	91	87	90
河 北	54	344	170	84	56
山 西	152	1121	568	430	211
内蒙古	29	338	114	101	78
辽 宁	140	1032	501	394	344
吉 林	180	1070	474	398	163
黑龙江	134	1876	806	766	573
上 海	40	762	426	168	226
江 苏	79	461	179	165	120
浙 江	241	957	426	272	330
安 徽	82	345	136	95	50
福 建	89	358	155	95	70
江 西	249	1848	740	214	134
山 东	73	483	196	189	121
河 南	246	3008	1356	940	603
湖 北	138	1302	554	543	582
湖 南	266	1722	818	533	198
广 东	51	1082	562	281	225
广 西	86	548	280	160	95
海 南	11	64	37	7	8
重 庆	48	241	128	77	85
四 川	132	670	264	220	123
贵 州	77	919	317	291	138
云 南	66	237	95	73	42
西 藏					
陕 西	88	816	415	230	132
甘 肃	40	263	89	49	52
青 海	5	42	12	16	18
宁 夏	15	162	57	55	23
新 疆	29	242	154	126	80

事业单位

单位：个、人

职业资格水平		年龄结构			
助理社会工作师	社会工作师	35岁及以下	36岁至45岁	46岁至55岁	56岁及以上
211	**277**	**9404**	**9293**	**4942**	**822**
4	11	638	301	375	89
5	5	186	178	134	21
1	4	54	75	72	25
	1	165	108	62	9
8	6	449	433	216	23
4	8	140	130	61	7
1	2	449	347	189	47
14	10	394	545	122	9
15	11	611	789	458	18
17	43	305	224	204	29
	8	161	181	103	16
31	44	357	360	205	35
3	5	103	137	90	15
	5	127	147	72	12
26	6	722	795	289	42
	3	163	196	107	17
46	43	1318	1026	567	97
4	13	498	559	220	25
1	8	664	685	322	51
23	23	459	330	244	49
1	1	240	188	99	21
		32	22	10	
		86	91	61	3
1	12	253	294	105	18
1	1	287	367	172	93
2	1	62	116	57	2
1		296	344	159	17
2	1	70	133	53	7
		7	21	9	5
	2	40	51	59	12
		68	120	46	8

C-86 续表

地 区	增加值合计	执行企业会计制度单位财务指标				
		固定资产原价	营业收入	费用合计	营业利润	企业单位增加值
全 国	**166378.8**	**34471.9**	**21604.3**	**10875.6**	**59.9**	**7063.2**
部本级	47626.1	31445.7	20616.5	10126.4	-41.4	4982.5
北 京	3526.0	702.0	320.5	141.0	-5.7	309.8
天 津	2882.0	644.0	82.3	110.2		79.9
河 北	2254.5					
山 西	5964.5					
内蒙古	835.5					
辽 宁	6474.8	20.0				
吉 林	3005.1					
黑龙江	5843.6	15.0				
上 海	6765.2	562.2				
江 苏	4895.9	38.8	321.0	76.0	107.0	210.7
浙 江	8121.9					
安 徽	863.0					
福 建	1597.6	181.0				
江 西	3063.2	52.0	11.0	11.0		48.1
山 东	2510.7					
河 南	7199.8	634.0	218.0	411.0		194.1
湖 北	11520.9					
湖 南	7849.5					
广 东	9057.7	41.0				
广 西	4439.9	68.5				
海 南	196.5					
重 庆	624.4					
四 川	1652.2					
贵 州	4163.5		35.0			1238.1
云 南	2875.9	19.7				
西 藏						
陕 西	7298.3	48.0				
甘 肃	906.8					
青 海	365.9					
宁 夏	347.4					
新 疆	1650.5					

单位:万元

执行行政事业会计制度单位财务指标					
固定资产原价	上年结余	收入合计	支出合计	收支结余	行政事业单位增加值
318723.6	**91068.7**	**307107.1**	**378305.0**	**54264.3**	**159315.6**
122220.6	35544.7	82298.2	56426.0	34729.2	42643.6
7978.6	1623.8	3893.2	4124.5	1427.5	3216.2
1318.8	197.5	1491.2	2138.8	5179.0	2802.1
3243.2	1491.0	1070.9	1125.9	1578.0	2254.5
2174.3	1471.7	7798.9	11429.7	1715.4	5964.5
88.4		5432.0	5471.7		835.5
5555.3	1330.0	8331.5	8534.1	208.0	6474.8
4089.4	331.0	4061.8	4166.2	62.8	3005.1
16834.4	199.7	12691.1	15733.1	61.6	5843.6
28515.4	2894.7	26321.4	25911.1	1201.6	6765.2
3883.1	33290.4	16650.2	46425.7	3332.4	4685.2
12094.7	1842.0	13708.2	14880.6	1435.5	8121.9
1282.5	1.9	1868.5	2005.4	-0.9	863.0
5554.2	-0.3	2461.8	2313.4	46.0	1597.6
3453.4	800.0	6347.9	6693.5	471.2	3015.1
2032.5	30.9	3396.2	3371.9	55.1	2510.7
16337.8	291.0	12002.0	12208.1	254.8	7005.7
13655.5	162.3	17109.7	17037.8	234.2	11520.9
9490.2	-366.8	20853.7	20630.0	-150.0	7849.5
33209.1	7500.3	23083.9	22953.1	-129.6	9057.7
1263.9	637.1	6177.4	5865.8	663.6	4439.9
	120.6	633.1	644.7	122.5	196.5
1411.2	26.9	5254.7	5237.9	48.5	624.4
3525.1	-21.4	3441.2	3337.4	148.0	1652.2
1760.3	64.6	3297.9	63025.3	-31.5	2925.4
7411.9	538.9	3833.3	3718.7	547.2	2875.9
3176.6	795.4	7990.7	8018.4	30.7	7298.3
650.1		1134.2	1107.4	64.8	906.8
336.7	-38.9	434.5	338.0	12.8	365.9
535.4	30.0	256.4	340.7		347.4
5641.0	276.7	3781.4	3090.1	945.9	1650.5

C-87 老龄

地　区	单位数	年末职工人数		受教育程度情况	
			女性	大学专科	大学本科及以上
全　国	**2309**	**8692**	**3583**	**3092**	**2124**
北　京	19	139	61	32	98
天　津	15	67	35	28	33
河　北	52	142	56	36	38
山　西	126	611	213	190	41
内蒙古	30	97	49	48	37
辽　宁	43	164	73	63	41
吉　林	33	133	73	29	27
黑龙江	120	395	194	123	111
上　海	17	108	53	33	47
江　苏	81	281	99	82	85
浙　江	53	187	77	65	56
安　徽	91	208	70	71	53
福　建	57	172	64	51	41
江　西	109	359	150	97	35
山　东	149	991	299	408	338
河　南	88	306	138	113	65
湖　北	79	330	126	132	66
湖　南	121	343	145	162	65
广　东	101	273	106	101	82
广　西	89	267	108	72	37
海　南					
重　庆	37	135	58	63	47
四　川	199	569	259	241	160
贵　州	95	338	152	150	76
云　南	57	206	62	85	53
西　藏					
陕　西	98	563	261	177	106
甘　肃	101	473	190	111	67
青　海	24	47	25	18	4
宁　夏	25	105	46	37	35
新　疆	200	683	341	274	180

事业单位

单位：个、人

职业资格水平		年龄结构			
助理社会工作师	社会工作师	35岁及以下	36岁至45岁	46岁至55岁	56岁及以上
53	**49**	**2133**	**3681**	**2424**	**454**
3	6	35	49	48	7
		21	26	17	3
2		33	77	27	5
1		195	252	142	22
	3	26	38	27	6
2		65	52	26	21
2		32	62	34	5
6		94	169	110	22
	2	43	34	29	2
2	2	38	102	109	32
2	1	38	72	64	13
		41	91	67	9
		22	72	70	8
	5	100	173	73	13
2	3	259	377	285	70
6		152	110	44	
2		34	143	127	26
1	1	77	141	115	10
2	2	80	104	65	24
3	2	35	118	99	15
		22	47	59	7
2	3	118	280	138	33
2		39	138	142	19
		30	88	71	17
		166	239	133	25
	1	99	204	141	29
		14	20	13	
		32	48	23	2
13	18	193	355	126	9

C-87 续表

地区	增加值合计	执行行政	
		固定资产原价	上年结余
全国	**32731.7**	**38483.4**	**2805.2**
北京	2091.4	778.0	315.1
天津	698.4	61.3	80.0
河北	239.7	267.3	
山西	691.2	639.2	64.7
内蒙古	388.8	1130.1	59.5
辽宁	686.3	262.4	11.6
吉林	430.3	177.4	20.0
黑龙江	1223.7	3709.6	95.6
上海	1609.0	3583.8	469.3
江苏	2310.0	2605.1	-97.9
浙江	2579.3	2563.7	632.6
安徽	544.8	545.9	41.7
福建	451.8	558.7	234.0
江西	487.9	782.7	3.9
山东	3879.1	4215.2	16.1
河南	324.0	361.4	
湖北	1038.6	1708.0	32.5
湖南	919.5	968.1	
广东	1414.0	909.1	204.1
广西	895.5	437.5	20.8
海南			
重庆	624.5	747.0	25.6
四川	1585.6	1429.8	101.7
贵州	807.6	1067.4	26.1
云南	1629.3	2258.1	105.0
西藏			
陕西	2041.4	1836.3	153.9
甘肃	1007.5	1480.9	20.1
青海	65.2	150.6	
宁夏	268.3	515.6	76.9
新疆	1799.0	2733.2	92.3

单位：万元

收入合计	支出合计	收支结余	行政事业单位增加值
事业会计制度单位财务指标			
74969.5	**69440.5**	**8302.8**	**32731.7**
9628.1	4520.4	5719.7	2091.4
1252.9	946.5		698.4
758.7	758.7		239.7
1211.0	1250.1	34.6	691.2
1459.6	1358.5	8.9	388.8
999.9	991.5	19.4	686.3
725.8	720.8	3.0	430.3
7108.3	7065.3	121.9	1223.7
5316.0	5178.8	503.1	1609.0
4032.3	3944.8	10.0	2310.0
5933.5	5712.1	785.4	2579.3
1231.5	1223.5	29.0	544.8
1265.5	1253.1	220.4	451.8
943.4	965.0	1.2	487.9
5568.2	5619.3	-7.0	3879.1
575.0	576.6		324.0
2133.4	2132.9	33.0	1038.6
1757.8	1765.6	1.2	919.5
3179.8	3346.1	130.2	1414.0
1619.1	1678.6	24.7	895.5
1480.5	1463.9	16.5	624.5
3472.4	3560.2	84.3	1585.6
1473.2	1343.9	14.9	807.6
2572.5	2717.7	120.6	1629.3
3204.7	3229.2	252.0	2041.4
1875.2	1844.9	62.4	1007.5
120.4	120.4		65.2
447.0	479.5	50.5	268.3
3623.8	3672.6	62.9	1799.0

06

分地区基本建设统计资料

D-1 民政事业基本

地区	计划总投资	本年计划投资	自开始建设至本年底累计完成投资	本年完成投资			
					国家预算内投资	国内贷款	利用外资
全国	**4065782.6**	**1664559.1**	**2160402.8**	**1569968.5**	**706461.6**	**36917.5**	**8766.5**
中央级	74276.0	12429.0	38504.0	13007.3	12999.3	8.0	
北京	361716.5	89530.9	160172.2	39860.3	38105.9		386.5
天津	3003.0	2053.0	2154.0	2154.0			
河北	72737.6	35437.6	47538.4	35345.5	11232.3	3889.9	
山西	26869.7	14115.7	17061.7	16933.7	4795.7		
内蒙古	42581.0	15672.4	22928.0	18272.0	4564.4		
辽宁	152562.8	53291.5	89709.4	42285.4	22184.7	594.6	
吉林	49635.7	23499.7	46851.7	46851.7	4020.0	4000.0	
黑龙江	107010.0	35315.0	26935.0	25585.0	5240.0	12800.0	
上海	53107.0	14891.0	39945.0	18928.0	14580.0	3874.0	
江苏	1088475.5	542248.1	533578.9	496919.0	326822.8	1050.0	
浙江	226478.4	58916.3	92075.0	60505.3	19989.6	1000.0	
安徽	109659.1	55691.5	86379.4	80919.2	25895.8	5024.0	2000.0
福建	70182.6	19085.2	20194.7	9508.2	3187.5	30.0	
江西	23911.1	15209.1	10964.8	10964.8	4893.7		110.0
山东	237010.2	103984.4	158977.6	93429.4	10710.6	429.0	
河南	96798.3	17040.9	53115.2	15353.5	4803.1	2365.0	
湖北	274678.6	116103.1	153288.0	112488.4	24199.0	1138.0	610.0
湖南	122249.0	33814.5	85457.8	34206.1	4556.0		
广东	69972.7	18298.8	39108.5	15981.4	8432.3		
广西	64300.4	34289.7	47176.0	36863.1	3922.9		3700.0
海南	18885.3	9298.3	5495.2	3797.2	2207.8		
重庆	37085.9	18076.0	16610.0	15810.0	5582.1		
四川	167659.4	101040.0	93753.2	90414.7	49568.0		1930.0
贵州	21717.5	13860.3	10836.1	10302.5	2657.4	500.0	30.0
云南	135550.3	33718.7	43859.0	41521.0	13168.8		
西藏	5928.0	5928.0	5928.0	5928.0	5928.0		
陕西	95527.8	41061.7	55918.5	48205.8	27328.1		
甘肃	40509.2	17508.1	18084.1	18084.1	5383.6	215.0	
青海	74004.4	73765.4	72586.8	63566.8	27456.3		
宁夏	75091.7	13933.6	15400.6	13859.0	3143.0		
新疆	66607.9	25451.6	49816.0	32118.1	8902.9		

建设投资情况总表

单位：万元、个、平方米

自筹	福利彩票公益金	其他自筹资金	其他	本年施工项目个数	#使用彩票公益金施工项目个数	本年施工房屋建筑面积	本年新增固定资产
673815.9	**266296.9**	**407519.0**	**144007.0**	**6457**	**1855**	**11869919.9**	**597003.4**
				15		50702.0	2413.0
1252.9	408.9	844.0	115.0	32	5	93576.9	801.0
1869.0	70.0	1799.0	285.0	14	1	23234.0	466.0
19797.3	6650.9	13146.4	426.0	67	31	360539.0	19609.1
12088.0	4365.0	7723.0	50.0	45	8	92527.0	9024.0
12992.6	11652.6	1340.0	715.0	58	43	151836.0	2362.6
18946.1	13389.3	5556.8	560.0	112	46	180627.5	4668.7
38764.7	25377.0	13387.7	67.0	62	9	159529.0	2655.0
7545.0	1959.1	5585.9		46	4	5627.1	18220.0
474.0	474.0			6		66679.9	14046.0
141016.7	20005.9	121010.8	28029.5	1557	116	3502008.5	193245.4
39365.7	18344.6	21021.1	150.0	72	44	264973.2	11629.2
46122.8	15439.5	30683.3	1876.6	494	318	692450.9	36946.1
6004.7	1420.4	4584.3	286.0	21	13	99683.8	1170.6
5038.1	1303.4	3734.7	923.0	35	6	489552.0	1289.9
66224.8	30656.9	35567.9	16065.0	391	229	603059.3	65108.2
5155.4	3507.4	1648.0	3030.0	76	14	225138.4	24989.2
52294.5	24625.5	27669.0	34246.9	658	120	1530542.0	52722.7
27449.1	8008.8	19440.3	2201.0	165	102	355235.0	15132.3
7374.1	3673.9	3700.2	175.0	95	49	99587.9	3429.8
25930.6	19019.9	6910.7	3309.6	450	344	285324.7	17225.4
1589.4	1393.4	196.0		338	59	41079.0	541.4
7377.1	2410.0	4967.1	2850.8	173	41	275698.7	10650.9
8798.5	2924.1	5874.4	30118.2	799	12	386085.7	39673.7
5942.5	2438.5	3504.0	1172.6	71	38	97627.3	3611.8
22953.3	12451.6	10501.7	5398.9	96	34	161932.6	6125.3
				43	43		
17801.7	3577.3	14224.4	3076.0	194	37	275895.9	18038.8
11822.5	4621.5	7201.0	663.0	90	29	85698.9	4465.3
28123.6	3425.0	24698.6	7986.9	66	3	1033738.4	1445.9
10716.0	8389.0	2327.0		15	5	32463.0	2143.0
22985.2	14313.5	8671.7	230.0	101	52	147266.3	13153.1

D-2 收养性单位

地 区	计划总投资	本年计划投资	自开始建设至本年底累计完成投资	本年完成投资	国家预算内投资	国内贷款	利用外资
全 国	**1854304.5**	**761272.1**	**943919.4**	**755582.5**	**300535.4**	**29849.5**	**4726.5**
北 京	28442.5	7084.8	17569.0	5843.0	4153.6		386.5
天 津	1300.0	350.0	350.0	350.0			
河 北	48173.8	26450.3	32850.1	26928.1	10446.9	2039.9	
山 西	15379.7	10185.7	13283.7	13155.7	4375.7		
内蒙古	29724.0	10737.0	15335.6	11554.6	2198.0		
辽 宁	67325.0	31382.0	27909.9	21240.9	8862.0	594.6	
吉 林	24898.7	7333.7	31257.7	31257.7	2425.0	4000.0	
黑龙江	73010.0	25315.0	20935.0	19585.0	4240.0	12800.0	
上 海	19162.0	9844.0	14361.0	14361.0	10487.0	3874.0	
江 苏	537511.6	215291.8	215136.1	189406.2	132188.7		
浙 江	138834.9	30659.2	51222.2	36795.7	10062.4	1000.0	
安 徽	79673.1	43682.2	68383.2	67983.0	21309.8	5024.0	2000.0
福 建	30853.0	8826.6	5415.1	3137.6	853.5		
江 西	16172.0	12028.1	7487.1	7487.1	3544.0		
山 东	144692.6	54364.9	91031.2	45854.8	10354.6	429.0	
河 南	29984.1	9853.9	14388.4	8386.9	2242.5		
湖 北	152250.7	68657.7	91772.7	70385.0	13966.0	88.0	410.0
湖 南	61175.0	21758.5	41063.6	18872.2	1549.0		
广 东	12302.8	2433.3	2545.1	2310.1	116.0		
广 西	32182.8	23837.5	25007.1	21993.5	1654.7		
海 南	3790.8	2931.8	2112.7	2112.7	1716.8		
重 庆	22964.0	9246.8	9072.1	8272.1	2244.8		
四 川	86790.5	46597.9	49309.9	46771.9	23574.9		1930.0
贵 州	9559.6	5411.6	5415.3	5275.3	1064.0		
云 南	18767.0	7195.0	9207.6	8822.6	1922.6		
西 藏	5558.0	5558.0	5558.0	5558.0	5558.0		
陕 西	33113.4	15398.0	19006.2	17692.2	12253.0		
甘 肃	19960.6	9516.8	11739.4	11739.4	4191.0		
青 海	17178.0	17025.0	14205.0	5185.0	130.0		
宁 夏	71654.7	12091.6	13408.6	12567.0	2095.0		
新 疆	21919.6	10223.4	17580.8	14698.2	755.9		

基本建设投资情况

单位：万元、个、平方米

自　筹	福利彩票公益金	其他自筹资金	其　他	本年施工项目个数	#使用彩票公益金施工项目个数	本年施工房屋建筑面积	本年新增固定资产
356987.6	**194023.4**	**162964.2**	**63483.5**	**2815**	**1428**	**5624580.3**	**318200.6**
1252.9	408.9	844.0	50.0	11	5	46115.0	736.0
70.0	70.0		280.0	1	1	5380.0	350.0
14211.3	4061.8	10149.5	230.0	45	22	211634.1	17783.7
8780.0	2155.0	6625.0		38	5	90793.0	8436.0
8641.6	7841.6	800.0	715.0	39	36	104127.0	1680.6
11784.3	9994.3	1790.0		43	22	103650.0	3924.7
24832.7	22825.0	2007.7		13	7	96208.0	1155.0
2545.0	1959.1	585.9		6	4	5624.1	18220.0
				3		40454.8	
47806.5	11830.6	35975.9	9411.0	365	61	1440535.0	93973.1
25583.3	10610.7	14972.6	150.0	46	33	128518.0	9418.9
37772.6	14840.4	22932.2	1876.6	430	308	605849.9	30716.5
1998.1	1128.1	870.0	286.0	11	10	28166.8	646.0
3883.1	1303.4	2579.7	60.0	21	5	97940.0	1201.0
34041.2	24421.0	9620.2	1030.0	206	180	368840.3	31225.5
3114.4	2549.4	565.0	3030.0	48	9	93308.4	2861.5
35423.0	19571.5	15851.5	20498.0	257	81	925206.0	33623.5
17097.2	5544.1	11553.1	226.0	98	80	133130.0	5216.0
2194.1	1883.3	310.8		12	11	36647.0	1138.8
17670.2	14599.5	3070.7	2668.6	349	303	232444.9	13398.0
395.9	327.9	68.0		288	54	24825.2	530.9
3566.5	1263.0	2303.5	2460.8	75	19	103270.9	5707.0
5560.5	2328.1	3232.4	15706.5	142	10	204771.0	21980.2
3694.3	1858.0	1836.3	517.0	44	29	62612.2	1762.2
5130.0	3094.0	2036.0	1770.0	31	13	90893.0	1180.0
				41	41		
4363.2	1766.1	2597.1	1076.0	33	11	124674.1	3620.0
6885.4	2905.8	3979.6	663.0	56	23	54378.3	2420.3
4426.0	3425.0	1001.0	629.0	9	3	68802.6	
10472.0	8239.0	2233.0		8	3	21421.0	1463.0
13792.3	11218.8	2573.5	150.0	46	39	74359.7	3832.2

D-3 社区服务单位

地 区	计划总投资	本年计划投资	自开始建设至本年底累计完成投资	本年完成投资	国家预算内投资	国内贷款
全 国	**508610.3**	**296908.8**	**334792.4**	**275954.0**	**139525.1**	**1150.0**
北 京	525.0	525.0	427.8	427.8	362.8	
天 津						
河 北	1300.0	400.0	676.0	676.0	200.0	
山 西	3397.0	310.0	260.0	260.0		
内蒙古	1545.0	1097.4	1167.4	992.4	572.4	
辽 宁	58085.0	7085.0	46585.0	7085.0	5810.0	
吉 林	5524.0	1943.0	3506.0	3506.0	505.0	
黑龙江	34000.0	10000.0	6000.0	6000.0	1000.0	
上 海						
江 苏	273017.0	207106.0	197406.3	197086.3	115168.7	1050.0
浙 江	7653.1	4207.0	3218.3	2127.3		
安 徽	2201.0	1401.0	1316.0	1316.0	1116.0	
福 建	29600.0	6000.0	9874.0	4011.0	1852.0	
江 西						
山 东	17161.6	14025.5	15817.1	14054.6		
河 南	50.0		25.0	25.0	25.0	
湖 北	15764.9	8757.9	10838.9	9274.9	1718.0	100.0
湖 南	3285.0	635.0	1646.3	517.3		
广 东	3705.0	780.0	3446.8	682.2	310.0	
广 西	2443.8	1145.0	1770.8	1324.8	472.0	
海 南	777.5	777.5	272.5	272.5		
重 庆	3630.0	3458.0	2711.0	2711.0	875.0	
四 川	19176.0	16497.3	10294.3	10294.3	4090.5	
贵 州	1060.0	377.0	597.6	377.0	45.0	
云 南	3860.0	930.0	935.0	935.0	135.0	
西 藏	150.0	150.0	150.0	150.0	150.0	
陕 西	8893.4	5794.7	7477.4	5799.7	4550.1	
甘 肃	3655.0	1775.0	2715.0	2715.0	442.6	
青 海						
宁 夏						
新 疆	8151.0	1731.5	5657.9	3332.9	125.0	

基本建设投资情况

单位：万元、个、平方米

自　筹	福利彩票公益金	其他自筹资金	其　他	本年施工项目个数	#使用彩票公益金施工项目个数	本年施工房屋建筑面积	本年新增固定资产
108878.7	**10629.5**	**98249.2**	**26400.2**	**1912**	**143**	**1583729.2**	**103049.4**
			65.0	4		3320.0	65.0
476.0	476.0			1	1	8787.0	
210.0	150.0	60.0	50.0	4	1	1734.0	150.0
420.0	420.0			9	2	5644.0	360.0
1135.0	135.0	1000.0	140.0	39	15	19200.0	
3001.0	864.0	2137.0		36		11650.0	
5000.0		5000.0		40		3.0	
65994.1	1013.0	64981.1	14873.5	890	13	1075921.0	66935.2
2127.3	2076.3	51.0		11	4	22155.0	
200.0		200.0		17		14250.0	821.0
2159.0	180.0	1979.0		1	1	62480.0	
14009.6	770.6	13239.0	45.0	133	21	95206.0	14146.0
				1			25.0
3166.0	654.0	2512.0	4290.9	288	11	103951.0	5542.0
517.3	149.0	368.3		16	7	13300.0	118.0
372.2	267.2	105.0		26	9	4709.9	799.9
722.8	383.0	339.8	130.0	25	4	8258.3	669.0
272.5	144.5	128.0		8	2	320.0	10.5
1646.0	244.0	1402.0	190.0	75	14	33658.0	2599.0
			6203.8	99		21834.0	3690.5
			332.0	2	1	1500.0	265.6
800.0	84.0	716.0		20	6	8170.0	250.0
				1	1		
1249.6	106.3	1143.3		136	24	39718.0	3554.8
2272.4	1002.6	1269.8		20	3	9080.0	1215.0
3127.9	1510.0	1617.9	80.0	10	3	18880.0	1832.9

D-4 优抚安置单位

地 区	计划总投资	本年计划投资	自开始建设至本年底累计完成投资	本年完成投资	国家预算内投资	利用外资
全 国	**571562.7**	**192137.4**	**254079.2**	**132371.3**	**74451.4**	**30.0**
北 京	281074.0	71626.0	111170.0	25373.5	25373.5	
天 津						
河 北	13016.0	2260.3	8204.8	3915.7	585.4	
山 西	8093.0	3620.0	3518.0	3518.0	420.0	
内蒙古	2849.0	820.0	2334.0	2334.0	1094.0	
辽 宁	10408.8	5486.5	5261.5	5246.5	3725.7	
吉 林	4865.0	4315.0	2680.0	2680.0	815.0	
黑龙江						
上 海	1600.0	545.0	545.0	545.0	545.0	
江 苏	84219.1	29252.8	22857.0	21383.0	16913.7	
浙 江	9117.9	3666.3	4453.2	3666.3	1012.3	
安 徽	4558.0	2899.0	2757.0	2757.0	1276.0	
福 建	1655.0	1231.0	800.0	800.0	424.0	
江 西	6219.1	2305.0	2847.7	2847.7	1349.7	
山 东	26051.0	19541.0	21843.7	18681.0	40.0	
河 南	19958.0	2614.0	5518.0	2128.0	1878.0	
湖 北	19222.0	13061.5	18546.5	10718.5	3865.0	
湖 南	11105.0	3001.0	6973.0	2831.0	400.0	
广 东	16946.5	2463.1	11260.6	1904.5	1632.1	
广 西	4256.5	2264.0	2662.9	2237.3	473.5	
海 南	135.0	135.0	135.0	135.0	35.0	
重 庆	1099.0	1099.0	502.7	502.7	482.7	
四 川	7415.0	5418.1	3319.0	3319.0	2412.8	
贵 州	2366.0	1200.0	1280.0	1259.0	1149.0	30.0
云 南	6700.0	1420.0	3259.7	3259.7	600.0	
西 藏						
陕 西	16800.0	5675.0	4411.0	4411.0	4411.0	
甘 肃	4389.0	1139.0	850.0	850.0	150.0	
青 海	946.0	860.0	860.0	860.0	860.0	
宁 夏	733.0	479.0	342.0	192.0	128.0	
新 疆	5765.8	3740.8	4886.9	4015.9	2400.0	

基本建设投资情况

单位：万元、个、平方米

自筹	福利彩票公益金	其他自筹资金	其他	本年施工项目个数	#使用彩票公益金施工项目个数	本年施工房屋建筑面积	本年新增固定资产
38131.0	**10774.6**	**27356.4**	**19758.9**	**339**	**59**	**942607.7**	**28705.3**
				15		44141.9	
3134.3	1066.9	2067.4	196.0	9	2	41976.0	1055.4
3098.0	2060.0	1038.0		3	2		438.0
1240.0	1100.0	140.0		3			
1230.8	1120.0	110.8	290.0	16	6	16820.0	
1798.0	217.0	1581.0	67.0	3		11736.0	
				1		3332.1	
4369.3	1246.3	3123.0	100.0	71	14	364099.6	6690.6
2654.0		2654.0		2		3966.0	
1481.0		1481.0		5		30869.0	1690.0
376.0		376.0		3		800.0	272.0
1155.0		1155.0	343.0	13	1	18580.0	88.9
4991.0	1270.0	3721.0	13650.0	14	9	33930.0	5473.7
250.0		250.0		14		55152.0	607.4
3893.5	584.0	3309.5	2960.0	27	1	176761.0	4330.2
2271.0	300.0	1971.0	160.0	25	2	44590.0	2673.0
162.4	86.4	76.0	110.0	16	5	12556.0	426.7
1411.8	414.0	997.8	352.0	14	8	7467.0	1306.7
100.0	100.0			36	1	1050.0	
20.0	20.0			3	1	800.0	
45.0	30.0	15.0	861.2	12	1	10606.0	1296.0
80.0		80.0		11	2	3413.0	549.0
1990.0	1000.0	990.0	669.7	5	3	21141.3	160.0
				5		16460.0	805.0
700.0		700.0		3		5650.0	300.0
				2		2118.0	
64.0		64.0		2		1196.0	
1615.9	160.0	1455.9		6	1	13396.8	542.7

D-5 救助类基本

地　区	计划总投资	本年计划投资	自开始建设至本年底累计完成投资	本年完成投资	国家预算内投资	国内贷款
全　国	**150516.5**	**56798.7**	**64808.3**	**53537.9**	**25225.5**	**250.0**
北　京	10527.0	5000.0	2954.4	2920.9	2920.9	
天　津						
河　北						
山　西						
内蒙古	4243.0	998.0	1698.0	998.0	200.0	
辽　宁	3417.0	1575.0	2405.0	2405.0	1218.0	
吉　林	2160.0	1720.0	1720.0	1720.0	275.0	
黑龙江						
上　海						
江　苏	35826.4	5797.0	9620.0	7020.0	2565.0	
浙　江	9296.0	2054.7	5566.3	3993.3	680.0	
安　徽	4018.0	1357.0	2044.0	1964.0	1059.0	
福　建	90.0	28.0	118.0	118.0	28.0	
江　西	520.0	376.0	520.0	520.0		
山　东	6190.0	1835.0	2265.0	1815.0	150.0	
河　南	3593.9	915.0	451.6	165.6	9.6	
湖　北	20805.0	10914.0	11400.0	8407.0	2374.0	250.0
湖　南	11708.0	1445.0	3587.0	2726.7	1227.0	
广　东	3588.0	1063.0	1177.6	897.2	406.2	
广　西	2666.0	1324.5	1519.5	1196.3	475.0	
海　南						
重　庆	1050.0	797.3	699.3	699.3	277.3	
四　川	19321.1	15063.8	10186.8	9797.8	7600.0	
贵　州	1405.0	778.2	946.6	794.6	399.4	
云　南	2244.1	753.2	1533.2	1533.2	866.1	
西　藏						
陕　西	595.0	455.0	465.0	465.0	455.0	
甘　肃	2402.0	960.0	1120.0	1120.0	260.0	
青　海	160.0	160.0	160.0	160.0	160.0	
宁　夏	1961.0	620.0	1170.0	620.0	620.0	
新　疆	2730.0	809.0	1481.0	1481.0	1000.0	

建设投资情况

单位：万元、个、平方米

自　筹	福利彩票公益金	其他自筹资金	其　他	本年施工项目个数	#使用彩票公益金施工项目个数	本年施工房屋建筑面积	本年新增固定资产
22793.6	**14327.4**	**8466.2**	**5268.8**	**162**	**70**	**318369.8**	**15846.8**
798.0	748.0	50.0		5	4	19950.0	322.0
1157.0	1010.0	147.0	30.0	6	2	11974.5	427.0
1445.0	591.0	854.0		3	1	5720.0	40.0
2725.0	1240.0	1485.0	1730.0	20	5	47786.0	2090.0
3313.3	2487.6	825.7		4	4	40209.3	
905.0	394.7	510.3		5	5	7256.0	257.0
90.0	90.0			1	1	800.0	28.0
			520.0				
1665.0	1495.0	170.0		6	6	3010.0	460.0
156.0	68.0	88.0		6	4	442.0	
4632.0	2888.0	1744.0	1151.0	29	12	65251.0	2089.0
1499.7	414.7	1085.0		6	4	6460.0	1978.3
491.0	421.0	70.0		5	3	12186.0	90.0
721.3	591.5	129.8		12	8	8620.0	220.0
222.0	222.0		200.0	2	2	6399.2	
640.0	566.0	74.0	1557.8	26	1	39771.0	5744.0
395.2	230.5	164.7		6	4	4665.0	301.4
587.1	533.4	53.7	80.0	3	1	9880.7	66.1
10.0		10.0		3	1	4490.0	365.0
860.0	215.0	645.0		6	1	6907.1	290.0
				1		1050.0	
				3		8042.0	200.0
481.0	121.0	360.0		4	1	7500.0	879.0

D-6 殡仪服务单位

地　区	计划总投资	本年计划投资	自开始建设至本年底累计完成投资	本年完成投资	国家预算内投资	国内贷款	利用外资
全　国	**478934.7**	**146146.3**	**267470.1**	**136129.8**	**56615.4**	**4995.0**	**4010.0**
北　京	38980.0	5055.5	25929.0	5055.5	5055.5		
天　津	1703.0	1703.0	1804.0	1804.0			
河　北	3348.0	3348.0	2070.0	2070.0		1850.0	
山　西							
内蒙古							
辽　宁	10981.0	6949.0	5826.0	5494.0	1755.0		
吉　林	9150.0	6550.0	6550.0	6550.0			
黑龙江							
上　海	28843.0	2000.0	24046.0	3029.0	2555.0		
江　苏	69657.9	29864.9	34197.9	27661.9	19157.0		
浙　江	36971.5	11438.1	21700.0	8385.5	6185.0		
安　徽	14317.0	4589.0	9969.8	4989.8	500.0		
福　建	4684.6	899.6	2894.6	865.6	30.0	30.0	
江　西	1000.0	500.0	110.0	110.0			110.0
山　东	18063.0	6706.0	10406.6	5696.0			
河　南	19066.0	1958.0	9824.0	2993.0	648.0	1700.0	
湖　北	17119.0	9425.0	14582.9	8451.0	1015.0	700.0	200.0
湖　南	19210.0	2285.0	24011.9	4209.9			
广　东	26610.4	9554.4	19203.4	9304.4	5960.0		
广　西	14575.8	3384.1	7965.0	7065.0			3700.0
海　南	3950.0	3950.0	100.0	100.0	100.0		
重　庆	2156.9	2156.9	2156.9	2156.9	1414.3		
四　川	16968.0	6187.0	4935.5	4524.0	2432.0		
贵　州	7046.9	5964.9	2498.0	2498.0		500.0	
云　南	73841.6	9591.0	14250.8	12297.8	4082.6		
西　藏	20.0	20.0	20.0	20.0	20.0		
陕　西	7247.0	2500.0	1931.0	1931.0	744.0		
甘　肃	7132.6	1600.0	1277.4	1277.4	340.0	215.0	
青　海							
宁　夏							
新　疆	26291.5	7966.9	19209.4	7590.1	4622.0		

基本建设投资情况

单位：万元、个、平方米

自　筹	福利彩票公益金	其他自筹资金	其　他	本年施工项目个数	#使用彩票公益金施工项目个数	本年施工房屋建筑面积	本年新增固定资产
64912.2	**11147.1**	**53765.1**	**5597.2**	**232**	**66**	**1237716.9**	**56699.2**
				1			
1799.0		1799.0	5.0	13		17854.0	116.0
220.0		220.0		2		80885.9	220.0
3639.0	1130.0	2509.0	100.0	7	1	28983.0	317.0
6550.0	880.0	5670.0		3	1	18400.0	950.0
474.0	474.0			1		22893.0	14046.0
7904.9	1370.0	6534.9	600.0	41	13	266497.7	6372.3
2200.5	170.0	2030.5		4	2	32775.0	2210.3
4489.8	21.0	4468.8		7	1	27408.0	2959.0
805.6	22.3	783.3		3	1	822.0	139.6
				1		373032.0	
5486.0	1377.3	4108.7	210.0	14	9	32852.0	4131.0
645.0		645.0		5		59336.0	142.1
2798.0	260.0	2538.0	3738.0	16	6	35320.0	6363.0
4209.9	177.0	4032.9		7	3	1545.0	2707.0
3279.4	911.0	2368.4	65.0	23	12	29880.0	774.4
3365.0	1720.0	1645.0		13	3	11738.0	1068.7
				1			
742.6	50.0	692.6		1		106545.6	2156.9
1592.0		1592.0	500.0	11		8056.7	1982.0
1698.0	350.0	1348.0	300.0	6	2	18943.1	690.0
8136.0	1455.0	6681.0	79.2	23	5	15362.8	3507.6
1187.0		1187.0		1		14834.8	
722.4	175.8	546.6		3	1	6483.5	180.0
2968.1	603.7	2364.4		25	6	27268.8	5666.3

D-7 其他基本

地 区	计划总投资	本年计划投资	自开始建设至本年底累计完成投资	本年完成投资	国家预算内投资	国内贷款
全 国	**501853.9**	**211295.8**	**295333.4**	**216393.0**	**110108.8**	**673.0**
中央级	74276.0	12429.0	38504.0	13007.3	12999.3	8.0
北 京	2168.0	239.6	2122.0	239.6	239.6	
天 津						
河 北	6899.8	2979.0	3737.5	1755.7		
山 西						
内蒙古	4220.0	2020.0	2393.0	2393.0	500.0	
辽 宁	2346.0	814.0	1722.0	814.0	814.0	
吉 林	3038.0	1638.0	1138.0	1138.0		
黑龙江						
上 海	3502.0	2502.0	993.0	993.0	993.0	
江 苏	88243.5	54935.6	54361.6	54361.6	40829.7	
浙 江	24605.0	6891.0	5915.0	5537.2	2049.9	
安 徽	4892.0	1763.3	1909.4	1909.4	635.0	
福 建	3300.0	2100.0	1093.0	576.0		
江 西						
山 东	24852.0	7512.0	17614.0	7328.0	166.0	
河 南	24146.3	1700.0	22908.2	1655.0		665.0
湖 北	49517.0	5287.0	6147.0	5252.0	1261.0	
湖 南	15766.0	4690.0	8176.0	5049.0	1380.0	
广 东	6820.0	2005.0	1475.0	883.0	8.0	
广 西	8175.5	2334.6	8250.7	3046.2	847.7	
海 南	10232.0	1504.0	2875.0	1177.0	356.0	
重 庆	6186.0	1318.0	1468.0	1468.0	288.0	
四 川	17988.8	11275.9	15707.7	15707.7	9457.8	
贵 州	280.0	128.6	98.6	98.6		
云 南	30137.6	13829.5	14672.7	14672.7	5562.5	
西 藏	200.0	200.0	200.0	200.0	200.0	
陕 西	28879.0	11239.0	22627.9	17906.9	4915.0	
甘 肃	2970.0	2517.3	382.3	382.3		
青 海	55720.4	55720.4	57361.8	57361.8	26306.3	
宁 夏	743.0	743.0	480.0	480.0	300.0	
新 疆	1750.0	980.0	1000.0	1000.0		

建设投资情况

单位：万元、个、平方米

自筹	福利彩票公益金	其他自筹资金	其他	本年施工项目个数	#使用彩票公益金施工项目个数	本年施工房屋建筑面积	本年新增固定资产
82112.8	**25394.9**	**56717.9**	**23498.4**	**997**	**89**	**2162916.0**	**74502.1**
				15		50702.0	2413.0
				1			
1755.7	1046.2	709.5		10	6	17256.0	550.0
1893.0	1543.0	350.0		2	1	22115.0	
				1			
1138.0		1138.0		4		15815.0	510.0
				1			
12216.9	3306.0	8910.9	1315.0	170	10	307169.2	17184.2
3487.3	3000.0	487.3		5	1	37349.9	
1274.4	183.4	1091.0		30	4	6818.0	502.6
576.0		576.0		2		6615.0	85.0
6032.0	1323.0	4709.0	1130.0	18	4	69221.0	9672.0
990.0	890.0	100.0		2	1	16900.0	21353.2
2382.0	668.0	1714.0	1609.0	41	9	224053.0	775.0
1854.0	1424.0	430.0	1815.0	13	6	156210.0	2440.0
875.0	105.0	770.0		13	9	3609.0	200.0
2039.5	1311.9	727.6	159.0	37	18	16796.5	563.0
821.0	821.0			5	2	14883.8	
1180.0	611.0	569.0		17	5	25025.0	188.0
961.0		961.0	5288.9	509		101047.0	4981.0
75.0		75.0	23.6	2		6494.0	43.6
6310.2	6285.2	25.0	2800.0	14	6	16484.8	961.6
				1	1		
10991.9	1704.9	9287.0	2000.0	16	1	75719.0	9694.0
382.3	322.3	60.0		2	1	3200.0	60.0
23697.6		23697.6	7357.9	54		961767.8	1445.9
180.0	150.0	30.0		2	2	1804.0	480.0
1000.0	700.0	300.0		10	2	5861.0	400.0

07

分地区财务统计资料

E-1 历年民政事业费支出情况

单位:亿元、%

年 份	民政事业费支出	占财政支出比重	年 份	民政事业费支出	占财政支出比重
1950	1.32	1.94	**“六五”时期**	**113.85**	**1.65**
1951	1.37	1.12	1981	19.23	1.72
1952	2.83	1.61	1982	19.19	1.70
1953	3.55	1.61	1983	21.61	1.69
1954	6.04	2.15	1984	24.24	1.59
1955	4.98	1.05	1985	29.58	1.64
“一五”时期	**25.99**	**1.90**	**“七五”时期**	**208.49**	**1.52**
1956	5.69	1.06	1986	34.41	1.51
1957	5.31	1.75	1987	35.93	1.49
1958	3.27	0.80	1988	39.56	1.50
1959	4.48	0.81	1989	46.65	1.57
1960	7.24	1.11	1990	51.94	1.54
“二五”时期	**53.03**	**1.41**	**“八五”时期**	**386.59**	**1.50**
1961	9.89	2.69	1991	62.54	1.67
1962	7.45	2.44	1992	63.71	1.42
1963	8.75	2.58	1993	69.87	1.40
1964	16.15	4.05	1994	87.02	1.50
1965	10.79	2.31	1995	103.45	1.52
“三五”时期	**35.83**	**1.42**	**“九五”时期**	**840.90**	**1.52**
1966	8.81	1.63	1996	121.15	1.53
1967	8.21	1.86	1997	133.52	1.44
1968	5.61	1.56	1998	161.84	1.50
1969	6.67	1.27	1999	194.70	1.49
1970	6.53	1.01	2000	229.69	1.50
“四五”时期	**46.70**	**1.19**	**“十五”时期**	**2471.74**	**1.90**
1971	6.83	0.93	2001	284.75	1.53
1972	8.15	1.06	2002	392.27	1.78
1973	9.97	1.23	2003	498.92	2.03
1974	9.04	1.14	2004	577.39	2.04
1975	12.71	1.55	2005	718.41	2.13
“五五”时期	**84.22**	**1.62**	**“十一五”时期**	**4277.35**	**2.37**
1976	16.17	2.01	2006	915.35	2.28
1977	18.53	2.20	2007	1215.49	2.45
1978	13.71	1.25	2008	2146.45	3.40
1979	18.33	1.48	2009	2181.90	2.88
1980	17.48	1.44			
1950-2009	**10746.72**	**1.78**	**1978-2009**	**10530.38**	**1.86**
1950-2009平均增长(%)	**13.4**		**1978-2009平均增长(%)**	**17.8**	

E-2 历年各省、自治区、直辖市民政事业费支出情况

单位：万元

地 区	1952年	1953年	1954年	1955年	1956年	1957年	1958年	1959年	1960年	1961年
全 国	**28265**	**35484**	**60390**	**49842**	**56906**	**53119**	**32693**	**44786**	**72444**	**98912**
中央级	6	443	20619	8736	270	85	82	192	262	39
北 京	198	237	276	247	584	302	376	751	824	658
天 津	208	315	131	157	217	240	194			
河 北	2849	4558	4764	4526	9681	6640	2494	4148	5070	10807
山 西	1253	1398	1531	1373	2096	1953	2279	1656	2659	2896
内蒙古	912	370	306	364	625	417	505	873	525	785
辽 宁	611	1434	1392	1298	1638	1339	1098	1249	4475	4392
吉 林	346	595	880	856	1331	1610	1126	764	1055	1271
黑龙江	640	831	912	952	1442	1336	948	782	991	1485
上 海	550	306	411	729	1121	1073	464	475	471	422
江 苏	1980	1993	2051	3003	4052	5051	2617	2956	4843	4107
浙 江	398	426	505	757	1430	988	672	874	857	1414
安 徽	2051	4061	3382	3453	4748	4306	1642	3169	3161	4704
福 建	828	732	789	933	1473	866	823	4141	2823	2798
江 西	1519	1040	1368	2253	1889	1802	1717	1691	2179	3224
山 东	2624	3993	5082	3975	3664	5261	3795	4494	8141	11332
河 南	1440	2745	2307	2494	4360	5539	2990	2672	10271	11417
湖 北	2719	1058	2765	2664	1306	1505	1210	2466	4428	4569
湖 南	1255	1089	3381	2205	2259	2177	1344	967	1690	4299
广 东	1762	1454	1270	1407	2725	2729	1223	2982	4608	3475
广 西	516	645	735	700	1414	1589	582	903	997	2687
海 南										
四 川	1583	2035	2052	2646	3570	2606	1982	2583	6315	9758
贵 州	368	686	633	567	618	494	331	613	750	2390
云 南	630	695	875	740	908	599	514	675	880	1692
西 藏			43	207	91		2	1	25	48
陕 西	519	1023	984	1135	1794	1250	588	1109	1113	1530
甘 肃	390	1074	675	1171	1083	871	539	681	1778	4522
青 海	52	134	140	154	281	237	164	447	576	1028
宁 夏							92	239	428	303
新 疆	58	114	131	140	236	254	300	233	249	860

E-2续表1

单位：万元

地　区	1962年	1963年	1964年	1965年	1966年	1967年	1968年	1969年	1970年
全　国	**74475**	**87533**	**161510**	**107869**	**88112**	**81887**	**56154**	**66683**	**65349**
中央级			31	2325	454	534	308	11	
北　京	542	638	816	1047	914	939	868	820	895
天　津						473	439	572	405
河　北	5780	15681	31433	18545	12395	6983	4443	5333	2054
山　西	2556	2640	2361	2899	4447	2692	2478	2579	4777
内蒙古	1468	1124	1360	1440	2182	2401	1194	842	891
辽　宁	3933	3467	3382	2942	2572	2781	2473	3542	2867
吉　林	1660	2138	2235	1798	1704	1745	1579	1890	1837
黑龙江	2151	2362	2796	2611	2548	2169	1775	2355	2247
上　海	539	874	1074	1220	1472	1654	1410	1359	1442
江　苏	4873	7282	11070	5506	7298	5400	3756	3839	4191
浙　江	1597	1166	1152	1351	1142	1366	1486	1481	1496
安　徽	3530	5431	10567	3347	4119	6861	4025	4246	5547
福　建	1493	1687	1394	1463	1673	1738	1727	1922	1463
江　西	3168	2273	3081	1989	2145	2318	1637	1924	2047
山　东	6963	7201	11079	15807	9458	9844	5878	7622	6442
河　南	8107	10099	48554	17841	9303	8611	4105	6983	4947
湖　北	3767	3468	3319	2790	2579	3177	2651	3509	4197
湖　南	2697	2834	4522	2482	2141	2562	1848	2019	1668
广　东	2830	3146	3056	2664	2454	2644	2046	2639	2734
广　西	1505	2125	4006	1983	1997	2541	1641	1607	1555
海　南									
四　川	5918	4227	4495	5179	4774	4067	3374	3439	3678
贵　州	1429	1792	1808	1726	1730	1926	1224	1314	1646
云　南	773	1250	1494	1596	1772	1412	807	1018	2460
西　藏	117		133	192	374			96	100
陕　西	1422	1640	1918	3137	3623	1874	1477	1733	1778
甘　肃	2464	2988	2310	1611	1161	1963	671	989	952
青　海	1005		465	695	409	185	190	246	207
宁　夏	365		378	284	272	287	200	238	242
新　疆	1823		1212	1399	1000	740	444	516	584

E-2续表2

单位：万元

地区	1971年	1972年	1973年	1974年	1975年	1976年	1977年	1978年	1979年
全国	**68269**	**81549**	**99675**	**90406**	**127082**	**161690**	**185288**	**137135**	**183279**
中央级		8	10					11	44
北京	974	1192	1506	1284	1461	1742	3068	1990	2238
天津	407	546	762	937	881	933	13670	1061	1482
河北	3591	5482	8727	5925	5960	7041	36568	11605	9140
山西	4563	4025	4696	3587	3420	4111	4813	5437	8154
内蒙古	649	1020	1914	1575	1559	2502	1873	2040	5922
辽宁	3922	4574	5590	3902	18731	14705	7427	6103	5607
吉林	1968	1753	2174	2500	2448	2834	3677	3869	3477
黑龙江	2317	2768	3701	3884	3701	4176	5463	5545	5149
上海	1554	1676	1885	2088	2263	2469	2581	2777	3290
江苏	4969	7368	6988	7258	8001	7719	8031	9208	10019
浙江	1517	2399	2103	1973	1984	2424	2641	2853	3475
安徽	3365	4639	4625	3981	5828	15690	6300	6756	13263
福建	1481	1721	2142	2150	1991	2432	2826	2730	3272
江西	2357	2357	4039	3220	2964	3606	3981	3953	8610
山东	9034	8801	8110	8601	10417	9746	10599	12292	15169
河南	4699	4799	5474	4190	24152	40056	21437	14140	19495
湖北	3116	3462	4747	3487	4471	5463	5160	6149	9597
湖南	1602	2272	3321	2580	2942	3442	3550	4380	6747
广东	2410	2800	4041	5051	3836	4884	5546	5435	8146
广西	1827	1713	1597	1669	1653	1963	2355	2073	4019
海南									
四川	4518	5615	6780	5936	6061	9037	12602	8511	12722
贵州	1535	2116	3574	1955	2352	2748	3296	2740	4767
云南	1454	1746	1509	2245	2242	3428	3783	2948	3478
西藏	104	173	228	195	206	289	270	379	1366
陕西	2099	2415	3435	2986	2579	3174	4575	4834	5780
甘肃	968	2206	3421	4183	2603	2240	5485	4030	5204
青海	291	366	311	342	521	407	514	696	853
宁夏	354	810	1369	1813	600	1150	1780	1090	1040
新疆	651	727	896	909	1255	1279	1417	1500	1754

E-2 续表 3

单位：万元

地 区	1980年	1981年	1982年	1983年	1984年	1985年	1986年	1987年	1988年	1989年
全 国	**174769**	**192267**	**191874**	**216116**	**242371**	**295841**	**344064**	**359278**	**395646**	**466492**
中央级	103	138	78	163	286	443	2526	2742	1297	1185
北 京	2802	3167	3416	4063	4904	5719	7287	8906	11355	12805
天 津	1474	1670	1669	2194	3101	3583	4113	4531	5209	5861
河 北	11165	13597	10179	9692	12427	16654	16581	20578	24272	26484
山 西	6749	7893	7854	7015	7924	10683	10193	11833	13977	15845
内蒙古	5714	6218	5135	7379	7909	9030	11684	10867	11254	10975
辽 宁	6671	8073	10591	11727	11741	18341	22112	18104	19595	22233
吉 林	4482	4970	4951	6300	5952	8391	13570	14016	10692	11439
黑龙江	5370	6562	8005	9546	8782	10119	13791	13686	14205	15127
上 海	3375	3381	3215	3170	3540	4467	5503	5603	3965	4741
江 苏	11269	12914	11991	14750	16403	16254	20586	21208	23816	27647
浙 江	3703	3897	4070	4808	6480	8174	10211	12353	16113	18710
安 徽	9385	9550	7521	12093	14059	14340	13524	12942	14854	16444
福 建	3625	4268	4773	5506	5601	8298	7657	9238	10332	11213
江 西	6289	5309	6183	7093	8360	8364	9768	11546	13240	15076
山 东	16327	14126	18998	17811	17413	22757	22496	29017	31890	39382
河 南	12007	10921	12862	15216	13710	18456	20939	2260	21784	26566
湖 北	9265	12458	7956	10798	10760	11860	14581	14846	17804	20704
湖 南	7026	8924	7546	10428	10373	12357	15013	15167	19110	22384
广 东	8337	7767	9550	9035	12337	14516	15526	17076	16675	20206
广 西	3213	3674	3897	4779	6382	9438	9634	9054	9757	11955
海 南									2338	3659
四 川	12063	15429	14542	13943	17823	20667	24973	25524	28123	32186
贵 州	4123	4718	4354	5211	5833	9182	8657	9092	9408	11568
云 南	4172	4599	4231	5251	7025	10137	13752	12712	14934	31640
西 藏	1704	1208	1151	1357	1821	1391	1789	1828	1795	2116
陕 西	5390	8198	6271	5820	6313	7545	8586	9299	10602	12277
甘 肃	4801	4338	5778	4902	8983	6541	7655	7238	8346	7681
青 海	862	915	1068	1270	1674	1918	2134	1837	1750	1802
宁 夏	1385	1118	1819	2329	1497	1826	1990	1780	2609	1805
新 疆	1918	2267	2220	2467	2958	4395	4768	4896	4549	4776

E-2续表4

单位：万元

地　区	1990年	1991年	1992年	1993年	1994年	1995年	1996年	1997年	1998年	1999年
全　国	**519383**	**625359**	**637097**	**698708**	**870194**	**1034502**	**1211500**	**1335202**	**1618445**	**1946843**
中央级	1517	1792	3217	3108	4077	3703	6371	5954	50783	11856
北　京	14738	16249	19073	26105	36146	44073	54012	61184	74406	97748
天　津	6585	7176	8173	9218	11970	15023	17254	19738	20952	20611
河　北	32162	30785	33344	38161	48303	58804	74364	71151	79064	88202
山　西	15976	17378	19264	19515	22995	31008	37882	37150	39519	45466
内蒙古	13510	13449	14250	15314	18378	20470	26012	26773	35484	35659
辽　宁	26318	26380	29561	32903	44239	60067	59580	65370	74946	85394
吉　林	14155	14619	16553	18461	24648	30876	31416	33928	52337	53311
黑龙江	15982	18411	19734	19377	26195	28798	30459	33020	55977	60566
上　海	5364	6270	7742	10368	15557	19773	23984	30860	37336	54151
江　苏	33150	50604	48290	47590	59349	69907	80163	93383	108862	121349
浙　江	21111	22094	22124	26924	40044	43610	50852	60657	65733	88269
安　徽	19755	80611	39002	26982	26883	37348	43979	50559	56473	72895
福　建	13935	15070	18423	20141	25502	31904	34498	46134	49421	50996
江　西	15791	16915	21249	21410	23815	30354	33883	35962	47177	45334
山　东	44965	46744	52525	62616	71995	76826	88009	101613	112960	131746
河　南	24275	27675	31304	34498	44163	52458	59353	64155	68311	80338
湖　北	21092	23318	23677	28918	39148	40291	50385	58511	85285	75622
湖　南	24981	23436	24712	29096	35093	42680	53778	48234	54533	73272
广　东	21863	25022	29602	43983	53653	64806	75354	88748	96993	112133
广　西	11313	12728	14317	16760	30480	28730	36280	28944	30995	31950
海　南	3366	3843	4270	4630	6163	7210	8828	8274	9472	10818
重　庆								25048	35054	51123
四　川	36228	39004	42563	49037	59629	70257	77059	63016	72283	89492
贵　州	12079	11043	11761	15154	15641	20528	26419	27866	27126	30834
云　南	33901	38725	41026	30502	31529	36916	46048	52043	53384	63169
西　藏	2909	3499	2647	2598	5304	4466	5228	6987	11749	6824
陕　西	13688	13412	16805	20107	20404	26336	32108	31702	25791	43230
甘　肃	8813	9124	11256	12186	13897	17748	21484	20366	20554	26371
青　海	2086	2036	2387	2965	3454	4342	6473	8088	8669	23784
宁　夏	2000	2206	2456	2464	3244	3458	4279	4397	5442	8651
新　疆	5775	5741	5790	7617	8297	11732	15706	25387	22690	55676

E-2 续表 5

单位：万元

地 区	2000年	2001年	2002年	2003年	2004年	2005年	2006年	2007年	2008年	2009年
全 国	**2296954**	**2847548**	**3922695**	**4989172**	**5773907**	**7184146**	**9153527**	**121549**	**21464484**	**21819430.2**
中央级	29338	13965	18467	18027	39290	37423	27907	328	263213	55240.2
北 京	150746	196540	233429	303795	327957	370918	450229	5758	575302	745435.4
天 津	30547	41580	58202	62682	71091	92462	121917	1490	196893	244982.6
河 北	113381	125698	153525	185641	216770	283480	356510	4884	678036	843485.2
山 西	56815	71776	105897	124003	147570	192257	236469	3392	457567	562518.4
内蒙古	44674	55328	70606	99368	126237	141727	187147	2831	420111	575897.9
辽 宁	131675	180547	227704	279737	304551	368476	437608	5752	724799	887386.5
吉 林	51153	76026	118392	166702	182133	218688	284676	3419	470519	642777.6
黑龙江	61753	80658	177852	167487	193823	222865	376619	4789	643011	800947.6
上 海	87021	121538	167719	222540	228764	282196	316864	4061	515828	557187.9
江 苏	159691	170800	205763	256063	309196	419996	502744	6326	811832	996449.2
浙 江	97755	124023	159432	189645	294720	354320	415110	5089	610800	704117.9
安 徽	72568	89476	138918	208606	195412	250782	312519	4910	659432	804010.6
福 建	67797	68897	85353	94061	139539	157015	226313	2475	282403	322487.9
江 西	49521	57966	92013	149217	176372	225667	340990	4347	596019	693704.1
山 东	159315	180470	233918	283989	311522	408419	526836	7151	885720	1122739.0
河 南	102698	117574	159157	221713	251439	337872	425038	5987	785189	1035342.8
湖 北	113381	122382	167653	229234	270653	345556	440298	5141	748412	897367.7
湖 南	80343	104818	158443	210815	252892	326694	422998	5213	771404	997685.9
广 东	144461	198362	278022	341821	386221	483430	635940	7201	834465	1021108.9
广 西	35135	49819	82929	109901	113723	156841	175928	2472	410162	492763.3
海 南	13568	15372	18032	24304	27950	38103	49003	659	96527	142315.6
重 庆	55934	70571	117114	125112	145713	174682	216847	3077	435014	514479.6
四 川	105249	139493	194774	244374	302566	376043	500440	7349	4848630	2289514.1
贵 州	36085	51264	67973	82094	102697	151257	181266	2643	443051	560108.4
云 南	78944	98782	115945	150814	183855	202346	228950	4209	687354	930167.6
西 藏	9920	14979	15358	17913	23200	22574	30224	384	69982	82169.4
陕 西	54365	72136	103474	147039	149120	186935	244342	3654	849627	867024.3
甘 肃	35251	42851	58315	75346	91876	111530	149598	2268	1063855	577204.8
青 海	16159	19790	24812	36616	39139	47402	51844	815	123508	189659.7
宁 夏	13775	21289	28724	30448	34071	35346	57593	797	110375	143479.2
新 疆	56940	52768	104762	130065	133844	160847	222762	2679	395446	519670.9

E-3 民政事业费按用向性质分类情况

单位：万元

项　目	2008年	2009年	占全部%	比上年增减额	比上年增长%
总　计	**21464484**	**21819430**	**100.00**	**354946**	**1.65**
一、优抚支出	2960389	3554751	16.29	594362	20.08
（一）抚恤支出	1128870	1327439	6.08	198569	17.59
1.一次抚恤费	59045	56199	0.26	-2846	-4.82
2.定期抚恤费	217918	241962	1.11	24044	11.03
3.伤残抚恤费	574642	706850	3.24	132208	23.01
4.义务兵优待金	277265	322428	1.48	45163	16.29
（二）优抚对象补助支出	1619782	1964573	9.00	344791	21.29
1.复员退伍军人补助费	1263402	1553940	7.12	290538	23.00
2.退伍军人安置费	356380	410633	1.88	54253	15.22
（三）优抚事业单位经费	143649	166325	0.76	22676	15.79
1.民政部门主办	143011	165226	0.76	22215	15.53
2.集体举办经费补助	638	1099	0.01	461	72.26
（四）烈士纪念建筑物	68088	96414	0.44	28326	41.60
管理、维修费			0.00	0	
二、离休、退休、退职费	1124120	1553940	7.12	429820	38.24
三、社会救济支出	13413063	10752542	49.28	-2660521	-19.84
（一）生活救济支出	8914083	10462086	47.95	1548003	17.37
1.农村救济支出	79448	98642	0.45	19194	24.16
2.城镇救济支出	188293	203169	0.93	14876	7.90
3.最低生活保障支出	6221407	8450670	38.73	2229263	35.83
4.精减退职老职工救济支出	65076	72315	0.33	7239	11.12
5.其他人员救济支出	99055	98038	0.45	-1017	-1.03
6.灾民生活救济支出	1524052	658865	3.02	-865187	-56.77
7.五保户	736752	880387	4.03	143635	19.50
（二）流浪乞讨人员救助支出	123633	131335	0.60	7702	6.23
（三）紧急抢救转移安置灾民	4124899	120664	0.55	-4004235	-97.07
（四）救灾储备	250448	38457	0.18	-211991	-84.64
四、福利事业支出	598321	763198	3.50	164877	27.56
（一）福利事业单位经费	593580	759089	3.48	165509	27.88
1.民政部门举办	417833	509598	2.34	91765	21.96
2.集体举办经费补助	175747	249491	1.14	73744	41.96
（二）假肢事业支出	4741	4109	0.02	-632	-13.33
五、殡葬事业支出	121034	143110	0.66	22076	18.24
六、其他民政事业支出	1293917	1454711	6.67	160794	12.43
七、离退休经费	265025	300489	1.38	35464	13.38
八、其他款项用于民政支出	1688615	3296689	15.11	1608074	95.23

E-4 民政事业费按支出形式分类支出情况

单位：万元

项　目	2008年	2009年	占全部%	比上年增减额	比上年增长%
总　计	**21464484**	**21819430**	**1.00**	**354946**	**1.65**
一、直接发放	13348390	16028723	0.73	2680333	20.08
（一）按标准发放和报销	10123392	13128226	0.60	3004834	29.68
1.发放数	9908446	12860369	0.59	2951923	29.79
(1) 定期发放	9819073	12770119	0.59	2951046	30.05
a 军队干部离休金	192195	226436	0.01	34241	17.82
b 军队干部退休金	678067	854101	0.04	176034	25.96
c 军队无军籍退休金	167875	190477	0.01	22602	13.46
d 地方干部、人员退休金、退职金	106685	109820	0.01	3135	2.94
离休、退休、退职金小计	1144822	1380834	0.06	236012	20.62
e 烈属和牺牲病故定期抚恤金	204638	241952	0.01	37314	18.23
f 伤残抚恤金	534936	666750	0.03	131814	24.64
g 在乡退伍红军老战士生活费	26568	27550	0.00	982	3.70
h 复员退伍军人定期定量补助费	829194	989068	0.05	159874	19.28
抚恤、补助费小计	1595336	1925320	0.09	329984	20.68
i 军队离休干部遗属、退休人员遗属定期定量补助费	4926	5397	0.00	471	9.56
j 农村五保户贫困户定期定量救济费	736719	880387	0.04	143668	19.50
k 农村最低生活保障救济费	2287233	3629529	0.17	1342296	58.69
l 城镇孤老残幼贫定期定量救济费	5556	6126	0.00	570	10.26
m 城镇最低生活保障救济费	3934111	4821142	0.22	887031	22.55
n 精减退职老弱病残职工原工资40%救济费	25486	28675	0.00	3189	12.51
o 精减退职老职工定期定量救济费	30288	33468	0.00	3180	10.50
p 其他由民政部门发放生活费	21640	22871	0.00	1231	5.69
定期定量救济费小计	7045959	9427595	0.43	2381636	33.80
q 在乡特、一等伤残军人护理费	10270	12413	0.00	2143	20.87
r 军队离休、退休人员护理费	22686	23957	0.00	1271	5.60

E-4续表1

单位：万元

项　目	2008年	2009年	占全部%	比上年增减额	比上年增长%
（2）非定期发放	89373	90250	0.00	877	0.98
a烈士和牺牲病故人员	59045	56199	0.00	-2846	-4.82
b企事业退休人员一次性抚恤金	5727	5764	0.00	37	0.65
c离休、退休干部死亡丧葬补助费	24601	28287	0.00	3686	14.98
2.报销数	214946	267857	0.01	52911	24.62
（1）伤残补助费	29436	27687	0.00	-1749	-5.94
（2）离休、退休干部其他费用	185510	240170	0.01	54660	29.46
（二）临时性发放	3224998	2900497	0.13	-324500	-10.06
（1）烈军属复员退伍军人临时补助费	323846	372619	0.02	48773	15.06
（2）退伍军人建房补助费	4542	5098	0.00	556	12.24
（3）义务兵优待金	277265	322428	0.01	45163	16.29
优抚对象临时补助费小计	605653	700145	0.03	94492	15.60
（4）农村其他人员临时救济费	54706	70058	0.00	15352	28.06
（5）城镇孤老残幼贫临时救济费	96128	90283	0.00	-5845	-6.08
（6）其他人员临时救济费	69863	89604	0.00	19741	28.26
（7）精减退职老职工临时救济费	9303	10172	0.00	869	9.34
临时社会救济费小计	230000	260117	0.01	30117	13.09
（8）灾民生活救济费	1524052	658865	0.03	-865187	-56.77
（9）医疗救助	865293	1281370.4	0.06	416077	48.09
二、单位拨款	5369441	2395783	10.98	-2973658	-55.38
（一）民政部门举办事业单位经费	885551	1099440	5.04	213889	24.15
1.优抚事业单位	175184	206598	0.95	31414	17.93
（1）伤残军人修养院	20297	21018	0.10	721	3.55
（2）复员军人慢性病疗养院	19915	23454	0.11	3539	17.77
（3）复员退伍军人精神病院	41004	49398	0.23	8394	20.47
（4）光荣院	53414	61646	0.28	8232	15.41
（5）烈士纪念建筑物管理机构	40554	51082	0.23	10528	25.96

E-4续表2

单位：万元

项　目	2008年	2009年	占全部%	比上年增减额	比上年增长%
2.社会福利事业单位	437863	499696	2.29	61833	14.12
（1）社会福利院	190110	227566	1.04	37456	19.70
（2）儿童福利院	52118	59818	0.27	7700	14.77
（3）精神病人福利院	72002	80977	0.37	8975	12.46
（4）流浪乞讨人员救助站	123633	131335	0.60	7702	6.23
3.军队离退休干部管理机构	151469	250036	1.15	98567	65.07
4.殡葬事业单位	121035	143110	0.66	22075	18.24
（1）火葬场	52010	59390	0.27	7380	14.19
（2）其他殡葬事业单位	69025	83720	0.38	14695	21.29
（二）集体办事业单位补贴	97178	131103	0.60	33925	34.91
1.优抚事业单位	9019	10810	0.05	1791	19.86
2.社会福利事业单位	88159	120293	0.55	32134	36.45
（三）生产单位拨款	11365	11586	0.05	221	1.94
1.假肢厂、站	3476	3002	0.01	-474	-13.64
2.安置农场	7889	8584	0.04	695	8.81
（四）灾民紧急抢救、转移、安置费	4124899	1115197	5.11	-3009702	-72.96
（五）救灾储备	250448	38457	0.18	-211991	-84.64
三、其他支出	2746653	3394924	15.56	648271	23.60

E-5 民政事业费支出效果

单位：人、户、个

项　目	2008年	2009年	比上年增减额	比上年增长%
一、固定对象人数	76973213	82463132	5489919	7.13
（一）供养人数	76643495	82133387	5489892	7.16
1.离退休人员	294104	306523	12419	4.22
a 军队离休干部	30325	29455	-870	-2.87
b 军队退休干部、职工	131576	144753	13177	10.01
c 军队无军籍职工	76722	79793	3071	4.00
d 地方离休人员	2910	2586	-324	-11.13
e 地方退休、退职人员	52571	49936	-2635	-5.01
2.在乡伤残人员	589687	585532	-4155	-0.70
3.在乡退伍红军老战士	2049	2070	21	1.02
4.定期抚恤烈属牺牲病故人员家属	464166	458465	-5701	-1.23
5.定期定量补助人数	3164495	3080567	-83928	-2.65
6.定期定量救济人数	72128994	77700230	5571236	7.72
a 农村五保户、贫困户	5288873	5426661	137788	2.61
b 农村最低生活保障	41893701	47123876	5230175	12.48
c 城镇孤老残幼贫	57203	51049	-6154	-10.76
d 城镇最低生活保障	23087897	23427553	339656	1.47
e 享受原工资40%救济精减老弱残	173571	163946	-9625	-5.55
f 精减退职老职工	238138	235916	-2222	-0.93
g 其他发生活救济费人员	1389611	1271229	-118382	-8.52
（二）非供养人员	329718	329745	27	0.01
1.在职革命伤残人员	286779	286806	27	0.01

E-5续表

单位：人、户、个

项　目	2008年	2009年	比上年增减额	比上年增长%
2.发护理费人员	42939	42939	-	-
a 特一等伤残人员	16601	16769	168	1.01
b 离休、退休人员护理	26338	24957	-1381	-5.24
二、非固定对象	60991214	48952381	-12038833	-19.74
（一）退伍军人建房补助人数	8890	5431	-3459	-38.91
（二）义务兵优待金	1014015	1009954	-4061	-0.40
（三）灾民救济人数	59968309	47936996	-12031313	-20.06
三、民政部门办事业单位收养人数	240904	248839	7935	3.29
（一）优抚事业单位	54139	57106	2967	5.48
1.伤残军人休养院	2225	3597	1372	61.66
2.复员军人慢性病疗养院	4390	4345	-45	-1.03
3.复退军人精神病院	11724	12258	534	4.55
4.光荣院	35800	36906	1106	3.09
（二）社会福利事业单位	186765	191733	4968	2.66
1.社会福利院	139546	140998	1452	1.04
2.儿童福利院	31332	34352	3020	9.64
3.精神病人福利院	15887	16383	496	3.12
四、其　他				
1.离退休干部管理机构数	2062	2180	118	5.72
住所离退休干部人数	96958	94658	-2300	-2.37
2.补贴假肢厂、站数	32	45	13	40.63
3.补贴火葬场火化尸体数	2029589	1884881	-144708	-7.13
4.流浪乞讨人员救助单位数	1216	1256	40	3.29
5.转移灾民人数	12115648	3045618	-9070030	-74.86

E-6 民政事业费预算指标地方安排情况

单位：万元、%

地区	预算指标			地方预算安排预算指标		
	2008年	2009年	增长率	2008年	2009年	增长率
合计	**21706276**	**22145273**	**2.02**	**9629759**	**9820487**	**1.98**
中央级	265849	55187	-79.24			
北京	642251	744159	15.87	387838	444326	14.56
天津	200116	244785	22.32	132368	165049	24.69
河北	677965	863491	27.37	312089	325643	4.34
山西	463646	605035	30.50	223282	256668	14.95
内蒙古	420856	585024	39.01	222268	276604	24.45
辽宁	739114	946301	28.03	336426	400831	19.14
吉林	458894	637698	38.96	171172	222777	30.15
黑龙江	645722	776211	20.21	331115	310798	-6.14
上海	477247	567970	19.01	428584	507183	18.34
江苏	815292	1022839	25.46	645140	785079	21.69
浙江	614996	710748	15.57	542445	603108	11.18
安徽	650923	824844	26.72	310043	356841	15.09
福建	278040	330425	18.84	207324	221585	6.88
江西	587711	695587	18.36	274176	243886	-11.05
山东	889854	1122620	26.16	546221	642431	17.61
河南	783629	1037494	32.40	337340	346368	2.68
湖北	742414	895443	20.61	275296	276716	0.52
湖南	755453	965791	27.84	311143	331435	6.52
广东	802479	913597	13.85	669383	719291	7.46
广西	464174	566152	21.97	205096	201639	-1.69
海南	114177	150391	31.72	56765	70412	24.04
重庆	440931	527113	19.55	200199	189730	-5.23
四川	5011909	2365945	-52.79	1087958	490116	-54.95
贵州	465143	688792	48.08	194734	216161	11.00
云南	680959	944329	38.68	305207	359377	17.75
西藏	71101	77587	9.12	29571	20574	-30.43
陕西	850522	862139	1.37	366138	362953	-0.87
甘肃	1078763	559719	-48.11	277627	157675	-43.21
青海	130619	201626	54.36	49033	86216	75.83
宁夏	106923	142681	33.44	42730	49984	16.98
新疆	378607	513552	35.64	151049	179033	18.53

E-7 中央专项

地　区	中央专项资金和中央彩票公益金合计	财政专项资金合计	抚恤小计	财社[2008]326号	财社[2008]327号	财社[2009]2号	财社[2009]61号
合　计	**12533319.00**	**12269599.00**	**1873106.00**	**976671**	**7180**	**115376**	**13210**
北　京	320328.00	299833.00	10997	6022	56	477	99
天　津	96002.00	79736.00	8449	4524	43	522	76
河　北	547868.00	537848.00	135345	70112	2203	7587	3936
山　西	353808.00	348367.00	58957	30899	584	2951	1130
内蒙古	314787.00	308420.00	26523	14383	97	1339	170
辽　宁	551910.00	545470.00	52480	29091	142	2429	257
吉　林	422782.00	414921.00	47722	25731	79	1991	129
黑龙江	474227.00	465413.00	44994	24504	131	2234	231
上　海	61130.00	60787.00	6585	3679	1	264	1
江　苏	250238.00	237760.00	86564	46385	580	5459	1155
浙　江	109436.00	107640.00	34852	18393	101	2397	172
安　徽	476073.00	468003.00	82043	43603	87	5704	150
福　建	112106.00	108840.00	30038	15630	10	1949	14
江　西	463665.00	451701.00	69647	37118	6	3644	7
山　东	486004.00	480189.00	225820	115587	2462	12138	4570
河　南	700528.00	691126.00	136852	73028	423	8541	823
湖　北	628529.00	618727.00	108340	56891	30	7192	53
湖　南	645501.00	634356.00	129462	66014	21	9191	34
广　东	197116.00	194306.00	56464	28605	11	4663	15
广　西	371725.00	364513.00	49194	25640	5	3504	4
海　南	83100.00	79979.00	10019	5328	18	569	33
重　庆	354207.00	337383.00	58910	29786	9	4149	13
四　川	1895189.00	1875829.00	163702	84454	22	10684	38
贵　州	481537.00	472631.00	50462	26074	5	3587	8
云　南	595476.00	584952.00	65222	32575	19	5194	31
西　藏	63388.00	57013.00	2401	1402		85	
陕　西	506078.00	499186.00	72305	37118		4464	
甘　肃	410558.00	402044.00	25243	13402	26	1482	46
青　海	119978.00	115410.00	4933	2623	1	214	1
宁　夏	96914.00	92697.00	3862	2050	2	182	4
新　疆	289246.00	280794.00	11620	6020	6	590	10
兵　团	53885.00	53725.00	3099				

兵团中央专项资金未分明细项，陕西拨款中未包括老党员生活补助部分，农村低保资金中包含部分其他农村救济资金。

拨款对账单

单位：万元

财社[2009]62号	财社[2009]172号	财社[2009]175号	财社[2009]176号	财社[2009]177号	财社[2009]180号	财社[2009]181号	安置小计	财社[2008]324号
613098	**19851**	**200**	**200**	**8560**	**113616**	**2045**	**1601702.00**	**787934**
3655	81			110	482	15	282822	122932
2613	98			130	431	12	33631	17604
41233	2355			630	6693	596	80274	40621
18476	1465			440	2836	176	31384	16794
8523	295			220	1470	26	23281	11241
16918	809			260	2538	36	149223	75623
15873	1278			310	2311	20	37915	19639
14605	660			150	2446	33	33535	15123
2267	10			70	293		45834	23175
26420	1648			250	4483	184	87433	42366
11492	100			180	1987	30	32749	15905
25971	809			340	5357	22	27356	11311
10222	201			170	1840	2	29514	15003
23173	811			460	4427	1	16805	7561
73943	4835			660	10907	718	134079	64880
43906	1237			500	8263	131	53888	26599
35842	684			590	7050	8	62816	34266
44155	572			470	9000	5	38071	18995
18661	434			370	3703	2	70310	37302
15597	80		200	410	3754		17236	8782
3206	88			190	582	5	8347	4402
20280	176			150	4345	2	29430	13404
56235	318			330	11616	5	71809	37178
16558	133			320	3776	1	11819	6063
21612	166	200		190	5230	5	50089	27936
823	2				89		6872	4339
25129	343			320	4931		65842	34259
8474	94			80	1631	8	25242	12813
1747	10			80	257		8109	3828
1369	10			30	214	1	5368	2110
4120	49			150	674	1	30463	15880
							156	

E-7续表1

地　区	财社[2008]325号	财社[2009]30号	财社[2009]46号	财社[2009]49号	财社[2009]154号	财社[2009]207号	财社[2009]227号	城市低保小计
合　计	**39541**	**160077**	**458682**	**31316**	**1619**	**111305**	**11072**	**3590768.00**
北　京	6862	69588	78666	4685	17	0	72	2182
天　津	914	3025	10157	709	33	1127	62	33628
河　北	1749	5289	23726	1678	105	6414	692	145374
山　西	775	1062	8664	573	61	3141	314	143578
内蒙古	748	1174	6759	731	66	2387	175	134967
辽　宁	3886	15597	45414	3351	83	4852	417	262435
吉　林	1053	1553	10161	744	66	4408	291	227042
黑龙江	930	1310	8577	826	94	6295	380	262508
上　海	1322	7071	13212	961	11	0	82	5114
江　苏	1884	7366	25234	1445	61	8430	647	6825
浙　江	909	2595	8524	725	44	3643	404	1375
安　徽	491	712	6333	383	94	7465	567	171342
福　建	806	2108	8160	617	28	2499	293	7638
江　西	368	330	3487	286	88	4318	367	167215
山　东	3178	11872	41337	2906	154	8795	957	19690
河　南	1406	2511	13437	1272	121	7557	985	240475
湖　北	1511	2983	17055	981	55	5400	565	265888
湖　南	648	850	10457	436	28	6052	605	247140
广　东	1673	6852	22762	1168	61	0	492	5926
广　西	555	555	4302	383	22	2363	274	96067
海　南	198	348	1860	151		1329	59	26078
重　庆	645	1540	9243	521	44	3763	270	140358
四　川	1838	4031	19272	1354	143	7160	833	287433
贵　州	350	393	2782	310	11	1703	207	89629
云　南	1278	1963	15234	1173	28	2225	252	120347
西　藏	61	133	2260	62		0	17	6904
陕　西	1858	4592	19973	1326	61	3405	368	137494
甘　肃	678	858	7680	639	17	2318	239	122914
青　海	135	313	2453	148	6	1191	35	40894
宁　夏	135	261	1394	156	6	1263	43	34010
新　疆	697	1242	10107	616	11	1802	108	105530
兵　团								32768

单位：万元

财社[2008]317号	财社[2009]85号	财社[2009]3号	其他城市救济	农村低保(含其他救济)小计	财社[2008]318号	财社[2009]84号	财社[2009]1号	社会福利
1844670	**1372870**	**340460**	**90.00**	**2608917.00**	**900000**	**1260000**	**448870**	**708.00**
		2182		832			832	
19160	12190	2278		656			656	
76130	55480	13764		111461	40000	52000	19461	
75670	54260	13648		65620	24300	30000	11320	
70940	51490	12537		76027	27900	36500	11627	
137940	103930	20565		37666	12300	15300	10066	
116050	91830	19162		51937	19200	23900	8837	
133690	106170	22648		66635	24600	31400	10635	
		5114		1227			1227	
		6825		37439	10000	12900	14539	
		1375		23330	7100	10200	6030	
92090	64220	15032		127131	43400	60400	23331	
2660	2090	2888		23343	6700	8800	7843	
88140	65460	13615		115857	42500	56100	17257	
5950	4680	9060		52144	13900	17300	20944	
124700	94000	21775		193270	66100	96200	30970	
137620	106770	21498		111231	40600	53500	17131	
126320	99940	20880		117840	40700	53000	24140	
		5926		43436	11100	13900	18436	
53180	34480	8407		136094	49000	65800	21294	
13710	9720	2648		16245	6100	7800	2345	
74220	54060	12078		54711	20000	25400	9311	
145470	115100	26863		191598	64900	91000	35698	
48550	32920	8159		249575	82300	133500	33775	
63980	44680	11687		222481	75100	120300	27081	
3820	2540	544		19843	7800	9600	2443	
73250	51720	12524		170905	60200	88000	22705	
64240	47720	10954		151273	52600	80300	18373	
22080	15540	3274		33365	12700	17000	3665	
18650	12240	3120		20300	7800	9600	2900	
56460	39640	9430		85398	31100	40300	13998	
			90	47				708

E−7续表2

地　区	民政管理事务	救灾	其他(医疗救助)小计	财社[2009]101号	财社[2009]102号	财社[2009]155号
合　计	**2333.00**	**1746675.00**	**845300.00**	**442600**	**197631**	**199012**
北　京		300	2700	392	612	1696
天　津	67	142	3163	523	917	1723
河　北	72	24800	40522	21245	7310	11967
山　西		26100	22728	9136	8023	5569
内蒙古	143	23700	23779	13335	7255	3189
辽　宁	75	21489	22102	7583	8283	6236
吉　林	102	21400	28803	9478	13787	5538
黑龙江	135	26278	31328	13270	13537	4521
上　海	75	0	1952	262	556	1134
江　苏	93	6000	13406	3123	888	9395
浙　江	102	8000	7232	2010	289	4933
安　徽		23736	36395	20395	6782	9218
福　建	132	7900	10275	4902	973	4400
江　西		37000	45177	26213	12508	6456
山　东	101	13800	34555	9857	2671	22027
河　南		21782	44859	23859	7366	13634
湖　北		31750	38702	16211	12063	10428
湖　南		51192	50651	25363	11702	13586
广　东	109	6100	11961	3559	721	7681
广　西	137	38625	27160	18042	4114	5004
海　南	110	7000	12180	5961	4814	1405
重　庆		27600	26374	12355	7561	6458
四　川		1075313	85974	51445	18790	15739
贵　州		31900	39246	30004	3919	5323
云　南	130	80600	46083	32684	6198	7201
西　藏	275	7750	12968	7112	4925	931
陕　西		22318	30322	18303	5393	6626
甘　肃	161	43900	33311	23859	6616	2836
青　海		12200	15909	8725	5798	1386
宁　夏		14300	14857	8033	5671	1153
新　疆	314	22900	24569	15361	7589	1619
兵　团		10800	6057			

单位：万元

彩票公益金合计	彩票公益金（不含医疗救助）小计	财社[2009]261号	财社[2009]260号	财社[2009]259号	医疗救助公益金小计	财社[2009]101号	财社[2009]102号
263720	**105220**	**77940**	**20480**	**6800**	**158500.00**	**100000**	**58500**
20495	20225	20175	50	0	270.00	89	181
16266	15876	15180	46	650	390.00	118	272
10020	3056	2531	125	400	6964.00	4800	2164
5441	1002	892	110	0	4439.00	2064	2375
6367	1207	617	560	30	5160.00	3013	2147
6440	2275	430	1655	190	4165.00	1713	2452
7861	1638	1193	425	20	6223.00	2142	4081
8814	1809	684	765	360	7005.00	2998	4007
343	120	100	20	0	223.00	59	164
12478	11509	10420	729	360	969.00	706	263
1796	1257	340	337	580	539.00	454	85
8070	1454	989	465	0	6616.00	4608	2008
3266	1870	360	1020	490	1396.00	1108	288
11964	2339	1264	765	310	9625.00	5922	3703
5815	2797	710	1407	680	3018.00	2227	791
9402	1831	1361	470	0	7571.00	5391	2180
9802	2568	823	1345	400	7234.00	3663	3571
11145	1951	942	989	20	9194.00	5730	3464
2810	1792	280	1122	390	1018.00	804	214
7212	1918	858	1020	40	5294.00	4076	1218
3121	349	339	10	0	2772.00	1347	1425
16824	11795	10640	525	630	5029.00	2791	2238
19360	2175	1115	870	190	17185.00	11623	5562
8906	967	657	270	40	7939.00	6779	1160
10524	1304	784	250	270	9220.00	7385	1835
6375	3310	650	2490	170	3065.00	1607	1458
6892	1161	971	170	20	5731.00	4135	1596
8514	1165	725	390	50	7349.00	5391	1958
4568	881	531	310	40	3687.00	1971	1716
4217	724	614	50	60	3493.00	1815	1678
8452	2735	625	1710	400	5717.00	3471	2246
160	160	140	10	10			

E-8 民政事业费

地　区	本年预算指标合计	上年结转预算指标	本级财政安排预算指标	本年上级下达预算指标
全　国	**23077403.3**	**1032395.5**	**22145273.2**	**36787018.9**
中央级	55186.8		12324785.8	
北　京	749815.7	5758.3	444326.2	548502.0
天　津	252825.5	8040.9	165048.6	148132.6
河　北	891880.2	28389.1	325643.1	1649847.2
山　西	630850.7	25816.1	256667.6	1226698.7
内蒙古	610608.3	14704.6	276604.1	1120549.5
辽　宁	943953.8	37571.7	400831.2	1617302.8
吉　林	657661.7	11073.8	222776.7	1242933.8
黑龙江	770851.2	27256.9	310797.8	1712772.2
上　海	524374.8	15058.5	507182.8	60787.0
江　苏	1053672.5	30090.3	785079.0	975788.0
浙　江	733821.4	23073.5	603107.9	298726.0
安　徽	851812.0	26968.1	356840.9	1069372.6
福　建	360438.6	30013.7	221584.9	448641.5
江　西	698824.6	3237.3	243886.1	1557886.1
山　东	1156334.4	33714.1	642431.3	1543191.9
河　南	1046064.1	18342.9	346367.9	2098782.7
湖　北	902604.8	7161.8	276716.0	1397027.3
湖　南	978830.9	13040.1	331434.8	1958127.3
广　东	940988.0	27390.6	719291.4	854862.5
广　西	672997.3	106845.4	201638.9	1158592.8
海　南	190543.3	40152.7	70411.6	192140.6
重　庆	542845.6	16035.9	189729.6	712835.3
四　川	2645997.7	280052.4	490116.3	5084744.3
贵　州	705477.4	16684.8	216161.3	1539725.4
云　南	969254.2	24925.3	359376.9	2065958.5
西　藏	113006.4	19072.8	20574.0	119212.9
陕　西	947607.0	81226.8	362953.2	1784210.1
甘　肃	585651.1	25931.9	157675.2	879395.8
青　海	214859.2	13233.3	86215.9	440717.9
宁　夏	158421.1	15740.4	49983.7	211355.9
新　疆	519343.0	5791.5	179032.5	1068197.7

预算执行情况

单位：万元

本年下达所属地方预算指标	本年抚恤预算指标				
		上年结转预算指标	本级财政安排预算指标	本年上级下达预算指标	本年下达所属地方预算指标
36887284.3	**3242607.8**	**131923.9**	**3114179.8**	**5649249.5**	**5652745.4**
12269599.0			1873106.0		1873106.0
248770.8	53383.4	1897.7	40525.9	20554.8	9595.0
68396.6	34882.4	443.9	25989.5	16257.0	7808.0
1111999.2	200070.2	5371.3	59353.9	420785.4	285440.4
878331.7	97120.7	4737.1	33426.6	186929.4	127972.4
801249.9	44831.6	3753.3	14705.2	87964.4	61591.3
1111751.9	111134.8	4824.4	54354.4	176810.4	124854.4
819122.6	74982.5	2692.9	26204.2	134104.3	88018.9
1279975.7	70711.0	1597.0	22318.6	164857.8	118062.4
58653.5	52071.1		52071.1	6585.0	6585.0
737284.8	207094.7	5210.1	115329.7	295439.4	208884.5
191086.0	156450.8	4230.7	117368.1	83349.1	48497.1
601369.6	137206.3	4937.5	50225.8	172799.9	90756.9
339801.5	70742.8	7322.1	33382.7	115835.1	85797.1
1106184.9	99897.3	450.7	29563.7	222206.7	152323.8
1063002.9	376791.5	6463.5	142954.0	699039.4	471665.4
1417429.4	188509.8	309.0	51348.8	424323.9	287471.9
778300.3	152123.1	1287.6	42495.5	241454.7	133114.7
1323771.3	177809.3	2666.0	44809.0	392008.0	261673.7
660556.5	165086.5	8184.1	100438.4	234211.7	177747.7
794079.8	95163.8	20034.5	25935.3	167795.9	118601.9
112161.6	26776.0	10134.2	6622.6	20882.2	10863.0
375755.2	86640.6	1573.5	26191.1	119489.0	60613.0
3208915.3	221835.1	18796.6	39336.5	522080.4	358378.4
1067094.1	76215.2	2956.8	22796.4	156961.8	106499.8
1481006.5	91549.4	4579.2	21748.2	208404.3	143182.3
45853.3	2995.3		312.3	5084.0	2401.0
1280783.1	99003.0	3920.3	22043.6	228870.1	155831.0
477351.8	33735.3	577.2	7915.1	52157.8	26914.8
325307.9	8154.2	1354.0	1867.2	13559.7	8626.7
118658.9	6486.7	1341.5	1283.2	7574.3	3712.3
733678.7	23153.4	277.2	8157.2	50873.6	36154.6

E−8 续表 1

地　区	本年预算				
	本年退役安置预算指标	上年结转预算指标	本级财政安排预算指标	本年上级下达预算指标	本年下达所属地方预算指标
全　国	**2382255.5**	**147306.9**	**2290552.5**	**3574177.5**	**3629781.4**
中央级			1601702.0		1601702.0
北　京	393543.5	1184.9	109517.5	511769.0	228927.9
天　津	43730.7	4208.4	5891.3	62869.6	29238.6
河　北	122851.5	9133.5	33444.0	193935.6	113661.6
山　西	40138.1	3201.0	5553.1	66244.6	34860.6
内蒙古	30229.8	1997.7	6814.5	52705.8	31288.2
辽　宁	185220.2	11457.2	33056.1	328929.7	188222.8
吉　林	45548.0	1008.3	8069.3	84684.3	48213.9
黑龙江	42749.7	3830.6	6547.4	76459.8	44088.1
上　海	83510.0	12787.5	66393.0	45834.0	41504.5
江　苏	171734.0	10098.4	74841.3	242407.9	155613.6
浙　江	65525.0	3508.6	29267.4	67308.1	34559.1
安　徽	78530.4	5329.0	45845.4	67459.2	40103.2
福　建	43764.7	5594.7	8656.0	68842.8	39328.8
江　西	22818.1	109.4	5903.5	40683.2	23878.0
山　东	189204.1	14975.3	40149.8	327550.8	193471.8
河　南	78141.7	7876.4	16377.3	123774.7	69886.7
湖　北	80380.9	258.0	17306.8	134035.5	71219.4
湖　南	59601.2	1517.9	20465.3	95774.8	58156.8
广　东	131836.3	4944.2	56582.1	211148.5	140838.5
广　西	32690.1	5776.9	9677.2	38846.8	21610.8
海　南	16672.2	5553.7	2771.7	16369.5	8022.7
重　庆	41705.6	1828.9	10491.7	57454.0	28069.0
四　川	113116.5	6772.6	34534.9	198123.9	126314.9
贵　州	20263.2	706.4	7737.8	32088.9	20269.9
云　南	70684.7	2158.2	18437.5	133559.2	83470.2
西　藏	7070.7		198.7	13471.0	6599.0
陕　西	87216.6	15116.4	6252.7	155539.3	89691.8
甘　肃	30008.0	2139.5	2626.5	46072.0	20830.0
青　海	10248.1	1221.0	918.1	16255.0	8146.0
宁　夏	8833.2	2715.0	750.2	10013.8	4645.8
新　疆	34688.7	297.3	3772.4	53966.2	23347.2

单位：万元

指标合计						
本年城市居民最低生活保障预算指标	上年结转预算指标	本级财政安排预算指标	本年上级下达预算指标	本年下达所属地方预算指标	本年农村最低生活保障预算指标	上年结转预算指标
5098716.1	**142918.1**	**5008686.5**	**10784676.8**	**10837565.3**	**3918701.7**	**55182.7**
		3590768.0		3590768.0		
63152.4		61010.2	4324.2	2182.0	13969.9	
73391.2	176.5	39586.7	64978.0	31350.0	10995.1	75.2
189517.5	4426.6	39716.9	460777.9	315403.9	144123.1	1921.4
199814.7	3578.0	52658.7	508818.8	365240.8	106246.0	1382.5
232644.1	461.9	97211.2	512105.6	377134.6	125970.9	
298579.8	5319.6	58177.6	788830.1	553747.5	77732.3	575.8
290716.5	1583.6	58776.1	665934.0	435577.2	79839.1	238.9
293995.0	8210.8	41400.7	830913.2	586529.7	88065.4	756.8
118725.6		118725.6	5114.0	5114.0	11916.3	
99933.7	1052.4	91874.2	66982.5	59975.4	163139.9	2898.0
33023.1	134.2	31513.9	11794.2	10419.2	103861.1	2182.8
209528.9	7948.4	30238.5	370613.2	199271.2	172305.7	1544.8
35161.6	983.0	26540.6	49812.1	42174.1	64165.3	1770.6
194665.5	837.2	26633.4	518843.8	351648.9	135221.7	9.6
127836.3		108146.3	102089.1	82399.1	162826.3	
275184.1	6082.3	28626.8	750131.6	509656.6	235690.6	125.0
306201.4	3440.8	36872.8	581657.3	315769.5	151060.2	
293647.3	3172.9	43376.4	767704.1	520606.1	152889.4	713.8
81700.8	1849.1	73925.7	54652.7	48726.7	167152.1	3186.6
143049.6	24974.3	22008.3	300823.3	204756.3	174164.5	11799.0
47770.4	5636.3	16056.1	67334.0	41256.0	30972.9	1466.8
161195.2	5537.6	15295.6	277506.0	137144.0	70601.8	93.0
352781.4	26490.0	38858.4	892083.8	604650.8	254184.9	12232.5
121767.7	5449.5	26689.3	292195.9	202567.0	333204.8	118.8
174557.1	2678.4	51531.7	424864.4	304517.4	283229.4	2142.7
15844.1		2741.1	20007.0	6904.0	20225.7	
229447.9	15718.4	88134.8	459258.8	333664.1	225697.3	7516.2
173724.9	2581.4	48229.5	271833.0	148919.0	172627.3	834.4
58917.1		18023.1	150117.9	109223.9	48191.5	
42564.8	1995.4	6559.4	72269.9	38259.9	23715.2	1465.7
159676.4	2599.5	18778.9	440306.4	302008.4	114716.0	131.8

E−8 续表 2

地　区	本年预算				
	本级财政安排预算指标	本年上级下达预算指标	本年下达所属地方预算指标	本年其他农村社会救济预算指标	上年结转预算指标
全　国	**3876236.8**	**8186900.4**	**8199618.2**	**1246570.4**	**12327.8**
中央级	2555157.0		2555157.0		
北　京	13181.9	1620.0	832.0	15442.2	
天　津	10392.9	527.0		7151.4	131.9
河　北	33339.7	343303.8	234441.8	49623.8	188.7
山　西	39243.5	249507.6	183887.6	32829.0	220.1
内蒙古	50083.5	274023.5	198136.1	19979.7	239.6
辽　宁	44967.4	139343.5	107154.4	45114.6	548.5
吉　林	31041.2	168772.2	120213.2	18090.1	244.2
黑龙江	21354.2	248453.3	182498.9	25679.6	262.5
上　海	11916.3	1227.0	1227.0	12661.9	
江　苏	124682.9	242721.9	207162.9	95350.7	510.0
浙　江	78348.3	76063.5	52733.5	64699.8	1195.8
安　徽	48313.9	288721.4	166274.4	74377.4	-39.9
福　建	40031.6	114176.8	91813.7	22386.1	-668.1
江　西	21611.1	352663.6	239062.6	59197.7	749.2
山　东	113163.3	227586.8	177923.8	66611.5	
河　南	47021.6	578316.6	389772.6	83009.3	59.0
湖　北	42137.2	255752.0	146829.0	47795.2	42.4
湖　南	39254.2	353431.7	240510.3	64511.5	370.6
广　东	120529.5	235418.9	191982.9	52095.5	251.1
广　西	29601.1	427539.9	294775.5	38273.3	2062.7
海　南	13622.1	40546.0	24662.0	8695.5	868.8
重　庆	15800.8	119256.0	64548.0	34448.7	134.8
四　川	54972.2	593113.2	406133.0	101436.1	1829.3
贵　州	84873.6	828740.5	580528.1	13060.0	180.0
云　南	58605.7	726456.0	503975.0	65737.0	659.9
西　藏	2024.1	38044.6	19843.0	2564.1	
陕　西	63195.7	484964.3	329978.9	48620.2	1802.3
甘　肃	20519.9	307650.8	156377.8	29243.9	370.4
青　海	14871.7	124325.5	91005.7	34514.7	
宁　夏	2103.5	41548.8	21402.8	3635.0	114.0
新　疆	30275.2	303083.7	218774.7	9734.9	

单位：万元

指标合计			本年其他城镇社会救济预算指标			
本级财政安排预算指标	本年上级下达预算指标	本年下达所属地方预算指标		上年结转预算指标	本级财政安排预算指标	本年上级下达预算指标
1222396.5	**636683.1**	**624837.0**	**338676.5**	**7956.4**	**329874.5**	**67838.2**
53760.0		53760.0			90.0	
15442.2	42.8	42.8	13429.9		13429.9	
6890.5	129.0		3817.7		3817.7	
46836.1	9268.3	6669.3	6084.2	0.5	6083.7	
32608.9	38745.1	38745.1	3097.1	153.9	2943.2	120.0
19626.1	3908.9	3794.9	6830.9	17.8	6733.7	3375.4
41786.5	18843.7	16064.1	26420.5	4692.8	21733.0	6548.8
16168.9	14247.4	12570.4	6121.0	11.0	5507.8	3371.6
25358.0	8625.2	8566.1	5707.2	616.2	5464.8	114.9
12661.9			74171.4		74171.4	
91855.2	9080.1	6094.6	25443.1	151.6	25294.7	2877.3
63504.0	4752.4	4752.4	21742.7	493.2	21249.5	4446.4
69733.3	10823.1	6139.1	4932.4	65.1	4867.3	218.2
22074.3	29024.0	28044.1	4590.9	77.3	4513.6	541.8
56192.1	100455.4	98199.0	3301.6		3301.6	
64130.5	16260.3	13779.3	10241.2		10241.2	1234.7
82950.3	15998.5	15998.5	5467.4	1.7	5465.7	456.5
45444.9	29274.5	26966.6	9494.2		9494.1	2137.2
59146.1	19444.5	14449.7	9713.5	32.0	9441.7	4814.8
51844.4	7341.5	7341.5	32528.0	147.6	32380.4	1090.0
32881.0	11057.1	7727.5	4470.4	270.2	4200.2	1138.0
7465.7	722.0	361.0	1840.4	24.7	1815.7	
34314.9	7547.0	7548.0	4523.4	121.2	4402.2	
94989.0	21216.7	16598.9	10694.5	130.8	10563.7	1278.2
11517.0	5614.2	4251.2	2332.2	48.8	2283.4	691.4
65077.1	83813.5	83813.5	10294.1	750.2	9543.9	10075.5
2564.1			309.1		244.1	150.0
20629.5	87145.7	60957.3	8679.8	75.0	8363.4	5746.8
28873.5	21650.5	21650.5	6131.5		6131.5	3732.7
34104.6	55699.8	55289.7	547.5		547.5	
3367.0	2542.0	2388.0	680.7		680.7	70.0
8598.9	3409.9	2273.9	15038.0	74.8	14873.2	13608.0

E−8 续表 3

地区	本年下达所属地方预算指标	本年社会福利预算指标	本年预算 上年结转预算指标	本级财政安排预算指标	本年上级下达预算指标	本年下达所属地方预算指标
全国	**66992.6**	**802527.9**	**15660.2**	**781254.5**	**141035.1**	**135421.9**
中央级	90.0			708.0		708.0
北京		45258.9	887.3	44371.6		
天津		21432.9		21432.9		
河北		22663.3	16.0	22647.3	28.0	28.0
山西	120.0	15234.1	114.3	15119.8	1600.0	1600.0
内蒙古	3296.0	21158.2	61.3	20710.9	3320.7	2934.7
辽宁	6554.1	38065.0	219.0	37851.0	11754.0	11759.0
吉林	2769.4	25871.2	1182.5	20989.8	6083.8	2384.9
黑龙江	488.7	29525.5		29525.5	6.1	6.1
上海		50231.4		50231.4		
江苏	2880.5	71594.1	1370.2	69744.4	28530.3	28050.8
浙江	4446.4	64086.9	982.4	63104.5	3820.3	3820.3
安徽	218.2	41016.3	497.8	40518.5	21902.1	21902.1
福建	541.8	17244.5	153.7	17090.8	2077.2	2077.2
江西		13484.7		13469.7	900.5	885.5
山东	1234.7	25547.7	7.0	25540.7	345.3	345.3
河南	456.5	23444.1	270.4	23173.7	1007.8	1007.8
湖北	2137.1	18603.3	3.0	18600.3	555.0	555.0
湖南	4575.0	24610.0	83.6	24581.3	3599.1	3654.0
广东	1090.0	80633.4	993.6	79639.8	12089.3	12089.3
广西	1138.0	15426.3	179.2	15247.1	1550.6	1550.6
海南		3336.5	1399.0	1937.5	268.8	268.8
重庆		15137.4	68.3	15069.1	2307.0	2307.0
四川	1278.2	27832.3	1253.0	26579.3	5355.0	5355.0
贵州	691.4	13336.3		13336.3	566.3	566.3
云南	10075.5	22024.4	-222.5	22246.9	9725.3	9725.3
西藏	85.0	2220.8		2220.8		
陕西	5505.4	20348.1	5610.9	13773.5	9104.6	8140.9
甘肃	3732.7	6229.6	1.0	6228.6		
青海		1324.2		1194.2	205.0	75.0
宁夏	70.0	3086.8		3086.8		
新疆	13518.0	22519.7	529.2	21282.5	14333.0	13625.0

单位：万元

指标合计						
本年民政管理事务预算指标	上年结转预算指标	本级财政安排预算指标	本年上级下达预算指标	本年下达所属地方预算指标	本年自然灾害生活救助预算指标	上年结转预算指标
1392377.8	**15594.0**	**1376036.8**	**123073.4**	**122326.4**	**2411644.6**	**308711.9**
30876.0		33209.0		2333.0	14994.3	
78395.9	736.3	77659.6			2454.2	30.0
38406.6	108.5	38231.1	67.0		402.8	18.7
44960.3	33.0	44855.3	1081.2	1009.2	33980.2	2702.4
27716.7	129.5	27587.2	3215.5	3215.5	35278.5	4808.5
30533.1	123.2	29943.7	6163.5	5697.3	36339.0	3416.2
60872.2	830.2	59807.0	5901.4	5666.4	32192.1	2471.0
35620.9	123.6	35959.6	9839.5	10301.8	28406.6	2596.3
28270.2	510.0	27635.2	457.9	332.9	29268.1	341.8
57465.7		57390.7	75.0		3438.9	
98031.1	790.1	96492.2	7621.1	6872.3	12893.6	1209.4
107013.1	1777.0	105134.1	1478.0	1376.0	17440.2	4098.5
32020.9	901.4	31119.5	2730.1	2730.1	33295.6	2193.7
29016.3	320.6	28563.7	2312.9	2180.9	15382.6	3660.9
21140.2	0.4	21136.8	6314.9	6311.9	48923.4	447.4
78919.2	926.8	77891.4	10006.5	9905.5	20524.2	2433.7
48948.0	121.1	48826.9	1259.9	1259.9	28708.8	1061.2
33594.0	472.3	33121.7	150.0	150.0	42873.6	466.2
41638.9	6.5	41304.5	3476.3	3148.4	61563.5	2119.0
118788.4	978.8	117700.6	14821.9	14712.9	22213.5	2555.2
35763.3	3308.7	32317.6	1233.3	1096.3	68839.7	19532.2
14552.1	997.9	13444.2	290.0	180.0	14791.6	5278.2
35439.9	247.4	35192.5	3630.0	3630.0	31000.7	1529.8
72535.4	414.6	72120.8	2425.2	2425.2	1339562.1	197395.5
29727.0	35.3	29691.7	2024.5	2024.5	43258.9	1857.9
41859.0	1021.5	40707.5	4407.2	4277.2	119897.6	3697.9
5963.4		5687.6	275.8		14051.7	
42470.5	629.3	40873.0	23348.9	22380.7	90975.5	16328.5
15299.7	0.1	15138.6	3487.0	3326.0	72072.0	16670.5
9326.7		10444.3	2561.9	3679.5	17975.9	4900.0
9298.2		9298.2	940.0	940.0	36572.7	3476.4
37914.9	49.9	37551.0	1477.0	1163.0	42072.5	1414.9

E-8 续表 4

地区						本年预算
				本年行政事业单位离退休预算指标		
	本级财政安排预算指标	本年上级下达预算指标	本年下达所属地方预算指标		上年结转预算指标	本级财政安排预算指标
全　国	**2101347.8**	**4674590.0**	**4673005.1**	**297401.2**	**277.0**	**297124.2**
中央级	1761669.3		1746675.0	2812.3		2812.3
北　京	2124.2	634.7	334.7	36156.4		36156.4
天　津	242.1	142.0		4357.5		4357.5
河　北	6477.8	82232.7	57432.7	15526.5	0.9	15525.6
山　西	4370.0	81179.0	55079.0	16043.2		16043.2
内蒙古	9772.8	77013.0	53863.0	6960.8		6960.8
辽　宁	8290.1	70576.5	49145.5	15061.9		15061.9
吉　林	3500.1	58454.1	36143.9	4589.0		4589.0
黑龙江	3036.6	82947.7	57058.0	4970.9		4970.9
上　海	3438.9			5846.8		5846.8
江　苏	5664.2	13795.0	7775.0	15788.1	-188.5	15976.6
浙　江	5341.7	16440.0	8440.0	10830.7		10830.7
安　徽	7365.9	52425.1	28689.1	11172.8	55.3	11117.5
福　建	3821.7	23965.0	16065.0	17079.8	98.7	16981.1
江　西	11476.0	117967.0	80967.0	6238.8		6238.8
山　东	4290.5	43220.0	29420.0	8848.0		8848.0
河　南	5865.6	69691.5	47909.5	12995.7	16.8	12978.9
湖　北	10657.3	69035.1	37285.0	10780.9	2.2	10778.7
湖　南	8579.6	157882.0	107017.1	8100.7		8100.7
广　东	13558.3	30904.2	24804.2	23996.3	145.1	23851.2
广　西	10682.5	121961.1	83336.1	8043.9	23.4	8020.5
海　南	2513.4	17590.0	10590.0	1546.9		1546.9
重　庆	1870.9	55580.0	27980.0	6010.1		6010.1
四　川	66853.6	2568176.8	1492863.8	19344.3		19344.3
贵　州	9501.0	99645.9	67745.9	2083.1		2083.1
云　南	35599.7	299121.3	218521.3	9435.6	123.1	9312.5
西　藏	4332.4	17469.3	7750.0	248.8		248.8
陕　西	52320.3	168492.3	146165.6	4041.1		4041.1
甘　肃	11501.5	104100.0	60200.0	3553.5		3553.5
青　海	875.9	22755.0	10555.0	1445.2		1445.2
宁　夏	18796.3	46803.1	32503.1	797.9		797.9
新　疆	6957.6	104390.6	70690.6	2693.7		2693.7

单位：万元

指标合计						
		本年其他款项用于民政支出预算指标				
本年上级下达预算指标	本年下达所属地方预算指标		上年结转预算指标	本级财政安排预算指标	本年上级下达预算指标	本年下达所属地方预算指标
386.9	**386.9**	**1945923.8**	**194536.6**	**1747583.3**	**2948408.0**	**2944604.1**
		6504.2		851804.2		845300.0
		34629.0	1022.1	30906.8	9556.5	6856.4
		14257.2	2877.8	8216.4	3163.0	
		62479.6	4594.8	17362.8	138434.3	97912.3
		57332.6	7491.2	27113.4	90338.7	67610.7
		55130.2	4633.6	14041.7	99968.7	63513.8
		53560.4	6633.2	25746.2	69764.7	48583.7
283.6	283.6	47876.8	1392.5	11970.7	97159.0	62645.4
		151908.6	11131.2	123185.9	299936.3	282344.8
		54335.7	2271.0	54335.7	1952.0	4223.0
		92669.5	6988.6	73323.6	66332.5	53975.2
		89148.0	4470.3	77445.7	29274.0	22042.0
		57425.3	3535.0	17495.3	81680.3	45285.3
		40904.0	10700.2	19928.8	42053.8	31778.8
		93935.6	633.4	48359.4	197851.0	152908.2
		88984.4	8907.8	47075.6	115859.0	82858.0
		65964.6	2420.0	23732.3	133821.7	94009.4
		49698.0	1189.3	9806.7	82976.0	44274.0
103.3	103.3	84745.6	2357.8	32376.0	159888.7	109876.9
		64957.2	4155.2	48841.0	53183.8	41222.8
		57112.4	18884.3	11068.1	86646.8	59486.8
		23588.8	8793.1	2615.7	28138.1	15958.1
		56142.2	4901.4	25090.7	70066.3	43916.2
		132675.1	14737.5	31963.6	280891.1	194917.1
		50229.0	5331.3	5651.7	121196.0	81950.0
		79985.9	7336.7	26566.2	165531.8	119448.8
		41512.7	19072.8		24711.2	2271.3
		91107.0	14509.5	43325.6	161739.3	128467.4
		43025.4	2757.4	6957.0	68712.0	35401.0
		24214.1	5758.3	1924.1	55238.1	38706.4
		22749.9	4632.4	3260.5	29594.0	14737.0
		57134.8	416.9	26091.9	82749.3	52123.3

E−8 表 5

地　区	年末结余预算指标	抚恤	退役安置	城市居民最低生活保障	农村最低生活保障
全　国	**1705163.7**	**148308.0**	**155250.1**	**261238.8**	**213258.6**
北　京	9157.6	515.4	8179.5		
天　津	3108.7	652.1	1805.6	-584.2	2.7
河　北	41475.2	4895.2	13202.9	7084.4	10617.1
山　西	45026.1	8206.3	5012.6	10045.1	4161.9
内蒙古	31496.6	2644.5	2846.8	4067.6	4033.6
辽　宁	48786.5	3774.6	12322.8	21114.2	135.1
吉　林	12541.1	1855.0	1408.2	4636.5	188.6
黑龙江	7932.3	2210.3	1238.7	632.7	177.3
上　海	17192.0		17117.0		
江　苏	51411.8	6154.3	14440.6	1570.2	2496.7
浙　江	41586.8	10440.0	3138.5	1866.9	8303.8
安　徽	47698.8	3849.2	4678.3	21299.3	8389.2
福　建	31760.3	5354.9	5985.8	1038.3	1169.1
江　西	3565.6	662.5	73.4	1159.1	979.0
山　东	30011.1	4000.9	14263.9	144.7	430.4
河　南	17618.9	413.3	8091.8	6098.7	44.4
湖　北	6514.5	1968.6	1005.8	1735.1	
湖　南	9617.5	1981.3	951.0	3066.3	66.9
广　东	19760.7	6409.5	4248.3	1222.8	2111.0
广　西	163473.5	21216.3	5613.0	38285.0	47902.6
海　南	39226.5	4143.0	3382.2	10365.1	7465.6
重　庆	23986.9	2347.6	1254.0	12939.1	1512.4
四　川	759788.7	39763.1	10814.1	63555.8	36177.1
贵　州	56723.0	3613.3	855.0	9591.8	30571.9
云　南	34066.3	4297.3	2517.3	6179.0	5821.1
西　藏	19072.8				
陕　西	95360.0	3745.8	5301.0	28890.9	37075.5
甘　肃	7888.2	84.1	2124.0	610.4	1042.2
青　海	10085.1	1812.3	1232.0	2325.7	1130.0
宁　夏	11205.1	972.6	1984.0	1227.8	789.4
新　疆	8025.5	324.7	162.0	1070.5	464.0

单位：万元

其他农村社会救济	其他城镇社会救济	社会福利	民政管理事务	自然灾害生活救助	行政事业单位离退休	其他款项用于民政支出
14644.8	**6113.6**	**16185.5**	**10485.0**	**669858.4**	**374.8**	**209446.1**
				30.0		432.7
112.4	-5.2		-68.6	31.5	-18.8	1181.2
16.7	-19.0		-13.7	2121.1	19.6	3550.9
226.8	155.9	520.9	7.0	7854.4		8835.2
583.1	423.5	306.7	2316.1	8615.9	46.5	5612.3
477.7	1601.8	-111.9	-319.0	2541.6		7249.6
46.0	24.0	849.0	278.2	2101.8		1153.8
	35.0	75.0	102.0	625.0		2836.3
			75.0			
459.9	139.8	1547.5	646.6	5180.8	-17.6	18793.0
1237.9	1541.2	3647.2	2174.5	4471.9	25.5	4739.4
-47.3	-111.1	988.7	401.8	2511.5		5739.2
-569.9	76.3	375.6	214.6	5902.9	87.5	12125.2
70.9				219.5		401.2
-17.7	7.0	3.0	201.8	3009.2		7967.9
65.4		7.2	35.0	768.4	16.8	2077.9
14.3	152.3	3.0	477.6	527.0		630.8
328.0			-5.0	209.0		3020.0
180.4	129.5	952.9	431.4	1064.9	173.8	2836.2
624.6	443.0	774.4	2400.1	23752.3	-60.8	22523.0
727.9	27.7	635.6	1145.1	3265.0		8069.3
-1570.6	40.0	238.0	113.9	2061.8		5050.7
4000.1	31.0	824.2	-873.5	579917.7		25579.1
476.7	35.9	7.7	94.4	2620.8		8855.5
3313.0	786.7	347.1	763.1	3573.5	114.5	6353.7
						19072.8
1818.0	439.9	2536.0	-162.5	4241.5	-12.6	11486.5
409.1	102.1	236.7	161.0	691.1	0.4	2427.1
872.0						2713.1
927.2		750.1	114.7	1774.7		2664.6
-137.8	56.3	670.9	-226.6	173.6		5467.9

E-8 续表 6

地　区	本年财政拨款	抚恤	退役安置	城市居民最低生活保障	农村最低生活保障
全　国	**21372239.6**	**3094299.8**	**2227005.4**	**4837477.3**	**3705443.1**
中央级	55186.8				
北　京	740658.1	52868.0	385364.0	63152.4	13969.9
天　津	249716.8	34230.3	41925.1	73975.4	10992.4
河　北	850405.0	195175.0	109648.6	182433.1	133506.0
山　西	585824.6	88914.4	35125.5	189769.6	102084.1
内蒙古	579111.7	42187.1	27383.0	228576.5	121937.3
辽　宁	895167.3	107360.2	172897.4	277465.6	77597.2
吉　林	645120.6	73127.5	44139.8	286080.0	79650.5
黑龙江	762918.9	68500.7	41511.0	293362.3	87888.1
上　海	507182.8	52071.1	66393.0	118725.6	11916.3
江　苏	1002260.7	200940.4	157293.4	98363.5	160643.2
浙　江	692234.6	146010.8	62386.5	31156.2	95557.3
安　徽	804113.2	133357.1	73852.1	188229.6	163916.5
福　建	328678.3	65387.9	37778.9	34123.3	62996.2
江　西	695259.0	99234.8	22744.7	193506.4	134242.7
山　东	1126323.3	372790.6	174940.2	127691.6	162395.9
河　南	1028445.2	188096.5	70049.9	269085.4	235646.2
湖　北	896090.3	150154.5	79375.1	304466.3	151060.2
湖　南	969213.4	175828.0	58650.2	290581.0	152822.5
广　东	921227.3	158677.0	127588.0	80478.0	165041.1
广　西	509523.8	73947.5	27077.1	104764.6	126261.9
海　南	151316.8	22633.0	13290.0	37405.3	23507.3
重　庆	518858.7	84293.0	40451.6	148256.1	69089.4
四　川	1886209.0	182072.0	102302.4	289225.6	218007.8
贵　州	648754.4	72601.9	19408.2	112175.9	302632.9
云　南	935187.9	87252.1	68167.4	168378.1	277408.3
西　藏	93933.6	2995.3	7070.7	15844.1	20225.7
陕　西	852247.0	95257.2	81915.6	200557.0	188621.8
甘　肃	577762.9	33651.2	27884.0	173114.5	171585.1
青　海	204774.1	6341.9	9016.1	56591.4	47061.5
宁　夏	147216.0	5514.1	6849.2	41337.0	22925.8
新　疆	511317.5	22828.7	34526.7	158605.9	114252.0

单位：万元

其他农村社会救济	其他城镇社会救济	社会福利	民政管理事务	自然灾害生活救助	行政事业单位离退休	其他款项用于民政支出
1231925.6	**332562.9**	**786342.4**	**1381892.8**	**1741786.2**	**297026.4**	**1736477.7**
			30876.0	14994.3	2812.3	6504.2
15442.2	13429.9	45258.9	78395.9	2424.2	36156.4	34196.3
7039.0	3822.9	21432.9	38475.2	371.3	4376.3	13076.0
49607.1	6103.2	22663.3	44974.0	31859.1	15506.9	58928.7
32602.2	2941.2	14713.2	27709.7	27424.1	16043.2	48497.4
19396.6	6407.4	20851.5	28217.0	27723.1	6914.3	49517.9
44636.9	24818.7	38176.9	61191.2	29650.5	15061.9	46310.8
18044.1	6097.0	25022.2	35342.7	26304.8	4589.0	46723.0
25679.6	5672.2	29450.5	28168.2	28643.1	4970.9	149072.3
12661.9	74171.4	50231.4	57390.7	3438.9	5846.8	54335.7
94890.8	25303.3	70046.6	97384.5	7712.8	15805.7	73876.5
63461.9	20201.5	60439.7	104838.6	12968.3	10805.2	84408.6
74424.7	5043.5	40027.6	31619.1	30784.1	11172.8	51686.1
22956.0	4514.6	16868.9	28801.7	9479.7	16992.3	28778.8
59126.8	3301.6	13484.7	21140.2	48703.9	6238.8	93534.4
66629.2	10234.2	25544.7	78717.4	17515.0	8848.0	81016.5
82943.9	5467.4	23436.9	48913.0	27940.4	12978.9	63886.7
47780.9	9341.9	18600.3	33116.4	42346.6	10780.9	49067.2
64183.5	9713.5	24610.0	41643.9	61354.5	8100.7	81725.6
51915.1	32398.5	79680.5	118357.0	21148.6	23822.5	62121.0
37648.7	4027.4	14651.9	33363.2	45087.4	8104.7	34589.4
7967.6	1812.7	2700.9	13407.0	11526.6	1546.9	15519.5
36019.3	4483.4	14899.4	35326.0	28938.9	6010.1	51091.5
97436.0	10663.5	27008.1	73408.9	759644.4	19344.3	107096.0
12583.3	2296.3	13328.6	29632.6	40638.1	2083.1	41373.5
62424.0	9507.4	21677.3	41095.9	116324.1	9321.1	73632.2
2564.1	309.1	2220.8	5963.4	14051.7	248.8	22439.9
46802.2	8239.9	17812.1	42633.0	86734.0	4053.7	79620.5
28834.8	6029.4	5992.9	15138.7	71380.9	3553.1	40598.3
33642.7	547.5	1324.2	9326.7	17975.9	1445.2	21501.0
2707.8	680.7	2336.7	9183.5	34798.0	797.9	20085.3
9872.7	14981.7	21848.8	38141.5	41898.9	2693.7	51666.9

E-9 民政事业费当

地　区	全国预算安排合计	中央安排合计	全省安排合计	省　级	市　级	县　级	镇　级	抚　恤
全　国	**22145273.2**	**12324785.8**	**9820487.4**	**2640971.8**	**1683611.3**	**5229812.5**	**266091.8**	**3114179.8**
中央级	55186.8	55186.8						
北　京	744159.2	299833.0	444326.2	137083.1		277398.3	29844.8	51522.9
天　津	244784.6	79736.0	165048.6	50402.1		114646.5		34438.5
河　北	863491.1	537848.0	325643.1	61400.2	69100.0	195057.5	85.4	194698.9
山　西	605034.6	348367.0	256667.6	103153.6	60243.8	93215.5	54.7	92383.6
内蒙古	585024.1	308420.0	276604.1	86594.2	71503.8	118506.1		41228.2
辽　宁	946301.2	545470.0	400831.2	74676.3	136901.1	188959.4	294.4	106834.4
吉　林	637697.7	414921.0	222776.7	111800.4	31428.0	79548.3		73926.2
黑龙江	776210.8	465413.0	310797.8	163617.0	40112.2	107021.0	47.6	67312.6
上　海	567969.8	60787.0	507182.8	86175.6		376617.2	44390.0	58656.1
江　苏	1022839.0	237760.0	785079.0	192785.1	108333.8	422195.6	61764.5	201893.7
浙　江	710747.9	107640.0	603107.9	76217.1	66235.6	408125.3	52529.9	152220.1
安　徽	824843.9	468003.0	356840.9	92126.4	45773.6	218145.8	795.1	132268.8
福　建	330424.9	108840.0	221584.9	80547.6	35793.5	105243.8		63420.7
江　西	695587.1	451701.0	243886.1	112523.1	25760.2	104735.8	867.0	99210.7
山　东	1122620.3	480189.0	642431.3	84133.5	160266.2	383321.6	14710.0	368774.0
河　南	1037493.9	691126.0	346367.9	48675.5	76032.3	221660.1		188200.8
湖　北	895443.0	618727.0	276716.0	96013.5	46519.1	134183.4		150835.5
湖　南	965790.8	634356.0	331434.8	33027.1	85888.3	212519.4		174271.0
广　东	913597.4	194306.0	719291.4	152129.0	216178.5	312681.5	38302.4	156902.4
广　西	566151.9	364513.0	201638.9	44054.6	49324.1	108249.5	10.7	75129.3
海　南	150390.6	79979.0	70411.6	24685.2	12833.0	32893.4		16641.6
重　庆	527112.6	337383.0	189729.6	51813.5		122341.6	15574.5	85101.1
四　川	2365945.3	1875829.0	490116.3	62754.7	67643.2	357203.2	2515.2	203038.5
贵　州	688792.3	472631.0	216161.3	68236.2	45945.6	101979.5		73258.4
云　南	944328.9	584952.0	359376.9	157224.5	65782.8	136369.6		86970.2
西　藏	77587.0	57013.0	20574.0	11131.9	1840.1	7602.0		2713.3
陕　西	862139.2	499186.0	362953.2	141969.1	111268.3	109715.8		94348.6
甘　肃	559719.2	402044.0	157675.2	73576.9	21687.2	62411.1		33158.1
青　海	201625.9	115410.0	86215.9	61835.7	2586.7	21793.5		6800.2
宁　夏	142680.7	92697.0	49983.7	33993.7	4033.7	11956.3		5145.2
新　疆	513551.5	334519.0	179032.5	66615.4	24596.6	83514.9	4305.6	22876.2

年预算安排情况

单位：万元

中央安排	全省安排					退役安置	中央安排
		省　级	市　级	县　级	镇　级		
1873106.0	**1241073.8**	**285760.5**	**139948.1**	**757343.6**	**58021.6**	**2290552.5**	**1601702.0**
10997.0	40525.9	213.0		38315.2	1997.7	392339.5	282822.0
8449.0	25989.5	4324.5		21665.0		39522.3	33631.0
135345.0	59353.9	22825.8	8442.0	28000.7	85.4	113718.0	80274.0
58957.0	33426.6	10837.8	8913.7	13620.4	54.7	36937.1	31384.0
26523.0	14705.2	3643.0	1791.3	9270.9		30095.5	23281.0
52480.0	54354.4	13320.9	13248.9	27779.9	4.7	182279.1	149223.0
47722.0	26204.2	10562.9	2930.3	12711.0		45984.3	37915.0
44994.0	22318.6	8817.3	1800.6	11700.7		40082.4	33535.0
6585.0	52071.1	4582.2		38731.9	8757.0	112227.0	45834.0
86564.0	115329.7	25191.0	6901.0	67364.9	15872.8	162274.3	87433.0
34852.0	117368.1	10756.8	4653.7	87832.0	14125.6	62016.4	32749.0
82043.0	50225.8	7630.9	3091.6	39077.5	425.8	73201.4	27356.0
30038.0	33382.7	11637.9	4588.4	17156.4		38170.0	29514.0
69647.0	29563.7	11208.2	2245.5	15798.5	311.5	22708.5	16805.0
225820.0	142954.0	23069.0	22852.4	91260.8	5771.8	174228.8	134079.0
136852.0	51348.8	12023.2	5119.7	34205.9		70265.3	53888.0
108340.0	42495.5	17207.0	5270.4	20018.1		80122.8	62816.0
129462.0	44809.0	2898.0	7526.6	34384.4		58536.3	38071.0
56464.0	100438.4	34092.1	18506.8	41865.8	5973.7	126892.1	70310.0
49194.0	25935.3	11633.1	2189.7	12112.5		26913.2	17236.0
10019.0	6622.6	929.7	724.3	4968.6		11118.7	8347.0
58910.0	26191.1	2491.0		19417.4	4282.7	39921.7	29430.0
163702.0	39336.5	13443.6	3685.2	21887.5	320.2	106343.9	71809.0
50462.0	22796.4	4092.4	3749.0	14955.0		19556.8	11819.0
65222.0	21748.2	8107.1	1127.9	12513.2		68526.5	50089.0
2401.0	312.3	247.4	64.9			7070.7	6872.0
72305.0	22043.6	4708.7	6132.2	11202.7		72094.7	65842.0
25243.0	7915.1	2321.0	988.2	4605.9		27868.5	25242.0
4933.0	1867.2	10.0	537.6	1319.6		9027.1	8109.0
3862.0	1283.2		355.3	927.9		6118.2	5368.0
14719.0	8157.2	2935.0	2510.9	2673.3	38.0	34391.4	30619.0

E−9 续表 1

地区	全省安排	省级	市级	县级	镇级	城市居民最低生活保障	中央安排	全省安排
全国	**688850.5**	**132881.9**	**155977.3**	**388401.0**	**11590.3**	**5008686.5**	**3590768.0**	**1417918.5**
中央级								
北京	109517.5	62684.0		46367.6	465.9	63192.2	2182.0	61010.2
天津	5891.3	693.3		5198.0		73214.7	33628.0	39586.7
河北	33444.0	6684.0	12395.9	14364.1		185090.9	145374.0	39716.9
山西	5553.1	344.0	1620.7	3588.4		196236.7	143578.0	52658.7
内蒙古	6814.5	3701.4	1171.2	1941.9		232178.2	134967.0	97211.2
辽宁	33056.1	1858.1	22204.3	8993.7		320612.6	262435.0	58177.6
吉林	8069.3	3490.6	3587.3	991.4		285818.1	227042.0	58776.1
黑龙江	6547.4	1331.5	3187.4	2028.5		303908.7	262508.0	41400.7
上海	66393.0	4921.9		59933.1	1538.0	123839.6	5114.0	118725.6
江苏	74841.3	15168.3	10742.0	45168.2	3762.8	98699.2	6825.0	91874.2
浙江	29267.4	95.0	4532.1	22952.4	1687.9	32888.9	1375.0	31513.9
安徽	45845.4	7798.0	10395.0	27652.4		201580.5	171342.0	30238.5
福建	8656.0	721.6	3299.0	4635.4		34178.6	7638.0	26540.6
江西	5903.5	1181.4	1338.5	3383.6		193848.4	167215.0	26633.4
山东	40149.8	700.0	16122.0	23262.6	65.2	127836.3	19690.0	108146.3
河南	16377.3	100.0	9182.6	7094.7		269101.8	240475.0	28626.8
湖北	17306.8	2198.1	4156.1	10952.6		302760.8	265888.0	36872.8
湖南	20465.3	3533.0	7791.6	9140.7		290516.4	247140.0	43376.4
广东	56582.1	4928.7	24788.8	23197.6	3667.0	79851.7	5926.0	73925.7
广西	9677.2	776.9	5312.9	3587.4		118075.3	96067.0	22008.3
海南	2771.7	291.9	5.0	2474.8		42134.1	26078.0	16056.1
重庆	10491.7	914.3		9302.2	275.2	155653.6	140358.0	15295.6
四川	34534.9	966.6	4800.2	28639.8	128.3	326291.4	287433.0	38858.4
贵州	7737.8	1210.0	1410.1	5117.7		116318.3	89629.0	26689.3
云南	18437.5	553.1	4661.0	13223.4		171878.7	120347.0	51531.7
西藏	198.7	198.7				9645.1	6904.0	2741.1
陕西	6252.7	2947.6	820.3	2484.8		225628.8	137494.0	88134.8
甘肃	2626.5	1519.0	518.1	589.4		171143.5	122914.0	48229.5
青海	918.1	31.1	128.8	758.2		58917.1	40894.0	18023.1
宁夏	750.2		613.1	137.1		40569.4	34010.0	6559.4
新疆	3772.4	1339.8	1193.3	1239.3		157076.9	138298.0	18778.9

单位：万元

省　级	市　级	县　级	镇　级	其它农村社会救济	中央安排	全省安排	省　级	市　级
411000.0	**223564.2**	**754183.0**	**29171.3**	**1222396.5**	**53760.0**	**1168636.5**	**236024.6**	**64844.7**
		48970.1	12040.1	15442.2		15442.2	42.8	
17990.9		21595.8		7019.5	129.0	6890.5	0.5	
8000.0	10047.1	21669.8		49435.1	2599.0	46836.1		1619.3
34178.7	9938.7	8541.3		32608.9		32608.9	18252.7	2239.7
42399.0	23723.9	31088.3		19626.1		19626.1	1622.0	1097.9
15000.0	16692.6	26421.0	64.0	42903.5	1117.0	41786.5	3833.0	6527.0
33872.0		24904.1		17498.9	1330.0	16168.9	4646.0	21.0
4000.0	10723.7	26668.6	8.4	25358.0		25358.0		183.8
76.3		110776.2	7873.1	12661.9		12661.9	2573.8	
19394.0	5926.7	63087.3	3466.2	94065.2	2210.0	91855.2	500.0	469.6
7814.2	2419.1	19521.7	1758.9	63504.0		63504.0	4867.2	506.6
5000.0	5195.8	20042.7		74417.3	4684.0	69733.3	100.0	1312.3
12478.4	2206.8	11855.4		23054.3	980.0	22074.3	12991.2	392.1
6461.0	5096.7	15066.9	8.8	58448.1	2256.0	56192.1	46490.4	355.2
13500.0	24124.8	70503.5	18.0	66611.5	2481.0	64130.5		9007.3
12300.0	5602.6	10724.2		82950.3		82950.3	6603.5	11087.8
9480.0	5382.7	22010.1		47752.9	2308.0	45444.9	22760.0	988.2
11000.0	7968.8	24407.6		59146.1		59146.1	801.0	8247.7
17495.0	12023.6	40909.1	3498.0	51844.4		51844.4	3026.0	4697.3
5800.0	3515.7	12692.6		36210.6	3329.6	32881.0	130.0	2280.6
11412.0	2391.0	2253.1		7826.7	361.0	7465.7	507.9	366.3
		15096.8	198.8	34314.9		34314.9	6009.0	
7320.4	7734.8	23598.3	204.9	99606.8	4617.8	94989.0	3588.3	620.2
8000.0	5849.0	12840.3		12879.6	1362.6	11517.0	658.0	223.5
26622.1	10269.2	14640.4		65077.1		65077.1	41007.3	3337.1
1280.0	369.3	1091.8		2564.1		2564.1	24.7	102.0
21465.2	39912.9	26756.7		43334.5	22705.0	20629.5	3624.8	8063.3
26005.0	6330.1	15894.4		28873.5		28873.5	21650.5	1033.8
14885.9	118.5	3018.7		34104.6		34104.6	27480.0	60.1
4249.9		2309.5		3521.0	154.0	3367.0	2234.0	5.0
13520.0	0.1	5226.7	32.1	9734.9	1136.0	8598.9		

E-9 续表 2

地　区	县　级	镇　级	其他城镇社会救济	中央安排	全省安排	省　级	市　级	县　级
全　国	**823486.6**	**44280.6**	**329874.5**	**90.0**	**329784.5**	**50652.9**	**99481.1**	**162458.0**
中央级								
北　京	15334.2	65.2	13429.9		13429.9	5990.9		6382.1
天　津	6890.0		3817.7		3817.7	1452.0		2365.7
河　北	45216.8		6083.7		6083.7	58.0	3990.7	2035.0
山　西	12116.5		2943.2		2943.2	100.0	1841.4	1001.8
内蒙古	16906.2		6733.7		6733.7	1611.0	2306.2	2816.5
辽　宁	31422.8	3.7	21733.0		21733.0	2801.0	7831.9	11100.1
吉　林	11501.9		5507.8		5507.8	1151.0	1474.0	2882.8
黑龙江	25173.2	1.0	5464.8		5464.8	1346.8	1512.8	2603.2
上　海	6954.2	3133.9	74171.4		74171.4	5631.6		57060.3
江　苏	73323.4	17562.2	25294.7		25294.7	500.0	10884.6	13088.7
浙　江	49494.5	8635.7	21249.5		21249.5	1000.0	7064.7	12547.9
安　徽	68025.8	295.2	4867.3		4867.3	190.0	2199.8	2477.5
福　建	8691.0		4513.6		4513.6	150.0	2860.0	1503.6
江　西	9316.5	30.0	3301.6		3301.6	434.5	1083.6	1771.5
山　东	50941.9	4181.3	10241.2		10241.2	500.0	6108.3	3632.9
河　南	65259.0		5465.7		5465.7	456.5	3445.6	1563.6
湖　北	21696.7		9494.1		9494.1	239.0	4664.8	4590.3
湖　南	50097.4		9441.7		9441.7	250.0	4161.7	5030.0
广　东	39630.3	4490.8	32380.4		32380.4	3535.0	19396.6	7293.5
广　西	30470.4		4200.2		4200.2	1120.0	2532.3	547.9
海　南	6591.5		1815.7		1815.7	342.3	232.0	1241.4
重　庆	23743.3	4562.6	4402.2		4402.2	259.5		3393.0
四　川	89720.0	1060.5	10563.7		10563.7	860.0	4323.8	5373.6
贵　州	10635.5		2283.4		2283.4	313.0	1241.4	729.0
云　南	20732.7		9543.9		9543.9	5224.5	2365.0	1954.4
西　藏	2437.4		244.1		244.1	181.6	49.4	13.1
陕　西	8941.4		8363.4		8363.4	2343.5	3112.4	2907.5
甘　肃	6189.2		6131.5		6131.5	3734.7	1524.2	872.6
青　海	6564.5		547.5		547.5		265.8	281.7
宁　夏	1128.0		680.7		680.7	100.0	518.7	62.0
新　疆	8340.4	258.5	14963.2	90.0	14873.2	8776.5	2489.4	3334.8

单位：万元

镇　级	社会福利	中央安排	全省安排	省　级	市　级	县　级	镇　级	民政管理事务
17192.5	**781254.5**	**708.0**	**780546.5**	**166418.0**	**290167.0**	**305388.9**	**18572.6**	**1376036.8**
								30876.0
1056.9	44371.6		44371.6	26254.7		17238.6	878.3	77659.6
	21432.9		21432.9	14397.6		7035.3		38298.1
	22647.3		22647.3	464.9	6086.8	16095.6		44927.3
	15119.8		15119.8		9362.1	5757.7		27587.2
	20710.9		20710.9	1801.6	11954.5	6954.8		30086.7
	37851.0		37851.0	9153.2	18569.0	10128.8		59882.0
	20989.8		20989.8	4080.9	12358.5	4550.4		36061.6
2.0	29525.5		29525.5	15763.6	10914.7	2847.2		27770.2
11479.5	50231.4		50231.4	21014.7		24376.3	4840.4	57465.7
821.4	69744.4		69744.4	14525.0	34821.1	17814.9	2583.4	96585.2
636.9	63104.5		63104.5	4504.9	14720.4	37212.1	6667.1	105236.1
	40518.5		40518.5	20751.9	7007.6	12759.0		31119.5
	17090.8		17090.8	1160.0	6829.5	9101.3		28695.7
12.0	13469.7		13469.7	447.8	5146.0	7875.9		21136.8
	25540.7		25540.7	95.0	13447.8	11519.3	478.6	77992.4
	23173.7		23173.7	125.3	8561.3	14487.1		48826.9
	18600.3		18600.3	971.5	8854.3	8774.5		33121.7
	24581.3		24581.3	1288.0	13118.4	10174.9		41304.5
2155.3	79639.8		79639.8	5456.2	48903.6	22422.0	2858.0	117809.6
	15247.1		15247.1	1372.3	9212.9	4654.2	7.7	32454.6
	1937.5		1937.5	268.8	730.8	937.9		13554.2
749.7	15069.1		15069.1	5622.4		9287.0	159.7	35192.5
6.3	26579.3		26579.3	2880.0	8055.3	15544.6	99.4	72120.8
	13336.3		13336.3	282.3	7752.7	5301.3		29691.7
	22246.9		22246.9	3513.6	10631.8	8101.5		40837.5
	2220.8		2220.8	947.1	664.5	609.2		5962.6
	13773.5		13773.5		8856.4	4917.1		40873.0
	6228.6		6228.6	203.9	4021.1	2003.6		15299.6
	1194.2		1194.2	142.0	449.6	602.6		10444.3
	3086.8		3086.8	2587.3	426.0	73.5		9298.2
272.5	21990.5	708.0	21282.5	6341.5	8710.3	6230.7		37865.0

E−9 续表 3

地　区	中央安排	全省安排	省　级	市　级	县　级	镇　级	自然灾害生活救助	中央安排
全　国	**33209.0**	**1342827.8**	**232527.4**	**304503.0**	**781028.3**	**24769.1**	**2101347.8**	**1761669.3**
中央级	30876.0						14994.3	14994.3
北　京		77659.6	31882.7		40033.0	5743.9	2424.2	300.0
天　津	67.0	38231.1	8941.5		29289.6		384.1	142.0
河　北	72.0	44855.3	3386.9	9407.9	32060.5		31277.8	24800.0
山　西		27587.2	1659.6	11051.2	14876.4		30470.0	26100.0
内蒙古	143.0	29943.7	6505.6	8946.2	14491.9		33472.8	23700.0
辽　宁	75.0	59807.0	2351.7	24278.4	33100.9	76.0	29779.1	21489.0
吉　林	102.0	35959.6	21743.0	5646.9	8569.7		24900.1	21400.0
黑龙江	135.0	27635.2	10022.6	6913.6	10699.0		29314.6	26278.0
上　海	75.0	57390.7	13222.7		41760.3	2407.7	3438.9	
江　苏	93.0	96492.2	9870.8	24968.0	58285.8	3367.6	11664.2	6000.0
浙　江	102.0	105134.1	8186.6	18303.7	75295.2	3348.6	13341.7	8000.0
安　徽		31119.5	4136.6	8975.1	18007.8		31101.9	23736.0
福　建	132.0	28563.7	6618.9	5683.7	16261.1		11721.7	7900.0
江　西		21136.8	6250.4	3163.2	11723.2		48476.0	37000.0
山　东	101.0	77891.4	6172.4	28959.0	42375.4	384.6	18090.5	13800.0
河　南		48826.9	5026.0	13950.9	29850.0		27647.6	21782.0
湖　北		33121.7	4245.6	9880.6	18995.5		42407.3	31750.0
湖　南		41304.5	2544.0	10749.0	28011.5		59771.6	51192.0
广　东	109.0	117700.6	14395.9	47497.7	52747.7	3059.3	19658.3	6100.0
广　西	137.0	32317.6	4284.5	9332.2	18700.9		49307.5	38625.0
海　南	110.0	13444.2	3030.6	2701.1	7712.5		9513.4	7000.0
重　庆		35192.5	7951.4		23461.0	3780.1	29470.9	27600.0
四　川		72120.8	4365.9	13230.4	54470.0	54.5	1142166.6	1075313.0
贵　州		29691.7	2721.5	7808.3	19161.9		41401.0	31900.0
云　南	130.0	40707.5	5592.0	8659.1	26456.4		116199.7	80600.0
西　藏	275.0	5687.6	3671.2	590.0	1426.4		12082.4	7750.0
陕　西		40873.0	11513.7	12739.4	16619.9		74638.3	22318.0
甘　肃	161.0	15138.6	6592.8	3090.9	5454.9		55401.5	43900.0
青　海		10444.3	6468.8	741.6	3233.9		13075.9	12200.0
宁　夏		9298.2	5150.7	987.1	3160.4		33096.3	14300.0
新　疆	314.0	37551.0	4020.8	6247.8	24735.6	2546.8	40657.6	33700.0

单位：万元

全省安排	省 级	市 级	县 级	镇 级	行政事业单位离退休	中央安排	全省安排	省 级
339678.5	**175984.5**	**31740.4**	**129463.8**	**2489.8**	**297124.2**	**2812.3**	**294311.9**	**34118.6**
					2812.3	2812.3		
2124.2	1834.7		289.5		36156.4		36156.4	1271.0
242.1	107.4		134.7		4357.5		4357.5	
6477.8	3131.6	1558.4	1787.8		15525.6		15525.6	2362.0
4370.0	2000.0	824.2	1545.8		16043.2		16043.2	1385.8
9772.8	5550.0	661.0	3561.8		6960.8		6960.8	573.6
8290.1	2450.0	1654.6	4185.5		15061.9		15061.9	2188.0
3500.1	1010.0		2490.1		4589.0		4589.0	
3036.6	1387.0		1649.6		4970.9		4970.9	4115.2
3438.9	3438.9				5846.8		5846.8	2945.4
5664.2	2000.0	707.5	2501.9	454.8	15976.6		15976.6	
5341.7	1000.0	330.0	3608.1	403.6	10830.7		10830.7	
7365.9	4614.5	275.8	2475.6		11117.5		11117.5	1081.9
3821.7	1000.0	479.4	2342.3		16981.1		16981.1	1087.0
11476.0	4350.0	430.0	6696.0		6238.8		6238.8	804.4
4290.5	900.0	1180.9	2092.6	117.0	8848.0		8848.0	2834.1
5865.6	2200.0	1169.0	2496.6		12978.9		12978.9	1694.3
10657.3	5300.0	869.0	4488.3		10778.7		10778.7	1481.8
8579.6	4062.0	396.0	4121.6		8100.7		8100.7	1015.0
13558.3	6390.9	1645.3	5200.7	321.4	23851.2		23851.2	3060.4
10682.5	4001.3	2083.1	4598.1		8020.5		8020.5	622.2
2513.4	1000.0	77.0	1436.4		1546.9		1546.9	536.5
1870.9	741.6		934.3	195.0	6010.1		6010.1	1497.6
66853.6	14575.5	7055.1	45218.0	5.0	19344.3		19344.3	598.8
9501.0	2209.0	1912.2	5379.8		2083.1		2083.1	
35599.7	30440.0	2575.6	2584.1		9312.5		9312.5	1101.5
4332.4	4332.4				248.8		248.8	248.8
52320.3	42422.0	4708.6	5189.7		4041.1		4041.1	524.1
11501.5	2527.9	376.1	8597.5		3553.5		3553.5	502.4
875.9	40.0	111.1	724.8		1445.2		1445.2	586.8
18796.3	17967.8	33.5	795.0		797.9		797.9	
6957.6	3000.0	627.0	2337.6	993.0	2693.7		2693.7	

E-9 续表 4

地　区	市　级	县　级	镇　级	其他款项用于民政支出	中央安排	全省安排	省　级	市　级
全　国	**49663.0**	**202478.5**	**8051.8**	**1747583.3**	**851804.2**	**895779.1**	**384333.9**	**150133.2**
中央级				6504.2	6504.2			
北　京		28696.3	6189.1	33606.8	2700.0	30906.8	6909.3	
天　津		4357.5		11379.4	3163.0	8216.4	2479.2	
河　北	3377.2	9786.4		57884.8	40522.0	17362.8	7487.0	4201.5
山　西	876.0	13781.4		49841.4	22728.0	27113.4	12837.3	4106.3
内蒙古	2028.6	4358.6		37820.7	23779.0	14041.7	1385.0	5151.9
辽　宁	3585.2	9288.7		47848.2	22102.0	25746.2	5652.4	15772.5
吉　林	2500.5	2088.5		40773.7	28803.0	11970.7	7577.0	2909.5
黑龙江	363.6	492.1		154513.9	31328.0	123185.9	107533.0	3734.4
上　海		2802.1	99.3	56287.7	1952.0	54335.7	27768.1	
江　苏	1260.1	13714.8	1001.7	86729.6	13406.0	73323.6	38308.0	10800.2
浙　江	2923.2	7635.3	272.2	84677.7	7232.0	77445.7	11209.4	10070.1
安　徽	2879.3	7156.3		53890.3	36395.0	17495.3	5825.6	2643.5
福　建	1637.7	14256.4		30203.8	10275.0	19928.8	10219.1	5605.0
江　西	850.1	4584.3		93536.4	45177.0	48359.4	29509.0	3808.8
山　东	2173.7	3825.2	15.0	81630.6	34555.0	47075.6	6598.0	15378.2
河　南	3922.3	7362.3		68591.3	44859.0	23732.3	8146.7	3887.2
湖　北	1592.9	7704.0		48508.7	38702.0	9806.7	1130.5	3109.5
湖　南	1910.0	5175.7		83027.0	50651.0	32376.0	5636.1	14084.2
广　东	8982.1	11508.4	300.3	60802.0	11961.0	48841.0	9382.8	16078.8
广　西	1737.2	5658.1	3.0	38228.1	27160.0	11068.1	2314.1	5761.0
海　南	250.3	760.1		14795.7	12180.0	2615.7	25.5	895.4
重　庆		4343.3	169.2	51464.7	26374.0	25090.7	16489.7	
四　川	2386.8	16356.7	2.0	117937.6	85974.0	31963.6	4307.3	8783.2
贵　州	139.0	1944.1		44897.7	39246.0	5651.7	2350.0	730.7
云　南	1647.9	6563.1		72649.2	46083.0	26566.2	12865.1	5454.6
西　藏				12968.0	12968.0			
陕　西	644.3	2872.7		73647.6	30322.0	43325.6	34641.8	3785.7
甘　肃	929.1	2122.0		40268.0	33311.0	6957.0	3414.9	943.8
青　海	171.6	686.8		17833.1	15909.0	1924.1	8.0	
宁　夏	287.6	510.3		18117.5	14857.0	3260.5	447.2	807.4
新　疆	606.7	2087.0		56717.9	30626.0	26091.9	1876.8	1629.8

单位：万元

县　级	镇　级	农村最低生活保障	中央安排	全省安排	省　级	市　级	县　级	镇　级
348160.0	**13152.0**	**3876236.8**	**2555157.0**	**1321079.8**	**531269.5**	**173589.3**	**577420.8**	**38800.2**
23139.4	858.1	14013.9	832.0	13181.9			12632.3	549.6
5737.2		10919.9	527.0	10392.9	15.2		10377.7	
5674.3		142201.7	108862.0	33339.7	7000.0	7973.2	18366.5	
10169.8		104863.5	65620.0	39243.5	21557.7	9469.8	8216.0	
7504.8		126110.5	76027.0	50083.5	17802.0	12671.1	19610.4	
4321.3		81516.4	36549.0	44967.4	16068.0	6536.7	22216.7	146.0
1484.2		81648.2	50607.0	31041.2	23667.0		7374.2	
11918.5		87989.2	66635.0	21354.2	9300.0	777.6	11240.4	36.2
23913.8	2653.8	13143.3	1227.0	11916.3			10309.0	1607.3
22631.0	1584.4	159911.9	35229.0	124682.9	67328.0	853.0	45214.7	11287.2
53726.2	2440.0	101678.3	23330.0	78348.3	26783.0	712.0	38299.9	12553.4
9026.2		170760.9	122447.0	48313.9	34997.0	1797.8	11445.0	74.1
4104.7		62394.6	22363.0	40031.6	22483.5	2211.9	15336.2	
15022.7	18.9	135212.1	113601.0	21611.1	5386.0	2242.6	13496.7	485.8
25012.4	87.0	162826.3	49663.0	113163.3	29765.0	20911.8	58895.0	3591.5
11698.4		240291.6	193270.0	47021.6		10103.3	36918.3	
5566.7		151060.2	108923.0	42137.2	31000.0	1750.6	9386.6	
12655.7		157094.2	117840.0	39254.2		9934.3	29319.9	
18656.4	4723.0	163965.5	43436.0	120529.5	50366.0	13657.9	49250.0	7255.6
2993.0		162365.5	132764.4	29601.1	12000.2	5366.5	12234.4	
1694.8		29506.1	15884.0	13622.1	6340.0	4459.8	2822.3	
8066.0	535.0	70511.8	54711.0	15800.8	9837.0		5297.3	666.5
18786.0	87.1	241952.4	186980.2	54972.2	9848.3	6968.2	37608.7	547.0
2571.0		333086.0	248212.4	84873.6	46400.0	15129.7	23343.9	
8246.5		281086.7	222481.0	58605.7	22198.2	15053.6	21353.9	
		21867.1	19843.0	2024.1			2024.1	
4898.1		211395.7	148200.0	63195.7	17777.7	22492.8	22925.2	
2598.3		171792.9	151273.0	20519.9	5104.8	1931.8	13483.3	
1916.1		48236.7	33365.0	14871.7	12183.1	2.0	2686.6	
2005.9		22249.5	20146.0	2103.5	1256.8		846.7	
22420.6	164.7	114584.2	84309.0	30275.2	24805.0	581.3	4888.9	

E–10 民政事业资

地区	收入合计	上年结余	经营亏损	专项资金结余	抚恤	退役安置
全国	**24624241.5**	**1119621.9**	**6875.0**	**1095933.9**	**100140.4**	**186565.5**
中央级	245635.4	54719.9		50957.2		
北京	1181009.2	154514.1	2570.9	157053.9	2705.8	100873.0
天津	295976.6	24653.0		24640.6	2979.0	5791.7
河北	888457.6	14868.0	26.9	14737.2	2423.0	6807.0
山西	631500.9	28799.3		28799.3	3407.5	2281.9
内蒙古	617066.8	16393.1	295.3	15979.2	1680.5	3497.9
辽宁	965153.2	5715.2		4703.1	369.5	103.7
吉林	682857.6	21047.0		21047.0	3469.8	842.3
黑龙江	806788.7	2964.1		2964.1	218.9	825.2
上海	650511.1	49651.0	2147.9	53975.0	2696.7	3442.8
江苏	1150348.4	50031.1	64.3	47681.6	2096.8	678.5
浙江	854562.2	52900.1	751.6	50372.2	9911.4	3670.3
安徽	829359.2	6888.5		4885.5	1671.9	
福建	354700.2	17594.3		16467.1	3888.2	1580.0
江西	708966.9	11490.1	174.0	11403.1	3184.4	3556.3
山东	1257589.1	12118.7		10651.4	2629.4	594.3
河南	1061907.7	7740.5		7740.5	961.6	1473.6
湖北	984522.4	3132.0		1801.3		175.9
湖南	1064408.9	26986.7	402.9	26047.9	729.7	713.4
广东	1143693.3	53470.8	162.3	50696.7	7178.7	8422.2
广西	674456.0	73284.1	129.4	73156.3	9908.6	2341.8
海南	190950.5	25452.6		25379.1	5397.5	3495.1
重庆	544229.7	6054.9		6054.9	804.1	276.2
四川	2480212.2	149716.7		148587.6	4182.1	5048.0
贵州	761995.0	75362.3		67184.9	9965.9	3488.1
云南	1036865.9	85087.5		84718.8	10034.4	14684.9
西藏	113006.4	19072.8		19072.8		
陕西	899662.5	13972.4	105.4	14077.8	3453.3	268.1
甘肃	598138.1	8571.7	38.1	7725.4	830.9	1724.0
青海	224259.5	13921.7	6.0	13927.7	1104.7	530.0
宁夏	160988.3	10169.0		10169.0	362.8	1222.4
新疆	564462.0	23278.7		23275.7	1893.3	8156.9

金支出情况

单位：万元

				收入合计	
				上年结余	
				专项资金结余	
城市居民最低生活保障	农村最低生活保障	其它农村社会救济	其他城镇社会救济	社会福利	民政管理事务
62757.8	**31608.8**	**15354.6**	**14865.3**	**57035.3**	**153581.9**
					36323.1
751.2	456.5	105.5	1733.3	4789.1	12815.9
3494.5	152.6	344.5	17.9	6561.4	530.1
680.6	513.5	312.1	1171.3	536.6	770.5
6237.8	1719.2	360.7	201.0	835.2	995.3
615.8	100.3	471.3	488.2	740.8	3645.6
		40.0	13.9	24.9	356.6
1588.7	204.5	82.1	439.4	245.6	11961.8
11.3	69.1	36.6			13.8
3231.9	-5.0	763.1	3920.6	5167.2	26245.5
130.6	50.1	36.2	0.3	171.6	3920.2
798.4	1656.9	3644.5	1880.5	5598.0	10378.0
1816.9	85.0	13.1	8.0	0.3	736.0
729.4	1260.9	64.2	117.7	470.4	1223.5
299.1	222.5	58.0	119.0	1.4	2786.3
		5.1	50.0	18.4	3120.3
1594.0	334.8	123.8	205.2	9.6	727.9
350.2	10.0				142.5
4664.2	107.3	172.1	39.7	6249.2	2988.4
2675.0	723.0	873.6	1488.7	10475.9	10213.6
11225.7	8692.5	3107.0	215.7	2371.1	2413.1
3338.8	2137.4	911.4	247.1	416.3	1483.3
846.4	1.4	107.4	37.8	34.9	394.9
2380.2	1559.7	522.8	247.3	4234.7	2370.1
7524.5	5243.6	1494.1	528.0	941.7	4870.3
4988.6	4496.1	1218.5	956.3	1716.3	3662.7
724.5	332.3	41.7		33.0	226.5
1092.9	45.6	19.1	134.8	45.4	1077.7
	1112.6	248.2	24.1	110.0	2442.9
446.4	245.3	72.7	129.3	334.4	3402.9
520.2	81.1	105.2	450.2	4901.9	1342.6

E-10续表1

地区	收入				
	上年结余				本年收入合计
	专项资金结余			其他	
	自然灾害生活救助	行政事业单位离退休	其他款项用于民政支出		
全国	**189531.1**	**2845.9**	**201408.3**	**30563.0**	**23504619.6**
中央级	0.8	190.2	3137.6	3762.7	190915.5
北京	423.9	346.1	31519.3	31.1	1026495.1
天津	456.6		1021.3	12.4	271323.6
河北	237.3	3.5	1161.3	157.7	873589.6
山西	592.5	12.9	5482.8		602701.6
内蒙古	1983.7	30.8	2017.2	709.2	600673.7
辽宁	142.4	117.7		1012.1	959438.0
吉林	849.2	342.4	1021.2		661810.6
黑龙江	96.4		1692.8		803824.6
上海		82.9	7775.2	-2176.1	600860.1
江苏	694.7		39377.9	2413.8	1100317.3
浙江	3309.3	549.5	7596.9	3279.5	801662.1
安徽	163.9		317.5	2003.0	822470.7
福建	1369.6	120.7	4958.0	1127.2	337105.9
江西	434.4		741.7	261.0	697476.8
山东	51.2		328.9	1467.3	1245470.4
河南	164.7	5.1	1900.4		1054167.2
湖北	20.4		116.5	1330.7	981390.4
湖南	473.7	7.8	8061.2	1341.7	1037422.2
广东	1065.1	685.1	3570.1	2936.4	1090222.5
广西	14822.4	100.7	9080.9	257.2	601171.9
海南	2186.7	2.4	4665.3	73.5	165497.9
重庆	310.2		3205.6		538174.8
四川	117085.2	22.0	4768.9	1129.1	2330495.5
贵州	9737.5	23.6	14163.3	8177.4	686632.7
云南	30526.7	181.2	10391.7	368.7	951778.4
西藏			19072.8		93933.6
陕西	379.8	7.8	540.1		885690.1
甘肃	1499.7		1255.1	884.4	589566.4
青海	20.2	6.8	8202.9		210337.8
宁夏	187.2	1.9	3763.7		150819.3
新疆	245.7	4.8	500.2	3.0	541183.3

单位：万元

合计						
财政拨款	上级补助收入	事业收入	预算外资金收入	附属单位缴款	经营收入	其他收入
21372239.6	**520421.8**	**986842.6**	**567424.4**	**1337.4**	**107388.1**	**516390.1**
55186.8		130163.3	106545.1	147.0	982.3	4436.1
740658.1	6156.4	131636.7	109238.6		14321.9	133722.0
249716.8	100.0	4893.7	298.8		14380.1	2233.0
850405.0	10034.6	9473.0	5518.3		85.1	3591.9
585824.6	1341.6	11895.1	10523.9			3640.3
579111.7	6806.9	13150.1	9516.8		517.0	1088.0
895167.3	16381.9	34141.2	17444.2		12216.2	1531.4
645120.6	544.7	819.4	98.1		235.0	15090.9
762918.9	78.8	419.9				40407.0
507182.8	1453.9	47952.0	553.4	407.1	2505.7	41358.6
1002260.7	9712.6	55263.7	31211.3	98.2	3569.8	29412.3
692234.6	8210.8	37707.5	25905.2	170.1	15082.9	48256.2
804113.2	4610.9	9500.5	5764.5		400.0	3846.1
328678.3	2085.6	2506.5	1294.5			3835.5
695259.0	20.0	1795.8	249.7		402.0	
1126323.3	3948.7	68164.8	29233.3		3161.5	43872.1
1028445.2	11805.8	11847.2	10073.6		389.3	1679.7
896090.3	10020.6	64572.9	49585.0	245.8	3865.6	6595.2
969213.4	11825.6	41442.9	9035.1	130.2	7289.8	7520.3
921227.3	28863.2	103878.6	41001.1		14527.3	21726.1
509523.8	6840.2	71698.1	43619.0	6.8	1887.9	11215.1
151316.8	16.7	9763.5	9471.7		197.9	4203.0
518858.7	202.0	13863.6	2719.9		2571.9	2678.6
1886209.0	343344.1	52595.5	16080.6		1253.2	47093.7
648754.4	3901.0	21867.1	20052.8		4720.8	7389.4
935187.9	5164.2	2850.2	2312.4		2193.7	6382.4
93933.6						
852247.0	14214.3	3761.1	1997.5	132.2	399.6	14935.9
577762.9	381.3	11242.6	3584.2		156.0	23.6
204774.1	26.0	4862.0			66.3	609.4
147216.0		2996.2	2019.1		9.3	597.8
511317.5	12329.4	10117.9	2476.7			7418.5

E-10 续表 2

地　区	本年实际支出	事业支出	抚恤	退役安置	城市居民最低生活保障	农村最低生活保障	其它农村社会救济	其他城镇社会救济	社会福利
全　国	**23159244.8**	**22807452.7**	**3102738.2**	**2257025.7**	**4821141.5**	**3629528.5**	**1249382.9**	**334504.5**	**906308.0**
中央级	193039.9	192057.6							
北　京	1015520.5	997166.6	52139.3	382462.0	63210.0	13764.7	14882.0	13318.3	47251.3
天　津	259690.5	245587.0	34081.7	38624.4	71996.4	11161.5	7266.7	3927.7	22057.9
河　北	863679.4	861342.3	193814.5	109261.0	180607.1	130633.4	49860.7	6130.9	23276.8
山　西	585913.8	574669.0	86946.0	34792.1	176675.5	98630.5	32595.2	2983.3	14547.1
内蒙古	589168.7	583948.6	42324.3	26813.4	228576.5	122055.9	19389.5	6564.4	20663.6
辽　宁	946070.5	913196.8	105847.6	172842.9	270294.2	76964.7	44815.9	24858.2	37657.5
吉　林	644249.3	643925.3	72638.8	45267.2	286387.7	79221.2	19045.2	6387.3	24831.2
黑龙江	801200.0	801200.0	67494.2	39715.2	292639.2	87858.7	25779.4	5732.2	29593.9
上　海	568215.9	562430.5	50221.7	67298.1	117845.0	12013.3	13277.3	73575.2	54376.9
江　苏	1113747.7	1106161.1	200051.8	157494.0	98909.1	161065.3	95798.2	25601.9	69088.3
浙　江	789347.8	766965.7	144933.7	63670.5	29689.4	91781.3	66387.5	20590.5	69778.7
安　徽	815035.1	813227.6	132963.6	78171.2	185934.6	160335.4	75896.3	5211.9	40532.3
福　建	326081.5	323376.2	63100.6	36218.0	33767.3	61540.6	23394.7	4486.0	18490.5
江　西	701314.6	700520.8	100319.2	24812.2	190737.1	128602.3	58698.2	3786.1	14555.3
山　东	1236013.3	1189454.5	368633.9	175280.8	126921.7	161687.9	66634.3	10284.2	25563.1
河　南	1048847.9	1040078.6	188360.6	71642.0	266718.8	236990.6	87316.1	5970.4	24982.2
湖　北	976335.4	944534.2	151871.6	77569.2	301946.7	151023.9	48587.0	9790.6	19686.9
湖　南	1035483.0	1025896.5	173198.4	66039.2	284545.7	149992.5	69488.1	10841.9	48658.5
广　东	1076937.0	1054078.6	162746.8	135221.3	80061.1	163122.9	57099.0	33776.4	136681.5
广　西	573900.5	556263.6	67806.8	26068.1	101106.4	120597.5	36140.8	3354.5	16708.8
海　南	145974.8	144812.7	20899.5	11337.1	37265.1	23330.6	7979.8	1798.4	2919.0
重　庆	531720.7	528206.7	83972.6	40229.6	144598.2	68956.0	36276.9	4416.0	14921.8
四　川	2366134.7	2343857.7	214907.9	111669.0	346267.6	249586.0	100646.2	10761.0	34266.4
贵　州	595743.8	560462.9	66113.2	18134.2	104354.3	242342.2	12575.4	2142.9	13237.1
云　南	937107.6	935151.0	85118.7	64844.2	159630.6	273260.1	56900.0	8681.6	21976.0
西　藏	82169.4	82169.4	2995.3	7070.7	15844.1	20225.7	2564.1	309.1	2220.8
陕　西	870544.3	867862.9	99574.3	95639.9	198682.3	184973.3	45845.6	7976.0	19131.7
甘　肃	588925.4	577204.8	33664.8	27061.1	173442.4	171581.3	28274.4	6260.3	6442.2
青　海	194772.4	194671.1	6495.2	9737.9	53352.9	40447.4	33241.9	533.2	2217.8
宁　夏	144447.2	144437.9	5719.2	6045.5	41339.3	21684.1	2679.3	392.6	3604.7
新　疆	541912.2	532534.5	23782.4	35993.7	157795.2	114097.7	10047.2	14061.5	26388.2

单位：万元

民政管理事务	自然灾害生活救助	行政事业单位离退休	其他款项用于民政支出	上缴上级支出	对附属单位补助支出	经营支出	结转自筹基建	其他
1454710.8	**1991907.6**	**300488.5**	**1771694.0**	**3173.7**	**11470.3**	**100573.7**	**24523.1**	**212051.3**
30338.4	14378.6	2708.1	7815.1			982.3		
75217.1	2663.3	35913.8	44613.6		198.7	14942.2		3213.0
37118.6	706.4	4362.4	13678.9		139.3	13901.9		62.3
45501.1	31665.4	15364.6	57369.7	232.5	49.8	105.7		1949.1
27465.9	26061.3	16033.1	45788.4					11244.8
27801.6	26235.1	6899.0	48574.6	285.0	526.5	517.0	757.0	3134.6
61212.0	29266.0	15064.8	48562.7		1131.0	10997.2		20745.5
33089.9	26149.4	5366.5	44393.2			293.3		30.7
28381.5	28631.7	4970.9	190150.7					
112655.8	3038.9	6077.4	46808.3	176.3	495.6	2509.1		2604.4
97619.3	8036.5	16519.2	66265.6	9.0	14.3	3505.0		4058.3
107197.6	12828.2	10886.5	86374.0	75.9	15.0	12426.4	121.3	9743.5
31828.0	30374.9	11248.3	51514.1	122.0	602.2	230.0		853.3
27256.5	9806.0	16841.3	27586.4					2705.3
22722.0	48286.2	6325.4	94860.1			410.0		383.8
80242.8	17566.2	8848.0	81076.1	22.5	4070.3	3161.5	20103.4	19201.1
50560.7	27110.7	13018.0	62672.7			389.3		8380.0
33835.6	42542.0	10835.0	49679.2	22.9	1541.0	3758.8	2019.7	24458.8
45280.4	61651.4	8354.9	79634.9	6.0		7225.6	100.0	2254.9
126739.9	21956.2	24362.6	79341.2			13971.6	9.8	8877.0
35088.2	47902.5	8071.3	29918.4	13.0	2571.6	1894.8	469.4	12688.1
11321.2	9664.9	1537.8	14262.2			160.5		1001.6
34860.7	28612.8	5978.4	51656.6	254.1	50.0	2571.9		638.0
72222.6	1000304.2	19714.6	129168.6	1778.0		1253.2	600.0	18645.8
29751.4	38830.9	2099.7	30527.1			2926.6		32354.3
41229.0	137770.3	9424.0	71333.1			1863.4	63.2	30.0
5963.4	14051.7	248.8	10675.7					
47660.4	88048.5	4772.2	74720.1	176.5	65.0	317.8	279.3	1842.8
15174.9	71307.0	3555.8	40440.6			148.0		11572.6
10143.4	13325.4	1481.4	18683.2			101.3		
11561.2	31886.9	936.5	17629.9			9.3		
37669.7	41248.1	2668.2	55919.0					9377.7

E-10续表3

地　区	收支结余	事业结余	抚恤	退役安置	城市居民最低生活保障	农村最低生活保障	其它农村社会救济
全　国	**1464996.7**	**1465057.3**	**137168.7**	**232908.0**	**127752.6**	**131199.6**	**24330.7**
中央级	52595.5	52595.5					
北　京	165488.7	168679.9	3561.9	120954.4	693.8	588.2	211.8
天　津	36286.1	35807.9	3239.2	9232.6	5014.6		148.3
河　北	24778.2	24825.7	4675.6	7866.0	1881.0	3148.9	320.3
山　西	45587.1	45587.1	5371.9	2615.3	19331.9	5172.8	367.7
内蒙古	27898.1	28193.4	2431.1	4846.4	2135.5	1429.5	473.0
辽　宁	19082.7	17863.7	237.4	50.0	6495.4	632.5	
吉　林	38608.3	38666.6	2449.0	298.0	1054.6	269.4	-93.0
黑龙江	5588.7	5588.7	664.2	2646.7	612.6	138.0	6.1
上　海	82295.2	84446.5	5093.7	6066.6	3955.3	168.1	2082.5
江　苏	36600.7	36600.2	4392.2	1183.7	197.2	50.1	26.7
浙　江	65214.4	63309.5	13419.2	3866.6	1982.0	5488.9	2174.9
安　徽	14324.1	14154.1	3712.0	-99.9	3877.9	1490.9	72.7
福　建	28618.7	28618.7	6203.8	4355.6	1030.7	2429.6	-222.9
江　西	7652.3	7834.3	2959.8	1864.0	74.6	217.5	39.8
山　东	21575.8	21575.8	6786.1	253.7	19.6		
河　南	13059.8	13059.8	818.4	1057.5	4011.1	1056.0	146.8
湖　北	8187.0	8080.2	1544.0	2689.3	2187.9	7.0	
湖　南	28925.9	29264.6	944.8	1599.7	7666.7	1165.2	156.3
广　东	66756.3	66362.9	9209.5	12248.0	2812.8	1067.6	796.4
广　西	100555.5	100691.8	16238.1	3808.2	15221.4	15055.6	3640.1
海　南	44975.7	44938.3	6814.0	5388.5	2986.6	2439.0	2089.7
重　庆	12509.0	12509.0	1187.3	591.2	4684.2	-111.1	224.3
四　川	114077.5	114077.5	4720.3	4676.3	3512.8	3520.6	529.9
贵　州	166251.2	164457.0	15145.6	4879.3	15114.5	67585.3	1788.5
云　南	99758.3	99428.0	11166.5	19682.1	13524.1	8082.6	6620.9
西　藏	30837.0	30837.0					
陕　西	29118.2	29141.8	777.7	242.4	1780.4	2098.5	624.4
甘　肃	9212.7	9242.8	865.0	2545.4	667.1	49.4	534.0
青　海	29487.1	29528.1	885.2	761.5	3274.5	6427.1	1201.2
宁　夏	16541.1	16541.1	445.2	2223.2	967.7	1470.2	324.4
新　疆	22549.8	22549.8	1210.0	4515.7	984.1	62.2	45.9

单位：万元

其他城镇社会救济	社会福利	民政管理事务	自然灾害生活救助	行政事业单位离退休	其他款项用于民政支出	经营结余
18028.3	**75289.2**	**150911.5**	**109040.5**	**3680.1**	**272877.8**	**-60.6**
		36998.0	616.5	294.4	5118.8	
1661.2	3588.5	-6766.5	134.8	596.8	43116.0	-3191.2
11.3	11273.4	4853.7	121.6	-4.9	464.2	478.2
1301.7	723.4	400.0	335.2	10.3	2388.4	-47.5
158.9	1026.3	1107.6	1950.3	23.0	8191.8	
266.5	2211.7	4021.7	3856.9	51.1	2865.8	-295.3
82.8	155.0		350.0		1290.0	1219.0
1.2	1813.2	3116.1	207.7	322.5	200.3	-58.3
	62.9	407.7	75.8		974.7	
4555.4	7527.3	33164.7	400.0	130.4	19885.4	-2151.3
56.2	3144.8	6681.4	264.2		17549.6	0.5
1683.8	8778.6	11692.4	2692.5	562.9	7868.0	1904.9
-6.0	1.7	2811.6	378.3	-2.1	1553.2	170.0
174.8	693.8	3057.2	1233.6	273.2	6071.3	
99.0	1.4	2102.1	411.4		64.3	-182.0
		3053.2			269.3	
102.7		583.4	855.4	9.8	3617.0	
35.7	-3.0	1014.4	246.6		358.3	106.8
131.2	2386.0	3043.5	233.2		8313.6	-338.7
1903.2	14417.5	10111.4	773.6	525.7	6930.4	393.4
556.8	3596.4	2067.3	13393.0	644.2	16288.5	-136.3
715.2	886.6	4050.8	3855.5	11.8	9719.0	37.4
373.0	576.6	901.0	636.4		2616.5	
651.2	2935.0	4349.8	39041.9	54.2	11235.6	
680.0	1212.5	5813.8	11898.1	2.1	29174.7	1794.2
1682.2	2151.4	4465.2	14264.9	162.6	14524.4	330.3
					30837.0	
326.0	3.1	2586.6	248.9	2.4	1412.3	-23.6
137.6	55.0	1398.6	1526.9	0.4	1418.2	-30.1
43.2	214.1	1199.4	6338.2		8300.6	-41.0
111.9	586.3	1460.4	2150.4	4.5	6796.9	
531.6	5269.7	1165.0	548.7	4.8	3463.7	

E−10 续表 4

地　区	用事业基金弥补收支差额	结余分配	转入事业基金				
				抚恤	退役安置	城市居民最低生活保障	农村最低生活保障
全　国	**44427.0**	**102218.8**	**89006.4**	**7508.4**	**6963.2**	**4099.4**	**2455.2**
中央级	114.3	1516.2	1409.8				
北　京	29307.2	5311.6	5306.6	27.3	925.1		
天　津	854.8	2558.9	2231.2	152.5	182.1		
河　北	570.8	3114.5	3113.1	681.9	705.0	481.3	352.4
山　西	310.1						
内蒙古	539.7	2318.9	2318.9	250.9	750.2		
辽　宁	53.1	1862.6	1862.6			12.9	
吉　林	475.0	2037.4	2037.4	254.4	1.1	168.1	66.4
黑龙江		1643.5	1643.5		1422.7		53.2
上　海	571.5	1907.8	1551.2	393.0	40.0	150.0	
江　苏	313.8	5871.1	5500.2	205.4	310.0		
浙　江	1536.5	14197.1	10005.2	679.2	637.9		1.3
安　徽	274.6	3744.0	3744.0	821.0	77.9	447.5	1172.2
福　建	2698.9	1763.3	1763.3	489.3	363.8	98.7	131.9
江　西	58.4	158.4	158.4	108.9	0.3	22.7	5.5
山　东	16.0	5972.0	5972.0	366.0			
河　南	980.0	2582.3	2582.3	64.0		717.4	169.4
湖　北	222.4	1537.6	1537.6	1430.8			
湖　南	1466.2	2431.4	2360.1	81.8	713.1	762.4	20.1
广　东	1447.8	9756.8	3830.4	1264.9	56.4		
广　西	683.7	3498.5	3241.1	307.4	244.0	78.6	81.3
海　南		260.4	260.4		260.4		
重　庆	75.0	3676.4	2428.7	85.1	-15.4	799.1	
四　川	1050.1	907.6	744.4			17.0	
贵　州	732.5	2449.1	2449.1	9.0			
云　南	74.1	2617.1	2483.8	-125.9	288.6	120.7	323.5
西　藏							
陕　西		17477.0	17477.0	-39.1			
甘　肃		19.0					
青　海							
宁　夏	0.5	1028.3	994.1	0.6		223.0	78.0
新　疆							

单位：万元

其它农村社会救济	其他城镇社会救济	社会福利	民政管理事务	自然灾害生活救助	行政事业单位离退休	其他款项用于民政支出	其他
1538.6	**981.3**	**11619.2**	**4954.7**	**1214.4**	**386.6**	**7925.1**	**13212.4**
							106.4
	3.9	2336.1	499.2			61.9	5.0
	5.2	808.2	1083.2				327.7
28.1	100.4	247.6	12.7			365.0	1.4
0.5	36.9	69.8	609.3			168.6	
	82.8	1374.0					
-93.0			100.0		322.5	152.9	
		62.9	30.0	4.2		70.5	
	43.8	373.0	328.0			140.3	356.6
26.7	5.7	766.1	289.8			2502.7	370.9
90.1	87.1	3721.6	1303.9	175.5	64.0	1561.3	4191.9
72.7	-6.0	145.5	111.8	228.5		672.9	
	51.4	76.2	131.5			92.6	
14.0		1.4	3.8	1.8			
			10.0				
93.7	26.5			122.2		824.4	
		106.8					
26.4	16.3	350.3	12.2	15.0		164.4	71.3
	322.0	413.6	445.8			592.1	5926.4
	4.6	85.2	22.8	-5.3		86.1	257.4
116.9	233.2	307.8	4.4	398.8		172.0	1247.7
						195.4	163.2
		65.9	5.0				
1098.5	-32.5	230.1	-55.1	50.2	0.1	-219.5	133.3
							19.0
64.0		77.1	6.4	223.5		321.5	34.2

E-10 续表 5

地　区	年末净结余	经营亏损	专项资金结余	抚恤	退役安置	城市居民最低生活保障	农村最低生活保障
全　国	**1407204.9**	**7063.3**	**1382354.8**	**128736.5**	**231570.0**	**125907.8**	**129205.6**
中央级	51193.6		47679.5				
北　京	189484.3	3209.3	192628.9	3534.3	120672.9	693.8	588.2
天　津	34582.0		34582.0	3659.6	9168.6	5889.2	
河　北	22234.5	47.5	22226.0	4225.3	7219.1	1399.7	2796.5
山　西	45897.2		45867.2	5375.9	2615.3	19331.9	5172.8
内蒙古	26118.9		24161.4	2365.1	4371.6	2061.4	1429.5
辽　宁	17273.2		16261.1	236.4	50.0	6482.5	632.5
吉　林	37045.9		37045.9	1357.7	528.6	886.5	262.2
黑龙江	3945.2		3945.2	664.2	1224.0	612.6	84.8
上　海	80958.9	2151.3	82602.6	4483.3	6203.7	3805.3	168.1
江　苏	31043.4		28155.6	4657.0	1568.1	197.2	50.1
浙　江	52553.8	849.5	50973.7	12045.4	3830.2	1982.0	5247.6
安　徽	10854.7		8578.7	2891.0		3445.5	318.7
福　建	29554.3		29187.9	5813.7	7339.8	945.1	2370.7
江　西	7552.3	182.0	7734.3	2860.2	1864.0	74.6	217.5
山　东	15619.8		15606.7	6420.1	253.7	19.6	
河　南	11457.5		11457.5	754.4	1057.5	3730.7	1219.9
湖　北	6871.8		6871.8	113.2	2860.0	2187.9	7.0
湖　南	27960.7	410.0	26310.0	863.0	820.2	8405.4	1140.1
广　东	58447.3	6.3	51867.4	7833.9	11340.1	2812.8	1044.3
广　西	97740.7	136.3	95361.1	15804.3	3671.1	15155.4	14644.8
海　南	44715.3		43864.1	6814.0	5128.1	2986.6	2439.0
重　庆	8907.6		8907.6	801.0	707.2	3030.2	476.2
四　川	114220.0		113669.8	4720.3	4676.1	3395.8	3520.6
贵　州	164534.6		160640.3	15115.7	4879.3	15151.4	67585.3
云　南	97215.3		97024.4	11105.8	19232.6	13403.4	7759.1
西　藏	30837.0		30837.0				
陕　西	11641.2		11641.2	816.8	242.4	2161.8	2098.5
甘　肃	9193.7	30.1	9223.8	865.0	2545.4	667.1	49.4
青　海	29487.1	41.0	29528.1	885.2	761.5	3274.5	6427.1
宁　夏	15513.3		15513.3	444.7	2223.2	744.7	1392.2
新　疆	22549.8		22400.7	1210.0	4515.7	973.2	62.9

单位：万元

其它农村社会救济	其他城镇社会救济	社会福利	民政管理事务	自然灾害生活救助	行政事业单位离退休	其他款项用于民政支出	其他
23161.0	**16901.4**	**62770.4**	**162662.7**	**107632.8**	**2900.4**	**259745.5**	**31913.4**
			36921.5	616.5		2372.1	3514.1
211.8	1658.3	6367.6	16218.7	134.8	593.8	41954.7	64.7
148.3	22.0	10732.3	4310.7	121.6	18.8	510.9	
292.2	1214.2	519.7	636.2	335.2	10.3	1980.4	56.0
367.7	158.9	1001.3	1239.1	1955.3	23.0	8191.8	30.0
473.0	229.6	2151.8	3319.6	3856.9	51.1	2878.6	1957.5
				350.0		1290.0	1012.1
		152.1		223.7		47.4	
6.1			356.2	93.1		904.2	
2082.5	4484.8	7400.7	33376.2	400.0	130.4	19860.2	507.6
31.5	12.0	2396.8	4005.0	21.6		15216.2	2887.8
2280.0	1585.1	3573.7	9524.1	2445.7	578.0	6830.4	2429.6
			841.2	149.7		932.5	2276.0
-99.1	179.8	544.6	3446.6	1433.7	334.5	6215.0	366.4
39.8	99.0	1.4	2102.1	411.4		64.3	
			3059.2			269.3	13.1
53.1	27.9		679.3	733.2	9.8	2906.4	
	35.7	48.7	1014.4	246.6		358.3	
129.9	131.2	2035.7	3031.3	218.2		8180.7	2060.7
796.4	1461.2	9260.9	9945.7	773.6	525.7	4645.7	6586.2
3595.4	552.2	3445.4	1923.8	13378.3	32.2	16318.0	2515.9
2089.7	715.2	886.6	3914.6	3834.5	380.9	9348.2	851.2
107.4	137.2	64.7	901.6	237.6		2444.5	
529.9	651.2	2930.4	4222.4	38726.5	54.2	10664.3	550.2
1861.1	680.8	1144.8	5515.2	12043.5	2.1	29015.4	3894.3
5502.4	1714.7	2158.3	4619.5	14228.9	143.5	14817.2	190.9
						30837.0	
624.4	326.0	3.1	2425.2	404.9	2.4	1033.9	
534.0	137.6	55.0	1398.6	1526.9	0.4	1418.2	
1200.3	43.2	147.8	1233.5	6338.2		8300.6	
258.0	112.0	477.3	1454.5	1844.0	4.5	6475.3	
45.2	531.6	5269.7	1026.7	548.7	4.8	3463.8	149.1

E-11 民政事业费支

地　区	民政预算内经费实际支出	抚恤	死亡抚恤	一次性抚恤金	定期抚恤费	其他	伤残抚恤
全　国	**21819430.2**	**3102738.2**	**317271.2**	**56198.8**	**241962.2**	**19110.2**	**706849.9**
中央级	55240.2						
北　京	745435.4	52139.3	11057.7	8626.8	2410.4	20.5	8150.7
天　津	244982.6	34081.7	2250.9	949.5	1201.4	100.0	7270.8
河　北	843485.2	193814.5	21392.4	3321.0	18029.8	41.6	51468.4
山　西	562518.4	86946.0	7999.7	1407.4	6478.5	113.8	23246.3
内蒙古	575897.9	42324.3	2816.1	425.3	2097.2	293.6	11239.0
辽　宁	887386.5	105847.6	10217.3	3942.2	4806.7	1468.4	26208.6
吉　林	642777.6	72638.8	6556.0	835.4	5504.5	216.1	22989.4
黑龙江	800947.6	67494.2	6263.1	881.2	4749.8	632.1	16669.9
上　海	557187.9	50221.7	5421.4	2156.9	1915.6	1348.9	10959.6
江　苏	996449.2	200051.8	27238.3	4146.0	21543.9	1548.4	47724.8
浙　江	704117.9	144933.7	8509.0	2013.9	6326.7	168.4	23310.7
安　徽	804010.6	132963.6	8883.8	1043.2	7586.8	253.8	27808.7
福　建	322487.9	63100.6	9623.2	822.1	8433.4	367.7	8916.3
江　西	693704.1	100319.2	14416.1	1417.9	12435.6	562.6	18064.3
山　东	1122739.0	368633.9	38968.2	4037.2	34232.1	698.9	124898.8
河　南	1035342.8	188360.6	17231.1	2851.0	14181.9	198.2	51462.7
湖　北	897367.7	151871.6	22882.4	1411.6	20713.5	757.3	26924.0
湖　南	997685.9	173198.4	16691.4	2280.5	13829.0	581.9	37463.8
广　东	1021108.9	162746.8	13789.7	537.9	9314.9	3936.9	21014.5
广　西	492763.3	67806.8	4181.5	745.8	2864.4	571.3	8186.2
海　南	142315.6	20899.5	4294.9	438.2	2234.7	1622.0	2801.7
重　庆	514479.6	83972.6	4886.7	1394.4	3353.0	139.3	17987.6
四　川	2289514.1	214907.9	20479.6	2879.9	16063.0	1536.7	46556.6
贵　州	560108.4	66113.2	3743.9	815.9	2769.2	158.8	11372.0
云　南	930167.6	85118.7	7205.9	2722.3	3974.9	508.7	14981.7
西　藏	82169.4	2995.3	1615.3	85.9	1376.0	153.4	755.7
陕　西	867024.3	99574.3	11678.8	1810.5	9366.4	501.9	18971.8
甘　肃	577204.8	33664.8	3303.2	926.7	2238.4	138.1	9686.0
青　海	189659.7	6495.2	1074.9	361.6	698.3	15.0	1843.2
宁　夏	143479.2	5719.2	560.5	305.6	244.6	10.3	2435.5
新　疆	519670.9	23782.4	2038.2	605.0	987.6	445.6	5480.6

出明细和基本数字

单位：万元

伤残抚恤金	在乡伤残抚恤金	在职保健金	伤残补助费	回乡安置特一等护理费	在乡复员、退伍军人生活补助	在乡复员、退伍军人生活补助	在乡红军老战士定期定量补助费
666750.2	**459505.7**	**207244.5**	**40099.7**	**12412.7**	**1160191.4**	**989067.8**	**3242.3**
7432.4	1971.3	5461.1	718.3	209.0	9394.9	7659.3	5.2
6364.2	2606.5	3757.7	906.6	229.1	12549.9	11165.4	3.4
49436.8	49436.8		2031.6	447.5	63908.7	54424.1	19.1
22144.9	12974.8	9170.1	1101.4	442.5	26171.9	24995.7	56.3
10703.1	4400.3	6302.8	535.9	61.8	17312.1	16275.4	40.5
24185.0	9390.3	14794.7	2023.6	227.1	35650.0	26053.6	
22066.6	14692.7	7373.9	922.8	434.4	22378.6	21733.8	5.0
16156.4	11253.9	4902.5	513.5	61.5	30259.2	27599.4	28.2
9851.8		9851.8	1107.8	162.2	8391.3	4469.3	
44143.0	31639.7	12503.3	3581.8	1610.2	67063.9	60613.3	
22024.6	13992.5	8032.1	1286.1	402.3	49712.2	41793.5	
26566.3	16309.7	10256.6	1242.4	573.7	55887.4	49180.5	10.5
8626.0	6620.7	2005.3	290.3	112.7	18684.2	15911.1	7.6
17218.3	9775.7	7442.6	846.0	189.0	39243.0	28255.4	85.4
119129.4	83000.3	36129.1	5769.4	2604.4	109873.5	103222.1	31.0
48939.4	31169.5	17769.9	2523.3	1061.0	68185.5	58767.5	51.4
25645.8	25533.5	112.3	1278.2	375.6	74469.0	60445.5	23.3
35260.6	28836.9	6423.7	2203.2	766.6	82816.8	71403.2	42.6
19061.7	13253.2	5808.5	1952.8	265.6	62088.1	47156.2	
7764.6	5682.3	2082.3	421.6	90.3	27929.0	20375.3	
2624.2	1938.9	685.3	177.5	4.3	5751.3	5329.1	
16930.6	11096.7	5833.9	1057.0	506.3	36061.8	34681.5	12.0
43553.4	32801.6	10751.8	3003.2	766.8	115094.9	101304.6	555.8
10514.4	9290.3	1224.1	857.6	219.5	27469.0	23245.9	4.7
13703.7	7705.2	5998.5	1278.0	176.8	21703.4	19252.6	
755.7	755.7				111.7	89.6	
17668.1	14226.0	3442.1	1303.7	273.1	47823.6	34066.4	1827.0
9308.3	5407.6	3900.7	377.7	98.3	13182.1	10945.3	401.1
1806.4	481.4	1325.0	36.8	5.5	2288.3	2225.8	14.5
2303.7	1955.3	348.4	131.8	11.0	1426.0	1030.0	5.4
4860.8	1306.4	3554.4	619.8	24.6	7310.1	5397.4	12.3

E-11 续表 1

地区	红军失散人员定期定量补助费	义务兵优待金	优抚事业单位	烈士纪念建筑物管理维修经费	烈士纪念建筑物管理单位经费	伤残军人休养院经费
全　国	**24307.7**	**322427.8**	**262739.2**	**96413.5**	**51082.0**	**21018.2**
中央级						
北　京		6659.0	2730.8	907.0	544.7	
天　津		3824.3	6794.4	2439.6	1466.5	
河　北		12439.2	31364.2	6325.1	4651.9	1834.9
山　西	4.7	5160.7	16595.9	4416.3	1818.7	910.9
内蒙古	3.8	3315.5	4583.5	768.1	209.7	553.1
辽　宁		13968.2	12748.6	3732.0	1517.6	1841.0
吉　林	10.0	6369.6	9482.8	4844.9	1146.2	
黑龙江	20.3	5284.6	3619.4	1359.5	355.0	1016.4
上　海		16847.2	5963.7	4469.4	4275.0	584.2
江　苏	2.4	24996.5	15114.2	9225.7	5593.9	987.0
浙　江	163.9	42740.2	12936.3	10261.7	1884.6	1183.8
安　徽	2656.3	24290.6	7420.6	2996.4	1673.1	1252.3
福　建	1142.7	15471.1	3270.2	1280.6	654.3	
江　西	7371.9	9505.3	9522.0	3147.2	1383.7	285.0
山　东	35.5	27511.2	27154.2	6183.1	4571.8	5107.4
河　南	1675.0	15736.5	13951.2	4955.6	3579.7	506.7
湖　北	3731.4	7327.0	12874.4	3126.5	1341.4	27.5
湖　南	2598.4	7024.9	14906.8	2795.2	1034.2	854.0
广　东	1249.3	25656.6	17148.3	7766.1	6541.6	110.5
广　西	471.1	7059.3	5191.8	2180.8	588.0	552.5
海　南	89.8	402.1	852.6	326.1	177.0	
重　庆	8.1	5612.0	2480.1	1041.5	182.1	257.1
四　川	1302.6	11350.3	5714.2	2106.9	1135.8	643.3
贵　州	35.6	8433.6	3421.9	1270.7	365.7	436.0
云　南	11.7	4111.9	1659.8	864.2	263.0	508.0
西　藏		66.8	50.0	50.0		
陕　西	1563.0	4546.9	7371.0	2868.6	1416.9	998.8
甘　肃	154.2	3483.1	2157.8	1398.9	760.9	
青　海		354.1	709.9	582.9	550.7	
宁　夏	5.0	528.1	596.4	546.4	40.1	
新　疆	1.0	2351.4	4352.2	2176.5	1358.2	567.8

单位：万元

复员退伍军人慢性病疗养院经费	复员退伍军人精神病院经费	光荣院经费	其他优抚事业单位经费	集体办优抚事业单位补助费	其他优抚支出	退役安置	退伍军人安置
23453.6	**49398.3**	**61645.5**	**9711.2**	**1098.9**	**333258.7**	**2257025.7**	**410632.7**
		1823.8			14146.2	382462.0	7034.8
	1549.6	2017.4	787.8		1391.4	38624.4	1895.5
6880.7	4291.8	10926.7	1105.0		13241.6	109261.0	17704.9
691.0	4366.8	5917.9	288.0	5.0	7771.5	34792.1	3647.4
41.4	938.0	2247.5	35.4		3058.1	26813.4	4527.3
	3469.1	3706.5			7054.9	172842.9	10160.3
1630.7	210.6	2380.6	11.0	405.0	4862.4	45267.2	6162.4
	645.1	598.4			5398.0	39715.2	7945.4
	77.3		832.8		2638.5	67298.1	11631.7
669.1	2693.0	700.2	747.0	92.2	17914.1	157494.0	43147.4
	489.7	915.4	85.7		7725.3	63670.5	24628.9
	1554.6	1617.3			8672.5	78171.2	46379.8
3.0	379.4	1582.1	25.1		7135.6	36218.0	6375.2
82.2	2205.4	2001.2	1276.3	524.7	9568.5	24812.2	10072.5
5919.9	7905.1	2038.7			40228.0	175280.8	30026.0
3376.4	2529.4	2088.0	464.1	31.0	21793.6	71642.0	20494.4
1068.0	4121.1	4413.3	103.0	15.0	7394.8	77569.2	19594.5
380.0	2379.9	7254.6	1217.1	26.0	14294.7	66039.2	12080.7
1488.6	3299.9	2705.5	1777.7		23049.6	135221.3	32882.2
	1591.5	763.3	103.7		15259.0	26068.1	6693.2
		336.3	190.2		6796.9	11337.1	4027.6
	229.8	912.7	39.0		16944.4	40229.6	9381.9
10.0	1505.0	1283.5	165.5		15712.3	111669.0	38686.5
	704.3	981.4	29.5		11672.8	18134.2	5608.4
	154.6	20.0	113.0		35456.0	64844.2	13118.4
					395.8	7070.7	
1212.6	1586.5	650.5	54.0		9182.2	95639.9	6788.8
	340.8	396.1	22.0		1852.6	27061.1	3280.3
		5.0	122.0		224.8	9737.9	771.6
		50.0			172.7	6045.5	1843.6
	180.0	1311.6	116.3		2249.9	35993.7	4041.1

E-11 续表 2

地 区	一次性建房补助费	退役士兵自谋职业金	军队移交政府的离退休人员安置	军队离休干部离休金	军队退休干部退休金	军队无军籍职工退休金
全 国	**5098.2**	**369717.4**	**1553940.0**	**226435.5**	**854100.9**	**190477.3**
中央级						
北 京	18.5	5729.2	292011.4	14860.6	153302.4	31486.9
天 津	7.5	1635.4	30508.9	4455.9	18736.5	3220.3
河 北	75.0	14589.8	79470.6	16499.1	46134.4	10288.2
山 西	28.9	3201.1	27415.6	5353.4	13110.6	5301.7
内蒙古	98.2	3843.1	19816.5	3712.0	11911.5	2318.1
辽 宁	68.4	8147.2	141928.7	23569.7	87980.1	18394.5
吉 林	44.0	5999.3	35256.0	7684.8	20419.5	4679.4
黑龙江	96.1	7703.4	23905.5	3516.7	12130.0	3826.2
上 海	32.9	10607.1	47241.3	3336.1	22256.8	3784.0
江 苏	273.4	40528.8	98284.9	14149.2	55459.1	9987.9
浙 江	107.7	22462.4	30400.2	6013.2	12511.9	3960.8
安 徽	216.5	44734.2	26554.6	5607.0	12717.5	4597.8
福 建	30.6	5629.9	25829.5	5612.5	15881.1	1579.9
江 西	185.7	8723.2	13111.1	2919.2	5542.7	2417.8
山 东	211.2	26217.7	117470.4	33233.1	52077.0	10275.4
河 南	186.1	18980.1	45668.4	7842.9	27617.3	5315.4
湖 北	242.8	18543.5	53385.3	10216.4	33627.8	6671.0
湖 南	652.9	10184.2	40821.1	5276.6	23895.1	5702.7
广 东	975.1	28245.2	86132.6	14874.5	51408.4	10663.3
广 西	32.9	6126.5	17003.9	2064.2	10643.2	1805.0
海 南	228.8	2092.2	5868.5	562.1	2881.9	1300.5
重 庆	217.4	8783.4	24661.1	1553.6	15364.7	2695.6
四 川	570.2	36912.5	63803.0	8246.2	41900.7	6386.9
贵 州	135.8	5133.0	10390.2	1694.7	5421.4	1125.3
云 南	22.0	11290.3	47147.6	6533.8	28238.1	6736.2
西 藏			6366.0		1305.3	5060.7
陕 西	54.5	5979.5	79080.6	10433.8	34088.3	7351.1
甘 肃	98.6	3010.9	22279.0	2489.0	10920.4	4732.8
青 海	57.7	611.6	8459.0	769.6	4157.3	2875.9
宁 夏	13.3	1666.2	3691.9	991.4	2309.6	362.1
新 疆	115.5	2406.5	29976.6	2364.2	20150.3	5573.9

单位：万元

军队离退休人员其他费用	死亡丧葬费	护理费	遗属生活困难补助费	定期定量补助费	其他费用	军队移交政府离退休干部管理机构	其他退役安置支出
282926.3	**11502.0**	**22956.8**	**8297.9**	**5396.6**	**240169.6**	**250035.7**	**42417.3**
92361.5	1322.4	2549.5	211.5	151.7	88278.1	82605.3	810.5
4096.2	230.5	680.0	113.3	107.5	3072.4	6087.5	132.5
6548.9	753.7	1645.5	1118.7	394.6	3031.0	11228.1	857.4
3649.9	260.6	709.4	342.8	292.5	2337.1	3304.4	424.7
1874.9	136.7	144.4	160.4	116.9	1433.4	2121.0	348.6
11984.4	1525.8	1914.0	720.8	503.8	7823.8	19297.1	1456.8
2472.3	47.3	27.0	81.0	38.2	2317.0	3405.8	443.0
4432.6	112.7	239.0	154.9	72.8	3926.0	7531.3	333.0
17864.4	465.0	720.6	144.0	113.2	16534.8	7236.7	1188.4
18688.7	1295.9	1537.9	715.2	447.2	15139.7	11516.2	4545.5
7914.3	225.4	622.0	136.1	119.7	6930.8	6011.8	2629.6
3632.3	210.0	436.2	343.6	271.5	2642.5	3963.7	1273.1
2756.0	252.5	317.2	180.5	113.5	2005.8	3575.5	437.8
2231.4	67.3	197.1	150.0	49.0	1817.0	917.5	711.1
21884.9	332.3	4950.9	734.5	615.5	15867.2	18706.9	9077.5
4892.8	908.3	1131.3	550.0	399.9	2303.2	4729.2	750.0
2870.1	607.8	1078.1	276.8	226.8	907.4	3604.3	985.1
5946.7	282.9	668.3	324.0	181.2	4671.5	10967.5	2169.9
9186.4	320.7	361.6	176.8	73.3	8327.3	9528.3	6678.2
2491.5	116.9	245.3	110.2	81.1	2019.1	2065.0	306.0
1124.0	63.9	231.5	94.9	20.6	733.7	930.6	510.4
5047.2	219.8	186.1	84.0	75.6	4557.3	5745.5	441.1
7269.2	608.5	356.9	472.3	258.1	5831.5	7981.2	1198.3
2148.8	170.7	133.1	53.7	49.1	1791.3	1641.4	494.2
5639.5	265.4	316.1	164.6	97.7	4893.4	3122.7	1455.5
						318.0	386.7
27207.4	484.9	1013.6	308.8	255.9	25400.1	8479.9	1290.6
4136.8	7.2	312.4	169.1	100.6	3648.1	1375.4	126.4
656.2	1.4		13.8	13.8	641.0	392.7	114.6
28.8		5.0	14.4	2.4	9.4	277.2	232.8
1888.2	205.5	226.8	177.2	152.9	1278.7	1368.0	608.0

E-11 续表 3

地　区	城镇居民最低生活保障	农村最低生活保障	农村社会救济	特困生活救济	农村定期定量救济费	临时救济费	麻风病人救济费
全　国	**4821141.5**	**3629528.5**	**1249382.9**	**98642.3**	**25222.6**	**70058.3**	**3361.4**
中央级							
北　京	63210.0	13764.7	14882.0	632.0		632.0	
天　津	71996.4	11161.5	7266.7	574.4	112.4	457.0	5.0
河　北	180607.1	130633.4	49860.7	1466.8	275.0	1191.8	
山　西	176675.5	98630.5	32595.2	3332.3	1878.6	1453.2	0.5
内蒙古	228576.5	122055.9	19389.5	3455.5	2657.0	798.5	
辽　宁	270294.2	76964.7	44815.9	5779.8	146.6	5573.9	59.3
吉　林	286387.7	79221.2	19045.2	427.6	47.0	362.1	18.5
黑龙江	292639.2	87858.7	25779.4	1126.5	483.1	638.5	4.9
上　海	117845.0	12013.3	13277.3	5604.9		5604.9	
江　苏	98909.1	161065.3	95798.2	13800.0	4797.3	8613.0	389.7
浙　江	29689.4	91781.3	66387.5	9658.1	1930.4	7532.7	195.0
安　徽	185934.6	160335.4	75896.3	2078.1	744.5	1110.4	223.2
福　建	33767.3	61540.6	23394.7	2024.5	823.1	1126.7	74.7
江　西	190737.1	128602.3	58698.2	4908.6	1795.8	2695.6	417.2
山　东	126921.7	161687.9	66634.3	514.6		509.0	5.6
河　南	266718.8	236990.6	87316.1	1179.6	598.1	581.5	
湖　北	301946.7	151023.9	48587.0	2675.3	854.0	1608.5	212.8
湖　南	284545.7	149992.5	69488.1	3122.8	1161.6	1827.1	134.1
广　东	80061.1	163122.9	57099.0	3404.8	590.4	2100.4	714.0
广　西	101106.4	120597.5	36140.8	994.9	258.6	685.0	51.3
海　南	37265.1	23330.6	7979.8	469.4	194.5	150.5	124.4
重　庆	144598.2	68956.0	36276.9	1602.2	394.9	1089.2	118.1
四　川	346267.6	249586.0	100646.2	3254.9	1468.3	1411.5	375.1
贵　州	104354.3	242342.2	12575.4	727.7	200.8	425.7	101.2
云　南	159630.6	273260.1	56900.0	17991.8	2776.8	15134.8	80.2
西　藏	15844.1	20225.7	2564.1	159.6		159.6	
陕　西	198682.3	184973.3	45845.6	2330.1	572.1	1703.5	54.5
甘　肃	173442.4	171581.3	28274.4	4834.7	411.6	4421.0	2.1
青　海	53352.9	40447.4	33241.9	159.0	17.3	141.7	
宁　夏	41339.3	21684.1	2679.3	168.6	11.4	157.2	
新　疆	157795.2	114097.7	10047.2	183.2	21.4	161.8	

单位：万元

精简退职老弱残职工救济	享受原工资40%救济费	其他精简退职老职工救济费	定期定量救济费	五保供养	五保集中供养	五保分散供养	其他农村社会救济支出
72315.1	**28674.9**	**43640.2**	**33468.1**	**880387.4**	**368659.9**	**503822.4**	**198038.1**
856.0	345.4	510.6	385.3	2081.1	1291.7	683.4	11312.9
485.6	332.2	153.4	98.9	5564.3	990.7	4573.6	642.4
1258.3	1173.8	84.5	47.6	43142.2	18226.4	24904.1	3993.4
1488.8	1395.4	93.4	74.4	24214.2	5287.1	18851.6	3559.9
1433.0	645.8	787.2	591.5	11978.5	3801.5	7554.8	2522.5
4604.7	1781.2	2823.5	1490.3	29081.7	11317.7	17284.3	5349.7
560.8	354.2	206.6	136.6	17417.1	7053.7	10372.1	639.7
849.6	669.6	180.0	118.8	22890.4	7938.0	15426.7	912.9
				2099.4	983.5	1077.4	5573.0
12893.3	4127.9	8765.4	8020.4	57959.5	38863.3	19757.4	11145.4
8875.8	1698.8	7177.0	6247.9	17724.8	17357.0	516.2	30128.8
4094.7	1549.2	2545.5	2161.1	68753.6	20929.8	45753.5	969.9
2206.6	1949.5	257.1	113.1	18023.1	1298.1	16526.5	1140.5
5811.7	1455.8	4355.9	3284.3	40230.5	34535.7	6106.9	7747.4
2119.1	2017.8	101.3		55263.3	45823.2	9415.8	8737.3
1400.7	907.4	493.3	378.8	72747.4	36656.5	35109.5	11988.4
2457.8	1659.8	798.0	538.8	39596.3	25282.1	13196.7	3857.6
6758.1	1280.5	5477.6	3103.2	54388.0	13144.5	38995.4	5219.2
876.1	456.0	420.1	235.6	47917.2	12232.8	35684.4	4900.9
611.6	427.0	184.6	129.1	32707.9	3415.1	28976.9	1826.4
91.9	14.8	77.1	76.1	5243.7	427.3	4306.2	2174.8
2486.3	957.7	1528.6	1164.8	30749.3	9518.3	21156.7	1439.1
3631.1	1286.6	2344.5	1913.0	88765.4	36081.4	52840.0	4994.8
645.4	270.7	374.7	284.2	9784.9	1584.2	8110.1	1417.4
3577.3	843.9	2733.4	2041.0	21219.4	2814.2	18740.9	14111.5
				2404.5	287.4	2043.1	
896.7	347.4	549.3	478.8	22978.8	5461.9	16645.8	19640.0
705.6	458.7	246.9	176.6	19933.2	2216.0	17352.7	2800.9
176.2	89.6	86.6	79.1	3885.6	413.0	3500.9	29021.1
67.6	0.1	67.5	41.8	2385.1	1178.4	1186.2	58.0
394.7	178.1	216.6	57.0	9257.0	2249.4	7172.6	212.3

E-11 续表 4

地　区	其他城镇社会救济	其他城镇社会救济支出	城镇定期定量救济费	孤老残幼
全　国	**334504.5**	**203169.4**	**23282.4**	**6126.0**
中央级				
北　京	13318.3	4906.2	807.3	64.8
天　津	3927.7	1700.0	68.0	52.5
河　北	6130.9	2864.2	30.7	8.0
山　西	2983.3	534.7	130.9	56.5
内蒙古	6564.4	4023.0	613.3	51.0
辽　宁	24858.2	19220.2	215.8	50.3
吉　林	6387.3	3565.8	90.4	17.0
黑龙江	5732.2	2206.1	275.5	69.4
上　海	73575.2	64618.6	801.2	467.2
江　苏	25601.9	15261.4	2091.4	391.4
浙　江	20590.5	13186.3	1210.8	155.9
安　徽	5211.9	2737.2	1479.3	793.2
福　建	4486.0	1668.5	468.1	75.2
江　西	3786.1	1460.1	268.3	106.0
山　东	10284.2	5287.0		
河　南	5970.4	1336.8	309.4	50.4
湖　北	9790.6	6274.3	2085.5	1221.1
湖　南	10841.9	4316.4	705.9	278.5
广　东	33776.4	15290.8	778.6	219.1
广　西	3354.5	661.5	89.7	19.8
海　南	1798.4	1155.5	141.6	12.8
重　庆	4416.0	1761.1	309.0	279.4
四　川	10761.0	4092.7	2079.1	739.3
贵　州	2142.9	650.6	79.5	40.2
云　南	8681.6	6068.3	258.1	16.7
西　藏	309.1	96.6		
陕　西	7976.0	1945.8	10.6	1.5
甘　肃	6260.3	4304.5	223.3	36.0
青　海	533.2	230.7	1.3	1.3
宁　夏	392.6	91.1		
新　疆	14061.5	11653.4	7659.8	851.5

单位：万元

城镇临时救济费	城镇其他救济费	宽释人员	流浪乞讨人员救助	流浪乞讨人员救助单位经费	流浪乞讨人员救助经费
90282.6	**89604.4**	**789.9**	**131335.1**	**74356.2**	**52678.2**
3080.9	1018.0	5.1	8412.1	1455.1	6957.0
1488.9	143.1	3.5	2227.7	2076.9	150.8
2496.0	337.5	2.1	3266.7	1750.4	1343.2
263.4	140.4	21.1	2448.6	1470.4	977.8
1535.3	1874.4		2541.4	1753.7	486.1
15317.7	3686.7	3.3	5638.0	2402.4	2619.5
2242.4	1233.0		2821.5	1894.6	854.7
1101.9	828.7		3526.1	2427.9	473.9
13102.0	50715.4	62.8	8956.6	6659.1	5291.5
9888.3	3281.7	102.4	10340.5	6213.3	2618.7
7962.8	4012.7	28.8	7404.2	4180.9	3126.0
694.6	563.3	70.2	2474.7	1292.9	1065.3
1068.6	131.8	7.3	2817.5	1948.0	851.9
898.6	293.2	50.9	2326.0	1250.9	895.4
2425.7	2861.3		4997.2	3423.6	1573.6
948.2	79.2	6.2	4633.6	2769.2	1761.5
2630.8	1558.0	97.3	3516.3	1712.5	1714.6
1883.4	1727.1	98.7	6525.5	3114.4	3197.4
4901.9	9610.3	4.7	18485.6	11568.8	6280.3
396.1	175.7		2693.0	1910.0	776.0
768.5	245.4		642.9	298.6	138.2
1185.1	267.0	70.1	2654.9	1270.4	1399.9
1210.1	803.5	80.7	6668.3	3702.1	2947.1
439.2	131.9	30.1	1492.3	879.1	587.2
4606.3	1203.9	39.9	2613.3	703.7	710.4
	96.6		212.5	4.0	208.5
1534.8	400.4	3.7	6030.2	3469.2	1497.9
3602.9	478.3		1955.8	1352.6	613.6
228.4	1.0	1.0	302.5	265.8	13.2
86.1	5.0		301.5	187.2	114.3
2293.7	1699.9		2408.1	948.5	1432.7

E-11 续表 5

地 区	社会福利						
		殡葬	补贴火化场经费	补贴殡葬类单位经费	假肢矫形	假肢厂(站)专项拨款	其他经费
全 国	**906308.0**	**143110.3**	**59390.2**	**83720.1**	**4108.8**	**3001.5**	**1107.3**
中央级							
北 京	47251.3	7610.1	226.8	7383.3	20.9	15.0	5.9
天 津	22057.9	2573.0	135.9	2437.1	760.6		760.6
河 北	23276.8	5937.2	5353.5	583.7	364.2	364.2	
山 西	14547.1	1567.2	1105.0	462.2			
内蒙古	20663.6	2253.5	1298.1	955.4			
辽 宁	37657.5	3257.9	1575.0	1682.9	48.2	4.7	43.5
吉 林	24831.2	5522.7	1646.2	3876.5	381.0	380.0	1.0
黑龙江	29593.9	653.5	302.6	350.9	237.0	237.0	
上 海	54376.9	127.4		127.4			
江 苏	69088.3	3941.8	1646.3	2295.5	207.9	40.9	167.0
浙 江	69778.7	21111.2	12551.2	8560.0	204.6	204.6	
安 徽	40532.3	5716.0	4403.3	1312.7	95.0	90.0	5.0
福 建	18490.5	2553.7	956.8	1596.9	13.0		13.0
江 西	14555.3	3228.0	1961.7	1266.3	48.8	42.8	6.0
山 东	25563.1	1594.2	334.4	1259.8	1.0		1.0
河 南	24982.2	6853.8	3996.5	2857.3	544.0	520.0	24.0
湖 北	19686.9	3899.9	851.9	3048.0	26.1	26.1	
湖 南	48658.5	6641.0	3122.4	3518.6	288.0	288.0	
广 东	136681.5	28788.6	8958.4	19830.2	3.0		3.0
广 西	16708.8	2023.0	718.4	1304.6	80.5	80.0	0.5
海 南	2919.0	1095.6	483.0	612.6			
重 庆	14921.8	2300.0	882.1	1417.9	190.2	180.2	10.0
四 川	34266.4	7979.4	3613.6	4365.8	6.0		6.0
贵 州	13237.1	1511.8	834.6	677.2	262.3	262.3	
云 南	21976.0	3478.8	1336.3	2142.5	6.2		6.2
西 藏	2220.8	339.7		339.7			
陕 西	19131.7	1799.0	537.6	1261.4	20.0	20.0	
甘 肃	6442.2	1059.6	531.7	527.9	133.9	133.9	
青 海	2217.8	25.9	15.9	10.0	111.4	56.8	54.6
宁 夏	3604.7	808.9	11.0	797.9			
新 疆	26388.2	6857.9		6857.9	55.0	55.0	

单位：万元

社会福利事业单位	社会福利院经费	儿童福利院经费	精神病人福利院经费	补贴安置农场经费	其他	儿童福利	老年人福利	其他社会福利支出
497238.2	**227566.1**	**59817.8**	**80977.0**	**8584.3**	**120293.0**	**20828.6**	**111824.5**	**129197.6**
13273.3	2575.2	4695.3	2106.5		3896.3	2127.5	7327.7	16891.8
10337.3	2194.5	2561.8	3873.3	57.9	1649.8	254.5	7712.3	420.2
8877.4	5225.6	145.7		80.8	3425.3	1026.7	4739.1	2332.2
7675.2	5319.7	129.5	558.0		1668.0	1149.8	3410.7	744.2
13516.1	7310.7	1789.9	1514.6		2900.9	279.5	2240.7	2373.8
24564.7	14968.0	4986.6	1.0		4609.1	522.0	7162.6	2102.1
13992.1	5412.9	3034.3	4172.3		1372.6	125.0	1123.6	3686.8
26249.1	7526.4	3829.9	10092.1	1684.0	3116.7	123.8	862.0	1468.5
37575.3	18396.6	5356.9	6961.3		6860.5		6128.6	10545.6
46947.3	20334.1	3403.1	12055.0	635.0	10520.1	1503.7	7195.6	9292.0
22403.7	8727.5	2248.1	1771.8	150.0	9506.3	1834.5	14401.4	9823.3
11316.9	4001.4	2847.7		8.0	4459.8	670.6	9014.6	13719.2
11710.5	5660.3	1000.1	4109.7	235.0	705.4	26.7	1622.9	2563.7
9787.7	4984.3	277.8	1091.5		3434.1	31.7	735.1	724.0
19331.1	7952.6	1001.6	2765.7		7611.2	736.7	2460.4	1439.7
9830.7	4286.4	1143.0	880.7	125.1	3395.5	298.0	2921.9	4533.8
13693.7	9705.0	2049.7	221.0		1718.0	164.8	316.4	1586.0
26037.9	20968.0	512.3	2686.1	86.0	1785.5	897.4	2925.0	11869.2
79610.8	32181.4	4985.6	9943.5	30.0	32470.3	3891.5	8524.1	15863.5
10280.2	6341.3	280.0	1404.2	224.6	2030.1	568.1	2018.6	1738.4
579.7	522.6	54.0			3.1	93.4	830.1	320.2
6045.5	2858.9	1066.2	1240.2		880.2	326.6	2135.7	3923.8
19253.9	8501.3	971.7	5226.6	705.8	3848.5	1253.6	3363.8	2409.7
10475.0	2244.2	1137.8	1673.6	2615.5	2803.9	24.0	211.6	752.4
7990.9	3258.9	1605.3	1526.2	836.3	764.2	738.0	8342.0	1420.1
1573.5	694.5	859.0			20.0	8.0	299.6	
11865.6	5513.0	2588.3	1321.6		2442.7	85.9	1217.6	4143.6
3989.4	1927.2	715.0	745.3	235.9	366.0	87.2	501.1	671.0
1607.7	407.9	258.1		874.4	67.3	16.7	119.9	336.2
2349.8	1668.6	662.5			18.7	262.5	102.0	81.5
14496.2	5897.1	3621.0	3035.2		1942.9	1700.2	1857.8	1421.1

E-11 续表 6

地 区	民政管理事务	行政运行	一般行政管理事务	机关服务	拥军优属
全 国	**1454710.8**	**464850.3**	**93936.1**	**17082.3**	**119545.2**
中央级	30338.4	4579.2	12716.9	312.2	176.2
北 京	75217.1	14676.3	2208.9	1713.3	4461.5
天 津	37118.6	8479.2	493.6	90.0	2052.6
河 北	45501.1	23280.2	2034.0	434.9	2867.7
山 西	27465.9	9455.2	1609.5	196.7	1541.7
内蒙古	27801.6	10099.6	1182.0	807.9	1193.0
辽 宁	61212.0	18018.5	3053.5	544.5	3944.9
吉 林	33089.9	7217.0	1200.5	340.8	1110.0
黑龙江	28381.5	10047.9	924.2	172.5	1367.7
上 海	112655.8	16999.6	1009.7		8370.2
江 苏	97619.3	35998.0	3010.2	369.0	11669.8
浙 江	107197.6	34323.4	5355.0	487.7	9039.1
安 徽	31828.0	12173.0	2934.7	785.2	3013.6
福 建	27256.5	9906.4	1504.6	276.0	3753.7
江 西	22722.0	10405.6	1828.9	465.9	1519.6
山 东	80242.8	24300.8	6311.7	1206.9	8310.5
河 南	50560.7	18208.3	4251.8	1469.0	4873.4
湖 北	33835.6	13035.0	2444.5	1065.9	2072.1
湖 南	45280.4	19276.3	5797.2	956.5	1975.8
广 东	126739.9	38066.6	6295.6	2083.0	21412.4
广 西	35088.2	11179.6	2111.6	165.7	4494.0
海 南	11321.2	3098.6	1755.8		1132.7
重 庆	34860.7	9204.3	847.4	182.6	2039.6
四 川	72222.6	28399.1	7619.7	1113.3	4513.5
贵 州	29751.4	15254.0	1582.0	300.8	1976.6
云 南	41229.0	18357.0	2100.7	327.1	3239.7
西 藏	5963.4	1633.7	795.3		370.0
陕 西	47660.4	11471.0	5713.0	388.3	957.1
甘 肃	15174.9	6441.1	1435.5	288.2	794.4
青 海	10143.4	2768.9	382.3	45.2	505.1
宁 夏	11561.2	3361.5	618.3	23.7	280.3
新 疆	37669.7	15135.4	2807.5	469.5	4516.7

单位：万元

老龄事务	民间组织管理	行政区划和地名管理	基层政权和社区建设	部队供应	其他民政管理事务支出
69394.9	**11735.7**	**31424.4**	**220113.9**	**25505.1**	**401122.9**
1233.4	640.9	730.3	371.2		9578.1
3213.0	682.6	329.2	24044.7	324.7	23562.9
1078.4	241.0	110.0	9914.8	20.1	14638.9
947.8	240.6	1589.6	3404.8	990.4	9711.1
829.6	108.8	439.1	5348.6	676.2	7260.5
1131.1	386.5	461.8	2488.2	495.5	9556.0
1034.5	241.5	1051.3	20247.4	1026.2	12049.7
617.6	95.4	340.7	5025.0	539.3	16603.6
1043.5	132.7	499.1	1556.3	909.8	11727.8
8172.2	923.7	340.1	3423.1	958.7	72458.5
7002.2	718.1	2116.5	15728.3	751.9	20255.3
9794.4	962.9	4880.8	17789.4	1488.4	23076.5
1089.2	212.3	578.1	3713.0	510.2	6818.7
1176.2	202.3	910.8	1869.8	921.3	6735.4
761.4	107.1	324.0	2569.4	855.0	3885.1
1950.3	762.2	1917.6	19642.8	1551.7	14288.3
761.3	603.1	1519.5	4564.0	2238.1	12072.2
657.1	384.6	998.8	2179.1	871.6	10126.9
1810.5	504.3	901.5	7091.3	1043.9	5923.1
4785.4	2130.0	2818.5	14141.4	3143.7	31863.3
807.1	116.8	818.0	3565.7	1620.9	10208.8
376.2	30.2	448.3	994.7	278.7	3206.0
1410.6	151.1	499.1	12053.5	792.8	7679.7
5433.7	308.2	1328.4	9157.3	991.3	13358.1
1438.9	43.5	367.2	1593.4	525.7	6669.3
3689.6	119.2	479.6	3712.0	386.0	8818.1
60.3	10.0	498.9	60.0	105.5	2429.7
2718.2	274.6	1320.0	16581.8	607.2	7629.2
1191.8	53.1	263.0	654.5	195.0	3858.3
192.3	78.0	432.1	1287.6	219.5	4232.4
904.8	37.5	108.1	364.7	132.5	5729.8
2082.3	232.9	2004.4	4976.1	333.3	5111.6

E-11 续表 7

地　区	自然灾害生活救助					
		生活救济费	紧急抢救、安置、转移灾民支出	救灾储备	灾民倒房重建	其他救助
全　国	**1991907.6**	**658864.5**	**43895.8**	**38456.6**	**1071301.5**	**179389.2**
中央级	14378.6			14378.6		
北　京	2663.3	543.3		18.6		2101.4
天　津	706.4	80.4		208.3		417.7
河　北	31665.4	29908.0		245.4	467.4	1044.6
山　西	26061.3	22229.4	555.1	1534.7	719.9	1022.2
内蒙古	26235.1	21404.7	516.7	90.8	3061.7	1161.2
辽　宁	29266.0	18998.9	40.9	659.6	8183.5	1383.1
吉　林	26149.4	21385.4	165.0	111.0	3678.2	809.8
黑龙江	28631.7	25113.3	317.1	33.2	2408.0	760.1
上　海	3038.9					3038.9
江　苏	8036.5	6379.0	8.5	343.7	893.1	412.2
浙　江	12828.2	10184.3	60.0	287.9	1074.0	1222.0
安　徽	30374.9	20396.9	295.6	88.0	7374.6	2219.8
福　建	9806.0	6024.8	737.0	615.7	470.1	1958.4
江　西	48286.2	30442.6	2341.5	851.3	12315.6	2335.2
山　东	17566.2	16902.1			242.2	421.9
河　南	27110.7	23241.9	50.0	255.0	2848.4	715.4
湖　北	42542.0	27734.7	1623.8	1051.0	10681.5	1451.0
湖　南	61651.4	36246.0	2935.2	389.9	17421.9	4658.4
广　东	21956.2	7207.8	1197.1	2143.3	8515.1	2892.9
广　西	47902.5	21427.4	2308.7	1073.8	19479.9	3612.7
海　南	9664.9	7017.0	70.8	201.7	1725.2	650.2
重　庆	28612.8	17280.0	1502.3	346.0	9070.7	413.8
四　川	1000304.2	99007.1	8944.5	3431.8	794698.6	94222.2
贵　州	38830.9	23773.0	1588.6	1642.9	9543.1	2283.3
云　南	137770.3	25233.0	10405.7	4017.5	88560.9	9553.2
西　藏	14051.7	1018.0	43.8	140.5	505.4	12344.0
陕　西	88048.5	35656.8	2498.5	1718.9	32443.2	15731.1
甘　肃	71307.0	58935.2	4862.0	326.0	5433.0	1750.8
青　海	13325.4	7794.6		884.0	4188.4	458.4
宁　夏	31886.9	6502.2	40.5	31.5	19006.4	6306.3
新　疆	41248.1	30796.7	786.9	1336.0	6291.5	2037.0

单位：万元

行政事业单位离退休	地方离退休人员经费					
		离休人员离休金	退休人员退休金	退职人员退职金	离退休人员其他费用	
						一次性抚恤金
300488.5	**129368.3**	**9547.2**	**98858.3**	**1414.6**	**19548.2**	**5763.6**
2708.1						
35913.8	26214.4	386.4	20013.2	174.7	5640.1	958.9
4362.4	4100.3	173.1	2691.1	52.2	1183.9	268.7
15364.6	5570.9	473.7	4774.8	57.6	264.8	140.6
16033.1	2806.7	419.4	2151.8	19.5	216.0	81.3
6899.0	2089.2	196.1	1759.7	5.6	127.8	45.2
15064.8	6612.6	690.8	5550.4	5.0	366.4	230.9
5366.5	1457.6	102.1	1307.4		48.1	17.6
4970.9	345.4	56.7	269.5	12.0	7.2	7.2
6077.4	1154.0		917.9	1.5	234.6	105.7
16519.2	13015.2	1758.8	9027.6	82.8	2146.0	659.3
10886.5	7801.5	159.0	5140.7	158.4	2343.4	268.7
11248.3	3228.8	984.9	1866.9	28.2	348.8	97.0
16841.3	11212.7	230.9	9186.0	258.9	1536.9	753.2
6325.4	4327.8	353.2	3593.9	90.6	290.1	124.5
8848.0	3137.4	65.2	1839.4		1232.8	115.1
13018.0	3970.2	741.2	2563.7	68.1	597.2	285.0
10835.0	6282.4	543.6	5137.4	23.8	577.6	312.6
8354.9	4384.2	314.1	3659.9	23.5	386.7	128.5
24362.6	6219.7	424.4	5261.0	28.3	506.0	241.3
8071.3	555.7	31.3	444.2	8.1	72.1	36.1
1537.8	402.3	86.5	315.8			
5978.4	794.7	38.0	696.7	6.6	53.4	22.5
19714.6	4365.8	279.3	3510.1	59.4	517.0	239.9
2099.7	1438.2	75.0	1273.5	16.8	72.9	56.6
9424.0	2668.6	233.9	2124.0	13.9	296.8	240.4
248.8	248.8	16.6	232.2			
4772.2	1845.7	248.9	1131.2	144.3	321.3	193.7
3555.8	1317.9	115.5	1051.0	17.5	133.9	126.8
1481.4	217.0	42.0	160.9		14.1	
936.5	486.6	183.1	256.5	45.3	1.7	1.7
2668.2	1096.0	123.5	949.9	12.0	10.6	4.6

E-11 续表 8

地　区	行政事业单位				
	行政单位离退休	事业单位离退休	离退休人员管理机构	其他行政事业单位离退休支出	其他款项用于民政支出
全　国	**89013.4**	**75475.1**	**1677.2**	**4954.5**	**1771694.0**
中央级	2019.9	333.8	354.4		7815.1
北　京	7588.2	1539.3	7.6	564.3	44613.6
天　津	237.1	25.0			13678.9
河　北	4828.6	4685.3		279.8	57369.7
山　西	4529.9	8235.1	15.0	446.4	45788.4
内蒙古	2780.0	2029.8			48574.6
辽　宁	3790.4	4628.8		33.0	48562.7
吉　林	888.1	2872.5	135.8	12.5	44393.2
黑龙江	851.3	3761.3	3.0	9.9	190150.7
上　海	1672.5	2729.3		521.6	46808.3
江　苏	2312.5	1148.3		43.2	66265.6
浙　江	1683.9	1332.9		68.2	86374.0
安　徽	5185.3	2610.6	196.6	27.0	51514.1
福　建	3211.8	2104.7	171.9	140.2	27586.4
江　西	1161.2	777.7	11.5	47.2	94860.1
山　东	3136.1	2532.4		42.1	81076.1
河　南	5233.6	3525.7	47.1	241.4	62672.7
湖　北	2819.8	1416.7	130.7	185.4	49679.2
湖　南	2740.2	996.3	63.5	170.7	79634.9
广　东	7914.6	10040.9	120.1	67.3	79341.2
广　西	3758.0	3610.3		147.3	29918.4
海　南	758.4	240.2	131.4	5.5	14262.2
重　庆	3383.2	702.0		1098.5	51656.6
四　川	6189.8	8768.4	239.2	151.4	129168.6
贵　州	370.5	219.1	0.4	71.5	30527.1
云　南	5244.1	1252.0	6.0	253.3	71333.1
西　藏					10675.7
陕　西	1220.3	1406.3	19.1	280.8	74720.1
甘　肃	1326.1	888.5	3.6	19.7	40440.6
青　海	902.8	356.3		5.3	18683.2
宁　夏	295.6	154.3			17629.9
新　疆	979.6	551.3	20.3	21.0	55919.0

单位：万元

离退休

农村医疗救助	资助参加合作医疗	大病医疗救助	城市医疗救助	资助参加医疗保险	大病医疗救助	优抚对象医疗补助
646245.8	**105035.1**	**493927.1**	**412043.1**	**58631.3**	**313821.5**	**223081.5**
1577.8	289.9	912.2	3173.4	13.7	613.0	5265.4
1742.5	151.2	1591.3	4736.4		2940.6	2931.4
25948.1	3266.1	21554.9	11157.6	735.9	9965.7	17158.3
15039.2	2059.3	12404.1	14685.7	990.3	11720.5	6668.7
18176.9	2061.6	13771.1	12915.2	984.0	9851.3	5439.7
9205.7	1623.1	5360.6	10287.8	2420.1	6719.9	5231.8
15711.5	1710.3	13104.2	21606.1	1875.2	18294.5	5248.9
46199.6	2785.1	43121.4	62448.2	7696.9	54652.4	3376.9
7618.7		7009.7	13393.4	451.2	11428.3	1743.7
20363.7	4113.7	15014.6	7537.8	1824.2	5061.8	10241.0
32184.6	2445.0	28040.0	7775.3	376.5	4767.1	6919.3
24221.2	4884.1	19091.9	10415.2	1042.3	9221.9	9680.9
5621.6	1768.4	3853.2	2328.8	748.3	1580.5	5814.4
46997.5	4468.2	38756.0	38630.9	10965.5	26841.4	6718.7
19136.5	2832.6	15851.0	10774.3	1375.9	9151.3	31529.2
30079.5	9287.6	19666.7	11914.9	3157.5	8203.7	12735.7
20051.8	4054.2	15397.5	16005.8	2643.8	11899.7	9788.3
31301.8	3856.3	25923.4	17644.5	3074.4	14341.4	12703.7
15016.2	5400.0	7511.2	10765.5	2932.4	6010.7	7732.1
15249.0	4413.0	9488.8	4201.4	496.6	2688.8	2311.2
6235.3	2559.0	2995.4	4040.6	543.2	2490.8	1158.3
16951.7	2184.8	11941.5	11060.0	2732.0	6718.6	11977.9
65631.0	13139.5	46737.4	30446.1	2517.6	23849.6	14731.1
16978.4	4080.1	10974.0	3821.9	489.2	3146.0	3768.9
33275.6	10002.8	18262.3	10213.0	2781.0	6359.3	5862.7
1402.5	876.9	525.6	1935.3	121.2	607.6	947.0
35738.5	2990.0	30560.6	15417.6	639.4	11770.1	7104.7
25284.4	1998.4	22403.5	9120.2	732.6	7584.3	2565.0
10479.4	1221.5	8227.5	5243.1	1586.1	3528.5	1836.8
7463.5	642.0	4977.7	4059.0	315.9	2298.7	1893.4
25362.1	3870.4	18897.8	24288.1	2368.4	19513.5	1996.4

E-11 续表 9

地区	发放一次性抚恤金累计人数	发放定期定量抚恤金平均人数	发在乡伤残抚恤金平均人数	发在职伤残保健金平均人数	发回乡特一等伤残军人护理费人数
全国	**16803**	**458465**	**585532**	**286806**	**16769**
中央级					
北京	1213	2092	1911	8845	122
天津	194	1709	2161	4872	154
河北	697	38027	72140		694
山西	738	13694	17828	14171	558
内蒙古	177	3841	6264	9359	69
辽宁	1232	8559	13170	21938	254
吉林	370	11660	17516	10588	496
黑龙江	374	8633	16873	8304	106
上海	267	1287		7219	248
江苏	1228	25786	37270	17724	1586
浙江	367	5295	10131	12523	343
安徽	252	15431	22758	15050	660
福建	211	14567	8620	2850	148
江西	1109	33416	15641	9625	226
山东	684	61676	91966	39936	5021
河南	1377	30281	42070	24794	1863
湖北	271	43745	35690	1358	624
湖南	563	31687	38180	9335	799
广东	206	12752	14783	9050	366
广西	208	7037	9482	3194	134
海南	510	4802	1578	877	3
重庆	310	6393	12779	8332	522
四川	876	30363	42243	15787	804
贵州	400	5576	13926	1904	247
云南	1547	11308	8457	9379	269
西藏	74	2960	1107		
陕西	376	17849	19084	4147	278
甘肃	563	4175	6017	5496	126
青海	90	1255	766	2792	11
宁夏	62	429	2441	541	7
新疆	257	2180	2680	6816	31

单位：人、个

发在乡复退军人定期定量补助费平均人数	发在乡红军老战士定期定量补助费平均人数	发红军失散人员定期定量补助费平均人数	发义务兵优待金平均人数	烈士纪念建筑物管理单位数	住休养院伤残军人平均人数	住疗养院复退军人平均人数
3080567	**2070**	**40608**	**1009954**	**1277**	**3597**	**4345**
7894	2		6529	5		
14384	1		5127	11		
166807	7		62746	90	124	952
84049	26	3	24336	60	70	178
45839	13	3	9708	11	26	18
54494			29943	37	82	
59110	4	12	21905	115		1025
76963	17	27	14524	19	71	
4577			7786	12	15	
149073		2	52434	71	24	366
68660		187	44632	30	29	
239892	3	4457	80737	52	62	
39136	3	1637	26437	60		1
83733	40	12590	38474	44	1810	17
315775	14	48	102317	73	489	824
205483	27	3027	68859	93	60	298
222611	13	6354	54519	50	73	70
319043	14	5126	48433	47	39	20
71371		1680	58244	80	60	258
62579	430	835	29895	30	200	
11630		191	971	5		
109950	7	6	30254	14	50	
347537	193	1434	84994	78	144	50
81582	2	160	23616	31	4	
76934		15	24724	35	65	
559			556			
101325	1049	2654	30722	39	80	268
33892	184	156	16978	44		
6418	9		1065	6		
4260	4	3	1718	26	10	
15007	8	1	6771	9	10	

E-11 续表 10

地　区	住精神病院复退军人平均人数	住光荣院优抚对象平均人数	其他优抚事业单位住院平均人数	集体办优抚事业单位得补助院数	集体办优抚事业单位得补助院平均收养人数
全　国	**12258**	**36906**	**15241**	**266**	**23262**
中央级					
北　京		290			
天　津	157	376	208		
河　北	651	5079	87		
山　西	736	1580	1886	1	
内蒙古	79	973	42		
辽　宁	510	1167			
吉　林	314	2762	78	61	
黑龙江	79	917			
上　海	55		1		
江　苏	424	388	110	22	354
浙　江	64	222	32		
安　徽	400	1004	10		
福　建	87	820	148		
江　西	676	5116	1872	126	8330
山　东	1376	2913			
河　南	600	1318	807	4	3559
湖　北	1999	2939	468	49	506
湖　南	686	4227	3420	3	9804
广　东	1540	2276	1480		
广　西	602	552	2012		
海　南		135	37		709
重　庆	40	173	228		
四　川	365	794	1242		
贵　州	15	67	43		
云　南	109	6	246		
西　藏					
陕　西	559	282	384		
甘　肃	101	35	30		
青　海		10	309		
宁　夏		25			
新　疆	34	460	61		

单位：人、个

发退转军人建房费累计人数	发退役士兵自谋职业金累计人数	发军队离休干部离休金平均人数	发军队退休干部退休金平均人数	发军队无军籍职工退休金平均人数	发军队离退休人员丧葬费累计人数	发军队离退休人员护理费平均人数
5431	**143780**	**29455**	**144753**	**79793**	**2534**	**24957**
5	1956	2405	27140	15099	399	2671
16	656	602	3088	1376	47	660
15	4716	2019	7930	3721	104	1776
21	1147	678	2227	1865	40	704
99	1519	412	1930	904	30	157
21	4554	2759	14651	6550	312	2169
18	4276	1709	3389	2010	33	49
84	5409	431	2039	1694	25	324
64	2945	721	4628	1716	94	757
733	13996	1700	8396	4235	170	1762
140	9998	860	2590	1912	58	811
268	9398	660	2153	1199	38	457
24	3310	594	2562	708	38	383
223	5712	422	1263	946	10	212
126	10420	4595	11082	3745	73	5244
59	7729	1111	4415	2382	222	1159
171	8972	1261	5492	3240	113	1121
1206	4791	662	4107	2768	72	692
500	9814	1434	6396	3404	73	432
11	3590	223	1636	845	44	254
125	969	68	730	869	11	39
203	4169	240	3101	1315	42	208
626	13338	911	6839	3479	158	408
355	1804	225	977	544	33	159
11	2577	693	5214	3535	120	409
			90	1030		
68	2370	1196	6126	2769	128	1249
50	1582	412	1722	2196	5	428
126	248	87	552	941	12	
5	404	149	339	196		5
58	1411	216	1949	2600	30	258

E-11 续表 11

地　区	得军队遗属生活困难定期定量补助平均人数	离退休干部管理机构数	住干休所平均人数	得城镇居民最低保障费平均人数	得农村最低保障费平均人数
全　国	**11203**	**2180**	**94658**	**23427553**	**47123876**
中央级					
北　京	246	138	24974	153295	79284
天　津	113	20	785	176246	70638
河　北	664	152	3414	894573	1770990
山　西	361	73	1338	945793	1209339
内蒙古	143	23	2115	875410	1198405
辽　宁	1093	93	14566	1307890	923442
吉　林	82	44	274	1299198	962563
黑龙江	144	67	1237	1474483	1038674
上　海	202	28		324770	102792
江　苏	724	135	3954	469161	1378330
浙　江	136	81	2018	93633	582989
安　徽	337	57	2007	961038	2121813
福　建	184	72	1446	187440	711064
江　西	78	41	602	992317	1562615
山　东	902	163	14437	610413	1980111
河　南	636	114	3595	1481832	3628004
湖　北	290	109	4822	1457921	1777630
湖　南	783	117	3255	1477508	2653309
广　东	1963	106	1184	411503	1720350
广　西	192	49	775	603467	2413275
海　南	40	12	661	181829	218433
重　庆	140	47	1263	734190	1069674
四　川	439	153	1781	1903280	3926533
贵　州	67	26	672	551207	3227680
云　南	322	98	881	910323	3394559
西　藏		2		43602	230000
陕　西	413	82	1236	862383	2302828
甘　肃	262	39	530	831515	2887557
青　海	64	10	119	220630	380000
宁　夏	13	10	24	204094	292967
新　疆	170	19	693	786609	1308028

单位：人、个

发农村定期定量救济平均人数	麻风病人得救济平均人数	享受原工资40%平均救济人数	精简退职老职工定期定量平均救济人数	集中五保户得救济平均人数	分散五保户得救济平均人数
298359	**23676**	**163946**	**235916**	**1691058**	**3735603**
		1371	1864	2481	2268
188	3	1177	403	1886	11432
4412		11955	1317	88018	171222
46159	56	6439	538	20102	122109
16328		4435	5424	19015	62773
6642	41	7415	8025	36513	100997
100	31	3170	2196	30790	80399
8763	5	5029	1887	37408	103227
				1749	2069
25389	1240	8033	16864	132980	84049
9377	372	1955	9712	40224	1840
21132	630	12207	21048	112503	352905
5131	681	5307	621	5226	88976
21269	4610	7182	22246	183033	45823
	12	6508		186770	61435
4222		13602	10462	204763	270427
9471	1444	11283	6152	141892	95415
23141	1785	20909	67271	82691	436728
8023	2650	3046	3786	38157	215043
2565	321	2706	1329	23072	282329
6039	509	228	303	1735	34646
2348	329	4567	8787	43557	113822
28147	1838	9195	17213	171002	315872
8205	2365	5542	9962	8562	145545
17218	4143	4485	13042	20225	192033
				1675	12284
5774	584	2054	2578	26790	87419
15132	27	2569	1693	7475	115729
482		544	676	2328	19635
198		2	72	3710	12222
2504		1031	445	14726	94930

E-11 续表 12

地　区	发城镇定期定量救济平均人数	发城镇定期定量孤、老、残、幼救济平均人数	城镇其他人员救济平均人数	宽释人员得救济平均人数	救助流浪乞讨人员平均人数	流浪乞讨人员救助单位数
全　国	**181623**	**51049**	**763841**	**3730**	**1472204**	**1256**
中央级						
北　京	905	94	18625	8	19181	21
天　津	220	141	1080	7	3457	7
河　北	241	81	1910	9	53109	22
山　西	766	528	2973	114	52920	56
内蒙古	5055	127	22646		24137	33
辽　宁	864	164	29275	21	47275	80
吉　林	1019	253	25659		32807	37
黑龙江	3568	1639	18174		18571	53
上　海	1607	936	148094	109	43494	21
江　苏	9087	1536	18114	238	37132	43
浙　江	4778	574	18472	55	60485	61
安　徽	14820	7101	16872	290	70691	35
福　建	1845	408	2966	59	37067	39
江　西	12610	1750	8384	93	47601	43
山　东			52664		45244	36
河　南	2331	441	3923	57	72147	41
湖　北	15272	13238	10770	574	118710	53
湖　南	8658	5306	33467	1172	128808	78
广　东	3959	1079	60825	23	134333	61
广　西	1089	236	4000		35284	63
海　南	4650	650	1060		13260	8
重　庆	1764	1501	2280	128	39713	35
四　川	18011	2600	13025	355	106511	98
贵　州	1302	626	6332	256	54083	39
云　南	2327	634	161217	120	60287	42
西　藏			4500		6278	1
陕　西	42	10	8423	37	71870	89
甘　肃	1421	273	22272	3	15772	30
青　海	7	7	275	2	681	4
宁　夏			2734		5075	4
新　疆	63405	9116	42830		16221	23

单位：人、个

补贴火化尸体累计数	补贴殡葬类单位数	得补贴假肢厂(站)数	住社会福利院“三无”对象平均人数	住儿童福利院“三无”对象平均人数	住精神病人福利院“三无”对象平均人数	补贴安置农场数
1884881	**1289**	**45**	**140998**	**34352**	**16383**	**28**
22871	14	1	271	1636	237	
22911	17		616	665	280	1
228474	22	2	4001	378		1
12997	20		3530	75	50	
14409	22		3033	626	620	
42794	59	2	7042	1253	1	
72710	33	1	6674	1152	4271	
46492	15	3	3026	1312	1891	1
	20		793	2239	128	
153735	51	2	6760	1556	1844	1
197620	98	1	3325	1197	342	1
142848	43	1	3250	2666		1
33795	55		2675	508	1148	4
56580	43	1	9375	539	225	
79130	17		3236	794	325	
213225	188	2	3757	1495	57	2
103642	57	1	15069	2139	71	
42223	89	1	7471	1316	354	4
194204	106		12253	2530	849	1
21554	24	1	3618	493	234	1
2115	4		292	37		
39933	33	3	2249	691	379	
88877	73		24540	1552	901	2
12553	26	1	1253	800	245	4
11776	52		3119	1056	476	1
	1		859	429		
10036	53	1	3799	1450	556	
12749	11	1	1820	352	204	2
2095	4	1	364	160		1
2533	5		268	339		
	34	19	2660	2917	695	

E-11 续表 13

地　区	老龄机构数	机构数	发自然灾害生活救济费累计人数	紧急抢救、安置、转移灾民累计人数	救灾物资储备中心数	灾民倒房重建建房累计数	发地方离休金平均人数	发地方退休金平均人数
全　国	**2288**	**399**	**47936996**	**3045618**	**573**	**4267598**	**2586**	**49936**
中央级	2				10			
北　京	18	1	52993		1		63	9702
天　津	19	1	12330		2		25	1340
河　北	53	9	2840824		8	2951	133	2697
山　西	77	7	1599599	19756	40	6277	95	974
内蒙古	34	4	1011143	15870	5	7977	56	811
辽　宁	70	11	856660	3084	6	15556	239	2718
吉　林	30	58	688078	8508	23	6023	41	967
黑龙江	78	10	2138023	5660	11	9148	20	131
上　海	24	1						385
江　苏	115	9	634150	727	3	3850	368	3751
浙　江	91	11	367035	891	21	2807	42	2304
安　徽	100	23	1800253	54030	12	26671	254	942
福　建	56	21	356214	132889	35	3012	66	4747
江　西	86	13	1802930	278304	33	33963	105	2473
山　东	101	21	1036634			770	48	1190
河　南	90	20	2275128	1426	6	7687	239	1371
湖　北	63	13	1842580	149309	42	48769	148	2726
湖　南	135	33	2305714	362844	24	67160	83	2364
广　东	133	43	851686	181930	29	25030	109	2036
广　西	100	11	3420514	270273	19	56716	7	188
海　南	16	1	463778	6006	6	2535	15	97
重　庆	38	4	1548891	281427	14	54333	7	355
四　川	168	13	5397421	643389	50	2822331	68	2113
贵　州	85	9	2811012	88678	20	70776	38	598
云　南	113	16	3033770	404061	76	637762	78	1010
西　藏	2	1	59035	1772	6	723	2	28
陕　西	82	11	2251708	70344	31	82451	75	523
甘　肃	63	10	3508105	40573	11	156610	30	416
青　海	18	4	1168233		14	22902	7	66
宁　夏	21	2	451537	4355	5	78269	97	226
新　疆	207	8	1351018	19512	10	14539	28	687

单位：人、个

发地方退职金平均人数	发离退休人员一次性抚恤金累计人数	发农村医疗救助平均人数	资助参加合作医疗人数	大病医疗救助人数	发城市医疗救助人数	资助参加医疗保险	城市大病医疗救助	优抚对象医疗补助
1248	**2591**	**40609029**	**39880655**	**5147007**	**13619282**	**10423308**	**2705663**	**3010813**
121	311	45633	48235	4023	17938	1374	2675	11140
30	126	125428	29655	95095	230665		199369	29219
45	69	1702474	1696436	161852	194948	113777	68085	188761
13	33	642384	724478	57341	222751	177088	36372	63394
4	18	483381	753357	142310	205942	270867	112197	38319
3	145	1010836	724566	79632	498336	341280	60890	44419
14	7	483131	520184	67751	557441	481595	116818	58477
4	3	1318810	1022830	191701	2262317	1232342	242579	49817
1	27	20878		22100	95520	27632	59884	8528
105	223	1269298	1137187	84862	219495	193323	66656	156953
90	113	489668	392983	74544	61529	21759	13370	53006
28	51	1808947	1773533	140193	161348	125298	42849	133254
325	304	774206	723569	50637	101735	85628	16107	68865
58	104	1951040	1563122	375500	1148002	912769	205325	97751
	59	1324953	1306152	92452	124647	86554	41520	423441
28	124	3769473	3507965	218739	775132	763115	63279	187243
20	212	2062028	1974527	224379	1328490	1345573	111999	335890
13	50	2385920	2110312	511003	717898	630064	147910	239184
16	112	1177268	1457554	74644	330443	226763	46357	52757
9	24	1476811	1735647	124603	115817	97341	24295	74122
		37965	222709	28378	30712	96464	9379	6086
8	29	1861041	1396258	430649	855500	699184	171454	179911
53	129	3159818	3907735	823390	719250	364285	330157	241710
9	29	2103996	2051077	79811	252415	231032	18809	80310
51	100	4557059	4740211	351937	757723	694302	111609	85070
		78353	73311	5042	9502	2494	2020	4713
61	113	1137684	1244837	189563	193920	209929	39590	45823
33	68	844481	905417	211869	259579	222001	76552	25806
		586715	381794	66050	242846	130350	33651	11042
72	4	265952	322953	19604	119398	115650	17238	7432
34	4	1653398	1432061	147353	808043	523475	216668	8370

E-12 民政事业费

地　区	一次性抚恤金	定期定量抚恤费	在乡伤残抚恤金	在职保健金	回乡安置特一等护理费	在乡复退军人定期定量补助费	在乡红军老战士定期定量补助费
全　国	**33445.7**	**5277.7**	**7847.7**	**7225.9**	**7402.2**	**3210.7**	**15663.3**
北　京	71119.5	11522.0	10315.5	6174.2	17131.1	9702.7	26000.0
天　津	48943.3	7029.8	12061.5	7712.8	14876.6	7762.4	34000.0
河　北	47647.1	4741.3	6852.9		6448.1	3262.7	27285.7
山　西	19070.5	4730.9	7277.8	6471.0	7930.1	2973.9	21653.8
内蒙古	24028.2	5460.0	7024.7	6734.5	8956.5	3550.6	31153.8
辽　宁	31998.4	5616.0	7130.1	6743.9	8940.9	4781.0	
吉　林	22578.4	4720.8	8388.2	6964.4	8758.1	3676.8	12500.0
黑龙江	23561.5	5501.9	6669.8	5903.8	5801.9	3586.1	16588.2
上　海	80782.8	14884.2		13647.0	6540.3	9764.7	
江　苏	33762.2	8354.9	8489.3	7054.4	10152.6	4066.0	
浙　江	54874.7	11948.4	13811.6	6413.9	11728.9	6087.0	
安　徽	41396.8	4916.6	7166.6	6815.0	8692.4	2050.1	35000.0
福　建	38962.1	5789.4	7680.6	7036.1	7614.9	4065.6	25333.3
江　西	12785.4	3721.5	6250.0	7732.6	8362.8	3374.5	21350.0
山　东	59023.4	5550.3	9025.1	9046.7	5187.0	3268.8	22142.9
河　南	20704.4	4683.4	7409.0	7167.0	5695.1	2860.0	19037.0
湖　北	52088.6	4735.1	7154.2	827.0	6019.2	2715.3	17923.1
湖　南	40506.2	4364.3	7552.9	6881.3	9594.5	2238.0	30428.6
广　东	26111.7	7304.7	8965.2	6418.2	7256.8	6607.2	
广　西	35855.8	4070.5	5992.7	6519.4	6738.8	3255.9	
海　南	8592.2	4653.7	12287.1	7814.1	14333.3	4582.2	
重　庆	44980.6	5244.8	8683.5	7001.8	9699.2	3154.3	17142.9
四　川	32875.6	5290.3	7765.0	6810.5	9537.3	2914.9	28797.9
贵　州	20397.5	4966.3	6671.2	6429.1	8886.6	2849.4	23500.0
云　南	17597.3	3515.1	9111.0	6395.7	6572.5	2502.5	
西　藏	11608.1	4648.6	6826.6			1602.9	
陕　西	48151.6	5247.6	7454.4	8300.2	9823.7	3362.1	17416.6
甘　肃	16460.0	5361.4	8987.2	7097.3	7801.6	3229.5	21798.9
青　海	40177.8	5564.1	6284.6	4745.7	5000.0	3468.1	16111.1
宁　夏	49290.3	5701.6	8010.2	6439.9	15714.3	2417.8	13500.0
新　疆	23540.9	4530.3	4874.6	5214.8	7935.5	3596.6	15375.0

平均支出水平

单位：元

红军失散人员定期定量补助费	义务兵优待金	烈士纪念建筑物管理单位经费	伤残军人休养院经费	复员退伍军人慢性病疗养院经费	复员退伍军人精神病院经费	光荣院经费	其他优抚事业单位经费
5985.9	**3192.5**	**400015.7**	**58432.6**	**53978.4**	**40298.8**	**16703.4**	**6371.8**
	10199.1	1089400.0				62889.7	
	7459.1	1333181.8			98700.6	53654.3	37875.0
	1982.5	516877.8	147975.8	72276.3	65926.3	21513.5	127011.5
15666.7	2120.6	303116.7	130128.6	38820.2	59331.5	37455.1	1527.0
12666.7	3415.2	190636.4	212730.8	23000.0	118734.2	23098.7	8428.6
	4664.9	410162.2	224512.2		68021.6	31760.9	
8333.3	2907.8	99669.6		15909.3	6707.0	8619.1	1410.3
7518.5	3638.5	186842.1	143154.9		81658.2	6525.6	
	21637.8	3562500.0	389466.7		14054.5		8328000.0
12000.0	4767.2	787873.2	411250.0	18281.4	63514.2	18046.4	67909.1
8764.7	9576.1	628200.0	408206.9		76515.6	41234.2	26781.3
5959.8	3008.6	321750.0	201983.9		38865.0	16108.6	
6980.5	5852.1	109050.0		30000.0	43609.2	19293.9	1695.9
5855.4	2470.6	314477.3	1574.6	48352.9	32624.3	3911.6	6817.8
7395.8	2688.8	626274.0	104445.8	71843.4	57449.9	6998.6	
5533.5	2285.3	384914.0	84450.0	113302.0	42156.7	15842.2	5750.9
5872.5	1343.9	268280.0	3767.1	152571.4	20615.8	15016.3	2200.9
5069.1	1450.4	220042.6	218974.4	190000.0	34692.4	17162.5	3558.8
7436.3	4405.0	817700.0	18416.7	57697.7	21427.9	11887.1	12011.5
5641.9	2361.4	196000.0	27625.0		26436.9	13827.9	515.4
4701.6	4141.1	354000.0				24911.1	51405.4
13500.0	1855.0	130071.4	51420.0		57450.0	52757.2	1710.5
9083.7	1335.4	145615.4	44673.6	2000.0	41232.9	16165.0	1332.5
2225.0	3571.1	117967.7	1090000.0		469533.3	146477.6	6860.5
7800.0	1663.1	75142.9	78153.8		14183.5	33333.3	4593.5
	1201.4						
5889.2	1480.0	363307.7	124850.0	45246.3	28381.0	23067.4	1406.3
9884.6	2051.5	172931.8			33742.6	113171.4	7333.3
	3324.9	917833.3				5000.0	3948.2
16666.7	3073.9	15423.1				20000.0	
10000.0	3472.8	1509111.1	567800.0		52941.2	28513.0	19065.6

E-12 续表 1

地 区	集体办优抚事业单位补助费	其他优抚支出	一次性建房补助费	退役士兵自谋职业金	军队离休干部离休金	军队退休干部退休金	军队无军籍职工退休金	死亡丧葬费
全 国	**41312.0**		**9387.2**	**25714.1**	**76875.1**	**59004.0**	**23871.4**	**45390.7**
北 京			37000.0	29290.4	61790.4	56485.8	20853.6	33142.9
天 津			4687.5	24929.9	74018.3	60675.2	23403.3	49042.6
河 北			50000.0	30936.8	81719.2	58177.0	27649.0	72471.2
山 西	50000.0		13761.9	27908.5	78958.7	58871.1	28427.3	65150.0
内蒙古			9919.2	25300.2	90097.1	61717.6	25642.7	45566.7
辽 宁			32571.4	17890.2	85428.4	60050.6	28083.2	48903.8
吉 林	66393.4		24444.4	14030.2	44966.6	60252.3	23280.6	14333.3
黑龙江			11440.5	14241.8	81594.0	59489.9	22586.8	45080.0
上 海			5140.6	36017.3	46270.5	48091.6	22051.3	49468.1
江 苏	41909.1		3729.9	28957.4	83230.6	66054.2	23584.2	76229.4
浙 江			7692.9	22466.9	69920.9	48308.5	20715.5	38862.1
安 徽			8078.4	47599.7	84954.5	59068.7	38347.0	55263.2
福 建			12750.0	17008.8	94486.5	61987.1	22315.0	66447.4
江 西	41642.9		8327.4	15271.7	69175.4	43885.2	25558.1	67300.0
山 东			16761.9	25160.9	72324.5	46992.4	27437.7	45520.5
河 南	77500.0		31542.4	24557.0	70593.2	62553.3	22314.9	40914.4
湖 北	3061.2		14198.8	20668.2	81018.2	61230.5	20589.5	53787.6
湖 南	86666.7		5413.8	21256.9	79706.9	58181.4	20602.2	39291.7
广 东			19502.0	28780.5	103727.3	80375.9	31325.8	43931.5
广 西			29909.1	17065.5	92565.0	65056.2	21360.9	26568.2
海 南			18304.0	21591.3	82661.8	39478.1	14965.5	58090.9
重 庆			10709.4	21068.4	64733.3	49547.6	20498.9	52333.3
四 川			9108.6	27674.7	90518.1	61267.3	18358.4	38512.7
贵 州			3825.4	28453.4	75320.0	55490.3	20685.7	51727.3
云 南			20000.0	43811.8	94282.8	54158.2	19055.7	22116.7
西 藏						145033.3	49133.0	
陕 西			8014.7	25230.0	87239.1	55645.3	26547.9	37882.8
甘 肃			19720.0	19032.2	60412.6	63417.0	21551.9	14400.0
青 海			4579.4	24661.3	88459.8	75313.4	30562.2	1166.7
宁 夏			26600.0	41242.6	66536.9	68129.8	18474.5	
新 疆			19913.8	17055.3	109453.7	103387.9	21438.1	68500.0

单位：元

护理费	定期定量补助费	离退休干部管理机构经费	其他退役安置支出	城镇居民最低生活保障	农村最低生活保障	农村定期定量救济费	麻风病人	集中五保供养	分散五保供养
9198.5	**4817.1**	**1146952.8**		**2057.9**	**770.2**	**845.4**	**1419.7**	**2180.1**	**1348.7**
9545.1	6166.7	5985891.3		4123.4	1736.1			5206.4	3013.2
10303.0	9513.3	3043750.0		4085.0	1580.1	5978.7	16666.7	5252.9	4000.7
9265.2	5942.8	738690.8		2018.9	737.6	623.3		2070.8	1454.5
10076.7	8102.5	452657.5		1868.0	815.6	407.0	89.3	2630.1	1543.8
9197.5	8174.8	922173.9		2611.1	1018.5	1627.3		1999.2	1203.5
8824.3	4609.3	2074957.0		2066.6	833.5	220.7	14463.4	3099.6	1711.4
5510.2	4658.5	774045.5		2204.3	823.0	4700.0	5967.7	2290.9	1290.1
7376.5	5055.6	1124074.6		1984.7	845.9	551.3	9800.0	2122.0	1494.4
9519.2	5604.0	2584535.7		3628.6	1168.7			5623.2	5207.3
8728.1	6176.8	853051.9		2108.2	1168.6	1889.5	3142.7	2922.5	2350.7
7669.5	8801.5	742197.5		3170.8	1574.3	2058.7	5241.9	4315.1	2805.4
9544.9	8056.4	695386.0		1934.7	755.7	352.3	3542.9	1860.4	1296.5
8282.0	6168.5	496597.2		1801.5	865.5	1604.2	1096.9	2483.9	1857.4
9297.2	6282.1	223780.5		1922.1	823.0	844.3	905.0	1886.9	1332.7
9441.1	6823.7	1147662.6		2079.3	816.6		4666.7	2453.5	1532.6
9761.0	6287.7	414842.1		1799.9	653.2	1416.6		1790.2	1298.3
9617.3	7820.7	330669.7		2071.1	849.6	901.7	1473.7	1781.8	1383.1
9657.5	2314.2	937393.2		1925.8	565.3	502.0	751.3	1589.6	892.9
8370.4	373.4	898896.2		1945.6	948.2	735.9	2694.3	3205.9	1659.4
9657.5	4224.0	421428.6		1675.4	499.7	1008.2	1598.1	1480.2	1026.4
59359.0	5150.0	775500.0		2049.5	1068.1	322.1	2444.0	2462.8	1242.9
8947.1	5400.0	1222446.8		1969.5	644.6	1681.9	3589.7	2185.3	1858.8
8747.5	5879.3	521647.1		1819.3	635.6	521.7	2040.8	2110.0	1672.8
8371.1	7328.4	631307.7		1893.2	750.8	244.7	427.9	1850.3	557.2
7728.6	3034.2	318642.9		1753.6	805.0	1612.7	193.6	1391.4	975.9
		1590000.0		3633.8	879.4			1715.8	1663.2
8115.3	6196.1	1034134.1		2303.9	803.2	990.8	933.2	2038.8	1904.1
7299.1	3839.7	352666.7		2085.9	594.2	272.0	777.8	2964.5	1499.4
	2156.3	392700.0		2418.2	1064.4	358.9		1774.1	1783.0
10000.0	1846.2	277200.0		2025.5	740.2	575.8		3176.3	970.5
8790.7	8994.1	720000.0		2006.0	872.3	85.5		1527.5	755.6

E-12 续表 2

地 区	享受原工资40%救济费	定期定量救济费	城镇定期定量救济费	孤老残幼	城镇其他人员救济费
全 国	**1749.0**	**1418.6**	**1281.9**	**1200.0**	**1173.1**
中央级					
北 京	2519.3	2067.1	8920.4	6893.6	546.6
天 津	2822.4	2454.1	3090.9	3723.4	1325.0
河 北	981.8	361.4	1273.9	987.7	1767.0
山 西	2167.1	1382.9	1708.9	1070.1	472.3
内蒙古	1456.1	1090.5	1213.3	4015.7	827.7
辽 宁	2402.2	1857.1	2497.7	3067.1	1259.3
吉 林	1117.4	622.0	887.1	671.9	480.5
黑龙江	1331.5	629.6	772.1	423.4	456.0
上 海			4985.7	4991.5	3424.5
江 苏	5138.7	4755.9	2301.5	2548.2	1811.7
浙 江	8689.5	6433.2	2534.1	2716.0	2172.3
安 徽	1269.1	1026.7	998.2	1117.0	333.9
福 建	3673.5	1821.3	2537.1	1843.1	444.4
江 西	2027.0	1476.4	212.8	605.7	349.7
山 东	3100.5				543.3
河 南	667.1	362.1	1327.3	1142.9	201.9
湖 北	1471.1	875.8	1365.6	922.4	1446.6
湖 南	612.4	461.3	815.3	524.9	516.1
广 东	1497.0	622.3	1966.7	2030.6	1580.0
广 西	1578.0	971.4	823.7	839.0	439.3
海 南	649.1	2511.6	304.5	196.9	2315.1
重 庆	2097.0	1325.6	1751.7	1861.4	1171.1
四 川	1399.2	1111.4	1154.4	2843.5	616.9
贵 州	488.5	285.3	610.6	642.2	208.3
云 南	1881.6	1564.9	1109.2	263.4	74.7
西 藏					214.7
陕 西	1691.3	1857.3	2523.8	1500.0	475.4
甘 肃	1785.5	1043.1	1571.4	1318.7	214.8
青 海	1647.1	1170.1	1857.1	1857.1	36.4
宁 夏	500.0	5805.6			18.3
新 疆	1727.4	1280.9	1208.1	934.1	396.9

单位：元

宽释人员	流浪乞讨人员救助	流浪乞讨人员救助单位经费	补贴火化场经费	补贴殡葬类事业单位经费	假肢厂(站)专项拨款
2117.7	**357.8**	**592008.0**	**759.3**	**649496.5**	**913066.7**
6375.0	3627.0	692904.8	3327.4	5273785.7	209000.0
5000.0	436.2	2967000.0	1123.0	1433588.2	
2333.3	252.9	795636.4	259.9	265318.2	1821000.0
1850.9	184.8	262571.4	1205.8	231100.0	
	201.4	531424.2	1564.0	434272.7	
1571.4	554.1	300300.0	761.3	285237.3	241000.0
	260.5	512054.1	759.6	1174697.0	3810000.0
	255.2	458094.3	140.6	233933.3	790000.0
5761.5	1216.6	3171000.0		63700.0	
4302.5	705.2	1444953.5	256.4	450098.0	1039500.0
5236.4	516.8	685393.4	1068.3	873469.4	2046000.0
2420.7	150.7	369400.0	400.1	305279.1	950000.0
1237.3	229.8	499487.2	755.6	290345.5	
5473.1	188.1	290907.0	570.5	294488.4	488000.0
	347.8	951000.0	201.5	741058.8	
1087.7	244.2	675414.6	321.4	151984.0	2720000.0
1695.1	144.4	323113.2	376.3	534736.8	261000.0
842.2	248.2	399282.1	1572.8	395348.3	2880000.0
2043.5	467.5	1896524.6	1482.4	1870773.6	
	219.9	303174.6	938.6	543583.3	805000.0
	104.2	373250.0	5180.1	1531500.0	
5476.6	352.5	362971.4	576.0	429666.7	634000.0
2273.2	276.7	377765.3	897.8	598054.8	
1175.8	108.6	225410.3	1204.3	260461.5	2623000.0
3325.0	117.8	167547.6	2954.1	412019.2	
	332.1	40000.0		3397000.0	
1000.0	208.4	389797.8	1792.5	238000.0	200000.0
	389.0	450866.7	831.1	479909.1	1339000.0
5000.0	193.8	664500.0	123.6	25000.0	1114000.0
	225.2	468000.0	3193.4	1595800.0	
	883.2	412391.3		2017029.4	28947.4

E-12 续表 3

地 区	社会福利院经费	儿童福利院经费	精神病人福利院经费	补贴安置农场经费
全 国	**16139.7**	**17413.2**	**49427.5**	**3065821.4**
中央级				
北 京	95025.8	28699.9	88881.9	
天 津	35625.0	38523.3	138332.1	579000.0
河 北	13060.7	3854.5		808000.0
山 西	15070.0	17266.7	111600.0	
内蒙古	24103.9	28592.7	24429.0	
辽 宁	21255.3	39797.3	10000.0	
吉 林	8110.4	26339.4	9768.9	
黑龙江	24872.4	29191.3	53369.1	16840000.0
上 海	231987.4	23925.4	543851.6	
江 苏	30080.0	21870.8	65374.2	6350000.0
浙 江	26248.1	18781.1	51807.0	1500000.0
安 徽	12312.0	10681.5		80000.0
福 建	21160.0	19687.0	35798.8	587500.0
江 西	5316.6	5154.0	48511.1	
山 东	24575.4	12614.6	85098.5	
河 南	11409.1	7645.5	154508.8	625500.0
湖 北	6440.4	9582.5	31126.8	
湖 南	28065.9	3892.9	75878.5	215000.0
广 东	26264.1	19705.9	117120.1	300000.0
广 西	17527.1	5679.5	60008.5	2246000.0
海 南	17897.3	14594.6		
重 庆	12711.9	15429.8	32723.0	
四 川	3464.3	6261.0	58008.9	3529000.0
贵 州	17910.6	14222.5	68310.2	6538750.0
云 南	10448.5	15201.7	32063.0	8363000.0
西 藏	8085.0	20023.3		
陕 西	14511.7	17850.3	23769.8	
甘 肃	10589.0	20312.5	36534.3	1179500.0
青 海	11206.0	16131.3		8744000.0
宁 夏	62261.2	19542.8		
新 疆	22169.5	12413.4	43671.9	

单位：元

老龄机构	部队供应	生活救济费	紧急抢救、安置、转移灾民支出	救灾储备
303299.4	**639225.6**	**137.4**	**144.1**	**671144.9**
6167000.0				14378600.0
1785000.0	3247000.0	102.5		186000.0
567578.9	201000.0	65.2		1041500.0
178830.2	1100444.4	105.3		306750.0
107740.3	966000.0	139.0	281.0	383675.0
332676.5	1238750.0	211.7	325.6	181600.0
147785.7	932909.1	221.8	132.6	1099333.3
205866.7	92982.8	310.8	193.9	48260.9
133782.1	909800.0	117.5	560.2	30181.8
3405083.3	9587000.0			
608887.0	835444.4	100.6	116.9	1145666.7
1076307.7	1353090.9	277.5	673.4	137095.2
108920.0	221826.1	113.3	54.7	73333.3
210035.7	438714.3	169.1	55.5	175914.3
88534.9	657692.3	168.9	84.1	257969.7
193099.0	738904.8	163.0		
84588.9	1119050.0	102.2	350.6	425000.0
104301.6	670461.5	150.5	108.8	250238.1
134111.1	316333.3	157.2	80.9	162458.3
359804.5	731093.0	84.6	65.8	739069.0
80710.0	1473545.5	62.6	85.4	565157.9
235125.0	2787000.0	151.3	117.9	336166.7
371210.5	1982000.0	111.6	53.4	247142.9
323434.5	762538.5	183.4	139.0	686360.0
169282.4	584111.1	84.6	179.1	821450.0
326513.3	241250.0	83.2	257.5	528618.4
301500.0	1055000.0	172.4	247.2	234166.7
331487.8	552000.0	158.4	355.2	554483.9
189174.6	195000.0	168.0	1198.3	296363.6
106833.3	548750.0	66.7		631428.6
430857.1	662500.0	144.0	93.0	63000.0
100594.2	416625.0	228.0	403.3	1336000.0

E-12 续表 4

地　区	灾民倒房重建	离休人员离休金	退休人员退休金	退职人员退职金	一次性抚恤金
全　国	**2510.3**	**36918.8**	**19797.0**	**11334.9**	**22244.7**
中央级					
北　京		61333.3	20627.9	14438.0	30832.8
天　津		69240.0	20082.8	17400.0	21325.4
河　北	1583.9	35616.5	17704.1	12800.0	20376.8
山　西	1146.9	44147.4	22092.4	15000.0	24636.4
内蒙古	3838.2	35017.9	21697.9	14000.0	25111.1
辽　宁	5260.7	28903.8	20420.9	16666.7	15924.1
吉　林	6106.9	24902.4	13520.2		25142.9
黑龙江	2632.3	28350.0	20572.5	30000.0	24000.0
上　海			23841.6	15000.0	39148.1
江　苏	2319.7	47793.5	24067.2	7885.7	29565.0
浙　江	3826.1	37857.1	22312.1	17600.0	23778.8
安　徽	2765.0	38775.6	19818.5	10071.4	19019.6
福　建	1560.8	34984.8	19351.2	7966.2	24776.3
江　西	3626.2	33638.1	14532.6	15620.7	11971.2
山　东	3145.5	13583.3	15457.1		19508.5
河　南	3705.5	31012.6	18699.5	24321.4	22983.9
湖　北	2190.2	36729.7	18845.9	11900.0	14745.3
湖　南	2594.1	37843.4	15481.8	18076.9	25700.0
广　东	3402.0	38935.8	25839.9	17687.5	21544.6
广　西	3434.6	44714.3	23627.7	9000.0	15041.7
海　南	6805.5	57666.7	32556.7		
重　庆	1669.5	54285.7	19625.4	8250.0	7758.6
四　川	2815.8	41073.5	16611.9	11207.5	18596.9
贵　州	1348.4	19736.8	21296.0	18666.7	19517.2
云　南	1388.6	29987.2	21029.7	2725.5	24040.0
西　藏	6990.3	83000.0	82928.6		
陕　西	3934.8	33186.7	21629.1	23655.7	17141.6
甘　肃	346.9	38500.0	25264.4	5303.0	18647.1
青　海	1828.8	60000.0	24378.8		
宁　夏	2428.3	18876.3	11349.6	6291.7	4250.0
新　疆	4327.3	44107.1	13826.8	3529.4	11500.0

单位：元

农村医疗救助	资助参加合作医疗	农村大病医疗救助	城市医疗救助	资助参加医疗保险	城市大病医疗救助	优抚对象医疗补助
159.1	**26.3**	**959.6**	**302.5**	**56.3**	**1159.9**	**740.9**
345.8	60.1	2267.5	1769.1	99.7	2291.6	4726.6
138.9	51.0	167.3	205.3		147.5	1003.3
152.4	19.3	1331.8	572.3	64.7	1463.7	909.0
234.1	28.4	2163.2	659.3	55.9	3222.4	1051.9
376.0	27.4	967.7	627.1	36.3	878.0	1419.6
91.1	22.4	673.2	206.4	70.9	1103.6	1177.8
325.2	32.9	1934.2	387.6	38.9	1566.1	897.6
350.3	27.2	2249.4	276.0	62.5	2253.0	677.9
3649.2		3171.8	1402.2	163.3	1908.4	2044.7
160.4	36.2	1769.3	343.4	94.4	759.4	652.5
657.3	62.2	3761.5	1263.7	173.0	3565.5	1305.4
133.9	27.5	1361.8	645.5	83.2	2152.2	726.5
72.6	24.4	760.9	228.9	87.4	981.3	844.3
240.9	28.6	1032.1	336.5	120.1	1307.3	687.3
144.4	21.7	1714.5	864.4	159.0	2204.1	744.6
79.8	26.5	899.1	153.7	41.4	1296.4	680.2
97.2	20.5	686.2	120.5	19.6	1062.5	291.4
131.2	18.3	507.3	245.8	48.8	969.6	531.1
127.6	37.0	1006.3	325.8	129.3	1296.6	1465.6
103.3	25.4	761.5	362.8	51.0	1106.7	311.8
1642.4	114.9	1055.5	1315.6	56.3	2655.7	1903.2
91.1	15.6	277.3	129.3	39.1	391.9	665.8
207.7	33.6	567.6	423.3	69.1	722.4	609.5
80.7	19.9	1375.0	151.4	21.2	1672.6	469.3
73.0	21.1	518.9	134.8	40.1	569.8	689.2
179.0	119.6	1042.4	2036.7	486.0	3007.9	2009.3
314.1	24.0	1612.2	795.0	30.5	2973.0	1550.5
299.4	22.1	1057.4	351.3	33.0	990.7	994.0
178.6	32.0	1245.6	215.9	121.7	1048.6	1663.5
280.6	19.9	2539.1	340.0	27.3	1333.5	2547.6
153.4	27.0	1282.5	300.6	45.2	900.6	2385.2

E-13 民政部门其他

地　区	公益金情况				
	上年结余	本年本级提取公益金	上级下拨公益金	本年支出公益金	下拨上级公益金
全　国	**801511.3**	**1174274.1**	**1031676.8**	**1884205.2**	**396153.3**
中央级					
北　京	14496.1	54388.9	20495.0	50583.3	997.3
天　津	19349.6	13911.1	3661.8	14877.3	171.7
河　北	18788.3	28006.0	48722.3	79113.9	21744.3
山　西	40328.5	35350.8	5441.0	24610.8	
内蒙古	18710.8	81340.4	47273.4	61578.7	13134.1
辽　宁	40206.9	61421.0	23113.3	63974.4	6687.5
吉　林	13282.6	10549.0	22765.0	37605.9	8724.4
黑龙江	4766.9	33791.1	44994.1	73758.7	19693.2
上　海	26945.0	56433.6	1977.3	35601.5	
江　苏	68880.0	47291.5	26293.5	63863.8	5025.1
浙　江	39815.1	56336.0	39435.3	98987.1	4673.0
安　徽	20965.4	32658.1	23897.9	56490.5	9445.9
福　建	22217.6	25609.6	26808.6	49775.1	2280.4
江　西	7407.8	17583.4	34085.0	44384.3	13300.0
山　东	85650.9	105964.0	61712.9	158280.9	24915.8
河　南	10935.4	24417.6	39182.9	63954.8	18114.1
湖　北	8665.1	48666.6	42436.5	88526.8	15815.0
湖　南	22422.3	38960.1	52669.0	82738.0	29601.3
广　东	90941.4	114849.5	62424.2	127945.0	20096.3
广　西	38581.6	26413.7	78513.3	107410.3	40525.1
海　南	4946.1	5394.8	7810.6	11820.4	
重　庆	28021.4	21460.6	30886.0	44027.9	7248.0
四　川	40254.3	42705.6	89554.9	129611.4	46201.6
贵　州	43628.3	23167.0	33444.3	48547.0	15791.0
云　南	4903.0	18684.4	47418.2	66231.0	24013.5
西　藏	6650.1	7926.5	6208.0	17101.0	
陕　西	16992.3	78547.1	11493.8	26648.8	528.0
甘　肃	24057.3	21310.2	24386.1	38040.0	8734.0
青　海	4111.0	5067.0	8770.0	16967.0	4202.0
宁　夏	5604.2	7315.3	12193.4	21074.3	3992.2
新　疆	8986.0	28753.6	53609.2	80075.3	30498.5

资金收支情况

单位：万元

下拨本级公益金	年末结余	发行费情况：上年结余	本年本级提取	本年本级支出发行费	年末结余
354343.2	**1123257.0**	**217927.5**	**639730.8**	**550602.6**	**307055.7**
	38796.7	12334.0	43603.1	37101.6	18835.5
35.6	22045.2	1535.2	4814.3	3828.6	2520.9
20947.5	16402.7	13742.1	33152.2	32911.7	13982.6
	56509.5	10347.4	8643.2	5889.0	13101.6
5963.8	85745.9	2361.4	20568.2	19636.9	3292.7
17957.7	60766.8	40414.8	26240.6	16049.6	50605.8
5418.0	8990.7	3503.0	9820.9	7061.6	6262.3
16601.1	9793.4	2152.8	3140.3	3441.6	1851.5
	49754.4	-2640.2	42727.8	39530.1	557.5
7703.6	78601.2	12817.5	15143.6	17570.5	10390.6
31731.4	36599.3	2775.5	16595.9	14213.3	5158.1
6756.7	21030.9	2276.8	23848.2	23471.0	2654.0
21262.1	24860.7	6700.3	8938.3	7160.7	8477.9
8821.0	14691.9	1981.8	6204.2	5370.7	2815.3
34839.9	95046.9	27596.4	89885.6	81180.3	36301.7
9063.6	10581.1	543.7	13854.5	12874.7	1523.5
20366.5	11241.4	24181.8	18092.0	12684.9	29588.9
4785.2	31313.4	3163.7	15896.4	14576.6	4483.5
16558.3	140270.1	12260.3	62142.1	54269.9	20132.5
22872.2	36098.3	3530.2	20155.7	18891.5	4794.4
	6331.1	368.8	5128.0	5124.8	372.0
7200.0	36340.1	3597.5	19971.5	18782.8	4786.2
28629.1	42903.4	11451.1	42637.7	17546.8	36542.0
12276.1	51692.6	8429.4	17550.8	15206.4	10773.8
12270.2	4774.6	1539.3	32425.9	31888.1	2077.1
10893.0	3683.6		4171.2	4171.2	
3084.6	80384.4	9595.6	12768.4	8759.4	13604.6
8179.6	31713.6	90.6	6679.0	6679.6	90.0
	981.0	617.0	4123.7	3973.0	767.7
4483.4	4038.6	236.2	2854.4	2815.8	274.8
15643.0	11273.5	423.5	7953.1	7939.9	436.7

E-13续表

地　区	本年销售奖券数	电脑彩票	国内外捐赠情况	上年结余	本年本级捐赠收入	本年本级支出	救灾支出
全　国	**8200889.0**	**6991982.4**	**35434.8**	**695322.4**	**517261.8**	**654422.6**	**280246.2**
中央级							
北　京	311890.4	295095.8		43203.0	5258.5	30192.9	24721.9
天　津	87785.7	66947.3	2222.6	1541.6	5445.0	2101.0	154.0
河　北	279639.0	240365.0	417.1	8175.7	5324.8	9480.2	2313.4
山　西	296293.7	265124.2	46.9	18192.7	7990.5	7504.8	3562.7
内蒙古	193675.3	172268.5	12.5	383.0	2381.3	1984.5	1274.2
辽　宁	446139.0	371025.7	69.4	9576.3	9695.4	9359.7	788.6
吉　林	128148.4	108765.3	2003.6	2138.7	11301.7	11715.3	1806.7
黑龙江	233872.7	212186.2	8.6	1161.1	4015.4	4120.3	1014.6
上　海	291953.2	271261.9		7007.4	2355.8	2027.4	897.0
江　苏	478344.4	391225.9	1408.2	121133.5	122371.1	87740.0	16698.9
浙　江	493203.1	409442.0	240.5	104332.8	41162.3	62302.4	21480.2
安　徽	382951.1	335978.0	291.3	11069.0	22242.7	28135.2	24903.8
福　建	160594.2	126534.9		17254.7	1620.6	9537.8	7048.4
江　西	106826.8	92473.4		2207.4	1951.0	2656.2	1817.8
山　东	690475.1	584162.7	4455.1	97033.4	71572.5	89926.9	20842.4
河　南	384867.2	331709.5	620.9	4501.4	3434.6	6388.1	3883.7
湖　北	194132.8	165534.8	23.7	11696.9	8067.6	11035.5	6060.6
湖　南	203958.8	171974.3	243.1	31167.7	13913.0	25869.2	9611.7
广　东	834000.2	707197.5	1120.4	114498.7	43874.7	61334.9	41217.6
广　西	156969.7	138073.8	73.1	2111.7	1418.7	1558.6	853.9
海　南	38184.1	37807.6	4823.3	11665.5	4823.3	16018.1	15710.6
重　庆	140283.4	107040.1	467.7	205.9	3201.7	2306.0	473.3
四　川	371632.0	302782.9	14251.1	18459.0	90233.9	90332.3	48869.7
贵　州	135172.1	120364.2		9115.1	3570.1	8165.1	1767.8
云　南	286596.6	242875.9	1348.1	640.3	17880.7	17466.4	12884.3
西　藏	27808.3	20779.4			82.1	82.1	
陕　西	476089.2	397558.0	71.5	4964.4	1192.3	4956.6	4594.4
甘　肃	129457.7	106912.6	350.0	38380.4	4924.0	41101.8	3263.8
青　海	37400.0	35000.0	8.0	117.0	467.0	499.8	290.0
宁　夏	44247.3	37809.0	177.4	3035.1	1501.4	4297.5	949.7
新　疆	158297.5	125706.0	680.7	353.0	3988.1	4226.0	490.5

单位：万元

城市医疗救助支出	农村医疗救助支出	年末结余	民政系统行政事业性收费情况	社会团体登记收费	婚姻登记收费	收养登记费	殡葬收费	民办非企业登记收费
8778.0	**11297.5**	**558161.6**	**375841.1**	**163.8**	**15881.1**	**1086.4**	**358622.8**	**87.0**
76.6	54.0	18268.6	44778.6		200.4	18.6	44559.6	
126.0	252.0	4885.6	9372.9		100.4		9272.5	
43.4	109.3	4020.3	14200.0	0.5	732.3	18.8	13448.2	0.2
43.0	45.0	18678.4	1430.8	9.3	563.8	6.8	850.7	0.2
		779.8	11338.6	6.9	190.2	2.3	11136.9	2.3
16.6	12.4	9912.0	26365.0	0.2	191.1	0.1	26173.4	0.2
1328.9	850.3	1725.1	5990.2	4.0	338.1	2.7	5644.5	0.9
480.7	429.2	1056.2	13351.1	2.3	490.1	8.4	12846.9	3.4
		7335.8	173.0	0.5	158.0	14.1		0.4
1203.6	2600.1	155764.6	40154.9	7.9	830.7	87.1	39221.7	7.5
835.4	1670.0	83192.7	24387.7		524.7	155.9	23707.1	
15.0	25.0	5176.5	20617.4	8.4	626.9	66.5	19911.3	4.3
		9337.5	11100.7	5.6	453.3	29.3	10601.3	11.2
21.3	40.9	1502.2	3707.4	11.4	534.5	64.4	3084.7	12.4
3240.7	3950.6	78679.0	24415.5		843.3	106.0	23466.2	
26.3	88.2	1547.9	8961.9	4.2	899.2	67.4	7988.9	2.2
82.4	123.4	8729.0	18147.4	14.1	641.9	40.8	17444.9	5.7
320.7	207.4	19211.5	6913.3	33.7	1306.2	55.1	5497.8	20.5
641.7	641.6	97038.5	33822.3		827.8	119.0	32875.5	
3.3	0.2	1971.8	12192.2	2.3	894.6	60.7	11233.6	1.0
	0.6	470.7	551.4	3.1	83.6	1.8	462.1	0.8
5.0	5.1	1101.6	2908.6	0.4	522.9	23.5	2361.6	0.2
66.6	17.7	18360.6	13301.8	8.5	1308.5	37.8	11942.8	4.2
40.8	54.2	4520.1	1646.5	5.0	513.9	38.5	1086.5	2.6
10.0	14.2	1054.6	2068.2	25.3	742.2	37.3	1260.2	3.2
			62.8		11.2	0.5	51.1	
20.0	1.1	1200.1	2110.9	2.6	341.2	2.1	1764.3	0.7
101.0	105.0	2202.6	4507.5	1.1	244.7	3.9	4257.6	0.2
		84.2	89.2	0.6	69.1	0.5	18.4	0.6
		239.0	1908.4	3.3	73.8	1.4	1829.3	0.6
29.0		115.1	15264.9	2.6	622.5	15.1	14623.2	1.5

E-14 彩票公益金

地区	彩票公益金支出合计数					福利类收养性单位	
		中央	省级	地级	县级		中央
全国	**1133708.7**		**260560.5**	**338006.6**	**535141.6**	**493127.9**	
北京	49586.0		16307.8		33278.2	12911.4	
天津	14670.0		11776.5		2893.5	7965.3	
河北	36422.1			7339.4	29082.7	15663.4	
山西	24610.8		4283.0	13954.0	6373.8	9041.4	
内蒙古	42480.8			21896.0	20584.8	26474.9	
辽宁	39329.2		8626.0	22340.9	8362.3	18481.4	
吉林	23463.5		4535.0	7376.5	11552.0	16773.0	
黑龙江	37464.4		21994.3	9424.7	6045.4	17205.0	
上海	35601.5		28197.6		7403.9	14318.3	
江苏	51135.1		18593.0	14956.1	17586.0	30655.9	
浙江	62582.7		4687.1	19064.6	38831.0	30218.4	
安徽	40287.9		5675.8	18621.4	15990.7	21482.6	
福建	26232.6		4657.1	7171.4	14404.1	14519.3	
江西	22263.3		814.0	5580.1	15869.2	9646.6	
山东	98525.2		7101.5	53673.4	37750.3	45449.3	
河南	36777.1		13903.4	10039.9	12833.8	16089.5	
湖北	52345.3		3025.7	16277.1	33042.5	19604.6	
湖南	48351.5		19835.3	6530.1	21986.1	22176.2	
广东	91290.4		15358.0	48244.2	27688.2	34525.3	
广西	44013.0		5450.7	10561.3	28001.0	20222.3	
海南	11820.4		5858.4	3186.1	2775.9	3481.3	
重庆	29579.9		3636.0		25943.9	8417.0	
四川	54780.7		7838.6	13300.4	33641.7	12432.4	
贵州	20479.9		6609.4	2862.1	11008.4	8292.4	
云南	29947.3		1151.0	7646.8	21149.5	9580.8	
西藏	6208.0		2200.0	763.0	3245.0	5708.0	
陕西	23036.2		12383.5	3958.3	6694.4	5321.4	
甘肃	21126.4		8370.7	5228.8	7526.9	7461.7	
青海	12765.0		6302.0	357.5	6105.5	7077.0	
宁夏	12598.7		5686.1		6912.6	5941.4	
新疆	33933.8		5703.0	7652.5	20578.3	15990.4	

资助项目情况

单位：万元

省级	地级	县级	优抚类收养性单位	中央	省级	地级
97989.6	**179441.4**	**215696.9**	**34296.9**		**14529.5**	**9999.2**
5771.1		7140.3	333.2		279.7	
6311.4		1653.9				
	3112.4	12551.0	2009.4			501.0
	7268.6	1772.8	793.0			793.0
	15006.6	11468.3	883.1			389.1
5144.0	9031.9	4305.5	2192.3		369.0	1753.3
4352.0	5880.0	6541.0	163.0			61.0
8106.6	5761.8	3336.6	770.0		320.0	420.0
12882.0		1436.3				
11563.0	10786.6	8306.3	5942.4		5600.0	56.0
396.0	12615.7	17206.7	1783.3		1425.0	65.0
1313.5	10644.8	9524.3	1777.5		429.3	540.0
542.9	5206.1	8770.3	377.5			58.0
284.0	4485.4	4877.2	283.0			
68.8	26817.9	18562.6	5283.0		1320.0	3161.0
7845.0	4213.8	4030.7	1794.2		1195.0	125.0
1181.6	6505.9	11917.1	2257.1		878.5	869.3
7027.0	4526.0	10623.2	1877.9		1000.0	124.0
445.0	22636.1	11444.2	1842.6		703.0	532.3
1395.0	4726.0	14101.3	1618.9			
2890.4	579.0	11.9				
760.0		7657.0	503.2			
	5728.0	6704.4	90.0			70.0
1750.4	2413.4	4128.6	35.0			10.0
801.0	3072.6	5707.2	35.0			
2150.0	663.0	2895.0				
670.0	1533.3	3118.1	1118.1		1000.0	60.0
2092.5	1870.6	3498.6	62.0		10.0	20.0
6262.0	275.0	540.0				
5174.4		767.0				
810.0	4080.9	11099.5	472.2			391.2

E-14续表1

地　区		优抚安置单位					救助类单位
	县　级		中　央	省　级	地　级	县　级	
全　国	**9768.2**	**11572.5**		**962.0**	**5818.2**	**4792.3**	**58925.9**
北　京	53.5	114.9				114.9	12152.2
天　津							
河　北	1508.4	1559.0			365.0	1194.0	1816.2
山　西		210.0			210.0		868.4
内蒙古	494.0	300.0			300.0		4791.5
辽　宁	70.0	780.0			730.0	50.0	1333.5
吉　林	102.0	201.0				201.0	720.5
黑龙江	30.0	150.0			150.0		1426.2
上　海							2468.6
江　苏	286.4	749.9			421.0	328.9	1249.5
浙　江	293.3	439.7			146.2	293.5	3731.0
安　徽	808.2	330.2			281.9	48.3	1527.1
福　建	319.5	643.0		400.0	43.0	200.0	526.1
江　西	283.0						301.0
山　东	802.0	2528.6			1681.6	847.0	2641.5
河　南	474.2	1208.0		45.0	759.0	404.0	2402.6
湖　北	509.3	92.0			10.0	82.0	1869.7
湖　南	753.9	209.0			25.0	184.0	2173.3
广　东	607.3	1042.4		170.0	435.5	436.9	2349.1
广　西	1618.9	328.2		247.0		81.2	1971.0
海　南							312.0
重　庆	503.2	183.0				183.0	1054.0
四　川	20.0	46.6				46.6	4057.7
贵　州	25.0	20.0				20.0	723.5
云　南	35.0	265.0			240.0	25.0	686.8
西　藏							
陕　西	58.1	4.0				4.0	390.7
甘　肃	32.0	168.0		100.0	20.0	48.0	1024.4
青　海							
宁　夏							1027.3
新　疆	81.0						3330.5

单位：万元

				社区服务单位		
中央	省级	地级	县级		中央	省级
	11065.2	**23644.7**	**24216.0**	**81214.4**		**23592.8**
	3726.7		8425.5	5129.6		2022.4
				4484.7		3245.1
		1179.0	637.2	1527.9		
		738.4	130.0	670.5		
		4611.5	180.0	2738.2		
	200.0	1133.5		1556.0		30.0
		425.5	295.0	502.0		
	953.6	286.6	186.0	1859.6		586.6
	2215.6		253.0	10242.2		8000.0
		423.9	825.6	2508.6		
		1049.3	2681.7	9679.3		
	13.0	1099.4	414.7	2100.8		
	40.0	209.0	277.1	1573.6		
		195.0	106.0	383.0		
		2310.0	331.5	4034.8		40.0
	1055.0	814.6	533.0	1005.7		400.0
		1217.7	652.0	2566.8		
	593.0	132.0	1448.3	3186.0		934.0
	149.0	1093.0	1107.1	7163.6		
		1458.7	512.3	575.0		
	247.0	50.0	15.0	1435.8		489.7
	50.0		1004.0	2739.9		500.0
		2762.5	1295.2	515.5		
		115.0	608.5	113.2		14.5
		414.4	272.4	2218.4		
				150.0		
		217.0	173.7	8650.8		7244.5
	62.3	510.2	451.9	303.8		85.0
			1027.3	219.0		1.0
	1760.0	1198.5	372.0	1380.1		

E-14续表2

地 区			殡葬类单位				
	地 级	县 级		中 央	省 级	地 级	县 级
全 国	**17148.0**	**40473.6**	**24544.5**		**1145.5**	**10415.6**	**12983.4**
北 京		3107.2	728.7		65.3		663.4
天 津		1239.6					
河 北	463.2	1064.7	681.7			283.0	398.7
山 西	653.5	17.0	1273.7			1258.7	15.0
内蒙古	130.0	2608.2	543.0			160.0	383.0
辽 宁	408.0	1118.0	1866.1			1732.1	134.0
吉 林	175.0	327.0	317.0				317.0
黑龙江	240.0	1033.0	50.0		10.0		40.0
上 海		2242.2	17.0				17.0
江 苏	886.7	1621.9	2775.1			710.0	2065.1
浙 江	2525.3	7154.0	1239.5			570.0	669.5
安 徽	1584.0	516.8	578.0		190.0	275.0	113.0
福 建	327.6	1246.0	121.6			59.0	62.6
江 西	315.0	68.0	245.0			15.0	230.0
山 东	594.0	3400.8	1896.2			1415.2	481.0
河 南	285.0	320.7	310.1			234.7	75.4
湖 北	1025.8	1541.0	2905.4			1616.9	1288.5
湖 南	989.1	1262.9	400.8			80.0	320.8
广 东	3854.3	3309.3	3248.1			850.7	2397.4
广 西	236.0	339.0	414.8			159.8	255.0
海 南	912.1	34.0					
重 庆		2239.9	900.0		430.0		470.0
四 川	97.1	418.4	373.6			170.0	203.6
贵 州	10.7	88.0	325.2		10.0	210.0	105.2
云 南	362.0	1856.4	1404.7			115.0	1289.7
西 藏		150.0	20.0			20.0	
陕 西	156.0	1250.3	234.8		85.0	45.0	104.8
甘 肃	30.0	188.8	570.2		355.2	73.0	142.0
青 海			40.0			40.0	
宁 夏		218.0					
新 疆	887.6	492.5	1064.2			322.5	741.7

单位：万元

专项资助					城市医疗救助	
	中　央	省　级	地　级	县　级		中　央
92351.4		**28747.9**	**27576.7**	**36026.8**	**65567.1**	
2512.0		1173.2		1338.8	181.0	
					2220.0	
4922.2			919.2	4003.0	2140.0	
5061.4		4283.0	778.4		2600.0	
34.4			20.4	14.0	2241.7	
3110.0		2410.0	591.0	109.0	1776.0	
188.0				188.0	2109.0	
665.0		230.0	220.0	215.0	3875.3	
1191.5				1191.5	4684.8	
2556.8		1430.0	615.3	511.5	453.8	
5799.9		287.2	822.6	4690.1	59.1	
886.0		10.0	727.9	148.1	2729.6	
2674.5			847.3	1827.2	5.0	
530.0		300.0		230.0	3296.0	
21978.3		5658.7	10082.6	6237.0	3658.5	
3127.2		362.4	2161.0	603.8	2134.9	
1365.8			731.0	634.8	6551.1	
3078.0		2387.0	278.0	413.0	2090.9	
8939.8		243.0	4170.4	4526.4	1170.9	
7100.2		3808.7	2004.0	1287.5	1014.4	
170.6				170.6	701.0	
2304.2		1026.0		1278.2	3287.7	
1800.4			216.8	1583.6	5928.4	
123.0				123.0	982.4	
1013.2		350.0	50.0	613.2	1835.0	
3780.5		2384.0	58.0	1338.5	1000.0	
3256.7		871.7	2220.0	165.0	812.1	
1721.0				1721.0	1727.0	
837.0				837.0	1439.0	
1623.8		1533.0	62.8	28.0	2862.5	

E–14 续表 3

地　区				农村医疗救助		
	省　级	地　级	县　级		中　央	省　级
全　国	**13370.8**	**7878.7**	**44317.6**	**89927.1**		**11490.2**
北　京			181.0	89.0		
天　津	2220.0					
河　北			2140.0	4559.3		
山　西		225.0	2375.0	2298.0		
内蒙古		255.6	1986.1	2928.5		
辽　宁	280.0	1081.0	415.0	910.0		
吉　林	80.0	652.0	1377.0	1614.0		73.0
黑龙江	3231.8		643.5	3333.5		3085.2
上　海	4500.0		184.8	150.0		150.0
江　苏		75.5	378.3	302.1		
浙　江			59.1	121.2		
安　徽	815.0	560.0	1354.6	4958.8		2715.0
福　建			5.0	38.5		
江　西		273.7	3022.3	6609.0		
山　东		2267.7	1390.8	3683.4		14.0
河　南	500.0	13.5	1621.4	3536.0		500.0
湖　北	300.0	1042.0	5209.1	3156.0		
湖　南		143.0	1947.9	3560.6		
广　东		785.3	385.6	2178.3		
广　西		17.0	997.4	3588.3		
海　南	70.0		631.0	1641.1		101.0
重　庆			3287.7	4385.2		
四　川		127.0	5801.4	11686.2		
贵　州	90.0	10.0	882.4	4325.8		705.0
云　南		116.4	1718.6	7385.0		
西　藏						
陕　西	1000.0			23.8		
甘　肃	284.0	70.0	458.1	5101.0		4147.0
青　海		42.5	1684.5	1960.0		
宁　夏			1439.0	1608.5		
新　疆		121.5	2741.0	4196.0		

单位：万元

地 级	县 级	其他	中 央	省 级	地 级	县 级
3875.1	**74561.8**	**182181.0**		**57667.0**	**52209.0**	**72305.0**
	89.0	15434.0		3269.4		12164.6
	4559.3	1543.0			516.6	1026.4
234.0	2064.0	1794.4			1794.4	
299.0	2629.5	1545.5			723.8	821.7
676.0	234.0	7323.9		193.0	5204.1	1926.8
183.0	1358.0	876.0		30.0		846.0
	248.3	8129.8		5470.5	2346.3	313.0
		2529.1		450.0		2079.1
	302.1	3941.0			981.1	2959.9
9.2	112.0	9511.3		2578.9	1261.3	5671.1
	2243.8	3917.3		190.0	2908.4	818.9
	38.5	5753.5		3674.2	421.4	1657.9
296.0	6313.0	969.7		230.0		739.7
614.4	3055.0	7371.6			4729.0	2642.6
4.0	3032.0	5168.9		2001.0	1429.3	1738.6
174.0	2982.0	11976.8		665.6	3084.5	8226.7
181.0	3379.6	9598.8		7894.3	52.0	1652.5
822.9	1355.4	28830.3		13648.0	13063.7	2118.6
	3588.3	7179.9			1959.8	5220.1
	1540.1	4078.6		2060.3	1645.0	373.3
	4385.2	5805.7		870.0		4935.7
9.0	11677.2	17849.9		7838.6	4120.0	5891.3
	3620.8	5539.4		4039.5	93.0	1406.9
332.6	7052.4	5523.4			2943.8	2579.6
		330.0		50.0	80.0	200.0
20.0	3.8	2512.1			1869.0	643.1
20.0	934.0	2366.5		363.0	395.0	1608.5
	1960.0	240.0		40.0		200.0
	1608.5	1526.5		510.7		1015.8
	4196.0	3014.1		1600.0	587.5	826.6

财务统计资料简要说明及主要指标解释

简要说明

财务统计报表系根据各级民政部门报送同级民政事业费决算逐级汇总而成，是2009年民政部门使用的民政事业预算执行情况及其使用效果。不包括列入抚恤和社会福利救济类预算科目支出其他部门使用的各项事业费，故与财政部门汇总的同类预算科目的数字有差异。其中民政事业费支出明细系根据《民政事业费使用管理办法》的使用范围分类设计的，以区分属于社会保障和其他性质的支出。

2009年预算指标合计2214.53亿元，比上年增长2.02%，实际支出数2181.9亿元，比上年增长1.7%。

指标解释

地方安排 根据现行财政体制，属于地方包干支出范围的列入地方预算的支出专项控制数。

中央下达 指中央预算拨款的民政事业费。包括1985年至2008年的拨款在2009年重拨的中央专项拨款。

定补 指定期定量补助费。

定救 指定期定量救济费。

生活救济费 指发给灾民的吃、穿、住、治救济费。

事业编制 指各级民政机关中由民政事业费列支的工作人员经费和车辆（包括购置油料、维修等）费用。

民政事业费支出基本数字表 住院平均人数仅指由国家集中供养的优抚、救济对象。

离退休管理机构经费 其他民政事业费中离退休管理机构经费系指军队离退休干部管理机构的开办费、车辆购置和工作人员经费等。

平均支出水平 指按人或单位平均的民政事业费各项经费支出数。